新注釈民法

(7)

物 権(4)

§§ 373〜398の22

森 田 修

編 集

大村敦志・道垣内弘人・山本敬三

編集代表

有斐閣コンメンタール

本書のコピー，スキャン，デジタル化等の無断複製は著作権法上での例外を除き禁じられています。本書を代行業者等の第三者に依頼してスキャンやデジタル化することは，たとえ個人や家庭内での利用でも著作権法違反です。

『新注釈民法』の刊行にあたって

　『新注釈民法』の編集委員会が発足したのは，2010年秋のことであった。『注釈民法』(全26巻)，『新版注釈民法』(全28巻)は，民法学界の総力を結集して企画され，前者は1964年に，後者は1988年に刊行が始まった。その後の立法・判例・学説の変遷を考えるならば，第三の注釈書が登場してよい時期が到来していると言えるだろう。

　編集にあたっては次の3点に留意した。

　第一に，『新版注釈民法』が『注釈民法』の改訂版であったのに対して，『新注釈民法』はこれらとは独立の新しい書物として企画した。形式的に見れば，この点は編集代表の交代に表れているが(『注釈民法』の編集代表は，中川善之助，柚木馨，谷口知平，於保不二雄，川島武宜，加藤一郎の6名，これを引き継いだ『新版注釈民法』の編集代表は，谷口知平，於保不二雄，川島武宜，林良平，加藤一郎，幾代通の6名であった)，各巻の編集委員も新たにお願いし，各執筆者には『新版注釈民法』の再度の改訂ではなく新たな原稿の執筆をお願いした。もっとも，『注釈民法』『新版注釈民法』が存在することを踏まえて，これらを参照すれば足りる点については，重複を避けてこれらに委ねることとした。

　第二に，『新注釈民法』もまた，「判例に重きをおき，学説についてもその客観的状況を示して，現行の民法の姿を明らかにする」という基本方針を踏襲している。もっとも，判例に関しては，最高裁判例を中心としつつ必要に応じて下級審裁判例にも言及するが，必ずしも網羅的であることを求めないこととした。また，『注釈民法』『新版注釈民法』においては詳細な比較法的説明も散見されたが，『新注釈民法』では，現行の日本民法の注釈を行うという観点に立ち，外国法への言及は必要な限度に限ることとした。法情報が飛躍的に増加するとともに，かつてに比べると調査そのものは容易になったことに鑑み，情報の選別に意を用いることにした次第である。

　第三に，『新注釈民法』は，民法(債権関係)改正と法科大学院の発足を

強く意識している。一方で，民法（債権関係）改正との関係では，全20巻を三つのグループに分け，民法（債権関係）改正と関係の少ないグループから刊行を始めることとした。また，改正の対象となっていない部分についても，変動しつつある日本民法の注釈という観点から，立法論の現況や可能性を客観的に示すことに意を用いた。他方，実務との連携という観点から，要件事実への言及が不可欠な条文を選び出し，各所に項目を設けて実務家に執筆してもらうこととした。

　刊行にあたっては，多くの研究者のご協力をいただいているが，この十数年，大学をめぐる環境は厳しさを増しているのに加えて，民法（債権関係）改正法案の成立時期がはっきりしなかったこともあり，執筆者の方々はスケジュール調整に苦心されたことであろう。この場を借りて厚く御礼を申し上げる。

　冒頭に述べたように，注釈民法の刊行は1964年に始まったが，実は，これに先立ち，有斐閣からは註釈民法全書として，1950年に中川善之助編集代表『註釈親族法（上下）』，1954年に同『註釈相続法（上下）』が刊行されていた。有斐閣は2017年に創業140周年を迎えるが，民法のコンメンタールはその後半70年を通じて，歩みをともにしてきたことになる。熱意を持ってこの企画に取り組んで来られた歴代の関係各位に改めて敬意と謝意を表する次第である。

　　2016年10月

『新注釈民法』編集代表

大 村 敦 志

道 垣 内 弘 人

山 本 敬 三

本巻はしがき

　本巻の注釈対象は，第 1 に，抵当権の効力・消滅，根抵当に関する民法の規定（373 条〜398 条の 22）および特別法上の抵当権に関する諸法律規定であり，第 2 に非典型担保に関する法律規定および判例法である。

　ここ数十年の担保法学の展開に最大のインパクトをもたらしたものは，不動産担保融資を梃子として出現したバブル経済とその崩壊であった。それは「担保権の女王」と呼ばれていた抵当権を用いる担保貸付を深刻な機能不全に陥らせた。そこからの脱却のために，まず上記第 1 の抵当権の領域において，従来の学説・判例・実務は大幅な組み替えを迫られた。

　さらに，間接金融の不動産担保融資への構造的依存の転換の必要が叫ばれ，上記第 2 の非典型担保の領域では，とりわけ不動産以外の資産を担保目的物とするものへの理論的関心が高まり，次々に重要判決が現れる事態となった。実質経済的にも，少なくとも債権を担保物とする非典型担保権の利用は量的に大幅に拡大した。このことは新注釈民法第 6 巻および第 7 巻の構成自体が，先行書としてこれに対応する新版注釈民法第 9 巻に比べて圧倒的に非典型担保の比重を高めていることによく示されている。

　とはいえ本書が，改版された注釈書として新規に対応すべき時間的な追加的守備範囲は，2015 年に新版注釈民法第 9 巻改訂版が出版されたことによって，比較的短いものとはなった。本巻が固有に対応すべきこの時期の変化は，一方の抵当権の領域に関しては相対的には小さいとも評せよう。しかし 90 年代の疾風怒濤の時期が過ぎたのち，抵当権の実務にも学説にも，一旦立ち止まってそれを理論的に整理し批判的に吟味する傾向がここ数年顕著であり，本巻の関連諸論考もその方向に棹さしている。他方の非典型担保の領域では，この短い期間においてすら，重要な変化が次々と生じている。そのことは本巻の関連諸論考が取り扱っている新しい判例・学説の量的・質的ヴォリュームによって如実に示されているといえよう。

iii

担保法に限った話ではないが，法律論には，時の流れとともに急速に変化していく部分と，それに抗して厳然と維持されていく部分とがある。後者の部分を，次代に正確に伝えていくことが注釈書の使命であることはいうまでもないが，かといって前者の部分を，移ろいやすい束の間のうたかたとして軽視することもまた許されまい。一方で，それでは書物としてのみずみずしさが失われ，そもそも注釈書を改版することの意義が問われるからである。しかし他方で，一見変わることなく堅持されている判例・学説の中核たる「後者の部分」についても，何故それが時間の浸食作用に耐え，生命力を維持しているかを明らかにするには，それが置かれた現在地を見極める必要がある。そういう意味での「不易流行」を本巻がはたして何処まで摑み得たかについては，読者諸賢の判断を待つ他はない。

本巻の執筆者には斯界第一線の研究者を迎え，各の注釈の構想について相互に綿密な検討を加えて調整する研究会を2014年以来重ねた。コンメンタールの常として全箇条の論考が揃わなければ発刊できないため，早々に脱稿していた方には，出版の遅延のみならず，場合によってはその後の展開を踏まえた改稿・加筆をお願いするなど，大変なご迷惑をおかけした。挙げて編集担当の私の力不足によるものであり，この場を借りて心からお詫びしたい。

なお，本巻の企画から刊行に至る全過程において，有斐閣注釈書編集部，とりわけ神田裕司氏，信国幸彦氏，藤木雄氏には，ひとかたならぬご助力を得た。本巻執筆者を代表して感謝を申し上げる。

2019年9月

森　田　　修

目　　次

第2編　物　　権

第10章　抵　当　権

第2節　抵当権の効力

前注（§§373-395〔抵当権の効力〕）………………（森田　修）… 1

第373条（抵当権の順位）………………………（占部洋之）… 6

第374条（抵当権の順位の変更）…………………（　同　）… 13

第375条（抵当権の被担保債権の範囲）………………（　同　）… 23

第376条（抵当権の処分）………………………（　同　）… 36

第377条（抵当権の処分の対抗要件）………………（　同　）… 68

第378条（代価弁済）…………………………（阿部裕介）… 74

第379条（抵当権消滅請求）……………………（　同　）… 88

第380条……………………………………（　同　）…101

第381条……………………………………（　同　）…105

第382条（抵当権消滅請求の時期）………………（　同　）…111

第383条（抵当権消滅請求の手続）………………（　同　）…113

第384条（債権者のみなし承諾）…………………（　同　）…118

第385条（競売の申立ての通知）…………………（　同　）…125

第386条（抵当権消滅請求の効果）………………（　同　）…127

第387条（抵当権者の同意の登記がある場合の賃貸借
の対抗力）………………………………（松本恒雄）…134

第388条（法定地上権）…………………………（　同　）…145

第389条（抵当地の上の建物の競売）……………（　同　）…213

第390条（抵当不動産の第三取得者による買受け）
………………………………………（阿部裕介）…228

v

目　次

　　第 391 条（抵当不動産の第三取得者による費用の償

　　　還請求）……………………………………………（　同　）…234

　　第 392 条（共同抵当における代価の配当）…………（森田　修）…250

　　第 393 条（共同抵当における代位の付記登記）………（　同　）…284

　　第 394 条（抵当不動産以外の財産からの弁済）………（　同　）…288

　　第 395 条（抵当建物使用者の引渡しの猶予）………（松本恒雄）…296

第 3 節　抵当権の消滅

　　前注（§§396-398〔抵当権の消滅〕）………………（新井　剛）…310

　　第 396 条（抵当権の消滅時効）………………………（　同　）…311

　　第 397 条（抵当不動産の時効取得による抵当権の消滅）

　　　……………………………………………………（　同　）…316

　　第 398 条（抵当権の目的である地上権等の放棄）……（　同　）…327

第 4 節　根　抵　当

　　前注（§§398 の 2-398 の 22〔根抵当〕）………………（田髙寛貴）…330

　　第 398 条の 2（根抵当権）……………………………（　同　）…333

　　第 398 条の 3（根抵当権の被担保債権の範囲）………（　同　）…342

　　第 398 条の 4（根抵当権の被担保債権の範囲及び債務

　　　者の変更）………………………………………（　同　）…347

　　第 398 条の 5（根抵当権の極度額の変更）……………（　同　）…349

　　第 398 条の 6（根抵当権の元本確定期日の定め）……（　同　）…351

　　第 398 条の 7（根抵当権の被担保債権の譲渡等）……（　同　）…354

　　第 398 条の 8（根抵当権者又は債務者の相続）………（　同　）…361

　　第 398 条の 9（根抵当権者又は債務者の合併）………（　同　）…365

　　第 398 条の 10（根抵当権者又は債務者の会社分割）…（　同　）…368

　　第 398 条の 11（根抵当権の処分）……………………（　同　）…370

　　第 398 条の 12（根抵当権の譲渡）……………………（　同　）…373

　　第 398 条の 13（根抵当権の一部譲渡）………………（　同　）…376

　　第 398 条の 14（根抵当権の共有）……………………（　同　）…377

　　第 398 条の 15（抵当権の順位の譲渡又は放棄と根抵

　　　当権の譲渡又は一部譲渡）……………………（　同　）…381

第398条の16（共同根抵当）………………………（　同　）…383

第398条の17（共同根抵当の変更等）………………（　同　）…385

第398条の18（累積根抵当）………………………（　同　）…386

第398条の19（根抵当権の元本の確定請求）…………（　同　）…389

第398条の20（根抵当権の元本の確定事由）…………（　同　）…395

第398条の21（根抵当権の極度額の減額請求）………（　同　）…399

第398条の22（根抵当権の消滅請求）………………（　同　）…401

特別法による抵当権…………………………………（鳥谷部　茂）…406

非典型担保

非典型担保総論 ……………………………………（道垣内弘人）…437

仮登記担保 …………………………………………（鳥谷部　茂）…450

不動産譲渡担保 ……………………………………（道垣内弘人）…497

動産譲渡担保 ………………………………………（小山泰史）…544

債権譲渡担保 ………………………………………（角　紀代恵）…595

所有権留保 …………………………………………（青木則幸）…617

事項索引 ……………………………………………………643

判例索引 ……………………………………………………651

凡　例

1　関係法令

　関係法令は，2019 年 9 月 1 日現在によった。

2　条　文

　条文は原文どおりとした。ただし，数字はアラビア数字に改めた。なお，各注釈冒頭の条文において，「民法の一部を改正する法律」（平成 29 年法律 44 号）による改正前の規定を枠内に併記した。

3　比較条文

　各条文のつぎに，〔対照〕欄をもうけ，フランス民法，ドイツ民法など当該条文の理解に資する外国法・条約等の条項を掲げた。

4　改正履歴

　各条文のつぎに，〔改正〕欄をもうけ，当該条文の改正・追加・削除があった場合の改正法令の公布年と法令番号を掲げた。ただし，表記の現代語化のための平成 16 年法律 147 号による改正は，実質的改正がある場合を除き省略した。

5　法令の表記

　民法は，単に条数のみをもって示した。その他の法令名の略記については，特別なものを除いて，原則として有斐閣版六法全書巻末の「法令名略語」によった。

　なお，旧民法（明治 23 年法律 28 号・法律 98 号）および外国法については，以下の略記例に従う。

旧財	民法財産編	イ民	イタリア民法
旧財取	民法財産取得編	ス民	スイス民法
旧担	民法債権担保編	ド強制執行法	ドイツ強制執行法
旧証	民法証拠編	ド民	ドイツ民法
旧人	民法人事編	フ民	フランス民法

6　判例の表記

①　判例の引用にあたっては，つぎの略記法を用いた。なお，判決文の引用は原文通りとしたが，濁点・句読点の付加，平仮名化は執筆者の判断で適宜行った。

　　最判平 12・9・22 民集 54 巻 7 号 2574 頁＝最高裁判所平成 12 年 9 月 22 日判決，最高裁判所民事判例集 54 巻 7 号 2574 頁

凡　例

② 判例略語

最	最高裁判所	簡	簡易裁判所
最大	最高裁判所大法廷	大	大審院
高	高等裁判所	大連	大審院連合部
支（○○高△△支）	○○高等裁判所△△支部	控	控訴院
		判	判決
地	地方裁判所	中間判	中間判決
支（○○地△△支）	○○地方裁判所△△支部	決	決定
		命	命令
家	家庭裁判所	審	家事審判

③ 判例出典略語

彙　報	判例彙報	東高民事報	東京高等裁判所民事判決時報
家　月	家庭裁判月報		
下民集	下級裁判所民事裁判例集	判決全集	大審院判決全集
金　判	金融・商事判例	判　時	判例時報
金　法	金融法務事情	判　タ	判例タイムズ
刑　集	〔大審院または最高裁判所〕刑事判例集	評　論	法律〔学説・判例〕評論全集
刑　録	大審院刑事判決録	民　集	〔大審院または最高裁判所〕民事判例集
高民集	高等裁判所民事判例集		
裁判集民	最高裁判所裁判集民事	民　録	大審院民事判決録
裁判例	大審院裁判例（法律新聞別冊）	LEX/DB	TKCローライブラリーに収録されているLEX/DBインターネットの文献番号
訟　月	訟務月報		
新　聞	法律新聞		

7　文献の表記

① 文献を引用する際には，後掲③の文献の略記に掲げるものを除き，著者（執筆者）・書名（「論文名」掲載誌とその巻・号数）〔刊行年〕参照頁を掲記した。

② 判例評釈・解説は，研究者等による評釈を〔判批〕，最高裁調査官による解説を〔判解〕として，表題は省略した。

③ 文献の略記

ⓐ 体系書・論文集

阿部・追及権	阿部裕介・抵当権者の追及権について〔2018〕（有斐閣）
生熊	生熊長幸・担保物権法〔第2版〕〔2018〕（三省堂）
石田・上, 下	石田文次郎・全訂担保物権法論上, 下〔1947〕（有斐閣）
石田（穣）	石田穣・担保物権法〔2010〕（信山社）

凡　例

内田	内田貴・民法Ⅲ債権総論・担保物権〔第3版〕〔2005〕（東京大学出版会）
梅	梅謙次郎・民法要義巻之二 —— 物権編〔訂正増補31版〕〔1911，1984復刻版〕（有斐閣）
近江	近江幸治・民法講義Ⅲ担保物権〔第2版補訂〕〔2007〕（成文堂）
大村	大村敦志・新基本民法3担保編〔2016〕（有斐閣）
岡松	岡松参太郎・註釈民法理由中巻物権編〔1897〕（有斐閣）
加賀山・講義	加賀山茂・債権担保法講義〔2011〕（日本評論社）
香川	香川保一・改訂担保（基本金融法務講座3）〔1964〕（金融財政事情研究会）
勝本・上，下	勝本正晃・担保物権法上，下〔改訂新版〕〔1949〕（有斐閣）
角	角紀代恵・はじめての担保物権法〔2013〕（有斐閣）
川井	川井健・担保物権法〔1975〕（青林書院）
川井・概論	川井健・民法概論2物権〔第2版〕〔2005〕（有斐閣）
河上	河上正二・担保物権法講義〔2015〕（日本評論社）
古積・換価権	古積健三郎・換価としての抵当権〔2013〕（弘文堂）
近藤	近藤英吉・改訂物権法論〔1937〕（弘文堂）
清水	清水元・プログレッシブ民法 担保物権法〔第2版〕〔2013〕（成文堂）
鈴木	鈴木禄弥・物権法講義〔5訂版〕〔2007〕（創文社）
鈴木・概説	鈴木禄弥・根抵当法概説〔第3版〕〔1998〕（新日本法規出版）
鈴木・借地	鈴木禄弥・借地法上巻〔改訂版〕〔1980〕（青林書院）
鈴木・分化	鈴木禄弥・物的担保制度の分化〔1992〕（創文社）
田井ほか	田井義信＝岡本詔治＝松岡久和＝磯野英徳・新物権・担保物権法〔第2版〕〔2005〕（法律文化社）
高木	高木多喜男・担保物権法〔第4版〕〔2005〕（有斐閣）
高木・金融取引	高木多喜男・金融取引と担保〔1980〕（有斐閣）
髙橋	髙橋眞・担保物権法〔第2版〕〔2010〕（成文堂）
田島	田島順・担保物権法〔1934〕（弘文堂）
谷口＝筒井・解説	谷口園恵＝筒井健夫編著・改正担保・執行法の解説〔2004〕（商事法務）
田原・諸問題	田原睦夫・実務からみた担保法の諸問題〔2014〕（弘文堂）
貞家＝清水	貞家克己＝清水湛・新根抵当法〔1973〕（金融財政事情研究会）

道垣内	道垣内弘人・担保物権法（現代民法Ⅲ）〔第4版〕〔2017〕（有斐閣）
道垣内・課題	道垣内弘人・非典型担保法の課題（現代民法研究2）〔2015〕（有斐閣）
道垣内・諸相	道垣内弘人・典型担保法の諸相（現代民法研究1）〔2013〕（有斐閣）
道垣内ほか	道垣内弘人＝山本和彦＝古賀政治＝小林明彦・新しい担保・執行制度〔補訂版〕〔2004〕（有斐閣）
中島	中島玉吉・民法釈義巻之二物権編下〔1916〕（金刺芳流堂）
中野＝下村	中野貞一郎＝下村正明・民事執行法〔2016〕（青林書院）
平野	平野裕之・担保物権法〔2017〕（日本評論社）
平野・総合	平野裕之・民法総合3担保物権法〔第2版〕〔2009〕（信山社）
船越	船越隆司・担保物権法〔第3版〕〔2004〕（尚学社）
法務省編・実務	法務省民事局参事官室編・仮登記担保法と実務〔1979〕（金融財政事情研究会）
星野	星野英一・民法概論Ⅱ〔合本再訂版〕〔1980〕（良書普及会）
槇	槇悌次・担保物権法〔1981〕（有斐閣）
松井	松井宏興・担保物権法〔第2版〕〔2019〕（成文堂）
松尾＝古積	松尾弘＝古積健三郎・物権・担保物権法〔第2版〕〔2008〕（弘文堂）
松岡	松岡久和・担保物権法〔2017〕（日本評論社）
松坂	松坂佐一・民法提要物権法〔第4版〕〔1980〕（有斐閣）
森田・講義	森田修・債権回収法講義〔第2版〕〔2011〕（有斐閣）
安永	安永正昭・講義物権・担保物権法〔第3版〕〔2019〕（有斐閣）
山野目	山野目章夫・物権法〔第5版〕〔2012〕（日本評論社）
山野目・不登	山野目章夫・不動産登記法〔増補〕〔2014〕（商事法務）
柚木	柚木馨・担保物権法（法律学全集）〔1958〕（有斐閣）
柚木＝高木	柚木馨＝高木多喜男・担保物権法（法律学全集）〔第3版〕〔1982〕（有斐閣）
吉野・解説	吉野衛・新仮登記担保法の解説〔1978〕（金融財政事情研究会）
米倉	米倉明・譲渡担保〔1978〕（弘文堂）
米倉・研究	米倉明・譲渡担保の研究〔1976〕（有斐閣）

凡　例

| 我妻 | 我妻栄・新訂担保物権法（民法講義Ⅲ）〔1971（第3刷）〔初刷1968）〕（岩波書店） |

ⓑ　注釈書・講座

注民	注釈民法〔1964〜1987〕（有斐閣）
新版注民	新版注釈民法〔1988〜2015〕（有斐閣）
基本法コメ	遠藤浩＝鎌田薫編・基本法コンメンタール物権〔第5版新条文対照補訂版〕〔2005〕（日本評論社）
新基本法コメ不登	鎌田薫＝寺田逸郎編・新基本法コンメンタール不動産登記法〔2010〕（日本評論社）
我妻＝有泉・コメ	我妻榮＝有泉亨＝清水誠＝田山輝明・我妻・有泉コンメンタール民法―総則・物権・債権〔第6版〕〔2019〕（日本評論社）
我妻・判コメ	我妻栄編著・判例コンメンタール③担保物権法〔1968〕（コンメンタール刊行会）
注解判例	林良平＝田原睦夫＝岡部崇明＝安永正昭編・物権法（注解判例民法 1b）〔1999〕（青林書院）
鈴木＝三ケ月編・注解(1)〜(8)	鈴木忠一＝三ケ月章編・注解民事執行法(1)〜(8)〔1984・1985〕（第一法規出版）
民法講座(1)〜(7)，（別巻1），（別巻2）	星野英一編集代表・民法講座(1)〜(7)〔1984・1985〕，別巻(1)・(2)〔1990〕（有斐閣）
百年Ⅰ〜Ⅳ	広中俊雄＝星野英一編・民法典の百年Ⅰ〜Ⅳ〔1998〕（有斐閣）
中川＝兼子監修	中川善之助＝兼子一監修・不動産法大系Ⅱ担保〔改訂版〕〔1977〕（青林書院新社）
遠藤ほか・不動産担保	遠藤浩＝田山輝明＝遠藤賢治編・不動産担保（注解不動産法3）〔1990〕（青林書院）
金融担保法講座Ⅰ〜Ⅳ	米倉明＝清水湛＝岩城謙二＝米津稜威雄＝谷口安平編・金融担保法講座Ⅰ担保制度一般・抵当権〔1985〕，Ⅱ根抵当権・特殊抵当〔1986〕，Ⅲ非典型担保〔1986〕，Ⅳ質権・留置権・先取特権・保証〔1986〕（筑摩書房）
新担保・執行法講座(3)(4)	佐藤歳二＝山野目章夫＝山本和彦編・新担保・執行法講座第3巻〔抵当権の目的物，抵当権の処分等，根抵当権〕〔2010〕，第4巻〔動産担保・債権担保等，法定担保権〕〔2009〕（民事法研究会）
担保法大系Ⅰ〜Ⅴ	加藤一郎＝林良平編・担保法大系1〜5〔1984〜1985〕（金融財政事情研究会）

xii

凡　例

ⓒ　判例評釈その他

判民	東京大学判例研究会・判例民事法（大正 10 年・大正 11 年は，「判例民法」）（有斐閣）
総判民	総合判例研究叢書・民法（有斐閣）
民百選Ⅰ○版	民法判例百選Ⅰ総則・物権〔1974〕，第 2 版〔1982〕，第 3 版〔1989〕，第 4 版〔1996〕，第 5 版〔2001〕，第 5 版新法対応補正版〔2005〕，第 6 版〔2009〕，第 7 版〔2015〕，第 8 版〔2018〕（有斐閣）
民百選Ⅱ○版	民法判例百選Ⅱ債権〔1975〕，第 2 版〔1982〕，第 3 版〔1989〕，第 4 版〔1996〕，第 5 版〔2001〕，第 5 版新法対応補正版〔2005〕，第 6 版〔2009〕，第 7 版〔2015〕，第 8 版〔2018〕（有斐閣）
民百選Ⅲ○版	民法判例百選Ⅲ親族・相続〔2015〕，第 2 版〔2018〕（有斐閣）
平（昭）○重判解	平成（昭和）○年度重要判例解説（ジュリスト臨時増刊）（有斐閣）
平（昭）○主判解	平成（昭和）○年度主要民事判例解説（判例タイムズ臨時増刊，別冊判例タイムズ）（判例タイムズ社）
担保法の判例Ⅰ，Ⅱ	椿寿夫編・担保法の判例Ⅰ，Ⅱ〔1994〕（有斐閣）
最判解平（昭）○年	最高裁判所判例解説民事篇平成（昭和）○年度（法曹会）
速判解	速報判例解説，新・判例解説 Watch（法学セミナー増刊）（日本評論社）
リマークス	私法判例リマークス（法律時報別冊）（日本評論社）
争点Ⅰ，Ⅱ	加藤一郎＝米倉明編・民法の争点Ⅰ，Ⅱ（法律学の争点）〔1985〕（有斐閣）
新争点	内田貴＝大村敦志編・民法の争点（新・法律学の争点）〔2007〕（有斐閣）
先例集上，下，追Ⅰ～追Ⅸ	法務省民事局・登記関係先例集上，下，追加編Ⅰ～追加編Ⅸ〔1955～2003〕（テイハン）

ⓓ　立法資料

法典調査会主査会議事	法典調査会民法主査会議事速記録（学術振興会）
法典調査会整理会議事	法典調査会民法整理会総会議事速記録（学術振興会）
法典調査会総会議事	法典調査会民法総会議事速記録（学術振興会）
法典調査会民法議事	法典調査会民法議事速記録（学術振興会）
法典調査会民法議事〔近代立法資料〕	日本近代立法資料叢書・法典調査会民法議事速記録（商事法務）

凡　例

④　雑誌略語

金　判	金融・商事判例	判　評	判例評論（判例時報に添付）
金　法	金融法務事情		
銀　法	銀行法務 21	法　学	法学（東北大学）
神　戸	神戸法学雑誌	法　協	法学協会雑誌（東京大学）
ジュリ	ジュリスト	法　教	月刊法学教室
新　報	法学新報（中央大学）	法　研	法学研究（慶應義塾大学）
曹　時	法曹時報	法　時	法律時報
早　法	早稲田法学	法　セ	法学セミナー
手　研	手形研究	民　研	民事研修（みんけん）
判　時	判例時報	民　商	民商法雑誌
判　タ	判例タイムズ	名　法	名古屋大学法政論集
		論　叢	法学論叢（京都大学）

8　他の注釈の参照指示

　　他の注釈箇所を参照するよう指示する場合には，→印を用いて，参照先の見出し番号で示した。すなわち，

　　　　同一箇条内の場合　　　　例：→Ⅰ 1 (1)(ア)
　　　　他の条文注釈の場合　　　例：→§175 Ⅱ 1 (2)(イ)
　　　　他巻の条文注釈の場合　　例：→第 1 巻§9 Ⅱ 3 (2)(イ)

編者紹介

森 田 修（もりた・おさむ）　　学習院大学法科大学院教授

執筆者紹介（執筆順）

占 部 洋 之（うらべ・ひろゆき）　　関西大学法科大学院教授

阿 部 裕 介（あべ・ゆうすけ）　　東京大学大学院法学政治学研究科教授

松 本 恒 雄（まつもと・つねお）　　一橋大学名誉教授

新 井 剛（あらい・つよし）　　早稲田大学商学大学院教授

田 髙 寛 貴（ただか・ひろたか）　　慶應義塾大学法学部教授

鳥 谷 部 茂（とりやべ・しげる）　　広島大学名誉教授

道 垣 内 弘 人（どうがうち・ひろと）　　専修大学大学院法務研究科教授

小 山 泰 史（こやま・やすし）　　上智大学法学研究科法曹養成専攻教授

角 紀 代 恵（かど・きよえ）　　立教大学名誉教授

青 木 則 幸（あおき・のりゆき）　　早稲田大学法学部教授

第10章　抵　当　権

第2節　抵当権の効力

前注（§§ 373-395〔抵当権の効力〕）

I　本節の対象

(1)　「抵当権の効力」とは何か

本節では民法典第2編第10章第2節に「抵当権の効力」として配置された373条から395条までの規定の注釈を行う。

しかし，これらの規定を一節にまとめる「抵当権の効力」という表題の意味は判然としない。抵当権の被担保債権のうち優先弁済効の認められる範囲を定める375条は本節に置かれるが，同じく抵当権の客体として優先弁済効の認められる範囲に関する370条・371条は第1節に置かれることを，本節のタイトルにある「抵当権の効力」という概念がどう切り分けているのかは判然としない（平成16年の民法の現代語化に際して370条に実定的意義を持って付された見出しが「抵当権の効力の及ぶ範囲」〔傍点は筆者による〕としていることもこのことを示している）。

なお，条文の実定的用語法を離れて理論的な意味での「抵当権の効力」一般についての議論，たとえば，抵当権の本質をめぐって，従来「近代的抵当権理論」とその批判として論じられ，判例法の理解の焦点にもなってきた理

前注（§§ *373-395*）Ⅱ   第 2 編　第 10 章　抵当権

論問題，具体的には，抵当権における換価権の位置づけ，抵当権における物支配権の位置づけといった論点は，本節の前注ではなく，抵当権全体の前注（→第 6 巻前注（§§ 369-398 の 22））において取り扱われる。

(2)　規定の雑種性

実定的に本節に一括されている規定は，次のとおり一見雑多である。

①抵当権の順位に関する規定（373 条～374 条）

②抵当権の被担保債権の範囲に関する規定（375 条）

③抵当権の処分に関する規定（376 条～377 条）

④第三取得者との関係での抵当権の効力に関する規定（378 条～386 条，390 条～391 条）

⑤利用権者との関係での抵当権の効力に関する規定（387 条～388 条，395 条）

⑥共同抵当権の効力に関する規定（392 条～393 条）

⑦抵当目的物以外の債務者の資産に対する抵当権の効力（389 条，394 条）

このうち，多くは，換価を実行するに際しての抵当権の効力に関する規定であると見ることもでき，この点に「抵当権の効力」という表題の実定的意味を求めることもあるいは考えられる。しかし，そう解してもなお，上記③の規定群は整理がつかない。

Ⅱ　規定編成の沿革

このような本節の規定編成が生じた理由は，もっぱら沿革から次のように跡づけられる。

(1)　旧民法と明治民法典との関係

(ア)　雑種性の承継　　梅謙次郎は抵当権に関する審議が始まった第 49 回法典調査会（明治 27 年 11 月 30 日）の冒頭で抵当権全体について比較的長い総論的報告を行い，そこでは特に旧民法債権担保編の諸規定の取扱いについて論じている。しかしそこでも第 2 節「抵当権の効力」の編成方針について特に言及はない。ただ第 2 節の検討を開始した法典調査会第 50 回審議（明治 27 年 12 月 4 日）に際して，各条の審議に先立って梅は特に第 2 節に「抵当権ノ効力」という表題を付したことについて説明し，ここでは「債権者間ノ効

2　〔森田〕

カト第三者ニ対スル効力ト合セテ規定ヲ致シマシタ」と述べている（法典調査会民法議事16巻57丁裏）。

ところで，旧民法の抵当権に関する規定（債権担保編第2部「物上担保」第5章「抵当」）は，次のような編成となっていた。

第5章　抵当
　第1節　抵当ノ性質及ヒ目的
　第2節　抵当ノ種類
　第3節　抵当ノ公示
　第4節　債権者間ノ抵当ノ効力及ヒ順位
　第5節　第三所持者ニ対スル抵当ノ効力
　　総則
　　第1款　抵当債務ノ弁済
　　第2款　滌除
　　第3款　財産検索ノ抗弁
　　第4款　委棄
　　第5款　競売及ヒ所有権徴収
　第6節　登記官吏ノ責任
　第7節　抵当ノ消滅

梅の上記発言は，明治民法典第2編第10章第2節「抵当権ノ効力」に関する規定が，旧民法債権担保編第5章第4節「債権者間ノ抵当ノ効力及ヒ順位」および同章第5節「第三所持者ニ対スル抵当ノ効力」の各規定を取捨選択修正して策定されたことを窺わせる。実際，明治民法典第2編第10章第2節のほとんどの規定は旧民法の上記の二つの節のみに対応規定を持つのであって，対応規定のないもの（388条，389条）はいずれも新設規定である。

たとえば上述したとおり，明治民法典370条は，実質的理論的には抵当権の効力に関する規定と目される。しかし同条は，旧民法におけるその対応条文債権担保編200条が，上記第5章の第1節に配置されており，同4節および5節に配置されていなかったために，明治民法典第2編第10章第2節では取り扱われなかったと考えられる。他方，上述したとおり実質的理論的には，抵当権の換価の実行に関する効力に関わるとはいえない抵当権処分に関する明治民法典375条・376条（現376条・377条）は，旧民法におけるその対

応条文債権担保編 244 条が，上記第 5 章の第 4 節（その上述した表題は，同節が抵当権の債権者間の効力とは区別されるものとして順位を取り扱うものとしているとも読める）に配置されていたために，明治民法典第 2 編第 10 章第 2 節で取り扱われたにすぎないと考えられる。

　明治民法典第 2 編第 10 章第 2 節の規定の雑種性は，このような編成方針の経緯に由来するということができよう。

　(イ)　旧民法から明治民法典への抵当権効力論の転換　　しかし，実質的理論的な意味での「抵当権の効力」論については，抵当権の換価の構想に関して旧民法と明治民法典との間には，大きな変化が生じたことには注意すべきである（阿部・追及権 417 頁以下参照）。それは抵当不動産の第三者への処分と抵当権実行との関係の理解に関する事柄である。

　すなわち，旧民法においては，両者は密接に関係づけられ，抵当不動産の第三取得者と抵当債権者との法律関係の規律が抵当権立法の最大の関心事の一つであった。旧民法において上記第 5 章第 4 節と第 5 節が別立てとされ，抵当権の第三取得者に対する効力に関する第 5 節に 41 か条という抵当権に関する規定全体の 104 か条の実に半数近くが置かれていたということはこの経緯を端的に示すものである。

　しかし抵当権の効力を，そのような意味での「追及効」の実体法的設計を中心としたものとして捉える理解は，明治民法典においては決定的に失われる。その結果，第三取得者との関係は「抵当権の効力」論の中での特権的な地位を失い，滌除制度にいわば局地化されてしまうことになる。

(2)　平成 15 年改正と「抵当権の効力」諸規定の修正

　本節の担当条文については，その後平成 15 年の担保・執行法に関する改正および平成 16 年の民法の現代語化によって，条数・条文の内容にも修正が施される（→第 6 巻前注（§§ 396-399 の 22）Ⅵ 4・5）。その詳細については各条についての注釈に委ねるが，編別構成と配置の点で重要な点についてのみ一言すれば次のとおりである。

　まず，上記Ⅰ(1)でみた規定群のうち，④の「第三取得者との関係での抵当権の効力に関する規定」に属する滌除制度に関しては，これを抵当権消滅請求制度と改変し，抵当権者の換価権をできるだけ制約しないものとする方向で修正がなされた。特に滌除の通知は，明治民法典のもとでは，抵当権者の

第2節　抵当権の効力　　　　　　　　　　　前注（§§*373-395*）　II

換価権を掣肘する弊害が大であると指摘されていたために，これに対する修正がなされた。その結果従来④の規定群に属していた明治民法典387条は廃止され，代わって，⑤の「利用権者との関係での抵当権の効力に関する規定」に属する新制度として，抵当権者の同意登記がある賃貸借が新387条によって導入された。同じく⑤の規定群に属していた明治民法典395条の「短期賃貸借」の規定も，その抵当権者の換価権の制約としての弊害が強く主張されていたために，遥かに弱体化された「引渡猶予制度」に変更された。

〔森田　修〕

§*373* I 　　　　　　　　　　　　　　　　　　　第 2 編　第 10 章　抵当権

（抵当権の順位）

第 373 条　同一の不動産について数個の抵当権が設定されたときは，その抵当権の順位は，登記の前後による。

〔対照〕　フ民 2425 I，ド民 879，ス民 825 I

I　本条の趣旨

　本条は，既に抵当権が設定されている不動産に，重ねて抵当権を設定することは可能であることを前提に，同一の不動産につき 2 個以上の抵当権が同時に存する場合において，各抵当権の本体的効力である優先弁済的効力の競合を調整するため，その順位（rang〔仏〕，Rang〔独〕）を定めるものである。ゲルマン法以来の西欧諸法の努力の結晶であって，現代諸法（フ民 2425 条 1 項，ド民 879 条，ス民 825 条 1 項）はいずれもこの結果を認めている（柚木＝高木 312 頁）。

(1)　本条の必要性

　抵当権者は抵当不動産を占有しない（369 条 1 項）ため，同一の不動産について数個の抵当権を設定することはきわめて容易である。もちろん，同一の不動産につき 2 個以上の抵当権が同時に存する場合においても，その不動産の価額で全ての抵当権者に弁済をすることができるのであれば，その間の順位如何はあえて問うことを要しない。しかし，もしその不動産が初めより十分な価格を有しないか，あるいは，抵当権設定の後にその価格が減少した場合には，その間の順位は最も重要になってくる。例えば，1 億円の価値がある不動産を，初め甲の 5000 万円の債権の抵当とするも，なおこれを抵当として乙から 3000 万円を借り，さらにこれを抵当として丙から 2000 万円を借りた場合において，その不動産の価格が 6000 万円になれば，甲がまず 5000 万円を取り，乙は残りの 1000 万円を取り，丙は 1 円も受け取ることができない。これが，本条の規定が必要な理由である（梅 517 頁）。そして，このように，抵当権が後順位であればあるほど，その抵当権者は債権の満足を受けることができない危険性が大きくなるのであり，抵当権の順位は，抵当権の優先弁済的効力にとって大きな意義を有しているといえよう。ただし，抵当権の実行としての担保不動産収益執行（民執 180 条 2 号）が行われるときは，

6　〔占部〕

第2節　抵当権の効力　　　　　　　　　　　　　　　　　§*373*　Ⅱ

先順位抵当権者が当然に配当を受けるわけではない（道垣内133頁）ことには
注意が必要である。

(2)　本条の根拠

　不動産に関する物権変動は登記をしなければ第三者に対抗することができ
ない（177条）ために，不動産に関する物権である「抵当権」の設定も登記
をしなければ第三者に対抗することができない。そして，他の抵当権者は，
177条にいう「第三者」の中で最も利害を受ける者である。そこで，本条は，
抵当権者間の順位は「登記の前後」によらなければならないとした（梅517-
518頁）。

Ⅱ　「登記の前後」の定め方

(1)　順 位 番 号

　登記官が登記の申請の受付をしたときは，当該申請に受付番号を付し（不
登19条3項前段），登記官は，同一の不動産に関し権利に関する登記の申請が
二以上あったときは，これらの登記の受付番号の順序に従ってしなければなら
ず（不登20条），かつ，登記官は，権利に関する登記をするときは，権利
部の相当区に登記事項を記録した順序を示す番号を記録しなければならない
（不登則147条1項）。この番号を「順位番号」という（不登則1条1号）。そして，
「登記の前後」は，登記記録の同一の区（甲区または乙区）にした登記相互間
については「順位番号」により定める（不登則2条1項）。

　ただし，同一の不動産に関し二以上の申請がされた場合において，その前
後が明らかでないときは，これらの申請は，同時にされたものとみなし（不
登19条2項），同順位である二以上の権利に関する登記をするときは，順位
番号に当該登記を識別するための符号を付さなければならないものとされて
いる（不登則147条2項）。

　このようにして，「登記申請の先後」が登記の前後に反映するものとなっ
ている（新基本法コメ不登25頁〔鎌田薫〕）。そして，同一の不動産に関し抵当権
に関する登記が複数存在する場合には，順位番号の最も若いものが第1順位
の抵当権となり，次が第2順位の抵当権となる。以下，第3順位，第4順位
となっていく。

〔占部〕　　7

§373 III

第2編 第10章 抵当権

(2) 同 順 位

同一の不動産に関し，抵当権設定登記の申請が同時に二以上されたときは，同一の受付番号が付される（不登19条3項後段）ため，これら抵当権は同順位となり（不登20条），被担保債権額に応じて比例的に優先弁済を受ける（高木168-169頁）。例えば，複数の銀行が協定のうえで1人の債務者に融資をする場合（協調融資）に，このような同時申請がなされる（道垣内129頁）。共同抵当の目的となった数個の不動産の代価の同時配当にあたり1個の不動産上に同順位の他の抵当権が存する場合，最高裁平成14年10月22日判決（判タ1110号143頁）は，「まず，当該1個の不動産の不動産価額を同順位の各抵当権の被担保債権額の割合に従って案分し，各抵当権により優先弁済請求権を主張することのできる不動産の価額（各抵当権者が把握した担保価値）を算定し，次に，民法392条1項に従い，共同抵当権者への案分額及びその余の不動産の価額に準じて共同抵当の被担保債権の負担を分けるべきものである」とした。また，同順位の根抵当権者の1人が，登録免許税負担の軽減を図る目的で，被担保債権の一部に限定して競売を申し立てた（民執規170条1項4号参照）場合，最高裁平成17年11月24日判決（判タ1199号185頁）は，「請求債権額」を配当における按分計算の基礎とした原判決を破棄し，「被担保債権全額」を按分計算の基礎とした。

III　後順位抵当権者の地位

本条により「後順位」とされた抵当権者はどのような法的地位に立つのであろうか。例えば，ある不動産に2個の抵当権が設定された場合において，本条により第2順位となった抵当権の権利者は，どのような法的地位に立つのであろうか。

(1) 順位昇進の原則

2個の抵当権が設定された不動産が競売された場合，その売却代金は，第1順位の抵当権から優先的に配当が行われ，まだ残余金がある場合にのみ，第2順位の抵当権に配当がなされる。しかし，第1順位の抵当権が弁済その他の原因で消滅すれば，第2順位の抵当権は当然にかつ直ちにその順位を進め，第1順位の抵当権となる。これを「順位昇進の原則」という。この原則

第2節　抵当権の効力　　　　　　　　　　　　　　　§*373*　III

自体は民法上明示されているわけではないが，学説・判例ともにその存在を
容認している。例えば，大審院大正8年10月8日判決（民録25輯1859頁）は，
第1順位の抵当権が消滅した場合には第2順位の抵当権が当然第1順位に昇
進することを前提として，第2順位の抵当権者が，既に消滅した第1順位の
抵当権設定登記の抹消登記手続を請求できるとする（橋本眞「順位昇進の原則
（フランス法）」椿寿夫編・担保法理の現状と課題（別冊 NBL31 号）〔1995〕300 頁）。

　このように，後順位抵当権者には順位昇進の利益があるから，例えば，第
2順位の抵当権が設定された後に，第1順位の抵当権の債権額が登記の誤謬
訂正により増加した場合は，目的物の価額と総債権額の如何にかかわらず，
第2順位の抵当権者は抵当権の優劣に関する権利関係を速やかに確定すべき
確認の利益がある（大判明 32・12・22 民録 5 輯 11 巻 107 頁）。

　金融取引界では後順位抵当権者の順位昇進の期待がかなり強いことが，
1987 年に東京と大阪を中心に行われた企業を対象とする抵当権利用のアン
ケート調査結果でも明らかになった。これによると，後順位抵当権者となっ
たことがあると回答した企業が 309 社中 279 社（90.3%）を占めており，企
業が後順位抵当権を取得した理由については，①目的物価額の将来の上昇の
期待（166 件〔59.7%〕），②自己の抵当権の順位の将来の昇進の期待（135 件
〔48.6%〕），③目的物の担保余力の存在（101 件〔36.3%〕）といった理由が上位を
占めていた（松井宏興・抵当制度の基礎理論——近代的抵当権論批判〔1997〕156 頁）。

(2) 競売の申立て

　後順位抵当権者も抵当権の実行として抵当不動産の競売を申し立てること
ができる。ただし，先順位抵当権者はこの場合も，その売却代金について後
順位抵当権者に先立って自己の債権の弁済を受けることができる（大判明
37・4・26 民録 10 輯 559 頁）。また，民事執行法 188 条が準用する同 63 条によ
ると，執行裁判所は，不動産の買受可能価額が手続費用および優先債権の見
込額の合計額に満たないと認めた場合は，その旨を後順位抵当権者に通知し
なければならず（同条 1 項 2 号），この通知を受けた後順位抵当権者が通知を
受けた日から 1 週間以内に，買受可能価額が見込額の合計額を超えること，
または先順位抵当権者の同意を証明せず，かつ，所定の申出および保証の提
供をしないときは，後順位抵当権者が申し立てた競売手続は取り消される
（同条 2 項）。

〔占部〕　9

§*373* Ⅳ   第2編　第10章　抵当権

Ⅳ　無効登記の流用

(1)　問題の所在

　担保物権に共通の性質（担保物権の通有性）の一つである「付従性」は，抵当権にも存し，抵当権の被担保債権が弁済等により消滅すれば，抵当権も当然に消滅する。したがってその登記ももはや何らの効力を有さない「無効登記」になるはずである。ところが，実社会においては，抵当権の被担保債権が消滅したにもかかわらず，あえてその登記を抹消せず，他の債権を担保するために新たに設定された抵当権の登記として流用する合意がなされることがある（例えば，AがBから融資を受けた際に設定した抵当権の登記を，被担保債権の弁済後も抹消せず，その後，AがCから融資を受ける際に，BからCへの抵当権の譲渡の付記登記がなされる）。このような「無効登記の流用」の目的は，登記費用を節約するだけでなく，さらには，消滅した抵当権が確保していた優先順位を新たに設定された抵当権に及ぼそうというところにある。

(2)　判　　例

　大審院昭和6年8月7日判決（民集10巻875頁）は，Aが，Yから900円借用するにあたってYに対してA所有の不動産に抵当権を設定することを約束したところ，たまたま同額の債権につきYのために設定・登記された抵当権が弁済により消滅しているのに抹消登記のないまま放置されていたので，A・Y間で上記登記の流用の合意がなされた事案において，「登記ハ真正ノ事実ニ合スルコトヲ要スルカ故ニ」「既ニ消滅ニ帰シタル前記抵当権ノ登記ヲ利用シ其ノ効力ヲ維持スヘキコトト」「スル契約ノ無効ナルハ言ヲ俟タス」として，この不動産を既に買い受けていたXによる上記登記の抹消請求を棄却した原審を破棄した。しかしその一方で，大審院昭和11年1月14日判決（民集15巻89頁）は，Aが，昭和4年11月28日にBより550円を借り受けその担保としてA所有の不動産に抵当権を設定・登記したところ，昭和6年8月3日にYから550円を借り受けてBに対する債務の全額を完済し，新たにYのために抵当権設定登記をなす手数と登記料を節約する目的で，Bの前記抵当権設定登記の流用を企て，Bの債権および抵当権が存続しているもののように装い，これをYに譲渡した旨の外形を作成し，抵当権譲渡の付記登記をなした事案において，その後，上記不動産をAから買い受けて

10　〔占部〕

昭和7年7月23日にその旨の登記をしたXが，抵当権設定登記の抹消登記手続を求めたのに対し，Xは「登記欠缺ヲ主張スルニ付キ正当ナル利益」を有しないとして，Xの請求を棄却した。さらに，最高裁昭和37年3月15日判決（裁判集民59号243頁）は，Yに対する貸金債務担保のために債務者X所有の不動産に抵当権設定登記がなされた後，Xにおいていったん前記債務の元利金を弁済し，さらに翌日同一債権者Yより同一金額を，弁済期の点以外は全て旧債務と同一の条件で借り受け，これが担保として同一不動産につき抵当権を設定し，XY間の合意によって，旧債務についてなされてあった前記抵当権設定登記を，そのまま後の抵当権のために流用した事案において，Xが，抵当権設定登記の抹消登記手続を求めたのに対して，「たとえ不動産物権変動の過程を如実に反映しなくても，登記が現実の状態に吻合するかぎり，それを後の抵当権のために流用したからといって，第三者に対する関係はしばらく措き，当事者間においては，当事者みずからその無効を主張するにつき正当の利益を有しない」として，Xの請求を棄却した（付記登記による所有権移転請求権保全仮登記の流用に関する最判昭49・12・24民集28巻10号2117頁も同旨）。

このように，判例は，「無効登記の流用」を，流用された登記が無効かどうかの問題と，登記の無効を主張できるかどうかの問題に区別して考え，流用登記は，登記と実体との不一致により被担保債権の同一性が判断できないため無効であるとしつつ，無効となった設定登記の流用を合意した当事者本人や，無効となった設定登記の流用後に登場した第三者は，新たに設定された抵当権の登記の欠缺を主張する正当な利益を有しないとして，その限りで，結果的には，流用登記の対抗力を認めている。判例は，このような者が登記の無効を主張することは定型的に信義則（1条2項）に反すると理解していると捉えることもできる。そして，登記の無効を主張できない場合には，その限りで，無効となった登記の前後によって抵当権の順位が決定されることになる。

(3) 学 説

これに対して，学説は，多岐に分かれている。

(ア) 全面的肯定説　流用された登記の効力を無条件に認める「全面的肯定説」（末弘厳太郎〔判批〕判民昭和6年度〔1934〕365頁，石田・上115頁，勝本・下

§*373* **IV**　　　　　　　　　　　　　第2編　第10章　抵当権

436頁以下）は，「順位昇進の原則」（→Ⅲ(1)）そのものが合理性を欠くから，これを抑制し，無効登記の流用によって「所有者抵当制度」（ド民1163条）を事実上取り入れようとする考え方である（笠井修「登記の流用」鎌田薫ほか編・新・不動産登記講座　総論(2)〔1998〕219頁）が，「根抵当制度」によって，そのように考える必要性は小さくなっている（同224頁）。さらに，「債権譲渡」や「弁済による代位」によっても，そのように考える目的は達成できる。

　(イ)　条件付肯定説　　多くの学説は，「中間省略登記」と同様，「無効登記の流用」の場合にも，現在の権利関係を公示している限りで，登記の効力を認めるが，抵当不動産上に利害関係を取得するに至った第三者（後順位抵当権者・第三取得者）の利益を考慮して，その効力を制限する。問題は，保護されるべき第三者の範囲である。

　抵当権の被担保債権が消滅しその設定登記が無効となった後，無効となった登記を流用する合意があるまでに生じた第三者に対してのみ，流用された登記の効力を否定する考え方（我妻〔初版，1936〕146頁以下（旧説）。同旨，杉之原舜一・新版不動産登記法〔1970〕61頁）は，後順位抵当権者の順位上昇を，後順位抵当権者の関知しない事由によって生じた利益として，保護しないものである。しかし，この考え方によると，例えば，最初からの2番抵当権者Bと，旧債権消滅後で登記が流用される前に設定された3番抵当権者Cと，1番抵当権設定登記を流用したAの相互の関係を考えると，AはBに優先しCに後れるが，CはAに優先しBに後れることになる。また，わが国の金融取引界では，順位が上昇することについて期待を寄せている（→Ⅲ(1)）。そこで，抵当権の被担保債権が消滅する前より既に存した第三者に対しても，流用された登記の効力を否定する考え方もある（我妻232頁〔新説〕。同旨，幾代通（徳本伸一補訂）・不動産登記法〔4版，1994〕487頁，注民(6)196頁〔山田晟〕）。

　(ウ)　全面的否定説　　しかし，流用登記の無効を主張することが信義則（1条2項）に反する場合がありうるにもかかわらず，なおも流用登記の効力を全面的に否定する学説も根強い（吾妻光俊・担保物権法〔1957〕85頁，香川156頁）。すなわち，当事者間で流用された登記の効力を認めたところで，登記なしに競売を申し立てて配当を受けることは可能であるから，登記の流用を有効にする実益に乏しく，現在の権利関係を公示するためには，流用された登記につき「登記原因及びその日付」の変更ないし更正の登記を認めなけれ

第2節　抵当権の効力　　　　　　　　　　　　　　　§*374*　I

ばならないが，これは登記の同一性を失うから不可能である。流用登記に有
効性を見いだすことにより，「登記原因を尊ぶ不動産登記制度観が鈍麻して
くることの弊害」（山野目・不登553頁）も見過ごすわけにはいかない。

〔占部洋之〕

（抵当権の順位の変更）

第374条①　抵当権の順位は，各抵当権者の合意によって変更するこ
とができる。ただし，利害関係を有する者があるときは，その承諾
を得なければならない。

②　前項の規定による順位の変更は，その登記をしなければ，その効
力を生じない。

〔改正〕本条＝昭46法99新設，平16法147移動（373条②③→本条①②）

細　目　次

I　本条の趣旨……………………………13
　(1)　順位変更の意義………………………13
　(2)　制度の必要性………………………14
　(3)　同順位・同一抵当権者の場合………15
　(4)　本条の準用…………………………15
　(5)　権利の順位…………………………15
II　順位変更の要件……………………15
　1　各抵当権者の合意（本条1項本文）……15
　　(1)　当事者になる者……………………15
　　(2)　当事者にならない者………………16
　　(3)　合意がない場合……………………16
　　(4)　債務者が異なる場合………………16
　2　利害関係人の承諾（本条1項ただし
　書）……………………………………17

　　(1)　承諾権者になる者…………………17
　　(2)　承諾権者にならない者……………18
　　(3)　必要な承諾がない場合……………18
　3　順位変更の登記（本条2項）…………19
　　(1)　効力要件……………………………19
　　(2)　申請人……………………………19
　　(3)　登記の方法………………………20
III　順位変更の効果……………………21
　　(1)　当事者・承諾権者に対する効力……21
　　(2)　他の担保権者に対する効力………21
　　(3)　効力を受けない者…………………22
　　(4)　弁済・相対的処分の効力…………22
　　(5)　法定地上権成否の判断基準時………23
　　(6)　抹消登記…………………………23

I　本条の趣旨

(1)　順位変更の意義

本条が定める「抵当権の順位の変更」とは，前条が定める「抵当権の順
位」を，被担保債権から完全に切り離して，絶対的に，入れ替えることであ

〔占部〕　13

る。例えば，1個の不動産に，Aが100万円の債権を担保する第1順位の抵当権を，Bが200万円の債権を担保する第2順位の抵当権を，Cが300万円の債権を担保する第3順位の抵当権を有する場合において，Cを第1順位に，Aを第3順位に変更すれば，Cは，100万円の範囲ではなくして，300万円の債権について第1順位の抵当権を，Aは100万円の債権について第3順位の抵当権を有することとなる。AとCとの間で376条1項が定める「抵当権の順位の譲渡」をした場合には，Bには全然影響が及ばないので，この点が「抵当権の順位の譲渡」と根本的に異なる。

このような「抵当権の順位の変更」は，376条以下が規定している抵当権の5種類の処分のほかに，もう一つの抵当権の処分として，昭和46年（1971年）の改正（法律99号）で新設され，前条に2項と3項が追加されたが，平成16年（2004年）の現代語化にあたり，この2つの項を独立させ，本条とした。

この処分方法は，絶対的効力を生ずるため，普通抵当権のみならず，根抵当権（398条の2）についても，利用することが許される（柚木＝高木311頁）。さらに，普通抵当権と根抵当権の間でも順位の変更をすることができると解されている（貞家＝清水200頁）。

(2) 制度の必要性

抵当権の順位の絶対的変更を認める本制度が新設される前は，抵当権の順位の相対的譲渡または放棄しか認められていなかったために，例えば，1個の不動産に，Aが第1順位の，Bが第2順位の，Cが第3順位の，Dが第4順位の抵当権を有している場合に，Dを第1順位に，Cを第2順位に，Bを第3順位に，Aを第4順位に変更するためには，AがB・C・Dに，BがC・Dに，CがDにその順位を譲渡するというように，合計6個の順位の登記をする必要があり，登記簿上その関係を容易に知ることができないだけでなく，それによって抵当権の順位の絶対的変更の結果を生じさせるためには複雑で煩瑣な手続を要し，その手続を誤れば企図した結果を得られないことにもなった。そこで，上記の改正によって，関係抵当権者の全員の合意があれば，1回の順位の変更の登記申請手続によって，順位を絶対的に変更できるようになった（新版注民(9)〔改訂版〕95頁以下〔山崎寛＝高木多喜男〕）。

14 〔占部〕

第 2 節　抵当権の効力　　　　　　　　　　　　　　　§374　II

(3)　同順位・同一抵当権者の場合

　登記実務は，同順位の抵当権を異順位に変更することを認める（昭46・12・27民事三発960号民事局第三課長依命通知・先例集追Ⅴ620頁の登記記載例(3)参照）。そうであるなら，異順位の抵当権を同順位に変更することや，さらには，同一の不動産に複数の抵当権を有する者が自らの抵当権の順位を変更することも可能であるというべきであろう（髙橋智也「抵当権の順位の変更および譲渡」新担保・執行法講座(3)161頁）。

(4)　本条の準用

　本条は，不動産質権に準用され（361条），不動産の先取特権に準用される（341条）から，当事者の合意によって，これらの担保物権相互間の順位の変更および抵当権との順位の変更を行うこともできる（新版注民(9)〔改訂版〕97頁〔山崎＝高木〕。これに対し，注民(9)〔増補再訂版〕379頁〔西沢修〕は，不動産の先取特権については，「先取特権は法定担保権として特定の原因によって発生した債権の特別の効力として認められ，その順位も発生時期の前後と関係なく法定せられ，被担保債権に対する担保物権の付従性は最も強く，独立性を認める余地は存しない」ことを理由に，準用を否定する）。さらに登記実務は，同一の抵当権を目的とする数個の転抵当権の順位を変更することも可能であるとする（昭58・5・11民三2984号民事局第三課長回答・先例集追Ⅶ94頁）。

(5)　権利の順位

　抵当権と用益権，あるいは抵当権と所有権に関する権利（仮登記上の権利，差押え）との間の順位は，不動産登記法4条1項によって決せられるが，同条においては，これらの権利相互間の順位の変更を認めていないので，抵当権とこれらの権利との間で順位の変更をすることはできない（貞家＝清水201頁）。

II　順位変更の要件

1　各抵当権者の合意（本条1項本文）

(1)　当事者になる者

　1個の同一の不動産に複数の抵当権が設定されている場合において，これらの順位を変更するためには，順位の変更を生ずる抵当権と，それによって

〔占部〕　15

影響を受ける抵当権の権利者全員の合意が必要である。例えば，1個の不動産に，Aが第1順位の，Bが第2順位の，Cが第3順位の，Dが第4順位の，Eが第5順位の抵当権を有している場合に，Aを第3順位に，Cを第1順位に変更するためには，A・B・C全員の合意を必要とする。この場合，Bの順位は形式的には変わらないが，実質的に優先弁済権の範囲について影響を受けることとなるので，Bの合意も必要となる（貞家＝清水201頁）。AとCの被担保債権額が仮に同じであるか，あるいは，Cの方が少なければ，Bは損失を被らないようにも思われるが，A・Cそれぞれが他に有する担保の有無等によって，必ずしもそうならないのであるから，間にはさまれるBの合意は常に要求される（道垣内134頁）。つまり，結果の損得は別として，当該の順位変更によって誰かに追い越されないしは誰かを追い越すことになる者は，全て当事者となる，ということができる（鈴木・概説249頁）。

(2) 当事者にならない者

変更前の最優先順位者より先順位の抵当権者および変更前の最後順位者より後順位の抵当権者は，実質的にも，形式的にも，それぞれの優先弁済権の範囲に影響を受けることがないから，合意をすべき当事者とならない（貞家＝清水202頁）。したがって，上記の例で，Dの地位はA・B・C3名に劣後する点において変更前・変更後で変わりがないので，Dの合意は必要でないし，Bを第4順位に，Dを第2順位に変更する場合には，Aの合意を得る必要がない（新版注民(9)〔改訂版〕96-97頁〔山崎寛＝高木多喜男〕）。さらに，上記の例で，第1順位C，第2順位B，第3順位A，第4順位E，第5順位Dに変更するためには，A・B・C三者間の順位の変更と，D・E両者間の順位の変更は，それぞれ無関係のものであるから，それぞれ別個に，A・B・C間とD・E間の2個の合意および登記が必要となる（貞家＝清水202頁）。

(3) 合意がない場合

当事者の合意がない順位の変更は無効であり，その旨の登記も効力を生じない（新版注民(9)〔改訂版〕97頁〔山崎＝高木〕）。反対，貞家克己ほか・新根抵当法の解説〔1971〕224-225頁〔清水誠・清水湛発言〕）。

(4) 債務者が異なる場合

次条と異なり，本条には「同一の債務者に対する」という制約はないため，各抵当権者が有する被担保債権の債務者が異なる場合であっても，順位の変

更は可能である（甲斐道太郎「抵当権の処分の内容とその効力」担保法大系Ｉ 750 頁）。

2 利害関係人の承諾（本条 1 項ただし書）

次に，順位の変更について「利害関係を有する者」（利害関係人）の承諾を要する。

(1) 承諾権者になる者

順位の変更を生じる抵当権，または，それによって影響を受ける抵当権を目的とする権利を有する者は，原則として，順位変更の結果不利益を受ける可能性があるから，「利害関係を有する者」に当たる。転抵当権者や順位の譲渡・放棄等を受けている者，さらには，当該抵当権のために順位の譲渡・放棄をしている他の抵当権者がこれに当たる。

もっとも，順位の変更の結果，これらの者がかえって利益を受けることとなる場合には，承諾を要する利害関係人とはならない。例えば，Ａが 100 万円の債権を担保する第 1 順位の抵当権を，Ｂが 200 万円の債権を担保する第 2 順位の抵当権を，Ｃが 300 万円の債権を担保する第 3 順位の抵当権を有する場合において，Ｃの抵当権にＥが転抵当権を有する場合には，Ａを第 3 順位に，Ｃを第 1 順位に変更しても，Ｅは利益を受けるだけなので「利害関係を有する者」に当たらず，これについてＥの承諾は不要である。ただし，形式的には，転抵当権の目的となっている抵当権の順位が従前の順位より先順位になる場合であっても，なおその上に従前より債権額の大きい抵当権者がくることになる場合は，利害関係人となる。例えば，上記の例で，さらに，Ｄが 400 万円の債権を担保する第 4 順位の抵当権を有する場合において，Ｄを第 1 順位に，Ｃを第 2 順位に，Ｂを第 3 順位に，Ａを第 4 順位に変更する場合には，Ｃは形式的には順位が上昇するが，従前の先順位Ａ，Ｂの債権額の合計額 300 万円よりもＤの債権額の方が大きいので，Ｃの抵当権にＥが転抵当権を有する場合には，Ｅの同意も必要になる（貞家＝清水 203 頁）。さらに，順位の変更前に自己に優先した抵当権の被担保債権額の合計が，変更後のそれを上回る場合は，その者が有する抵当権上の権利者の承諾は不要であるとの見解（香川保一「根抵当法逐条解説(16・完)」登記研究 544 号〔1993〕11 頁以下）もあるが，中間にある抵当権上の権利者の承諾が必要な場合か否かの審査という過大な負担を登記官に課する欠点があるだけでなく，そもそも，登記された債権額がそのまま優先弁済額を示すわけではないから，処分された

§374　II　　　　　　　　　　　　　第2編　第10章　抵当権

抵当権が，順位の変更前において最後順位であった場合，または，順位の変更後において最先順位になる場合のみ，その処分の受益者は利害関係人にならないと解すべきであろう（鈴木・概説253-254頁）。

　また，順位の変更を生ずる抵当権，または，それによって影響を受ける抵当権の被担保債権の差押債権者や質権者も「利害関係を有する者」に当たる。順位の変更を生ずる抵当権，または，それによって影響を受ける抵当権について代位の仮登記をしている者も同様である（貞家＝清水202頁）。

　このほかにも，例えば，順位の変更を生ずる抵当権，または，それによって影響を受ける抵当権の権利者が別の不動産にも共同抵当権を有しており，その不動産について後順位抵当権者が存するときには，その順位の変更によって，後順位抵当権者の配当が減少するおそれがあるので，後順位抵当権者が393条による代位の付記登記の仮登記をしている場合にはその者の承諾も必要であるとの見解がある（鈴木・概説254頁）。

　(2)　**承諾権者にならない者**

　これに対して，順位変更の対象である各抵当権の全てより先順位ないし後順位にある権利は，順位の変更がどのようになされても，それによって影響を受けることはないから，この権利自体を有する者も，この権利の上に権利を有する者も，順位の変更について「利害を有する者」ではない（鈴木・概説255頁）。また，抵当不動産所有者は，いずれにせよ，全ての抵当権の負担を引き受けなければならず，債務者も，いずれにせよ，全ての債務を支払わなければならないのであるから，順位の変更について「利害関係を有する者」ではない。本条1項ただし書が「利害関係を有する者があるときは」とするのも，抵当権である以上つねに存在する抵当不動産所有者と債務者を排除する趣旨である（貞家＝清水203頁）。さらに，抵当不動産の用益権者や差押債権者との関係では，順位変更の効力が生じないから，これらの者の承諾も不要である（道垣内134頁）。

　(3)　**必要な承諾がない場合**

　利害関係人の承諾がない順位の変更自体は無効となるわけではなく，順位変更の当事者が，承諾をしていない利害関係人に対して，順位変更の効果を主張しえないだけであり，したがって，登記所としても，承諾がない順位変更の登記申請であったとしても受理せざるをえないとする考え方（新版注民

18　〔占部〕

第2節　抵当権の効力　　　　　　　　　　　　　　　　　　§374　Ⅱ

(9)〔改訂版〕98頁〔山崎＝高木〕），すなわち，「利害関係人の承諾」は対抗要件に過ぎないとする考え方もありうるが，例えば，h_1・h_2・h_3という順序で各抵当権があり，h_1の上にD_1・D_2がそれぞれ第1順位および第2順位の転抵当権を有していて，D_1の承諾は得たがD_2の承諾はなしに，h_2・h_3・h_1とする順位変更がなされた場合，極めて複雑な法律関係が生ずる。したがって，利害関係人全ての承諾がなければ順位変更は無効と解すべきである（鈴木・概説255頁以下）。すなわち，「利害関係人の承諾」は効力要件と解すべきである（髙橋智也「抵当権の順位の変更および譲渡」新担保・執行法講座(3)167頁以下）。

3　順位変更の登記（本条2項）

(1)　効　力　要　件

順位の変更においては，登記は，単なる対抗要件（177条）ではなく，効力要件となっている。すなわち，順位変更の合意があっても，その旨の登記を経由しなければ，順位変更の効力は生じない。このように，順位変更の登記は，対抗要件主義に立つ一般の登記と違って，不動産登記としては例外的・特則的な登記になっている。これは法律関係の複雑化を避けるためである（道垣内134頁）。

(2)　申　請　人

権利に関する登記は，登記権利者と登記義務者とが共同して申請することが原則である（不登60条「共同申請主義」）が，順位変更の登記については，当事者を登記権利者と登記義務者に明確に区別できない場合が多い。例えば，順位を変更する当事者が3人以上である場合には，ある当事者との関係では登記権利者となり，他の当事者との関係では登記義務者の地位に立つといったことが生ずる。そこで，不動産登記法89条1項は，同60条（共同申請主義）についての特則を規定し，「抵当権の順位の変更の登記の申請は，順位を変更する当該抵当権の登記名義人が共同してしなければならない」と定めている。このような登記権利者および登記義務者という概念から離れて複数の当事者が申請人になった登記の申請のことを一般に，共同申請と対比して，「合同申請」（幾代通（徳本伸一補訂）・不動産登記法〔4版，1994〕301頁，山野目・不登289頁）と呼んでいる。この形態をとる申請としては，共有物分割禁止の定めに係る権利の変更の登記の申請（不登65条）および根抵当権の優先弁済権についての優先の定め（398条の14第1項ただし書）の登記の申請がある。

〔占部〕　　19

§*374* II　　　　　　　　　　　　　　　　第2編　第10章　抵当権

　順位の変更について，「各抵当権者の合意」(一1) が成立したときには，その効力として，当然に，その合意に基づく登記請求権が当事者間に生ずる。例えば，第1順位A，第2順位B，第3順位Cの順位を第1順位C，第2順位B，第3順位Aと変更する合意が成立した場合において，Aがその順位の変更の登記に応じないときは，BとCは，その合意に基づいて，Aに対しその登記申請に協力すべきことを請求することができる。このとき，BとCが共同して訴えを提起する必要はなく，BまたはCが単独でAに対して訴求し，その判決を得て，BとCが共同でその登記を申請すればよい（貞家＝清水204頁以下。ただし，鈴木・概説258頁は，例えば，Bが敗訴した場合，その既判力はCに及ぶのか，及ばないとして，のちCがAに登記請求して勝訴すると，BはAに敗訴しているにかかわらず，順位変更登記が行われうることになるのか，等の問題が，なお後に残るとする）。

　順位の変更について，「利害関係を有する者」がいる場合には，その者が承諾したことを証する情報を提供しなければならない（不登令7条1項5号ハ）。必要な承諾証明情報が提供されていない場合には，不動産登記法25条13号および不動産登記令20条8号により，却下される（髙橋・前掲論文176頁）。

(3)　登記の方法

　申請書に記載すべき登記の目的は「順位の変更」であり，登記原因は順位変更の合意，その日付は原則としてその合意をした日である（貞家＝清水209頁）。

　抵当権の順位の変更の登記は，個々の抵当権の登記の登記事項を変更するものではなく，複数の抵当権の順位を一挙に変更するものであるから，1個の独立した主登記でされる。例えば，順位番号1番から5番までの5個の抵当権の設定の登記がある場合において，1番から3番までの抵当権の順位を変更し，順位番号1番の抵当権を第3順位とし，順位番号3番の抵当権を第1順位とする抵当権の順位の変更の場合には，順位番号6番でその登記をすることになる（貞家＝清水209-210頁）。したがって，権利の変更登記に関する不動産登記法66条の規定が適用されることはなく（昭46・10・4民事甲3230号民事局長通達・先例集追V 531頁），順位の変更があった抵当権の登記の順位番号の次に変更の登記の順位番号が括弧を付して記録され（不登則164条），その抵当権について順位の変更の登記があったことが明らかにされる（新基本

20　〔占部〕

第2節　抵当権の効力　　　§*374*　III

法コメンタール不動産登記法〔2010〕263頁〔小宮山秀史〕）。

III　順位変更の効果

(1)　当事者・承諾権者に対する効力

　順位変更の結果，変更の対象となった各抵当権は，あたかも，変更後の順番で最初から登記されていたかのような形で，その優先順位を保有することになる（鈴木・概説259頁）。そのため，変更後の順位をさらに変更する場合には別個の順位の変更の登記によってしなければならない（前掲昭46・10・4民事甲3230号民事局長通達）。

　変更につき利害関係人として承諾した者に対する関係においても，順位変更の効力は絶対的に生ずる。例えば，第1順位A，第2順位B，第3順位C，第4順位Dの順位を，第1順位B，第2順位C，第3順位D，第4順位Aと変更した場合において，従前の第1順位のAの抵当権を目的とする転抵当権者は，順位の変更後は第4順位のAの抵当権を目的とする転抵当権者となり，また，従前Aから順位の譲渡を受けていた第5順位のEは，順位の変更後においては第4順位のAから順位の譲渡を受けた結果となる（貞家＝清水206-207頁）。

(2)　他の担保権者に対する効力

　順位変更の当事者ではない当該不動産上の他の担保権者に対する関係においても，順位変更の効力は絶対的に生じる。例えば，上記の例で，順位の変更前におけるAより先順位の抵当権その他の担保権を有する者，あるいは順位の変更前におけるDより後順位の抵当権その他の担保権を有する者に対する関係においても，順位の変更後の順位をもって各抵当権の優劣が決せられることになる（貞家＝清水207頁）。これらの者が受ける優先弁済の額は変更の前後において変化がない以上，順位変更の効力を及ぼすことには何の問題もないからである（髙橋智也「抵当権の順位の変更および譲渡」新担保・執行法講座(3)173頁）。したがって，例えば，順位の変更後これらの者がAに対して順位の譲渡をする場合には，変更後の順位にあるAに対して順位を譲渡することになり，またAから順位の譲渡を受ける者は，変更後のAの順位の譲渡を受けることになる（貞家＝清水207頁）。

〔占部〕　　21

§*374* III　　　　　　　　　　　　　　　第2編　第10章　抵当権

(3)　効力を受けない者

　もっとも，用益権者，不動産の差押債権者あるいは所有権の仮登記権利者などに対する関係においては，順位変更の効力は生じない。これらの者に対する関係においては，依然として変更前の順位によってその優劣が決せられる。例えば，上記の例で，A・B間に地上権者が存在している場合には，地上権者に対する関係においては，順位の変更にかかわらず，依然としてAが先順位の抵当権者である。したがって，地上権者としては，Aに対して弁済をすれば，自己に優先する抵当権を消滅させることができる。このような結果になることは，そもそも本条による順位の変更が抵当権の変更のみを規定しているにとどまり，不動産上の権利全体の順位の変更について定めているものではないからである（貞家＝清水 207-208 頁）。しかし，以上の結論は，順位変更の受益者Bの地位をきわめて不安定なものにする。すなわち，Bがせっかく順位の変更によって自己の抵当権の順位を上昇させても，Aへの弁済により，Bの努力は無に帰する。しかも，376 条の処分の受益者の場合と異なって，Aへの弁済によるAの抵当権の消滅の阻止のための手段（377 条2項参照）は，この場合のBには与えられていない（鈴木・概説 262 頁）。

　租税債権と抵当権の優劣は，原則として，租税の法定納期限等と抵当権設定登記の前後により決せられる（税徴 16 条〜18 条，地税 14 条の 10〜14 条の 12）ので，順位の変更にかかわらず，各抵当権の設定登記の時点と法定納期限等との比較によって優劣が決せられる（貞家＝清水 208 頁）。

(4)　弁済・相対的処分の効力

　順位の変更が行われると，変更前の先順位抵当権者に対して債務者が弁済を行ったとしても，変更後の先順位抵当権者が有する抵当権は何の影響も受けない（髙橋・前掲論文 161 頁）。また，順位変更の対象となる各抵当権者相互間で，順位の譲渡・放棄がされていた場合，これら相対的処分の効力は，順位変更の趣旨と矛盾する限度においては，失効する（鈴木・概説 260 頁）。例えば，上記の例で，従前AがDに順位の譲渡をしていた場合のように，変更前の先順位者が後順位者に対して順位の譲渡をしていたが，順位の変更により両者の順位が逆転した場合には，順位の変更によって，A・D間の順位の譲渡は当然に失効する。これに対し，従前BがDに対してしていた順位の譲渡は，順位の変更後においては，第1順位のBから第3順位のDに対

22　〔占部〕

第2節　抵当権の効力　　　　　　　　　　　　　　　　　§*375*

する順位の譲渡として，その効力が存続する（貞家＝清水206頁）。ただし，登記実務上は，「順位の変更にかかる抵当権に関してされている順位譲渡等の登記は，順位の変更によりその意義を失うこととなる場合であっても，これを職権で抹消するのは相当でない」（昭46・12・27民事三発960号民事局第三課長依命通知・先例集追V620頁）とされている。

(5)　**法定地上権成否の判断基準時**

　抵当権の順位の変更は，同一不動産に設定された複数の抵当権相互間において優先弁済の順位を変更するものであり，抵当権の設定された時点を変更するものではないから，抵当権の順位の変更によって，地上に建物が存在する状態でその敷地に設定された抵当権の順位が地上に建物が存在しない状態でその敷地に設定された抵当権の順位より優先することとなっても，その敷地の競売手続においてこれを買い受けた者に対して建物所有者が法定地上権（388条）を有するものではない（最判平4・4・7金法1339号36頁）。例えば，土地に設定された第1順位の抵当権との関係で法定地上権の要件が満たされず，第2順位の抵当権との関係で満たされている場合に，第1順位の抵当権と第2順位の抵当権の順位の変更があっても，法定地上権は成立しない。第1順位の抵当権は，法定地上権がないものとして土地の担保価値を評価しており，それが後順位の抵当権を設定する場合の基準となるのであるから，順位の変更によってこれが変化すべきではないといえよう（内田456頁以下）。

(6)　**抹 消 登 記**

　順位の変更の登記の抹消登記は，順位の変更にかかる抵当権の登記名義人の全てが申請しなければならない（前掲昭46・10・4民事甲3230号民事局長通達）。

〔占部洋之〕

　　　（抵当権の被担保債権の範囲）
　　第375条①　抵当権者は，利息その他の定期金を請求する権利を有するときは，その満期となった最後の2年分についてのみ，その抵当権を行使することができる。ただし，それ以前の定期金についても，満期後に特別の登記をしたときは，その登記の時からその抵当権を

〔占部〕　　23

§375 Ⅰ

第2編 第10章 抵当権

行使することを妨げない。

② 前項の規定は，抵当権者が債務の不履行によって生じた損害の賠償を請求する権利を有する場合におけるその最後の2年分についても適用する。ただし，利息その他の定期金と通算して2年分を超えることができない。

〔対照〕 フ民 2432 条，ス民 818 条

〔改正〕 本条＝平 16 法 147 移動（374 条→本条） ②＝明 34 法 36 新設

細目次

Ⅰ 本条の趣旨……………………24
 (1) 本条の根拠………………25
 (2) 物上代位の場合…………25
 (3) 抵当権を消滅させるに必要な弁済額
   ………………………………25
 (4) 時効更新の範囲…………26
Ⅱ 制限される金銭の種類………26
 1 利 息………………………27
 2 利息以外の「定期金」……27
 3 遅延損害金………………28
 4 違約金………………………28
 5 重 利………………………29
 (1) 意 義……………………29
 (2) 判 例……………………29
 (3) 登記実務…………………29
 6 抵当権の実行の費用………30
 (1) 民事執行法による規律……30
 (2) 判 例……………………30
Ⅲ 担保される利息額………………31
 1 「満期となった最後の2年分」………31
 (1) 登記の必要性……………31
 (2) 「満期となった」の意味 ……31
 (3) 共同抵当の場合…………32
 (4) 物上代位の場合…………32
 2 元利均等払債務 ………………33
 (1) 意 義……………………33
 (2) 元利金合計額が登記されている場合
   ………………………………33
 (3) 元本額のみ登記されている場合……33
Ⅳ 「特別の登記」……………………34
 (1) 意 義……………………34
 (2) 登記の性質・手続………34
 (3) 付記登記ができない場合…………35
 (4) 仮登記の可否……………35
Ⅴ 本条の適用範囲…………………35

Ⅰ 本条の趣旨

本条は，抵当権が担保する債権の中に，利息・定期金・遅延損害金債権がある場合に，その抵当権（優先弁済権）を行使することができる範囲を制限するものである。抵当権と同じ約定担保物権である質権が担保する債権の範囲は，346 条により網羅的であるのに対して，抵当権の場合は，著しく範囲が狭くなっている。

24 〔占部〕

第 2 節　抵当権の効力　　　　　　　　　　　　　　　　　　　§*375*　I

(1)　本条の根拠

　抵当権の被担保債権は，抵当権の設定契約によって，自由に定めることができ，それを登記により公示すれば，第三者に対しても，それについて優先弁済権を主張できる。そして，抵当権にも不可分性がある（372条が準用する296条）から，抵当権の被担保債権が全て消滅するまで，抵当権（優先弁済権）を行使することができるはずである。しかし，本条は，利息と遅延損害金について，優先弁済権を行使することができる範囲を「満期となった最後の2年分」に限定した。なぜなら，元本と異なり，利息と遅延損害金は，期間の経過とともに額が増大する性質を有するため，第三者にとって，その累積額を予想することが困難であり，そうであるなら，被担保債権全額が登記により公示されているとはいえないからである。そして，このように限定することによって，後順位担保権者に抵当不動産の剰余担保価値の予測可能性を与え，不動産の担保価値を先順位抵当権者に独占させることなく，債務者・後順位担保権者双方とも抵当不動産を効率的に利用する可能性を与えたのである。仮登記担保契約に関する法律は，その13条2項（利息その他の定期金）・3項（遅延損害金）において，本条と同趣旨の規定を置いた。

(2)　物上代位の場合

　本条の根拠を以上のように考えると，本条は，抵当権者自身または後順位担保権者・一般債権者が申し立てた抵当不動産の競売の売却代金の配当において，抵当権者がその順位で優先弁済を受ける場面で適用されるだけでなく，さらに，抵当権者が物上代位権に基づき抵当不動産の賃料債権を差し押さえた場合にも本条の適用があり，抵当権者が優先して弁済を受けることができる利息債権または遅延損害金債権の範囲は，最後の2年分に制限されることになろう（東京高判平8・9・26判タ950号192頁）。

(3)　抵当権を消滅させるに必要な弁済額

　また，本条の趣旨は，後順位担保権者・一般債権者に対する関係で，抵当権者の優先弁済権を制限するものであって，抵当権者の抵当権設定者（債務者・物上保証人）に対する関係において被担保債権を制限するものではないから，抵当権設定者（債務者・物上保証人）は，登記された債権であるか否かに関係なく，抵当権の不可分性（372条が準用する296条）により，抵当権者と約定された被担保債権額の全額を完済しなければ，抵当権を消滅させることが

〔占部〕　25

§375 II

第2編　第10章　抵当権

できず（大判大9・6・29民録26輯949頁，大判昭9・3・10裁判例8巻民法53頁，大判昭12・6・14民集16巻826頁，大判昭15・9・28民集19巻1744頁），抵当権設定登記の抹消登記手続も請求できない（前掲大判昭15・9・28，大判昭17・7・9法学12巻248頁）。

これに対して，弁済者が，第三取得者・後順位抵当権者等の第三者の場合には，争いがある。判例（第三取得者については，大判大4・9・15民録21輯1469頁，大判昭9・10・10新聞3771号7頁，後順位抵当権者については，大判昭12・3・17裁判例11巻民法71頁，東京地判昭41・4・1判時452号46頁）・通説（我妻250頁，柚木＝高木277頁，高木158頁，近江155頁，髙橋133頁）は，第三者の場合にも，本条の適用は問題にならず，被担保債権額の全額を完済しなければ，抵当権を消滅させることができないとする。これに対して，少数説（道垣内235頁）は，弁済者が第三者の場合には，登記に記載された先順位抵当権者の被担保債権額を信頼して，目的物の余剰価値を取得した者であるから，登記された元本額および，本条により2年分に制限された利息・遅延損害金を支払えば，抵当権を消滅させうるとする。先順位抵当権者が競売の申立てをなして2年分に制限された利息・遅延損害金の配当を受けることを阻止するために，被担保債権額の全額を弁済しなければならないとするのは，あまりにもバランスが悪いので，少数説が妥当であろう。

(4)　時効更新の範囲

以上のように，本条の趣旨は，抵当権者の換価権までも制限するものではないから，抵当権者は，元本ならびに利息その他の定期金および損害金の満期となった最後の2年分についてのみならずその全額について競売の申立てをなすことができ，この申立てに基づいて競売開始決定がなされたときは，被担保債権の全額について時効更新の効力が生じる（前掲大判大9・6・29）。

II　制限される金銭の種類

本条によって制限される金銭の種類は，「利息」，利息以外の「定期金」（本条1項），「債務の不履行によって生じた損害の賠償」（同2項）である。

本条2項の規定は民法制定当時には存在しなかった。明治34年法律36号による最初の民法の一部改正によって追加された規定である。大審院明治

第2節　抵当権の効力　　　　　　　　　　　　　　　§375　Ⅱ

33年5月19日判決（民録6輯5巻64頁）が，「遅延利息」は本条の「利息」に含まれないとしたため，この判決が契機となって，2項が追加された。

1　利　　息

（1）「利息」とは，元本弁済期までに発生する元本利用の対価（元本の使用料）であり，元本の額と経過期間に比例して支払われる金銭である。元本の弁済期に弁済がなされない場合に支払義務が生じる金銭は，一般に「遅延利息」と呼ばれるが，その性質は「金銭の給付を目的とする債務の不履行」「の損害賠償」（419条1項）であって，ここでいう「利息」ではなく（前掲大判明33・5・19），その約定は「損害賠償額の予定」（420条）となる。

（2）「利息に関する定め」はこれを登記することができる（不登88条1項1号）。原則は「年利」を定めるが，利息支払期間に満たない端数期間の利息計算について日割計算の定めがあるときは，年利を登記し，ただし書として日歩（元金100円当たりの1日の利息の額）いくらによる旨を登記することができる（昭34・5・4民事甲895号民事局長通達・先例集追Ⅱ485頁）。そして，この「利息に関する定め」を登記しなければ，抵当権の効力（優先弁済権）が利息債権に及ぶことを第三者（抵当権を設定した債務者・物上保証人以外の者）に対抗することはそもそもできない。ただ単に利息を生ずべき旨を登記したにとどまる場合でも，法定利率（404条）の利息は第三者に対抗することができる（香川81-82頁）。

他方，法律上特別の規定により当然に，すなわち，当事者間に利息を生ずべき旨の特約がなくても利息を生ずるものである場合には，「登記原因」その他の記載より当該被担保債権が法律上当然に利息を生ずべき債権であることが明らかであれば，特に利息に関する定めとして利息を生ずる旨の登記をしなくても，利息を生ずることを第三者に対抗することができる。例えば，被担保債権が売買代金債権であるとき（575条2項参照）には，「登記原因」の記載（例えば「令和○年○月○日売買による売買代金債権についての令和○年○月○日抵当権設定契約」のごとき記載）から，利息を生ずべき債権であることが明らかであるから，利息に関する定めを登記しなくても，法定利率（404条）の利息を生ずることを第三者に対抗することができる（香川81頁）。

2　利息以外の「定期金」

利息以外の「定期金」とは，「地代」（266条），「小作料」（270条），「賃料」

〔占部〕　27

（601条），「終身定期金」（690条）などのことであり，例えば，賃料債権を担保するための抵当権が考えられる。現に，起草者も，被担保債権を「月々〇万円の賃料」というかたちで登記しうることを前提として，そのときはいくら賃料が滞納されているか第三者に明確でないから2年分に制限すべきであると考えていた（法典調査会民法議事〔近代立法資料2〕823頁〔梅謙次郎発言〕）。もっとも，「債権額」（不登83条1項1号）を登記事項とする現在の不動産登記法の下では，このような債権を公示することは困難であるから，優先弁済の可否も通常問題にならない。このような債権は，根抵当権（398条の2以下）で担保されることになる。一定期間の定期金全額について，これを担保するために抵当権を設定することも考えられるが，このような場合は，定期金全額が「債権額」として登記されるのであり，本条の問題ではない。

3 遅延損害金

本条2項の「債務不履行によって生じた損害の賠償」とは，「遅延損害金」のことである。金銭債務の不履行による損害賠償の額は，残債務額に対し，遅延期間と一定率を乗じて定まる（419条1項）のであり，登記実務は元本に対する率（例えば，年10％）でこれを定めることを要求する（昭34・10・20民事三発999号民事局第三課長心得依命通知・先例集追II 554頁，昭45・5・8民事甲2192号民事局長通達・先例集追V 238頁）。

4 違約金

(1) 違約金とは，債務不履行の場合に制裁として債務者が支払わなければならない金銭である。違約金については，質権の場合（346条）と異なり規定がない。違約金は，賠償額の予定と推定される（420条3項）場合には，遅延損害金（→3）として取り扱われる。

(2) 違約金が元本に対する利率で定められている場合は，これについて登記（不登88条1項2号）をすれば，優先弁済が得られる。しかし，違約金が，利率によって算出されるのではなく，一定金額（金何円）で定められている場合は，本条2項により担保される「最後の2年分」の計算が困難である（香川216頁）。そこで，登記実務では，この種の違約金は，本条の被担保債権とはなりえず，そのような登記申請は受理しないものとしている（昭34・7・25民事甲1567号民事局長通達・先例集追II 519頁，前掲昭34・10・20民事三発999号民事局第三課長心得依命通知）。したがって，これについては優先弁済を受け

第 2 節　抵当権の効力　　　　　　　　　　　　　§*375*　II

ることができない。

5　重　　利

⑴　意　　義

　利息の利息，すなわち，期限の到来した利息（延滞利息）を元本に組み入れ，これを元本の一部として利息をつけることを，重利または複利という。抵当権の被担保債権について重利の特約がされた場合に，元本に組み入れられた利息は，もはや利息の性質を失うから，本条1項の規定にかかわらず，当該抵当権により元本として担保されるかどうか，さらに元本に組み入れられた利息につけられた利息についても「最後の2年分」について優先弁済を受けることができるかどうかが問題となる。

⑵　判　　例

　古い判例（大決大2・6・21民録19輯466頁）には，利息に対する遅延損害金の登記（重利の登記）を認めるものがあった。しかしこれでは，延滞利息がいくらであるかその数額が登記簿上明らかではなく，これに対する遅延損害金の数額も不明である。したがって，重利による約定利息の優先弁済権の増加（すなわち元本組入れ後の元本に対する「最後の2年分」の利息の優先弁済権）を第三者に対抗するためには，結局利息の元本への組入れによる元本債権額の増加の登記をしなければならず，これをしない限りは，第三者に対しては，重利の優先弁済権を対抗することができない（東京高決平2・3・2判時1349号63頁も「特約に基づいて利息あるいは損害金が元本に組み入れられた場合には，当該抵当権の債権額の登記につき元本組入れによる債権額増額の登記（抵当権の変更登記）をしなければ，その増額をもって第三者に対抗できない（優先弁済を主張することができない）」とする）。

⑶　登 記 実 務

　かつての登記実務は，重利の特約を「利息に関する定め」（不登88条1項1号）として登記することを認めていた（昭25・10・20民事甲2810号民事局長通達・先例集下1486頁）が，その後，「利息についての遅延損害金の定の登記（重利の登記）をする実益がなく，したがって，その登記はすべきでない」（昭34・11・26民事甲2541号民事局長通達・先例集追II 564頁）として，その取扱いを変更した（これに対し，我妻251頁は，重利の特約を有効とする以上，これについて登記を許さないのは根拠に乏しく，実際の滞納額を無視し，元本額を基準として2年間の

〔占部〕　　29

§375 II 　　　　　　　　　　　　第2編　第10章　抵当権

重利計算をすれば，利息総額を算出することは容易であるとして，これを基準に重利についても登記を認めるのが適当であろうとする）。

6　抵当権の実行の費用

(1)　民事執行法による規律

346条は，「質権の実行の費用」も質権によって担保されるとするが，「抵当権の実行の費用」については，民法に規定がないだけでなく，不動産登記法にも登記事項とする規定が存在しない。これはもっぱら民事執行法の「執行費用」に関する諸規定によって律せられている。すなわち，抵当権の実行としての競売・担保不動産収益執行に必要な「執行費用」は債務者の負担とされ（民執194条・42条1項），競売では執行裁判所がこれを売却代金から配当する（民執188条・85条1項）。そして，「執行費用」のうち「共益費用」であるものは「手続費用」（民執63条1項1号参照）として，最優先で配当されるが，これは抵当権の効力としてなされるものではない。例えば，第2順位の抵当権者が抵当権を実行した場合，抵当権の実行の費用としては，申立費用，差押登記の登録免許税のほか現況調査費用，評価料，競売手数料等があるが，抵当不動産が競落されて代金が納付され，配当段階に至れば，配当表の記載としては，第2順位の抵当権者の上記費用全額が共益費用として第1行目に記載され，次いで第2行目に第1順位の抵当権の被担保債権額が記載され，同行にその費用は零と記載され，第2順位の抵当権の被担保債権額が同様に第3行目に記載される（東孝行「抵当権実行費用について —— 被担保債権説の検討」判タ450号〔1981〕60頁）。

(2)　判　　例

大審院昭和2年10月10日判決（民集6巻554頁）は，「抵当権の実行の費用」も抵当権によって担保されるとしたうえで，競売手続中に代位弁済をして抵当権に代位するためには，抵当権者が支出した抵当権実行の費用を併せて弁済（または供託）しなければならないとしたが，これは，競売費用が「共益費用」として最優先で支出者に配当されるからであって，本条の問題ではないと理解すべきであろう。この点について，大審院昭和2年3月9日判決（彙報38巻下民8頁）は，抵当不動産の第三取得者が競売手続中に競売費用を含めないで元利金だけの弁済供託をしても抵当権は消滅しないが，それは競売費用が民法491条（平成29年改正後の489条）の「費用」に該当するからで

30　〔占部〕

第2節　抵当権の効力　　　　　　　　　　　　　　　　　　§375　III

あって，「抵当権ノ効力ノ及フ範囲如何ノ問題トハ全ク没交渉」であるとする。

III　担保される利息額

1　「満期となった最後の2年分」

(1)　登記の必要性

抵当権が担保する利息は，登記された利率（不登88条1項1号）の限度で，しかも，「満期となった最後の2年分」に限定されている。例えば，約定利率が10％でも，8％と登記されれば，優先弁済を受けうるのは利息のうち8％についてのみである。ただし，被担保債権が法律上当然に利息を生ずべき債権（法定利息）である場合（例えば，商法513条1項の商人間の金銭消費貸借上の貸金債権）は，特に「利息に関する定め」の登記をしなくても，登記原因その他の記載（例えば債権者が銀行であるなど）から当該被担保債権が商事債権であることが明らかであれば，法定利率による利息を生ずべきことを第三者に対抗することができる（新版注民(9)〔改訂版〕110頁〔山崎寛＝高木多喜男〕）。

(2)　「満期となった」の意味

「満期となった最後の2年分」は，「配当期日から遡って2年間」（民執規173条1項が準用する同60条参照。福岡高決昭31・11・26下民集7巻11号3379頁，名古屋高判昭33・4・15高民集11巻3号239頁も同旨）と理解すべきである。たしかに，「満期となった」とは「弁済期が到来した」という意味に解される（柚木＝高木280頁，星野244頁）のであり，まだ弁済期が到来しない利息について優先弁済を受けうるいわれはない。「例ヘハ毎年12月31日ニ利息ヲ支払フヘキ場合ニ於テ明治41年7月ニ抵当権ヲ行フヘキモノトセハ明治39年及ヒ同40年ノ両年分ニ付テノミ抵当権ヲ行フコトヲ得ヘシ故ニ明治38年以前ノ利息ノ延滞スルモノアルモ抵当権ヲ以テ之ヲ請求スルコトヲ得ス」（梅520頁），この場合，明治41年の利息についても請求することができないとなりそうである。しかし，利息・遅延損害金は年額・月額をもって定めた場合でも，民法89条2項により，日割をもって計算すべきものであり，被担保債権の清算の場面に弁済期を持ち出すのは必ずしも適当ではない（片岡宏一郎〔判批〕担保法の判例I 42頁）。また，多くの場合，抵当権実行の段階に至れば，

〔占部〕　31

§375 Ⅲ　　　　　　　　　　　　　　　第2編　第10章　抵当権

期限の利益を喪失するから,「配当期日から」と理解しても差は生じない（高木157頁）。抵当権によって担保される債権が更生担保権となった場合における「最後の2年分」は,「会社更生計画認可の日から遡って2年間」である（浦和地判昭41・4・4判時448号51頁）。

　最後の年の分は延滞, その前の年の分は完済, そのまた前の年の分は延滞と飛び飛びに延滞されているときも合計2年分である。利息支払の基準たる期間の中途で2年分を計算するとき（例えば, 利息年10%, 年末払いという契約で8月に計算するとき）は, その年の利息は期間に応じて日割計算をする（89条2項）が, その時から遡って2年分だけの延滞があれば, 結局2年分の支払を受けることができる。したがって,「最後の」2年分というのは, その間に利率が変更されたときにだけ意味をもつ（我妻250頁）。

　(3)　**共同抵当の場合**

　共同抵当の場合において, 時を異にして数回の競売・配当が行われ, 第1回目に「最後の」2年分の配当を受けたときは, 第2回目以降の競売においては, 優先弁済としての配当を受けることはできない（大判昭9・5・23新聞3706号13頁, 大阪高決昭37・5・31高民集15巻6号409頁〔「共同抵当物件の一部の物件に後順位抵当権が設定され, 共同抵当権者が右後順位抵当権の存在する物件の競売により最後の2年分の利息損害金の弁済を受けた場合, 右後順位抵当権者が, 後順位抵当権の存在しない他の共同抵当物件に対し, 民法第392条第2項による代位権を有する限り, 共同抵当権者は, 右後順位抵当権の存在しない物件に対し, 最後の2年分超過の利息損害金を被担保債権とする抵当権にもとづいて, 優先弁済権も競売権も有しない」とした〕）。本条の適用にあっては, 数回にわたる競売・配当は, これを包括的に一括したものとして捉える必要があるからである（新版注民(9)〔改訂版〕111頁〔山崎＝高木〕）。

　(4)　**物上代位の場合**

　土地区画整理実施の結果, 抵当不動産所有者への交付が決定した減価補償金に対して, 抵当権者が物上代位によって優先弁済権を行使した後に, さらに抵当不動産についての換地に対して抵当権を実行した場合にも, 共同抵当の場合と類似の関係を生ずる。この場合にも, 前後を通じて利息は合算額において2年分を超えて優先弁済を受けることはできない（東京控判昭10・4・19新聞3851号7頁）。

32　〔占部〕

第2節　抵当権の効力　　　　　　　　　　　　　　　　§*375*　**III**

2　元利均等払債務

(1)　意　　義

例えば住宅ローンのような,「元本と約定期間内に発生する利息とを合算した債務総額を, 約定期間中, 均等に弁済していく形態の債務」である「元利均等払債務」においても, 計算上は元本と利息に分離することができるから, 約定期間の中途で抵当権が実行されると, 375条が適用されて, 利息部分が2年に限定されるかどうかが問題となる。

(2)　元利金合計額が登記されている場合

債権総額が確定しており, 元利金合計額が被担保債権の債権額（不登83条1項1号）として登記されている（利息については登記されていない）場合は, 利息分を2年分に限定する必要はなく, 全額について優先弁済を受けることができる。大審院大正9年12月18日判決（民録26輯1951頁）も,「該年賦金支払ノ債務関係ハ元本及ヒ利息ノ債務関係ニ非サルヲ以テ民法第374条〔現375条〕ノ適用ナキコト言ヲ竢タス」として, 本条の適用を否定している。

(3)　元本額のみ登記されている場合

これに対して, 本来の元本額のみを債権額とした場合には, 既に返済した額のうち元本部分に充当された額を差し引いた元本額を基礎とする2年分の利息についてしか優先弁済を受けることができない。例えば, 元本100万円で実質金利を年利8%としこれを10年間で均等償還する場合, 各年の年賦金は14万9029円（利息8万円と元本充当分6万9029円）となり, 年賦金総額は149万290円となるが, この場合において, 登記には「債権額100万円」,「利息年8%」と記載されていたところ, 4年分の年賦金59万6116円を支払ったところで, 第5年分を遅滞し, 期限の利益を失った場合, 残額89万4174円について抵当権を実行できるが, このとき元本残高は68万8946円だから, この残高から生ずる年利8%による利息の最後の2年分（11万231円）が本条により担保され, 79万9177円しか優先弁済を受けることができないことになる（我妻・判コメ342-343頁）。したがって, 同じ元利均等払債務であっても, 登記される債権額によって, 優先弁済を受けることができる範囲が異なることになるが, 実務では, 債権額を増加させると登録免許税がかさむこともあって, 本来の元本額で登記するのが一般的である（道垣内165頁）。

〔占部〕　　33

§375 IV　　　　　　　　　第2編　第10章　抵当権

IV　「特別の登記」

(1)　意　　義

「最後の2年分」以前の利息等であっても，弁済期が到来したものについて，「特別の登記」をすれば，「その登記の時」から，それについても抵当権を行使することができる（本条1項ただし書）。これはむしろ，登記という公示方法を備えたことによって，抵当権の効力（優先弁済権）は被担保債権の全範囲に及ぶという原則に立ち戻ったものともいえる。

(2)　登記の性質・手続

本条1項ただし書の「特別の登記」についてはその手続を定めた規定が存在しない（西澤修〔先例解説〕不動産登記先例百選〔2版，1982〕100頁）ため，その登記の性質がどのようなものであり，いかなる手続によるべきか，判例・学説・先例は，「保存登記」「抵当権設定登記」「権利の変更の登記」に分かれている（香川198頁）。利息など定期金に係る民法375条1項本文・2項所定の優先弁済権の範囲の制限を同条1項ただし書の「特別の登記」により修正することは，抵当権の効力内容の変更であり，民法177条にいう「物権の」「変更」にほかならない。このような実体法理解に忠実な「特別の登記」の形式は，「権利の変更の登記」であると考えられる（山野目・不登443頁）。

このように，本条1項ただし書の「特別の登記」は「権利の変更の登記の一種」（昭27・4・8民事甲396号民事局長通達・先例集下1843頁）であり，不動産登記法66条により，後順位抵当権者等の，「登記上の利害関係を有する第三者」の承諾がある場合および当該第三者がない場合には，付記登記によってすることができる。付記登記の順位は主登記の順位と同一の順位となる（不登4条2項）ため，このような「特別の登記」がなされた場合には，抵当権者は，抵当権設定登記の優先順位（順位昇進の原則によって昇進した場合は昇進した順位）におけると同一の優先順位において，「特別の登記」につき「登記上の利害関係を有する第三者」（「特別の登記」の登記前・登記後に登記を具備した後順位担保権者，抵当不動産所有者の一般債権者）に対抗して，「特別の登記」がなされた時から，「特別の登記」に表示された延滞に対して，抵当権（優先弁済権）を行使することができる（新版注民(9)〔改訂版〕118頁〔山崎寛＝高木多喜男〕）。

34　〔占部〕

第 2 節　抵当権の効力　　　　　　　　　　　　　　　　　　§*375*　Ⅴ

(3)　付記登記ができない場合

「登記上の利害関係を有する第三者」の承諾等がない場合でも，抵当不動産所有者の同意があれば，「主登記」（抵当権の変更の登記）によって「特別の登記」をすることができるが，その効力は，「その登記の時」を基準とする。すなわち，第 2 順位の抵当権が生じた後に「特別の登記」をすれば，その登記をした部分は，これに対して優先することができず，その後に設定された第 3 順位の抵当権以下には優先する（大判昭 3・8・25 新聞 2906 号 12 頁）。「例ヘハ甲ヵ明治 38 年 1 月 1 日ニ抵当権ヲ得乙ヵ同年 2 月 1 日ニ同一ノ不動産ニ付キ第二ノ抵当権ヲ得タリトセンニ若シ甲ノ債権ヵ利息附ニシテ明治 41 年ニ至ルマテ甲ヵ未タ一銭ノ利息ヲ受取ラサルモ明治 38 年分ノ利息ニ付テハ翌 39 年 1 月 1 日ニ登記ヲ為シタリトセハ 41 年ニ至リ抵当権ヲ実行セント欲スルニ当リ甲ハ第一ニ其債権ノ元本及ヒ明治 39 年及ヒ同 40 年ノ両年分ノ利息ヲ受ケ次ニ乙ハ其債権全部ノ弁済ヲ受ケ尚ホ余アルニ非サレハ甲ハ明治 38 年分ノ利息ヲ受クルコト能ハサル」（梅 521 頁）ということになる。しかし，そうだとすると，最後の 2 年分以前の利息等の債権について別個の抵当権を設定しても，その時点からの優先弁済権は確保できるのであるから，これについては本条 1 項ただし書は当然の規定ということになる（道垣内 164 頁）。

(4)　仮登記の可否

利息の延滞が 2 年に達していない場合でも，弁済期到来後のものであれば，本条 1 項ただし書による「特別の登記」の仮登記をすることができる（大決大 4・6・24 民録 21 輯 1018 頁）。

Ⅴ　本条の適用範囲

抵当不動産の所有者が被担保債権の債務者であり，かつ，他の債権者が同一執行手続において配当を受けない場合，本条の適用はなく，抵当権者は，利息等の全額について配当を受けうる。なぜなら，本条の趣旨は第三者に不測の損害を被らせないことにあるが，この場合，不測の損害を被る第三者が存在しないからである。

これに対して，抵当不動産の所有者が被担保債権の債務者でない場合，判例（京都地判昭 59・10・30 金法 1108 号 56 頁，山口地下関支判昭 62・5・18 判タ 655 号

〔占部〕　　35

§376

163頁)・通説（我妻249頁，高木156頁）は，他の債権者が同一執行手続において配当を受けなければなお，抵当権者は利息等の全額を回収できるとする。しかし，抵当不動産の第三取得者は，抵当権者の優先弁済額を予測し，抵当不動産の残余価値を期待して利害関係に入る点で，後順位抵当権者等と同様であるから，本条の適用があると考えるべきである（道垣内164頁）。

〔占部洋之〕

（抵当権の処分）

第376条①　抵当権者は，その抵当権を他の債権の担保とし，又は同一の債務者に対する他の債権者の利益のためにその抵当権若しくはその順位を譲渡し，若しくは放棄することができる。

②　前項の場合において，抵当権者が数人のためにその抵当権の処分をしたときは，その処分の利益を受ける者の権利の順位は，抵当権の登記にした付記の前後による。

〔改正〕　本条＝平16法147移動（375条→本条）

細 目 次

Ⅰ　総　説‥‥‥‥‥‥‥‥‥‥‥37
 (1)　本条の趣旨‥‥‥‥‥‥‥37
 (2)　経済的効用‥‥‥‥‥‥‥37
 (3)　相対的処分‥‥‥‥‥‥‥38
 (4)　本条の準用‥‥‥‥‥‥‥39
Ⅱ　転抵当‥‥‥‥‥‥‥‥‥‥39
 1　法的性質‥‥‥‥‥‥‥‥39
  (1)　意　義‥‥‥‥‥‥‥‥39
  (2)　判　例‥‥‥‥‥‥‥‥40
  (3)　学　説‥‥‥‥‥‥‥‥41
 2　設　定‥‥‥‥‥‥‥‥‥41
  (1)　転抵当権設定契約‥‥‥‥41
  (2)　転抵当権の有効要件‥‥‥42
  (3)　転抵当権の対抗要件‥‥‥43
 3　効　果‥‥‥‥‥‥‥‥‥44
  (1)　転抵当権者の権利‥‥‥‥44
  (2)　原抵当権者が受ける拘束‥46
  (3)　原抵当権の被担保債権の債務者が
   受ける拘束‥‥‥‥‥‥‥48

  (4)　転抵当権の消滅‥‥‥‥‥50
Ⅲ　抵当権の譲渡・放棄‥‥‥‥‥51
 1　抵当権の譲渡‥‥‥‥‥‥51
  (1)　意　義‥‥‥‥‥‥‥‥51
  (2)　要　件‥‥‥‥‥‥‥‥51
  (3)　効　果‥‥‥‥‥‥‥‥54
 2　抵当権の放棄‥‥‥‥‥‥56
  (1)　意　義‥‥‥‥‥‥‥‥56
  (2)　要　件‥‥‥‥‥‥‥‥57
  (3)　効　果‥‥‥‥‥‥‥‥57
Ⅳ　抵当権の順位の譲渡・放棄‥‥‥58
 1　抵当権の順位の譲渡‥‥‥58
  (1)　意　義‥‥‥‥‥‥‥‥58
  (2)　要　件‥‥‥‥‥‥‥‥59
  (3)　効　果‥‥‥‥‥‥‥‥63
 2　抵当権の順位の放棄‥‥‥65
  (1)　意　義‥‥‥‥‥‥‥‥65
  (2)　要　件‥‥‥‥‥‥‥‥66
  (3)　効　果‥‥‥‥‥‥‥‥67

第2節　抵当権の効力　　　　　　　　　　　　　　　　　§*376*　I

I　総　　説

⑴　本条の趣旨

　抵当権は，それが担保する債権を回収するために，その目的物の売却代金から優先弁済を受けることを認める権利であるから，目的物に交換価値があるかぎり，抵当権自体に財産的価値を見いだすことができ，経済的取引の対象たる「財産権」の一つである。そうであるなら，設定契約において定められた以上の負担を設定者（目的物所有者）にさせることがなければ，抵当権者がこの財産的価値を第三者のために利用することも認められてよい。そこで，民法は，抵当権者が抵当権それ自体を処分することを認めた。それが本条である。民法の起草者は，「抵当権ナルモノハ債権ノ担保トシテ之ニ従タルモノナルカ故ニ理論上ヨリ之ヲ言ヘハ抵当権ヲ債権ヨリ分離シテ之ヲ処分スルコト能ハサル」はずであるが，これを許さないと「頗ル不便」であるし，かつ，これを許しても「別ニ弊害ヲ見サル」のであり，現に，各国の法律においても，抵当権の処分を多少なりとも許さないものはなく，その範囲に広狭の差があるだけであり，「而シテ本条ハ最モ広キ範囲ニ於テ之ヲ許セリ」とした（梅 523-524 頁。フランス法については，橋本眞「抵当権の処分（フランス法）」椿寿夫編・担保法理の現状と課題（別冊 NBL31 号）〔1995〕270 頁以下に詳しい）。

⑵　経済的効用

　本条による抵当権の処分には，貸付資金を投下した抵当権者にとって，次のような経済的効用がある。

　㋐　抵当権者は「抵当権を他の債権の担保」（本条 1 項前段）とすることによって，債務者から貸付資金を回収する前に，金銭を調達することができる。これを「転抵当」という（→II）。

　㋑　抵当権者は「抵当権若しくはその順位を譲渡し，若しくは放棄すること」（本条 1 項後段）によって，同一債務者（取引先）に対する他の債権者との間で担保の融通をつけて「協調融資」をすることができる。例えば，債務者が新たな設備資金のため高額で長期の借入れをする必要が生じた場合において，貸付けに係る債権を担保する抵当権のために先順位抵当権の順位の譲渡または放棄をすることがある。債権者は，一般的に後順位で担保権の設定を受けることを嫌うが，さりとて先順位の抵当権を消滅せしめることも容易で

〔占部〕　　37

はないため，「抵当権の順位の譲渡」または「抵当権の順位の放棄」が利用
されるのである。また，巨額の融資を複数の銀行が共同して行う場合に，そ
の銀行の中に既に先順位の抵当権を取得している銀行がある場合に，この共
同融資を容易にするために，その抵当権の順位を譲渡または放棄する例も多
い（香川 420 頁）。さらには，社債を担保するための抵当権（担保付社債）の場
合には，社債権者保護の見地からできるだけ先順位（原則として第 1 順位）で
あることが望ましいため，目的不動産に先順位の抵当権があるときは，その
抵当権の順位を社債の担保のための抵当権に対して譲渡するということがし
ばしば行われる（清水湛「抵当権の順位の譲渡または放棄」中川善之助＝兼子一監
修・不動産法大系 II 担保〔改訂版，1977〕330 頁）。

(3) 相対的処分

本条は，以上のような経済的効用がある処分をする権限を抵当権者に認め
るものであり，本条の処分について，抵当権の被担保債権の債務者，保証人，
物上保証人，抵当不動産の第三取得者，後順位担保権者等の同意を得る必要
はない。逆にいえば，本条の処分は，抵当権者と受益者の間（当事者間）で
のみ効力を生ずる「相対的処分」であって，処分の効果は，当事者以外の第
三者である，抵当権の被担保債権の債務者，保証人，物上保証人，抵当不動
産の第三取得者，後順位担保権者等には影響を及ぼさない（相対的効力しか有
しない）。

この点について，起草者は，「『其抵当権ヲ以テ他ノ債権ノ担保ト為シ』ト
致シマシタノハ即チ始メニ担保ヲシテ居ツタ債権ヲ離レテト云フノデアリ」
（法典調査会民法議事〔近代立法資料 2〕835 頁），甲の抵当権を乙に譲渡すると
いうことは，「其抵当権ト云フモノカ甲ノ債権ヲ離レテ乙ノ債権ノ担保ト為リ
マス」（同 839 頁）としていた。すなわち，本条の処分により，抵当権は，そ
の従来の被担保債権から完全に切り離されて，独立に処分され，受益者の債
権を単純に担保することになるという「絶対的効力」を有すると考えていた
（絶対的効力と理解する学説〔絶対的効力説〕については，新版注民(9)〔改訂版〕177 頁
以下〔山崎寛＝高木多喜男〕に詳しい）。

しかし，昭和 46 年（1971 年）の民法改正によって，抵当権の順位の変更の
規定（現行 374 条）および根抵当権の規定（398 条の 2〜398 条の 22）が新設・追
加された。このうち，現行 374 条は，「絶対的効力」を有する順位の変更を

第2節　抵当権の効力　　　　　　　　　　　　　　　　　　　　　§*376*　II

認めたので，これとは別に本条の「順位の譲渡」にまで絶対的効力を認める
実益がなくなった。

　また，元本確定前の根抵当権について本条1項後段の定める処分を禁止し
た398条の11は，この処分の相対的効力を前提とした規定であるといえる。
すなわち，絶対的効力説を前提とすれば，根抵当権についてのみ本条1項後
段の処分を禁止すべき理由は，なんら存しない。他方で，本条1項後段の処
分は相対的効力しか有しないとなると，根抵当権について本条1項後段の処
分をすれば，処分された根抵当権の被担保債権が減少しないように，377条
2項を根抵当権についても適用しなければならないが，これは，確定までは
被担保債権の増減変動は自由であるという根抵当権の本質的特徴と矛盾する
ため，根抵当権については本条1項後段の処分を禁止すべきであり，それが
まさに398条の11である（鈴木禄弥・根抵当法の問題点〔1973〕115-116頁）。

　こうして，本条の処分を，起草者のように「絶対的効力」を有すると理解
することは，もはや許されない状況になっている。

　(4)　本条の準用

　本条は，不動産先取特権（341条）・不動産質権（361条）にも準用される
（我妻・判コメ363頁。これに対し，注民(8)224頁〔西原道雄〕は，先取特権においては
被担保債権と切り離しての処分や順位だけの譲渡はできないとする）。

II　転　抵　当

1　法　的　性　質

(1)　意　　　義

「抵当権者は，その抵当権を他の債権の担保と」（本条1項前段）することが
できる。これを，348条の「転質」になぞらえて，一般に「転抵当」といい，
それによって設定される担保権を「転抵当権」と呼んでいる。抵当権者は，
被担保債権の弁済を受けるかまたは抵当権の実行によって融資した資金を回
収するのが原則であるが，被担保債権の弁済期が到来する前であっても，被
担保債権を譲渡しまたは質入れすることによって，投下した資本を流動化す
ることができる。ところが，民法は，さらに，「転抵当」を認めて，投下資
本の流動化の機会を増やした。

〔占部〕　39

§376 II 第2編 第10章 抵当権

　転抵当は，抵当権そのものを被担保債権と切り離して他の債権の担保とする（抵当権に担保権を設定する）制度である。抵当権者が，他から融資を受ける必要があるときに用いられる。例えば，ビル入居者に入居保証金のための融資をした金融機関は，融資先であるビル入居者の入居保証金返還請求権を担保するために当該ビルに設定された抵当権について転抵当権を取得することがある（旗田庸「抵当権の処分と金融実務」担保法大系 I 755-756 頁）。

　(2) 判　　例

　転抵当の法的性質（法的構成）に言及する判例は，極めて少ない（新版注民(9)〔改訂版〕130 頁〔山崎寛＝高木多喜男〕）うえに，一見，矛盾するような態度すら示している（同旨，柚木＝高木 294-295 頁）。すなわち，大審院は，一方で，「民法第 375 条〔現行 376 条〕ニ依リ抵当権者カ其ノ抵当権ヲ以テ他ノ債権ノ担保ト為シタルトキハ抵当権者ハ其ノ抵当権ヲ以テ担保セラルル債権ト同額ノ範囲内ニ於テ其ノ抵当権ヲ実行スル権能ヲ其ノ債権者ニ付与シタルモノニシテ其ノ債権者即チ抵当権ヲ担保ニ取リタル者ハ自己ノ債権ノ弁済ヲ受クル為担保権ノ行使トシテ其ノ抵当権ヲ実行シ抵当不動産ノ売得金ヨリ弁済ヲ受クルコトヲ得ルモノトス」（大決昭 7・8・29 民集 11 巻 1729 頁。同旨，大決昭 12・12・28 新聞 4237 号 11 頁）として，転抵当は，抵当権を被担保債権から切り離して，単独で質入れする行為である（東京高判昭 42・1・18 金法 470 号 33 頁も，「一般に転抵当権は原抵当権の把握している担保価値を，その把握している範囲内において他の債権の担保に供するのであるから，本件におけるように転抵当権の被担保債権の弁済期が原抵当権のそれよりも後に到来する場合においても，原抵当権について弁済期が到来している以上原抵当権の被担保債権の債務者としては転抵当権についての弁済期到来前においても適法に弁済をなし得ることとなるのであるが，だからといってこのような場合には転抵当権の設定自体が無効となると解しなければならない理由はない」として，抵当権の単独処分を認める立場に立つ）としつつ，他方で，「〔抵当不動産〕ノ競売代金ニ因リテ右競売申立人カ其ノ被担保債権ノ弁済ヲ受クル限度ニ於テハ抗告人〔原抵当権の被担保債権の債務者〕モ亦当然其ノ債務ヲ免ルヘキ民法第 376 条〔現行 377 条〕ニ所謂主タル債務者タル関係ニ在ルモノナルカ故ニ抗告人〔原抵当権の被担保債権の債務者〕モ亦競売法第 27 条第 3 項〔昭 46 法 99 改正後の 4 項〕ニ所謂債務者ニ外ナラサルモノト解スルヲ相当トス」（大決昭 10・11・20 民集 14 巻 1927 頁）として，原抵当権の被担保債権に質権を設定した場合と同様，原

40　〔占部〕

第2節　抵当権の効力　　　　　　　　　　　　　　　　　§*376*　II

抵当権の被担保債権の債務者に競売の期日を通知しなければならないとして
おり，転抵当は，抵当権を被担保債権と共同に担保に供することを意味する
もののような態度を示している。

(3)　学　　説

これを受けてか，学説も多岐に分かれている（新版注民(9)〔改訂版〕134頁以
下〔山崎＝高木〕に詳しい）が，その分岐点は，抵当権とその被担保債権が共同
で担保に供されると解する（共同処分説）か，それとも，抵当権がその被担保
債権から切り離されて独立して単独で担保に供されると解する（単独処分説）
かにある。両説の具体的相違点は，ただ一つであり，共同処分説では転抵当
権者が原抵当権設定者に対して直接取立てができるのに対して，単独処分説
ではこれをなしえないところにある（柚木＝高木296頁）。

2　設　　定

(1)　転抵当権設定契約

転抵当権は，抵当権者（転抵当権設定者・原抵当権者）と転抵当権によって担
保される債権の債権者（転抵当権者）との合意で設定される。抵当権設定者・
抵当不動産所有者・後順位抵当権者などの合意は要しない。

転抵当権の被担保債権は，抵当権者を債務者とするものに限らず，第三者
の債務のためにも利用しうる。たしかに，「抵当権の譲渡・放棄」（→III）と
「抵当権の順位の譲渡・放棄」（→IV）については明文で「同一の債務者」に
限定していることとの均衡や，法律関係を簡明にするために，原抵当権者を
債務者とする債権に限られるとする見解（我妻・判コメ365頁）もあるが，そ
の法律関係は登記によって十分に公示することができるのだから，「他の債
権の担保とし」といって自分に対する債権（自分の債務）と限定しない本条の
文理のとおり，抵当権者以外の第三者に対する債権の担保とすることもでき
ると解してもよく，しかるときは，あたかも，抵当権者が，その抵当権で担
保された債権をもって第三者の債務について物上保証人となったと類似した
関係となるが，抵当権者が把握した担保価値だけが物上保証の内容となり，
抵当権者が有する債権は転抵当権の客体とならない点に差異がある（我妻
391頁以下。同旨，山垣清正「転抵当権」野田宏＝後藤邦春編・裁判実務大系(14)担保関
係訴訟法〔1991〕136頁）。

原抵当権者は，抵当不動産につき数人の債権者のために複数の転抵当権を

〔占部〕　　41

設定することもでき，その順位は転抵当の登記（付記登記）の前後によって決せられる（本条2項）。

　原抵当権の一部について転抵当権を設定すること（一部転抵当）も可能である。例えば，被担保債権額が1000万円の原抵当権のうち，その一部である700万円に相当する部分について転抵当がなされた場合，転抵当権者は，700万円（およびそれに相応する最後の2年分の利息または損害金〔375条〕）について原抵当権者に優先して弁済を受け，残余があれば，原抵当権者が本来の順位において優先弁済を受けることになる（新版注民(9)〔改訂版〕140頁以下〔山崎＝高木〕）。

　根抵当権も，元本の確定前において，転抵当に付することができる（398条の11第1項ただし書）。

　転抵当権も，同一不動産を目的とする原抵当権と同様，抵当権であることに変わりはないから，本条1項前段により，転抵当権を原抵当権として転抵当権を設定すること（再転抵当）も可能である（新版注民(9)〔改訂版〕140頁〔山崎＝高木〕）。その登記手続は，転抵当権の基礎たる原抵当権の変更として，前の転抵当の登記（付記登記）に対する付記登記によってなされる。例えば，「何番付記1号の付記1号」となる（昭30・5・31民事甲1029号民事局長通達・先例集追I 362頁）。

(2) 転抵当権の有効要件

　(ア) 被担保債権額　　転抵当権の被担保債権額について，民法の起草者は，原抵当権の被担保債権額を超過することができず，超過しているときは，原抵当権の範囲内においてのみ効力を有すると解していた（法典調査会民法議事〔近代立法資料2〕839-840頁，梅524頁）。しかし，現在の通説は，転抵当権の被担保債権額が原抵当権の被担保債権額を超過していても，転抵当権の成立の障碍とはならず，転抵当権の優先弁済権が原抵当権の被担保債権額の範囲に限定されるだけであると解している（新版注民(9)〔改訂版〕141頁〔山崎＝高木〕）。このことは，登記実務においても認められている（昭30・10・6民事甲2016号民事局通達・先例集追I 477頁）。したがって，例えば，転抵当の登記の申請書に，転抵当で担保される債権の金額が1500万円で，元の抵当権の被担保債権額が1000万円と記載されている場合に，その申請は要件を欠き無効であるから却下されるということはない（香川保一ほか「〈座談会〉抵当権の処分と移

第2節　抵当権の効力　　　　　　　　　　　　　　　　　　　　　§*376*　II

転——学説と実務の検討(1)」法時 28 巻 11 号〔1956〕39 頁〔香川保一発言〕)。

　(イ)　被担保債権の弁済期　　転抵当権の被担保債権の弁済期が，原抵当権
の被担保債権の弁済期より先に到来する場合でも，転抵当権の設定は有効で
ある（新版注民(9)〔改訂版〕142 頁〔山崎＝高木〕）が，この場合，原抵当権の被担
保債権の弁済期が到来するまでは，転抵当権を実行して弁済を受けることは
できない。原抵当権の被担保債権の弁済期が，転抵当権の被担保債権の弁済
期より先に到来する場合には，原抵当権の被担保債権額を供託して，原抵当
権を消滅させることができる一方で，転抵当権の効力は，この供託金返還請
求権上に及ぶ（道垣内 196 頁は，その根拠を，366 条 3 項の類推ではなく，当該供託請
求権が，転抵当権の目的たる原抵当権の消滅の対価であることから，物上代位〔304 条〕
の趣旨に求めるべきであるとする）ため，転抵当権者も不利益を被らない。

　(3)　転抵当権の対抗要件

　(ア)　登記　　転抵当権の設定も，177 条の規定における「不動産に関する
物権の得喪」であるから，第三者に対する対抗要件として，登記が必要であ
る。その登記手続については，不動産登記法 90 条が，同法 83 条が掲げる担
保権の登記の通則的な登記事項および同法 88 条が掲げる抵当権の登記事項
を登記すべきことを求める。

　本条 2 項においては，転抵当相互の順位は「抵当権の登記にした付記の前
後による」ものと規定しているところから，転抵当権の設定登記は，原抵当
権の付記登記による（大判昭 10・1・16 判決全集 2 輯 14 号 13 頁参照）。すなわち，
転抵当権は，当該原抵当権の目的物に直接設定されるものではなく，原抵当
権を通じて間接的に目的物の担保価値を把握するものであり，原抵当権の把
握する担保価値をさらに優先的に把握し，原抵当権の優先して弁済を受ける
額から，転抵当権の被担保債権の優先弁済を受けるものであるから，原抵当
権に対する制限であり，その内容に変更を加えるものということができるか
ら，原抵当権に対する関係では，原抵当権の変更の登記として不動産登記法
66 条の規定による付記登記によってなされるものというべきである（香川
388 頁。権利の変更の登記ではあるが，登記上の利害関係人が存しないから，常に付記登
記によってなされるとする）。

　なお，転抵当権が根抵当権である場合における不動産登記法 90 条の準用
の意味は，同法 88 条 2 項を準用するということであるから，例えば債権額

〔占部〕　　43

§376 II   第2編　第10章　抵当権

を登記するのではなく，同項1号により極度額を登記する（山野目・不登445-446頁）。

(イ)　債務者，保証人，抵当権設定者およびその承継人に対する通知またはそれらの承諾　　処分の対象となる抵当権は，それが担保する債権に付従する性質を有しているため，債権譲渡の対抗要件を定める467条の規定に従い，原抵当権が担保する債権の債務者に転抵当権の設定を通知し，またはその債務者が転抵当権の設定を承諾しなければ，転抵当権の設定を，原抵当権が担保する債権の債務者，保証人，抵当権設定者およびこれらの者の承継人に対抗することができない（377条1項）。なぜなら，転抵当権の設定により，原抵当権の被担保債権は，原抵当権の存立の基礎をなす債権として，間接的に転抵当権による拘束を受け，原抵当権の被担保債権の債務者，保証人，抵当権設定者およびこれらの者の承継人の利害関係に影響を及ぼすからであり，この結果，物権変動の対抗要件としての登記とは別に，これら利害関係人に対する別段の対抗要件を具備する必要が生ずるのである（新版注民(9)〔改訂版〕143頁〔山崎＝高木〕）。

したがって，前述した転抵当権の設定登記を経由したとしても，これらの者に対する関係では，上記通知または承諾なくしては，転抵当権を対抗できないのであり，逆にこれらの者に対しては，上記通知または承諾があれば，転抵当権の設定登記を経由しなくても，それを対抗できるものと解すべきである（反対，道垣内194頁）。また転抵当その他の抵当権の処分が重複してなされても，その処分を受けた者の権利の順位は，付記登記の前後によるのであって，債権譲渡または債権の質入れのごとき確定日付ある証書による通知または承諾（467条2項・364条）を必要とせず，したがってその確定日付の前後によって優劣を決するわけではない（香川390頁）。

3　効　　果

(1)　転抵当権者の権利

(ア)　転抵当権の実行　　転抵当権の実行も不動産担保権の実行として，民事執行法180条に従う。原抵当権の設定者および転抵当以前に目的不動産の所有権を取得した第三者が，自己の関与（承諾）なしに行われた転抵当によって不利益を被らないように，転抵当権を実行する段階において，原抵当権と転抵当権の被担保債権がいずれも弁済期にあることを要する（新版注民(9)

第2節　抵当権の効力　　　　　　　　　　　　　　　　§*376*　II

〔改訂版〕145頁〔山崎＝高木〕）。なお，転抵当権の被担保債権の弁済期の到来については，実務上，通常の抵当権の実行の例（担保不動産競売の基礎となる，抵当証券発行特約のない抵当権等に関する登記事項証明書等の法定文書〔民執181条1項各号〕には，期限の到来に関する確定期限の合意や期限の利益喪失の合意が記載されていないため，債権者が担保不動産競売の申立てをする際に，期限到来に関する主張をするが，立証する必要がないこと）と同様に，債権者の主張のみで足り，立証を求めないで開始決定をする取扱いであるが，原抵当権の被担保債権の弁済期到来（期限の利益喪失）の事実を知った事情については，申立債権者の調査の結果判明した事実を記載した上申書の提出を求めている（相澤眞木＝塚原聡編著・民事執行の実務　不動産執行編(上)〔4版，2018〕83頁。これについて，内田義厚「転抵当と担保権実行」新担保・執行法講座(3)206頁注18は，「このような上申書の提出を求める実質的理由は必ずしも明らかではないが，原抵当権の被担保債権の弁済期到来は，通常転抵当権者においては知り得ないから，この点について十分な調査をしたことを証明させ，転抵当権者による安易な競売申立てを抑止するという点にあるのではないか」と推測する）。

　転抵当権の実行としての競売を申し立てる場合，転抵当権の付記登記のある登記事項証明書を提出すれば足り（民執181条1項3号），実務では，原抵当権が担保する債権の債務者への通知・承諾を証する書面を提出することまでは求められていないが，抵当不動産の所有者などにおいて競売開始決定に対する執行異議を申し立てて，通知・承諾がないことを争うことができ（民執182条），その場合には，転抵当権者が通知・承諾を証する書面を提出する必要が生じる（大橋寛明「転抵当が設定されている場合の競売申立て」金法1378号〔1994〕66頁）。

　(イ)　優先弁済権の順位・範囲　　転抵当権の優先弁済権は，①第三者に対する対外的関係では，原抵当権が占める優先順位と同順位であり，②原抵当権者に対する関係，すなわち，転抵当権と原抵当権との間では，転抵当権者がまず，原抵当権の被担保債権額を最高限度として原抵当権に優先して弁済を受け，つぎに，なお余剰が生じるときには，原抵当権者はそこから本来の優先順位で弁済を受けることになる。それでもなお，競売の売却代金に残額があれば後順位の担保権者，一般債権者に順次配当され，最終残額があれば原抵当権設定者に還付される（新版注民(9)〔改訂版〕144頁〔山崎＝高木〕）。

　転抵当権に375条の規定が適用されるかについて，同一の抵当権について

〔占部〕　　45

§ 376 II 第2編 第10章 抵当権

後順位の転抵当権者が存在する場合には375条の規定を適用すべきことに疑いはない（香川ほか・前掲座談会43頁〔我妻栄発言〕。香川384-385頁は，「同一の抵当権についての後順位の転抵当権者以外の第三者〔たとえば，原抵当権より後順位の担保権者〕に対する関係においては，すでに原抵当権の優先弁済権の行使の範囲は，元本と利息又は遅延損害金の最後の2年分に制限されているのであるから，その限度内で転抵当権をして元本及び全利息について優先弁済権を行使せしめても弊害を生じない」とする）。

(2) 原抵当権者が受ける拘束

(ア) 原抵当権者の義務・債務者の抗弁権　　原抵当権者は，転抵当権の設定によって担保的拘束を受け，転抵当権の担保価値を消滅させたり減少させてはならない不作為義務（担保価値維持・保存義務）を負う。したがって，原抵当権者は，転抵当権者の承諾を得ずに，原抵当権自体を消滅せしめる行為（原抵当権の絶対的放棄），その被担保債権を消滅・減少せしめる行為（弁済受領・取立て・相殺・免除）をしてはならず（新版注民(9)〔改訂版〕146頁〔山崎＝高木〕），原抵当権の被担保債権の債務者は，原抵当権者から債務の履行を求められても，転抵当権者が承諾しないかぎり，弁済を拒絶することができる（我妻396頁）ことになろう。

(イ) 原抵当権者の競売申立権

(a) 肯定説の根拠と否定説の問題点　　しかし，原抵当権者は，原抵当権の実行としての競売の申立てをすることができると解すべきである。というのも，そもそも原抵当権者は，一般債権者として抵当不動産を差し押さえうるのだから，原抵当権の実行を禁止しても無意味であり，また，137条2号により，転抵当権の被担保債権の弁済期も到来し，転抵当権者は，当該競売手続において優先弁済を受けることになるのであり，不利益を被らないからである（道垣内196頁）。競売申立権否定説はまず，原抵当権の被担保債権額と転抵当権の被担保債権額の差額が不確定であることを根拠とする（我妻394頁）が，転抵当権の被担保債権の弁済期が既に到来している場合や，未到来であっても，同債権が確定金額債権でかつ無利息の場合，さらには，同債権が利息付債権であっても確定期限付債権の場合，差額が不確定であるとはいえない。また，競売申立権否定説のもう1つの根拠である「抵当権の不可分性」（我妻395頁）についても，担保不動産競売手続においては剰余主義が採用されており（民執188条・63条），転抵当権者が害されることはないの

46　〔占部〕

第2節　抵当権の効力　　　　　　　　　　　　　　　　　　§376 II

であるから，抵当権の不可分性を考慮する利益はない。原抵当権者が申し立
てた競売により，いずれにせよ転抵当権の被担保債権は全額満足を受けうる
ことになるから，これを肯定しても，民法377条2項の趣旨には反しない
（福永有利〔判批〕昭52主判解102頁以下）。

　(b)　判例　　これについて，前掲大審院昭和7年8月29日決定は，原
抵当権の被担保債権額が転抵当権の被担保債権額を上回る場合に，原抵当権
者は自ら抵当権の実行をなして上記差額に相当する弁済を受けることができ
るとしたが，その一方で，前掲大審院昭和12年12月28日決定は，転抵当
権の被担保債権額が原抵当権の被担保債権額を上回る場合には，原抵当権者
は抵当権を実行しても何ら利益を得ることはないとして，原抵当権者による
競売申立権を否定した。さらに，最高裁昭和44年10月16日判決（民集23
巻10号1759頁）は，貸金債権担保のために同一不動産につき代物弁済の予約
とともに抵当権の設定があり，その抵当権が転抵当に供されている場合にお
いて，転抵当権の被担保債権額が原抵当権の被担保債権額を上回れば，上記
代物弁済予約が清算を要しないものでないかぎり，代物弁済予約者は予約完
結権を行使することができないとした。

　このように判例は，原抵当権の被担保債権額が転抵当権の被担保債権額を
上回る場合にのみ，原抵当権者の競売申立権を認めるが，そうではない場合
にも，民事執行法63条（同法188条による準用。無剰余措置）による処理が用意
されているから，転抵当権者は不利益を被らないのであり，原抵当権者の競
売申立権を否定する理由はない（道垣内196頁）。

　(c)　執行実務　　東京地方裁判所における原抵当権者の競売申立ての要
件は，①原抵当権の被担保債権と転抵当権の被担保債権の双方が弁済期にあ
ること，②原抵当権の被担保債権の額が転抵当権の被担保債権の額を上回っ
ていること，③原抵当権者が競売申立てをすることについて転抵当権者が承
諾していること，の3つである（大橋・前掲論文68頁。東京地裁民事執行実務研究
会編著・改訂不動産執行の理論と実務(上)〔1999〕45頁，相澤＝塚原編著・前掲書88頁
以下も同旨）。③について，内田・前掲論文222頁以下は，「転抵当権者は原
抵当権者が把握する目的物の交換価値を不可分的に拘束しているのであり，
その観点からすれば，競売申立てをいつ行うかについては，基本的には転抵
当権者がイニシアティブを有していると解すべきであって，その承諾なしに

〔占部〕　　47

原抵当権者が競売申立てをすることを認めるのは妥当とはいえない」として，「転抵当権者の換価時期選択の利益の保障という観点から根拠づけることができる」とする。しかし，他の債権者が抵当不動産の競売を申し立てても，抵当権者は，開始された競売手続において優先弁済を受けることができる（民執87条1項4号）から，この手続を第三者異議の訴え（民執38条）で阻止することはできないのであり，「転抵当権者の換価時期選択の利益」はそもそも保障されていない。

東京高裁平成8年11月21日決定（判タ962号251頁）は，原抵当権者の抵当権実行につき，原抵当権者への配当見込みがなかったので，無剰余により競売手続を取り消したのに対し，原抵当権者が執行抗告した事案において，無益執行の禁止，優先債権者の換価時期選択の利益保護という無剰余制度の趣旨を理由に，民事執行法旧63条1項（平16法152改正前）にいう「剰余の見込みがないと認める」か否かは，「競売手続申立てに係る担保権の被担保債権に対する弁済（配当）の見込みがあるか否かを基準として判断されるべきもの」として，抗告を棄却した。しかしながら，転抵当権に配当がされることによって，原抵当権者の転抵当権者に対する債務はその配当額だけ減少することになるから，転抵当権に配当の見込みがある以上，原抵当権者の申立てにかかる手続を無益なものということは困難である。そして，原抵当権者の申立てについて承諾要件の具備を要求し，転抵当権者の換価時期選択の利益を確保している以上，無剰余として手続を取り消す根拠は十分でない（大島雅弘「転抵当と担保権実行」新・裁判実務大系(12)民事執行法〔2001〕30頁）。そこで，東京地裁民事執行センターでは，平成9年6月以降，本決定にかかわらず，原抵当権については配当がないが，転抵当権には配当があるときは，無剰余手続を行わないとする取扱いを採用している（忠鉢孝史「無剰余取消し」前掲新・裁判実務大系(12)160頁）。

(3) 原抵当権の被担保債権の債務者が受ける拘束

次条の377条により，転抵当権設定の通知または承諾がなされていると，転抵当権者の「承諾を得ないで」，原抵当権の被担保債権の債務者，保証人，原抵当権設定者（物上保証人）およびこれらの者の承継人が原抵当権の被担保債権の「弁済」をしても，転抵当権者に対しては「対抗することができない」。なぜなら，転抵当権者は，原抵当権者が本来優先弁済を受けるべき競

第 2 節　抵当権の効力　　　　　　　　　　　　　　§*376*　II

売不動産の配当金から，原抵当権者に対する債権の弁済として，優先的に配当を受けることになるはずであったにもかかわらず，原抵当権の被担保債権が「弁済」により消滅すれば，原抵当権者が受けるべき配当金がなくなり，これは取りも直さず，転抵当権者が配当を受けられないことを意味するからである。

　(ｱ)　「対抗することができない」範囲とその効果　　このような，弁済による原抵当権消滅を転抵当権者に対抗できないという効果は，何人に対しても生じる（道垣内 194 頁）。すなわち，原抵当権者や後順位の他の担保権者または弁済者以外の者（例えば，保証人または抵当権設定者）も原抵当権の消滅を主張することができず，転抵当権者は，全ての者に対する関係で弁済がなかったものとして（換言すれば，当該競売手続においては，弁済により原抵当権の全部または一部の消滅がないものとして）取り扱うことができる。なぜなら，当該競売手続において転抵当権者が弁済者以外の者（例えば，後順位抵当権者）に弁済の無効を主張しえず，したがって，優先配当を受けられないとすれば，原抵当権者に対して自己の債権の弁済を請求することしかできないであろうから，転抵当を取得した利益は全く無視されることになり，377 条を設けた趣旨が没却されることになるからである（香川 392 頁）。

　その結果，転抵当権者は，弁済がなければ本来原抵当権者が受けることのできた配当金についてなお優先配当を受けることとなるが，これは，原抵当権者の転抵当権者に対する債務を第三者が弁済したことになるから，競売不動産が債務者の所有であるときは，債務者は原抵当権者に対して配当額の金銭の返還を請求しうることとになり，債務者以外の者が競売不動産を所有する場合には，その者が配当額の求償権を債務者に対して有することになり，債務者が，原抵当権者に対して，不当利得の返還請求をすることができる（香川 392-393 頁）。

　以上を理由に，執行実務では，原抵当権者の届出債権額が登記記録上の被担保債権額より少額である場合，執行裁判所は，登記記録記載の被担保債権額を基準として配当し，これに不服のある債権者は，原抵当権者の弁済につき転抵当権者が承諾していたこと等を理由として配当期日において配当異議の申出をし（民執 89 条 1 項），その後の配当異議訴訟においてこの点につき審理判断がされることとなる（内田・前掲論文 208 頁）。

〔占部〕　49

§*376* II 第2編 第10章 抵当権

(イ) 被担保債権を消滅させる方法　しかし，とりわけ原抵当権の設定者は，その被担保債権の弁済期が到来すれば（あるいは期限の利益を放棄して），その債権額を支払って，原抵当権を消滅させるという利益を有していたのであり，自らの関与しない転抵当権設定により，この利益が害されるべきいわれはない（道垣内 196 頁）。そこで，通説は，366 条 3 項を類推して，被担保債権の債務者が弁済すべき金額を供託することで，原抵当権を消滅させることができ，他方，転抵当権者は，この供託金の上に，優先弁済権を取得してそれを行使できるとしている（我妻 396-397 頁，柚木＝高木 299 頁，高木 227 頁など。これに対して，道垣内 196 頁以下は，366 条 3 項は，債権そのものが質権の目的である際の規定であり，原抵当権が転抵当権の目的であると考えるかぎり，その類推適用を認めることは妥当ではないとする。石田(穣)445 頁は，494 条前段〔平 29 改正 494 条 1 項〕の「債権者が弁済……を受領することができないとき」であるとする）。

　また，原抵当権の被担保債権の債務者は，転抵当権設定の通知または承諾がなされた後も，正当な利益を有する第三者（500 条）として，転抵当権者に対し第三者弁済（474 条）することができ，これにより，転抵当権の被担保債権の債務者に対して求償権を取得する（650 条 2 項・702 条 2 項）ため，この者が原抵当権者の場合には，この求償権と原抵当権の被担保債権を相殺する（505 条 1 項）ことで，原抵当権を消滅させることができる。

(4)　転抵当権の消滅

　転抵当権は，抵当権の消滅事由によって消滅する（道垣内 197 頁）。したがって，例えば，転抵当権の被担保債権が弁済等により消滅すれば，転抵当権も消滅する。

　転抵当権の被担保債権額が原抵当権の被担保債権額を上回る場合には，転抵当権者に原抵当権の被担保債権額を弁済すれば，転抵当権は消滅する。なぜなら，原抵当権者は本来原抵当権によって把握した担保価値以上のものを転抵当とする権限はないのだから，転抵当権者もまた，原抵当権を消滅させる関係では，それ以上の担保価値を把握していると主張することは許されないからである（我妻 396 頁）。

　原抵当権が消滅すれば転抵当権も消滅する（我妻 398 頁）が，原抵当権の被担保債権の弁済による原抵当権の消滅は，既に原抵当権の被担保債権の債務者が，転抵当権設定の通知を受け，またはこれを承諾しているときは，転抵

50　〔占部〕

当権者の承諾がなければ，377条2項により，転抵当権者に原抵当権の消滅を対抗できず，転抵当権は消滅しない。

転抵当権が消滅したからといって，直ちに原抵当権も消滅するわけではない。原抵当権が消滅するためには，原抵当権について，抵当権の消滅事由が必要になる。

III 抵当権の譲渡・放棄

1 抵当権の譲渡

(1) 意　　義

抵当権の譲渡とは，抵当権者が，自己と「同一の債務者」に対する無担保の債権者を受益者として，自己の有する優先弁済権を取得させることである。抵当権の譲渡は，抵当権をその被担保債権から切り離して，単独に独立して譲渡することであるから，譲渡された抵当権の被担保債権は，従来どおり抵当権者が有する（新版注民(9)〔改訂版〕158頁〔山崎寛＝高木多喜男〕）。ここでいう「無担保の債権者」は，譲渡された抵当権の目的不動産について担保権を有しない者のことであって，目的不動産以外の物について担保権を有しても差し支えない。

抵当権の「譲渡」という言葉が用いられるが，「権利の移転」という意味の「譲渡」ではない。すなわち，抵当権者は，その抵当権を譲渡しても，抵当権を失って，抵当権者でなくなるわけではなく，また抵当権の譲渡を受けた者も，抵当権を取得し，抵当権者となるわけではない。抵当権のみの譲渡があった場合には，抵当権の譲渡を受けた者は，譲渡した抵当権者が，競売等の場合に，当該抵当権によって受ける配当金から，自己の債権を，譲渡した抵当権者よりも，先に弁済を受けることができるだけであって，譲渡した抵当権者の抵当権の存続を基礎としている（香川399頁）。

(2) 要　　件

(ア) 抵当権譲渡契約　　抵当権の譲渡は，抵当権者と「他の債権者」（受益者）の意思表示のみによって，その効力を生ずる（176条）。すなわち，抵当権者が抵当権の「譲渡人」となり，抵当権者と同一の債務者に対して抵当権を有しない「他の債権者」が「譲受人」となって，当該抵当権の被担保債

§376 III　　　　　　　　　　　　　　第2編　第10章　抵当権

権と切り離して抵当権が有する優先弁済権のみを単独で独立して譲渡する旨の合意（抵当権譲渡契約）が成立すれば，抵当権の譲渡の効果が生じる（新版注民(9)〔改訂版〕158頁〔山崎＝高木〕）。

(イ)　「他の債権者」

(a)　譲渡される抵当権の目的不動産上に抵当権を有する債権者は，本条1項の「他の債権者」に該当せず，抵当権の譲渡の受益者とはなりえない。なぜなら，1個の債権を担保するために同一人が同一不動産上に数個の抵当権を有することは無意味だからである（新版注民(9)〔改訂版〕159頁〔山崎＝高木〕）。同一不動産上に既に抵当権を有している者が譲り受けて意味を持つのは，「抵当権」ではなくて「抵当権の順位」である。

(b)　抵当権の譲渡を受ける「他の債権者」の債権額や弁済期に制約はない。というのも，受益者が抵当権を実行するためには，その抵当権についての実行要件をも備えなければならない（我妻412頁）だけであり，受益者が優先弁済を受けられる範囲も，譲渡された抵当権の被担保債権額を限度とするから，受益者の債権額が過大であっても，他の債権者に不利益を与えることはないからである（香川405頁）。また，抵当権の譲渡を受けた債権者が，その利益を享受して優先弁済を受けることができるのは，いずれにしても譲渡された抵当権の被担保債権の弁済期が到来し，その抵当権者が優先弁済権を行使することができる場合に限るのであって，譲渡した抵当権の被担保債権の弁済期が到来しているにもかかわらず，譲渡を受けた債権者の債権の弁済期が到来していないときは，その債権者に配当すべき金銭は供託されることになり，逆の場合には，譲渡した抵当権の被担保債権額が供託されることになるだけである（香川405頁）。

(ウ)　「同一の債務者」　本条は，「同一の債務者に対する他の債権者」と定めるが，これは，債務者と抵当不動産の所有者が同一人である通常の場合を想定したものであって，通説は，これを拡張解釈して，「同一の債務者」には，債務者と抵当不動産の所有者が別人である場合の抵当不動産の所有者，すなわち，物上保証人・抵当不動産の第三取得者も含まれ，物上保証人・抵当不動産の第三取得者に対して債権を有する者に対しても，抵当権の譲渡をなしうると解している（新版注民(9)〔改訂版〕159-160頁〔山崎＝高木〕）。登記実務も，物上保証人は「同一の債務者」に含まれると解している（昭30・7・11

第 2 節　抵当権の効力　　　　　　　　　　　　　　　　§*376*　III

民事甲 1427 号民事局長回答・先例集追 I 383 頁）。

　例えば，A 所有の不動産を目的として，B に対する債権額 1000 万円のた
めの抵当権を有する C が，A に対し 800 万円の債権を有する D のために，
この抵当権を譲渡した場合において，A 所有の不動産が競売されれば，C が
その抵当権によって 1000 万円の優先弁済を受けることができるとすると，
その 1000 万円から A に対する債権者 D が，その債権額 800 万円の優先弁
済を受けることとなり，C は，B に対する債権のうち，200 万円の優先弁済
を受けるにとどまる。これにより，A は，自己の D に対する債務額 800 万
円が，自己所有の不動産から弁済されたのであるから，別に損失を受けるこ
ともないし，また，C は D に対して抵当権を譲渡したのであるから，B に
対する債権額 1000 万円のうちの 200 万円についてのみ優先弁済を受けるこ
とができるに過ぎなかったとしても，やむを得ないことであるし，さらに B
は，C が自己に対する債権額 1000 万円の金額について優先弁済を受ければ，
A から求償されるべきところが，200 万円だけが A 所有の不動産から弁済
され，800 万円の債務が残存することになる代わりに，A からは，200 万円
を求償されるに過ぎないのであるから，抵当権の譲渡を認めない場合と結果
は同一である。このように，C がその抵当権を B（C に対する債務者）に対す
る他の債権者のみならず A（物上保証人または第三取得者）に対する債権者 D の
ためにも，譲渡することを認めても，何ら弊害がなく損失を受ける者も生じ
ないのである（香川 402 頁）。

　(エ)　譲渡することができる「抵当権」　　譲渡される「抵当権」は，債務
者以外の第三者が設定したものでも差し支えなく，抵当不動産が譲渡されて
も，それを目的とする「抵当権」を譲渡できることに変わりはない（香川
401 頁）。

　抵当権の一部の譲渡，例えば，被担保債権額 1000 万円の抵当権の一部で
ある 600 万円について，抵当権を譲渡することも許される（香川 411 頁）。

　抵当権の譲渡を受けた受益者がさらに「同一の債務者」に対する他の債権
者の利益のために，その譲渡の利益をさらに譲渡すること（抵当権の再譲渡）
は許されない。なぜなら，抵当権の譲渡を受けた者は，当該抵当権を取得す
るわけではなく，したがって「抵当権者」となるものではないが，本条 1 項
により抵当権を譲渡することができるのは「抵当権者」に限られるからであ

〔占部〕　53

§376 III　　　　　　　　　　　　　　　　第2編　第10章　抵当権

る（香川413頁。反対，新版注民(9)〔改訂版〕161頁〔山崎＝高木〕）。抵当権の譲渡は，先に述べたとおり（→Ⅰ(3)），相対的効力しか有しないのであり，抵当権者は，受益者以外との関係では，抵当権を譲渡した後も引き続き抵当権者のままである。

　㋑　対抗要件　　抵当権の譲渡の対抗要件は，転抵当と同様，第三者に対する対抗要件として，本条2項・不動産登記法90条の登記（付記登記）を必要とし，譲渡された抵当権の被担保債権の債務者・保証人・抵当権設定者およびこれらの承継人に対する対抗要件としては，次条により，467条が定める通知・承諾を必要とする（新版注民(9)〔改訂版〕161頁〔山崎＝高木〕）。

　(3)　効　　果

　㋐　優先弁済権　　抵当権の譲渡により，抵当権の譲受人（受益者）は，譲り受けた抵当権によって担保されている債権の範囲内で，譲渡による利益（優先弁済権）を取得する（新版注民(9)〔改訂版〕162頁〔山崎＝高木〕）。例えば，1000万円の債権を担保する第1順位の抵当権が無担保債権者のために譲渡された場合，譲渡した当該抵当権者が優先して配当を受けることができた配当額が元本1000万円および利息，遅延損害金を通じて2年分とすれば，そのうちからまず受益者がその債権（元本および利息，遅延損害金の全額）の優先配当を受け，なお残余があれば，譲渡人である当該抵当権者がその残余全部の配当を受けることになり，残余がないときは，当該抵当権者は優先弁済を受けることができない（香川406頁）。すなわち，受益者の優先額については，利息は最後の2年分に限られず，当該抵当権者が受けることができた配当額の限度で，受益者はその債権の全額について配当を受けることができ，これによって，他の抵当権者には何らの影響も生じない（柚木＝高木303頁）。

　㋑　競売申立権　　抵当権の譲受人（受益者）は，譲り受けた抵当権を実行できる（我妻413頁，柚木＝高木303頁，高木231頁，髙橋200頁）。これは，抵当権の譲受人が「抵当権者」となったから（新版注民(9)〔改訂版〕162頁〔山崎＝高木〕）ではなく，受益者が，譲渡の効果として，抵当権者の権利を代位行使できるからであると考えるべきであろう（同旨，香川405頁）。したがって，受益者が抵当権を実行するためには，自己の債権についてのみならず，譲り受けた抵当権の被担保債権についても弁済期が到来していなければならない。

54　〔占部〕

第 2 節　抵当権の効力　　　　　　　　　　　　　　　　§*376*　III

(ウ)　被担保債権の弁済　　次条の 377 条により，抵当権の譲渡について通
知または承諾がなされていると，抵当権の譲受人（受益者）の承諾なしに，
抵当権の被担保債権の債務者，保証人，抵当権設定者（物上保証人）およびこ
れらの者の承継人が抵当権の被担保債権の「弁済」をしても，受益者に対し
ては対抗できない。受益者が承諾を与えないときは，抵当権の被担保債権の
債務者は，抵当権者からの履行請求を拒絶することができる（→II 3 (2)(ア)）。
このことは，受益者の債権額が，譲り受けた抵当権の被担保債権額を下回っ
ている場合でも，同様である。なぜなら，利息の発生との関係上，その差額
は配当時にならなければ確定しないからである（柚木＝高木 304 頁）。さらに，
受益者の承諾のない弁済は，受益者以外の者，例えば，後順位抵当権者に対
する関係でも弁済がなかったものとして取り扱われるべきである（香川 417
頁）。なぜなら，そのように解さないと，順位昇進の利益が生じ，相対的効
力の原則（他の抵当権者の承諾を要しないこと）に反するからである。しかし，
転抵当の場合（→II 3 (3)）と異なり，受益者の承諾なしに弁済がなされても，
抵当権者に不当利得返還義務は生じない。なぜなら，債務者は，本来抵当権
者に債務を負担している者であるから，さきに弁済した金額の返還を請求す
ることができないし，競売不動産の所有者が債務者と異なる場合にも，その
所有者は，債務者に対して受益者が配当を受けたことによる求償権を行使で
きるが，抵当権者に対しては何らの請求をもなしえないからである。したが
って，弁済を受けた抵当権者と債務者との間では，弁済は有効である（香川
418 頁）。

　ただし，とりわけ抵当権の設定者は，その被担保債権の弁済期が到来すれ
ば（あるいは期限の利益を放棄して），その債権額を支払って，抵当権を消滅さ
せるという利益を有していたのであり，自らの関与しない抵当権の譲渡によ
り，この利益が害されるべきいわれはないことは，転抵当権が設定された場
合と同様である（→II 3 (3)(イ)）。そこで，学説の中には，この利益を確保する
ために，本条の処分により，抵当権は，その従来の被担保債権から完全に切
り離されて，受益者の債権を単純に担保することになると考えるものがある
（→I (3)）。これによれば，受益者の債権が弁済等により消滅すると，抵当権
も消滅することになる（同旨，柚木＝高木 305 頁）。しかし，そのように考える
と，受益者の債権額によっては，他の抵当権者に不利益を与えることになり，

〔占部〕　55

§*376* Ⅲ 　　　　　　　　　　　　　　　　　　第2編　第10章　抵当権

相対的効力の原則（他の抵当権者の承諾を要しないこと）に反する。したがって，この場合も，転抵当の場合（→Ⅱ3(3)(イ)）と同様，被担保債権の債務者が弁済すべき金額を供託することで，抵当権を消滅させることができ，他方，抵当権の譲受人は，この供託金の上に，優先弁済権を取得すると考えるべきであろう。

　(エ)　譲受人の債権の弁済　　抵当権の譲渡の後に，譲受人（受益者）の債権が抵当権の実行によらずに消滅した場合には，抵当権の譲渡の効果は消滅し，抵当権者は本来の優先弁済権を行使できるようになる（同旨，香川406頁。反対，我妻413頁，柚木＝高木305頁，高木232頁，髙橋201頁）。

　(オ)　譲受人の債権の譲渡・質入れ　　抵当権の譲渡を受けた譲受人の債権が第三者に譲渡等により移転したとき，または質入れされたときは，その債権の取得者または質権者は，抵当権の譲渡による利益も享受する。この場合，対抗要件として，債権の譲渡については，467条により「債務者への通知又はその承諾」が必要となり，債権の質入れについては，364条により「第三債務者への通知又はその承諾」が必要となるが，さらに，債権の取得者が抵当権の譲渡による利益を享受するために，また，質権者が質入れされた債権（すなわち抵当権の譲渡による利益を享受する債権）を通じて間接的に抵当権の利益を享受するという関係を公示するためにも，その登記が必要とすべきであろう（香川407-408頁）。

2　抵当権の放棄

(1)　意　　義

　抵当権の放棄とは，抵当権者が，自己と「同一の債務者」に対する無担保の債権者を受益者として，抵当権を放棄すること（相対的放棄）であり，受益者以外の第三者の利害には何らの影響も及ぼさず（相対的効力），また，それゆえに，第三者の同意・承諾を得る必要がない処分（相対的処分）である（新版注民(9)〔改訂版〕163-164頁〔山崎＝高木〕）。

　抵当権の「放棄」という言葉が用いられるが，いわゆる絶対的放棄（抵当権の消滅）ではないのであって，抵当権のみを放棄した者は，放棄を受けた者に対しては，自己の優先弁済権を主張せず，放棄を受けた者は，放棄した抵当権者が本来受けるべき優先配当金について，放棄した抵当権者と同順位で，すなわち各債権額に按分比例して配当を受けることになる。したがって，

第2節　抵当権の効力　　　　　　　　　　　　　　§*376*　III

抵当権の放棄をした者は，抵当権を失うわけではなく，抵当権の放棄を受けた債権者の債権が任意弁済等により消滅した場合には，抵当権の放棄がなかった状態に戻る（香川400頁）。

　(2)　要　　件

　抵当権の放棄は，抵当権の譲渡と同様，抵当権者（処分者）と「他の債権者」（受益者）の意思表示のみによって，その効力を生ずる（176条）。すなわち，抵当権者と受益者との間で，当該抵当権の被担保債権と切り離して抵当権の優先弁済権のみを単独で独立して放棄し放棄を受ける合意（契約）が成立するだけで，抵当権の放棄の効果が生じる（新版注民(9)〔改訂版〕164頁〔山崎＝高木〕）。債務者・抵当権設定者・中間順位の担保権者の承諾を要せず，物上保証人・第三取得者に対して債権を有する者を相手にして放棄をなしうることも，抵当権の譲渡の場合と同様である（柚木＝高木306頁）。

　抵当権の放棄を受ける「他の債権者」の債権額や弁済期に制約がないことも，抵当権の譲渡と同様である（我妻415頁。→1(2)(イ)(b)）。

　抵当権の放棄の対抗要件は，全て抵当権の譲渡と同一である（我妻415頁。→1(2)(オ)）。

　(3)　効　　果

　抵当権の放棄は，相対的に，すなわち放棄した抵当権者（処分者）と放棄を受けた債権者（受益者）との間において，受益者は，処分者の優先弁済を受けることのできる債権額（配当額）について，処分者と同順位で（各債権額に按分比例して）配当を受けることができるものとする効果を生ずる。このように，抵当権の放棄は，特定の債権者の利益のためになされるものであり，抵当権の「放棄」といっても，抵当権そのものの放棄（絶対的放棄）ではなく，抵当権の放棄により直ちに抵当権を喪失したり，抵当権が消滅するというわけではない。ただ，処分者が，受益者に対して自己の優先権を主張しえない結果となるだけである（香川409頁）。処分者と受益者の各債権額（同順位で配当を受ける場合の按分比例の基礎となるべき債権額）は，元本のみであるか，または利息もしくは遅延損害金の全部をも含めたものであるかについては，若干問題があるが，後者と解すべきであろう（香川410頁）。

　例えば，Aが1000万円の1番抵当権者，Bが700万円の2番抵当権者，Cが1500万円の無担保債権者で，債務者Sの抵当不動産の配当金（競売の売

〔占部〕　　57

§376 IV

却代金から執行費用を控除した金額）が1500万円である場合に，AがCに対して抵当権を放棄すれば，Aの1番抵当権に基づく本来の優先配当額1000万円は，AとCの債権額の割合（2対3）で按分され，Aは400万円，Cは600万円の配当を受け，Aの残債権額600万円とCの残債権額900万円とは無担保で配当はゼロになるが，2番抵当権者Bの配当額には影響がない（新版注民(9)〔改訂版〕164頁〔山崎＝高木〕）。

抵当権の一部を放棄した場合，例えば，被担保債権額1000万円の抵当権のうち600万円について放棄があった場合には，抵当権者は，400万円については，単独で優先弁済を受けることができ，600万円については，放棄を受けた債権者と同順位で（この場合の抵当権者の債権は残存債権で）弁済を受けることになる。このとき，当該抵当権者の優先配当額が800万円にとどまれば，800万円の10分の4である320万円について，抵当権者が単独で優先弁済を受け，残り480万円について放棄を受けた債権者と同順位で配当を受けることになる（香川410頁）。

抵当権の放棄を受けた受益者だけでなく，抵当権の放棄をした処分者も，なお抵当権者とみるべきであるから，抵当権を実行することができる（我妻415頁，柚木＝高木306頁）。

債務者からする処分者・受益者に対する弁済についても，抵当権の譲渡（→1⑶(ウ)(エ)）に準じて考えればよい（柚木＝高木306頁）。また，この場合にも，転抵当権の場合と同じ理由（→II3⑶(イ)）で，処分者に対する債務者は，処分者の抵当権を消滅させるために，供託することができると解すべきである。

IV　抵当権の順位の譲渡・放棄

1　抵当権の順位の譲渡

⑴　意　　義

抵当権の順位の譲渡とは，抵当権者がその優先弁済権を，「同一の債務者」に対して同一の不動産上に後順位の抵当権その他の担保権を有する「他の債権者」に取得させることである。これによって，譲渡人が有する抵当権による優先配当額と，譲受人が有する担保権による優先配当額の合計について，譲受人が優先的に配当を受け，残余について譲渡人が配当を受けることにな

第2節　抵当権の効力　　　　　　　　　　　§376　IV

る（柚木＝高木307頁）。例えば，債務者Sに対する第1順位の抵当権者A（債権額400万円），第2順位の抵当権者B（債権額200万円），第3順位の抵当権者C（債権額700万円）がある場合に，Aがその抵当権の順位をCに譲渡すれば，競売代金が1000万円とすると，第1順位の抵当権への配当額400万円と第3順位の抵当権への配当額400万円の合計800万円のうち，700万円はCへ，残りの100万円はAへ配当される（我妻398頁）。したがって，譲渡人と譲受人の中間に担保権者がいたとしても，同人に影響はない（新版注民(9)〔改訂版〕166頁〔山崎寛＝高木多喜男〕）。

　債権者C（一流銀行に多い）が第1順位の抵当権でなければ金融をしないと言っているが，既に不動産に第1順位の抵当権者A，特に第2順位の抵当権者Bまでいるような場合に，Cのために第3順位の抵当権を設定し，Aから順位を譲渡してもらうという形をとることが多い（星野269頁）。Aの登記をいったん抹消し，先にCのために抵当権を設定してから，改めてAのために抵当権を設定するという方法では，中間者Bがいるため，Cの目的は達成されない（Bの抵当権が第1順位に昇進し〔→§373 III(1)〕，Cは第2順位の抵当権者にとどまる）。

　(2)　要　　件

　(ア)　順位を譲渡しうる抵当権　　抵当権の順位は，その設定登記の前後により定まる（373条）。したがって，順位の譲渡をすることができる抵当権は，登記した抵当権であることを要し，先順位で登記することが予定されている抵当権について，あらかじめ順位の譲渡を約していても，このような契約は債権契約的な意味しか持ちえない（清水湛「抵当権の順位の譲渡または放棄」中川善之助＝兼子一監修・不動産法大系II担保〔改訂版，1977〕342-343頁）。

　これに対して，譲受人（受益者）の有する抵当権については設定登記を具備する必要はないと解されているが，この場合には，順位譲渡の付記登記を行いえないので対抗要件を具備することができないことになる（髙橋智也「抵当権の順位の変更および譲渡」新担保・執行法講座(3)183頁）。

　(イ)　譲渡を受ける担保権者　　抵当権の順位の譲渡は，抵当権の譲渡と異なり，抵当権の有する優先順位だけを譲渡するのであるから，物的担保権を有しない債権者（一般債権者）は，「他の債権者」に該当しない（新版注民(9)〔改訂版〕167頁〔山崎＝高木〕）。抵当権の順位の譲渡を受けることができる債

〔占部〕　59

§376 Ⅳ 　　　　　　　　　　　　　第2編　第10章　抵当権

権者は，その抵当権の目的不動産上に，当該債権を担保する登記した担保権
で，しかも後順位のものを有する者であって，必ずしも抵当権者に限ること
はなく，先取特権者または質権者でも差し支えない。なぜなら，本条は「他
の債権者の利益のために」と規定し，抵当権者に限っていないからである
（香川425頁）。

　順位の譲渡を受ける担保権者の債権額や弁済期に制約はない（我妻401頁）。
順位の譲渡を受ける担保権者の順位が，順位を譲渡する抵当権者の順位と同
一であっても，順位の譲渡を受けることで，順位を譲渡する抵当権者に優先
して弁済を受けることができるようになるため，これを否定する理由はない
（新版注民(9)〔改訂版〕170頁〔山崎＝高木〕）。登記実務も同一順位の抵当権者間
における順位の譲渡を認める（昭28・11・6民事甲1940号民事局長通達・先例集下
2111頁）。

　物的担保権を有するが未登記の債権者も，「他の債権者」に該当するから，
順位譲渡契約そのものは，未登記の担保権者をしてなされることは可能であ
り，次条の377条により，抵当権の順位の譲渡について通知または承諾がな
されていれば，順位の譲渡人の債権の債務者は，順位の譲受人が弁済に承諾
を与えないかぎり，順位の譲渡人からの履行請求を拒絶することができる
（我妻407頁。→Ⅱ3(2)(ア)）が，順位の譲渡についての対抗要件としての登記を
なすためには，譲受人の担保権も，登記されていなければならない（香川
427頁）。したがって，未登記担保権者に対する順位の譲渡は，実質的にあま
り意味がない（清水・前掲論文343頁）。

　同一債権者の間で，抵当権の順位を譲渡することは，「他の債権者の利益
のために」という文言には反しそうだが，登記実務はこれを肯定する（昭
25・6・22民事甲1735号民事局長通達・先例集下1423頁，昭27・6・13民事甲834号民
事局長回答・先例集下1873頁，昭29・3・26民事甲686号民事局長回答・先例集下2181
頁）。例えば，甲・乙両不動産上に共同抵当権を有する債権者が，甲不動産
上にさらに別の債権の担保として後順位の抵当権を有している場合に，共同
抵当権の被担保債権が，乙不動産で十分担保されているので，別の債権を担
保する後順位抵当権を確実にするために順位の譲渡をすることや，既に第1
順位の抵当権を有しているA銀行をも含めた複数の銀行による協調融資の
担保として，A銀行の抵当不動産に抵当権を設定する場合に，協調融資の

60　〔占部〕

第 2 節　抵当権の効力　　　　　　　　　　　　　　　　§*376*　IV

条件として，A 銀行の第 1 順位の抵当権の順位を譲渡することが考えられる（香川 427 頁）。

　㈡　順位譲渡契約　　抵当権の順位の譲渡は，順位を譲渡する抵当権者と，順位の譲渡を受ける担保権者との合意（契約）によって成立し，かつそれだけで効力が発生する（176 条）。登記が効力要件である「順位の変更」（374 条 2 項）とこの点で異なる。

　順位譲渡契約の成立に中間順位の担保権者や用益権者の承諾は必要でない。順位を譲渡しようとする抵当権を目的とする権利を有する者，例えば，その抵当権の被担保債権を目的とする差押債権者や権利質権者，あるいは，既にその抵当権の処分を受けている受益者の承諾も必要ではない。なぜなら，これらの権利者と順位の譲渡を受けた受益者との優劣は，それぞれについてする付記登記（本条 2 項）の前後によって決せられるからである（清水・前掲論文 340 頁）。

　㈣　「同一の債務者」　　本条が定める「同一の債務者」については，抵当権の譲渡（一Ⅲ 1 ⑵㈡）と同様，その文理を拡張解釈して，順位が譲渡される抵当権の被担保債権の債務者と抵当不動産の所有者が別人である場合の抵当不動産の所有者（物上保証人・抵当不動産の第三取得者）も「同一の債務者」に含まれ，物上保証人・抵当不動産の第三取得者に対して，後順位の抵当権その他の担保権を有する債権者も，抵当権の順位の譲渡を受けることができる（新版注民⑼〔改訂版〕168 頁〔山崎＝高木〕）。登記実務も，「同一担保物件上に設定登記してある第 1 順位の抵当権者が A で債務者と抵当権設定者が同一人であり，第 2 順位の抵当権者が B で当該抵当権は第三者の債務のために設定されている場合」でも，A・B 間において抵当権の順位を譲渡し，その付記登記をすることができるとする（昭 30・7・11 民事甲 1427 号民事局長回答・先例集追Ⅰ 383 頁）。このように，同一不動産上の担保権者相互間においては，債務者の異同を問わず，順位の譲渡が可能である（清水・前掲論文 344 頁）。

　㈤　対抗要件　　抵当権の順位の譲渡も，不動産物権の変動であるから，対抗要件として登記を必要とする（177 条）。その登記は，抵当権設定登記に付記する付記登記の方法によってなされる（本条 2 項，不登 4 条 2 項，不登則 163 条）。転抵当の場合と異なり，被担保債権の内容に及ばない（不登 90 条の適用はない）。

〔占部〕　61

§376 IV　　　　　　　　　　　　第2編　第10章　抵当権

　また，抵当権が担保する債権の債務者に抵当権の順位の譲渡を通知し，ま
たはその債務者が抵当権の順位の譲渡を承諾しなければ，抵当権の順位の譲
渡を，抵当権が担保する債権の債務者，保証人，抵当権設定者およびこれら
の者の承継人に対抗することができない（377条1項）ことは，転抵当権の設
定の場合と同様である（→II 2 (3)(イ)）。

　順位譲渡における登記（付記登記）は対抗要件であることから，不動産登
記法105条1号・2号のいずれの仮登記も認められると解されている（高
橋・前掲論文192頁）。

　(カ)　抵当権の一部の順位譲渡・抵当権の一部のための順位譲渡　　抵当権
の順位の一部を後順位の担保権の全部または一部に対して譲渡したり，ある
いは，抵当権の順位の全部を後順位の担保権の一部に対して譲渡すること，
例えば，被担保債権額5000万円の抵当権の順位のうち3000万円を限度とし
て後順位の抵当権者に対し順位を譲渡し，残額2000万円については依然と
してその順位を保有することや，被担保債権額4000万円の後順位抵当権の
一部3000万円に対し先順位抵当権者がその順位を譲渡し，3000万円を超え
る部分の配当を受ける権利を確保することは可能であると解すべきであろう。
なぜなら，抵当権の順位の譲渡の効力が本来相対的なものであり，その実質
は当事者間における優先弁済権の処分であるとすれば，これに量的な概念を
導入することを妨げる何らの理由もないし，取引上の便宜にも合するからで
ある（清水・前掲論文346頁）。そうであれば，例えば，不動産価額が9000万
円で，第1順位にAが5000万円，第2順位にBが2000万円，第3順位に
Cが4000万円の抵当権を有している場合において，Aが5000万円の一部
3000万円を限度としてCの抵当権の全部に対して順位を譲渡をすると，ま
ずこの順位の譲渡がなかったとすれば，Aは第1順位で5000万円，Bは
2000万円，Cは2000万円となるが，Aは3000万円についてCに順位譲渡
をしているので，この3000万円とCの受けるべき前記2000万円の合計額
から，Cがまず4000万円の配当を受け，残りの1000万円をAが受けるこ
とになり，結局Aは，この1000万円と順位の譲渡をしていなかった2000
万円のあわせて合計3000万円の配当を受けることになる（清水・前掲論文349
頁以下。香川444頁も参照）。

　(キ)　抵当権の被担保債権の増額と順位の譲渡の関係　　抵当権の債権額の

62　〔占部〕

第2節　抵当権の効力　　　　　　　　　　　　　　　　§*376*　IV

増額の登記は，抵当権の変更登記として，利害関係人の承諾がある場合には付記登記でされるが，承諾がない場合には増額分については独立の順位番号をもつ主登記でされる（不登66条）ところ，抵当権の債権額の増額の登記が主登記でされている場合において，この抵当権の順位が譲渡されたときは，主登記による増額分についても順位を譲渡するとされていないかぎり，増額分にはその効力は及ばないと解すべきである（清水・前掲論文346頁）。この場合，登記実務は，主登記で増額した部分だけの順位譲渡を認める（昭39・10・5民事甲3341号民事局長事務代理通達・先例集追IV 234頁）から，この場合に，主登記による増額分をも含めて抵当権の順位の譲渡をしたときは，設定の登記と増額の登記にそれぞれ付記登記をする必要があるということになろう（清水・前掲論文347頁）。

　逆に，抵当権の順位の譲渡があった後に，抵当権の債権額の増額の登記が付記登記でされた場合，たしかに付記登記の順位は，主登記の順位による（不登4条2項）が，それによる増額分に当該順位の譲渡の効力は当然には及ばないと解すべきであり，そうであるなら，順位の譲渡を受けた受益者は「登記上の利害関係を有する第三者」（不登66条）として，付記登記についての承諾を拒むことができるものと解すべきである（清水・前掲論文347頁）。

　(3)　効　　果

　(ア)　相対的効力　　抵当権の順位の譲渡により，順位の譲渡人と譲受人との間において，相対的に，順位の転換が生ずる。例えば，第1順位の抵当権者Aが，第3順位の抵当権者Cに対して，抵当権の順位を譲渡しても，第2順位の抵当権者Bとの関係では，Aは依然として第1順位である。すなわち，順位第1番のAの抵当権の債権額が1000万円，順位第2番のBの抵当権の債権額が800万円，順位第3番のCの抵当権の債権額が1500万円とし，AC間に順位の譲渡がなされた場合に，競売代金が2500万円とすれば，順位の譲渡がない場合のABCの配当額は，それぞれ1000万円，800万円，700万円となるが，AC間で順位の譲渡がされている結果，AとCの配当の合計額1700万円から，CがAに優先して自己の債権額1500万円の配当を受け，Aは，残額200万円の配当しか受けられないことになる。このように，順位の譲渡の効果は，競売の場合の配当において，順位の譲渡人Aが，順位の譲受人Cをして，自己よりも優先配当を受けしめることであって，

〔占部〕　63

§376 IV　　　　　　　　　　　　　　　　　　　第2編　第10章　抵当権

第三者に対する関係においては，A，Cともその本来の抵当権の順位において，優先弁済権を主張することができるに過ぎない（香川439-440頁）。

　(イ)　競売申立権　　抵当権の順位の譲受人（受益者）は，順位譲渡の効果として，順位を譲り受けた先順位の抵当権を実行できるが，そのためには，先順位の抵当権についての実行要件（主として弁済期の到来）も充たされていなければならない。ただし，受益者も後順位の担保権者であるから，これを実行することができ，その場合には，先順位の抵当権の実行要件を満たす必要はない。しかも，その競売の効果として他の全ての抵当権は消滅し，かつ用益権者や仮登記権者の権利は一番抵当権の設定時を基準として消滅する（民執59条1項）のだから，この場合には，先順位の抵当権の実行か受益者の担保権の実行かを取り立てて問題にする実際上の意味は少ない（我妻404頁）。

　(ウ)　譲渡人の債権の弁済　　抵当権の順位の譲渡の場合も，次条の377条により，抵当権の順位の譲渡について通知または承諾がなされていると，順位の譲受人（受益者）の承諾なしに，順位の譲渡人（処分者）の債権の「弁済」をしても，受益者に対しては対抗できない。受益者の承諾を得ないで処分者に弁済した場合の法律関係についても，抵当権の譲渡（→Ⅲ1(3)(ウ)）に準じて考えればよい（柚木＝高木309頁）。また，受益者が弁済に承諾を与えない場合には，転抵当権の場合と同じ理由（→Ⅱ3(3)(イ)）で，処分者に対する債務者は，処分者の抵当権を消滅させるために，供託することができると解すべきである（同旨，我妻407頁）。

　たしかに，最高裁昭和38年3月1日判決（民集17巻2号269頁）は，「抵当権の順位の譲渡は譲渡人と譲受人間の順位の転換を生じ，譲受人は譲渡人の有した抵当権の範囲及び順位において抵当権者となるものであるから，例えば第1順位の抵当権の順位を譲り受けた第2順位の抵当権者は，順位譲受の結果第1順位の抵当権者となり，従前の第1順位の抵当権者は第2順位の抵当権者となるのであって，既に第1順位となった抵当権者の抵当権は，第2順位となった抵当権者がその後債務者より自己の抵当債権の弁済を受けたからといって影響を蒙るべきいわれはない」としたが，これは，第1順位の抵当権者が第2順位の抵当権者に対して抵当権の順位を譲渡した場合，すなわち，順位譲渡される先順位の抵当権と後順位の担保権の間に中間順位の担保権が存しない場合にのみ妥当する判断であると理解すれば足りよう（同旨，

64　〔占部〕

第2節　抵当権の効力　　　　　　　　　　　　　　　§*376*　IV

清水・前掲論文 338-339 頁）。

　(エ)　譲受人の債権の弁済　　抵当権の順位の譲渡があった後に，順位の譲受人（受益者）の債権が抵当権の実行によらずに消滅した場合は，抵当権の順位の譲渡の効果は消滅し，順位の譲渡人（処分者）の抵当権は，順位の譲渡がなかった状態に戻るから，処分者は，その抵当権をその順位において完全に行使しうることになる。なぜなら，受益者の債権が消滅したことでそれを担保する担保権も消滅した以上，順位の譲渡の効果を存続させる必要が全くなくなるし，受益者以外の第三者との関係においては，処分者は依然として本来の順位の抵当権を有することに変わりなく，処分者の抵当権を譲渡前の状態に戻しても，債務者や他の債権者に対して何らの不利益も与えないからである（同旨，香川 442-443 頁，我妻・判コメ 379 頁〔清水〕。反対，我妻 407 頁，柚木＝高木 309 頁，高木 232 頁，髙橋 201 頁）。

　(オ)　順位譲渡の重複　　抵当権の順位の譲渡が数次にわたって行われた場合は，受益者相互間の権利の順位は，抵当権の登記に順位譲渡の付記登記をした前後によって定まる（本条 2 項・177 条）。例えば，1000 万円の債権を担保する第 1 順位の抵当権を有する A が，500 万円の債権を担保する第 3 順位の抵当権を有する C に対して，抵当権の順位を譲渡し，ついで，400 万円の債権を担保する第 4 順位の抵当権を有する D に対しても，抵当権の順位を譲渡した場合，まず，第 1 順位において A の受けるべき配当金から，C が 500 万円の配当を受け，ついで，その残額 500 万円から D が 400 万円の配当を受け，最後に，A がその残額 100 万円の配当を受けることになる。仮に，D の債権額が 600 万円の場合は，A の全額および D の残額 100 万円については第 1 順位においては配当されない。この場合，第 2 順位の抵当権者に配当して，なお残余があるときに限り，その残額を限度として，D がその残額の 100 万円の配当を受け，ついで，A が 1000 万円の配当を受けることになる（香川 445 頁）。

2　抵当権の順位の放棄

(1)　意　　義

　抵当権の順位の放棄とは，先順位の抵当権者（処分者）が，後順位の抵当権その他の担保権を有する「他の債権者」（受益者）の利益のために，自己の優先弁済権を主張しないことである。その結果，処分者と受益者との配当の

〔占部〕　65

優先順位が同一順位として並び，それぞれの被担保債権額に按分比例して配当を受けることになる（新版注民(9)〔改訂版〕167頁〔山崎＝高木〕）。例えば，1000万円の債権を担保する第1順位の抵当権を有するAが，400万円の債権を担保する第3順位の抵当権を有するCに対して，抵当権の順位を放棄した場合において，Bが有する第2順位の抵当権の被担保債権額が500万円で，競売代金が1550万円であったとき，順位の放棄がなかったとすれば，Aが1000万円，Bが500万円，Cが50万円の配当を受けることになっていたところ，順位の放棄がなされている結果，AとCが受けるべき配当合計金1050万円を，AとCの各債権額に按分比例して，結局，Aが7分の5の750万円，Cが7分の2の300万円の配当を受けることになる（香川446-447頁）。

既に第1順位の抵当権者A，第2順位の抵当権者Bがいる場合において，CがAと共同で融資をするときに，順位の放棄が行われる（星野270頁）。

(2) 要 件

抵当権の順位の放棄も，債務者，保証人，物上保証人，第三取得者等の同意は必要ない（→I(3)）が，順位の放棄をこれらの者に対抗するための要件として，順位を放棄した抵当権者（処分者）の債権の債務者への通知またはその者の承諾があったときには，債務者が，順位の放棄を受けた者（受益者）の同意なくして，順位を放棄した抵当権の被担保債権の全部または一部を消滅せしめる弁済その他の債権の消滅行為をしても，受益者に対抗することはできない（377条）。

抵当権の順位の放棄を受ける担保権者（受益者）の債権額や弁済期に制約はない（我妻410頁）。

同一債権者の間で順位を放棄することは，順位の譲渡の場合（→1(2)(イ)）と同様，可能と解すべきである。しかし，同一順位者間で順位を放棄することは，順位の譲渡の場合と異なり，意味を持たない（我妻410頁）。

本条が定める「同一の債務者」については，順位の譲渡（→1(2)(エ)）と同様，その文理を拡張解釈して，物上保証人および第三取得者に対する抵当権者の間でも行いうると解すべきである（我妻410頁）。

順位の放棄の対抗要件は，順位の譲渡と同様である（→1(2)(オ)）。

抵当権の順位の一部を後順位の担保権に対して譲渡することが可能である

第2節　抵当権の効力　　　　　　　　　　　　　　　　§*376*　Ⅳ

(一1⑵㋕) のなら，抵当権の順位の一部を後順位の担保権に対して放棄することも可能であると解すべきであろう。そうであるなら，例えば，1000万円の債権を担保する第1順位の抵当権を有するAが，その抵当権の一部である600万円（10分の6）について，500万円の債権を担保する第3順位の抵当権を有するCのために順位を放棄した場合，第1順位の抵当権者Aが本来受けるべき配当額の10分の6について，第1順位と第3順位の各抵当権者が同順位すなわち各債権額1000万円と500万円に按分比例して配当を受け，第1順位の抵当権者Aの受けるべき配当額の10分の4については，Aが本来の第1順位で配当を受けることになり，さらに，本来の第3順位の抵当権者の受けるべき配当についても，その10分の6に関しては，同順位で配当されることになる（香川448頁）。

　⑶　効　　果

　抵当権の順位の放棄により，順位を放棄した抵当権者（処分者）と順位の放棄を受けた後順位の担保権者（受益者）は，両者の本来受けうべき配当金の全額について，順位放棄者と同一順位において，すなわち，それぞれの被担保債権額に按分比例して，配当を受けることになる。中間順位の担保権者や抵当不動産の所有者などの第三者の利害関係には影響を及ぼさない。この点は，他の抵当権の処分の場合と同様である（一Ⅰ⑶）。

　㋐　競売申立権　　受益者は，自己の債権の弁済期と処分者の債権の弁済期がそれぞれ到来している場合でなければ，担保権を実行して順位放棄による優先弁済を受けることはできない。これに対して，処分者は，自己の債権の弁済期さえ到来すれば，受益者の債権の弁済期の如何に関係なく，抵当権を実行して，按分して算出された額についての優先弁済を受けることができる（新版注民⑼〔改訂版〕184頁〔山崎＝高木〕）。この場合，受益者の債権の弁済期が到来していないときは，この者に配当すべき金額は供託される（注民⑼〔増補再訂版〕146頁〔柚木馨＝西沢修〕）。

　㋑　順位を放棄した抵当権の被担保債権の弁済　　抵当権の順位の放棄の場合も，次条の377条により，抵当権の順位の放棄について通知または承諾がなされていると，順位の放棄を受けた担保権者（受益者）の承諾なしに，順位を放棄した抵当権者（処分者）の債権の「弁済」をしても，受益者に対しては対抗できず，受益者が取得した優先弁済の効果には影響しない（新版

〔占部〕　67

注民(9)〔改訂版〕184頁〔山崎＝高木〕）。受益者の承諾を得ないで処分者に弁済した場合の法律関係についても，順位の譲渡（→1(3)(ウ)）と同じである（柚木＝高木310頁）。また，受益者が弁済に承諾を与えない場合には，転抵当権の場合と同じ理由（→Ⅱ3(3)(イ)）で，処分者に対する債務者は，処分者の抵当権を消滅させるために，供託することができると解すべきである（同旨，我妻409頁・411頁）。

(ウ) 順位の放棄を受けた担保権の被担保債権の弁済　　順位の放棄を受けた担保権が，その担保権の実行によらずに，その被担保債権の弁済などにより消滅したときには，順位の放棄がなかったのと同様になるのであって，順位を放棄した抵当権者は，本来の優先弁済権を回復することになる（香川447-448頁。これに対し，我妻409頁は，順位の放棄も特殊の形態における抵当権の譲渡であるから，受益者の債権が消滅すれば，順位を放棄した抵当権そのものが消滅するとする）。

(エ) 順位放棄の重複　　抵当権の順位の放棄が重複した場合にも，順位の譲渡（→1(3)(オ)）と同様，受益者相互間の権利の順位は，抵当権の登記に順位放棄の付記登記をした前後によって定まる（本条2項・177条）。例えば，第1順位の抵当権の順位が，第3順位および第4順位の抵当権のために順次放棄された場合には，第1順位の抵当権者の受ける配当額について，第1順位の抵当権者と第3順位の抵当権者が同順位で配当を受け，この場合の第1順位の抵当権者の配当額について，さらに第1順位の抵当権者と第4順位の抵当権者が同順位で配当を受けることになる（香川448頁）。

〔占部洋之〕

（抵当権の処分の対抗要件）

第377条① 　前条の場合には，第467条の規定に従い，主たる債務者に抵当権の処分を通知し，又は主たる債務者がこれを承諾しなければ，これをもって主たる債務者，保証人，抵当権設定者及びこれらの者の承継人に対抗することができない。

② 　主たる債務者が前項の規定により通知を受け，又は承諾をしたときは，抵当権の処分の利益を受ける者の承諾を得ないでした弁済は，

第2節　抵当権の効力　　　　　　　　　　　　　　　§*377*　I

その受益者に対抗することができない。

〔改正〕　本条＝平16法147移動（376条→本条）

I　問題の所在

(1)　2つの対抗要件

　前条が定める「抵当権の処分」は，不動産物権変動の一種であるから，その対抗要件として登記を必要とし（177条），その登記は付記登記（不登4条2項）の方法によってなされる（376条2項，不登則3条）が，本条は，前条が定める抵当権の処分のもう一つの対抗要件として，「第467条の規定に従い，主たる債務者に抵当権の処分を通知し，又は主たる債務者がこれを承諾」することを求める。前条2項の登記（付記登記）による対抗要件が，抵当権の処分自体を，受益者が第三者に対抗するための対抗要件であるのに対して，本条の通知・承諾による対抗要件の規定は，抵当権の処分における抵当権の付従性の緩和（独立性の承認）の一限界を示すものとして，極めて重要な規定であり，諸外国の立法に類例を見ないわが民法に独特な規定である（新版注民(9)〔改訂版〕187-188頁〔山崎寛＝高木多喜男〕）。

　前条が定める「抵当権の処分」は，その抵当権が担保する債権を抵当権から切り離して，抵当権のみを単独で独立して処分するものではあるが，処分後の問題として，処分された抵当権の被担保債権が弁済等により消滅すれば，抵当権の処分の利益を受ける者（受益者）が取得した優先弁済権は消滅する。そこで，これを阻止するために，民法は，付記登記による対抗要件とは別に，抵当権の処分の場合に特有で特殊な対抗要件として，本条の規定を設けた（新版注民(9)〔改訂版〕190頁〔山崎＝高木〕）。すなわち，受益者を保護するために，本条2項が，抵当権の付従性を切断し（西澤修「抵当権の処分の対抗要件──わが民法における抵当権の付従性に関する一考察」法と政治（関西学院大学）17巻4号〔1966〕413頁），本条1項が，付従性切断の効果の対抗要件を定めた（同417頁）。

(2)　付　記　登　記

　抵当権の処分が数次にわたって行われた場合，受益者相互間の権利（優先弁済権）の順位は付記登記の前後によって決定される（376条2項）。処分され

〔占部〕　69

§*377* II　　　　　　　　　　　　　　　第2編　第10章　抵当権

た抵当権の被担保債権の債務者に対する通知またはその者の承諾（本条1項）
の前後によって定まるのではない。すなわち，付記登記の前後によって各受
益者の取得する優先弁済権の順位が定まり，通知・承諾は，優先弁済権の順
位に影響を及ぼすことなく，付記登記の前後によって定まった優先弁済の効
果を，被担保債権の消滅後もなお受益者は主張できるか否かを決定するもの
である。したがって，本条1項による「通知・承諾」を「確定日付のある証
書」（467条2項）によってする必要はない（新版注民(9)〔改訂版〕194頁〔山崎＝
高木〕。反対，基本法コメ269頁〔石外克喜〕，石田喜久夫「転抵当の本質と効力」金法
1262号〔1990〕9頁）。

II　377条1項

(1)　本項の趣旨

　本条1項は，受益者が抵当権の処分を受けて取得した優先弁済権を，「主
たる債務者，保証人，抵当権設定者及びこれらの者の承継人」に対抗するた
めには，債権譲渡の場合の対抗要件（467条）に準じて，抵当権の処分をし
た抵当権者が，その抵当権の被担保債権の債務者に対して，「抵当権の処分
を通知し」，または，その債務者が「これを承諾」することを要するものと
した。登記とは別にこのような形式を要求したのは，起草者によると，債務
者が弁済の際にいちいち登記簿を調べるのは酷であるから（法典調査会民法議
事〔近代立法資料2〕853頁）である。

　本条1項は，抵当権の処分を通知または承諾によって対抗しうる者を，
「主たる債務者，保証人，抵当権設定者及びこれらの者の承継人」と制限的
に列挙したもの（大判大元・12・27民録18輯1114頁。反対，道垣内194頁以下）で
あり，これら以外の第三者に対しては，登記をしなければ，抵当権の処分を
対抗できない（177条）。

(2)　確定日付の要否

　本条1項の通知・承諾は，467条2項が定める「確定日付のある証書」に
よる必要はない。なぜなら，同条項が債権譲渡の対抗要件としての「通知・
承諾」について確定日付のある証書によることを要求しているのは，専ら債
務者以外の第三者に対する関係で債権の帰属関係を決定しようとするためで

第2節　抵当権の効力　　　　　　　　　　　　　　　§*377*　**II**

あるが，ここでは，その関係は，登記によって決せられるからであり（我妻393頁），債権譲渡に関する判例・通説において，債務者はもとより，本条1項に規定される保証人以下の者も，確定日付のある証書をもってする通知・承諾によらなければ対抗しえない「債務者以外の第三者」（467条2項）に当たらない，と解されているからである（道垣内195頁）。

(3) 「主たる債務者」の意味

本条1項の「主たる債務者」とは，処分された抵当権によって担保されている債権の「債務者」のことであり，「保証人」との区別を明示したかったがために，民法の起草者がかかる表現をしたに過ぎない（新版注民(9)〔改訂版〕155頁〔山崎＝高木〕。前掲法典調査会民法議事853-854頁参照）。

(4) 「対抗することができない」の意味

本条1項の「対抗することができない」とは，467条による通知・承諾がなければ，受益者は抵当権の処分を受けたことを主張できないという意味であるが，これは同時に，処分された抵当権の被担保債権の債務者は受益者に対して，弁済等の債権消滅事由を主張できることを意味する。この点について，最高裁昭和55年9月11日判決（民集34巻5号683頁）は，ある抵当権が仮装のものであることにつき善意の第三者が，仮装抵当権の抵当権者からの転抵当権の設定を受け，その登記を得たが，いまだ本条1項の対抗要件を具備していなかった場合において，「民法94条2項の関係では，すでに有効な転抵当権設定契約に基づき一定の法律上の地位を取得した者として同条項にいう善意の第三者に該当するものということを妨げないと解すべきであるから，原抵当権設定者は，これに対する関係では，右原抵当権が虚偽仮装のものであることを主張することができない」とし，その理由として，「転抵当権の設定を受けた者が民法376条〔現377条〕1項の規定との関係で右転抵当権の取得を原抵当権設定者に対抗しうるかどうかということと，その者が右転抵当権設定登記を取得し，かつ，これを保持しうるかどうかということとは本来別個の問題であり，転抵当権の設定を受けた者は，民法の右規定による対抗力の取得の有無にかかわらず，転抵当権設定者に対して有する契約上の登記請求権に基づいてその設定登記の実現をはかることができ，その反面，すでに右転抵当権設定登記を得ている場合には，原抵当権設定者に対する関係においても，被担保債権の消滅による原抵当権の消滅等自己に対抗しうる

〔占部〕　　71

§*377* III　　　　　　　　　　　　　　　　　　　　第2編　第10章　抵当権

原抵当権設定登記の抹消原因が存在するときでなければ，その抹消登記についての承諾請求があっても，これを拒否して自己の転抵当権設定登記を保持しうる地位を有するものであり，この場合，前記転抵当権取得の対抗力の有無は，右の転抵当権取得者に対抗しうる原抵当権設定登記の抹消原因の成否との関係で問題となりうるにすぎない」からであるとした。これは，467条による通知・承諾がなければ，弁済等の債権消滅事由を主張できるが，虚偽表示により債権が無効であることは，通知・承諾がなくともなお主張することができない，ということを意味する。

(5)　通知・承諾がなかった場合

受益者が登記のみを得て通知・承諾がなかった場合，いかにして権利行使を可能にしうるかについて，前掲最高裁昭和55年9月11日判決は，傍論ながら，通知・承諾を欠く転抵当権者は権利行使ができないとするようである。しかし，債務者は通知・承諾のないかぎりいつでも弁済により原抵当権を消滅させることができるが，履行期を徒過しても弁済しない場合には，転抵当権者の権利行使を認めても債務者にとって酷だとはいえない（内田貴〔判批〕昭55重判解79頁）。

III　377条2項

(1)　本項の趣旨

本条2項は，抵当権の処分の通知・承諾がなされているときは，処分後の問題として，処分された抵当権の被担保債権の弁済が受益者の承諾を得てなされたものでないかぎり，弁済を受益者に対抗できないとすることで，受益者の優先弁済権が受益者の意思に反して消滅することがないようにするための法的措置を講じたものである。すなわち，抵当権の処分後において付従性を無制限にそのまま認めるならば，抵当権の被担保債権の弁済によって，処分された抵当権，ひいては抵当権の処分を受けた受益者が取得した優先弁済権もまた消滅することになり，抵当権の処分を認めることが無意味となるから，受益者の保護に必要な範囲において付従性を切断 —— 抵当権を抽象化 —— する必要がある。そこで，本条2項は，受益者の承諾を得ずになされた弁済は受益者に対抗できないと規定したのである（新版注民(9)〔改訂版〕195頁

72　〔占部〕

第2節 抵当権の効力 §*377* **III**

〔山崎＝高木〕）。例えば，Ａの債務者Ｂに対する債権1000万円の抵当権について，ＡがＣに対して負担する800万円の債務の担保として転抵当が設定された場合，Ｃの転抵当権はＡの抵当権の上に成立するのであって，Ａが本来優先弁済を受けるべき競売不動産の配当金から，Ｃが，Ａに対する債権の弁済として，優先的に配当を受けることになる。したがって，もしＡの債権の全部または一部（例えば500万円）が，自由にＢから弁済しうるものとすれば，Ｃは全く配当を受けられないか，または本来800万円の優先配当が受けられるのに500万円の優先配当しか受けられないことになるので，Ｂの自由な弁済を制限しなければならないわけである（香川391頁）。

その反面として，「債務者，保証人，抵当権設定者及び承継人」に対しては，抵当権の処分について通知・承諾があれば，これについて登記がなくとも，これを対抗することができると解すべきである。すなわち，債務者に対する通知または債務者の承諾があれば，抵当権の処分についての付記登記がなくとも，処分された抵当権の被担保債権の弁済を有効と主張することができない（我妻393頁）。

(2)　「弁済」の意味

本条2項は「弁済」とのみ規定しているが，これは例示規定であり，代物弁済・免除・更改なども，処分された抵当権の被担保債権の消滅をもたらすから，これに含まれると解すべきである。ただし，転抵当の場合，通説は，366条3項を類推して，原抵当権の被担保債権の債務者が弁済すべき金額を供託することで，原抵当権を消滅させることができるとする（→§376 Ⅱ 3(3)(イ)）。また，相殺に関しては，通知の前に抵当権を処分した者に対して取得した債権を自働債権とする相殺は，受益者に対抗しうる（511条）。さらに，消滅時効の援用による被担保債権の消滅は，援用者の出捐によるものではないから，「弁済」には該当しないと解すべきである（新版注民(9)〔改訂版〕197頁〔山崎＝高木〕）。

(3)　「対抗することができない」の意味

本条2項の「対抗することができない」とは，弁済その他の行為によって被担保債権が消滅しても，受益者は，抵当権の処分によって取得した優先弁済権を行使して優先弁済を受けうるという意味である。これは，被担保債権の消滅による抵当権の消滅の効果が受益者には及ばないこと，すなわち，抵

〔占部〕　73

§378

第2編 第10章 抵当権

当権の処分によって受益者が取得した優先弁済権について，抵当権の付従性が切断されることを意味する（新版注民(9)〔改訂版〕197頁〔山崎＝高木〕）。そしてその結果，受益者の受益の関係においては，弁済その他の債権消滅行為はなかったことになり（香川392頁・419頁・450頁），この効果は何人に対しても生じる（道垣内194頁）。転抵当の場合には，転抵当権者に対する債務者は，原抵当権者であるにもかかわらず，原抵当権者に属しない抵当不動産から，原抵当権者の転抵当権者に対する債務が弁済されたことになるから，抵当不動産の所有者は，原抵当権者に対し不当利得の返還を請求することができる（→§376 II 3(3)(ア)）。しかし，転抵当以外の抵当権の処分の場合には，不当利得返還請求権は生じない。なぜなら，抵当不動産の所有者は，受益者に対する債務者であるか，あるいは受益者に対する債務を担保する不動産を所有しているのであるから，何人が優先弁済の利益を享受しようと，余分の弁済ないし出捐ではないからである。したがって，この場合，弁済を受けた抵当権者と債務者との間では，弁済は有効である（香川450-451頁）。

　本条2項はさらに，間接的に，受益者と処分された抵当権の被担保債権の譲受人等との優劣を定める機能も有している。すなわち，抵当権の処分の通知を受けた後に，譲渡の通知を受けた債務者等は，譲受人に対し有効に弁済を拒絶することができ，その結果，譲受人が受益者に劣後することになる（道垣内195頁）。

〔占部洋之〕

　　（代価弁済）
第378条　抵当不動産について所有権又は地上権を買い受けた第三者が，抵当権者の請求に応じてその抵当権者にその代価を弁済したときは，抵当権は，その第三者のために消滅する。

　　〔対照〕　フ民2475，イタリア民2867
　　〔改正〕　本条＝平16法147移動（377条→本条）

細　目　次

I　抵当不動産の第三取得者（総説）………75　　　　　(1)　物権の絶対性または排他性と抵当

74　〔阿部〕

第2節　抵当権の効力　　　　　　　　　　　　　　　§378　I

　　　権者の追及権………………………75　Ⅱ　合意による抵当権の放棄…………82
　(2)　抵当不動産の譲渡………………76　Ⅲ　代価弁済による追及権の消滅………84
　(3)　追及権の行使…………………78　　(1)　制度趣旨………………………84
　(4)　売却代金（代価）への物上代位……81　　(2)　要　件………………………84
　(5)　第三取得者の防衛手段……………81　　(3)　効　果………………………86

I　抵当不動産の第三取得者（総説）

(1)　物権の絶対性または排他性と抵当権者の追及権

　抵当不動産が譲渡された場合，不動産物権変動の対抗要件主義（177条）
は，不動産所有権の二重譲渡とは異なった形で適用される。抵当権設定登記
前に抵当権設定者から第三取得者への所有権移転登記があった場合，抵当権
設定者はもはや登記名義人ではないので登記義務者（不登2条13号）になり
えず，抵当権者はもはや抵当権設定登記手続を申請しえない。したがって，
抵当権者は第三取得者に抵当権設定を対抗しえない。これに対して，抵当権
設定登記後であっても，抵当権設定者はなお登記名義人であり，抵当権設定
者から第三取得者への所有権移転登記手続は申請可能である。したがってこ
の場合，抵当権者は第三取得者に抵当権の設定を対抗して追及権を行使しう
るが（一(3)），第三取得者もまた所有権の取得を（不動産の差押登記までに登記す
れば）抵当権者に対抗できる。その結果，担保権実行手続においては第三取
得者を執行債務者として扱わねばならない。もっとも，このような第三取得
者の地位は，他物権の目的不動産の第三取得者一般に共通するものである。

　これに対して，抵当不動産の第三取得者は，抵当権者の追及権の行使に対
して第三取得者に対抗手段（一(5)）が認められている点で，さらなる特殊性
を有する。

　従来の学説は，抵当不動産の第三取得者の法的地位を，抵当権と利用権と
の調整問題の一環として（我妻296-297頁，内田貴・抵当権と利用権〔1983〕1頁），
あるいは，抵当権と抵当権設定者の処分権能との調整問題として（道垣内166
頁，森田・講義262頁）位置づけてきた。これらの立場は，民法全体の条文構
造に即して，抵当権が物権として有する通有性（排他性または絶対性〔日本法学
における概念史につき，七戸克彦「所有権の『絶対性』概念の混迷」山内進編・混沌のな
かの所有〔2000〕231頁〕）を前提とし，物権間の対抗の論理的帰結として抵当

〔阿部〕　75

§378 Ⅰ

第2編 第10章 抵当権

権がその後の物権変動に影響されないことを原則としたうえで，その例外として抵当権の本質（特殊性）に基づく調整を図るものといえよう。そして，その抵当権の特殊性は，物権のモデルとしての所有権を基準とし，あるいは占有担保（質権）や譲渡担保を基準として，そこからの偏差によって導出されてきた。

これに対して，抵当権は物権である前にまず債権の優先的回収を可能にする担保権である，というところから出発し，債権担保の目的に資する限度で抵当権に物権としての諸効力が認められていると考えることも可能である。そうすると，第三取得者の法的地位は，むしろ設定者が譲渡した財産が責任財産から原則として逸出すべきことを前提として，抵当権者の優先弁済権（順位）を保障するために，いかなる内容の追及権（第三取得者に対する権利）を認めるべきか，という問題として位置づけられる（阿部・追及権520頁以下）。以下に見るとおり，第三取得者の法的地位に関する諸制度を正解するためには，このような発想の転換が必要とされるであろう。

(2) 抵当不動産の譲渡

以上のような観点からは，優先弁済実現のために一部債権者が実質的に主導して行われる，抵当不動産の任意売却実務に留意する必要がある。

従来の議論は，抵当不動産の売買について，もっぱら被担保債権を控除して代価を設定しているか否かに着目して分類を施してきた（北川弘治「抵当権付不動産の売買」中川善之助＝兼子一監修・不動産法大系Ⅱ担保〔改訂版〕〔1977〕294-295頁）。この分類は，不動産が担保割れしていないことを前提とするものである。これに対して，担保割れ不動産の交換価値はすべて抵当権に把握され，所有者は何ら残余価値を把握しない。したがって，その売買も本来は考えられないはずだが，「社会の経済関係はすこぶる複雑だから，……あるいは債務者の弁済を信頼し，あるいは抵当権が実行された場合のために担保を供させるなど，いろいろの手段を講じて，時価に近い価格で売買が行われることも決して絶無ではあるまい」（我妻371頁）とされてきた。つまり，そこで念頭に置かれているのは，主として抵当不動産の譲渡人に十分な資力がある，平時型の抵当不動産売買であった。

しかし，実務上はいわば有事型の担保割れ不動産売買も存在する。これは，譲渡人が経営不振に陥っていて，抵当不動産の譲渡により資産と負債の圧縮

第2節　抵当権の効力　　　　　　　　　　　　　　　　　　§*378*　I

を図っている場合である（河野玄逸「抵当権消滅請求」新担保・執行法講座(3)263
頁・264-266頁）。詐害行為取消権に関する最高裁昭和41年5月27日判決（民
集20巻5号1004頁）は，被担保債務の弁済のために担保割れした抵当不動産
を相当価格で売却した行為の詐害性を否定したものであるが，その事案はま
さに有事型の担保割れ不動産売買の典型であったといえる。この有事型の中
には，一部の債権者が債権回収手段として実質的に主導している「任意売
却」も存在する（上野隆司監修・任意売却の法律と実務〔2版, 2006〕21頁〔大坪忠
雄〕）。これは，担保不動産競売のような司法資源の利用を回避して時間と手
続費用とを節約するとともに，いわゆる競売減価を避けるためのものである。
担保権設定に際して，設定者が債権者に担保物の処分授権を予め行うことが
あるが，抵当不動産の処分の場合，最終的な所有権移転登記および引渡しの
時点で債務者の協力が不可欠なので，法形式上は債務者を主体として任意売
却が実施されるのである（上野監修・前掲書2-3頁〔高山満〕）。この場合，抵当
権者全員が抵当権放棄の合意をすることで，不動産を時価で買い取る買主を
見つけることが可能になる。近時は，こうした有事型の任意売却がより意識
されるようになっている（森田・講義269頁）。バブル崩壊後は不動産市況の
冷え込みのために任意売却が困難となり，不動産競売申立事件が激増したと
されるが（上野監修・前掲書21-22頁〔大坪〕），これも，平時型任意売却の事案
が減少して有事型任意売却が増加したことの証左であるといえよう。

　他方で，平成15年改正前は，滌除制度およびそのための抵当権実行通知
制度（旧381条）を悪用する執行妨害目的での譲渡も行われ，このことが平
成15年改正による滌除制度の改革を呼んだが（一(3)，§379 II），これも一種
の有事型担保不動産譲渡であったといえる。

　したがって，このような有事型の抵当不動産譲渡を念頭に，任意売却を主
導する抵当権者の優先弁済実現を可能としつつ，他方で抵当権者の優先弁済
権が不当に害されることがないよう，追及権の内容を設計する必要がある。
たとえば，任意売却の実務は，担保不動産競売および抵当不動産の強制競売
における買受人も，理論的には一種の抵当不動産の第三取得者であることを
想起させる。第三取得者の抵当権消滅請求も，これらの競売における抵当権
の消除主義（民執59条1項）と理論的に連続するものとして捉えられうるの
である（一§379 II(1)）。

〔阿部〕　77

§*378* Ⅰ 　　　　　　　　第2編　第10章　抵当権

その他，借地上建物買取請求権（借地借家13条1項）や区分所有権売渡請求権（建物区分63条4項）などの形成権の行使による売買契約は，抵当不動産が担保割れしているか否かにかかわらず成立する（→§379 Ⅲ(2)）。

(3)　追及権の行使

以上のようにして抵当不動産の譲渡を受けた第三取得者に対し，抵当権者は，抵当権の実行としての担保不動産競売手続によって，追及権を行使することができる。つまり，追及権は被担保債権の責任財産を設定者財産の外に拡張することで行使される。

(ア)　申立てをなしうる時期　　担保不動産競売は，被担保債権の履行期が到来すれば，原則としていつでも申し立てることができる。

これに対して，平成15年改正前の旧381条は，担保不動産競売の申立てに先立ち，滌除権者（抵当不動産の第三取得者，地上権者および永小作権者。→§379 Ⅱ(2)）に対して抵当権実行の通知を行うことを抵当権者に要求していた。そして，旧382条2項は，この通知から1か月を滌除権者の滌除期間として保障し，旧387条は，抵当権実行通知から1か月以内に滌除権者から弁済または滌除通知を受けない場合に限って，抵当権者に担保不動産競売の申立てを認めていた。

この抵当権実行通知制度は，フランス法における抵当訴訟制度に沿革を有するものであった。フランス法では，約定抵当権の設定は公証人作成の証書を要する要式行為なので（フ民2416条），債務者所有不動産の競売は，設定証書を執行名義として，一般債権者の強制執行と同様の不動産差押えにより行われる。これに対して，第三取得者に対して追及権を行使する場合，設定証書は第三取得者に対する執行名義にならない。そのため，フランス古法では債権者は「抵当訴訟（action hypothécaire）」によって第三取得者に対する執行名義を獲得する必要があったが（阿部・追及権65頁），フランス民法典はこれを，第三取得者に対する「催告（sommation）」手続（現民事執行法典R321-5条）に簡略化した（阿部・追及権246頁）。そこでは，第三取得者はまず抵当権者から1か月以内に抵当債務を弁済するか抵当不動産を委付（放棄）するよう催告を受け（民事執行法典R321-5条），この1か月が経過することではじめて抵当権者は第三取得者所有不動産の売却に進むことができる（フ民2464条）。他方で，催告から1か月の期間は滌除通知のための期間ともされている（→

78　〔阿部〕

第2節　抵当権の効力　　　　　　　　　　　　　　　　　　　§*378*　I

§382 I）。この催告は執行吏送達（signification）の対象であり（民事執行法典R321-1条），送付の時点で処分禁止効が生じ（同 L321-2 条・R321-13 条 1 項），その後に設定された不動産賃借権は差押債権者に対抗できず（同 L321-4 条），第三者にも公示される（同 R321-6 条）。

　しかし，日本の旧民法債権担保編 205 条はボワソナード草案 1211 条に修正を加えて私署証書による抵当権設定を許容し（阿部・追及権 429 頁），さらに旧競売法は，売却権としての抵当権理解に基づいて，担保権実行一般のための債務名義なき「任意競売」手続を導入した（同 443 頁）。これは，担保権者の便宜に傾斜する点で，比較法的に異例な制度であった（日本法と同様に抵当権設定に方式を要求しないドイツ法は，他方で日本法と異なり担保不動産の換価の前提として物的債務名義〔dinglicher Titel〕の取得を要求する。ヴォルフ＝ヴェレンホーファー（大場浩之ほか訳）・ドイツ物権法〔2016〕515 頁）。

　その結果，第三取得者への手続保障も簡略化された。第三取得者は抵当債務につき弁済義務を負わないという理由で，弁済義務を前提とする委付制度は廃止され，さらに平成 15 年改正前の旧 381 条は，催告手続を，第三取得者に滌除の機会を確保するための抵当権実行の事前通知に置き換えた（阿部・追及権 441 頁）。旧 387 条も，抵当権実行を第三取得者の滌除権不行使と連動させる規定となった。そのため，抵当権実行通知を受けた第三取得者による執行妨害を招き，これらの規定は「過剰な権利行使規制」と評され（河野・前掲論文 276 頁），その結果，平成 15 年改正でこれらの規定は削除された（→§382 I）。処分禁止効を伴う催告制度を処分禁止効のない単なる抵当権実行の通知に置き換えたことが弊害を招いたにもかかわらず，それを理由にして，さらに手続全体を除去してしまったのである。かくして，売却権としての抵当権理解に基づく，手続保障なき強制換価の思想は，第三取得者に対しても貫徹された。

　(ｲ)　競売の効果　　第三取得者は，競売において自ら買受人となることができる（390 条）。

　これに対して，第三取得者以外が買受人となった場合，第三取得者は抵当不動産の所有権を失う。

　この場合，買主たる第三取得者は，売主に対してその担保責任を追及して売買契約を解除し（平 29 改正前 567 条 1 項），既払いの取得代価は原状回復請

§*378* I 　　　　　　　　　　　　　　第2編　第10章　抵当権

求によって，それ以外の取得費用は損害賠償請求（同条3項）によって売主に請求することができる（なお，取得費用は信頼利益なので，平成29年改正で売主担保責任が債務不履行責任となり〔565条・564条〕，これによって損害賠償が履行利益賠償とされた〔潮見佳男・民法（債権関係）改正法の概要〔2017〕264頁〕とすると，賠償の対象ではなくなるだろう）。ただし，売買契約において被担保債務額を控除して売買代金を定めた場合，買主が控除された被担保債務額を債権者に支払わずに追及権行使を受けて所有権を喪失しても，売主担保責任を追及することはできないと解するのが通説である（平成29年改正後の565条は，移転した権利が「契約の内容に適合しない」という限定を付すことで，このことを示している。→§380 II）。

他方で，第三取得者は配当を通じて被担保債権を弁済したことになるので，その債務者に対して求償権を取得する。第三取得者の弁済による代位（501条3項1号・2号〔平29改正前501条2号・3号〕）は，その求償権を前提とするものである。もっとも，物上保証人と異なり，351条は準用されず，保証人の求償権の規定は準用されない（質物の第三取得者につき，注民(8)234頁〔林良平〕）。したがって，第三取得者による求償の範囲は，債務者による弁済の委託があれば650条（委任契約に基づく費用償還請求権），委託がない場合には570条（売主担保責任）（平29改正前567条2項）によるとされている（高木217頁）。しかし，570条（平29改正前567条2項）は買主が所有権を保存した場合の費用償還に関するものであって，抵当権の実行によって第三取得者が所有権を喪失した場合における求償の根拠にはならない。したがって，この場合には，前述した売主担保責任（565条・564条〔平29改正前567条1項・3項〕）と並んで，それとは別に事務管理または不当利得に基づく債務者への求償が可能であり，債務者が売主である場合には両者は給付内容が一致する限りで請求権競合関係に立つと解すべきである（抵当不動産が転売された場合など，求償の相手方である債務者と，担保責任追及の相手方である売主とは必ずしも一致しない）。ただし，被担保債務額を控除して売買代金を定めた場合には，この求償権も否定されるというのが通説である（第三取得者による被担保債務の履行引受がある場合につき，我妻栄・新訂債権総論〔1964〕249頁）。この場合には，売買代金からの控除が実質的な事前求償といえるだろう。以上に対して，物上保証不動産の第三取得者は物上保証人に類似する地位にあるので，372条で準用される351条により，

第2節　抵当権の効力　　　　　　　　　　　　　　　　　§*378*　I

債務者の物上保証人に対する物上保証委託の有無に応じ，保証の規定に従って債務者に対し求償権を取得する（最判昭42・9・29民集21巻7号2034頁）。弁済による代位が認められる範囲も，物上保証人に準ずる（501条3項5号）。

(4)　売却代金（代価）への物上代位

もっとも，この局面における抵当権者の債権回収手段は担保不動産競売だけではない。抵当権者は，抵当権に基づく売却代金への物上代位（372条・304条）によって第三取得者から未払いの代価を取り立て，被担保債権の弁済に充当することもできる。

近時は，これを否定する学説も有力である（学説史については，阿部・追及権493頁以下参照）。その理由は，抵当権が不動産上に存続する以上，物上代位まで認めるのは不合理である（鈴木禄弥・抵当制度の研究〔1968〕118頁，高木140-141頁，道垣内149頁，内田403頁），第三取得者に抵当権者への代価の弁済を強制することは第三取得者を害する（道垣内168-169頁，内田447頁）などである。しかし，物上代位の代償として，たとえ抵当権者が代価の取立てによって被担保債権全額の弁済を受けていなくても，当該抵当権者の追及権は消滅する（一Ⅲ）。さらに，抵当権者による物上代位が第三取得者の利益を害する場合，抵当不動産の買主たる第三取得者は代金支払拒絶権（577条）を対抗し，次いで抵当権消滅請求（379条以下）をなしうる。したがって，売却代金への物上代位は，抵当権放棄の合意（一Ⅱ）が履行される前に代金債権を差し押さえた売主の一般債権者に対して，抵当権者が優先弁済権を主張するための手段としてのみ機能するのである。もしこれが認められないのであれば，任意売却は一般責任財産たる代金債権を抵当権者の債権回収に供する点で詐害行為（424条の3〔平29改正前424条〕）たるを免れなくなるだろう。

(5)　第三取得者の防衛手段

担保不動産競売手続の不効率性は一定程度不可避のものであり，実際上は，司法手続の存在は，より効率的な裁判外での解決を促進する機能を有する。この観点からは，追及権の存在も，以下のような対抗手段による解決を，さらには，それらの解決を落としどころとして念頭に置いた抵当権者と第三取得者との間の合意（一Ⅱ）の成立を促すものといえる。

(ｱ)　被担保債務の弁済　　抵当不動産が担保割れしていない場合，第三取得者は，代価のうち被担保債務額を抵当権者に第三者弁済（474条）するこ

〔阿部〕　81

§378 II   第2編 第10章 抵当権

とで，抵当権を付従性により消滅させることができる。もっとも，これは第三取得者に固有の防衛手段ではなく，担保物所有者一般が有する防衛手段であり，債務者はむしろそれを義務づけられている。

しかし，第三取得者にとっても，これは沿革的には単なる防衛手段ではなかった。被担保債務の弁済は委付と並ぶ抵当訴訟の申立事項であり（阿部・追及権65頁），フランス民法典では今日でも被担保債務の弁済は第三取得者の義務として構成され，追及権行使の際の第三取得者に対する催告（一(3)）の内容とされている（同246頁）。担保割れしていない抵当不動産の売買においては，被担保債務額を控除して代価を定めたうえで，第三取得者が被担保債務を債務引受する場合がある（堀内仁「抵当権付不動産の売買」契約法大系Ⅱ贈与・売買〔1962〕171頁・177頁以下）。

(イ) 抵当権消滅請求　　これに対して，抵当不動産が担保割れしている場合，第三取得者は，抵当権消滅請求（379条以下）によって，代価を抵当権者に弁済して抵当権を消滅させることができる。ここでも，従前は前述した平時型の担保割れ不動産売買が想定されてきたが（我妻371頁），むしろ有事型任意売却を想定すべきである（一(2)）。

第三取得者にとっては，追及権の存在が抵当権消滅請求の誘因となり，逆に債権者にとっては，追及権が不当な抵当権消滅請求に対する防衛手段となる。

抵当権消滅請求は，後順位抵当権者による売却代金への物上代位（一(4)）に対する第三取得者の防衛手段でもある。

Ⅱ　合意による抵当権の放棄

第三取得者が抵当権者から取得代価の支払と引換えに抵当権を放棄する旨の合意を取り付けることは，当然に可能である。むしろ実務的には，担保割れの有無にかかわらず，抵当不動産の売買は抵当権放棄の合意を伴うのがむしろ通例であり（堀内・前掲論文171頁），債権回収方法としての任意売却も，通常は抵当権放棄の合意を前提として成立する（上野隆司監修・任意売却の法律と実務〔2版，2006〕16頁〔大坪忠雄〕）。抵当権者の追及権（一Ⅰ(3)）および第三取得者の抵当権消滅請求権（一Ⅰ(5)(イ)）は，実際には，互いに相手方に対し

第2節　抵当権の効力　　　　　　　　　　　　　　　　　　　§*378*　II

て合意を促す機能を有するとともに，合意が成立せずあるいは履行されない場合に初めて利用される制度である。

　合意を履行することで，不動産売買の当事者間では売買代金の弁済，被担保債権の（一部）弁済，抵当権の消滅の諸効果が生ずる。ただし，合意が成立した抵当権者の抵当権のみが消滅し，同意しなかった後順位抵当権者の順位が上昇するので，これを防ぐために抵当権消滅請求（379条）が必要となる。

　合意が履行される前に，売主の一般債権者が代金債権を差し押さえた場合，抵当権者は売却代金への物上代位（一 I (4)）によって差押債権者に優先弁済権を対抗することになろう。これに関連して，2006年のフランス担保法改正は合意による滌除制度を導入した（フ民2475条）。これは，登記された全債権者の合意がある場合に代価の支払によってすべての抵当権が消滅するというものであり，それ自体としては抵当権消滅合意と変わらない。しかし，法技術的に重要なのは，代金債権を差し押さえた売主の一般債権者や代金債権の譲受人に対して，抵当権者が優先弁済権を主張することを認める点であり，これは日本法における売却代金への物上代位と同様の効果を合意に与えるものといえよう。

　近時の有力説（道垣内168頁，内田446頁，松岡119頁）は，本条を，以上のような第三取得者と抵当権者との合意による抵当権の消滅を規定したものと解する。抵当権者の「請求」と，これに第三取得者が「応じて」した代価の弁済という本条の要件を，両者の合意として捉えるのである（有力説の形成過程については，阿部・追及権511-512頁参照）。しかし，そうであるならば，あえて本条のような規定を設ける必要はない。そこで有力説は，本条を，代価弁済に第三取得者の同意を要求することで，抵当権に基づく売却代金への物上代位を否定する趣旨の規定と解する（道垣内168-169頁，内田447頁）。これは，本条を，物上代位に関する304条を抵当権に準用する372条の，売却代金に関する特則とみるものである。しかし，上で述べたとおり，売却代金への物上代位は，抵当権放棄の合意が履行される前に一般債権者が売却代金債権を差し押さえた場合における抵当権者の対抗手段として必要である。

〔阿部〕　83

§378 Ⅲ 第2編 第10章 抵当権

Ⅲ 代価弁済による追及権の消滅

(1) 制度趣旨

通説は，本条の規定する代価弁済制度を，抵当権に基づく売却代金への物上代位（→Ⅰ(4)）を簡易化したものと解する（我妻373頁）。通説は他方で，代価弁済制度は第三取得者を保護するための制度であるが，抵当権者のイニシアティヴによるものなので，第三取得者の保護としては弱い，と指摘する（我妻371頁，新版注民(9)〔改訂版〕200頁〔生熊長幸〕）。しかし，通説も，売却代金への物上代位を認める場合，その代償として物上代位した抵当権者の抵当権が消滅することは，本条とは別に認めている（我妻293頁）。

これに対して，本条の前身である平成16年改正前377条の起草者は，代価弁済による抵当権の消滅を，抵当権に基づく抵当不動産売却代金への物上代位そのものに伴う抵当権の消滅と考えていた（阿部・追及権498-500頁参照）。そこで，今日でも，本条は，抵当不動産が売却され，抵当権者が売却代金への物上代位によって優先弁済を得た場合に，抵当権者の追及権が優先弁済確保の目的を達して消滅することを示した規定であると解する見解がある（同529頁）。このように解すると，本条はむしろ売却代金への物上代位を前提とする規定ということになる。もっとも，本条が，売却代金に物上代位した抵当権者の抵当権を消滅させることで，抵当権者による売却代金への物上代位を抑止する効果を有するのもまた確かである。

なお，旧377条の起草過程では，イタリア民法典2023条が参照されている（阿部・追及権499頁注258）。これを継承する現2867条は，代価が抵当権者に弁済された場合の抵当権消滅の効果を規定しているが（大島俊之「民法377条の沿革」神戸学院法学22巻2号〔1992〕298頁・297頁），同2項は，代価が被担保債権の全部を弁済するに足りない場合に，総債権者の合意を要求している。したがって，代価が全債権を弁済するに足りない場合に抵当権者の一人が単独で売却代金に物上代位できるという点，およびこれによって抵当権が消滅するという点は，日本法独自のものと考えられる。

(2) 要件

(ア) 「第三者」による代価の弁済　抵当不動産を買い受けて所有権の移転を受けた第三者（第三取得者）の代価弁済により，抵当権は消滅する。

第2節　抵当権の効力　　　　　　　　　　　　　　　　　　　§*378*　III

　さらに本条は，抵当不動産につき「地上権を買い受けた第三者」すなわち抵当不動産上に地上権の設定を受けた地上権者の代価弁済によっても抵当権は消滅する，と定める（ただし，これは地代が一時金で定められている場合に限られる。→(イ)）。これは，所有権を目的とする抵当権を地上権者が消滅させるという奇妙なものであり，理論的に問題が多い。民事執行法59条2項によって抵当不動産上に設定された地上権は消除されるため，地上権設定の対価は廉価になり，抵当権者が地上権者に代価弁済を請求することは考えられない，という指摘もある（松岡119頁）。しかし，このような問題が生ずるのは，より本質的な問題として，地上権者の代価弁済が本来民事執行法59条2項と相容れない前提に立つものであることに起因する（→(3)(イ)）。

　なお，抵当権が地上権または永小作権を目的として設定されている場合（369条2項前段），当該地上権または永小作権の譲受人が地上権または永小作権の譲渡の対価を抵当権者に弁済すると本条が準用される（同項後段）。これに対して，近時，本条の「抵当不動産について……地上権を買い受けた第三者」をこのような抵当権の目的たる地上権の譲受人と解することで，前述のような抵当不動産上の地上権者による代価弁済への本条の適用を否定する学説も登場している（松岡119頁）。しかし，「抵当不動産」の地上権を抵当不動産上の地上権ではなく抵当権の目的たる地上権を指すものと解するのは困難であり，抵当権の目的たる永小作権の譲受人による代価弁済への本条の準用を否定する理由も見いだしがたい。

　(イ)　「抵当権者の請求」に応じた「代価の弁済」　　通説は，「抵当権者の請求」を抵当権者による単なる請求と捉え，第三取得者が提供した代価を抵当権者が代価弁済として受領した場合にも本条が適用されると解する（新版注民(9)〔改訂版〕201頁〔生熊〕）。しかし，「抵当権者の請求」の本来の意味は，抵当権に基づく売却代金への物上代位（372条・304条）としての取立権行使である。

　「代価」の典型は売買による取得代価（売却代金）であり，地上権者による代価弁済の場合には一時金の地代がこれに当たる。これに対して，定期の地代（266条1項）は代価に当たらず（新版注民(9)〔改訂版〕201頁〔生熊〕），これに物上代位しても代価弁済による抵当権消滅の効果は生じない。永小作権者が「第三者」から除外されているのも，永小作権の対価たる小作料が定期金で

〔阿部〕　　85

§378 III 第2編 第10章 抵当権

ある（273条）ためである。交換による取得の場合にも本条が適用される（新版注民(9)〔改訂版〕201頁〔生態〕）のは、抵当権者は交換物に物上代位できるからである。これに対して、無償取得の場合に本条が適用されない（新版注民(9)〔改訂版〕201頁〔生態〕）のは、物上代位の目的たる「債務者が受けるべき金銭その他の物」がないからである。なお、本条を抵当権に基づく代価への物上代位と切り離す通説の立場を前提に、抵当権者が第三取得者の取得代価に関係なく代価弁済すべき評価額を提示できるという説もある（近江206頁）。

(3) 効　　果

(ア)　第三取得者による代価弁済の場合　　代価弁済によって消滅するのは、物上代位を行った抵当権者の権利のみである。したがって、最先順位抵当権者以外の抵当権者が取得代価に物上代位した場合、第三取得者が代価を弁済しても、先順位抵当権者が配当参加していないと、最先順位抵当権は消滅せず、最先順位抵当権者による追及権行使は妨げられない（道垣内弘人「抵当不動産の売却代金への物上代位」同・諸相245頁・252頁）。この事態を避けるため、第三取得者は後順位抵当権者の物上代位に対して代金支払拒絶権（577条）を対抗したうえで、抵当権消滅請求（379条以下）を行うことができる。

　代価弁済により、抵当権は「その第三者のために消滅する」。これは、抵当権者の第三取得者に対する追及権のみが消滅することを意味し、その結果、第三取得者は代価弁済を受けた抵当権者の権利を代位取得し、これによって後順位抵当権者の順位上昇が防止されると解すべきである。実際、本条の前身である平成16年改正前377条の起草直後はこのように解するのが通説であった。もっとも現在では、第三取得者は代価弁済をしても債務者に対して求償権を取得しない、という理由で弁済による代位を否定するのがむしろ通説となっている（道垣内・前掲論文253頁、新版注民(9)〔改訂版〕203-204頁〔生態〕。学説史については阿部・追及権493頁以下参照）。たしかに、抵当権者が物上代位によって買主から代価を取り立てると、売主に対する買主の代金債務に弁済の効果が生じ、それによって買主の求償はすでに実質的に実現されているといえるので、求償権の発生を認めることは困難になる。しかし、先順位抵当権者への代価弁済によって後順位抵当権の順位が上昇することを防ぐためには、代価弁済による代位が必要であり、そのための法律構成としてこの場面では特殊な弁済による代位が認められてきたものと考えられる（沿革的には、

86　〔阿部〕

第2節　抵当権の効力　　　　　　　　　　　　　§*378*　III

これは，後順位抵当権者の追及権行使に対する，先順位抵当権者への売買代金弁済による後順位抵当権の消滅の抗弁〔阿部・追及権 132-133 頁〕の機能的代替物として認められてきたものであった〔同 408 頁〕）。それでは，この特殊な弁済による代位において，代位取得した抵当権はいかなる債権を担保すると考えられるか。第三取得者が抵当権を取得するのは，代価弁済後の後順位抵当権者による競売申立てが奏功して所有権を失う場合に備えてのものと考えられる。この場合，買主たる第三取得者は売主担保責任に基づき売買契約を解除して売主に原状回復として代価相当額を請求しうるので（565 条・564 条〔平 29 改正前 567 条 1 項〕），抵当権はこれを担保するものと解すべきである。さらに，代価弁済を受けた債権者が残債権を有していれば，その残債権のために当初の抵当権者も配当資格を保持し（追及権消滅後の優先弁済権の残存），当初の抵当権者と第三取得者とが抵当権を準共有する形になると解すべきである。

　このように，代価弁済を受けた抵当権者に後順位抵当権者がいる場合には，抵当権はなお存続するので，第三取得者は代価弁済の付記登記（不登 4 条 2 項）によって，後順位抵当権者の競売申立てが奏功した場合に配当を受けることができる（付記登記なしに，担保権の移転を証明する文書を提出して配当を受けることができるかには争いがある。中野＝下村 544 頁参照）。代価弁済を受けた抵当権者に後順位抵当権者がいない場合には，第三取得者は抵当権者に対して抵当権設定登記抹消登記手続を請求できる（これに対して，以下のとおり抵当権の相対的消滅の帰結として抵当権設定後の地上権の上に抵当権が存続すると解する学説は，抵当権の存続を地上権者に対抗するために代価弁済を付記登記すべきとする。新版注民(9)〔改訂版〕203 頁〔生熊〕）。

　これに対して，「その第三者のために消滅する」の意味を，抵当権設定登記に後れて対抗力を取得した地上権があり，その後に所有権の第三取得者が現れて代価弁済をした場合に求める学説がある。この場合，抵当権は地上権者との関係では消滅せず，抵当権者は地上権の上に抵当権を保持する，というのである（新版注民(9)〔改訂版〕202 頁〔生熊〕）。これは，「肢分権者に対する追及権」（阿部・追及権 472 頁以下）の考え方に基づくものである。それは，用益物権の設定を部分的所有権移転として捉えるフランス法学の肢分権理論を前提として，抵当権設定後に用益物権が設定された場合，所有権に加えて用益物権にも抵当権の効力が及んで両者の共同抵当となる，と考えるものであ

〔阿部〕　87

§*379*   第2編　第10章　抵当権

る。そうすると，所有権上の抵当権が消滅しても，用益物権上の抵当権は存
続しうることになる。しかし，この解釈は，最先順位の抵当権設定登記に後
れて対抗力を獲得した用益物権の消除主義（民執59条2項）と根本的に相容
れない。民事執行法59条2項は，「肢分権者に対する追及権」が存在しない
ことを前提として，「肢分権者に対する追及権」に代えて用益物権を単純に
消除することで最先順位抵当権者の利益を保護するものだからである。

　(イ)　地上権者による代価弁済の場合　　この場合，抵当権は地上権者のた
めに消滅するにすぎないので，抵当権者は残債権のために担保不動産競売を
申し立てることができ，ただその場合，地上権は抵当権者に対抗できる地上
権として買受人に引き受けられる（民執59条2項反対解釈），と解するのが通
説である（新版注民(9)〔改訂版〕203頁〔生熊〕）。これも，上述した「肢分権者
に対する追及権」に基づく解釈である。用益物権者の代価弁済は，本来，用
益物権者に対する追及権を前提として，これを消滅させるものだったのであ
る。

　しかし，「肢分権者に対する追及権」が現行法制度の採用するところでは
なく，とりわけ民事執行法59条2項と本質的に相容れないものであるのは，
上述したとおりである。その結果，地上権者の代価弁済は，抵当権者に追及
されていない地上権者が抵当権の対抗の帰結としての消除を防ぐために抵当
権を消滅させるという奇妙なものとなっており，追及権と代価弁済との対応
関係を見えなくし，代価弁済の理論的意義を不純化している。

　同様の問題は，用益物権者の滌除権を認めていた平成15年改正前の旧
378条にも存在したが，平成15年改正で，地上権者および永小作権者は抵
当権消滅請求権者から除外された（→§379 Ⅱ(3)）。したがって，地上権者の代
価弁済による抵当権消滅は，「肢分権者に対する追及権」の現存する唯一の
残滓といえよう。

〔阿部裕介〕

　（抵当権消滅請求）
　第379条　抵当不動産の第三取得者は，第383条の定めるところによ
　　り，抵当権消滅請求をすることができる。

第2節　抵当権の効力　　　　　　　　　　　　　　　　　　§*379*　I

〔対照〕　フ民 2474・2476・2477

〔改正〕　本条＝平 15 法 134 全部改正，平 16 法 147 移動（378 条→本条）

細　目　次

I　制度の趣旨………………………89
II　制度の沿革………………………90
　(1)　フランス法史における滌除制度……90
　(2)　平成 15 年改正前の日本民法にお
　　ける滌除制度　………………………90
　(3)　平成 15 年改正………………91
III　抵当権消滅請求権者＝第三取得者………93
　(1)　取得の対象たる権利………………94

　(2)　取得原因………………………94
　(3)　抵当権の目的と取得した権利との
　　対応関係　…………………………95
　(4)　所有権移転登記の具備……………98
　(5)　第三取得者が債権者を兼ねる場合
　　………………………………………100
　(6)　資格判断の基準時　………………101

I　制度の趣旨

　抵当権消滅請求制度は，抵当不動産の第三取得者（→III）が，代価または
特に指定した金額（383 条 3 号）を，登記された債権者にその順位に従って払
い渡しまたは供託することで，取得した不動産上のすべての抵当権を消滅さ
せる（386 条）制度である。抵当不動産の第三取得者の法的地位全体におけ
る本制度の位置づけについては，→§378　I (5)(イ)。

　この制度は，担保割れ不動産の流通を促進するという政策目的に基づくも
のであると解するのが通説である（谷口＝筒井・解説 20 頁）。しかし，第三取
得者に「対抗」できる不動産上の用益物権や賃借権は，たとえそれが障害と
なって不動産の買い手が現れなくても消滅請求できない（旧滌除制度について
この点を指摘するものとして，福田誠治「滌除に代わる新たな制度の研究──任意売却の
促進のために」帝塚山法学 6 号〔2002〕219 頁・222 頁）。したがって，この制度は，
単なる政策目的だけに解消しえない，担保権者の追及権のみに課せられた特
殊な制限と解すべきであろう。すなわち，抵当権消滅請求は，代価弁済（→
§378 III(1)）と並んで，設定者の責任財産たる代金債権からの優先弁済を確保
することで，設定者の責任財産から逸出した不動産の第三取得者に対する追
及権を消滅させる制度の一つであると解すべきである。

　したがって，この制度は理論上も抵当権放棄の合意（→§378 II）のための
スキーム（河野玄逸「抵当権消滅請求」新担保・執行法講座(3)263 頁・275 頁）とし

〔阿部〕　　89

て捉えられるべきではない。たしかに，386条はすべての登記債権者の承諾を抵当権消滅の要件としており，これは本制度の沿革にあるフランス滌除制度（→Ⅱ(1)）を19世紀の学説が契約として構成していたことの名残であるが（→§383 Ⅱ），実際には承諾は擬制されたもの（384条）で足りるのである。

Ⅱ　制度の沿革

(1)　フランス法史における滌除制度

抵当権消滅制度は，フランス法の滌除（purge）制度に沿革を有するものである。滌除制度は，フランス法史において，抵当訴訟（→§378 Ⅰ(3)(ア)）を第三取得者が予防するための手段として，不動産執行における抵当権の消除主義から派生したものであった。フランス古法の不動産執行制度における強制命令（décret forcé）は，目的不動産上の物権をその権利者が異議申立てを懈怠した場合に消除するものであったが，抵当権は権利者が遅滞なく異議申立てをしても配当と引換えにすべて消除された。これが通常の不動産譲渡の場合にも応用され，不動産執行の法形式を借りて不動産上の物権を消除する任意売却命令（décret volontaire）実務が形成された（阿部・追及権73頁以下）。

その後，1771年の勅令は，不動産執行の形式によらず，抵当権のみを消除する承認書（lettre de ratification）制度を導入し（阿部・追及権150頁以下），これを前身としてフランス民法典の滌除制度が誕生した（同247-248頁）。もっとも，この滌除制度は，不動産上の抵当権が売買代金上の権利に変換される時点に関する「法律効（effet légal）」概念を通じて，なお不動産競売の消除主義との理論的連続性を維持していた（同312頁以下）。19世紀後半の学説は，滌除制度を不動産流通の便宜を図るための制度として，不動産競売の消除主義を不動産競売という特殊な所有権移転の効力として，それぞれ別個に正当化するようになる。それでもなお，不動産競売の消除主義は，競落人に滌除手続の履践を免除したものとして説明されていた（同398頁以下）。

(2)　平成15年改正前の日本民法における滌除制度

平成15年改正前の民法は，以上のようなフランス民法典の滌除制度に準拠して，滌除制度を設けていた。現行の抵当権消滅請求制度と異なり，この滌除制度では，抵当不動産の所有権を取得した第三取得者のみならず，抵当

第2節　抵当権の効力　§*379*　Ⅱ

不動産上に地上権または永小作権の設定を受けた者にも滌除権が認められていた。これは本来,「肢分権者に対する追及権」(→§378 Ⅲ(3)) に対応するものであったが,「肢分権者に対する追及権」自体は失われたために, 滌除制度は追及権との対応関係を失い, 抵当権と利用権とを調整する制度として理解されるようになった (阿部・追及権 470 頁以下)。

他方で, 不動産競売の消除主義は, ドイツ法を継受した民事訴訟法によって他の物権の消除主義とともに規定され, 民法上の滌除との連続性を失っていった (阿部・追及権 481 頁以下)。

こうした理論的背景の下で, 滌除制度に対する批判が台頭するようになった (詳細は新版注民(9)〔改訂版〕211 頁以下〔生熊長幸〕参照)。そのうち主要なものは, 滌除が抵当権実行時期の選択権を奪うことへの理論的疑問であり, これは立法論としては滌除廃止論につながった。他方で, 抵当権者による抵当権実行前の第三取得者への通知 (→§378 Ⅰ(3)) と滌除への対抗手段として抵当権者に認められる増価競売 (→§384 Ⅲ(1)) の負担の重さが, 実務的に執行妨害と濫用的な滌除を助長している, という批判も強く, これは立法論としては弊害を抑えつつ滌除制度自体は存置する修正論につながった。

(3)　平成 15 年改正

平成 15 年改正においては, 滌除廃止論に対して, 抵当不動産が担保割れしている場合や, 第三取得者が抵当不動産を取得する必要性が高い場合, 強制的に不動産を取得させられる場合 (→Ⅲ(2)) に滌除制度が有用であるという反論がなされた (法務省民事局参事官室「担保・執行法制の見直しに関する要綱中間試案補足説明」ジュリ 1223 号〔2002〕112 頁・118 頁)。そのため, 結果として修正論に基づく改正が行われた。

まず, 抵当不動産の流通促進という政策目的に即して, 抵当不動産の流通に関係しない地上権者・永小作権者の抵当権消滅請求資格が否定された (→Ⅲ(1))。加えて, 第三取得者による執行妨害を防止するため, 抵当権者による抵当権実行前の第三取得者への通知が廃止され, 増価競売も廃止された。さらに名称も,「滌除」という難解な名称から, より平易な「抵当権消滅請求」に改められた (谷口=筒井・解説 21 頁)。他方で, 平成 15 年改正で滌除制度は廃止され, これに代えて新たな制度が導入されたという理解も示されている (鎌田薫ほか「平成 15 年担保法・執行法改正の検証(3)」ジュリ 1327 号〔2007〕56

〔阿部〕　91

§379 Ⅱ

第2編 第10章 抵当権

頁・81頁〔道垣内弘人発言〕)。

この改正は執行妨害対策としては成果を上げたものの，抵当権消滅請求制度自体は活発に利用されているとはいえないと評されている（鎌田ほか・前掲81-82頁)。その原因としては，抵当権者にとって，抵当権消滅請求の有効性や払渡し・供託の有効性を検証するための情報が乏しいという問題が指摘されている（河野玄逸「抵当権消滅請求」新担保・執行法講座(3)299-300頁)。そもそも，抵当権消滅請求の実質的機能は債権者を抵当権放棄の合意（→§378Ⅱ)に誘導することにある，ということも考えられよう。

さらに，第三取得者の抵当権消滅請求は抵当権者から抵当権実行時期の選択権を奪うものであるという批判は，改正後もなお存在する（内田448頁)。これは，抵当不動産譲渡後の抵当権の存続を抵当権の物権的性質に基づく所与とし，抵当権消滅請求制度を第三取得者保護のためのその例外として捉える前提に立つ批判といえよう。しかし，抵当権者の追及権は決して所与のものではなく，むしろ優先弁済権確保のための責任財産の例外的拡張であって（→§378Ⅰ(1))，そのことに伴う内在的限界が抵当権消滅請求制度に表れていると解すべきであろう。もっとも，さらに経済効率性の観点から，抵当権消滅請求は，不動産の売却価額の増加につき利害を失った設定者の承継人である第三取得者に，抵当権者の売却時期選択権限を奪うことを認める点で，非効率な制度である，という批判もなされている（森田・講義268頁)。それによれば，担保割れ不動産の譲渡のための抵当権消滅にあくまでも抵当権放棄の合意を要求して，売却価額の増加にもっとも利害を有する抵当権者に譲渡への拒否権を認めるのが効率的である，ということになろう。しかし，実際には任意売却は抵当権設定者ではなく抵当権者が実質的に主導して行われている（→§378Ⅰ(2))。加えて，そもそも抵当権者に抵当権実行時期ひいては抵当不動産売買時期の選択権を保障すべきなのかも問題である。売却時期の選択は債務者の責任財産の最大化にとっては重要であるが，社会全体の効用の最大化には必ずしもつながらない。債務者が事業と無関係な不動産を抱えている場合がその典型であり，この場合は不動産により高い利用価値を見いだす第三取得者に不動産を直ちに売却することが社会全体の効用を最大化する。社会全体の効用の最大化という観点から抵当権者の拒否権を正当化しうるのは，第三取得者が不動産の利用価値の評価に見合った十分な対価を設定して

第2節　抵当権の効力　　　　　　　　　　　　　　　　　§*379*　Ⅲ

いない場合か，設定者の事業にとって重要な財産を失うことで設定者の総資産価値が減少する場合であるが，いずれも詐害行為取消権（424条）によって対応可能であろう（最判昭41・5・27民集20巻5号1004頁は，被担保債務の弁済のためにした担保割れ不動産の売却の詐害性を否定するにあたり，売却価額の相当性を確認している）。実定法上も，一見すると，競売手続の無剰余取消し（民執63条2項）が，売却時期にかかわらず全部弁済を受ける先順位債権者には全部弁済を，売却時期しだいで配当額に影響を受ける債権者には売却時期の選択権を，それぞれ保障しているように見える。しかし，これは実際には単なる司法資源節約のための無益執行の防止にすぎない（中野＝下村413頁および429-430頁注1）。そのため，いつ売却しても被担保債権全額の弁済を受けられるような先順位抵当権者が担保不動産競売を選択した場合，売却時期しだいで配当額に影響を受ける後順位抵当権者は拒否権を持たないのである。

Ⅲ　抵当権消滅請求権者＝第三取得者

　本条によって抵当権消滅請求を認められるのは，抵当不動産の第三取得者であって，抵当権設定者は抵当権消滅請求をなす資格を有しない。設定者が被担保債務の全部弁済なしに抵当権を消滅させることは，設定契約の拘束力に反するからである。他人の債務のための抵当権設定者である物上保証人について，現380条の前身であるボワソナード草案1271条4項および旧民法債権担保編257条2項は明文でその滌除権を否定していた。この規定は平成15年改正前379条（現380条）からは脱落しているが，これは同378条（現379条）からの当然の帰結であると考えられたからであって，今日でも物上保証人が抵当権消滅請求をなしえないことに異論はない（新版注民(9)〔改訂版〕229頁〔生熊長幸〕）。

　抵当権消滅請求者は実体的な第三取得者であることが必要であり，登記名義人から登記を回復した所有者は，登記名義人から抵当権設定を受けた善意の第三者（94条2項）との関係でも第三取得者に当たらない（新版注民(9)〔改訂版〕220頁〔生熊〕，河野玄逸「抵当権消滅請求」新担保・執行法講座(3)280頁）。

　これに対して，以下のとおり本条の第三取得者に該当する者は，原則として抵当権消滅請求をなしうる（例外については，→§380，§381）。

〔阿部〕　93

§*379* III　　　　　　　　　　　　　　　　　　第2編　第10章　抵当権

(1) 取得の対象たる権利

本条の第三取得者は，抵当不動産の所有権を取得した第三者であることを要する。平成15年改正後，平成16年改正による民法現代語化前の旧378条はこのことを明示していた。

これに対して，抵当権設定後に抵当不動産上に地上権または永小作権の設定を受けた者は，平成15年改正前は滌除権者であったが，抵当権消滅請求権者からは排除されている（→ II(3)）。ただし，地上権および永小作権が抵当権の目的である場合（369条2項前段）には，地上権および永小作権の譲受人が抵当権消滅請求権を有する（同項後段）。

(2) 取 得 原 因

本条の第三取得者は，抵当不動産の所有権を特定承継した者に限られる。一般承継人は設定契約上の設定者の地位も承継するので，第三取得者に当たらない。

本条にいう第三取得者の典型例は，抵当不動産の買主である。第三取得者が抵当権者に支払うべき申出額が原則として「代価」とされているのは（383条3号）そのためであり，このことを前提として，抵当不動産の買主には売買代金全額の支払拒絶権が認められている（577条1項前段）。

この制度が意味を持つのは，不動産に担保割れが生じている場合である。かつては，この制度の適用場面として，平時型の担保割れ不動産売買が想定されていたが（我妻371頁），この制度が実際に最もよく機能するのは，売買代金を被担保債権の弁済原資とする目的で行われる有事型の任意売却（→§378 I(2)）である。このことは，この制度が沿革的に不動産執行における消除主義から派生したものであることからも（→ II(1)）自然なことである。この場合，この制度は破産法上の担保権消滅許可制度（破186条以下）と類似した機能を果たすといえる。実際，再生債務者が事業の継続に不可欠でない不動産を売却して運転資金を捻出する際には，民事再生法上の担保権消滅許可制度（民再148条以下）が使えないので，民法上の抵当権消滅請求の活用が考えられる（河野・前掲論文273頁）。

加えて，第三取得者が抵当不動産を取得する必要性が高い場合，強制的に不動産を取得させられる場合には，不動産が担保割れしていても取得がなされるので，この制度が機能するだろう。例えば，再開発用地の取得，借地人

第2節　抵当権の効力　　　　　　　　　　　　　　　　　　　§*379*　III

の借地上建物買取請求（借地借家 13 条 1 項）（この場合，請求権行使の際に特別の意
思表示がないかぎり，建物の買取代金は抵当権の被担保債務を控除することなく客観的に
定められる〔最判昭 39・2・4 民集 18 巻 2 号 233 頁〕），区分所有権売渡請求（建物区
分 63 条 4 項）などの場合である。これに対して，学説には，抵当権消滅請求
に第三取得者への所有権移転登記が必要という前提に立ちつつ（→(4)(ウ)），不
動産売買では移転登記手続と代金支払とが同時履行関係（533 条）にあるの
で，買主は代金支払拒絶権（577 条）を行使すると移転登記を得られない，
と説くものもある（内田 449 頁）。これによれば，買主が抵当権消滅請求を利
用できるのは，所有権移転登記を先履行とする特約付きの売買の場合のみと
いうことになろう。しかし，前掲昭和 39 年 2 月 4 日最判は，借地上建物買
取請求による抵当建物売買について，むしろ 577 条によって 533 条の適用が
排除され，移転登記手続が先履行になると解して，同時履行の抗弁を排斥し
た。これによれば，仮に抵当権消滅請求に第三取得者への所有権移転登記が
必要であるとしても，これらの売買による買主が抵当権消滅請求をすること
は妨げられないだろう。

　交換契約による取得者も，本条の第三取得者たりうる。さらに，代価弁済
（→§378 III(2)(ア)）と異なり，債権者への代物弁済（→(5)）や，無償での取得者
であっても，抵当権消滅請求はなしうる。抵当権実行通知の際に「代価」に
代えて「特に指定した金額」を申出額とすることができる（383 条 3 号）のは，
これらの場合をも念頭に置いたものである（→§383 II）。

(3)　抵当権の目的と取得した権利との対応関係

　本条の第三取得者に該当するためには，抵当権の目的となった不動産の所
有権を取得したことが必要である。

　(ア)　共有不動産全体に抵当権が設定されている場合における，共有持分の
第三取得者　　共有不動産全体に抵当権が設定されている場合，当該抵当権
を消滅させるためには，共有持分のすべてについて第三取得者が登場し，そ
れらの第三取得者が全員で抵当権消滅請求をすることが必要であると解され
る（新版注民(9)〔改訂版〕226 頁および 228 頁〔生熊〕）。抵当権消滅請求は，対抗
手段としての担保不動産競売申立て（→§384 III）によって第三取得者の取得
した共有持分を消滅させることになる可能性がある点で，処分行為（251 条）
に当たるといえるからである。

〔阿部〕　95

§379 III

第2編　第10章　抵当権

　これに対して，共有持分の第三取得者が単独で自己の持分についてのみ抵当権消滅請求をなしうるかが問題となる。とりわけ，平成15年改正前の旧378条は，地上権および永小作権を所有権の一部と見る理解を前提として，抵当不動産上の地上権および永小作権者の滌除を認めていた（→Ⅱ(2)）。そうすると，理論的には，共有持分権者も自己の取得した所有権の一部につき滌除をなしうるとしなければ平仄が合わなかったところである。他方で，持分権の取引価値は低く，持分権を各別に売却しても代金総額は不動産全体を売却した場合と比べて減少するので，このことを悪用して複数の第三者が抵当不動産を共同で取得し，共有持分につき各別に滌除を行う例も見られた（田中昌利〔判解〕最判解平9年678頁・683頁）。

　そこで，平成15年改正前の最高裁平成9年6月5日判決（民集51巻5号2096頁）は，共有不動産の全体に抵当権が設定された事案において，共有持分の第三取得者は持分につき滌除をなしえないと判断した。このような滌除を認めると，「抵当権者が一個の不動産の全体について一体として把握している交換価値が分断され，分断された交換価値を合算しても一体として把握された交換価値には及ばず，抵当権者を害するのが通常」だからである，という。

　平成15年改正により，地上権および永小作権者が抵当権消滅請求権者から排除されたので，現在では，共有持分権者が本条の第三取得者に当たらないと解するのは理論的にもより容易になったといえよう。学説もこの判決を支持するが，同様の考慮がどこまで及ぶかをめぐって対立がある（→(ウ)(エ)）。

　これに対して，当初から共有持分上に抵当権を設定していた場合であれば，共有持分上の抵当権について問題なく抵当権消滅請求をなしうるだろう。ただし，共有物全体の上に先順位抵当権がある場合は，当該先順位抵当権を害することになるので，共有持分上の抵当権が存在しても抵当権消滅請求はなしえない（実際，前掲平成9年最判の事案もそのようなものであった）。

　(イ)　第三取得者の共同相続人の一部　　抵当不動産の第三取得者に共同相続が生じた場合，共同相続人は遺産分割まで抵当不動産を共有する（898条）。この場合に，一部の共同相続人が自己の共有持分について抵当権消滅請求をすることも，前掲平成9年最判が示した理由により許されないと解される（旧滌除につき田中・前掲判解690頁）。

96　〔阿部〕

第 2 節　抵当権の効力 　　　　　　　　　　　　　　　　　§*379*　III

　(ウ)　一筆の不動産に抵当権が設定された後に不動産が分筆されて共同抵当状態になった場合における，一部の不動産のみの第三取得者　　さらに，一筆の不動産に抵当権が設定された後に不動産が分筆された場合にも，全体の価値を不可分一体のものとして抵当権を設定していた点では共有物抵当の場面と同様であり，分筆後の一部不動産の第三取得者は抵当権消滅請求をなしえない，と解する学説が有力化している（道垣内 172 頁，中野＝下村 359 頁注 1 など）。持分の第三取得者が共有物分割によって共有物の分筆された一部の単独所有者となった場合にも，同様の考慮が妥当するだろう（松岡 122 頁の記述は，このような所有権を前述した分筆後の第三取得者と区別していない）。

　　しかし，これらの事例と前掲平成 9 年最判の事案とでは抵当権者を害する危険性の高さに違いがあるとして，区別の余地を示唆する見解も存在する（田中・前掲判解 695 頁注 18）。共有持分権を売却した場合の代金額の総和が共有物自体を売却した場合の代金額を常に下回ると考えられるのに対して，分筆された土地を各別に売却することが一括売却の場合と比べて常に総価額を減少させるとは限らず，逆のこともありうる。したがって，抵当権者の利益を保護するためには，別々に売却することで売却価値の総和が減少する場合にのみ譲渡を抑止する必要がある。しかし，それによって抵当権消滅請求の有効性が左右されるとすると法的安定性を害し，他方で，その判断のため訴訟を介在させると抵当権消滅請求制度に裁判所の関与がないことの利点が減殺される（田中・前掲判解 695 頁）。したがって，これらの場合には抵当権消滅請求を否定すべきではないだろう。

　　(エ)　共同抵当の目的たる複数の不動産が一体として価値を有する場合における，一部の不動産のみの抵当権消滅請求　　さらに，共同抵当の目的たる複数の不動産が一体として価値を有する場合，それらを別々に売却すると価額の総和が減少する点で共有物抵当と同様であり，この場合も一部不動産のみの抵当権消滅請求を否定すべきと説く見解もある（河野・前掲論文 281-282 頁）。

　　他方で，論者自身も，複数の共同抵当不動産を取得した第三取得者がこれらに抵当権消滅請求をする場合，抵当権者には不動産ごとに抵当権消滅請求に対する諾否を判断する権利があるので，不動産ごとに代価や申出額を定めなければ抵当権消滅請求は無効である，と説く（→§383 II）。したがって，

〔阿部〕　　97

§*379* III   第2編　第10章　抵当権

論者も，共同抵当の目的不動産を各別に譲渡することが常に抵当権者を害すると考えているわけではなく，一部の不動産のみについて抵当権消滅請求をすることが抵当権者を害し濫用に当たるような場合に限って抵当権消滅請求を否定すべきであると説く。しかし，その濫用性判断をめぐって(ウ)で述べたのと同様の問題が生ずるので，この場合にも抵当権消滅請求を否定すべきではないだろう。

⑷　所有権移転登記の具備

(ア)　問題の所在　　抵当権消滅請求をするに際して，第三取得者への所有権移転登記は必要か。

沿革（一Ⅱ⑴）を遡ると，第三取得者への所有権移転登記は，フランス古法の任意売却命令実務における不動産の競売告知に由来する。これは，不動産上に物権を有する者に異議申立てを促すもので，異議申立てを懈怠した者の権利は任意売却命令によって消除された（阿部・追及権75頁以下）。その後，承認書制度において常設の抵当権保存吏への抵当権者による予めの異議申立てが可能になり（同150頁以下），これが革命期に抵当権登記制度に発展した。他方で，所有権移転の一般的公示制度はフランス民法典制定時には導入が見送られたが，例外的に，滌除を行うためには事前に取得証書の謄記が要求され，謄記から一定期間を経過すると前主の債権者による抵当権の登記は締め切られて，以後の手続は登記された債権者のみを対象に行われた（同248頁以下）。その後，1855年の法律で取得証書の謄記が第三者対抗要件とされると，謄記は直ちに抵当権の登記を締め切るものとなった（同363頁以下）。このように，フランス法では，第三取得者による取得の公示は，滌除手続において債権者として扱うべき者の範囲を確定するために，常に要求されてきた。

そのため，旧民法債権担保編261条もこれに倣って滌除の準備として明示的に第三取得者による取得の登記を要求していた。しかし，この規定は明治31年施行の明治民法以来脱落しているので，所有権移転登記の要否が争われるようになった。とりわけ問題となったのが，仮登記権利者が本登記を経ないまま滌除を行うことの可否であった。

(イ)　旧滌除制度下の判例　　大審院昭和10年7月31日決定（民集14巻1449頁）は，仮登記権利者による滌除通知も，所有権移転請求権が停止条件付きもしくは未確定である場合（一§381Ⅰ）を除いて有効であり，この滌除

第 2 節　抵当権の効力　　　　　　　　　　　　　　　　　§*379*　III

通知を受けた債権者は増価競売によらずに普通競売を申し立てることができ
ないと判断した（昭和 10 年大決に至る判例の変遷については，新版注民(9)〔改訂版〕
221-223 頁〔生熊〕参照）。

　さらに前掲昭和 39 年 2 月 4 日最判（一(2)）は，「抵当不動産の買主がその
売主に対し滌除権を取得するには，その所有権を取得したことを以って足る
のであって，右所有権取得につき登記を経ることを要件としない」と判示し
た。もっとも，この判決は，未登記の買主が代金支払拒絶権（577 条）を有
するか否かを判断するための前提として，未登記買主が滌除権を有するかを
論じたものにすぎず，未登記買主のした滌除の効力を論じたものではなかっ
た。そのため，登記債権者に対して滌除権を行使するためには，滌除権の取
得を所有権移転登記によって「対抗」する必要がある，と解する余地も残さ
れており（安倍正三〔判解〕最判解昭 39 年 58 頁・61 頁），最高裁が大審院判例を
維持しているのかは明らかでない。

　(ウ)　学説　　旧滌除制度下では，滌除の前提として取得を抵当権者に対抗
する必要があるため，また滌除を望まない債権者に自己買受けの申出を伴う
増価競売を強いることの均衡上，第三取得者側も滌除通知の時点で本登記を
具備していなければならない，とするのが通説であった。もっとも，第三取
得者は申出額の払渡しまたは供託の時点で所有権の取得を債権者に対抗でき
れば足りるので，通知の時点では仮登記しか具備していなくてもかまわない
という学説も存在した（詳細は，新版注民(9)〔改訂版〕223-224 頁〔生熊〕参照）。

　平成 15 年改正後も，抵当権消滅請求は所有権取得の債権者への対抗を前
提とするという理由で（基本法コメ 275 頁〔田髙寛貴〕，河野・前掲論文 279 頁，中
野＝下村 359 頁），または抵当権消滅請求がなお債権者にとって負担を課する
ものであるという理由で（道垣内 172 頁，新版注民(9)〔改訂版〕225 頁〔生熊〕），第
三取得者の本登記を要求するのがなお通説である。本登記を要する時点につ
いても，抵当権消滅請求通知時と解するのが通説となっている（新版注民(9)
〔改訂版〕225 頁〔生熊〕，河野・前掲論文 282 頁）。

　(エ)　検討　　まず，仮登記自体は順位保全効しか有しないので，仮登記を
備えても所有権取得の対抗要件具備の効力は認められない。しかし，そもそ
も抵当権消滅請求のための実体的要件として，始期付取得者のように取得が
確実であれば，既に取得していることまでは要しない，と解することも可能

〔阿部〕　99

§379 III

第2編　第10章　抵当権

である（→§381 III）。そうすると，所有権の取得を対抗する必要もなく，ただ二重譲渡等によって所有権取得の確実性が害されないよう仮登記は要する，ということになろう。

他方で，沿革上，所有権の公示は，滌除手続において債権者として扱われるべき者の範囲を確定する機能を担っており（→(ア)），所有権移転登記もこの機能を果たす。しかし，この観点からは，仮登記で本登記に代えることが可能であり，通知の時点で仮登記を具備していれば足りる。仮登記があれば，その順位保全効により，後に本登記を具備することで仮登記後本登記までに登記された債権者に抵当権設定を対抗されなくなり，仮登記前に登記された債権者のみを通知の相手方とすることができるようになるからである。

実質的にも，平成15年改正で増価競売が廃止され，現行制度では抵当権消滅請求による債権者側の負担は軽減している（→§384 III(1)）。加えて，抵当権消滅請求制度を機能させるためには，第三取得者が諸費用を負担しながら抵当権消滅請求に失敗して所有権を失い，それらの投下費用の回収について売主の無資力リスクを負担するという事態（→§384 III(3)）を可能なかぎり回避する方法が必要である。仮登記の段階で抵当権消滅請求が可能であれば，第三取得者は登録免許税を半減され，固定資産税を免れるなど，抵当権消滅請求前の費用負担を軽減することができるだろう。したがって，抵当権消滅請求者は通知の時点で仮登記を備えていれば足り，本登記を具備することを要しないと解したい。

(5)　第三取得者が債権者を兼ねる場合

第三取得者が債権者を兼ねる場合がある。

例えば，流担保（帰属清算）の場合，先順位抵当権者が抵当直流条項（代物弁済予約）を後順位抵当権者に対抗するために抵当権設定時に仮登記を備えるのが通常である（内田459頁）。しかし，抵当権設定時に仮登記を備えていなくても，さらには先順位抵当権者でなくても，債権者が所有権を譲り受けて抵当権消滅請求を利用すれば，抵当直流は実現可能である。抵当不動産の譲渡担保権者による帰属清算も，同様に行われるだろう（→§381 III）。

逆に，第三取得者が抵当債権を取得する場合もある。先順位抵当権者と第三取得者との間に合意が成立した場合，第三取得者が先順位抵当権をその被担保債権とともに買い取ることで，もっぱら競売によっても配当を受ける見

第2節　抵当権の効力　　　　　　　　　　　　　　　　　　　§*380*

込みのない後順位抵当権者を排除するために抵当権消滅請求を利用すること
が可能になるだろう（河野・前掲論文303頁。→§384 IV(1)）。第三取得者が，申
出額で全部弁済を受けることになる先順位抵当権者の被担保債務を，予め弁
済により代位取得することもありうる（→§384 III(2)(ア)）。

　これらの場合，後順位抵当権が存在すれば，第三取得者の抵当権は混同消
滅の例外（179条1項ただし書）によって存続するが，このことは第三取得者
による抵当権消滅請求を妨げない（新版注民(9)〔改訂版〕225-226頁〔生熊〕，旧滌
除制度下で第三取得者が債権を譲り受けていた場合につき大判昭8・3・18民集12巻987
頁）。この場合，抵当権消滅請求の通知（→§383 IV）および払渡しまたは供託
（→§386 III(2)）の方法に関して，特別の問題を生ずる。

(6)　資格判断の基準時

　抵当権消滅請求をする者は，抵当権消滅請求通知（383条）までに第三取
得者の資格を備える必要がある（譲渡担保権者につき，→§381 III）。

　旧滌除制度の下で，大審院昭和7年5月23日決定（民集11巻1014頁）は，
抵当不動産の競売申立て後の第三取得者は滌除権を有しない，と判断した。
さもないと，差押登記までは新たな滌除権者が登場する可能性があり，その
たびに抵当権実行通知をやり直して滌除期間の経過を待ったうえで再度競売
を申し立てる必要があることになって（→§378 I(3)(ア)），執行妨害を助長した
からである。現行法上も同様に解する学説があるが（高木221頁，新版注民(9)
〔改訂版〕221頁〔生熊〕），平成15年改正で抵当権実行通知制度が廃止された
ので，もはや同様に解する必要はない。端的に，差押えの効力発生時点まで
に第三取得者の資格を備えて抵当権消滅請求の通知をすること（382条）で
足りると解すべきだろう。

　通知後の資格喪失については，→§381 V。

〔阿部裕介〕

　第380条　主たる債務者，保証人及びこれらの者の承継人は，抵当権
　　　消滅請求をすることができない。

　　　〔改正〕　本条＝平15法134改正，平16法147移動（379条→本条）

〔阿部〕　101

I 本条の趣旨

本条は，第三取得者に抵当権消滅請求権を認めた前条の例外として，被担保債務の債務者，保証人およびそれらの者の承継人が第三取得者となった場合に，その抵当権消滅請求権を否定するものである。

本条の趣旨について，第三取得者が被担保債務の全額を弁済する義務を負う場合にその抵当権消滅請求を否定するものと解する学説が多いが（高木221頁，新版注民(9)〔改訂版〕228頁〔生熊長幸〕など），本条の適用範囲はそのような場合に限られない（道垣内172頁。一Ⅲ）。

そこで，本条を，債務を負担する者が第三取得者になった場合一般に抵当権消滅請求を否定するものと解すると（旧滌除につき我妻375頁），本条は，不動産競売における「債務者」の買受資格を否定した民事執行法68条（一§390参照）と同種の考慮に基づくということになろう（河野玄逸「抵当権消滅請求」新担保・執行法講座(3)263頁・280頁）。すなわち，この場合，抵当権消滅請求をしても，抵当不動産はなお強制執行に服しうるので，第三取得者にとって抵当権消滅請求は無益である。他方で，債務者が競売の買受人になる場合のような，競売の繰返しによる執行妨害のおそれは，この場合には生じない。しかし，債権者にとっては，抵当権消滅請求後に残債務のために一般債権者として強制執行をすることは，先に申出額につき債務の一部履行を受けたうえで残債務のために抵当権実行をする場合と比べ，不利益を強いられることとなる。したがって，本条はこれを避ける趣旨のものと解することになろう。しかし，先に債務者の一般責任財産から債務の一部履行を受けたうえで，残債務のために抵当権実行をするという債権者の利益は，他の一般債権者との利害調整上，否定されている（394条）。

これに対して，本条の前身であるボワソナード草案1271条を参照すると，別の理解が可能となる。本条は，自らの債務負担原因たる契約によって被担保債務の与信条件の形成に関与した者を，抵当権設定者に準ずる者として，その与信条件を自ら破壊することを契約の拘束力に基づいて禁ずる趣旨の規定である，という理解である。草案1271条は，本条所定の第三取得者と並んで，4項（旧民法債権担保編257条2項）で抵当権設定者たる物上保証人の滌除権を否定している（一§379Ⅲ）からである（これは，同様の特徴を有する同時代

第2節　抵当権の効力　　　　　　　　　　　　　　　§*380*　Ⅱ

のフランスの法学者ポン（Pont）の学説の影響によるものと推測される）。この理解を裏返すと，抵当権消滅請求は，債権者との間に抵当権設定契約をはじめ何らの契約関係もない純然たる第三者に対する，物権としての抵当権の効力（追及権）の限界を画するものといえよう。

Ⅱ　具　体　例

「主たる債務者」とは，被担保債務の債務者を指す。債務者が自己所有の不動産に抵当権を設定して抵当不動産を保持している場合，そもそも債務者は第三取得者に当たらない。債務者が第三取得者になるのは，たとえば，債務者が物上保証不動産を取得した場合である。連帯債務者の一人が自己の連帯債務を担保するために抵当権を設定した不動産を，他の連帯債務者が譲り受けた場合も，これに当たる（新版注民(9)〔改訂版〕229頁〔生熊〕）。これらの場合に本条が適用されるのは，通常，抵当権の設定が債権者から債務者への与信の条件を構成しており，債務者が与信条件を破壊することが与信契約上許されないからである（債務者の担保毀損による期限の利益喪失を定めた137条2号参照）。これに対して，債務者が自ら抵当権を設定した後に抵当不動産を一旦譲渡して再取得した場合には，そもそも債務者は抵当権設定者であって第三取得者には当たらない。

被担保債務の「保証人」が債務者または物上保証人から抵当不動産を譲り受けて第三取得者となった場合にも，本条が適用される。保証人も，債権者と保証契約を締結し，抵当権の設定と協働して与信条件を形成したといえるからである。

主たる債務者および保証人の「承継人」とは，それらの者の契約上の地位の承継人を指す。一般承継人は，債務のみならず契約当事者の地位を承継するからである。たとえば，設定者の相続人が設定者から抵当不動産を生前贈与等によって特定承継した後で，設定者を相続した場合がこれに当たる。

これに対して，被担保債務を債務引受した第三取得者にも，債務の「特定承継人」として本条の適用を認めるのが，旧滌除制度以来の通説である（新版注民(9)〔改訂版〕229頁〔生熊〕）。さらに，平成29年改正後の577条1項は，抵当権消滅請求に備えた買主の代金支払拒絶に，取得不動産につき「契約の

〔阿部〕　　103

§*380* III　　　　　　　　　　　　　　　　　　　　第2編　第10章　抵当権

内容に適合しない抵当権の登記があるとき」という限定を加えている。これ
は，被担保債務額を控除して代金額を定めたような場合に，本条に照らし，
第三取得者に抵当権消滅請求の機会を与える必要がないことを前提とするも
のとされている（法務省民事局参事官室「民法（債権関係）の改正に関する中間試案
の補足説明（補訂）」428頁）。これによれば，買主が被担保債務につき売主との
間での履行引受しかしていない場合にも，抵当権消滅請求は認められないと
いうことになろう。しかし，滌除制度下の大審院昭和14年12月21日判決
（民集18巻1596頁）（→§386 III(1)）は，履行引受をした第三取得者による滌除が
有効であることを前提としている。本条を，第三取得者と債権者との間の契
約の拘束力によるものとして理解すると（→I），それは債権者を交えて債務
引受がなされた場合（470条2項・472条2項）か，債務引受につき既に債権者
が承諾の意思表示（470条3項・472条3項）をした場合にしか当てはまらない。
したがって，被担保債務を控除して代金を定めていても，577条の代金支払
拒絶権の有無は別として，少なくとも本条はこれらの場合以外には適用され
ないと解すべきであろう（新版注民(14)427頁〔柚木馨＝高木多喜男〕も，被担保債
務を控除して代金を定めた場合に平成29年改正前577条の適用を否定するにあたり，買
主が「滌除をすると否とにかかわらず」という断りを入れて，滌除の可能性を示唆してい
る）。

III　適　用　範　囲

　取得前に設定されていた抵当権が複数ある場合，一部の抵当権者との間で
のみ契約関係にある第三取得者であっても，本条の適用を受け，抵当権消滅
請求をなしえないと解することになるだろう。そのような第三取得者の抵当
権消滅請求は，当該被担保債務の債権者との関係で契約の拘束力に反するか
らである。もっとも，契約の拘束力は他の債権者を保護するものではなく，
加えて，債権者が第三取得者と他の債権者との間に契約関係があるか否かを
知ることは時に困難である（河野・前掲論文299頁）。したがって，第三取得者
が本条に反して抵当権消滅請求をし，他の債権者がこれを承諾して払渡しを
受けた場合には，他の債権者との関係では払渡しおよび抵当権消滅の効力を
生ずると解すべきである。

第2節　抵当権の効力　　　　　　　　　　　　　　　　　　　§*381*　I

　分割債務や一部保証のように，第三取得者の負担する債務が金額的に限定されている場合でも，本条は適用されると解すべきである（道垣内172頁）。もっとも，この場合には，第三取得者は自己の負う債務を完全に履行すれば本条の適用を免れ，抵当権消滅請求をする資格を得られるだろう（分割債務につき，ボワソナード草案1271条2項）。この場合，第三取得者は自己の契約上の債務を既に全部履行して契約の拘束力から解放されているからである。ただし，共同相続人は，自己の負担する分割債務を履行しても，本条の適用を免れない（同1271条3項）。共同相続人は，被相続人が有していた契約上の地位を不可分的に承継しているからである。

〔阿部裕介〕

第381条　抵当不動産の停止条件付第三取得者は，その停止条件の成否が未定である間は，抵当権消滅請求をすることができない。

〔改正〕　本条＝平15法134改正，平16法147移動（380条→本条）

I　停止条件付第三取得者による抵当権消滅請求

　本条は，停止条件付法律行為による第三取得者に，停止条件未成就の間，抵当権消滅請求を否定するものである。

　通説はその理由として，この場合，条件未成就の間は，第三取得者は条件成就によって所有権を取得することにつき期待権を有するのみであって，いまだ所有権を取得するに至っていないことを挙げてきた（高木220頁，旧滌除につき石田・上229-230頁，注民(9)〔増補再訂版〕161頁〔柚木馨＝上田徹一郎〕など）。しかし，本条の前身である平成15年改正前の旧380条の起草者は，これを期待権の保存可能性（129条）の例外として位置づけており，所有権取得の未了を決め手とはしていない。そこで決め手とされているのは，条件未成就の間，所有権の移転があるかが不確実であることである（梅548頁）。近時は，これを支持する学説が有力化している（道垣内172頁，新版注民(9)〔改訂版〕230頁〔生熊長幸〕）。期待権保存のための抵当権消滅請求が認められないのは，仮にこれを認めると，抵当権消滅請求後に条件が不成就に確定し，所有権が移

〔阿部〕　　105

転していないのに抵当権だけが消滅する場合が生じうるが，これは抵当権消滅請求制度の趣旨（→§379 I）に反するからであろう。

このように考えると，抵当権消滅請求に対するすべての登記債権者の承諾（386条）を停止条件として所有権を取得する第三取得者が抵当権消滅請求をすることは，本条の趣旨に反しない，ということになろう。この場合，所有権移転なしに抵当権だけが消滅するという事態は生じないからである。このように解すれば，第三取得者はこのような停止条件を付して不動産を取得することで抵当権消滅請求前の不動産取得税の発生を免れることができよう。ただし，停止条件成就前は仮登記しかなしえないので，本登記を経ていない第三取得者による抵当権消滅請求の可否が問題となる（→§379 III(4)）。

売買の予約（556条）による取得の場合も，予約完結までは所有権が移転しておらず，所有権が移転しない可能性もあるので，本条の類推適用により予約買主は抵当権消滅請求をなしえないと解される（旧380条を代物弁済の予約による取得に適用するものとして，我妻375-376頁）。

II 始期付第三取得者による抵当権消滅請求

始期付所有権移転契約による第三取得者も，始期未到来の間は，停止条件未成就の場合と同様，いまだ所有権を取得していない。しかし，条件と異なり，期限の到来は確実である。

この場合にも本条を類推適用し，期限到来後にのみ抵当権消滅請求をなしうると解するのが通説とされるが（新版注民(9)〔改訂版〕230頁〔生熊〕），実際には，この理を説くのは，本条の立法理由（→ I）を所有権移転の不確実性ではなく所有権移転未了に求める学説であった（旧滌除につき，注民(9)〔増補再訂版〕161頁〔柚木＝上田〕，石田・上229-230頁）。

これに対して，本条の立法理由を所有権移転の不確実性に求める学説は，（新版注民(9)〔改訂版〕230頁〔生熊〕を例外として）始期付第三取得者には言及していない。仮登記権利者による滌除に関する大審院昭和10年7月31日決定（民集14巻1449頁）（→§379 III(4)）も，不動産登記法105条2号の仮登記を有する者のうち「停止条件附若クハ将来確定スヘキ」所有権移転請求権保全の仮登記権利者による滌除を否定する一方で，始期付きの場合には言及していな

第2節　抵当権の効力　　　　　　　　　　　　§*381*　Ⅲ

い。所有権移転の不確実性が本条の立法理由であるならば，始期付第三取得者は本条の適用を受けず，将来確実に取得する所有権のために抵当権消滅請求をなしうる（129条類推）と解すべきであろう。ただし，始期到来前は仮登記しかなしえないので，本登記を経ていない第三取得者による抵当権消滅請求の可否が問題となる（→§379Ⅲ(4)）。

Ⅲ　実行前の譲渡担保権者

抵当不動産の所有権を担保の目的で取得した譲渡担保権者は，譲渡担保の実行としての帰属清算を完了する前に，第三取得者として抵当権消滅請求をなしうるか。

旧滌除制度において，最高裁平成7年11月10日判決（民集49巻9号2953頁）は，本条の立法趣旨（→Ⅰ）と同様の考慮に基づき，これを否定した。すなわち，帰属清算完了までは，譲渡担保設定者が受戻しによって「完全な所有権」を回復する可能性がある以上（→不動産譲渡担保Ⅵ1(4)），譲渡担保権者はいまだ「確定的に目的不動産の所有権を取得した者」ではない，というのである。

この判決は，譲渡担保の被担保債権の弁済期到来の前日に譲渡担保権者が滌除通知をした事案に関するものであるが，以上の理由付けによれば，被担保債権の弁済期到来後，帰属清算完了前に滌除通知をした事案にも射程が及ぶだろう。さらに，この判決は，譲渡担保権者が帰属清算前にした申出額供託による抵当権消滅の効果を否定したものであるが，滌除通知後，申出額の払渡しまたは供託までに帰属清算を完了した場合にも射程が及ぶのであろう。この判決は，当てはめにおいて，滌除通知を「滌除権の行使」と呼んでその時点における確定的所有権取得の有無を判断しているからである（→§379Ⅲ(6)）。

なお，この判決は，所有権の確定的取得を滌除権行使の要件とする理由として，滌除が債権者に増価競売の負担を課する点に言及しているが，この負担は平成15年改正で解消された。しかし，譲渡担保権者による抵当権消滅請求を認めるとその後に設定者が抵当権の負担のない不動産を受け戻す可能性がある，という問題はなお存在するので，この判決は抵当権消滅請求制度

〔阿部〕　107

§381 Ⅳ   第2編　第10章　抵当権

の下でもなお先例的意義を有すると考えられる。

　実際に譲渡担保権者が抵当権消滅請求をする場合，まず，不動産の評価額から抵当権の被担保債権総額を控除した残額を自己の債権の弁済に充当し，清算金不発生を設定者に通知して帰属清算を完了することになろう。そのうえで抵当権消滅請求をして，成功した場合にはさらに抵当権の被担保債務総額から申出額を控除した額を自己の債権の弁済に充当して，残額が無担保債権として残ることになる。これにより，譲渡担保権者は不動産評価額から申出額を控除した額を回収できるが，そのためには申出額相当の資金余力が必要となる。

　学説もこれを支持するが（道垣内172頁），抵当権設定後の譲渡担保権者が実質的に後順位担保権者に当たることを理由とするものも多い（新版注民(9)〔改訂版〕219頁〔生熊〕，河野玄逸「抵当権消滅請求」新担保・執行法講座(3)263頁・281頁など）。これによれば，抵当不動産の仮登記担保権者も，設定者の受戻権が消滅する（仮登記担保11条ただし書）までは，なお担保権者としての実質を有するので，抵当権消滅請求をなしえない，ということになろう。しかし，仮登記担保の場合，清算期間経過時点で仮登記担保権者に完全な所有権が移転し（同2条1項），設定者の受戻権は一旦完全に移転した所有権を回復する形成権である（同11条）。したがって，判例の「確定的」所有権取得が「完全な」所有権の取得を意味するのであれば（一Ⅳ），清算期間経過時点で仮登記担保権者は「確定的」に所有権を取得しており，以後は，受戻しの可能性が残っていても，抵当権消滅請求をなしうる，ということになろう。

Ⅳ　解除条件付または終期付第三取得者による抵当権消滅請求

　解除条件付法律行為（127条2項）によって抵当不動産を取得した者は，条件成就によって所有権を喪失する可能性はあるものの，条件不成就が確定する前に既に所有権を取得しており，その権利は期待権ではない。そのため，本条の反対解釈として，解除条件付第三取得者は条件不成就が確定する前であっても抵当権消滅請求をなしうる，というのが旧380条の起草者の理解であり（梅548頁），旧滌除制度以来の通説でもある（新版注民(9)〔改訂版〕231頁〔生熊〕）。これによれば，抵当権消滅請求後に解除条件が成就しても，遡及効

第2節　抵当権の効力　　　　　　　　　　　　　　　　　　§*381*　IV

が存在しないので（127条2項），抵当権は復活せず，第三取得者は支払った
金銭を抵当権者から取り戻すこともできず，売主担保責任（570条〔平29改正
前567条2項〕）によって償還を受けることができるのみであるとされる（新版
注民(9)〔改訂版〕231頁〔生熊〕）。法律行為の当事者が解除条件成就の効果を遡
及させる合意をしていた場合（127条3項），抵当権消滅請求の効果も遡及的
に覆滅されるという説と，抵当権者との関係では遡及効を対抗できないとい
う説とが対立している（新版注民(9)〔改訂版〕231頁〔生熊〕参照）。これについ
ては，127条3項の解釈に委ねるべきであろう。

　もっとも，実行前の譲渡担保権者による滌除に関する前掲平成7年11月
10日最判（一III）は，旧378条所定の滌除権者としての「所有権……ヲ取得
シタル第三者」は「確定的に抵当不動産の所有権を取得した第三取得者に限
られる」という一般論を提示した。この一般論は，解除条件付第三取得者に
よる抵当権消滅請求の可否にも影響を与えうるように思われる。なぜなら，
仮に取得の不確定性が取得の事後的覆滅可能性を意味すると解するなら，解
除条件成就の可能性も，譲渡担保における受戻しの可能性と異なるものでは
ないと言いうるからである。しかし，これを推していくと，たとえば売買契
約に代金不払い（577条）以外の何らかの解除原因がある場合にも，解除権
消滅まで買主は抵当権消滅請求をなしえない，ということにもなりそうであ
る。これでは，債権者が抵当権消滅請求の有効性を検証することは著しく困
難になる。したがって，いったん「完全な所有権」を取得した者は，解除条
件成就または解除による取得覆滅の可能性があっても，ここでいう「確定
的」取得者には当たると解すべきなのだろう。この場合，本条が問題とする
ような，所有権が結局移転していないのに抵当権が消滅するという事態（一
I）は生じないからである。裏を返せば，前掲平成7年最判は，少なくとも
譲渡担保の当事者間では実行まで譲渡担保権者への完全な所有権移転がなく，
設定者に所有権が残存している，という理解を前提とするものと解される。

　買戻特約付売買（579条）における買主（買戻売主）も，解除条件付第三取
得者と同様の地位に立つと解される（石田・上229頁）。

　さらに通説は，終期付第三取得者による抵当権消滅請求をも認める（新版
注民(9)〔改訂版〕231頁〔生熊〕）。たしかに，本条の立法理由をどのようなもの
と解するにせよ，この場合は本条の適用場面ではないだろう。しかし，将来

〔阿部〕　　109

§*381* Ⅴ

確実に抵当権設定者に所有権が復帰するにもかかわらず，いわば一時的な第三取得者に抵当権消滅請求を認めるのは，その制度趣旨（→§379 Ⅰ）に照らして問題であるように思われる。結局において，抵当権設定者が自らの設定した抵当権のない状態で所有権を回復することを認めることになるからである。

Ⅴ　所有権を喪失した第三取得者

　一旦抵当不動産を取得したが，すでに所有権を確定的に喪失している者は，もはや抵当権消滅請求をなしえない（解除条件付第三取得者は条件成就まで滌除を認められる，という石田・上229頁は，このことを前提とするものであろう）。第三取得者から転得者が生じた場合には，転得者が抵当権消滅請求をなしうる。ただし，転得が停止条件付きの場合には，停止条件未成就の間は，第三取得者が現所有者として抵当権消滅請求をなしうるのみならず，停止条件付転得者も本条の適用を受けることなく抵当権消滅請求をなしうると解すべきである。この場合，本条が懸念する，設定者から所有権が移転しないまま抵当権が消滅する事態（→Ⅰ）は生じないからである（停止条件付転得者が本登記なくして抵当権消滅請求をなしうるかについては，→§379 Ⅲ(4)）。そうすると，抵当不動産の第三取得者が譲渡担保を設定した場合も，帰属清算完了前は，第三取得者は確定的に所有権を失っておらず，譲渡担保権者は停止条件付転得者以上の権利をすでに有しているので，いずれも抵当権消滅請求をなしうるということになろう。

　これに対して，抵当権消滅請求の通知（383条）および全登記債権者の承諾成立後，払渡しまたは供託による効力発生（386条）までに第三取得者が所有権を喪失した場合については，抵当権消滅請求は失効するという学説（旧滌除につき注民(9)〔増補再訂版〕159頁〔柚木＝上田〕）と第三取得者からの転得者が申出額を払い渡しまたは供託して抵当権を消滅させられるという見解（新版注民(9)〔改訂版〕256頁〔生熊〕）とが対立している。抵当権の効力として第三取得者に払渡しまたは供託の義務が生ずると解するならば（→§386 Ⅲ(1)）この義務は抵当権それ自体と同様に抵当不動産所有者を追及する物上債務であって転得者がこれを負担すると解すべきであろう。

〔阿部裕介〕

第2節　抵当権の効力　　　　　　　　　　　　　　　　　　§*382*　I

（抵当権消滅請求の時期）
第 382 条　抵当不動産の第三取得者は，抵当権の実行としての競売に
　　よる差押えの効力が発生する前に，抵当権消滅請求をしなければな
　らない。
　　　〔対照〕　フ民 2478
　　　〔改正〕　本条＝平 15 法 134 全部改正

I　本条の趣旨

　本条は，抵当権者がすでに追及権行使としての担保不動産競売による優先
弁済権の行使を選択している場合に，第三取得者が抵当権消滅請求を実行し
えないことを規定したものである（河野玄逸「抵当権消滅請求」新担保・執行法講
座(3)263 頁・283 頁）。抵当権消滅請求後，対抗手段として債権者が担保不動
産競売を申し立てた場合における抵当権消滅請求の失効（→§384 III(3)）と，
基本的に同趣旨のものである。

　抵当権消滅請求制度の源流にある滌除制度を有するフランス法では，抵当
権者による「弁済または委付の催告」から 1 か月は第三取得者が抵当債務の
弁済または抵当不動産の委付をするための期間とされ，その経過後に抵当権
者は不動産差押手続を進行する権利を得る（→§378 I(3)(ア)）。他方で，催告か
ら 1 か月の期間は滌除期間ともされている（フ民 2478 条）。

　明治 31 年施行の明治民法は，この催告手続を，もっぱら第三取得者に滌
除の機会を保障するための抵当権実行の通知に置き換え（平 15 改正前 381 条），
この通知があるまではいつでも，この通知があった場合には通知後 1 か月に
限り，滌除をすることができると定めた（同 382 条）。そして，この滌除期間
の経過後にはじめて抵当権実行を認めることで（同 387 条），滌除が抵当権実
行に先行する状態を確保した。その後，抵当権実行通知は第三取得者による
執行妨害の温床として平成 15 年改正で廃止され（→§378 I(3)(ア)），その結果，
抵当権消滅請求は抵当権実行までにされねばならないという本条だけが残さ
れた。

　これに対して，抵当不動産の取得時を基準とする期間制限は存在しない。
したがって，抵当不動産の取得後も，履行期未到来の被担保債務があれば，

〔阿部〕　　111

§*382* II・III

第2編　第10章　抵当権

第三取得者はその履行期到来を待って抵当権消滅請求をすることができる。もっとも，そのために抵当不動産の買主たる第三取得者が売主への代金の支払を拒絶する場合（577条1項前段），売主は買主に対して，代金の供託を求めることができる（578条）のみならず，遅滞なく抵当権消滅請求をするよう求めることもできる（577条1項後段）。

II　基準となる時点

「抵当権の実行としての競売による差押えの効力が発生する前」とは，担保不動産競売開始決定の第三取得者への送達および差押登記のいずれよりも先という意味である（民執188条・46条1項）。したがって，債権者による競売申立て後，差押えの効力発生前にされた抵当権消滅請求は有効であるが，差押えの効力発生を妨げることはできず，債権者が申立てを取り下げなければ，申立債権者の承諾は成立しない（384条2号参照）。

これに対して，第三取得者自身の一般債権者が強制競売を申し立てた場合，競売開始決定による差押えの効力が生じても，抵当権消滅請求は妨げられない（谷口＝筒井・解説26頁注11）。この場合，抵当権者が追及権の行使を選択したわけではないからである。したがって，第三取得者自身が設定した抵当権の実行としての担保不動産競売開始決定がされた場合も，抵当権消滅請求は妨げられないと解される。もっとも，抵当権消滅前に競売によって第三取得者が所有権を喪失し抵当権がすべて消除されると，抵当権消滅請求も失効することになるだろう。

本条の「抵当権消滅請求」は，具体的には，次条に規定された書面の送付を指す（河野・前掲論文282頁）。したがって，差押えがなされた場合，その効力発生までに債権者に通知が到達していなければ，抵当権消滅請求は無効とするのが本条の趣旨である。

III　本条に反する抵当権消滅請求の効果

差押えの効力発生後に抵当権消滅請求の通知がされても，その効果（→§383 V）を生じない。その後，競売申立てが取り下げられまたは担保不動産

第 2 節　抵当権の効力　　　　　　　　　　　　　　　　　　　§*383*　I

競売手続が取り消されても，既にされた抵当権消滅請求通知が遡及的に有効になることはないと解される（道垣内 173 頁）。さもないと，その時点で無効な通知を無視していた債権者について，みなし承諾（→§384 II）が成立しかねないからである。これに対して，競売申立てが取り下げられまたは担保不動産競売手続が取り消された後にあらためてされた抵当権消滅請求は有効と解される（384 条 2 号および 4 号参照）。

〔阿部裕介〕

（抵当権消滅請求の手続）

第 383 条　抵当不動産の第三取得者は，抵当権消滅請求をするときは，登記をした各債権者に対し，次に掲げる書面を送付しなければならない。

一　取得の原因及び年月日，譲渡人及び取得者の氏名及び住所並びに抵当不動産の性質，所在及び代価その他取得者の負担を記載した書面

二　抵当不動産に関する登記事項証明書（現に効力を有する登記事項のすべてを証明したものに限る。）

三　債権者が 2 箇月以内に抵当権を実行して競売の申立てをしないときは，抵当不動産の第三取得者が第 1 号に規定する代価又は特に指定した金額を債権の順位に従って弁済し又は供託すべき旨を記載した書面

　　〔対照〕　フ民 2478・2479
　　〔改正〕　本条＝平 15 法 134・平 16 法 124 改正

I　本条の趣旨

　本条は，抵当権消滅請求の手続要件として，第三取得者から債権者に対する書面の送付を要求するものである。この書面の送付は，フランス法の滌除制度における滌除の通知（notification）（フ民 2478 条）に相当するものであり，講学上，抵当権消滅請求の「通知」と呼ばれる（道垣内 174 頁など）。

〔阿部〕　113

II　送付すべき書面の内容

　本条1号から3号は，第三取得者が送付すべき書面の内容を定めたものである。1号および2号の書面は，債権者が，3号書面の申出額の適否を評価し，対抗手段としての競売申立て（→§384 II）に訴えるか否かを判断するための情報を提供するものである。

　1号の書面は，第三取得者の取得原因に関する情報を記載した書面である。抵当不動産の性質とは，土地の地目・地積，建物の種類・構造・床面積等を指す。これらの情報は2号の登記事項証明書にも記載されているが（不登34条・44条），これは1号書面上の不動産と2号書面上の不動産との同一性を確認するためのものである。取得者の負担とは，代価以外の対価的負担を広く指す（負担付贈与における負担や定期金債務など）。

　2号の書面は，抵当不動産の登記事項証明書（不登119条1項）である。現在事項証明書（不登則196条1項2号）で足りるが，写し等では足りない（新版注民(9)〔改訂版〕239頁〔生熊長幸〕）。

　3号の書面は，債権者の承諾が擬制される場合（384条各号）において，第三取得者が債権の順位に従って払渡しまたは供託（386条）をすべき金額を定めるものである。この金額は講学上「申出額」と呼ばれる（道垣内173頁など）。この第三取得者による申出額の設定は，384条柱書および386条では「提供」と呼ばれている。これは，ボワソナード草案1278条の «offre»（申込み）を旧民法債権担保編265条が「提供」と訳したことに由来するものであり，抵当権者による滌除の承諾（acceptation）に対応する，第三取得者による滌除の申込みの意思表示を本来は意味するものであった。しかし，«offre»の語はフランス民法典の滌除に関する規定には存在しない。契約構成は，滌除を抵当権の効力に外在的な契約の効力として説明しようとした19世紀フランス法学説の所産であって（阿部・追及権323頁以下），しかも19世紀末にはフランス法学においても放棄されたものである（同402頁以下）。

　申出額は，原則として1号書面で示された取得代価であるが，別の金額を特に指定することもできる。これは，取得原因が贈与・交換の場合には代価の定めがないので指定が必要であるほか，売買による取得であっても誤って支払拒絶権（577条）を行使せずに売主に代金を支払ってしまった場合や，

第2節　抵当権の効力　　　　　　　　　　　　　　　　　　§*383*　Ⅱ

代価以上の額を支出してでも不動産を保持したい場合，他の財産と一括購入
したため代価に他の財産の対価が含まれている場合には指定を認める必要が
あるからである（梅 556-557 頁）。フランス滌除制度においては，支払われる
のは原則として代価であって，贈与の場合にのみ，第三取得者が不動産価値
を宣言することができるとされている（フ民 2479 条）。

　そのため，旧滌除制度の下では，第三取得者が自由に申出額を設定できる
とするのが通説ではあったものの（我妻 379 頁），取得代価があればそれが申
出額の下限となるという説（林錫璋・債権と担保〔1997〕155 頁・165 頁注 3）や，
申出額が不当に廉価な場合には通知を無効とする学説（新版注民(9)〔改訂版〕
239-240 頁〔生熊〕参照）もあった。これは，増価競売（→§384 Ⅲ(1)）が自己買
受けの危険を伴うもので，廉価な申出額での滌除に対する債権者の対抗手段
として十分機能していなかったからである。したがって，増価競売が廃止さ
れ，抵当権者が担保不動産競売の申立てで対抗できるようになった現行法の
下では，もはや申出額の如何によって通知の有効性を左右すべきではない
（河野玄逸「抵当権消滅請求」新担保・執行法講座(3)263 頁・285 頁注 39）。現行法上
も，濫用的な抵当権消滅請求を排除するためとして申出額が不当に廉価な場
合に通知を無効とする学説もあるが（新版注民(9)〔改訂版〕240 頁〔生熊〕），そ
のように解すると，債権者が通知の有効性判断に窮する場合が生じよう。

　複数の共同抵当不動産を取得した第三取得者がそれらについて同時に滌除
をする場合，不動産ごとに代価や指定金額を示さなければ通知は無効である，
というのが旧滌除制度下の判例であった（大決昭 11・2・18 評論 25 巻民法 401
頁）。抵当権者には不動産ごとに増価競売請求に踏み切るか否かを判断する
権利があるからである，という。増価競売請求は自己買受義務を含むので特
にこのように解する必要があったが，増価競売が廃止された現行法上も同様
に解するのが通説である（新版注民(9)〔改訂版〕240 頁〔生熊〕，河野・前掲論文
285-286 頁）。その結果，不動産の一部が所有者を異にすることも起こりうる
が，複数の共同抵当不動産を一括売却することが常に代価を最大化するとも
限らないので（→§379 Ⅲ(3)），一つずつ金額を示してその当否を抵当権者の評
価に委ねるのが適当であろう。

〔阿部〕　　115

Ⅲ　書面の送付

通知の方法に，書面の送付によるという以上の制限はない。実務上は，後日の証明の必要に備え，1号および3号の書面は内容証明・配達証明付郵便で，2号書面は配達証明付書留郵便で同時発送されることが多い（河野・前掲論文283-284頁）。なお，フランス法の滌除制度では，第三取得者の滌除通知は裁判所執行吏によって送達されるものとされており（民事訴訟法典1281-13条），その名残として平成16年改正前の日本民法旧383条には「送達」の語が用いられていたが，平成16年の民法現代語化の際に「送付」に改められた。

通知が不到達の場合でも，登記簿上の債権者の住所に宛てて発送した場合には，現実に到達しなかったのは住所変更登記をしない債権者側に原因があるので，通常到達すべき時期に到達したものとみなすことができる，という学説もある（新版注民(9)〔改訂版〕238-239頁〔生熊〕，旧滌除につき石田文次郎・担保物権法論上〔5版，1938〕264頁〔石田・上237頁による改説前〕）。旧滌除制度の下では，このような考え方も，抵当権者から第三取得者への抵当権実行通知（平15改正前381条）や増価競売請求（同384条2項）につき登記簿上の住所への発送があれば現実の到達を要求しないという解釈（石田・前掲書268頁）との均衡上正当化されえた。しかし，抵当権実行通知や増価競売請求が廃止された現行法の下では（→§378Ⅰ(3)(ア)，§384Ⅲ(2)(ア)），本条の通知につき意思表示の到達（97条1項）に関する一般原則の例外を認めるべき理由はもはや存在しないだろう（河野・前掲論文289頁）。

Ⅳ　送付の相手方

通知の対象となる「登記をした各債権者」（登記債権者）は，抵当権消滅請求によって消滅する権利（→§386Ⅳ(1)）を有する，すべての債権者である。

もっとも，第三取得者が債権者を兼ねる場合（→§379Ⅲ(5)），自己に対する通知は不要と解すべきである（河野・前掲論文302頁は，実務上の安全策として自己宛の書面送付を推奨する）。

一部の債権者に対する通知を欠く場合，通知は全債権者との関係で無効で

第2節　抵当権の効力　　　　　　　　　　　　　　　　　　§*383*　Ⅴ

あるというのが旧滌除制度下の判例であり（大決昭6・7・23民集10巻744頁），現行法下においても通説である（高木222頁，近江209頁，新版注民(9)〔改訂版〕237頁〔生熊〕）。しかし，以下のような通知の具体的効果ごとに考える必要があろう（→§384Ⅲ，§386Ⅱ）。

Ⅴ　通知の効果

本条の通知の効果としては，第1に，通知を受けた債権者にみなし承諾が成立するための2か月が起算される（→§384Ⅱ）。第2に，通知を受けた債権者は，被担保債権の履行期が到来していなくても，対抗手段として担保不動産競売を申し立てられるようになる（→§384Ⅲ）。さらに旧滌除制度では，旧387条が，抵当権者は第三取得者に抵当権実行を通知した後，法定期間内に滌除通知がなされなかった場合に抵当不動産の競売を申し立てることができる，と定めていた。そしてその反対解釈として，法定期間内に第三取得者の滌除通知があった場合には，抵当権者は法定期間内に増価競売を求めることができるのみであって（滌除通知が無効にならないかぎり）通常の抵当不動産の競売を申し立てることはできない，と解された。しかし，平成15年改正で旧387条は旧381条の抵当権実行通知とともに廃止され，抵当権者は被担保債権の履行期が到来すればいつでも抵当権を実行できる建前となった（→§378Ⅰ(3)）。加えて，増価競売も廃止され，抵当権消滅請求への対抗手段として，むしろ被担保債権が履行期未到来でも通常の担保不動産競売の申立てが認められている（→§384Ⅲ）。したがって，追及権行使としての担保不動産競売を阻止する効果は抵当権消滅請求の通知には認められていない。

さらに，本条3号の書面は，それによって第三取得者が払渡しまたは供託（386条）をすべき金額を決定する効果を生ずる。さらに第三取得者が払渡しまたは供託の義務を負うかについては争いがあるが，義務の発生を認めるとしても，本条の通知を単独行為と解して義務の発生原因とするのではなく，端的に抵当権の効力として義務が生ずると解すべきであろう（→§386Ⅲ(1)）。

〔阿部裕介〕

§*384* I

第2編　第10章　抵当権

（債権者のみなし承諾）

第384条　次に掲げる場合には，前条各号に掲げる書面の送付を受け
た債権者は，抵当不動産の第三取得者が同条第3号に掲げる書面に
記載したところにより提供した同号の代価又は金額を承諾したもの
とみなす。

一　その債権者が前条各号に掲げる書面の送付を受けた後2箇月以
内に抵当権を実行して競売の申立てをしないとき。

二　その債権者が前号の申立てを取り下げたとき。

三　第1号の申立てを却下する旨の決定が確定したとき。

四　第1号の申立てに基づく競売の手続を取り消す旨の決定（民事
執行法第188条において準用する同法第63条第3項若しくは第68
条の3第3項の規定又は同法第183条第1項第5号の謄本が提出
された場合における同条第2項の規定による決定を除く。）が確定
したとき。

〔対照〕　フ民 2480・2481・2482・2485
〔改正〕　本条＝平 15 法 134 全部改正

I　本条の趣旨

　第三取得者の抵当権消滅請求が抵当権消滅の効果を生ずるためには，すべ
ての登記債権者による 383 条 3 号書面記載の申出額の承諾が必要とされてい
るところ（386条），本条は，前条の通知を受けた債権者について，一定の場
合にその承諾を擬制するものである。申出額の承諾を抵当権消滅の要件とす
ることは，滌除を契約の効力として説明する 19 世紀フランス法学説の影響
によるものである（→§383 II）。しかし本条は，不当に廉価な申出額での抵
当権消滅請求への対抗手段として債権者に担保不動産競売の申立てを認めつ
つ，対抗手段に出ない債権者の承諾を擬制することで，実際には債権者の意
思にかかわらず抵当権を消滅させることを可能にするものである。

118　〔阿部〕

II みなし承諾の原則

第三取得者による抵当権消滅請求の通知（383条）の到達後，2か月以内に債権者が抵当権実行としての担保不動産競売申立て（→Ⅲ）をしない場合，当該債権者は抵当権消滅の申出を承諾したものとみなされる（1号）。

2か月の起算点である通知到達時は送付先の債権者によって異なりうるので（→§383 Ⅲ），みなし承諾成立の時点も債権者によって異なりうる。

通知を受けた全員が2か月以内に第三取得者に対して積極的に承諾の意思表示をした場合には，本条1号所定の2か月の経過を待たずに，申出額の払渡しまたは供託によって抵当権消滅の効果を生じうる（386条）。これに対して，不承諾の意思を明示しても，担保不動産競売を申し立てないかぎり，承諾擬制は妨げられない。

III 債権者側の対抗手段

抵当権消滅請求の通知を受けた債権者は，前条3号書面記載の申出額が不当に廉価だと判断した場合，対抗手段として追及権を行使して担保不動産の競売を申し立てることで，みなし承諾の成立を妨げることができる（1号反対解釈）。

(1) 平成15年改正の経緯

平成15年改正前の旧384条は，滌除への債権者の対抗手段として，増価競売制度を用意していた（旧384条1項）。これも抵当不動産の競売ではあるが，申出額の1割増し以上の価額で不動産を買い受ける者が現れない場合には，債権者自身が申出額の1割増しの価額で買い受ける旨の申出を伴い（同条2項），しかも，その担保として保証金を提供せねばならなかった（平成15改正前民執186条1項）。このように，増価競売は債権者にとって重い負担を伴うため，滌除への対抗手段として機能不全に陥り，不当に廉価な申出額での濫用的滌除を可能にしていた。そのため，増価競売制度は平成15年改正で廃止され，債権者は担保不動産競売の申立てによって抵当権消滅請求に対抗することが可能となった。

§*384* Ⅲ

第2編　第10章　抵当権

(2)　要　　件

(ア)　通常の担保不動産競売申立て　　抵当権消滅請求に対する対抗手段としての競売申立ては，基本的には通常の担保不動産競売の申立てと同様のものである。

平成15年改正前の増価競売制度においては，まず抵当権者が第三取得者に増価競売請求をしてから競売を申し立てる必要があったが，現行法上はこのような請求は不要である。第三取得者に対しては，担保不動産競売開始決定の送達（民執188条・45条2項）があるためである（谷口＝筒井・解説26頁）。

抵当不動産についてすでに競売手続が開始されている場合にも競売申立ては可能であり，この場合，二重開始決定（民執188条・47条）がなされる。実際，他の抵当権者の競売申立ての取下げによる承諾擬制（→Ⅳ(1)）に備えて，また，抵当権消滅請求を妨げる効力のない一般債権者の申立てによる強制競売や第三取得者が設定した抵当権の実行としての競売が先行している場合にも（→§382Ⅱ），二重開始決定を求める実益がある。

申出額で被担保債務全額の弁済を受けることができる先順位の債権者（→§386Ⅲ(3)）も，競売申立てをなしうる（旧滌除につき大決昭3・8・1民集7巻665頁）。このような債権者も前条の通知の対象である以上，対抗手段をとることも可能と解さざるを得ないが，この場合，第三取得者としては先に当該債権者に被担保債権全額を代位弁済したうえで，申出額を代位取得した債権の弁済に充当すればよいだろう（→§386Ⅲ(2)）。

(イ)　特　殊　性

(a)　被担保債権の履行期到来　　通常の担保不動産競売の申立てと異なり，前条の通知を受けた債権者が担保不動産競売を申し立てる場合には，被担保債権の弁済期到来を要しない（道垣内173頁）。履行期未到来の債権者の担保権も消滅の対象となる以上（→§386Ⅳ(1)(イ)），債権者に対抗手段を与える必要があるからである。この場合も，債務者は当然に被担保債権の期限の利益を喪失するわけではないが，債権者は配当を受領できる（民執188条・88条1項）。担保物の差押えを期限の利益喪失事由とする特約がある場合には，債務者も期限の利益を喪失するものと解される。

したがって，抵当権消滅請求権を有しない者が抵当権消滅請求の通知をした場合など，抵当権消滅請求が無効の場合，申立債権者の債権の履行期が未

第2節　抵当権の効力　　　　　　　　　　　　　　　　　　§*384*　III

到来であれば，利害関係人は競売開始決定に対して執行異議を申し立てることができる（民執182条・11条）と解される（新版注民(9)〔改訂版〕246頁〔生熊長幸〕）。当該債権者は，抵当権消滅請求への対抗手段としてでなければ競売申立てをなしえないからである。これに対して，申立債権者の債権の履行期が到来していれば，申立てが有効であることに問題はない。

　旧滌除制度下の判例は，一部の債権者に対する滌除通知を欠く場合における，通知を受けた債権者による増価競売請求の効力についても，同様に無効な通知を前提とした増価競売請求の効力の問題として処理していた（大決昭6・7・23民集10巻744頁〔→§383 IV〕）。これは，増価競売が債権者にとって重い負担であり（→(1)），履行期が到来している債権者についても，旧387条が滌除通知のない場合に限って抵当権実行を認めていたので（→§383 V），通常の抵当権実行を認めるためにも滌除通知を無効とする必要があったからであろう。しかし現行法上は，旧387条の廃止により履行期の到来した債権者はいつでも抵当権を実行できるようになっており，増価競売も廃止され，債権者の対抗手段である担保不動産競売も特に重い負担とはいえない。加えて，債権者には，他の登記債権者全員に通知が到達したかを確認する手段がない（河野玄逸「抵当権消滅請求」新担保・執行法講座(3)263頁・286頁）。しかも，履行期未到来の債権者は全部の債権者への通知到達後にのみ競売申立てをなしうるとすると，対抗手段としての競売申立ては当該債権者への通知到達から2か月の期間にのみ可能なので（→(b)），後で通知が追完された場合に，競売申立てが可能な期間が短縮されることになる。したがって，抵当権消滅請求通知は通知を受けた債権者との関係では（他の債権者への通知の有無にかかわらず）有効であり，履行期未到来の債権者も，自らが通知を受ければ有効に競売を申し立てることができると解すべきであろう。

　(b)　期間制限　　対抗手段としての競売申立ては，債権者が書面を受領してから2か月以内になされねばならない。平成15年改正前の増価競売のための期間は1か月であったが，債権者に熟慮の時間を与えるために延長された。

　書面の受領後2か月以内に申立てがされないと，みなし承諾が成立する（→II）。みなし承諾が成立した後に債権者が担保不動産競売を申し立てた場合，申立債権者の債権の履行期が到来していなければ，申立ては却下される

〔阿部〕　121

§*384* III　　　　　　　　　　　　　　　　　　第2編　第10章　抵当権

べきである。これに対して，債権の履行期が到来している場合，平成15年改正前は，旧387条の反対解釈として，法定期間内に第三取得者の滌除通知があると，抵当権者はもはや通常の抵当不動産の競売を申し立てることはできない，と解された。しかし旧387条は平成15年改正で廃止され，現在は被担保債権の履行期が到来していれば担保不動産競売申立てはいつでも可能となっている（→§378 I⑶）。したがって，期間徒過後も担保不動産競売の申立ては可能であり，ただ第三取得者は払渡しまたは供託して申立債権者の担保権を消滅させたうえで（386条），担保権不存在を理由として競売開始決定に対し執行異議を申し立てることができる（民執182条・11条）と解すべきである。

　さらに，通知を受けた全員が第三取得者に対して積極的に承諾の意思表示をした場合には，2か月を待たずに代価または供託によって抵当権消滅の効果を生じうるので（386条），全員の積極的承諾後に，承諾の意思表示に反して担保不動産競売を申し立てた場合にも，第三取得者は払渡しまたは供託して申立債権者の担保権を消滅させたうえで，担保権不存在を理由として競売開始決定に対し執行異議を申し立てることができると解すべきである（新版注民(9)〔改訂版〕256頁〔生熊〕は，一般に承諾は第三取得者の同意なしに撤回できない，と説くが，全員の積極的承諾が出揃う前の承諾の撤回を制限する必要はないだろう）。

　⑶　効　　果

　競売申立てがあると，申立ての取下げ等があった場合（→Ⅳ⑴）を除いて，承諾擬制は成立しなくなる。承諾擬制の不成立が確定すると，抵当権消滅請求は全債権者との関係で失効する。

　担保不動産競売自体の効果は，基本的に，通常の追及権行使としての担保不動産競売の効果（→§378 I⑶㈠）と同様である。第三取得者は執行債務者として扱われるが，第三取得者による自己買受けも可能である（390条）。第三取得者が所有権を喪失した場合，第三取得者は売主担保責任に基づいて契約を解除し（平29改正前567条1項），既払いの取得代価は原状回復請求によって，それ以外の取得費用（とりわけ，所有権移転登記〔→§379 III⑷〕の費用）は損害賠償請求（平29改正前567条3項）によって売主に請求することとなる（もっとも，取得費用は信頼利益なので，平成29年改正後の565条，564条が売主担保責任を債務不履行責任化し，これに基づく損害賠償を履行利益賠償としたものと解するならば〔潮見佳男・民法（債権関係）改正法の概要〔2017〕264頁〕，賠償の対象ではなくな

122　〔阿部〕

第2節　抵当権の効力　　　　　　　　　　　　　　　　　　§*384*　IV

るものと解される余地があろう）。担保権消滅請求の対象となる担保権（→§386）のみならず，第三取得者自身が設定した抵当権も原則として売却によりすべて消滅する（民執59条1項）。例外として，最先順位の不動産質権で使用収益しない特約のないものは，質権者自身が競売を申し立てた場合を除き，買受人に引き受けられる（同条4項）。売却代金の配当の際には，第三取得者から抵当権設定を受けた抵当権者も配当を受け，第三取得者の一般債権者も配当要求ができ，剰余金が生じれば第三取得者に交付される（民執188条・84条2項）。

　これに対して，フランス法における増価競売は，それ自体として第三取得者の取得原因を遡及的に解除し設定者から競落人に所有権を移転する効果を認められており，たとえば第三取得者の債権者は増価競売の配当に加わることができず，剰余金は設定者に配当される（新関輝夫「滌除制度の存続の可否」金融担保法講座Ⅰ221頁・228頁・238頁注15）。特にフランス民法典2483条は，第三取得者の支出した契約費用，不動産公示費用および滌除通知等の費用につき，増価競売の競落人に原状回復義務を課し，たとえ滌除に失敗しても第三取得者に原状回復を保証し何ら危険を負担させないことで，第三取得者の登場を促している。これが日本法に継受されなかったのは，費用の負担が買受価格を圧迫し，申出額の1割以上の増価での買受人の登場自体が阻害されることを危惧したものと考えられる。しかしその副作用として，抵当権消滅請求制度があっても，第三取得者は一定の損失のリスクを覚悟して不動産を取得せざるを得ないこととなり，不動産流通促進の作用が減殺される結果となっている（新版注民(9)〔改訂版〕212-213頁〔生熊〕）。

IV　対抗手段不奏功の場合

　本条2号〜4号は，債権者が対抗手段としての担保不動産競売を申し立てたが不奏功に終わった場合に，4号括弧書の例外を除いて，承諾擬制の原則に戻ることを定めたものであり，平成15年改正前の増価競売請求の失効に関する民事執行法旧187条を踏襲するものである（ただし，4号括弧書は平成15年改正で新設された）。

(1)　承諾が擬制される場合

　申立債権者が競売申立てを取り下げると，申立債権者の承諾が擬制される

〔阿部〕　　123

§384 IV

第2編　第10章　抵当権

（本条2号）。取下げに際し，他の登記債権者の承諾は不要であり，競売を望む他の登記債権者はこれに備えて自らも競売を申し立てる必要がある（→Ⅲ(2)(ア)）。平成15年改正前の旧386条は，第三取得者に対する増価競売請求の撤回に他のすべての登記債権者の承諾を要求しており，増価競売申立ての取下げにも他の債権者の同意が必要と解されていた（新版注民(9)474-475頁〔生熊〕）。平成15年改正で旧386条が削除されたのは，債権者が第三取得者に増価競売請求をしながら競売申立てを怠ると増価競売請求が効力を失うので，もともと他の債権者の利益保護は徹底していなかったためとされる（谷口＝筒井・解説25-26頁）。しかし，ボワソナード草案1279条1項は，その場合には当該増価競売請求に基づく他の登記債権者の競売申立てを認めており，旧民法債権担保編267条1項も，他の登記債権者が「増価競売ノ実行ヲ要求スルコトヲ得」と定めていた。旧386条の起草過程でも規律を意識的に変更した形跡は見られないが，この文言が削除されたことで，増価競売請求者のみが増価競売申立てをなしうると解されるようになり，そのために旧386条の意義は当初から減殺されていたのである。

　執行裁判所によって競売申立てが却下された場合も，同様である（本条3号）。

　執行裁判所が競売開始決定後に競売手続を取り消した場合も，原則として同様である（本条4号）。とりわけ，申立債権者への配当が見込めない場合のいわゆる無剰余取消し（民執188条・63条2項）によって承諾が擬制される点が重要である。旧増価競売制度においては，申出額の1割増しの価格が最低売却価額とされ，増価競売請求者が自己買受義務を負うことなどを理由として，無剰余取消しの適用自体を否定するのが通説であった（新版注民(9)〔改訂版〕247頁〔生熊〕）。しかし，現行法においては自己買受義務を伴う増価競売制度が廃止され，本条4号括弧書も無剰余取消しの適用を前提として民事執行法63条3項による取消しを列挙している。他方で，4号括弧書は無剰余取消し自体を承諾擬制の例外とはしていないので，無剰余取消しの場合には承諾擬制が働くものと解される（中野＝下村359頁注3，河野・前掲論文297頁）。その結果，競売手続で無剰余となるような後順位担保権者は，抵当権消滅請求を妨げられないことになり，抵当権消滅請求は，このような無剰余担保権者が合意による抵当権放棄（→§378Ⅱ）に応じない場合にこれを排除する手

第2節　抵当権の効力　　　　　　　　　　　　　　　　　　　　　　§*385*

段として機能しうるのである（河野・前掲論文301頁）。

(2)　抵当権消滅請求が失効する場合

4号括弧書は，競売手続が取り消されたにもかかわらず，申立債権者の承諾擬制が成立しない例外的場合を定めたものである。この場合，抵当権消滅請求は失効し，申立債権者が承諾の意思を明示してももはや効力を生じず，第三取得者は申出額を指定し直して再度抵当権消滅請求をする必要がある（東京地方裁判所民事執行センター「抵当権消滅請求」金法1680号〔2003〕54頁・55頁）。

その一つは，買受可能価額（民執188条・60条3項）以上の価額で不動産の買受けを申し出る者が登場せず，売却の見込みがないために競売手続が取り消された場合（民執188条・63条3項または68条の3第3項）である。この場合，第三取得者は買受可能価額で自ら買い受ければ（390条）その目的を達成しえたので，承諾を擬制する必要はないからである（谷口＝筒井・解説27頁）。

もう一つは，担保執行取消文書（民執183条1項5号）が提出されたために競売手続が取り消された場合（同条2項）である。具体的には，第三者異議に伴う手続停止・処分取消し（民執194条・38条4項）を命じた裁判の謄本が提出された場合などがこれに当たる。この場合，第三取得者が無権利者であると判断されたなど，申立債権者に帰責性がない理由で競売手続が取り消されているからである（谷口＝筒井・解説25頁）。

〔阿部裕介〕

（競売の申立ての通知）

第385条　第383条各号に掲げる書面の送付を受けた債権者は，前条第1号の申立てをするときは，同号の期間内に，債務者及び抵当不動産の譲渡人にその旨を通知しなければならない。

〔対照〕　フ民2480
〔改正〕　本条＝平15法134改正

抵当権消滅請求が成立すると，抵当権の被担保債務の債務者は求償義務を，抵当不動産譲渡人は売主担保責任を，それぞれ第三取得者に対して負担する場合がある（→§386Ⅲ(4)）。このことは，抵当権消滅請求が成立せずに担保不

〔阿部〕　125

§385

動産競売が行われた場合も同様であるが，その内容は変わる（→§378 I (3)(イ)）。そこで本条は，抵当権消滅請求への対抗手段として担保不動産競売を申し立てる債権者（→§384 II）に，384条1号所定の2か月の期間内に，申立てを行う旨を債務者および譲渡人に通知する義務を課すことで，被担保債務の弁済の機会を確保するものである。債務者との関係では，これは債権者に対抗できる事由を主張する機会を保障するものでもあり，求償権者の求償義務者に対する事前通知義務（443条1項・463条1項）と同様の考慮を含むものといえる。もっとも，現行民事執行法上，担保不動産所有者と被担保債務者とが異なる場合には担保不動産競売開始決定は被担保債務者にも送達されねばならない（民執188条・45条2項）と解されているので（中野＝下村382頁），申立債権者の債務者への通知の意義は乏しい。

債務者が自己の不動産に抵当権を設定してこれを第三取得者に譲渡した場合には，債務者と譲渡人は一致する。両者が分離するのは，物上保証人が抵当不動産を第三取得者に譲渡した場合や，第三取得者が抵当不動産を転譲渡した場合である。

申立債権者自身の債務者と抵当権消滅請求の対象となる他の抵当権の被担保債務の債務者とが異なる場合には，いずれに対しても通知が必要であり，不動産が転々譲渡されていた場合にはすべての譲渡人に対する通知が必要である（新版注民(9)〔改訂版〕254-255頁〔生熊長幸〕）。そのような債務者も，第三取得者に対して求償義務を負い，また第三取得者の直接の譲渡人以外の譲渡人も自己の譲受人に対して各自売主担保責任を負うことになるからである。

本条所定の通知を欠く場合も，競売手続は適法かつ有効に進められる（道垣内174頁）。フランスの滌除制度において，フランス民法典2480条が譲渡人および債務者への増価競売の通知を増価競売請求の有効要件の一つとして列挙するのに対して，本条はそれらが前条1号の競売申立ての有効要件でないことを示すために前条から分離して設けられたものである（旧競売法40条は，増価競売請求の有効要件として384条のみを指示することで，本条の通知が有効要件でないことを暗示していた〔梅562-563頁〕）。本条の通知義務に違反した場合の効果は，通知を受けなかった者に対する，不法行為に基づく損害賠償義務（709条）のみである（新版注民(9)〔改訂版〕255頁〔生熊〕，旧滌除につき梅562頁）。

〔阿部裕介〕

第2節　抵当権の効力　　　　　　　　　　　　　　　　　§*386*　I・II

（抵当権消滅請求の効果）

第386条　登記をしたすべての債権者が抵当不動産の第三取得者の提
供した代価又は金額を承諾し，かつ，抵当不動産の第三取得者がそ
の承諾を得た代価又は金額を払い渡し又は供託したときは，抵当権
は，消滅する。

〔対照〕　フ民2481

〔改正〕　本条＝平15法134全部改正

I　本条の趣旨

　登記されたすべての債権者について，みなし承諾（384条）が成立しまた
は承諾の積極的意思表示があった場合，さらにその承諾を得た代価または金
額を第三取得者が払い渡しまたは供託することで，抵当権消滅請求はその効
果を生ずる。平成15年改正前の滌除制度においては，現379条に相当する
旧378条が「……抵当権者ニ提供シテ其承諾ヲ得タル金額ヲ払渡シ又ハ之ヲ
供託シテ抵当権ヲ滌除スルコトヲ得」と定めていたが，平成15年改正で傍
点部分が旧378条から分離され，本条が置かれたものである。

　このように本条が抵当権の消滅を払渡しまたは供託にかからしめているの
は，第三取得者が払渡しまたは供託をしない場合に抵当権者に追及権行使の
余地を残してこれを保護するためである。

II　すべての登記債権者の承諾

　本条は，抵当権消滅のための第一の要件として，すべての登記債権者の承
諾を要求する。この承諾は，みなし承諾（→§384 I）でも足りる。

　これに対して，登記債権者全員の承諾が出揃う前に，抵当権消滅を承諾し
た一部の債権者のみに第三取得者が払渡し（→III）をした場合，承諾が成立
しておらず払渡しも受けていない債権者の担保権が消滅しないことは当然で
ある。しかし，承諾した債権者が受領した払渡しまで無効となるか，承諾し
た債権者の抵当権の消滅（→IV）まで否定されるかが問題となる。これは，
特に第三取得者が一部の債権者に対して抵当権消滅請求の通知（383条）を

〔阿部〕　127

§*386*　II　　　　　　　　　　　　　　　　　　　第2編　第10章　抵当権

怠っていた場合に問題となる。この場合，当該債権者についてはみなし承諾
（384条1号）が成立しないからである。

　旧滌除制度下で，一部の債権者に対する通知を欠く場合には全債権者との
関係で滌除通知が無効となるとした大審院裁判例が存在する（大決昭6・7・23
民集10巻744頁〔→§383 IV〕）。しかし，この決定は滌除通知を受けた債権者に
よる増価競売請求の効力について判断したものであって（→§384 II），滌除
通知を受けた債権者が対抗手段に出ずに払渡しまたは供託を受けた事案にお
いてその効力を判断した先例は存在しない。

　通説（高木222頁，河野玄逸「抵当権消滅請求」新担保・執行法講座(3)263頁・286
頁，新版注民(9)〔改訂版〕237頁〔生熊長幸〕）は，このような場合，通知は通知を
受けた債権者に対しても無効であるとし，その結果として，第三取得者によ
る払渡金の不当利得返還請求を認める。抵当権消滅請求はすべての抵当権を
消滅させるための制度であり，通知を受けた債権者の抵当権のみを消滅させ
ても意味がないからである，という。これに対して，通知を全部無効とする
ことは不注意な第三取得者に救済を与えることになるとして，通知を受けた
債権者との関係では通知を有効とする学説も存在する（道垣内174頁）。フラ
ンス法学においても，第三取得者が一部債権者に滌除通知をしなかった場合，
当該債権者のみが抵当権を保持すると解するのが通説である（新関輝夫「滌除
制度の存続の可否」金融担保法講座 I 221頁・224頁）。

　そもそも，この問題を抵当権消滅請求の通知の有効性の問題として捉える
必要はないだろう。端的に，通知を受けていない債権者にみなし承諾（384
条1号）は成立せず，それゆえにすべての登記債権者が承諾したとはいえな
い，と考え，全員の承諾が出揃っていない時点で承諾した債権者のみに対し
て払渡しが行われた場合における払渡しの効果および抵当権消滅の成否を論
ずれば足りる。

　その上で検討するに，承諾した債権者への払渡しと承諾した債権者の抵当
権消滅の効力を維持しても，全部を無効とする場合に比べて，承諾した債権
者は何ら不利益を被らない。かえって，通説のように払渡しを無効とすると，
債権者は払渡しの有効性を検証する術を持たないので（河野・前掲論文290頁），
特に抵当権設定登記の抹消（→IV(2)）に応じた債権者が登記の回復（不登72
条）につき危険を負担することになる（河野・前掲論文300頁注75）。したがっ

128　〔阿部〕

第2節　抵当権の効力　　　　　　　　　　　　　　　　§*386*　**III**

て，払渡しは有効であり，承諾した債権者の抵当権も有効に消滅し，承諾し
ていない債権者の抵当権のみが存続すると解すべきであろう。

III　第三取得者による払渡しまたは供託

　本条は，抵当権消滅のための第2の要件として，第三取得者による，代価
または申出額（→§383 II）の払渡しまたは供託を要求する。

(1)　第三取得者が払渡しまたは供託をしない場合の効果

　払渡しまたは供託をすべき時期については，明文の規定は存在しないので，
全債権者のみなし承諾成立後，遅滞なくこれを行わない場合における抵当権
消滅請求の効力および抵当権者が取りうる対抗手段が問題となる。旧滌除制
度の下で，大審院大正4年11月2日決定（民録21輯1813頁）は，このような
場合，滌除通知は無効となり，抵当権者は抵当不動産の競売を申し立てるこ
とができ，その後に第三取得者が払渡しまたは供託をしても無効となる，と
判断した。現行法上も同様に解するのが通説である（高木222頁，河野・前掲論
文290-291頁，新版注民(9)〔改訂版〕257頁〔生熊〕）。

　しかし，払渡しまたは供託の期間が明定されていないにもかかわらず，
「遅滞なく」これらをしなければ抵当権消滅請求が無効になると解するのは，
抵当権消滅請求の有効性について予測可能性を害すること甚だしい（実際，
旧滌除制度下の執行実務においてどの程度が経過すると遅滞とされるかについては，2〜3
日から1か月程度まで，論者によって様々であった〔河野・前掲論文291頁〕）。そもそ
も現行法上は，全員のみなし承諾成立後も担保不動産競売の申立ては妨げら
れず，ただ第三取得者は払渡しまたは供託をして抵当権を消滅させたことが
競売開始決定に対する執行異議事由になるにすぎないと解すべきであり，担
保不動産競売申立ての前提として抵当権消滅請求通知の無効を論ずる必要は
ない（→§384 III(2)(イ)(b)）。そうすると，払渡しまたは供託が遅滞した場合の効
果は，第三取得者の執行異議が認められる時期に特別の制限を加えるべきか
という問題に収斂することになる。そこで検討するに，以上の前提のもとで
は，払渡しまたは供託が遅滞したことで抵当権者が被りうる損害は，競売手
続申立ての費用と，承諾またはみなし承諾の時点以後に発生する遅延損害金
が担保されないことによる損害である。これらの損害を抵当権者が負担しな

〔阿部〕　　129

§*386* III

いのであれば，執行異議自体を却下する必要はないと考えられる。したがって，第三取得者は，抵当権者の承諾を得た金額に，登記債権者全員の承諾またはみなし承諾が出揃った翌日以降の遅延損害金および競売申立てにかかった費用相当額を加えて払渡しまたは供託をすることで，抵当権を消滅させ，競売開始決定に対し執行異議をなしうると解すべきである。

さらに通説は，第三取得者が抵当権消滅を機会主義的に中止することを防ぐため，第三取得者の申出額支払義務を認める（道垣内173頁，新版注民(9)〔改訂版〕256頁〔生熊〕，旧滌除につき我妻380頁。中野＝下村357頁は金銭執行による履行強制の可能性を示唆する）。これに対して，旧滌除制度下の大審院昭和14年12月21日判決（民集18巻1596頁）は傍論で，第三取得者が払渡しまたは供託を遅滞しても滌除通知が無効になるだけであって，抵当権者側から払渡しまたは供託を請求することはできないとした。これは，滌除が払渡しまたは供託を停止条件とする法律行為であるという理解に基づくもののように思われる。このような理解によれば，停止条件成就までは抵当権は消滅せず，その代わりに抵当権者が金銭的な請求権を取得することもない。その背景には，抵当権は不動産上の権利であって，抵当権の効果として第三取得者に金銭の支払請求をすることはできない，という思想が存在すると考えられる（19世紀フランスにおける同様の学説につき，阿部・追及権324頁。もっとも，弁済または供託を滌除による抵当権消滅の停止条件として捉える一方で，第三取得者と抵当権者との契約の効力として第三取得者の弁済義務を認める記述も見られる〔同325頁注106〕）。しかし，追及権を優先弁済権の補助として観念すれば，このような支払請求も，優先弁済権を実現するための追及権の一内容として承認しうるだろう。

(2) **払渡しまたは供託の方法**

第三取得者は，代価または申出額を原則として債権者に払い渡さねばならないが，債権者側の受領拒絶，被担保債権の履行期未到来の場合には供託する（494条1項）ことができる（河野・前掲論文292頁）。被担保債権残額等について争いがある場合には，誤弁済（一(3)）を避けるための債権者不確知供託（494条2項）も許される（旧滌除につき梅557頁）。供託した場合，抵当権が消滅するので（一IV），第三取得者は供託物を取り戻すことができない（496条2項）。

第三取得者の弁済義務を否定した昭和14年大判は，他方で第三取得者を

第2節　抵当権の効力　　　　　　　　　　　　　　　　　　　§*386*　III

一種の金銭債務者と同視して，第三取得者が抵当権者に対して有する金銭債
権との対当額での相殺によって払渡しまたは供託に代えることを認めた。通
説も，このような相殺を認める（近江209頁，旧滌除制度下の学説につき新版注民
(9)〔改訂版〕256頁〔生熊〕参照）。

　第三取得者が抵当債権者を兼ねる場合（→§379 III(5)），第三取得者自身が債
権者として受領すべき金額については，払渡しを要求することに何ら実益は
ないので払渡しは不要であり，これを払渡額から控除して計算上被担保債権
の弁済に充当すれば足りると解すべきである。抵当債権を譲り受けた第三取
得者による滌除を有効と判断した大審院昭和8年3月18日判決（民集12巻
987頁）の事案でも，第三取得者は申出額を順位に従い自己の債権の弁済に
充当したと認定されている（河野・前掲論文302頁は，実務上の安全策として，自己
口座宛銀行送金手続の履践を推奨する）。

(3)　被担保債権への弁済充当

「承諾を得た代価又は金額」は被担保債権総額よりも小さく，被担保債権
の全額が弁済されるわけではないのが通常である。したがって，債権の順位
に従った払渡しが必要である（383条3号）。後順位抵当権者に判子代を支払
う等の柔軟さは，抵当権消滅請求では認められない。このことは，抵当権消
滅請求を受けても払渡しを受ける見込みのない無剰余の債権者に対して，い
わゆる判子代の支払を条件に抵当権放棄の合意（→§378 II）に応じるよう誘
導する意味を持つだろう。

　各債権者が弁済を受けることができる利息等の範囲については，375条が
適用される（新版注民(9)〔改訂版〕257頁〔生熊〕）。ただし，全員の承諾が出揃
った翌日以降の遅延損害金については，代価または申出額とは別に第三取得
者から弁済を受けられると解すべきである（→(1)）。

　払渡先を誤った場合，抵当権消滅請求全体を無効とする必要はなく，本来
受けるべき金額を受領しなかった債権者の抵当権だけが消滅せず，第三取得
者は払渡しを追完することで当該抵当権を消滅させられる，と解すれば足り
る。その結果，第三取得者は二重払いの危険を負担するが（旧滌除につき梅
557頁），誤弁済の危険がある場合には供託で対処することができる（→(2)）。

(4)　売主担保責任と求償権

　第三取得者が代価のみを払い渡しまたは供託した場合，売主担保責任や求

〔阿部〕　131

§*386* IV   第2編　第10章　抵当権

償義務は生じないものと解される（→§378 III(3)(ア)）。これに対して，代価を超
える額を指定して（383条3号）払渡しまたは供託した場合，第三取得者には，
差額について，売主に対する担保責任（570条〔平29改正前567条2項〕）の追
及と，債務者に対する求償権行使が可能である（両者の関係については，→§390
IV 2）。求償を得るためには，払渡しに際して債務者への事前通知が必要と
解されるが（443条1項類推），いずれにせよ被担保債務残額を知るためには債
務者への問合せが必要であろう。代価より小さい額を指定して払渡しまたは
供託した場合，差額について売主に対し残代金支払義務を負う。

IV　抵当権の消滅

　払渡しまたは供託がなされると，抵当権消滅請求の効果として，「登記を
したすべての債権者」の抵当権が消滅する。

(1)　**消滅する権利の範囲**

(ア)　**担保権の種類**　　抵当権のみならず，登記された不動産先取特権を含
み（341条），登記された一般先取特権（336条）をも含む（新版注民(9)〔改訂版〕
236頁〔生熊〕）。361条の解釈上，不動産質権をも含むと解するのが通説であ
る（道垣内173頁，新版注民(9)〔改訂版〕236頁〔生熊〕）。577条2項はこのことを
前提として，不動産先取特権または不動産質権の登記がある不動産の買主に
も代金支払拒絶権を認めている。

(イ)　**被担保債権**　　抵当権消滅請求は，被担保債権の履行期が未到来の抵
当権にも及ぶ（新版注民(9)〔改訂版〕234頁〔生熊〕）。これが一種の強制的な期
限前償還であって期限未到来の抵当債権者の利益を害するのではないか，と
いうのが旧滌除に対する批判の一つでもあったが（同212頁〔生熊〕），これは
期限前弁済一般の問題に解消されよう。そして，平成29年改正後の591条
は，消費貸借契約につき，場合によっては損害賠償によって債権者の利益を
図りつつ（3項），債務者の期限前弁済をそれ自体としては認める（2項）とい
う方向を示している。なお，旧滌除制度を批判する学説は，ドイツ法におけ
る滌除制度の不存在に言及してきた（新版注民(9)〔改訂版〕215頁〔生熊〕など）。
しかしその背景として，ドイツ法学ではかつて，日本における通説とは異な
り，有期固定金利の与信における期限前弁済が否定されており，しかも，近

132　　〔阿部〕

第 2 節　抵当権の効力　　　　　　　　　　　　　　§*386*　IV

時はその例外が認められつつあるところ，その一つとして，担保不動産を処
分する必要が債務者に生じた場合が挙げられている（丸山絵美子・中途解除と契
約の内容規制〔2015〕285 頁以下参照）。

　被担保債権につき全部弁済を受けなかった債権者（→Ⅲ(3)）の担保権も，
すべて消滅し，残債務は一般債権として残る。

　(ウ)　発生・登記の時点　　消滅の対象となる担保権は，第三取得者の所有
権移転登記（仮登記に基づく本登記があった場合には，仮登記）までに発生しかつ
登記されたものであることを要する。債権者が本登記ではなく仮登記を有す
る場合をも含む（新版注民(9)〔改訂版〕236 頁〔生熊〕）。本登記も仮登記も有し
ない債権者の担保権は，第三取得者に対抗できない。

　これに対して，所有権移転に関する仮登記を備えた仮登記担保権は消滅し
ない（新版注民(9)〔改訂版〕236 頁〔生熊〕）。抵当権消滅請求制度は，消滅する
権利の権利者に担保不動産の競売によらない優先弁済権の実現を可能にする
ことで担保権を消滅させるものであるところ，仮登記担保権者はそもそも不
動産競売によらない私的実行による債権回収が可能であり，抵当権消滅請求
による消滅に利益を有しないからである。

　第三取得者自身の下で生じた担保権や，第三取得者が被担保債務につき人
的義務を負う担保権（→§380）も存続し，抵当権消滅請求の結果としてその
順位が上昇する。

(2)　抵当権設定登記の抹消

　不動産競売においては抹消登記が嘱託されるのに対して（民執 82 条 1 項 2
号），抵当権消滅請求の場合，抵当権が消滅しても，抵当権設定登記が自動
的に抹消されるわけではない。したがって，第三取得者と債権者とが共同で
抹消登記を申請する必要があり，債権者が抹消登記の申請に協力しない場合，
第三取得者は抹消登記手続請求を行う必要がある（河野・前掲論文 293 頁）。第
三取得者による払渡しまたは供託によって抵当権が消滅して抵当権者が登記
保持権原を喪失し，これによって第三取得者の抹消登記手続請求が可能にな
るので，払渡しまたは供託が抹消登記手続に対して先履行の関係にあると解
される（同 291-292 頁）。

〔阿部裕介〕

§ *387* Ⅰ   第 2 編　第 10 章　抵当権

（抵当権者の同意の登記がある場合の賃貸借の対抗力）

第 387 条①　登記をした賃貸借は，その登記前に登記をした抵当権を
有するすべての者が同意をし，かつ，その同意の登記があるときは，
その同意をした抵当権者に対抗することができる。

②　抵当権者が前項の同意をするには，その抵当権を目的とする権利
を有する者その他抵当権者の同意によって不利益を受けるべき者の
承諾を得なければならない。

〔改正〕　本条 = 平 15 法 134 全部改正

細　目　次

Ⅰ　本条の趣旨 ……………………………134
Ⅱ　要　件 …………………………………137
　(1)　賃貸借の登記 ……………………137
　(2)　賃貸借の登記前に登記したすべて
　　の抵当権者の同意 ………………139
　(3)　抵当権者の同意によって不利益を
　　受ける者の承諾 …………………139
　(4)　抵当権者の同意の登記 ……………140

　(5)　同意の撤回・無効・取消し ………141
Ⅲ　効　果 …………………………………142
　(1)　対抗力の付与 ……………………142
　(2)　対抗取得後の賃借権の内容の変
　　動 …………………………………142
　(3)　対抗取得後の賃借権の譲渡・転
　　貸 …………………………………143
　(4)　対抗取得後の事実的変動 ………144

Ⅰ　本条の趣旨

　本条は，平成 15 年の「担保物権及び民事執行制度の改善のための民法等
の一部を改正する法律」（平成 15 年法律 134 号。以下，「平成 15 年改正法」と呼ぶ）
による民法改正の際に新設された規定であり，平成 15 年改正前 395 条が定
めていた短期賃貸借制度が廃止されたことに対する代替措置の 1 つである。
他の代替措置としては，抵当建物使用者の引渡しの猶予の規定が 395 条に新
設されている。ただし，395 条が，建物の賃借権により建物を使用・収益す
る場合にのみ適用されるのに対して，本条は，建物の賃貸借の場合のみなら
ず，土地の賃貸借の場合にも適用される。

　不動産物権変動の原則からは，不動産賃借権と抵当権の優劣は，いずれが
先にその対抗要件を備えたかによって決まる（177 条）。したがって，抵当権
の設定登記に劣後する賃借権は抵当権の実行によって消滅する。この原則の
例外が，平成 15 年改正前 395 条の定めていた短期賃貸借の制度であり，「第

134　〔松本〕

第2節　抵当権の効力　　　　　　　　　　　　　　　　　§*387*　I

602条ニ定メタル期間ヲ超エサル賃貸借ハ抵当権ノ登記後ニ登記シタルモノ
ト雖モ之ヲ以テ抵当権者ニ対抗スルコトヲ得但其賃貸借カ抵当権者ニ損害ヲ
及ホストキハ裁判所ハ抵当権者ノ請求ニ因リ其解除ヲ命スルコトヲ得」とさ
れていた。平成15年改正によって，この条文が削除された結果，物権変動
の本来の原則に復帰することになるが，本条の新設によって，本条の要件を
満たす賃借権は，賃貸借の登記より前に登記がされた抵当権者に対抗するこ
とができるものとなり，その結果，抵当権が実行されても消滅することなく
存続し，賃借人は買受人に対して従前の内容の賃借権を主張することができ
ることになる。

　先順位にある抵当権者が，後順位の賃借権者に，自己の抵当権に優先する
対抗力を積極的に認める場合としては，当該不動産が賃貸借によって収益を
あげることを予定されたオフィスビルや賃貸マンションのような物件である
場合が典型である。優良な，すなわち賃料をきちんと支払ってくれるテナン
トないし賃借人が入っている物件は，不動産としての担保価値も高くなるか
らである。土地についても，企業が自ら所有することなく，賃借したうえで，
借地上にオフィスビルや工場を建築して長期間使用するような場合に，賃料
額が相当で，延滞のおそれがない優良な賃借人であり，かつ抵当権者も更地
としての価値のみに着目しているのでなければ，抵当権者として同意により
賃貸借に対抗力を与えることにメリットを感じる場合もあろう。

　このような賃貸を予定した収益物件の建築資金の融資をする金融機関は，
賃料収入をあてにして抵当不動産の担保評価をすることが合理的であり，担
保不動産収益執行や賃料債権の物上代位の正当性もこの点に見いだされるべ
きであるとの観点から，賃貸物件の賃借人が短期賃貸借の限度でしか保護さ
れないこと自体が不適切であり，抵当権の実行によって賃貸借関係が買受人
に引き受けられる方向を目指すべきであったとの指摘もある（松岡130頁）。
しかし，賃貸用建物とそれ以外の建物とを区別する客観的基準を設けること
が困難であること，賃貸用建物であることの公示方法を設けることが困難で
あること，賃貸用建物の賃貸借について常に抵当権者に対抗できるものとす
ると執行妨害の手段として濫用されるおそれがあること等の理由から，この
ような考え方は採用されず，抵当権者の同意という主観的な基準が採用され
た（谷口＝筒井・解説43頁注30）。その結果，抵当権設定者の居住用の物件に

〔松本〕　135

§*387* I　　　　　　　　　　　　　　　　　　　　第2編　第10章　抵当権

おいてこのような合意がされることはあまり想定できないとはいえ，当事者間の特殊な事情が存在する場合に，この制度を利用することは排除されていない。

　本条を，先順位の抵当権と後順位の賃借権との順序を抵当権者と賃借人との合意によって変更するものだと解すると，抵当権の順位の変更（374条）と類似していることになる。しかし，先順位の賃借権を後順位の抵当権に劣後させる合意とその登記は許されていないので，仮に順位の変更になぞらえるとしても，一方通行的な変更のみが許されていることになる。むしろ，本条は，平成15年改正前395条の構造にならったものと理解すべきであるとされる。すなわち，同条では，先順位の抵当権に劣後する後順位の賃借権であっても，それが短期のものであれば，先順位の抵当権者に対抗することができるとされていたのが，本条では，それが先順位のすべての抵当権者の同意とその登記があれば，すべての先順位の抵当権者に対抗することができると変更され，対抗力取得のための要件が置き換えられた構造にあるからである（山野目章夫＝小粥太郎「抵当権者の同意により賃貸借に対抗力を与える制度」NBL798号〔2004〕62頁）。

　平成15年改正前にこのような特約がされた場合，同意した抵当権者が買受人になったときには，同意についての契約上の効力を主張することが可能との考え方がありえたにせよ，同意の当事者ではない第三者が買受人となったときには，その効力を主張することはできなかった。この点は，更地に抵当権が設定された後に抵当権者が土地所有者による抵当地上への建物の建築に同意した場合において，土地の抵当権の実行に際して，当該抵当権者が買受人になったときに，法定地上権が成立するかどうかという問題（→§388 Ⅱ1⑴(イ)）とやや共通したところがある。すなわち，ともに，そのような同意に物権的効力が認められるのかという問題と，たとえ認められるとしても公示方法がないという難点があったからである。

　本条については，平成15年改正法では特段の経過措置の規定がない。抵当権の設定および登記，賃借権の設定および登記が平成15年改正法の施行日（平成16年4月1日）前に行われていた場合であっても，抵当権者の同意および同意の登記がその施行日以後に行われていれば，本条が適用される。本条は，抵当権者の同意の意思表示およびその登記に対して創設的に特別の効

第 2 節　抵当権の効力　　　　　　　　　　　　　　§ *387*　II

果を認めた規定であることから，抵当権者の同意が改正法の施行日前に行われ，その登記が施行日以後に行われた場合には，適用されないものと考えられている（山野目＝小粥・前掲論文 67 頁）。

II　要　　件

(1)　賃貸借の登記

　賃貸借の登記（605 条）がされていることが必要である（本条 1 項）。その目的は，この制度は抵当権と賃借権との優劣関係に変動を生じさせるものであるから，同意があったことおよび同意の対象となった賃借権の内容を公示する必要があることに加えて，公示させることによって賃借権の内容についての紛争を防止するとともに，その権利内容を仮装して執行妨害に濫用される可能性を防止することにある（谷口＝筒井・解説 41 頁）。対抗できる賃借権の具体的内容は，不動産登記法に基づく賃借権の登記によって定まる。賃借権の内容に関する主な登記事項は，賃料，存続期間または賃料の支払時期の定め，賃借権の譲渡または賃借物の転貸を許す旨の定め，敷金等である（不登 81 条）。

　土地の賃貸借の場合の地上建物の所有権の登記（借地借家 10 条 1 項）や建物の賃貸借の場合の建物の引渡し（借地借家 31 条）などの，賃貸借の登記以外の第三者対抗要件を備えていても，本条の要件を満たさない。平成 15 年改正前 395 条においては，賃借人がこれらの借地借家法上の対抗要件を備えている場合についても，同条の適用が認められていたが，本条では，単に賃貸借の登記を要求しているだけではなく，抵当権者の同意の登記の前提としても賃貸借の登記を要求していることから，登記を欠く賃貸借に対抗力を認めることを本条はおよそ想定していないとされる（山野目＝小粥・前掲論文 62 頁）。

　そうだとすると，オフィスビルや賃貸マンションで，建物全体の登記がされているのみで，建物の区分ごとの登記がされていない場合には，本条の適用が困難になる。しかし，その場合でも，不動産事業を営む者を当該建物全体の原賃借人とし，個別の区画を転貸する形（サブリース）をとって，原賃貸借に抵当権者が同意することで，本条を活用することが期待されている（谷口＝筒井・解説 43 頁注 32，山野目＝小粥・前掲論文 63 頁）。この場合，転貸借の登

〔松本〕　137

記がなくても，原賃貸借の登記がされており，その内容として転貸借の特約の登記もされていれば，転借人は原賃貸借契約を基礎として本条の保護を受けることができると解されている（山野目＝小粥・前掲論文66頁注195，松岡129頁）。

もっとも，賃借人には，賃貸借の登記をする旨の特約を賃貸人と交わしていない限り，賃貸人に対する登記請求権が認められていない（大判大10・7・11民録27輯1378頁）ことから，賃借人が本条による保護を受けるためには，賃貸人との間で賃貸借の登記についての合意をまず行っておく必要がある。

賃貸借契約において敷金が交付されている場合には，賃貸不動産の譲渡に伴って敷金返還債務は譲受人に承継される（最判昭44・7・17民集23巻8号1610頁，平29改正605条の2）。本条の新設にあたって，本来であれば抵当権に劣後する賃借権を引き受けることとなる買受人にとって，敷金返還債務を承継することになるか否かは重要であることから，不動産競売における買受人が引き受けるべき賃借権の内容を明確にし，また，高額の敷金の差し入れの仮装等による執行妨害を排除するため，同じ平成15年改正で，不動産登記法において，賃借権の登記または賃借物の転貸の登記について，敷金を登記事項に加える改正がされた（当時の旧不登132条1項，平成16年制定の現行不登81条4号）。この結果，登記のある賃貸借の賃借人は，優先する抵当権者の同意の登記がある場合には，抵当不動産の買受人に対して，賃貸借を対抗することができるが，敷金の登記をしていないときは，敷金返還請求権を主張できないこととなる。

なお，旧不動産登記法の平成15年改正前においては，賃借権の登記について，敷金の特約は登記事項とされておらず，登記が不可能であったが，敷金の特約について賃借人は新たな所有者等に対抗することができた。このような旧不動産登記法の平成15年改正前における賃借人の立場を保護するために，平成15年改正法の施行日前に登記された賃貸借の敷金については，改正された旧不動産登記法132条1項の規定は適用されない（平15法134附則7条）。したがって，平成15年改正法の施行日前に賃貸借の登記がされている場合において，先順位の抵当権者の同意の登記がされているならば，敷金の登記が未了であっても，抵当不動産の買受人に対して，賃借権とともに敷金返還請求権も主張することができる。他方，賃貸借の登記以外の方法で

第2節　抵当権の効力　　　　　　　　　　　　　　　　§*387*　Ⅱ

対抗力を備えた賃貸借については，敷金返還請求権を賃貸不動産の譲受人等の第三者に主張することができるものの，そもそも賃貸借の登記がないことから，本条の適用による保護を受けることはできない。

(2)　**賃貸借の登記前に登記したすべての抵当権者の同意**

一般に，賃貸不動産に複数の抵当権が設定されている場合において，賃借権に優先する抵当権が存在しているときは，賃借権に劣後する抵当権の実行としての競売が行われたとしても，賃借権に優先する抵当権も消滅することとなり，その結果，優先する抵当権者に対抗することのできない賃借権は効力を失う（民執188条・59条1項2項）。さらに，不動産の強制競売の申立てに基づく差押えの登記の前に締結され，地上建物の登記という対抗要件を備えていた賃借権であっても，これに優先する抵当権に対抗することができない場合には，売却により抵当権とともに消滅するとされている（最判昭46・3・30判タ261号198頁）。

したがって，賃貸借の登記より前に登記された抵当権が複数ある場合において，仮にそのうちの一部の抵当権者のみから同意を得てその抵当権者との関係では賃借権が優先することとなったとしても，賃貸借の目的たる不動産について競売がされると，賃貸借はまったく対抗できなくなる。そのため，賃貸借の登記前に登記したすべての抵当権者の同意が必要とされている（本条1項）。

なお，本条の抵当権者の同意の性質は，後順位の賃借権に対抗することができる利益を放棄するという内容の単独行為であり，同意の相手方は当該賃貸借の賃借人であると解されている（山野目＝小粥・前掲論文63頁，道垣内181頁）。このような放棄によって利益を受けるだけの賃借人の承諾は不要である。また，抵当権設定者にとっては，抵当不動産の買受価額に影響が生じる可能性はあるものの，抵当権設定者の法的権利義務に影響を与えるものでないことから，抵当権設定者の同意ないし承諾も不要である。

(3)　**抵当権者の同意によって不利益を受ける者の承諾**

抵当権が転抵当に供されている場合の転抵当権者のように，賃借権に優先する抵当権が抵当権者の同意によって賃借権に劣後することになると不利益を受けることとなる者が存在する場合には，その者の承諾が必要である（本条2項）。これは，抵当権の順位の変更に関する374条1項ただし書と同じ趣

〔松本〕　139

§387 II
第2編　第10章　抵当権

旨の利害関係人保護のための規定である。

　不利益を受ける者として承諾が必要な者には，転抵当権者のほか，抵当権の譲渡を受けた者，抵当権の被担保債権の質権者，差押債権者等が含まれる。

(4)　抵当権者の同意の登記

　本条は，「その同意の登記があるときは，その同意をした抵当権者に対抗することができる」としているが，同意の登記は，対抗要件としての登記ではなく，先に登記のされた抵当権者に対する対抗力が与えられるための効力要件の1つである（道垣内181頁）。この点は，抵当権の順位の変更が，「その登記をしなければ，その効力を生じない」（374条2項）とされているのと同様である。

　賃貸借の登記はされているが，抵当権者の同意の登記が未了の場合に，同意の登記はいつまでに行っておく必要があるかについては，競売開始決定に基づく差押え時までに行わなければならないとの説（新版注民(9)〔改訂版〕262頁〔占部洋之〕）と民事執行手続において売却されるまでは登記できるとの説（山野目＝小粥・前掲論文63頁）がある。同意の時期や同意の登記の時期に特段の限定が付されていないこと，および，同意が売却条件に適切に反映されるならば，抵当権者のみならず，配当要求債権者にとっても利益になる可能性があることから，後者のほうが適切と思われる。本条による抵当権者の同意は，法定売却条件（民執59条1項2項）に関するものではあるが，法定売却条件と異なる内容を定める合意（民執188条・59条5項）をする場合に求められる「売却基準価額が定められる時まで」が解釈上参考となる（基本法コメ286頁〔長谷川貞之〕）。

　平成15年改正によって，当時の旧不動産登記法も若干の改正がされたが，抵当権者の同意の登記の手続に関する規定は特に新設されていない。その理由は，この手続が一般則である共同申請の原則に従って行われるものであって，何ら特別の手当てを要しないからであるとされている（山野目＝小粥・前掲論文63頁）。すなわち，同意の登記は，抵当権設定登記および賃借権設定登記が行われていることを前提に，先順位のすべての抵当権者を登記義務者とし，賃借人を登記権利者とする独立の登記として，「四番賃借権の壱番抵当権，二番抵当権，三番根抵当権に優先する同意の登記」のように行われる（平15・12・25民二3817号民事局長通達）。

140　〔松本〕

第2節　抵当権の効力　　　　　　　　　　　　　　§*387*　II

(5)　同意の撤回・無効・取消し

　同意は相手方のある単独行為であるが，それによって賃借人の地位に順位変更に準じた形成作用が生じていることから，抵当権者が自由に撤回したり，解除したりすることはできない（道垣内ほか72頁〔小林明彦〕）。ただし，抵当権者の同意に際して，賃借人が賃料支払能力を誤信させたような場合に，同意の効力を詐欺や錯誤を理由に争うことは可能である。

　では，賃料をきちんと支払ってくれる優良な賃借人であると考えて優先する抵当権者が同意を与えたものの，その後，賃借人の経済状況に変化が生じたなどの理由で，賃料の不払いが生じた場合に，抵当権者として同意の撤回は可能か。この点については，民法には特段の規定は置かれておらず，事情変更の原則が適用されるかどうかの問題となる。

　このような一般条項に依拠しなくても，あらかじめ同意にあたり，賃借人の賃料不払いや賃借権の譲渡・転貸を解除条件として付しておくことは可能であり，解除条件が成就した場合には，抵当権者は賃借人に対し同意の登記の抹消を請求することができると解されている（谷口＝筒井・解説44頁注35，道垣内ほか72頁〔小林〕，道垣内181頁）。

　ただし，優先する複数の抵当権者が同意をしている場合において，1人の抵当権者の同意の解除条件のみが成就したときの同意の効力については争いがある。そのすべての抵当権者について解除条件が成就し，同意の登記が抹消されなければ，同意を与えられた賃貸借の対抗力を否定することができないとの説（谷口＝筒井・解説44頁注35，基本法コメ286頁〔長谷川〕）と，すべての抵当権者の合同行為として同意が与えられているわけではないので，各抵当権者ごとに同意の効力は喪失し，複数の抵当権者の1人についてでも同意の効力が失われれば，優先するすべての抵当権者の同意という要件を満たさなくなる結果，賃貸借の対抗力は否定されるに至るとの説（道垣内182頁）がある。優先する複数の抵当権者が存在する場合に，同意するかどうかにとどまらず，同意に解除条件を付すかどうか，その条件の内容をどのようなものとするかも各抵当権者の自由であることから，後者の説が適切であろう。

〔松本〕　　141

III 効 果

(1) 対抗力の付与

本条の要件を満たす賃貸借は，優先する抵当権者に対抗することができるものとなり，抵当不動産が競売により売却された場合には，買受人に引き受けられ，買受人を賃貸人として従前の内容で存続することとなる。前述（一II(1)）のように，対抗できる賃借権の具体的内容を示す主な登記事項は，賃料，存続期間または賃料の支払時期の定め，賃借権の譲渡または賃借物の転貸を許す旨の定め，敷金等である（不登81条）。

同意により対抗力が付与されることから，優先する土地の抵当権者が土地の賃貸借に同意を与え，その同意の登記がされた場合には，抵当権者は，土地の賃借人が抵当地上に所有する建物について一括競売を行うことはできない（389条2項）。

(2) 対抗力取得後の賃借権の内容の変動

本条によって賃貸借が対抗力を取得した後に，登記された賃借権の内容に変動が生じた場合に，その変動内容をも対抗できるようにするためには，賃借権の内容の変更の付記登記を行う必要があり（不登4条2項），賃借権の変更の付記登記がされると，その内容に買受人も拘束される。

賃借権の内容の変更の付記登記を行うには，登記上の利害関係を有する第三者の承諾書を添付することが必要であり（不登66条），同意を与えた抵当権者は，利害関係を有する第三者に該当する。しかし，このような抵当権者に承諾義務が当然にあるわけではない。

そこで，変更された賃借権の内容が付記登記によって公示されていなくても，買受人が引き受けなければならないことがあるかが問題となる。この点では，抵当権者は時の経過による合理的な変動は当然に予想すべきであるとの考え方も有力である（道垣内182頁）。

まず，期間については，できる限り権利関係を登記簿に反映させることによって簡明な処理を企図する本条の趣旨から，変更登記が先順位の抵当権者の承諾書を添付して付記登記としてされていない限り，買受人は変更前の法律関係を主張することができるとの説（山野目章夫＝小粥太郎「抵当権者の同意により賃貸借に対抗力を与える制度」NBL798号〔2004〕65頁注194，山野目309頁）と，

第2節　抵当権の効力　　　　　　　　　　　　　　　　§387　III

借地借家法に従った法定更新がありうることは，抵当権者にとって予想でき
ることであるから，登記された賃借権の存続期間の経過後であっても，借地
借家法に基づく法定更新後の賃借権を抵当権者に対抗できるとの説（道垣内
ほか69頁〔小林明彦〕，道垣内182頁）がある。

　次に，賃料については，増額された場合は，買受人は増額された賃料請求
権を賃貸人として承継できるので，売却価額の上昇の可能性があり，抵当権
者にとっては利益にこそなれ，不利益とはならない。他方，賃料減額の場合
は，原則として買受人には対抗できないが，賃借人から買受人＝新賃貸人に
対して，地代等増減額請求権（借地借家11条）や借賃増減額請求権（借地借家
32条）を行使することによる調整に委ねるべきであるとの考え方（道垣内183
頁）もある。

　敷金の追加差入れによる増額については，買受人には対抗できない（山野
目310頁）。

(3)　対抗力取得後の賃借権の譲渡・転貸

　本条によって賃貸借が対抗力を取得した後に，賃借権が譲渡されたり，転
貸借が行われたりするなど，賃借権の帰属に変動が生じた場合はどうなるか。

　賃貸人の承諾を得て賃借権の譲渡・転貸がされた場合には，次のような2
つの基本的な考え方がある（山野目＝小粥・前掲論文65頁注194）。第1の考え
方は，抵当権者は賃借人の個性に着目して賃貸借に同意を与えるものである
から，賃貸人の承諾を得て賃借権の譲渡・転貸がされた場合には，それにつ
いて抵当権者の承諾を得てその付記登記をしなければ，譲渡・転貸後の賃貸
借は抵当権者に対抗することができないとするものである。第2の考え方は，
譲渡・転貸がされたとしても，それは同意付きの賃貸借であることに変わり
はないから，賃貸借の登記に譲渡・転貸を許容する特約がある旨の記載がな
かった場合であっても，譲渡・転貸をもって抵当権者に対抗することができ
るとするものである。

　この2つの考え方をベースに，次のようないくつかの説が提示されている。

　まず，譲渡の場合について，同意された賃貸借が賃借権の譲渡を許容する
ものであり，その旨の登記がされている場合を除き，譲受人を賃借人とする
賃借権には対抗力はなく，抵当権者が賃借権の譲受人に対しても対抗力を認
めようとするなら，新たな同意の登記が必要であるとの説（道垣内ほか71頁

〔松本〕　143

§*387* Ⅲ　　　　　　　　　　　　　　　　　第2編　第10章　抵当権

〔小林〕，道垣内183頁，基本法コメ289頁〔長谷川貞之〕，新版注民(9)〔改訂版〕264頁
〔占部洋之〕）と，上記の第1の考え方は，同意により対抗力を付与された賃
借権の内容は賃借人がだれであるかを含めて登記によって決まるとする点で，
これまでの民法理論の考え方とは異質であることから，上記の第2の考え方
が素直であるとの説（山野目＝小粥・前掲論文65頁注194）がある。

　次に，転貸の場合について，同意された賃貸借が転貸を許容するものであ
り，その旨の登記がされている場合を除き，賃貸人が転貸に同意を与えてい
ても，買受人はそれに拘束されず，無断転貸を理由に賃貸借契約の解除がで
きるとの説（道垣内183頁）と，転貸の場合は賃借人の変更を伴わないから，
抵当権者の同意後に賃貸人の承諾を得て転貸が行われたときは，抵当権者は
転貸について法律上の利害関係を有するものではないので，その旨の付記登
記の申請に抵当権者の承諾書の添付の必要はなく，賃貸借の登記に転貸を許
容する旨の記載がなくても，転借人は転貸を買受人に対抗できるとの説（新
版注民(9)〔改訂版〕265頁〔占部〕）がある。

(4)　対抗力取得後の事実的変動

　抵当権者が同意を与えた時点では優良かつ健全な企業であった賃借人の経
営権が暴力団関係者に移り，建物が組事務所として用いられているというよ
うな場合は，上記のような賃借権の法律上の変動とは異なった事実上の変動
ということになる。このような事態が生じた場合について，抵当権に基づく
妨害排除請求や担保不動産競売の開始決定前の保全処分（民執187条）とは別
に，賃借人の不動産利用権限そのものを否定する方策として，賃借人による
賃貸人との信頼関係破壊を理由とした賃貸借契約の解除権を，抵当権に基づ
く担保価値維持請求権を保全するために代位行使することや，抵当権に基づ
く担保不動産収益執行を開始せしめ，そこで選任された管理人が賃貸人のた
めにする趣旨で賃貸借契約を解除することが提案されている（山野目310頁）。

〔松本恒雄〕

第2節　抵当権の効力　　　　　　　　　　　　　　　　　　　　　§*388*

（法定地上権）

第388条　土地及びその上に存する建物が同一の所有者に属する場合
　　において，その土地又は建物につき抵当権が設定され，その実行に
　　より所有者を異にするに至ったときは，その建物について，地上権
　　が設定されたものとみなす。この場合において，地代は，当事者の
　　請求により，裁判所が定める。

　　〔改正〕　平16法147改正

細　目　次

I　法定地上権制度 …………………………146
　(1)　本条の趣旨 …………………………146
　(2)　本条の起草過程——法典調査会で
　　の議論の経緯 ………………………147
　(3)　本条および389条の趣旨をめぐる
　　学説の展開 …………………………154
　(4)　法定地上権の成否と関係者の利害
　　状況 …………………………………155
　(5)　本条をめぐる立法論 ………………157
II　法定地上権の成立要件 …………………159
　1　抵当権設定時点での建物の存在………159
　(1)　更地への抵当権設定 ………………159
　(2)　第2順位土地抵当権の設定時点で
　　の建物の存在 ………………………163
　(3)　担保不動産競売時点での建物の滅
　　失 ……………………………………164
　(4)　抵当権設定後の建物の再築 ………165
　(5)　土地建物共同抵当と全体価値考慮
　　説 ……………………………………168
　(6)　土地建物共同抵当と更地抵当の統
　　一的処理の可能性 …………………171
　2　土地と建物の所有権の同一人への帰
　　属 ……………………………………173
　(1)　抵当権設定時点での同一人への帰
　　属 ……………………………………173
　(2)　抵当権設定時点での別人への帰属
　　………………………………………179
　(3)　第2順位抵当権の設定時点での同
　　一人への帰属 ………………………182
　(4)　抵当権設定時点での仮登記・差押
　　登記・仮差押登記 …………………185
　(5)　土地と建物の一方または双方の共
　　有 ……………………………………188

　3　土地と建物の一方または双方の上へ
　　の抵当権設定 ………………………194
　4　競売による土地と建物の別人への帰
　　属 ……………………………………194
　(1)　担保不動産競売 ……………………194
　(2)　強制競売および公売 ………………194
　(3)　仮登記担保権の実行 ………………195
　5　法定地上権に関する特約の効力………195
　(1)　法定地上権を成立させる特約 ……195
　(2)　法定地上権を排除する特約 ………196
III　法定地上権の内容 ………………………198
　(1)　法定地上権の成立時期 ……………198
　(2)　法定地上権の内容 …………………198
　(3)　建物所有権移転に伴う法定地上権
　　の移転 ………………………………199
　(4)　成立後の法定地上権の対抗 ………200
　(5)　法定地上権の処分と消滅 …………203
IV　競売手続と法定地上権 …………………203
　(1)　現況調査 ……………………………203
　(2)　評　価 ……………………………204
　(3)　物件明細書 …………………………204
　(4)　不服ある当事者による執行異議の
　　申立て ………………………………205
　(5)　土地建物一括売却の場合の配当の
　　割付け ………………………………205
V　民法388条以外による法定土地利用権
　　………………………………………206
　(1)　種々の法定土地利用権 ……………206
　(2)　滞納処分による公売と法定地上権
　　………………………………………207
　(3)　強制執行による競売と法定地上権
　　………………………………………207
　(4)　仮登記担保権の実行と法定賃借権

〔松本〕　　145

§388 I

第2編　第10章　抵当権

....209

(5)　不動産質権・先取特権 211

(6)　財団抵当 211

(7)　立木抵当 212

(8)　譲渡担保 212

I　法定地上権制度

(1)　本条の趣旨

本条は，土地とその地上の建物を同一人が所有している場合において，土地または建物に抵当権が設定され，後にそれが実行されて，土地と建物が別人に帰属することになったときに，建物所有者のために地上権が設定されたものとみなす，とする。この地上権を法定地上権という。

日本民法は，所有権の客体として土地とその地上にある建物とを別個の不動産として扱う。他人の土地をその所有者の承諾なしに占有することは許されないから，土地と建物とが同一所有者に属していない場合は，建物所有者のために何らかの土地利用権の合意がされているはずである。他方，土地と建物が同一所有者に属している場合には，利用権の有無は問題とならず，たとえ利用権を設定しようとしても，混同の法理によって法律上不可能である。そのため，土地とその地上の建物を同一人が所有している場合に，土地または建物に抵当権が設定され，後にそれが実行されて，土地と建物が別人に帰属することになった場合に，土地所有者と建物所有者の間で土地利用に関する合意が成立しないと，建物所有者は建物の収去を余儀なくされることとなる。そこで，本条は，そのような場合に，建物について地上権が設定されたものとみなして，建物の所有者を保護するものである。

平成16年改正による民法の現代語化の前の本条は，「土地及ヒ其上ニ存スル建物カ同一ノ所有者ニ属スル場合ニ於テ其土地又ハ建物ノミヲ抵当ト為シタルトキハ抵当権設定者ハ競売ノ場合ニ付キ地上権ヲ設定シタルモノト看做ス但地代ハ当事者ノ請求ニ因リ裁判所之ヲ定ム」となっていた。現行条文と比べると，現代語化前の条文が，「土地又ハ建物ノミ」と「ノミ」を強調していたのに対して，現行条文では「のみ」は削除されている。これは，現代語化前の本条に関する判例が，土地とその地上建物の双方に抵当権が設定されており，そのいずれか，あるいは双方の担保不動産競売が実行されて，土地と建物の所有者が別人となった場合においても，法定地上権の成立を認め

146　〔松本〕

第2節　抵当権の効力　　　　　　　　　　　　　　　§*388*　I

ていたことを明文化したものである（大判明 38・9・22 民録 11 輯 1197 頁，大判明
43・3・23 民録 16 輯 233 頁，最判昭 37・9・4 民集 16 巻 9 号 1854 頁）。

　さらに，現代語化の意義を，「抵当権設定者ハ」が削除されたことにも見
いだす学説がある（加賀山・講義 423 頁以下）。現代語化前は，土地のみに抵当
権が設定された場合についても，抵当権設定者が地上権を設定したとみなさ
れる書きぶりになっているが，競売において地上権を設定したとみなされる
のは土地買受人等であるから，そのままでは適用できないはずだったという
指摘である。法定地上権を潜在的な自己借地権の顕在化で説明しようとする
一部の学説（我妻 350 頁，鈴木・借地 250 頁）は，現代語化前の文言に適合的で
あったといえる。

　本条の定める法定地上権に関する規定は，明治期の法典調査会における民
法の起草過程において新設された日本民法に特有の規定であり，その母法で
あるドイツ法やフランス法からの継受規定ではない。したがって，対応する
条文はボアソナードの手による旧民法には存在しない。その意味で，本条の
意義と射程を見きわめるためには，その起草過程における議論を確認してお
くことが重要である（起草過程の議論については，我妻・判コメ 429 頁以下〔清水誠〕，
高木・金融取引 220 頁以下，松本恒雄「抵当権と利用権との調整についての一考察(1)」
民商 80 巻 3 号〔1979〕283 頁，同「民法三八八条（法定地上権）」百年 II 645 頁，田中克
志「土地・建物の一体化と法定地上権・一括競売制度」静岡大学法政研究 2 巻 3 = 4 号
〔1998〕1 頁等参照）。また，平成 15 年改正（担保・執行法改正）前 389 条も，平
成 16 年改正前 388 条の法典調査会における新設の議論の中から産み出され
た条文であるため，その起草過程についても見ておくことが，388 条の解釈
にあたっても有益である。

(2)　本条の起草過程——法典調査会での議論の経緯

(ア)　原案 365 条（平成 15 年改正前 370 条）　　梅謙次郎博士が 1894（明治
27）年 12 月 4 日の第 50 回法典調査会に提出した原案には，平成 16 年改正
前 388 条および平成 15 年改正前 389 条に対応する規定は含まれていなかっ
た。それは，平成 15 年改正前 370 条に対応する原案 365 条が，抵当権の効
力の及ぶ範囲として，「抵当権ハ其目的タル不動産ニ附加シテ之ト一体ヲ成
シタル物ニ及フ但設定行為ニ別段ノ定アルトキ及ヒ第 419 条ノ規定ニ依リ債
権者カ債務者ノ行為ヲ取消スコトヲ得ル場合ハ此限ニ在ラス」（法典調査会民

〔松本〕　　147

法議事16巻8丁裏。条文中の419条は平成29年改正前424条）としており，梅博士自身は，「土地ヲ離レテ其家カ存在シテ居ルノテアリマセヌ詰リ喰付テ一緒ニ成ツテ居ルト云フ意味テアリマス」（同11丁裏〔梅〕）と述べていることから明らかなように，建物は土地の付加一体物にあたると考えていたことによる。もっとも，土地を借りている人が建物を建築した場合には別であることは，当然とされていた（同15丁裏〔梅〕）。

したがって，土地の抵当権設定時点で，抵当権設定者自身が所有する建物が土地上に存在する場合には，本来は抵当権設定契約の意思解釈の問題であるが，「設定行為ニ別段ノ定」をせずに「黙ツテ居レハ寧ロ家モ附ク」（同12丁表〔梅〕）から建物付きの土地として抵当に入れられたことになり，また，抵当権設定後に設定者が建物を建築した場合にも，「土地ト建物ト同時ニ売ル売ツテ其内テ土地ノ価カ幾ラ家ノ価カ幾ラト云フコトヲ競売ノ場合ニ極メル然ウシテ土地ノ価ハ抵当債権者ニ与ヘ家ノ価ハ他ノ債権者ニ与ヘル」（同21丁裏〔梅〕）ということになると考えられていた。このことから，原案365条には，抵当権設定の際の目的物についての意思解釈の補充規定の趣旨と，抵当権設定後に建築された建物についても抵当権の効力のうちの競売権のみを及ぼすとの趣旨という二つの異なった機能が含まれていたことになる。このうち後者の機能は平成15年改正前389条を経て現行389条につながっている。

原案に対する批判は主として前者の機能に集中した。第1に，日本の慣習では土地と建物とは別であり，土地を抵当に入れる場合には建物は含まれないこと（同12丁表〔横田国臣〕，同14丁裏〔高木豊三〕，同25丁裏〔土方寧〕，同33丁裏〔尾崎三良〕，同36丁表〔長谷川喬〕），第2に，日本では土地と建物につき別々に登記簿が存在すること（同28丁表〔田部芳〕）を理由に，原案の修正が求められた。なお，登記簿については，梅博士は，将来の一元化を念頭においていたようである（同30丁表〔梅〕）。

また，後者の機能についても，土地を抵当に入れた後に建物が建築された場合，その建物については抵当権の登記がされていないにもかかわらず，土地の抵当権の効力が及ぶということになると，第三者との関係で問題が生じるとの指摘もされている（同28丁表〔田部〕）。これは，平成15年改正前389条についても妥当する指摘である。

148　〔松本〕

第2節　抵当権の効力　　　　　　　　　　　　　　　　　　§*388*　Ⅰ

　議論の結果，原案を修正すべきとの意見が過半数を占めた。そのため，次の同年12月7日の第51回法典調査会において，原案に「抵当地ノ上ニ存スル家屋ヲ除ク外」という言葉を挿入した修正案が梅博士から提出された（同126丁表）。議事過程でこの修正案中の「家屋」を「建物」に改める修正案が提出され（同130丁裏〔長谷川〕），採択されて平成29年改正前370条となる。

　（イ）　原案87条（平成29年改正前86条）　ここで考慮に入れておかなければならないのは，平成29年改正前86条の起草過程との関係である。このことは，土地と建物とが別個の不動産であるとの観念の由来を解明することにもつながる。

　平成29年改正前86条の前身たる原案87条は富井政章博士の起草によって1894年2月23日の第20回民法主査会に提出されている。原案87条は，「土地，建物及ヒ其定著物ハ之ヲ不動産トス　此他ノ物ハ総テ之ヲ動産トス」（法典調査会主査会議事6巻12丁裏）としており，一見すると土地と建物とは別個の不動産であるかのような感を与えるが，「建物ハ土地ニ定著シテ之ト一体ヲ成ス物ナルヲ以テ之ヲ不動産トセリ」（同13丁裏）との理由が付されていることから，建物の不動産性を直接に規定したにとどまり，独立性まで認めた規定ではないことがわかる。

　もっとも，この点については別段の議論がなく，同年3月16日の第13回民法総会をも通過した（法典調査会総会議事5巻15丁表以下）。

　ところが，前述の原案365条の修正後の同年12月21日に開かれた第2回民法整理会において，富井博士は，原案から「建物」という言葉を削って「土地及ヒ其定着物ハ之ヲ不動産トス」（整理会原案88条1項）との提案を行った（法典調査会整理会議事1巻59丁表）。その理由は，「建物ガ土地ノ定著物デアルト云フコトハ言ハズトモ分リ切ツタコト」（同59丁表〔富井〕）であるからである。

　この点についても何の議論もされていないが，次に富井博士が整理会原案89条として，「土地ノ定着物ハ別段ノ定アル場合ヲ除ク外其土地ノ一部ヲ成スモノトス」（同67丁表）との新提案を行ったのに対して，がぜん議論が沸騰した。提案理由として，富井博士は，「唯ダ土地ト言ヘバ其土地ノ上ニ在ル建物モ含ムト云フコトハ疑ヒナイコトデアルトハ思ヒマスケレドモ過日抵当権ノ所ノ条ヲ議スルトキニ当ツテ日本ニ於テハ大ニ疑ヒガアルト云フコト

〔松本〕　149

§388 Ⅰ

第2編　第10章　抵当権

デアリマシタ吾々モ成程多少疑ヒガアラウト思ツテ此条ヲ置キマシタ……少ナクモ抵当権ニ付テハ建物ガ土地ノ一部ヲ成スト云フ主義ヲ離シテ居ル併シ他ノ一般ノ場合ニ付テハ少ナクトモ我邦ニ於テハ疑ヒノアルコトデアリマス夫故ニ此条ヲ置イタノデアリマス」（同67丁表-裏〔富井〕）と述べている。すなわち，民法典の起草者グループとしては，抵当権のところでは譲歩したものの，あくまで土地と建物は一体として一物をなすとの原則を守ろうとしていたことを示している。

しかし，この提案に対して，抵当権の場合と同様に，日本の慣習に反するとの意見が出され（同76丁表〔長谷川〕），「抵当ニ付テ土地ト家トガ離レテ居ルノニ何故ニ所有ガ離レテ居ラヌカ」（同77丁裏〔横田〕）との批判がされた。富井博士は，抵当権の場合は特別規定であり，その反対解釈から一般原則としては建物は土地の一部をなすものとなると述べて抵抗したが（同78丁表〔富井〕），結局，多数決により削除されることになった。

(ウ)　原案242条（現行242条）　土地と地上建物との関係については，現行242条の不動産付合の問題も関連してくるが，格別の議論もなく富井博士の原案が通って現行法になっている（瀬川信久・不動産附合法の研究〔1981〕39頁以下参照）。原案242条が提出されたのは，1894年9月14日の第28回法典調査会であり，同年12月に入ってからの抵当権および所有権の対象として，土地と建物とを別々に扱うとの原則の転換前であるから，富井博士としては，当然，建物は土地に付合して一物になると考えていたものと思われる。

(エ)　修正案384条（第1次案）　原案365条の修正にともない，抵当権実行による土地と建物の関係を調整するために，梅博士は，1894年12月14日の第53回法典調査会において，「抵当権ノ目的タル土地ノ上ニ抵当権設定者ノ所有ニ係ル家屋アルトキハ抵当権者ハ土地ト共ニ之ヲ競売スルコトヲ得但其優先権ハ土地ノ代価ニ付テノミ之ヲ行フコトヲ得」（法典調査会民法議事17巻18丁表）との規定を修正案384条として新たに付け加えることを提案した。その理由について，梅博士は，第51回法典調査会における原案365条の修正提案の際に，「土地ノ上ニ家屋カ既ニ建ツテ居ル場合ニ土地ノミ抵当トシタトカ又ハ始メ家屋ノ建ツテ居ラナカツタ土地ヲ抵当ニ入レテ後ニ所有者カ其土地ノ上ニ家屋ヲ建築シタトカ云フ場合ニ於テ若シ其場合ニ土地ノミヲ売ツテ家屋ヲ取除クト云フコトニナルト其家屋ト云フモノハ非常ニ価ヲ失

150　〔松本〕

第 2 節　抵当権の効力　　　　　　　　　　　　　　§*388*　I

ツテ仕舞ウ或ハ此場合ニ地上権カ設定セラルルモノトスルト其土地ノ価ト云
フモノカ耗ル」(法典調査会民法議事 16 巻 126 丁裏以下〔梅〕)からであると述べ
て，新たな提案を予告していた。すなわち，修正案 384 条は抵当権者と抵当
権設定者(建物所有者)との「双方ノ利益ヲ保護スル為メ」(法典調査会民法議事
17 巻 19 丁表〔梅〕)の規定であると考えられていた。

　修正案 384 条には異なった二つの場合が含まれていることについて，梅博
士は，「抵当権設定ノ時ノ家ト後トカラ建テタ家ト事情ハ少シ違ウカラ規定
ニ違ヒガアツテモ不道理デハナイト思フ併シ原案テハ然ウゴタゴタシタコト
ヲ立テルノハ面倒テアルカラ始メニ建テタ時ト後チニ建テタ時ト別ニ区別シ
マセヌ」(同 34 丁表〔梅〕)と述べて，統一的処理の意向を示している。そし
て，その際，地上権を成立させるとすると，「裁判所テ地代ヲ極メテ決定ヲ
スルト云フコトニナツテ非常ニ煩ハシイコトニナリマセウカラ夫レヨリモ寧
ロ一緒ニ売ツテ仕舞ツテ自分カ買ヒタケレバ自分カ買ツテモ宜イ然ウシテ不
動産全体ニ付テ価ヲ取リマスト云フト双方ノ権利ヲ保護スルコトニナルト思
フ」(同 22 丁表〔梅〕。同 27 丁表〔梅〕も同旨)と述べている。

　この修正案 384 条に対しては，「前ノ規定〔修正案 365 条―筆者注〕テ家ハ含
マヌト言ツテモ売ルトキハ一緒ニ売ラレルト云フコトニナルト土地ト家屋ト
ヲ別ニシテモ結果ハ同シコトニナリマス，夫レテハ 365 条ヲ修正シタ趣意ガ
通ラナクナル」(同 28 丁表〔土方〕)との批判がされ，「土地ト家屋ト別ニスル
地代ハ裁判所テ極メルト云フ斯ウ云フ趣意テ起草者ニ起草ヲ請ヒタイ」(同
32 丁裏〔高木〕)との意見が多数を占めた。

　しかし，上記のような修正意見に対しては，「原案ハ地上権云々ト云フ方
ヨリハ抵当ニ入レタ後テ家ヲ建増シテハ困ルト云フノテハアリマセヌカ……
原案ノ意味カ地所ヲ入レタ所カ後トテ勝手ニ家杯ヲ建テラレタナラハイカヌ
ト云フナラハ只地上権テハ困ル」(同 33 丁裏〔元田肇〕)との反論が出され，結
局，場合を分けて，抵当権設定前から存在していた建物については地上権が
成立し，設定後に建築された建物については原案通りの競売権を及ぼすとの
線で再度起草されることとなった(同 41 丁裏以下)。

　ここでの議論で，さらに注目しておかなければならないのは次の 2 点であ
る。第 1 は，梅博士が，更地の抵当権設定後に建物が建てられた場合でも，
一定の場合，すなわち「抵当権者カ特ニ承諾ヲ与ヘタ場合ハ夫レハ言ハヌテ

〔松本〕　151

§388 Ⅰ 第2編 第10章 抵当権

モ宜クハナイカト思ヒマス唯タ其承諾ノ意味カ何ウ云フ意味テアツタカト云フコトハ事実問題，解釈問題ニ帰着スルテアラウト思ヒマス」（同41丁表以下〔梅〕）と述べて，地上権による処理を考えていたことである。

第2は，競売の方法について，梅博士が，「夫レハ特別法カ民事訴訟法デ極マルヘキコトト思ヒマスガ併シ乍ラ私共ノ考ヘマス所デハ必スシモ土地ト家屋トヲ同一所有者ニ帰セナケレバナラヌト云フコトテナクテモ宜イト思ヒマス」（同24丁表〔梅〕）と述べて，別人に競落させることも可能だが，その場合は地上権が成立することになり，「然ウ云フコトハ実際面倒テアル若モ私カ競売法ヲ書ケハ多分土地ト家屋ノ競売者〔競買者の誤りか？―筆者注〕ハ同一ノ所有者ニシナケレハナラヌト云フコトニ書クカモ知レマセヌ」（同24丁裏〔梅〕）と述べていることである。実際は，競売法にはそのような規定は置かれなかった。

(オ) **修正案384条（第2次案）および修正案385条（平成15年改正前389条）**　前回の会議から4日後の1894年12月18日に開かれた第54回法典調査会で，梅博士は，修正案384条（第2次案）「抵当権設定ノ当時ニ於テ抵当地ニ抵当権設定者ノ所有ニ係ル建物アルトキハ抵当権設定者ハ土地競売ノ場合ニ付キ地上権ヲ留保シタルモノト看做ス但地代ハ当事者ノ請求ニ因リ裁判所之ヲ定ム」と，修正案385条「抵当権設定後ニ其設定者カ抵当地ニ建物ヲ築造シタルトキハ抵当権者ハ土地ト共ニ之ヲ競売スルコトヲ得但其優先権ハ土地ノ代価ニ付テノミ之ヲ行フコトヲ得」との2か条の修正案を提出した（法典調査会民法議事17巻79丁表）。

修正案385条についてはそのまま承認されて平成15年改正前389条となるが，修正案384条（第2次案）に対しては，建物に抵当権が設定された場合が含まれていないことが指摘された。そこで，梅博士から，その場で，「抵当権設定ノ当時土地ニ建物アル場合ニ於テ土地又ハ建物ノミヲ抵当トシタルトキハ抵当権設定者ハ競売ノ場合ニ付キ地上権ヲ設定シタルモノト看做ス但地代ハ当事者ノ請求ニ依リ裁判所之ヲ定ム」との修正案が提出された（同83丁裏〔梅〕）。

これに対しても，同一の所有者に属していなくてもよいのかといった種々の疑問が出され，結局，同年12月25日の第3回民法整理会において，平成16年改正前388条の文面に改められた（法典調査会整理会議事1巻163丁表）。

152　〔松本〕

第2節　抵当権の効力　　　　　　　　　　　　　　§388　I

　(カ)　法典調査会での議論のまとめ　　法典調査会での起草過程の議論から，次のようなことを指摘することができる。

　まず，第1に，平成16年改正前388条と平成15年改正前389条は，土地と建物とを一体のものとしてみるとの起草者グループの基本的立場が，日本の慣習に反するとして転換を余儀なくされた結果，きわめて短期間（1894年12月4日の原案365条提出から12月25日の整理会までわずか22日間）に起草されたものであり，生じうるすべての場合にまで十分配慮した文面にはなっていないものと思われる。

　第2に，更地の抵当権者があらかじめ抵当権設定者による建物建築を承諾している場合には法定地上権が成立すると考えられていた。

　第3に，少なくとも起草過程の議論からは，平成15年改正前389条の解釈として，土地の抵当権者は土地のみを競売に付して，建物を収去（除去）させることができるとの考え方は示されていない。これは，当初，梅博士が修正案384条（第1次案）で，建物の建築時期を問うことなしに土地建物一括競売権を与えようとしていたこととも関連していると思われる。すなわち，平成15年改正前389条が「競売スルコトヲ得」としていたのは，土地のみを売って地上権が成立すると抵当権者の損失となるから，それを避けるために「土地ト共ニ之ヲ競売スルコトヲ得」なのであって，土地のみを売って建物を収去させるということは，建物所有者の利益および建物維持という公益に反することで許されないと考えられていたのである（田中・前掲論文16頁も同様の評価をする）。

　さらに，梅博士において土地建物一括競売は，地上権との関係では抵当権者の権利であるが，建物収去との関係では義務であると考えられていたことは，民法典公布後の1896（明治29）年に著された『民法要義巻之二物権編〈三版〉』において，「此ノ如クンハ〔地上権を認めると―筆者注〕抵当権者ノ損害ヲ被ムルコト実ニ鮮少ナラサルカ故ニ本条〔平成15年改正前389条―筆者注〕ノ場合ニ於テハ抵当権設定者ハ其建物ノ為メニ地上権ヲ有セサルモノトス然リト雖モ若シ抵当権者又ハ土地ノ競落人ニシテ建物ノ除去ヲ命スルコトヲ得ルモノトセハ啻ニ抵当権設定者ノ為メニ損害ヲ生スルノミナラス是レ実ニ国家ノ経済上頗ル不利益ナル所ナルカ故ニ本条ニ於テハ抵当権者ヲシテ土地ト共ニ建物ヲ競売セシメ」（同書513頁）と説明されていることからも明らかで

〔松本〕　153

ある。

(3) 本条および389条の趣旨をめぐる学説の展開

上記のような梅博士の見解から読み取れる起草過程での考え方が，更地の抵当権者は土地のみを競売して抵当権設定後に建築された建物を収去させることも自由であるとの現在の通説・判例の立場に転換したプロセスは，起草者グループの一人である富井博士の次のような叙述に見出すことができる。

すなわち，富井博士は，1914（大正3）年に出版された『民法原論第二巻物権下』において，「此場合ニ於テ若シ土地ノミヲ競売シ建物ノ為メニ地上権ノ設定アルモノトセハ其土地ノ価格低落シ高価ヲ以テ之ヲ買取ラントスル者ナク抵当権者ハ之カ為メニ意外ノ損失ヲ被ルニ至ルヘシ而モ其建物ヲ除去セサルヘカラサルモノトセハ抵当権設定者ノ損害ハ自業自得ナリトスルモ抵当権者ニ於テハ建物ノ現存スル為メ当初予期シタル代価ニテ其土地ヲ売却スル能ハサルコト多カルヘシ此ノ如キハ甚タ不当ナル結果ト謂ハサルヘカラス又建物ノ収去ヲ強制スル如キハ経済上ヨリ言フモ甚タ不利トスル所ナリ」（同書589頁），「立法ノ主旨ハ抵当権者ヲ保護スルニ在リ国家経済上ノ利益ハ前ニ述ヘタル如ク寧ロ間接ノ理由ニ過キス仮令建物ヲ収去スル結果ト為ルモ抵当権者ハ抵当権設定者ノ行為ニ因リテ其固有ノ権利ヲ失フモノニ非サルナリ」（同書589-590頁）と述べている。

上記のような富井博士の説明するところにあっては，更地の抵当権設定者の利益は全く考慮されておらず，土地のみの競売によって地上権が成立しない場合に生じる損失は，抵当権設定者の建物収去による損失ではなく，建物を収去せしめねばならない煩雑さから生じる抵当権者の損失としてとらえられている。したがって，そのような損失を防ぐための「権利」として389条の一括競売権が位置づけられる。

ここには，起草過程において考えられていた，その損失を回避すべく一括競売権が与えられた「損失」の実体についての明白な転換が見られる。

以上のような転換を背景に，平成16年改正前388条および平成15年改正前389条の表面的な文理解釈から，大審院大正4年7月1日判決（民録21輯1313頁）が下され（→Ⅱ1⑴⑺），学説もまたこのような立場に追随して，現在の支配的見解が形成されていくこととなる（学説史の整理として，村田博史「法定地上権」民法講座(3)139頁参照。389条との関係での学説の対立状況については，

第2節　抵当権の効力　　　　　　　　　　　　　　　　　§*388*　I

→§389 Ⅱ(1)）。

(4)　法定地上権の成否と関係者の利害状況

　後にみるように（→Ⅱ1(1)），更地に抵当権が設定された場合に法定地上権を否定する理由として，判例は，あるときは抵当権者の保護を強調し，あるときは土地の買受人の保護を強調するなど必ずしも一貫していない。そもそも，法定地上権の成否をめぐって，抵当権者と買受人の利害関係は一致しているわけではない。すなわち，抵当権者が損失を被るのは，法定地上権のために買受価格が予想外に低下する場合であり，この場合は，買受人には法定地上権の成立が予見可能であるとの前提に立っていることになるから，買受人保護の必要は生じない。逆に，買受人に損失が生じるのは，法定地上権が成立しないものとして買い受けたにもかかわらず，それが成立した場合であり，この場合抵当権者は更地としての買受価格から優先弁済を受けることができるから損失を被らない。

　法定地上権の成否をめぐる関係者の利害状況を整理すると，次のようになる。立法論としてのみならず，解釈論としても，これらの関係者の利益をなるべく最大限実現できるような方向が望ましい。

　(ア)　抵当権者　　抵当権設定によって把握したはずの担保価値の保全，すなわち，その後の「意外ノ損失」の防止が重要である。ここでは，土地の全体価値の把握が考慮される（→Ⅱ1(5)(ア)）。

　(イ)　土地所有者（抵当権設定者）　　土地の価値が抵当権設定の際および競売の際に正当に評価され，担保価値が実現されることに利害を有する。また，土地の「正当な利用」を害されないことに利害を有するが，何が「正当な利用」かについては，土地の有効利用との関係で議論のあるところである。

　(ウ)　競売時の建物所有者　　建物が存続することに第一次的な利害を有するが，投下資本の回収として相当な価格が償還されるなら，建物所有権は喪失しても経済的には問題がない。ただし，建物に居住している場合は，現在地への居住の利益は別途保護する必要があろう。

　(エ)　買受人　　法定地上権が成立するかしないかではなく，競売に参加するに際しての，物件の価値の評価の前提としての権利関係の透明性・法的ルールの安定性にこそ利害を有する。たとえば，土地の競売の場合，法定地上権が成立しないと期待して買い受けたところ，その成立が認められると大き

〔松本〕　155

§*388* I 第2編 第10章 抵当権

な損失を被ることになるが，法定地上権が成立することが明白であれば，そのような物件の競売に参加しないか，または法定地上権の成立を計算に入れた評価をすればいいからである。抵当権者の内心の評価を基準にその成否が判断されると，外部からはわからないというリスクを負う。

後述する更地抵当に関する最高裁昭和36年2月10日判決（民集15巻2号219頁）のように，抵当権者が更地として評価していたか，建付地（すなわち，法定地上権による制限を受ける可能性のある土地）として評価していたかによって，競売後の法定地上権の有無が定まったり（一Ⅱ1(1)(イ)），また，建物再築に関する最高裁昭和52年10月11日判決（民集31巻6号785頁）のように，抵当権者が土地の担保価値を算定するにあたって，旧建物（非堅固建物）の存在を前提としていたのか，新建物（堅固建物）の存在を前提としていたのかといった，抵当権設定時における抵当権者の主観的評価を基準にする考え方（一Ⅱ1(4)(ア)）は，このような主観的評価を競売における執行裁判所や競売参加者にわかる形で対外的に公示する方法がないために，競売に参加する買受人の利益を不安定にさせる可能性がある。

また，競売に参加する者は，執行裁判所の用意する物件明細書を信用しているだけでは100％リスクを回避することはできない（一Ⅳ(3)）。その上，判例理論自体が必ずしも明白でないところがあることから，一層，法定地上権の成否についての予測が困難であるという面もある。このように，現行の競売制度における法定地上権の成否についての公示制度の不完全さは，買受人の地位を不安定にする（清水誠「抵当権と法定地上権・短期賃貸借」加藤一郎ほか編・銀行取引法講座下〔1976〕111頁）。

(オ) **後順位担保権者**　担保権設定によって把握できたものと期待した残存担保価値が不当に害されないことに利害を有する。ただし，先順位の抵当権が何らかの事由で消滅し，順位が上昇した場合に何が保護されるべき利益であるかについては慎重な検討を要する。

(カ) **公益**　国民経済的観点からの有用な建物の保存ということが民法制定時から言われているが，現在では，当事者の意思（判例の論理では，ほぼ抵当権者の意思に近い）重視の前にかすんできている（担保法改正委員会「抵当権法改正中間試案の公表」ジュリ1228号〔2002〕216頁〔道垣内弘人〕も同旨）。なお，公益を評価するならば，土地の「効率的利用」の観点も加味する必要があろう。

156　〔松本〕

第2節 抵当権の効力 §*388* I

(5) 本条をめぐる立法論

後に見るように，本条をめぐる判例の状況はきわめて錯綜しており，かつ判例がどのように考えているかが不明の論点も存在するなど，本条はかなり見通しの悪いルールとなっている。そのため，法解釈によって適切な合理性を確保しようとする試みと並行して，制度改革の立法論的提案が行われてきた（松岡 152 頁以下）。

(ア) 自己借地権　第1に，自己借地権の設定を可能とすることである。現在のところ，自己借地権は，借地借家法 15 条において，土地所有者が所有地にマンションを建築し，借地権付き分譲マンションとして販売する場合を念頭に，例外的に認められているにとどまる。しかし，通説においても，「わが民法上，土地所有者が自分のために地上権または賃借権を設定すること（自己地上権・自己賃借権）が認められるなら，法定地上権はほとんどその必要がないといえる。のみならず，かような制度を認め，地代その他の内容も設定者みずから決定してこれを登記することにすれば，法律関係が極めて明瞭となり，第 388 条の簡に過ぎて明瞭を欠く制度よりもはるかに適切な機能を営むであろうと推測される」と指摘されてきたところである（我妻 350 頁）。立法論として，抵当権設定の際の自己借地権の導入を主張する学説は多い（内田 419 頁，河上 221 頁など）。

具体的には，388 条を削除して，借地借家法に，「①土地所有者は，自己のために借地権を設定することができる。②同一の土地につき所有権及び借地権が同一人に帰した場合においても，その借地権に登記があるときは，その借地権は，消滅しない」等の規定を設ける提案がある（担保法改正委員会・前掲論文 215 頁〔道垣内〕）。この提案は，同時に，370 条 1 項前段を「土地の抵当権は，その土地の所有者が所有する地上の建物に及ぶ」とし，土地への抵当権設定時に土地所有者が建物をも所有していた場合の建物のみならず，土地への抵当権設定後に設定者が建築した建物にも土地の抵当権の効力が及ぶとすることによって，389 条の一括競売の規定が不要になるとする。

立法論としては，自己借地権の設定を可能とすべきだとしつつ，解釈論としても，法定地上権の諸論点を潜在的な自己借地権の顕在化の論理で説明する学説もある（我妻 350 頁，鈴木 267 頁，鈴木・借地 250 頁）。

(イ) 抵当権設定における土地と建物の一体処分　第2に，抵当権設定の

〔松本〕　157

§388 Ⅰ   第2編　第10章　抵当権

場合における土地と建物の一体処分の原則の導入である。自己借地権の設定
が可能となったとしても，それだけでは，土地所有者がそのような権利の設
定を自ら行わなければ，問題の解決にはならない。そのため，「万全の措置
としては，建物はその敷地の所有権ないし利用権と一緒にしなければ処分す
ることができず，また建物のある土地は，建物のために利用権を保留せずに
は処分しえない，という原則を確立して，登記その他の手続をこの原則に従
って運用し，自己借地権・自己転借地権の設定を間接に強制することであ
る」と指摘されていた（我妻351頁）。また，自己借地権制度を創設しても，
土地建物共同抵当で建物が再築されたような場合には，再築建物自体は借地
権とは別の財産権であるから，借地権と再築建物との間で借地権価格簒奪類
似の問題が生じるとの指摘もある（鎌田薫「抵当権（その二）」椿寿夫編・担保法
理の現状と課題（別冊NBL31号）〔1995〕40頁）。

　そこで，担保法改正委員会は，前掲の370条1項前段という土地抵当権の
「建物への拡張的効力」に加えて，後段およびただし書として，「土地の所有
者が所有する地上の建物は，土地とともにするのでなければ抵当権の目的と
することができない。ただし，その土地について地上権又は賃借権の設定が
あるときは，この限りでない」との規定を置くことによって，自己借地権を
設定することなしに土地または建物のみを抵当権の目的とすることはできな
いものとしている（担保法改正委員会・前掲論文198頁〔大村敦志＝角紀代恵〕）。

　ちなみに，388条は，本来，戸建て建物を念頭においた規定であるが，建
物の区分所有者の一人が敷地を単独所有または共有している場合にも，抵当
権の設定をめぐって複雑な問題が生じ，下級審裁判例には，法定地上権を否
定するものがあった（東京地決昭52・10・27判タ361号268頁，東京地判昭53・2・
1下民集29巻1〜4号53頁）。しかし，1983（昭和58）年に改正された区分所有
法22条1項が，建物の専有部分と敷地利用権とを分離して処分することを
原則として禁止したので，問題は生じなくなった。

　⒟　競売における土地と建物の一体処分　　第3に，土地と建物の一括競
売が可能なのにそれをしない場合に，法定地上権が成立するとして，一括競
売へと動機づけることである。すでに，「法定地上権にまつわるこの制限
〔更地への抵当権設定後の建物建築では法定地上権は成立しないこと―筆者注〕は抵当
土地の利用を妨げる一大障害であることは疑いない。抵当権設定以後の用益

158　〔松本〕

第2節　抵当権の効力　　　　　　　　　　　　　　　　　　§*388*　II

権が悉く抵当権によって覆滅されるという主義とともに，立法上再考を要する価値権と用益権の不調和である」との指摘がされてきた点であり（我妻353頁），古くから解釈論としても主張されてきたことではあるが，立法論としてもありうる。389条に第2項「前項の場合において，抵当権者が土地のみを競売したるときは，前条の規定を準用す」を追加するという提案がある（松本恒雄「法定地上権制度の改正提案」ジュリ1218号〔2002〕112頁）。また，一括競売をストレートに義務付ける立法提案もある（加賀山・講義461頁）。

II　法定地上権の成立要件

1　抵当権設定時点での建物の存在

(1)　更地への抵当権設定

(ｱ)　更地に抵当権が設定された後の建物建築　　判例は，一貫して，抵当権設定当時において，建物が存在しない場合には，抵当権実行時点までに建物が建築されたとしても，法定地上権は成立しないとする。

大審院大正4年7月1日判決（民録21輯1313頁）は，土地所有者AがXのために土地に抵当権を設定した後にその土地上に建物を建築し，Yのためにその建物に抵当権を設定していたところ，Xは抵当権の実行として土地のみを競売に付し，自ら買受人となり，また，Yも同様にして建物の買受人となったという事案で，法定地上権を否定する理由として，「土地ノ抵当権者ハ抵当権取得ノ際何等地上権ノ負担アルヘキ事由ヲ有セサル完全ナル土地所有権ナリト為シ之ニ著眼シ之ヲ以テ抵当権ノ目的ト為スコトヲ甘諾シタルモノナルニ拘ハラス其後ニ至リ其意ニ反シテ所有者一己ノ行為ニ因リ抵当権ノ目的物カ物権ノ負担ヲ受クルノ結果ヲ来シ遂ニ意外ノ損失ヲ被ルニ至ルヘシ」と述べて，抵当権者の「意外ノ損失」の防止を根拠に法定地上権の成立を否定している。

次いで，大審院大正7年12月6日判決（民録24輯2302頁）では，抵当権者と設定者との間で建物建築のみならず，地上権の設定があるものとして取り扱うとの特約までされており，抵当権者の「意外ノ損失」を考慮する必要のない事案においても，そのような合意は買受人に対抗しえないことを根拠に土地の買受人を保護する。

〔松本〕　159

§*388* II 第2編 第10章 抵当権

　また，大審院大正15年2月5日判決（民集5巻82頁）は，土地の抵当権設定後に建築された建物に土地の抵当権者とは別人のために抵当権を設定したという事案で，建物に対する抵当権の実行手続においては，土地と建物が同一の所有者に属していたから，法定地上権が成立するが，そこで成立した法定地上権は，先に適法に設定されかつその登記を了した土地の抵当権者およびその抵当権の実行としてされた競売の結果土地の所有権を取得した買受人には対抗できないとした。さらに，大審院昭和11年12月15日判決（民集15巻2212頁）も，建物に抵当権が設定されるとともに，建築後の土地に第2順位の抵当権が設定され，第2順位の抵当権に基づいて競売がされたという事案で，同様の判断を示した（一(2)）。

　通説も，立法論としてはさておき，判例の立場を支持するが（我妻353頁，川井89頁，安永318頁など），銀行実務上は更地に対しても建付地に融資する以上の額は融資しないこと，土地を担保として得た融資金でその土地上に建物を建てるのは都市の土地を媒介とする金融のもっとも健全な形であってむしろ奨励されるべきことを指摘して消極的に疑念を呈する説（鈴木264頁）があり，さらに，抵当地の自由使用を許しておきながら，競落にあたって建物を収去させ崩壊させることは制度矛盾であり，社会経済的にも好ましくない，土地抵当権者は，後に建設されるべき建物に与えられるべき法定地上権によって抵当権が制限されることを予期すべきであるとする有力な反対説が存在する（柚木313頁）。

　更地への抵当権設定の場合に法定地上権の成立を認める学説にも，土地のみを競売するときは一律に法定地上権の成立を認め，それを避けたい抵当権者は389条の一括競売権を行使すればよいとする説（柚木314頁，清水誠「抵当権と法定地上権・短期賃貸借」加藤一郎ほか編・銀行取引法講座下〔1976〕100頁，堀内仁「民法三八九条の適用範囲」幾代通ほか編・不動産登記講座Ⅲ〔1978〕150頁，松本恒雄「抵当権と利用権との調整についての一考察(1)」民商80巻3号〔1979〕313頁，平野90頁），抵当権者が建物建築を予測していたか，すべきであった場合に法定地上権の成立を認める説（高島平蔵・抵当権と用益権（叢書民法総合判例研究16）〔1977〕48頁），抵当権者が建物建築を予想して担保評価をしていた場合に法定地上権の成立を認める説（山野目312頁），被担保債権額が法定地上権の負担付きの土地（底地）の評価額よりも低額である場合にのみ法定地上権の成

160　〔松本〕

立を認める説（石川明「民法三八九条の一括競売」判タ 504 号〔1983〕69 頁），さらに，建物の建築工事の開始と関連させ，建築に着工されている場合に広く法定地上権の成立を認める説（石田(穣)371 頁），建築が開始され抵当権者が法定地上権を抵当権の評価の基礎とした場合に法定地上権の成立を認める説（近江 187 頁），かなり工事が進んで建物の存在と同様に扱うことのできる外形を必要とする説（髙橋 147 頁）などがある。

競売実務的にも，土地を法定地上権の負担のないものとして売却したとしても，その価格は貸地の場合とあまり変わらず，建物付きの自用地として売却する方が高く処分できるとの指摘もされている（堀内・前掲論文 150 頁）。

（イ）　土地抵当権者による建物建築の承認　　土地の抵当権者による承認にも，建物の建築予定を認識していたが特段のクレームを付けなかったというような黙示の承認ともいえる場合から，積極的に建築に同意した場合，さらには，法定地上権の成立を合意した場合まである。

最高裁昭和 36 年 2 月 10 日判決（民集 15 巻 2 号 219 頁）は，土地の抵当権者 X が建物建築を承認しており，抵当権設定当時土台まででき上がっていたという事案で，「民法 388 条により法定地上権が成立するためには，抵当権設定当時において地上に建物が存在することを要するものであって，抵当権設定後土地の上に建物を築造した場合は原則として同条の適用がないものと解するを相当とする。然るに本件建物は本件土地に対する抵当権設定当時完成していなかったことは原審の確定するところであり，また X が本件建物の築造を予め承認した事実があっても，原判決認定の事情に照し本件抵当権は本件土地を更地として評価して設定されたことが明らかであるから，民法 388 条の適用を認むべきではな」いと述べ，建物として未完成であることと抵当権者の評価を理由として，法定地上権の成立を否定している。

この判決は，抵当権者が建築をあらかじめ承認しており，土地を地上建物の存在する土地として評価していた場合には法定地上権が認められる趣旨であるとも読める書きぶりになっていることから，「土地に対して抵当権が設定された当時その地上に法的に建物と目すべきものは存在しなかったが，建物の建設に着手されている等その土地が建物敷地として利用さるべきことが外形上明白となっており，抵当権者もその建物の存在を前提として土地の担保価値を把握していたため不測の損害を蒙ることとならない場合は，実質的

§*388* II 第2編　第10章　抵当権

にみてその地上に建物が存在していた場合と何らえらぶところはないから，法定地上権の成立を認めて妨げがない」として，法定地上権の成立を認める下級審裁判例もあらわれた（高松高判昭44・7・15下民集20巻7＝8号490頁）。

しかし，最高裁昭和47年11月2日判決（判時690号42頁）は，抵当権者が建物の建築をあらかじめ承認していたという事実のみでは法定地上権は成立しないとの原則を確認するとともに，「先順位抵当権者が建物の建築を承認した事実があっても，そのような当事者の個別的意思によって競売の効果をただちに左右しうるものではなく，土地の競落人に対抗しうる土地利用の権原を建物所有者に取得させることはできない」とする。同様に，最高裁昭和51年2月27日判決（判時809号42頁）も，「土地の抵当権設定当時，その地上に建物が存在しなかったときは，抵当権者が建物の築造をあらかじめ承認した事実があったとしても，民法388条の適用を認めるべきではな」いとする。

これらの判例から，抵当権者が近い将来の建物建築を織り込み，法定地上権の成立を前提に担保評価をしている場合において，買受人あるいは後順位抵当権者が，そのような事情を知らず，法定地上権のないものとして評価したときは，なお法定地上権は成立せず，後順位抵当権者が不在で，かつ抵当権者が買受人となったという例外的なときに限って成立が認められるとの説もある（道垣内216頁，松岡136頁）。

　㈡　建物建築中の土地への抵当権設定　　前掲最高裁昭和36年2月10日判決のように，抵当権者による建物建築の承認が，建築工事の開始時点以降に行われた場合は，建築工事がどのような段階まで達していれば建物が存在したと評価できるかという論点とも関連してくる。東京高裁昭和47年5月24日判決（下民集23巻5～8号268頁）は，「法定地上権が成立するためには，建物が例えば住居用の建物として必要なすべての内外装工事が完成していることは必ずしも必要でなく，建物の規模，種類が外形上予想できる程度にまで建築が進んでいる場合には，法定地上権の成立を認めて差支えがないものと解するのが相当である」とした。

なお，建築中の建物が，どの段階から独立した不動産として保存登記の対象となるかについて，判例は，屋根瓦・荒壁があれば，床や天井がなくてもよいとしている（大判昭8・3・24民集12巻490頁，大判昭10・10・1民集14巻1671

162　〔松本〕

第2節　抵当権の効力　　　　　　　　　　　　　　　　　　§*388*　II

頁)。

(2)　第2順位土地抵当権の設定時点での建物の存在

前掲大審院昭和11年12月15日判決は，更地に抵当権が設定された後に，建物が建築され，その後，土地に第2順位の抵当権が設定された場合は，第2順位の抵当権に基づく競売であっても第1順位の抵当権も消滅するのだから法定地上権は成立しないとする (前掲最判昭47・11・2も同旨)。

これらの判例からは，第1順位の抵当権が弁済等の事由により消滅した後に第2順位の抵当権が実行された場合については，明らかではない。この点で，土地と建物の所有権の同一人への帰属という要件に関してではあるが，最高裁平成19年7月6日判決 (民集61巻5号1940頁) は，土地を目的とする第1順位の抵当権と第2順位の抵当権が設定された後，第1順位の抵当権が設定契約の解除により消滅し，その後，第2順位の抵当権の実行により土地と建物の所有者を異にするに至った場合については，第1順位の抵当権の設定時には土地と建物が同一の所有者に属していなかったとしても，第2順位の抵当権の設定時に同一の所有者に属していたときは，法定地上権が成立するとする (→2(3)(イ))。

更地に第1順位の抵当権が設定された後に建物が建築されて，土地に第2順位の抵当権が設定された場合，第2順位の抵当権者としては第1順位抵当権者による更地評価を前提に残存担保価値を評価していることもあろうが，第1順位抵当権が消滅しなければ，劣後的な配当しか受けられなかったという点を考慮すると，法定地上権の成立を認めるべきであると思われる (平野94頁も同旨)。

なお，最高裁平成4年4月7日判決 (金法1339号36頁) は，抵当権の順位の変更にからむいささか複雑な事例であるが，興味ある論点を提供している。すなわち，本件では，A所有の更地にBのために第1順位の抵当権が設定された後に建物が建築され，Cのために土地と建物に共同抵当権 (土地については第2順位) が設定され，その後，ABC間の合意で土地についてBの第1順位の抵当権とCの第2順位の抵当権の順位の変更がされた (その結果，Cは土地と地上建物についてともに第1順位の共同抵当権を取得した)。Cに代位弁済したDから建物について競売申立てがされ (当初は土地についても競売申立てがされていたが，後に超過競売になるとの裁判官の示唆により取り下げられた)，Xが買い受け，

〔松本〕　　163

§*388* II 第2編 第10章 抵当権

その後，土地についてBから競売の申立てがされ，Yが買い受けた。XがYに対して法定地上権の確認を求めたのに対して，判決は，「抵当権の順位の変更（民法373条2項〔現374条1項〕）は，同一不動産に設定された複数の抵当権相互間において優先弁済の順位を変更するものであり，抵当権の設定された時点を変更するものではないから，抵当権の順位の変更によって，地上に建物が存在する状態で本件土地に設定された抵当権の順位が地上に建物が存在しない状態で本件土地に設定された抵当権の順位より優先することとなっても，本件土地の競売手続においてこれを買い受けたYに対してXが法定地上権（民法388条）を有するものではないとした原審の判断は正当」とした。

この判決は，抵当権の順位の変更は，優先弁済の順位を変えるだけであり，抵当権の設定された時点を変更するものではないことを根拠にしている。言い換えれば，BC間で土地に対する抵当権の順位の変更が行われ，Cの抵当権が第1順位になったとしても，Cの抵当権がBの抵当権の設定時点に設定されていたという扱いがされるわけではないということである。

(3) 担保不動産競売時点での建物の滅失

土地に抵当権を設定した時点では建物が存在していたが，競売時点では更地となっていた場合については，潜在的な自己借地権は建物滅失によっては消滅しないとして，法定地上権の成立を認める少数説もあるが（我妻354頁，平野87頁，石田（穣）373頁，田中克志「法定用益権の効力とその内容」担保法大系I 494頁〔以下，「田中・担保法体系I」として引用〕），法定地上権は建物の存続を保護する制度であるとして認めないのが多数説である（我妻・判コメ433頁〔清水誠〕，鈴木・借地253頁，槇217頁，高木209頁，近江188頁）。

また，共同抵当に供されている土地と建物のうち建物が滅失した事案で，東京地裁昭和46年7月20日判決（金法627号37頁）も，「少くとも土地については更地としての価値を有することが期待されているというべきであり，しかも取りこわし当時の建物所有権はいぜん抵当権設定者に属していたのであるから，前記競売手続が土地だけを更地として評価して競売したことをもってとくに違法とすることはできず，むしろ，右のようにして競売手続を遂行し，競落にあたって法定地上権の成立を否定することは，抵当権者の利益に合致するし，法定地上権を生ずるような建物の存在を予知しえない競落人

第 2 節 抵当権の効力 §*388* Ⅱ

に不測の損害を与えることを避けられる反面，地上権の保護をうくべき抵当権設定者にとっても，法定地上権が成立しないことによる不利益は補われているものとみるべく，結果からみても妥当であるといわなければならない」とする。

ただし，建物が滅失前に第三者に譲渡されている場合については，借地借家法 10 条 2 項を類推適用して，建物を譲り受けた第三者が，建物滅失後に，その建物を特定するために必要な事項，滅失の日，建物を再築する旨を土地の上の見やすい場所に掲示し，2 年以内に再築した場合に法定地上権の成立を認める説（新版注民(9)〔改訂版〕287 頁〔生熊長幸〕）や，第三者は法定地上権の成立を期待して，その取得のために対価を支払っていると考えられるとして，より広範に法定地上権の成立を認める説（道垣内 217 頁，内田 422 頁）などの折衷説がある。

(4) **抵当権設定後の建物の再築**

(ア) 土地のみに抵当権が設定されている場合　　土地に抵当権が設定された時点で存在していた建物が滅失または取り壊されて再築された場合について，大審院昭和 10 年 8 月 10 日判決（民集 14 巻 1549 頁）は，「建物カ抵当不動産ノ競売前既ニ朽廃シタル場合ハ格別ナルモ然ラサル限リ其ノ所有者ハ縦令建物カ滅失スルコトアルモ再築ノ上当該土地ノ利用ヲ継続シ来タリタル以上依然競売ノ場合ニ付地上権者ト看做サルヘキ地位ニアルモノト解スルヲ相当トスヘク且此ノ事ハ建物使用ノ都合上之ヲ改築シタル場合ニ於テモ亦同一ニシテ此ノ場合ニ限リ解釈ヲ異ニスヘキ理由アルヲ見ス然レトモ上記ノ如ク土地ノミヲ抵当ト為シタル場合ニ於テ抵当権実行ノ際建物カ依然旧態ノ儘存シタルニ於テハ其ノ所有者ハ競売ノ場合ニ付当該建物其ノモノノ所有ノ為メニスル地上権ヲ取得スルニ過キサルモノナルカ故ニ再築改築等ノ為メ建物ノ状態ニ変更アル場合ニ於テモ其ノ所有者ノ取得スヘキ地上権ハ旧建物ノ存シタル場合ニ於ケルト同一ノモノタルヘク即チ其ノ所有者カ競売ノ場合ニ付旧建物ノ存シタルナラムニハ有シ得ヘカリシト同一ノ範囲ニ於テノミ地上権者トシテ当該土地ヲ利用シ得ヘキモノ云フヘク其ノ権利ノ存続期間ノ如キモ亦旧建物ノ種類其ノ存在ノ場合ニ有スヘカリシ状況其ノ他抵当権設定当時ノ事情ヲ斟酌シテ之ヲ定ムルヲ相当トス」と述べて，抵当権者は旧建物の存在を前提に担保価値を計算していることを理由に，旧建物を基準として法定地上

§*388* II 第2編 第10章 抵当権

権の成立を認めた。

ところが，最高裁昭和52年10月11日判決（民集31巻6号785頁）は，前掲大審院昭和10年8月10日判決のように，「旧建物を基準として法定地上権の内容を決するのは，抵当権設定の際，旧建物の存在を前提とし，旧建物のための法定地上権が成立することを予定して土地の担保価値を算定した抵当権者に不測の損害を被らせないためであるから，右の抵当権者の利益を害しないと認められる特段の事情がある場合には，再築後の新建物を基準として法定地上権の内容を定めて妨げないものと解するのが，相当である」との一般論を述べたうえで，土地と建物が存在する場合において土地にのみ抵当権が設定された際に，土地と建物の所有者として近い将来非堅固の旧建物を取り壊し，土地上に堅固の新建物を建築することを予定しており，抵当権者もこれを承知していたので，あえて旧建物については抵当権の設定を受けなかったものであり，堅固の新建物の建築を度外視して土地の担保価値を算定したものではないときは，抵当権者の利益を害さない特段の事情があるとした。

この判決は，法定地上権の内容に関するものであり，更地への抵当権設定後の建物建築に関する前掲最高裁昭和47年11月2日判決や前掲最高裁昭和51年2月27日判決は法定地上権の成否に関するものであるから，抵当権者の事前の承認の点では同じであるとしても，一応区別することは可能である。もっとも，これら2つの流れが，その精神において両立できるものかどうかについては，はなはだ疑問がある。

そもそも，抵当権者の予測を重視する立場は，後順位抵当権者や競売の時の買受人に抵当権者の内心の予測・評価についての過重な調査の負担を課すことになり，好ましくない。むしろ，前掲最高裁昭和52年10月11日判決の事案では，そのような評価をした抵当権者自身が買受人となっているのだから，この事案限りのものとして理解すべきであり（安永319頁），抵当権設定当事者間での特約の効力の問題あるいは信義則の問題として扱うほうが適切であって，第三者が買受人となった場合には特段の事情は存在しないと考えるべきであろう。

なお，法定地上権が旧建物か新建物かいずれを基準として成立するかという論点は，旧借地法では堅固建物か非堅固建物かで借地権の期間が異なって

第2節　抵当権の効力　　　　　　　　　　　　　　　　§*388*　II

いたことから大きな問題となったが，借地借家法の下では，たとえば2つの
隣接する土地に抵当権が設定されており，それぞれに旧建物が存在したが，
取り壊されて1つの新建物になった場合に，問題になる程度であろうとされ
る（平野86頁）。

　(イ)　旧建物所有者以外の者による再築　　抵当権設定後に土地または建物
が第三者に譲渡された場合にも，建物所有者のために法定地上権が成立する
（→2(1)(ウ)）ことから，譲渡後に建物が滅失し，滅失時点の建物所有者によっ
て再築された場合にも，旧建物を基準とした法定地上権が認められることに
なる。では，建物滅失後に，土地が第三者に貸与されて，その第三者が建物
を新築した場合にも法定地上権の成立が認められるであろうか。

　この点で，建物が火災により焼失し，設定者の妻が建物を再築したという
ケースで，大審院昭和13年5月25日判決（民集17巻1100頁）は，「抵当権設
定者ニ於テ自ラ再築ヲ為スコトナク自己ノ妻ヲシテ家屋ヲ再築セシメテ土地
ノ使用ヲ許諾シ且自ラモ妻ト共ニ該家屋ニ居住シテ其ノ敷地ノ利用ヲ継続ス
ルカ如キ場合ニ於テモ猶且土地競売ノ場合ニ付前同様地上権ヲ設定シタルモ
ノト看做スヘキモノト解スルヲ相当トスヘシ」として，法定地上権の成立を
認めた。

　この判決に対しては，土地と建物を所有する者が土地に抵当権を設定した
後に建物を第三者に譲渡し，第三者のために賃借権を設定した場合に法定地
上権が認められるのだとすると，その第三者が滅失した建物を再築した場合
にも法定地上権の成立が認められるべきであり，そうであれば，建物滅失後
再築前に土地を第三者に賃貸し，賃借人によって再築された場合にも法定地
上権の成立を肯定すべきは当然であるとして支持する説もあるが（我妻354
頁，石田(穣)373頁），目的物が消滅したときは物権も消滅するという物権法原
則に反しており，行き過ぎだと批判する説もある（近江187頁）。賃借人一般
による再築にまで拡張するのは問題があり，この判決は，妻名義で再築して
いるものの，夫も同居を続けているという事情を夫による再建とほぼ同視し
たという特殊な事例と評価すべきと思われる。

　(ウ)　土地建物共同抵当の場合における旧判例　　前掲大審院昭和10年8
月10日判決も前掲最高裁昭和52年10月11日判決もともに，土地のみに抵
当権が設定されていたケースであるが，前掲大審院昭和13年5月25日判決

〔松本〕　167

§*388* Ⅱ　　　　　　　　　　　　　　　第2編　第10章　抵当権

は，実際は夫所有の土地と建物に共同抵当権が設定されていたケースであった。したがって，前掲大審院昭和13年5月25日判決は，前掲大審院昭和10年8月10日判決の適用範囲を，旧建物所有者の妻が再築者であり，夫も同居し続けている場合にも拡張するとともに，土地建物共同抵当の事例にまで拡張した点にも意義をもっている。

(5)　土地建物共同抵当と全体価値考慮説

(ア)　土地建物共同抵当の場合における建物再築と全体価値考慮説の登場

　建物が再築された場合にも法定地上権が成立するとの考え方は，バブル経済の崩壊後に抵当権の執行妨害に対処するために「全体価値考慮説」（詳細については，淺生重機＝今井隆一「建物の立替えと法定地上権」金法1326号〔1992〕6頁および東京地執行処分平4・6・8判タ785号198頁参照）が提唱されるまでは，土地にのみ抵当権が設定されていたのか，それとも土地建物共同抵当であったのかを特に区別することなしに承認されてきた。すなわち，土地にのみ抵当権が設定された場合に抵当権者が把握している担保価値は，更地価額から法定地上権価額を引いた額（底地価額）であり，土地建物共同抵当の場合でも，土地についてはこの点は変わらず，別途，建物にも抵当権を設定することによって建物価額に法定地上権価額を加えた額を担保価値として把握していると考える「個別価値考慮説」に立っていた。

　しかし，最高裁平成9年2月14日判決（民集51巻2号375頁）が，全体価値考慮説の採用を宣言するに至って，前掲大審院昭和13年5月25日判決が前掲大審院昭和10年8月10日判決の適用範囲を土地建物共同抵当の事例にまで拡張した点については，くつがえされることとなった。この最高裁平成9年2月14日判決は，旧建物が抵当権者の承諾を得て取り壊された後に，設定者からの土地賃借人が建物を新築したという事案で，「土地及び地上建物に共同抵当権が設定された場合，抵当権者は土地及び建物全体の担保価値を把握しているから，抵当権の設定された建物が存続する限りは当該建物のために法定地上権が成立することを許容するが，建物が取り壊されたときは土地について法定地上権の制約のない更地としての担保価値を把握しようとするのが，抵当権設定当事者の合理的意思であり，抵当権が設定されない新建物のために法定地上権の成立を認めるとすれば，抵当権者は，当初は土地全体の価値を把握していたのに，その担保価値が法定地上権の価額相当の価

168　〔松本〕

第2節　抵当権の効力　　　　　　　　　　　　　　　　§*388*　II

値だけ減少した土地の価値に限定されることになって，不測の損害を被る結果になり，抵当権設定当事者の合理的な意思に反する」ことを理由に，「所有者が土地及び地上建物に共同抵当権を設定した後，右建物が取り壊され，右土地上に新たに建物が建築された場合には，新建物の所有者が土地の所有者と同一であり，かつ，新建物が建築された時点での土地の抵当権者が新建物について土地の抵当権と同順位の共同抵当権の設定を受けたとき等特段の事情のない限り，新建物のために法定地上権は成立しないと解するのが相当である」とした。

　この判決は，建物保護という「公益」については，「このように解すると，建物を保護するという公益的要請に反する結果となることもあり得るが，抵当権設定当事者の合理的意思に反してまでも右公益的要請を重視すべきであるとはいえない」として，「当事者の合理的意思」の方を重視する立場をとっている。

　次いで，最高裁平成 9 年 6 月 5 日判決（民集 51 巻 5 号 2116 頁）は，前掲最高裁平成 9 年 2 月 14 日判決が，法定地上権の成立が認められる特段の事情のある場合の例示として挙げている，新建物について土地の抵当権と同順位の共同抵当権の設定を抵当権者が受けた場合であっても，新建物への抵当権設定前に法定納期限の到来する国税債権のように「新建物に設定された抵当権の被担保債権に法律上優先する債権が存するときは，右の特段の事情がある場合には当たらず，新建物のために法定地上権が成立しないものと解するのが相当である」とした。その理由は，「新建物に設定された抵当権の被担保債権に法律上優先する債権が存する場合は，新建物に右抵当権に優先する担保権が設定されている場合と実質的に異なるところがなく，抵当権者にとっては，新建物に抵当権の設定を受けないときは土地全体の担保価値を把握することができるのに，新建物に抵当権の設定を受けることによって，かえって法定地上権の価額に相当する価値を把握することができない結果となり，その合理的意思に反するからである」。

　この判決は，国税当局からの交付要求により，実質的に，建物抵当権に優先する担保権が設定されたものとみなし，土地の抵当権と同順位の共同抵当権の設定を受けたときにあたらないと評価したということになる。

　(ｲ)　全体価値考慮説の評価　　全体価値考慮説が判例を支配するに至り，

§388 II 　　　　　　　　　　　　　　　第2編　第10章　抵当権

これを支持する学説も多いが（近江190頁，内田426頁など），伝統的な個別価値考慮説からの批判と全体価値考慮説をより徹底すべきとする立場からの批判，さらにその他の視点からの批判が見られる。

　土地建物共同抵当の場合の建物再築の事例には，通常再築型，執行妨害再築型，債務不履行再築型（抵当権設定者が再築の際に再築建物に旧建物と同順位の抵当権の設定を約束していながらそれを履行しなかった場合）があるとされる（生熊73頁）。個別価値考慮説からは，全体価値考慮説を支持する論拠としてしばしば挙げられる執行妨害再築型への対処としては権利濫用により，また債務不履行再築型への対処としても信義則または権利濫用により法定地上権の成立を否定すればよく，通常再築型は個別価値考慮説が適合的であると主張される（生熊74頁）。具体的には，地震や火災による建物滅失の際に，全体価値考慮説では，建物再築のための資金融資を当初の抵当権者が拒むと，他から融資を受けることができず，土地の有効活用としての建物建築ができなくなる点が指摘されている（田髙寛貴・クロススタディ物権法〔2008〕260頁，生熊74頁）。また，土地所有者からの借地人が建物を所有している場合に，土地所有者の債務の担保として土地と借地人所有の建物に共同抵当権が設定されている場合も，抵当権者として全体価値を把握している点は共通のはずだが，借地権者は借地権に基づいて建物を再築でき，土地の買受人に対抗できるので，土地抵当権者が把握しているのは底地部分の価値にすぎないことからも，個別価値考慮説のほうが理論的整合性がとれているとされる（生熊75頁）。さらに，判例が土地にのみ抵当権が設定されている場合と土地建物共同抵当である場合を異なって扱っている点の論拠を欠くとの批判もある（山野目313頁・319頁）。

　全体価値考慮説をより徹底させる観点からの批判としては，全体価値考慮説がなお建物については地上権付き，土地については底地価格とみている点が納得できないとして，同一所有者に属する土地建物共同抵当の場合には法定地上権をそもそも考えるべきでないとする実務家からの批判がある（堀龍兒〔判批〕判タ824号〔1993〕48頁）。そして，このような感覚に合致した解釈論として，そもそも，土地建物共同抵当の場合については，再築の有無を問わず，平成16年改正前388条の文言に忠実に，拡張解釈をすることをやめて，同条の適用を否定すべきであるとの学説も主張されている（生田治郎「建

第 2 節　抵当権の効力

物の再築と法定地上権の成否」NBL134 号〔1977〕6 頁，山本和彦「法定地上権の濫用について」民研 403 号〔1990〕12 頁，伊藤進「土地建物共同抵当における建物再築と法定地上権(上)(下)」ジュリ 1055 号 140 頁，1056 号 145 頁〔1994〕，田中克志「土地・建物の一体化と法定地上権・一括競売制度」静岡大学法政研究 2 巻 3 = 4 号〔1998〕51 頁)。

　抵当権者による全体価値把握は 389 条による一括競売によって実現できることを根拠に，抵当権者が土地だけを競売した場合には，再築後の建物と一体としての土地の担保価値が大きく下落する場合を除き，法定地上権が成立するとの説も主張されている（石田(穣)374 頁)。この説は，更地に抵当権が設定された後に建物が建築された場合において，一括競売を申し立てない場合には法定地上権の成立を認めるという有力説（→1(1)(ｱ)）の発想を，土地と地上建物に共同抵当権が設定された後の再築に限定して認めるものであるが，更地に抵当権が設定された後に建物が建築された場合に法定地上権の成立を認めることに対しては，建物を欲しない買受人も多いから，土地と建物の一括競売が円滑に進むとは限らず，抵当権者を害するとして採用しない（石田(穣)371 頁)。この点では，389 条の解釈として一括競売の義務説（→§389 II (1)(ｳ)）をとることを前提に，建物再築の場合には，更地に抵当権が設定された後に建物が建築された場合と同様に，法定地上権の成立を否定する説もある（平野 87 頁)。

　(ｳ)　土地建物共同登記の対抗要件化　共同抵当の登記は，一般に，後順位抵当権者の利益になるだけであるから，抵当権者にとっては対抗要件ではないと解されている。しかし，全体価値考慮説に立つ判例を前提にすれば，旧建物がその土地と同順位の共同抵当であったことは，土地の抵当権者にとっては有利に働くのであるから，この場合の共同抵当の登記は，抵当権者による全体価値の把握を公示し，法定地上権を否定するための一種の対抗要件のようなものと考える必要があるのではなかろうか。旧建物滅失後の更地の状態で抵当権の設定された土地を譲り受けた第三者にとって，共同担保の登記がない場合には，閉鎖登記簿の照覧を期待しない限り，更地に抵当権が設定された場合との区別がつかないことや，事情を知らずに新建物に抵当権の設定を受ける者が害される結果となることが指摘されている（山野目 319 頁)。

　(6)　土地建物共同抵当と更地抵当の統一的処理の可能性

　更地に抵当権が設定された後に土地所有者が建築した建物に，土地の抵当

§388 II

第2編　第10章　抵当権

権者が同一順位の抵当権の設定を受けた場合はどうなるであろうか。前掲大審院大正15年2月5日判決も前掲大審院昭和11年12月15日判決も，一般論としてはこの場合をも含む記述になっているが，実際の事案では，更地への抵当権設定後に建築された建物の抵当権者は，土地の抵当権者とは別人である（一1⑴⑺）。全体価値考慮説のロジックからは，更地に抵当権が設定された後に，その土地上に建築された建物についても，土地の抵当権と同順位の抵当権が設定された場合，土地と建物に共同抵当権を設定した抵当権者としては，担保価値の全部を把握しており，その両者から債権の満足を受けることができ，土地と建物に同時に共同抵当権を設定したときと変わりがないということになろう。このような判断から，抵当権者が建物のみを競売にかけた場合において，法定地上権を肯定する下級審裁判例がある（東京高決昭53・3・27判時888号93頁）。学説でも，このような場合に法定地上権の成立を認めても，抵当権者の利益を害することはなく，建物所有者の利益になり，かつ，法定地上権を肯定する基準（土地建物に同順位の抵当権が存在）は客観的に明確で，買受人の期待を害するおそれもないから，法定地上権の成立を認めるべきであるとの主張もある（内田424頁，河上206頁）。

　土地の抵当権者の意図としては，同一所有者に帰属する土地と建物を共同抵当として設定を受けている場合に，それらの設定を同時に受けた場合であっても，建物についての抵当権が遅れて設定されるというように異時的に受けた場合であっても，土地の有する全体価値を把握しようとする点は同じである。したがって，異時的に共同抵当となる場合について，全体価値考慮説の適用を排除する必要はないものと思われる。実際に，全体価値考慮説の先駆的学説は，この立場をとる（井上稔「担保価値の実現と法定地上権の成否」金法1209号〔1989〕30頁）。

　全体価値考慮説の意義を，土地建物共同抵当においては，建物が滅失して建物抵当権が消滅した以上，共同抵当権は更地抵当権となり，法定地上権が成立することはないとする点に見出し，更地抵当に還元してとらえる立場がある（近江190頁）。この説は，更地抵当においても土地建物共同抵当においても，抵当権者に特に不利益を与えない一定の場合には，法定地上権の成立を認めてもよいとするのは，解釈による容認（法定地上権の適用場面の拡張）にすぎないとする。

172　〔松本〕

第2節　抵当権の効力　　　　　　　　　　　　　　　　　　§*388*　II

　そもそも，土地の価値を法定地上権の制約による減価のない状態で把握したいという意図に限定すれば，更地に抵当権を設定した場合一般と，土地建物を共同抵当にとる場合とで大差はない。したがって，これらの諸場合（①更地への抵当権設定ケース，②更地への抵当権設定後に建築された建物への共同抵当権設定ケース，③当初から土地建物共同抵当権設定ケース，④土地抵当権設定後に当初から存在する建物への共同抵当設定ケース）を統一的に処理する法理をめざすべきである。389条の一括競売権の事実上の義務化をめざす柚木説（柚木313頁以下。→§389 II(1)(イ)）は，このような可能性を秘めたものであり，全体価値考慮説が大勢を制した今こそ，再評価に値するものと思われる。すなわち，抵当権者として，一括競売により全体価値の把握が容易にできるのに，あえて個別競売を選択した場合には法定地上権が成立するということであり，一括競売を促進するものとして，法定地上権を考えるという立場である（新版注民(9)〔改訂版〕280頁〔生熊〕もこのような考え方を支持する）。

2　土地と建物の所有権の同一人への帰属

(1)　抵当権設定時点での同一人への帰属

(ア)　同一人への帰属の登記

　(a)　未登記建物　　388条は，法定地上権の成立要件の一つとして，「土地及びその上に存する建物が同一の所有者に属する」ことを挙げているが，法定地上権の保護を受けるためには，土地への抵当権の設定時点において，地上建物の登記がされていることが必要かどうかについては何も述べていない。

　土地の抵当権設定時点で存在する建物についての保存登記がされていなくても，抵当権設定者の所有に属しており，競売の時点までに登記された場合について，大審院昭和14年12月19日判決（民集18巻1583頁）は，抵当権設定者が競売前に自ら保存登記をしたときに法定地上権の成立を認め，また大審院昭和7年10月21日判決（民集11巻2177頁）は，建物の譲受人が競売前に保存登記をしたときに法定地上権の成立を認めている。これらの判決より前にも，土地とその上の複数の建物の一部に抵当権が設定され実行された場合について，残余の建物が未登記であっても，それらのためにも法定地上権が成立するとした判例があった（大判明41・5・11民録14輯677頁）。

　さらに，競売時点でも未だに保存登記がされていない場合について，最高

〔松本〕　　173

§388 II

第2編　第10章　抵当権

裁昭和 44 年 4 月 18 日判決（判時 556 号 43 頁）は，土地の競売後に建物が未登記のままで譲渡されたときには，競売当時の建物所有者のために生じた法定地上権が建物とともに譲渡されたことになり，建物譲受人は建物の所有権の保存登記をすることによって土地買受人に対抗できるとした。

　同様に，最高裁昭和 58 年 4 月 14 日判決（判タ 497 号 93 頁）は，息子所有の土地に抵当権が設定された時点では建物は未登記であったが，その後養母が無断で養母名義の保存登記を行ったという事例，すなわち，競売時点では他人名義の保存登記がされていたという場合にも，競売における法定地上権の成立を認めることを前提とした判断を示している。この場合も，土地の買受人からの譲受人に対しては，建物保護法 1 条（現借地借家 10 条 1 項）により地上権者がその地上権を第三者に対抗するためには自己名義で所有権保存登記等を経由した建物を所有していることが必要であって，他人名義で保存登記等を経由した建物を所有する場合には，たとえ養母の死亡により相続を原因とする息子への所有権移転登記を経由したとしても，相続登記より前の建物についての譲受人に対して法定地上権を対抗することはできないとしている。

　以上の判例の趣旨は，地上建物の所有権保存登記は建物所有者が競売によって法定地上権を取得するための要件（法定地上権の成立要件）としては不要であるが，成立した法定地上権を土地の買受人からの譲受人等の第三者に対抗するためには，必要であるということである。

　学説には，抵当権設定当時に建物の登記がない以上，土地の抵当権者および買受人に対抗できないのが理であると判例を批判する説も一部にあるが（柚木 311 頁），通説は，土地抵当権の設定は現実に土地を見て評価してされるのがわが国の現状であること，および建物を建築した者は所有権の保存登記をすることなしに第三者に対抗できることを理由に判例を支持し（我妻 359 頁，安永 318 頁など），競売時点での保存登記の有無について特別の問題とすることはしない。もっとも，法定地上権を潜在的な自己借地権の顕在化ととらえて，借地借家法 10 条 1 項との均衡から，競売時点までに登記があることを要するとの少数説もある（鈴木・借地 252 頁）。また，未登記建物が第三者に譲渡された場合には，その第三者が法定地上権を土地の買受人に対抗するためには，競売時点までに登記をする必要があるとの説があり（我妻・

174　〔松本〕

第2節　抵当権の効力　　　　　　　　　　　　　　　　§*388*　II

判コメ 440 頁〔清水〕）．この説は，土地所有者が未登記の建物を譲り受けた後
に土地に抵当権を設定した場合にも，同様に，競売時点までに建物の保存登
記または前主の保存登記を経ての移転登記を経由しておかないと，法定地上
権を土地買受人に対抗できないとする（我妻・判コメ 441 頁〔清水〕）．この説に
は，成立要件としての建物の登記と対抗要件としての建物の登記の交錯が見
られる．

　未登記建物についても法定地上権の成立を認める判例の考え方は，土地に
抵当権を取得しようとする者は，現地調査を行うのが普通であるから，そこ
で地上建物の存在がわかるはずであるという点に主たる根拠をおいているも
のと思われる．しかし，未登記建物が土地所有者以外の者に属している場合
には法定地上権が成立しないから，土地の抵当権の設定を受けようとする者
としては，建物の存否のみならず，建物の真の所有者がだれであるかの調査
も必要ということである．建物の所有権保存登記が土地への抵当権設定登記
よりも後に行われている場合，建物の所有者が所有権を取得した時期と第 1
順位の抵当権の設定時期の先後が，後順位抵当権者や買受人にはわからず，
現地調査だけでは法定地上権の成否の判断が困難であることも指摘されてい
る（松岡 139 頁）．そこで，一般的には未登記建物でも法定地上権の成立を認
めるものの，抵当権者以外の買受人あるいは後順位担保権者の利益の保護の
観点から，これらの者が抵当権設定時に建物が存在していたという事情を知
らず，法定地上権のないものとして評価した場合は，不成立とする説もある
（道垣内 218 頁）．

　(b)　旧所有者名義の登記　　土地と建物が抵当権設定時において同一人
に帰属していることが，設定時において登記簿上公示されている必要がある
かどうかは，未登記建物の場合のみならず，土地または建物の譲渡がされ，
両者が同一人に属するようになったものの，未だにその旨の移転登記がされ
ていない段階において，所有者が従来から所有していた方の不動産に抵当権
が設定された場合にもしばしば問題となる．

　土地に抵当権が設定された時点で，建物の登記名義が前主のままになって
いた場合について，抵当権者にとっての予測不可能性を理由に（鈴木・借地
255 頁），あるいは，抵当権設定時点で登記を取得していない場合は建物所有
を抵当権者に対抗しえないことを理由に（我妻・判コメ 440 頁〔清水〕），法定地

〔松本〕　　175

§*388* **II**　　　　　　　　　　　第2編　第10章　抵当権

上権の成立を否定する学説もあるが，最高裁昭和48年9月18日判決（民集27巻8号1066頁）は，建物保護の社会経済上の要請に加えて，「土地につき抵当権を取得しようとする者は，現実に土地を見て地上建物の存在を了知しこれを前提として評価するのが通例であり，競落人は抵当権者と同視すべきものであるから，建物につき登記がされているか，所有者が取得登記を経由しているか否かにかかわらず，法定地上権の成立を認めるのが法の趣旨に合致する」とした。この論理は，土地に抵当権を設定した時点で，未登記建物が地上に存在している場合の判例の考え方の延長線上にある（→(a)）。

　他方，建物の所有者が，土地の所有権を譲り受けたものの，その移転登記を経ないうちに建物に抵当権を設定した場合についても，他人の土地上に存在する建物について取引に入ろうとする者は，建物の存置のための土地使用権原の有無等を調査すべきであり，これを怠った者には法定地上権の成立を否定する少数説もあるが（鈴木・借地256頁），学説はおおむね法定地上権の成立を認める（我妻・判コメ441頁〔清水〕，高木203頁，槇222頁，安永324頁）。

　この場合において，建物抵当権設定者が，その後，土地について移転登記を取得し，さらに抵当権実行前に第三者に土地を譲渡したときに，建物の買受人はその土地譲受人に対して，法定地上権を主張することができるかについて，最高裁昭和53年9月29日判決（民集32巻6号1210頁）は，法定地上権の成立を認めた。すなわち，同判決は，原審が「法定地上権の成立について，建物抵当権設定時においては，その負担を受けるべき土地所有者の所有権取得登記はその所有者にとって狭義の対抗要件の問題でなく，その後土地につき正当な利害関係を有するに至った者に対し公示の配慮を全く欠くわけにはゆかないとの要請があるに過ぎないと解せられる。つまり，その後の土地所有権取得者において，取得当時，法定地上権が成立する可能性のあることを登記簿上予め知ることができれば足りるというべきである」と述べて法定地上権の成立を認めた判断を是認するにあたり，前掲最高裁昭和48年9月18日判決を引用している。

　このような判例の立場に対して，学説には，土地の譲受人にとって法定地上権が成立する可能性があることを予測する手がかりがないことを理由に，建物抵当権設定時点において土地の登記簿上の名義人と真の所有者とが一致していることを要件とする説もあるが（我妻・判コメ441頁〔清水〕），少なくと

176　〔松本〕

第2節　抵当権の効力　　　　　　　　　　　　　　　§388　Ⅱ

も約定利用権の対抗は覚悟していたはずであることを考慮すると，法定地上権の成立を肯定しても不測の損害とはならないとして判例を支持する説もある（安永 324 頁）。

　(イ)　請負人所有権留保の建物　　建物が請負人によって建築されている場合，建物の所有権は請負人に原始的に帰属しており，請負人が材料を提供しているときは引渡し時に（大判大 3・12・26 民録 20 輯 1208 頁），注文主が材料を提供するか工事代金を前払いしているときは完成と同時に（大判昭 7・5・9 民集 11 巻 824 頁，最判昭 44・9・12 判時 572 号 25 頁），注文主に移転するとする判例理論においては，少なくとも建物完成までは建築中の建物と土地が別人の所有に属することとなる。

　この点で，土地についての抵当権が設定された時点で，建物については当該建物の建築請負人が所有権を留保していた場合について，実質的に注文主たる土地所有者に属していると見られるときは，法定地上権が成立するとした下級審裁判例がある（京都簡判昭 48・4・26 下民集 24 巻 1〜4 号 256 頁）。学説でも，このような場合には，土地と建物の所有者が形式上異なるが，実質的に同一であり，法定地上権の成立を認めてよいとされる（川井・概論 367 頁）。

　(ウ)　抵当権設定後の別人への帰属

　　(a)　土地に抵当権が設定されている場合　　抵当権の設定時点において土地と建物は同一人に帰属していたが，土地に抵当権が設定された後に建物が譲渡された事例で，大審院連合部大正 12 年 12 月 14 日判決（民集 2 巻 676 頁）は，法定地上権の成立を否定する従前の判例（大判明 40・3・11 民録 13 輯 258 頁）を改め，「土地及其ノ上ニ存スル建物ノ所有者カ土地又ハ建物ノミヲ抵当ト為シ其ノ一カ抵当権ニ基キ競売セラレ二者其ノ所有者ヲ異ニスルニ至リタル場合ニ於テ建物ノ所有者ハ土地使用ノ権利ナキノ故ヲ以テ建物ヲ収去スルヲ免レスト為サンカ建物ノ利用ヲ害シ一般経済上不利ナルコト論ヲ俟タス民法第 388 条ハ此ノ不利ヲ避ケンカ為ニ建物所有者ニ地上権ヲ附与シタルモノナレハ土地ノミヲ抵当ト為シタル場合ニ於テハ同条ニ依リ地上権ヲ有スヘキ者ハ競売ノ時ニ於ケル建物所有者ナラサルヘカラス其ノ抵当権設定者タルト否トハ問フ所ニ非ス」と述べて，競売時の建物所有者は抵当権設定者たると否とを問わず法定地上権を取得するとした。抵当権設定後の約定利用権は抵当権の実行によってくつがえされてしまうからであり，また，法定地上

〔松本〕　　177

§*388* II 第2編 第10章 抵当権

権の成立は抵当権者にとって予測することができるからである。

同様に，抵当権の設定された土地が譲渡された場合にも，譲渡の際に設定された約定利用権は抵当権に劣後するから，法定地上権が成立する（大判昭8・10・27民集12巻2656頁〔建物と土地とがそれぞれ別人に譲渡された事例〕）。

ただし，譲渡の際に設定された約定利用権の内容に法定地上権と比べて格差がある場合の扱いについては，法定地上権の成立理由をめぐる考え方の差異に応じて，さまざまな説が主張されている。すなわち，判例を支持して，抵当権者の予測を強調し，法定地上権による画一的処理を主張する説（我妻355頁，我妻・判コメ435頁〔清水〕，川井・概論369頁など），法定地上権を約定利用権の限度にとどめる説（注民(9)〔増補再訂版〕181頁〔柚木馨＝上田徹一郎〕），抵当権に劣後する約定利用権も土地買受人の側から承認することはできるとして，買受人による選択を認める説（鈴木・借地263頁），建物譲渡とともに法定地上権の期待権も譲渡されており，建物譲受人に約定利用権と法定利用権との選択を許す説（篠塚昭次「法定地上権」柚木馨ほか編・判例演習物権法〔増補版，1973〕231頁）などが対立している。抵当権者の利益はその期待が侵害される場合以外はあえて持ち出す必要はないうえに，そもそも譲渡に際して約定利用権が設定されなかった場合との対比を考えると，買受人による選択を認める説が適切と思われる。

(b) 建物に抵当権が設定されている場合　抵当権の設定時において土地と建物が同一人に帰属していたが，建物に抵当権が設定された後に土地または建物が譲渡された場合についても，判例は法定地上権の成立を認めている（大判昭8・3・27新聞3543号11頁〔土地譲渡の事例〕）。学説も，抵当権者の予測が可能であることや，譲渡時に設定された約定利用権は，建物所有権の従たる権利として抵当権の効力に服するが，それが賃借権である場合の賃貸人からの承諾取得の負担を理由に法定地上権の成立を認める（我妻356頁，高木201頁，川井・概論370頁など）。他方，抵当権設定後に設定された建物所有権の従たる権利である約定利用権には建物の抵当権の効力は及ばないとする立場をとると，法定地上権が認められることになる（安永325頁）。この場合も，建物買受人の側から約定利用権を選択することは許されると解される（鈴木・借地264頁，高木201頁）。

(c) 譲渡時に設定された約定利用権が解除された場合　398条は，地

178　〔松本〕

上権または永小作権を抵当権の目的とした場合，地上権者または永小作人が
その権利を放棄しても，抵当権者に対抗できないと定めており，この規定の
類推適用により，抵当権が設定された借地上の建物の所有者が借地権を放棄
しても（大判大 11・11・24 民集 1 巻 738 頁），また合意解除しても（大判大 14・7・
18 新聞 2463 号 14 頁），抵当権者に対抗することができないとされる。

それでは，土地または建物への抵当権設定後，いずれかが第三者に譲渡さ
れた際に設定された約定利用権が賃料不払等の理由により解除された後に競
売が行われた場合には，法定地上権の成否はどうなるであろうか。

土地に抵当権が設定された後に建物が譲渡されたときは，潜在的な法定地
上権が土地所有者（賃貸人・抵当権設定者）に復帰し，あたかも建物が抵当権
設定者の所有に属する間に滅失したが，滅失のままに競売時まで放置されて
いた場合に準じて考えて法定地上権の成立を認める説（我妻 356 頁，石田（穣）
378 頁）と，建物所有者が土地所有者との関係で建物を収去しなければなら
ない場合には法定地上権が成立しないとする説（我妻・判コメ 437 頁〔清水〕）
がある。

また，建物に抵当権が設定された後に土地または建物が譲渡されたときは，
法定地上権は建物抵当権の設定において抵当権者や買受人に保障されていた
ものであるから，約定利用権の消滅によっては直接の影響を受けず，法定地
上権が成立するとされる（我妻・判コメ 437〔清水〕）。さらに，この論理の延長
上に，土地と建物の両方に抵当権が設定され，まず土地が競売され，その買
受人と建物所有者との間で賃貸借契約が締結されたが，建物所有者の不履行
により契約が解除された後，建物が競売された場合にも法定地上権の成立を
認めてよいとする説もある（川井・概論 375 頁）。

(2)　抵当権設定時点での別人への帰属

(ア)　親子・夫婦等親族間での分属　　最高裁昭和 51 年 10 月 8 日判決（判
時 834 号 57 頁）は，土地と建物の所有者が異なっている場合には，それが親
子，夫婦といった密接な関係にある者の間であっても約定利用権の設定が可
能であるから，法定地上権は成立しないとする。もっとも，これらの者の間
では，たとえ明示の契約が結ばれていなくても，黙示の利用権設定契約（無
償の地上権ないし使用貸借）があったものと認められるべき場合が多いものと思
われる。地上権であれば地上建物の登記を経ることによって，土地の買受人

§*388* II

第2編 第10章 抵当権

に対抗することができるが（借地借家10条1項），使用貸借の場合は地上建物の登記を経ていても対抗できない。いずれと解するかについては，原則として，当初の土地・建物所有者間では使用貸借またはこれに類するものと解されるが（我妻・判コメ435頁〔清水〕），土地が譲渡されるときには賃貸借とする旨の合意があるものと見るとの解釈も提案されている（星野英一・借地・借家法〔1969〕15頁）。

（イ）　登記簿上の同一人名義　大審院昭和6年5月14日判決（新聞3276号7頁）は，同一人に帰属していた土地・建物のうち，建物が譲渡されたが移転登記がされていないうちに土地について抵当権が設定された事例で，法定地上権の成立を否定した。抵当権設定時点で存在する土地と建物は別人に帰属しているにもかかわらず登記簿上は同一人名義となっていた場合であっても，約定利用権が存在しているはずであるから，その約定利用権が第三者に対抗できるものであるか否かの問題に還元されるということである。

他方，土地譲渡後で移転登記前に建物に抵当権が設定された場合については，真実と異なる登記の外観を呈していた真実の土地所有者の負担において，登記を信頼した抵当権者を保護して法定地上権の成立を認めるべきとされる（道垣内220頁）。また，土地譲渡の際に設定された約定利用権については，その譲渡性に問題があること（612条，借地借家20条1項）からも法定地上権を肯定すべきであるとされる（高木203頁）。

（ウ）　抵当権設定後の同一人への帰属　388条の文言の反対解釈から，抵当権設定時に土地と建物が別人に帰属している場合には法定地上権は成立しない。これは，土地と建物が別人の所有に属する場合には，両者の間に土地についての何らかの約定利用権が設定されているはずであり，その後土地に抵当権が設定されたときは，この約定利用権の対抗の問題として考えればよく，また，建物に抵当権が設定されたときは，約定利用権には建物の従たる権利として建物抵当権の効力が及ぶから建物買受人は約定利用権をも取得でき，いずれの場合も，法定地上権を特に認めなくても建物の存続が確保できるからである。

たとえ，その後の競売時点で土地と建物の所有権が同一人に帰属し，登記名義も同一人になったとしても，法定地上権は成立しない。抵当権設定時において存在したはずの約定利用権は，設定後に土地と建物の所有権が同一人

180　〔松本〕

第2節　抵当権の効力　　　　　　　　　　　　§*388*　II

に帰属したとしても，混同の例外として消滅しないから（179条1項ただし書・520条ただし書），法定地上権の成立を認めなければならない必要性はない。判例も，建物に抵当権が設定された後に土地所有者が建物を取得したという事例において，法定地上権の成立を否定している（大判明38・6・26民録11輯1022頁，最判昭44・2・14民集23巻2号357頁）。

　そして，抵当権設定時点で土地と建物の所有者が別人であって，建物に抵当権が設定され，その後，建物所有者が土地を取得した場合に，買受人への借地権の移転には土地所有者の承諾（612条）が必要とされている点については，このような場合の土地所有者（＝建物抵当権設定者）は承諾を義務付けられており，承諾義務があるときは承諾の意思表示がなくても借地権は移転するとの解釈が提案されている（石田（穣）381頁）。

　ただし，学説には，建物抵当の場合に，建物所有者が後に土地を取得したときは，建物抵当権は約定利用権の上に効力を及ぼしているが，建物抵当権は法定地上権にも拡張すべきであり，それが抵当建物の敷地を取得する者の合理的意思であるとし，また，土地所有者が建物を取得したときは，約定利用権は混同によって消滅し，建物の存続をはかるために法定地上権が生じる状態になるとする有力説がある（我妻357頁）。さらに，この説は，建物に第1順位の抵当権が設定された後に建物所有者が土地を取得し，その後に建物に第2順位の抵当権が設定された場合において，第2順位の抵当権の設定時点において土地と建物が同一人に帰属していれば，第1順位抵当権者による競売申立てによる場合であっても法定地上権の成立が認められるとする後掲大審院昭和14年7月26日判決の法理（一3(ア)）は，第2順位の抵当権の設定がない場合にも同様に認められるべきとする。もっとも，この説も，土地抵当の場合については，約定利用権を消滅させて法定地上権を成立させることは，現実に存在する約定利用権を考慮して評価された抵当権の不利益になるおそれがあるとして，法定地上権の成立を認めない（我妻356-357頁）。同様に，建物抵当の場合には，法定地上権の成立を認めても第1順位抵当権者の利益を害さず，第2順位抵当権の設定時には約定利用権を設定する可能性がなかったとして，この立場を支持する学説もある（新版注民(9)〔改訂版〕352頁〔生熊〕，髙橋151頁）。

　さらに，388条の意義を建物保護，とりわけ建物の居住権を抵当権に優先

〔松本〕　　181

§*388*　Ⅱ　　　　　　　　　　　　　　　第2編　第10章　抵当権

させるという点に見る立場から，土地と建物が同一人に帰属するという要件の基準時を抵当権設定時または抵当権実行時とする独自の説も提起されている（加賀山・講義429頁以下）。

(3)　第2順位抵当権の設定時点での同一人への帰属

(ア)　競売時点で第1順位抵当権が存続している場合　　第1順位の抵当権設定当時は別人に帰属していた土地と建物が，第2順位の抵当権設定時には同一人に帰属していたという場合はどうであろうか。

このうち，建物に第1順位の抵当権が設定された後に建物所有者が土地所有権を取得し，その後に建物に第2順位の抵当権が設定された場合について，大審院昭和14年7月26日判決（民集18巻772頁）は，第2順位の抵当権の設定時点において土地と建物が同一人に帰属していれば，第1順位抵当権者による競売申立てによる場合であっても法定地上権の成立が認められるとする。また，前掲最高裁昭和53年9月29日判決の原審（大阪高判昭53・1・26金判559号13頁）も，建物の第1順位抵当権の設定と第2順位抵当権の設定の間に土地所有権が移転され，移転登記は第2順位抵当権の設定後であったという事案で，同様に法定地上権の成立を認めていた（この点は最高裁では争点となっていない）。

他方，土地に第1順位抵当権が設定された後に，土地と建物が同一人に帰属し，その後土地に第2順位抵当権が設定されたという場合については，最高裁平成2年1月22日判決（民集44巻1号314頁）は，「土地について一番抵当権が設定された当時土地と地上建物の所有者が異なり，法定地上権成立の要件が充足されていない場合には，一番抵当権者は，法定地上権の負担のないものとして，土地の担保価値を把握するのであるから，後に土地と地上建物が同一人に帰属し，後順位抵当権が設定されたことによって法定地上権が成立するものとすると，一番抵当権者が把握した担保価値を損なわせることになる」として，法定地上権の成立を否定した。この判決は，建物に第1順位の抵当権が設定された後に建物所有者が土地を取得し，その後に建物に第2順位の抵当権が設定された場合については，建物競落人が法定地上権を取得しても，第1順位抵当権者が把握した担保価値を損なうことにはならないとして，前掲大審院昭和14年7月26日判決や前掲最高裁昭和53年9月29日判決の立場を肯定し，この判決の立場と矛盾しないとしている。

182　〔松本〕

第2節　抵当権の効力

　第1順位抵当権者の把握した担保価値への期待保護を重視している点では，この判決は，更地に第1順位抵当権が設定された後に設定者が建物を建築し，土地に第2順位抵当権が設定された場合について，第1順位抵当権設定時点を基準にして法定地上権の成立を否定する大審院昭和11年12月15日判決（民集15巻2212頁）の立場と軌を一にしている。

　通説も，第1順位抵当権者の利益は，建物抵当権のケースでは法定地上権の成立を認めても害されないが，土地抵当権については害されるとして，建物抵当権については第2順位抵当権の設定時を基準にし，土地抵当権については第1順位抵当権の設定時を基準にするとの判例の立場を肯定する（我妻356-357頁，安永327頁・329頁，近江196頁）。しかし，建物抵当権のケースでは，建物への第1順位の抵当権が設定された際に存在していたはずの建物所有者の約定土地利用権は混同によっては消滅せず，第2順位抵当権設定時点にも存続していたはずであるから，第1順位抵当権設定時点の約定利用権の対抗の問題として処理するのが論理一貫的である（内田427頁，河上211頁，石田（穣）390頁）。また，土地抵当権のケースで法定地上権が否定されるとしても，土地に第1順位の抵当権が設定された際に存在していたはずの建物所有者の約定利用権の対抗の問題はなお残っている。第1順位抵当権者の把握した担保価値は，約定利用権の負担を帯びた土地の担保価値である。

　前掲最高裁平成2年1月22日判決の実際の事案は，土地が父に，建物が息子に帰属している時点で土地と建物の双方に第1順位の共同抵当権の設定がされ，その後，相続によって土地が息子の所有となった後に，旧建物が取り壊されて，息子が旧建物とは別に土地上に建築していた別個建物を増築して使用していた。次いで，土地に第2順位から第4順位までの抵当権が設定されたところ，地上の別個建物が滅失した後に土地が賃貸され，土地賃借人が建築し所有する新建物について，第1順位抵当権に基づく競売がされた場合において，法定地上権の成否が争われたものであり，土地建物共同抵当における全体価値考慮説の見地からも支持されている（髙橋151頁）。

　なお，以前から存続する約定利用権か，それとも担保不動産競売によって成立する法定地上権かという問題は，たとえば，土地に第1順位抵当権が設定された後に土地所有者が建物所有権を取得したが，建物の登記は前主のままであった状態で土地に第2順位抵当権が設定された場合において，建物所

§388 Ⅱ 第2編 第10章 抵当権

有者が約定利用権を主張するには，少なくとも借地借家法10条1項に基づく建物所有権の登記という対抗要件をそなえていることが必要であるが，法定地上権を主張するためには，建物所有者と土地買受人は法定地上権成立の当事者関係にあるから建物の所有権の登記は不要であると考えられる（→Ⅲ⑷(イ)）という点でも大きな違いが生じる。

(イ)　競売時点で第1順位抵当権が消滅している場合　　土地を目的とする第1順位抵当権（甲抵当権）と第2順位抵当権（乙抵当権）が設定された後，第1順位抵当権が設定契約の解除により消滅し，その後，第2順位抵当権の実行により土地と建物の所有者を異にするに至った場合については，最高裁平成19年7月6日判決（民集61巻5号1940頁）が，第1順位抵当権の設定時には土地と建物が同一の所有者に属していなかったとしても，第2順位抵当権の設定時に同一の所有者に属していたときは，法定地上権が成立するとしている点に注意が必要である。

その理由をこの判決は，「上記のような場合，乙抵当権者の抵当権設定時における認識としては，仮に，甲抵当権が存続したままの状態で目的土地が競売されたとすれば，法定地上権は成立しない結果となる（前掲平成2年1月22日第二小法廷判決参照）ものと予測していたということはできる。しかし，抵当権は，被担保債権の担保という目的の存する限度でのみ存続が予定されているものであって，甲抵当権が被担保債権の弁済，設定契約の解除等により消滅することもあることは抵当権の性質上当然のことであるから，乙抵当権者としては，そのことを予測した上，その場合における順位上昇の利益と法定地上権成立の不利益とを考慮して担保余力を把握すべきものであったというべきである。したがって，甲抵当権が消滅した後に行われる競売によって，法定地上権が成立することを認めても，乙抵当権者に不測の損害を与えるものとはいえない。そして，甲抵当権は競売前に既に消滅しているのであるから，競売による法定地上権の成否を判断するに当たり，甲抵当権者の利益を考慮する必要がないことは明らかであ」り，388条は，「競売前に消滅していた甲抵当権ではなく，競売により消滅する最先順位の抵当権である乙抵当権の設定時において同一所有者要件が充足していることを法定地上権の成立要件としているものと理解することができる」と述べている。

この判決に対しては，抵当権者として安定した担保評価ができなくなるこ

184　〔松本〕

とを理由に反対する説もあるが（石田(穣)380頁，松岡143頁），一般に，法定地上権の成否についてのルールが明確であれば，抵当権者に不測の損害を与えるものではないから，担保の安定性を害することにはならない。すなわち，第2順位抵当権設定時基準説が確定判例となれば，第2順位抵当権者は，法定地上権の負担なしの土地の第2順位としての配当可能額と法定地上権の負担付きの土地の第1順位としての配当可能額のどちらか小さい方を上限とする与信を行うことになろう（松本恒雄〔判批〕民百選Ⅰ8版184頁，新版注民(9)〔改訂版〕350頁〔生熊〕，安永328頁）。

　また，第1順位抵当権設定時を基準にするとの立場をとると，第1順位抵当権が設定された後に消滅したそれより先順位の抵当権が存在していた場合には，消滅済みのその先順位の抵当権の設定時点における土地と建物の所有者の異同を調査しなければならないという負担を第2順位抵当権の設定を受けようとする者に負わせることになる。

⑷　**抵当権設定時点での仮登記・差押登記・仮差押登記**

㈦　**所有権移転請求権保全の仮登記**

　抵当権設定時点で土地と建物の所有者が同一人であっても，いずれかにその所有権が将来第三者に帰属する可能性のあることを示す所有権移転請求権保全の仮登記がされていた場合はどうなるであろうか。仮登記には，本来型の所有権移転請求権保全の仮登記と，担保目的の仮登記がある。担保型仮登記は，判例法理の形成を経て，仮登記担保契約に関する法律（仮登記担保法）として立法化された。

　(a)　**本来型仮登記**　　土地と建物の所有者Aが，土地についてXと代物弁済予約をし，所有権移転請求権保全の仮登記がされた後に，土地について仮換地の指定がされ，仮換地上の建物についてYのために抵当権を設定した。土地についてXが予約完結権を行使して，仮登記に基づく本登記をした後に，建物の抵当権が実行され，Yが買い受けたという事案で，最高裁昭和41年1月21日判決（民集20巻1号42頁）は，「Xは右根抵当権設定登記前にすでに本件土地について代物弁済予約を原因とする所有権移転請求権保全の仮登記を経ていたというのであるから，その本登記手続がなされることにより，右仮登記後本登記までの間になされた右本登記に牴触する処分によって権利を取得した者は，右権利を以てXに対抗し得ないことになるので

§*388* II　　　　　　　　　　　　　　　　第2編　第10章　抵当権

ある。そして，訴外Aは，本件土地についてみずから地上権または賃借権を設定したものではないけれども，本件仮換地上の前記建物に抵当権を設定し，これによって建物競落人たるYのため本件仮換地について法定地上権が成立するにいたることは，まさに所有権移転の本登記と牴触する結果を生ぜしめるものであることが明らかであり，本件土地について訴外Aの処分によりかかる権利を生ぜしめたとなんら区別すべき理由はないものといわなければならない」と述べて，Yは法定地上権をもってXに対抗することができないとした。

　この判決は，代物弁済予約という担保型ではあるものの，仮登記担保に関する判例法理の形成途上のものであり，本来型の仮登記を念頭に論じられていることから，本来型の仮登記の問題を考える場合にも参考になるとされている（高木・金融取引148頁）。すなわち，土地について売買予約に基づく本来型の所有権移転請求権保全の仮登記がされている場合，仮登記と仮登記に基づく本登記の間に，建物上に抵当権が設定されたとしても，抵当権の実行による法定地上権は，本登記と牴触する中間処分として，土地所有権取得者に対抗できないということである。もっとも，建物の競売前に売買予約が完結された場合には，建物所有者はあらかじめ約定利用権を条件付きで設定しているのが通常であるから，この約定利用権に建物抵当権の効力が及び，抵当権者は約定利用権を取得するとされる（鈴木・借地259頁，高木195頁，道垣内220頁）。

　建物に売買予約に基づく本来型の所有権移転請求権保全の仮登記がされている場合は，その後に設定された土地の抵当権が実行された後に，建物売買の本契約を締結し本登記を取得した者は，通常設定されている条件付きの約定利用権を取得し，その対抗要件である借地借家法10条1項の建物登記は仮登記時を基準時とするので，土地の買受人に対して約定利用権を対抗できるとされる（高木196頁）。ただし，土地の競売時に未だ建物所有権が仮登記名義人に移転していないときは，その時点では法定地上権の成立を認めざるをないことから，常に法定地上権が成立するが，建物所有者はそれを自己の約定利用権の範囲内でのみ主張できるとの説もある（道垣内221頁）。

　なお，建物に仮登記がある場合については，本来型か担保型かを問わず，かつ土地の競売と仮登記に基づく本登記の先後を問わず，仮登記に基づく本

第2節　抵当権の効力　　　　　　　　　　　　　　　§*388*　II

登記はされない可能性もあることを考慮して，一律に法定地上権が成立する
との説もある（石田（穣）383頁以下）。

　以上の場合と逆に，抵当権設定の時点では土地と建物は別人に帰属してい
るものの，土地または建物の一方に，他方の所有者のために所有権移転請求
権保全の仮登記がされている場合は，法定地上権は成立せず，停止条件付き
の約定利用権に抵当権の効力が及ぶか，あるいは当該利用権が抵当権者に対
抗できると考えればよいとされる（道垣内221頁）。

　（b）担保型仮登記　　担保目的の仮登記の場合は，土地と建物のうちの
一方に設定された仮登記担保権と他方に設定された抵当権の実行時期の先後
を基準にして判断されることになる（同一の不動産について両者が競合する場合に
ついては，→4(3)）。

　土地に担保目的の仮登記がされた後に建物に抵当権が設定された場合にお
いて，建物抵当権の実行よりも先に仮登記担保権が実行されると，建物所有
者は仮登記担保法10条に基づく法定賃借権を取得し（→V(4)），建物抵当権
の実行による買受人はこの賃借権をも承継取得する。逆に，建物抵当権が先
に実行されると，建物買受人は法定地上権を取得するが，土地の仮登記担保
権の実行によってこの法定地上権は本登記を経た土地所有者に対抗できなく
なり，代わりに法定賃借権を取得する（高木195頁，近江194頁）。

　他方，建物に担保目的の仮登記がされた後に土地に抵当権が設定された場
合において，土地抵当権の実行よりも先に仮登記担保権が実行されると，本
登記を経た建物所有者は，仮登記担保権の設定の際に通常約定している停止
条件付利用権を取得し，その後の土地抵当権の実行による買受人に対してこ
の約定利用権を対抗することができる。逆に，土地抵当権が先に実行される
と，建物所有者にいったん法定地上権が成立するが，その後の建物の仮登記
担保権の実行により，停止条件付約定利用権を取得することになり（高木
196頁），あるいは法定地上権をその約定利用権の範囲内で主張できると解さ
れている（道垣内221頁）。

　（イ）差押えの登記　　土地と建物の所有権が同一人に帰属していたが，い
ずれかが強制執行の申立てにより差し押さえられた後，その売却手続までの
間に，他方に抵当権が設定された場合は，差押えの効力が優先するから，民
法388条の法定地上権ではなく，民事執行法81条による法定地上権が成立

〔松本〕　187

§*388* **II**　　　　　　　　　　　　　　第 2 編　第 10 章　抵当権

する。

　(ウ)　仮差押えの登記　　それでは，土地と建物の所有者が同一人であるが，一方について仮差押えがされ，本執行に移行するまでの間に，他方に抵当権が設定された場合は，同一人帰属という法定地上権の成立要件を満たしていることになるであろうか。

　この点で，最高裁昭和 47 年 4 月 7 日判決（民集 26 巻 3 号 471 頁）は，仮差押登記のされた土地上の建物に抵当権が設定されている場合，抵当権実行による建物買受人のために法定地上権が成立するが，仮差押えが本執行に移行してなされた強制競売手続により土地を競落取得した者に対しては，法定地上権をもって対抗することができないとする。

　しかし，この場合，土地と建物の所有者が建物に抵当権を設定することも，譲渡することもしなければ，本執行がされたとしても，建物について民事執行法 81 条に基づく法定地上権を取得することができる。このような建物所有者の期待は一定の保護を受けるべきである。したがって，土地に仮差押えがされた後に建物に抵当権が設定された場合で，土地の本執行が先行したときは，民事執行法 81 条による法定地上権が成立し，建物抵当権の効力がこれに及び，建物抵当権の実行が先行したときは，いったん成立した民法 388 条による法定地上権は土地の本執行によって消滅し，あらためて民事執行法 81 条による法定地上権が成立すると解すべきである（高木・金融取引 155 頁以下）。

　逆に，建物に仮差押えの登記がされている場合には，その後に土地に抵当権の設定がされ，実行されたときに法定地上権の成立を認めても，仮差押債権者や本執行による買受人にとって不利にならない。そこで，建物の本執行が先行したときは，建物の買受人は民事執行法 81 条による法定地上権を取得し，これをその後の土地抵当権の実行による土地買受人に主張できる。土地抵当権の実行が先行したときは，民法 388 条による法定地上権に本差押えの効力が及び，建物買受人はこれを取得する（高木・金融取引 156 頁）。

　(5)　**土地と建物の一方または双方の共有**

　(ア)　土地共有・建物単独所有の場合　　建物所有者が自己の土地共有持分に抵当権を設定した場合について，最高裁昭和 29 年 12 月 23 日判決（民集 8 巻 12 号 2235 頁）は，388 条により「地上権を設定したと看做される者は，も

188　〔松本〕

第 2 節　抵当権の効力

§*388*　Ⅱ

ともと当該土地について所有者として完全な処分権を有する者に外ならないのであって，他人の共有持分につきなんら処分権を有しない共有者に他人の共有持分につき本人の同意なくして地上権設定等の処分をなし得ることまでも認めた趣旨でないことは同条の解釈上明白」として，法定地上権の成立を否定した。

　しかし，その後，最高裁昭和 44 年 11 月 4 日判決（民集 23 巻 11 号 1968 頁）は，仮換地の持分権の譲受人が建築した建物に抵当権が設定されたという事例で，他の土地共有者がその共同使用収益権を建物敷地部分について事実上放棄し，第三者が法定地上権によって土地を使用収益することをも認容していたような場合においては，法定地上権の成立を認めている。もっとも，この事案は，仮換地の一部を特定しての売買が，仮換地の性質上従前地の共有持分権の譲渡という形をとったものであり，共有一般についての先例と見ることは危険である。むしろ，共有者の内部関係において，共有地の分割に等しい効果意思が存在していた場合には，建物所有に必要な土地について法定地上権が成立するとの趣旨と解するのが適切であろう。

　これらの判例のケースにおいて，建物単独所有者は，他の土地共有者との間に，共有物の使用に関する共有者間の合意（249 条。最判平 10・2・26 民集 52 巻 1 号 255 頁は，共有者は，他の共有者との協議を経ずに当然に共有物を単独で使用する権原を有するものではないが，共有者間の合意により共有者の一人が共有物を単独で使用する旨を定めた場合には，同合意により単独使用を認められた共有者は，同合意が変更され，または共有関係が解消されるまでの間は，共有物を単独で使用することができるとする）を含む，何らかの土地利用権原の設定を受けていたはずであるが，土地持分抵当の場合であれ，建物抵当の場合であれ，その法律関係について判例がどのように考えているのかは明らかでない。純論理的には，建物所有者の持分との関係では法定地上権，他の共有者の持分との関係では約定利用権ということになろうが（我妻・判コメ 442 頁〔清水〕，石田（穣）384 頁），これは持分の上に利用権を設定することはできないとの原則に反する（広中俊雄・物権法〔2 版増補，1987〕422 頁）。学説は，第一義的には共有者との間の土地利用関係を考えるべきではあるが，そのような土地利用関係の設定は合理的には考えられないことから法定地上権の成立を認める説（我妻 361 頁），建物所有者は土地共有権に基づく利用権を有し，別個独立の利用権を設定することが不可

〔松本〕　189

§*388* II 第2編 第10章 抵当権

能な場合に該当するとして法定地上権の成立を認める説（川井92頁。ただし川井・概論372頁では法定地上権否定説に改説），約定利用権には使用貸借の場合もあることから共有者の一方に法定地上権の成立を認めるべき要件が備わっている場合には法定地上権の成立を認める説（加賀山茂・現代民法担保法〔2009〕539頁），本来発生すべき法定地上権が土地の他の共有持分権者の利益を考えて従前の約定利用権に同化・変質し，一体的な約定利用権を取得するとの説（我妻・判コメ442頁〔清水〕，高木198頁），共有者は当初から一体となって約定利用権を設定，あるいは約定利用権に対応した合意をしているとして約定利用権による処理を主張する説（槙224頁，内田429頁，道垣内222頁）など多岐に分かれるが，建物の所有者の保護を志向する。いずれをも否定する説（岩本信行「共有不動産をめぐる法定地上権の成否」判タ386号〔1979〕35頁）はごく少数にとどまっている。

(イ) **建物共有・土地単独所有の場合** 建物の共有者の一人が土地を単独所有している場合については，借地借家法15条1項が，「借地権を設定する場合においては，他の者と共に有することとなるときに限り，借地権設定者が自らその借地権を有することを妨げない」としていることから，自己借地権の設定が可能であり，他の建物共有者と共同で自己借地権が設定され，その対抗要件を満たしていれば，その後に設定された土地の抵当権に対抗できるから，法定地上権による保護は不要となる（松岡148頁）。自己借地権が設定されていなかった場合には，法定地上権の成否が問題となる。

自己借地権の設定を認める借地借家法の施行前の判決であるが，最高裁昭和46年12月21日判決（民集25巻9号1610頁）は，建物の共有者の一人が土地を単独所有している場合において土地に抵当権が設定されたという事例で，抵当権設定者は，「自己のみならず他の建物共有者のためにも右土地の利用を認めているものというべきである」として，法定地上権の成立を認める。通説も，建物の共有持分に抵当権が設定された場合をも含めて，他の共有者にとって法定地上権の方が従前の約定利用権よりも有利であることが多いとの理由で，判例の結論を支持している（我妻362頁，川井93頁，高木199頁，安永330頁，近江193頁，高橋155頁，岩本・前掲論文37頁）。学説には，土地共有の場合と同様，約定利用権の側面から処理すべきとの主張もある（槙224頁，田中・担保法大系I 506頁）。

190 〔松本〕

第 2 節　抵当権の効力　　　　　　　　　　　　　　　　　§*388*　II

　土地の単独所有者が建物の共有持分に抵当権を設定した場合についての判例はないが，学説は，競売における持分の買受人は他の建物共有者とともに法定地上権を準共有すると解している（我妻 362 頁，高木 199 頁）。

　土地共有・建物単独所有の場合と建物共有・土地単独所有の場合についての判例の違いを，前者を共有物の「変更」（251 条）に比肩し，後者を共有物の「保存行為」（252 条ただし書）に照らして，説明する立場がある（山野目 314頁）。

　(ウ)　土地・建物ともに共有の場合

　　(a)　土地の共有者と建物の共有者が一致する場合　　土地・建物ともに共有であり，土地と建物の共有者が一致している場合はどうであろうか。民事執行法 81 条に基づく法定地上権の成否に関してではあるが，最高裁平成6 年 4 月 7 日判決（民集 48 巻 3 号 889 頁）は，「土地及びその上にある建物がいずれも甲，乙両名の共有に属する場合において，土地の甲の持分の差押えがあり，その売却によって第三者が右持分を取得するに至ったとしても，民事執行法 81 条の規定に基づく地上権が成立することはないと解するのが相当である」とする。同判決は，その理由を「この場合に，甲のために同条の規定に基づく地上権が成立するとすれば，乙は，その意思に基づかず，甲のみの事情によって土地に対する持分に基づく使用収益権を害されることになるし，他方，右の地上権が成立することを認めなくても，直ちに建物の収去を余儀なくされるという関係にはないので，建物所有者が建物の収去を余儀なくされることによる社会経済上の損失を防止しようとする同条の趣旨に反することもないからである」と述べている。この論理は，土地共有・建物単独所有の場合における前掲最高裁昭和 29 年 12 月 23 日判決と同様であり，土地と建物の共有者が一致していたとしても同様に処理されることを示している。

　では，前掲最高裁平成 6 年 4 月 7 日判決の事案において，土地共有者両名が，共有者の一人の債務のために各自の土地の持分上に抵当権を設定した場合はどうなるであろうか。債務者が土地と建物を単独所有している場合において，土地に抵当権を設定したときと関係者の利害状況は異ならないので，法定地上権が当然に認められるように思われる。

　　(b)　土地の共有者と建物の共有者の一部のみが一致する場合　　ところ

〔松本〕　　191

§*388* II 第2編 第10章 抵当権

が，土地も建物もともに共有であり，そのうち Y のみが両者の共有者であるという場合に，Y の債務の担保のために，土地の共有者全員によって各持分について抵当権が設定されたという事案で，最高裁平成 6 年 12 月 20 日判決（民集 48 巻 8 号 1470 頁）は，法定地上権の成立を否定するにあたって，前掲最高裁平成 6 年 4 月 7 日判決と同様の判断を示している。すなわち，「共有者は，各自，共有物について所有権と性質を同じくする独立の持分を有しているのであり，かつ，共有地全体に対する地上権は共有者全員の負担となるのであるから，土地共有者の一人だけについて民法 388 条本文により地上権を設定したものとみなすべき事由が生じたとしても，他の共有者らがその持分に基づく土地に対する使用収益権を事実上放棄し，右土地共有者の処分にゆだねていたことなどにより法定地上権の発生をあらかじめ容認していたとみることができるような特段の事情がある場合でない限り，共有土地について法定地上権は成立しないといわなければならない」と述べて，前掲最高裁昭和 29 年 12 月 23 日判決および前掲最高裁昭和 44 年 11 月 4 日判決を引用する。

その上で，他の共有者らが法定地上権の発生をあらかじめ容認していたとみることのできる特段の事情があったかどうかについて，他の土地共有者が Y の妻子であり，かつ全員がその持分に抵当権を設定しているという場合であっても，「Y 以外の本件土地の共有者らは Y の妻子であるというのであるから，同人らは，法定地上権の発生をあらかじめ容認していたとも考えられる。しかしながら，土地共有者間の人的関係のような事情は，登記簿の記載等によって客観的かつ明確に外部に公示されるものではなく，第三者にはうかがい知ることのできないものであるから，法定地上権発生の有無が，他の土地共有者らのみならず，右土地の競落人ら第三者の利害に影響するところが大きいことにかんがみれば，右のような事情の存否によって法定地上権の成否を決することは相当ではない」と述べて，特段の事情にあたらないとしている。

なお，この判決が，「他の土地共有者らは建物所有者らが当該土地を利用することを何らかの形で容認していたといえるとしても，その事実のみから右土地共有者らが法定地上権の発生を容認していたとみるならば，右建物のために許容していた土地利用関係がにわかに地上権という強力な権利に転化

第2節　抵当権の効力　　　　　　　　　　　§*388*　II

することになり，ひいては，右土地の売却価格を著しく低下させることとなるのであって，そのような結果は，自己の持分の価値を十分に維持，活用しようとする土地共有者らの通常の意思に沿わないとみるべきだからである」と述べている点は，共有物の使用に関する共有者間の合意を含む約定利用権の問題として処理すべきとの立場を示しているように思われる。

　しかし，このような判例の立場を敷衍すると，土地共有者の一人が地上建物を単独所有しており，かつ土地共有者全員がその持分に抵当権を設定した場合であっても，法定地上権の成立は認められず，従前から存在する約定利用権の問題として処理されるべきということになる。さらに，土地と建物の共有者が完全に一致している場合において土地共有者全員がその持分に抵当権を設定したときであっても，法定地上権の成立は認められず，約定利用権の有無で判断されるという，不当な結論になる。共有者全員がその持分に抵当権を設定するという形で法定地上権の成立を容認していることが，登記簿上明確に示されている場合には，法定地上権の成立を認めてよいと思われる（近江193頁）。

　　(c)　共有土地分割における共有者の土地使用権　　土地の共有持分上の抵当権の実行により，持分が買受人に移転し，法定地上権の成立が否定されたとしても，抵当権の設定されていなかった方の土地の持分権者は，なお建物共有者として，土地を使用する権利を有しているから，持分買受人は直ちに建物収去・土地明渡しを求めることはできない。

　土地・建物ともに AB が共有しており，A が設定した土地の共有持分上の抵当権が実行されて C が買受人となった場合であれば，BC という土地共有者間での共有土地の管理の問題として，持分の多数決で引き続き AB 共有建物のための敷地として使用させることもできる（252条本文）。ただし，そのような使用に反対をしている C としては，256条1項に基づき土地の分割請求を行うことができる。BC 間で分割に関する協議がまとまらないときは，C は裁判所に分割の請求を行うことができ，「共有物の現物を分割することができないとき，又は分割によってその価格を著しく減少させるおそれがあるときは，裁判所は，その競売を命ずることができる」（258条2項）とされている。258条2項による競売は，民事執行法195条に基づく形式競売であって，同法188条括弧書により法定地上権は成立しないとされる（山野目315

〔松本〕　193

頁・322頁)。ここで，たとえば，土地をCの単独所有とし，Bに建物の状況に応じた期間の借地権を与えるという分割方法も，広い意味での現物分割として許されるべきとの主張もある（山野目322頁）。その上で，AB間に土地の転貸借（Bを転貸人，ABを転借人とする自己転借地権）を内容とする合意が有効に成立すれば，事態は終局的に解決するとされる（山野目322頁）。

3　土地と建物の一方または双方の上への抵当権設定

平成16年改正による現代語化前の388条は，「其土地又ハ建物ノミヲ抵当ト為シタルトキハ」としており，文言上は土地のみまたは建物のみに抵当権を設定した場合に限定して法定地上権の成立を認めるかのようであったが，判例は，古くから，土地と建物が同時に共同抵当に供された場合でも，それぞれが別人に買い受けられたとき（大判明38・9・22民録11輯1197頁）や一方についてのみ競売が行われたとき（大判明43・3・23民録16輯233頁，最判昭37・9・4民集16巻9号1854頁）などに，法定地上権の成立を認めていた。そこで，現代語化に際して，「ノミ」が削除され，「土地又は建物につき抵当権が設定され」との表現に改められた。

もっとも，判例における全体価値考慮説との関係で，土地と建物に共同抵当権が設定された場合には，平成16年改正前の文言に忠実に，法定地上権の成立を否定する説もある（→1(5)(イ)）。

4　競売による土地と建物の別人への帰属

(1)　担保不動産競売

抵当権の設定されている土地または建物がその抵当権者からの抵当権実行の申立てにより競売される場合，388条が適用される。後順位担保権者による担保不動産競売の場合でも，先順位の抵当権が消滅するときは同様である。

(2)　強制競売および公売

国税徴収法127条および民事執行法81条に法定地上権の成立に関する規定が新設された現在においても，これらの規定は民法388条の補充規定であり，民法により法定地上権が成立するとされる場合には適用されないと解されている（田中康久・新民事執行法の解説〔増補改訂版，1980〕159頁，浦野雄幸・逐条解説民事執行法〔全訂版，1981〕178頁）。

すなわち，抵当権の設定された土地または建物について，抵当権者が債務名義に基づいて強制執行をした場合のみならず，他の一般債権者による強制

執行の場合でも，民法388条により法定地上権が成立する（大判大3・4・14
民録20輯290頁）。ただし，強制競売等の時点でなお抵当権が消滅していない
ことが必要であるとされる（大判昭9・2・28新聞3676号13頁）。他方，土地と
建物のうち，抵当権の設定されていない方の不動産について強制執行が行わ
れた場合は民事執行法81条が適用される。

(3)　仮登記担保権の実行

　同一債権の担保のために同一不動産に仮登記担保権が抵当権と併用して設
定されている場合，債権者が抵当権の実行を選択したときは法定地上権，仮
登記担保権の実行を選択したときは仮登記担保法10条に基づく法定賃借権
が成立する。後順位の抵当権者による抵当権の実行に対して仮登記担保権者
が本登記を優先させることができない場合（仮登記担保15条1項）も，民法
388条が適用される。この場合に，後順位抵当権が設定された時点では土地
と建物の所有者が別人となっていたときは少し問題があるが，仮登記担保権
が設定された時点で抵当権が設定されたものと見て，法定地上権の成立を認
めることになろう。

　抵当権の設定されている不動産について強制競売がされた場合は民法388
条が適用されることを考え合わせると，仮登記担保権と抵当権の設定されて
いる土地が強制競売に付されたときは，民法388条による法定地上権が成立
することになる。結論的には，民法388条，民事執行法81条，仮登記担保
法10条は，この順で適用される。

5　法定地上権に関する特約の効力

(1)　法定地上権を成立させる特約

　抵当権設定契約の当事者間における将来の法定地上権に関する特約につい
て，どのような場合にその効力が認められるのかは，本条の存在意義をどの
ように考えるかとも関連して，説が分かれている。

　まず，更地に抵当権を取得した者が建物の建築を承認していたのみならず，
建築される建物について地上権の設定があるものとして取り扱うとの特約ま
でしていたという事案で，大審院大正7年12月6日判決（民録24輯2302頁）
は，「建物ノ存在セサル土地ヲ抵当為シタル場合ニ於テ抵当権設定者ト抵
当権者トノ間ニ将来其地上ニ建物ヲ建設シタルトキハ地上権ヲ設定シタルモ
ノト看做ストノ合意ヲ為スハ他日抵当地カ競売セラルルコトアリテ競落者ノ

所有ニ帰シタル場合ニ其土地ニ地上権ヲ負担セシメントスルモノニシテ競落者ハ他人ノ行為ニ因リテ濫ニ其所有地ニ地上権ヲ負担セシメラルルノ理由ナキヲ以テ斯ル合意ノ競落者ニ対シ効ナキヤ勿論ナレハ建物ヲ建設シタル抵当権設定者又ハ建物ノ転得者カ之ニ因リテ地上権ヲ取得スヘキノ理ナキハ明白ナリ」として，法定地上権を否定した。

学説には，新築建物に法定地上権が成立するとの合意の効力を認める説（石田・上 270 頁，篠塚昭次「抵当権と法定地上権」金法 689 号〔1973〕126 頁）もあるが，通説は，地上権の特約についての公示方法が存在しないこと，および競売は抵当権設定当事者の個別的合意に左右されずに画一的にされるべきであることを理由に，判例を支持する（我妻 353 頁など）。もっとも，抵当権者自ら買受人となった場合には地上権を設定する義務を負うと解する余地を認める立場もある（我妻 353 頁）。これは，契約当事者間での債権的な義務という意味であろう。さらに，この立場を一歩進めて，法定地上権を成立させる特約のみならず，排除する特約についても，抵当権者が買受人となり，設定者が競売されなかったほうの所有者にとどまっている限り，効果を認める有力説もある（道垣内 227 頁）。

もっとも，前掲大審院大正 7 年 12 月 6 日判決が，合意の対抗力の不存在，すなわち，合意の公示方法の不存在による競落人にとっての認識可能性の不存在を理由としていることは，判例が，抵当権設定時点での建物の保存登記が存在しなくても法定地上権が成立するとし（大判昭 7・10・21 民集 11 巻 2177 頁，大判昭 14・12・19 民集 18 巻 1583 頁），また，抵当権設定当時存在していた建物が滅失後再築された場合にも，旧建物の範囲内で法定地上権の成立を認めること（大判昭 10・8・10 民集 14 巻 1549 頁）との間に一貫性がない。

(2)　**法定地上権を排除する特約**

土地所有者の有する地上建物が取壊し予定であって，土地を更地並みに高く評価してほしい場合に，土地の抵当権設定者としては抵当権者との特約による 388 条の適用の排除を認める必要もあることが指摘されているが（川井・概論 364 頁），このような特約を抵当権者と抵当権設定者との間で締結していた場合についても，判例は，388 条の強行法規性を理由にその効力を否定する（大判明 41・5・11 民録 14 輯 677 頁）。

学説は原則無効説と原則有効説に分かれる。原則無効説は判例を支持して，

第2節　抵当権の効力　　　　　　　　　　　　　　　　　§*388*　II

強行法規性および画一的取扱いの必要性を理由に効力を否定するが（我妻366頁，我妻・判コメ430頁〔清水〕，鈴木・借地249頁，石田（穣）390頁），特約当事者間での債権的効力は認める（我妻366頁）。さらに，強行法規性を強調せずに，特約の公示方法がないことを理由に，特約の効力を否定し，土地抵当の場合についても，抵当権実行に際し建物を収去する特約としてのみの効力を認めればよいとする説もある（槇216頁）。

　原則有効説は，土地抵当の場合と建物抵当の場合とに分けて，土地抵当の場合には，設定者（建物所有者）が法定地上権の利益を事前に放棄することはだれの利益をも害さないから有効であるとし，ただ建物の譲受人との間では設定者と抵当権者との間での特約をもっては対抗できず，法定地上権が成立するとする（柚木307頁，川井86頁）。さらに，建物抵当の場合でも，抵当権者が買受人となったときは，特約当事者間であるから特約の効力が認められ，法定地上権は成立しないとする（高木191頁，近江184頁，平野85頁）。

　もっとも，原則無効説と原則有効説で，実際の結論には大差はない。いずれの説によっても，土地抵当権者と抵当権設定者との間の特約は，建物が後に第三者に譲渡されない限り有効とされる。両説で違いが出るとすれば，建物を譲り受けた第三者が特約の存在について悪意の場合の取扱いについてであろう。

　ところで，土地抵当の場合において，担保不動産競売前の建物譲受人との関係では特約の効力は主張できないとしても，担保不動産競売後の建物譲受人との関係でも同様であろうか。この問題は，競売により法定地上権が成立した後に，建物所有者が法定地上権を一方的に放棄し，または土地買受人と放棄の特約を結んだ場合の効力の問題と対比して考えてみる必要がある。法定地上権成立後の放棄については，法定地上権の登記を経たうえで放棄による抹消登記をすれば第三者に対する公示方法として十分であろう。

　しかし，借地借家法10条1項により対抗力を取得している場合や，対抗関係にはないとされる場合で法定地上権の登記がされていないときは，放棄の意思表示のみで効力を認めると，建物の譲受人や差押債権者に不測の損害を及ぼすおそれがある。したがって，地上建物の所有権保存登記により対抗力が認められている場合を含めて，登記簿上公示されない以上は，放棄をもって第三者に対抗しえないと解せざるをえない（抵当権放棄について，大決大

§388 III

第2編 第10章 抵当権

10・3・4民録27輯404頁など）。したがって，同様に，法定地上権排除特約の効力も認められないであろう。

III　法定地上権の内容

(1)　法定地上権の成立時期

不動産競売において買受人は代金を納付した時に所有権を取得する（民執188条・79条）。この時点以降，建物所有権と土地所有権が別人に帰属する場合には，建物所有者による土地占有のための権原が必要となり，法定地上権が当然に設定されたものとみなされる（大判昭10・11・29新聞3923号7頁）。

(2)　法定地上権の内容

法定地上権も建物所有を目的とする地上権であるから，その内容については，当事者間の協議によるとはいえ，借地借家法が適用される。

(ア)　法定地上権の成立する土地の範囲　　法定地上権の効力の及ぶ土地の範囲は，建物の直接占有地に限定されず，建物として利用するのに必要な限度で直接占有地以外にも及ぶが（大判大9・5・5民録26輯1005頁），建物所在地の一筆の土地が広大である場合等には全体に及ぶとは限らず，登記簿の筆分けに拘泥すべきではない（我妻368頁）。具体的には，抵当権設定者，抵当権者，買受人の間で建物の利用価値として通常予期される範囲であり（東京地判昭45・12・24判時627号47頁），建築基準法上の建ぺい率も考慮される（東京地判昭50・12・19判時820号86頁）。この点は，抵当権設定にあたって担保権者として法定地上権価額を実務的に評価する際には，重要である（詳細は，松田佳久「法定地上権の及ぶ範囲と建築規制諸法令の適用に関する一考察」日本不動産学会誌11巻3号〔1996〕21頁参照）。

なお，土地の抵当権設定後その実行前に，同一土地内において地上の建物が移転されまたは増改築されても，抵当権設定時点における建物の利用に必要であったものと認められる範囲にとどまっている限りは，土地の競売によって従前の建物の利用に必要な範囲で法定地上権が成立する（最判昭44・4・18判時556号43頁）。

(イ)　地代　　地代は当事者の協議により決めてもさしつかえない（大判明43・3・23民録16輯233頁）。当事者間で協議が調わない場合，または協議を経

198　〔松本〕

第2節　抵当権の効力　　　　　　　　　　　§*388*　III

ることなしに直接に（大判昭14・4・11判例総覧民事編5巻118頁），裁判所に請
求して決めてもらうこともできる（388条後段）。その際，裁判所は法定地上
権成立当時の諸般の事情を斟酌する（大判大11・6・28民集1巻359頁）。地代が
裁判所によって定められた場合であっても，当事者は借地借家法11条によ
り，その額の増減を請求することができると解されている（高木212頁，石田
（穣）395頁）。

　権利金については，金額決定の困難さおよび明文の規定の不存在から，裁
判所に決定を申し立てることはできないとされるが（東京地判昭44・12・24判
タ246号301頁，鈴木・借地273頁），権利金の授受がないことを地代算定にあた
って考慮すべきであるとの裁判例もある（東京地判昭43・6・7判時535号67頁）。

　(ウ)　存続期間　　存続期間について当事者間の協議が調わなかった場合は，
裁判所に請求して期間を定めてもらうことができるとするのが本来の民法の
趣旨であったが（268条2項），旧借地法の制定以後は，期間の定めのないも
のとして同法2条1項が適用されると解されてきた（東京高判昭32・12・25判
タ77号36頁，我妻369頁など）。したがって，現在では，借地借家法3条によ
り，法定地上権の存続期間は30年となる。

(3)　建物所有権移転に伴う法定地上権の移転

　建物所有者について成立した法定地上権は，建物所有権が移転されるとそ
の従たる権利として同時に移転される。地上権という物権であるから，土地
所有者の同意は必要ではない。この場合において，未払地代の支払債務もま
た建物譲受人に承継されるかどうかが争われた事件で，最高裁平成3年10
月1日判決（判タ772号134頁）は，「民法388条の規定に基づき，競売の結果，
建物の所有を目的とする法定地上権が成立した場合において，法定地上権の
成立後に右建物の所有権を取得した者は，建物所有権を取得した後の地代支
払義務を負担すべきものであるが，前主の未払地代の支払債務については，
右債務の引受けをした場合でない限り，これを当然に負担するものではない。
そして，同条ただし書による法定地上権成立時の地代の確定がなく，その後
に右建物の所有権を取得した者に対する地代を算定するために，法定地上権
が発生した当時の適正地代を認定する必要があるとしても，右の理が変わる
ものではない」と判示した。

〔松本〕　199

(4) 成立後の法定地上権の対抗

(ア) 法定地上権の対抗要件　法定地上権は当事者の意思によってではなく，法律の規定に従って成立するものであるが，一般の物権変動の法理に従い，その取得を第三者に対抗するためにはしかるべき対抗要件を取得しておく必要があるとするのが判例・通説である。法定地上権も建物所有を目的とする地上権の一種であるから，地上権自体の登記のほか，借地借家法 10 条1 項（旧建物保護法 1 条）の適用を受け，地上建物について所有権の登記があれば，地上権の登記があるのと同一の効力が認められる。

法定地上権者は，土地所有者に対して，地上権の登記への協力を請求できる。土地所有者の地上権登記協力義務と地上権者の地代支払義務が同時履行の関係に立つかについて，大審院昭和 13 年 10 月 29 日判決（民集 17 巻 2144号）は，建物所有者は地上権の登記をしていなくても完全に土地を敷地として使用収益しているという理由で，登記に協力を得られなくても地代支払義務の履行を拒否できないとした。学説も，裁判所が額を確定する地代は地上権設定以後に及び，地代支払義務は遡及効をもち，先履行となるので，結果的に両者は同時履行の関係に立たないとする（川井・概論 377 頁で改説）。

これに対して，法定地上権が成立する場合には登記なくして対抗できるとの少数説（於保不二雄・物権法（上）〔1966〕101 頁・115 頁）がある。この立場を承継して，取消しや時効と登記についての議論との対比から，法定地上権者が相当な期間内に登記をしないで放置する場合に，例外的に民法 94 条 2 項の類推適用により善意の第三者を保護すればよいとの説も提唱されている（大村敦志「法定地上権と登記」ジュリ 774 号〔1981〕111 頁，大村 87 頁）。

(イ) 土地に設定された抵当権の実行　土地に設定された抵当権の実行の場合の建物所有者は，土地買受人とは法定地上権成立という物権変動の当事者の関係にあるから，対抗関係に立たないが，土地買受人からの譲受人に対しては対抗要件が必要である（大判明 39・3・19 民録 12 輯 391 頁〔ただし建物保護法制定前の事件〕）。

最高裁昭和 58 年 4 月 14 日判決（判タ 497 号 93 頁）は，土地に設定された抵当権の実行の場合に，建物の所有権が土地の抵当権設定者に属していれば，建物所有権の登記が他人名義であっても法定地上権は成立するが，競売後の土地の買受人からの譲受人に対しては，法定地上権を対抗できないとした。

第2節　抵当権の効力　　　　　　　　　　　　　　　§*388*　III

すなわち，法定地上権の成立要件としては法定地上権を取得する者名義の建物の登記の必要はないが，その後の第三者との関係での対抗要件としては必要であるということである。

　同様に，未登記建物についても建物所有者に法定地上権が成立するが，土地買受人からの譲受人に対しては建物所有権の保存登記または地上権の登記を経由していないと対抗できないことになる。

　次に，建物を法定地上権付きで譲り受けた者が土地の買受人に対して法定地上権を主張するためには対抗要件が必要であるか否かについて，判例は，必要説（大判大3・4・14民録20輯290頁）から不要説（大判昭12・6・5民集16巻760頁。もっとも，未登記建物の譲受人が自ら保存登記をした事例であり，当時の建物保護法1条により対抗要件も備わっていたとみることもできる）を経て，現在再び必要説をとっている（前掲最判昭44・4・18〔土地競売後の未登記建物の譲受人が保存登記を経由したことによって土地の買受人に対抗しうるとした〕）。学説も，対抗関係と見る必要説（我妻368頁，柚木318頁，川井98頁）と，対抗関係ではないとする不要説（鈴木・借地275頁，槇227頁，高木213頁，近江198頁）とに分かれている。

　この場合の法定地上権付建物の譲受人は土地買受人と登記の先後を争う関係にはないから，本来の意味での対抗関係に立つものではない。借地の譲受人が借地人に対して賃料を請求するにあたって土地所有権の移転登記を経由していることが要求される（大判昭8・5・9民集12巻1123頁，最判昭49・3・19民集28巻2号325頁）のと同様の性質のものであり，権利移転の事実の証明の問題にすぎないと考えられる（畑郁夫「法定地上権」中川＝兼子監修290頁）。

　(ウ)　建物に設定された抵当権の実行　　建物に設定された抵当権の実行の場合の建物買受人は，土地所有者に対しては当事者関係に立つから，対抗要件なくして対抗できる。この後の土地の譲受人との関係では対抗要件が必要であるが，民事執行においては買受人への移転登記は嘱託でされるから（民執188条・82条），建物買受人は常に借地借家法10条1項による対抗要件を備えていることになる。

　買受人による代金支払と嘱託による建物所有権移転登記との間に，土地について利害関係を有する第三者が出現した場合の処理については，法定地上権の譲受人は，法定地上権の登記前に当該土地につき契約上の地上権設定を受けた者に対しても，法定地上権の譲受けをもって対抗することができると

〔松本〕　　201

する裁判例があり（大分地判昭33・9・19金法197号7頁），学説でも，第三者との関係では法定地上権は嘱託登記の時に発生するものと解して，法定地上権者の権利を優先させるべしとの解釈が提案されている（我妻・判コメ451頁〔清水誠〕）。第三者は登記簿によって抵当権の存在および差押えを知ることができるのであるから，特に不測の損害を被るわけでもなく，このような解釈が支持されるべきである。

　(エ)　借地借家法10条1項に基づく法定地上権の対抗　　法定地上権の対抗要件として地上権の登記がされることはまれであり，土地上の建物の所有権登記をもって代替する借地借家法10条1項によるのが一般的である。この場合，建物の登記に，その所在地として土地の地番が正確に記載されていないことがある。そのような場合であっても，隣接する甲乙両土地上に存在する建物について抵当権が実行され，甲土地について建物買受人のために法定地上権が成立したときは，建物の登記上は乙土地の地番だけが所在地番として表示されていても，その法定地上権は建物保護法1条（現借地借家10条1項）による対抗力が認められる（抵当権実行のからまない純粋の建物保護法の事案であるが最判昭44・11・13判時579号58頁参照）。そして，このような場合において，建物の所在地番として一筆の土地の地番が表示され，その所在地番および構造が実際と相違している場合であっても，その地番が建物の大部分の敷地である乙土地の地番と多少相違するにとどまり，登記の表示全体において建物の同一性を認識できる程度の軽微な相違でたやすく更正登記が可能であるときも同様であるとされる（最判昭63・1・26裁判集民153号323頁）。

　この最高裁昭和63年1月26日判決は，1つの建物について，地番が異なり，かつともに正確ではない2つの登記がされたというかなり特殊な事件であり，旧登記（嘱託による所有権移転登記）は実際との相違がはなはだしく，建物を公示する効力がないとされたが，新登記（相続人による所有権保存登記）は実際との相違が軽微であるとして対抗力が認められたものである。その上で，建物の競売により法定地上権を取得した者は，その対抗要件を具備しない間に土地の譲受人が所有権移転登記を経由しても，その後さらに土地の所有権を取得した者が所有権移転登記を経由するまでの間に建物につき所有権保存登記を経由した場合には，土地の転得者に対して法定地上権の取得を対抗することができるとする。その理由について同判決は，建物所有者は，「その

第2節　抵当権の効力　　　　　　　　　　　　　§*388*　IV

取得した本件地上権をもって右所有権保存登記前に本件土地の所有権を取得しその登記を経由した者には対抗することができない関係にあったが，地上権及びその対抗要件の性質にかんがみると，そのことから当然に本件地上権が確定的に覆滅されるとの効果を生ずるものではなく，その後更に右土地所有権を取得した者との関係において右地上権の対抗要件を具備することも許容されるものというべきであ」ると述べている。この説示に対しては，物権変動についての一般的理解に反するとして批判がされている（石田（穣）394頁）。事案の特殊事情を反映したものとして限定的に考えるべきであろう。

　(ｵ)　対抗要件としての登記と成立要件としての登記　　建物に設定された抵当権の場合については，競売前にも潜在的あるいは条件付借地権が存在しているとの考え方に立って，法定地上権成立前の第三者との関係も対抗問題として処理しようとの立場もあるが（高木213頁），これはむしろ法定地上権の成立要件の問題として論じるべきであろう。このように，建物の登記は，土地の抵当権が実行された場合に，法定地上権の成立要件として必要かという議論もあり（一Ⅱ2(1)(ｱ)），借地借家法10条1項に基づき建物の登記をもって法定地上権の対抗要件とする場合は，成立要件としての建物の登記と対抗要件としての建物の登記の絡みあった問題が生じる。

　(5)　法定地上権の処分と消滅
　(ｱ)　法定地上権の処分　　法定地上権も地上権であるから，法定地上権者の意思表示により，放棄することができる。

　(ｲ)　法定地上権の消滅　　法定地上権も地上権であるから，定期の地代の支払義務がある場合に，法定地上権者が引き続き2年以上地代の支払を怠ったときは，土地所有者は法定地上権の消滅を請求することができる（266条1項・276条）。この場合，土地所有者は，消滅の意思表示をすれば足りる（大連判明40・4・29民録13輯452頁）。

Ⅳ　競売手続と法定地上権

(1)　現　況　調　査
　執行裁判所は執行官に現況調査を命じなければならず（民執188条・57条1項），また必要があると認めるときは自ら参考人を呼び出して審尋を行うこ

§*388* Ⅳ   第2編　第10章　抵当権

ともできる（民執5条）。現況調査で行われるべき具体的内容として，民事執行規則には，土地・建物の現在の所有者や敷地の占有権原の有無・内容の調査しか掲げられていない（民執規173条1項・29条1項4号ニ・5号ハニ）。これは強制競売における法定地上権（民執81条）を念頭においているからであり，抵当権の実行としての競売の場合には，抵当権設定時点での建物の存否や所有関係についても調査するように拡張して準用されるべきものとされる（東孝行「法定用益権をめぐる実務上・手続上の問題点」担保法大系Ⅰ527頁）。

(2) 評　　価

評価人に対する評価命令（民執188条・58条）においては，執行裁判所は評価の前提とすべき事実や法律判断について，必要に応じて指示しなければならないとされており，評価の時点で法定地上権の成否についての執行裁判所の判断が一応示されることになる。ただし，法定地上権の効力の及ぶ範囲については，執行手続内で確定することができず，最終的には訴訟により決着をつけるべきものであるから，およそどのくらいの面積に及ぶのかを指示すればよいとされる（香川保一監修・注釈民事執行法(3)〔1983〕252頁〔大橋寛明〕）。

(3) 物件明細書

執行裁判所は，現況調査報告および評価をふまえて最低売却価額を決定し（民執188条・60条），物件明細書を作成する（民執188条・62条）。物件明細書には，法定地上権が成立する場合にはその概要が記載される。現況報告書，評価書，物件明細書の写しは一般の閲覧に供される（民執規31条2項）。

抵当不動産の競売において買受人となろうとする者は，物件明細書やその他の公開書類から法定地上権の成否についての情報を得て競売手続にのぞむことができる。しかし，物件明細書の記載には権利確定の効力はないから，将来の裁判によって逆の判断がされる可能性があり，この点ではいぜん競売参加者の危険は残っている。この場合，執行官あるいは執行裁判所の国家賠償責任が問題となる余地がある（富越和厚「不動産の現況調査及び評価」鈴木忠一＝三ヶ月章監修・新・実務民事訴訟講座12巻〔1984〕195頁）。

実際に，法定地上権が成立するとの執行裁判所の一応の判断を信頼して建物を買い受けた者が，後に土地の買受人との訴訟で法定地上権の成立を否定する判決が確定した（最判平4・4・7金法1339号36頁。本判決自体については一Ⅱ1(2)）ことを理由に，国家賠償訴訟を提起したという事案で，法定地上権を

204　〔松本〕

肯定すべきとする見解もあり，その結論に相応の合理性が認められ，担当裁判官がその判断をした当時，これを否定する最高裁判所の判例もなかったという状況で，執行裁判所が物件明細書の記載および最低売却価額の決定において目的建物のために法定地上権が成立すると判断した点に裁量権の逸脱はなく，裁判官に過失があったとは認められないとして国の賠償責任を否定した下級審裁判例もある（松山地判平6・6・22判時1531号125頁）。したがって，競売参加者は，万一のリスクを避けるためには，自らも調査や法的評価をしなければならず，とりわけ明確な判例法が形成されていない論点についてはかなりの負担を負わされていることになる。

(4) 不服ある当事者による執行異議の申立て

執行裁判所による法定地上権の成否の判断に不服のある当事者は，評価命令自体または最低売却価額の決定に対して執行異議を申し立て（民執11条），または売却許可決定に対して執行抗告をして（民執188条・74条1項2項），争うことができる（香川監修・前掲書347頁〔大橋〕）。

(5) 土地建物一括売却の場合の配当の割付け

執行裁判所は，相互の利用上，ある不動産を他の不動産と一括して同一の買受人に買い受けさせることが相当と認めるときは，一括売却を行うことができるから（民執188条・61条），共同抵当に供されている土地と建物について同時に担保不動産競売の申立てがされるときは，裁判所の判断で一括売却とすることができる。一括売却されれば，土地所有者と建物所有者が分離することはないから，実体法上の法定地上権の成否の議論は不要となる。

もっとも，一括売却の場合でも，各不動産について先順位あるいは後順位の抵当権者が存在し，抵当権者の順位が不動産によって異なるような場合には，配当のために各不動産の売却代金の額を定める必要がある。この額は，一括売却代金の総額を各不動産の最低売却価額に応じて案分して得た額とされている（民執188条・86条2項）。したがって，土地と建物に別々に設定された抵当権がたまたま同時に実行される場合は当然のこととして（東京高決昭53・5・18東高民時報29巻5号102頁），さらに，一方に抵当権が設定された後に別の債権者のために双方に共同抵当権が設定された場合でも，土地については法定地上権の負担のあるもの，建物については法定地上権付きのものとして最低売却価額が定められるべきである（東・前掲論文537頁）。

〔松本〕　205

では，土地と建物に共同抵当権が設定された後に，一方について別の債権者のために抵当権が設定された場合は，どのように配当が割り付けられるべきであろうか。建物の再築事案でない場合には，個別に売却され，土地の所有者と建物の所有者が異なるに至ったときは法定地上権の成立が認められる（→Ⅱ3）。したがって，一括売却された場合でもあっても，法定地上権が成立するものとして配当が割り付けられるべきである。他方，全体価値考慮説に立つ最高裁平成10年7月3日判決（判タ984号81頁）は，土地と旧建物に共同抵当権を設定した所有者が，旧建物を取り壊し，新築した新建物について，土地の抵当権の順位と異なった順位の共同抵当権を設定した状態で，民事執行法188条・61条に基づく一括売却がされた事例において，法定地上権の成立を前提とした配当表の作成は誤りであるとした。一括売却された場合において，配当にあたって最初に共同抵当権の設定を受けた土地抵当権者の利益を確保する必要があるからである。

すなわち，実体法上の法定地上権の成否が問題とならない場合であっても，売却代金の割付けとの関係では，なお法定地上権の成否が問題となりうるということである（上原敏夫ほか・民事執行・保全法〔5版，2017〕131頁〔山本和彦〕）。民事執行法の立法担当者は，民事執行法86条2項が適用された場合について，法定地上権付建物価額，法定地上権負担付土地価額，および一括売却価額（前二者の和より大きい）の三本の評価額を出しておくことを予定している（民事執行セミナー（ジュリ増刊）〔1981〕126頁〔浦野雄幸発言・宇佐見隆男発言〕）。

ちなみに，389条に基づく一括競売によって一括売却がされた場合，土地の抵当権者の優先弁済権の対象となるのは土地の価額のみであるが，その割付けとしては，法定地上権の負担のないことは当然ながら，建付地としての減価もされない，更地として評価された価額を基準として行われる（→§389Ⅳ(2)）。したがって，通常の土地建物共同抵当で一括売却がされる場合より，土地抵当権者への割付けは大きくなる。

Ⅴ　民法388条以外による法定土地利用権

(1)　種々の法定土地利用権

もともと同一人に帰属していた土地とその地上建物が，任意譲渡以外の理

第 2 節　抵当権の効力　　　　　　　　　　　　　　　　§*388*　V

由で，かつ抵当権の設定およびその実行以外の方法によって，所有者を異に
するに至った場合については，かつては，抵当権実行に関する 388 条しか存
在せず，388 条の解釈に過重な負担がかけられていたが，その後，租税滞納
処分としての公売（税徴 127 条〔法定地上権・法定賃借権〕），強制執行（民執 81 条
〔法定地上権〕），仮登記担保権の実行（仮登記担保 10 条〔法定賃借権（条文見出しは，
法定借地権）〕）の場合に，それぞれ法定土地利用権を認める規定が置かれるよ
うになり，法定土地利用権法体系とも称すべき法規群が存在するに至ってい
る。

(2)　滞納処分による公売と法定地上権

旧国税徴収法の適用される事例において，判例は，土地と建物とが同一人
に属している場合に，いずれかに抵当権が設定されており，その抵当不動産
について租税滞納処分による公売がされたときは民法 388 条の適用を認めた
が（最判昭 37・9・4 民集 16 巻 9 号 1854 頁），抵当権が設定されていないときは
類推適用を否定した（最判昭 38・10・1 民集 17 巻 9 号 1085 頁）。これは強制執行
の場合の判例と足並みをそろえたものである。

1959（昭和 34）年に旧国税徴収法を全部改正して制定された新国税徴収法
127 条 1 項は，抵当権の設定の有無を問わず，法定地上権の成立を認める。
また，同条 2 項は，地上権者が建物を所有している場合に，地上権または建
物が滞納処分によって公売されたときに，地上権の存続期間内において法定
賃借権が成立するものとする。法定賃借権とされたのは転地上権が認められ
ないという法技術的理由によるものである（鈴木・借地 277 頁）。

したがって，地上権者が建物を所有し，建物または地上権に抵当権が設定
されている場合において抵当権が実行されたときも，同条 2 項の法定賃借権
の規定を類推適用すべきであろう（鈴木・借地 277 頁）。

成立要件・効果ともに，民事執行法 81 条の場合と共通の問題点がある。

(3)　強制執行による競売と法定地上権

1980（昭和 55）年に民事執行法が施行される前の旧民事訴訟法強制執行編
の下において，判例は，土地と建物が同一人に帰属する場合で，いずれにも
抵当権が設定されていなかったときについては，一貫して民法 388 条の類推
適用を否定してきた（大判昭 9・2・28 新聞 3676 号 13 頁，最判昭 38・6・25 民集 17
巻 5 号 800 頁）。

〔松本〕　　207

§*388* V

第2編　第10章　抵当権

　法定地上権制度を抵当権設定にあたって潜在的な自己借地権が設定され，競売によって所有者を異にするに至った場合にそれが顕在化するととらえる限り，判例の結論は不可避のものである。しかし，その存在意義をさらに拡張して，およそ同一人が土地と建物を所有する場合には，常に建物に土地利用権が潜在的に伴っていると見て，民法388条の類推適用を主張する学説が有力に主張された（我妻364頁，注民(9)〔改訂版，1972〕187頁〔柚木馨＝上田徹一郎〕〔増補再訂版は民事執行法制定後のため記述変更〕）。滞納処分による公売の場合に法定地上権の成立を認める新国税徴収法の施行後，このような議論は一層勢いづけられた（三ヶ月章「強制執行と滞納処分の統一的理解」民事訴訟法研究第2巻〔1962〕113頁など）。

　民事執行法81条は，このような主張を取り入れ，土地と建物の同一人への帰属の基準時が差押えの時とされるほかは，ほぼ民法388条と同旨の規定を置くに至った。民事執行法81条の成立要件と効果については，民法388条をめぐる議論とほぼ同様の議論が妥当するが，強制執行の場合に特有の問題として，仮差押えと差押え（本執行）との間に土地と建物の権利関係に変動があった場合の扱いがある。

　土地と建物の同一人への帰属の基準時を差押えの時と見る立場を貫くと，①土地の仮差押えの時には更地であったが，差押えの時には土地所有者が建物を建築して所有していたという場合は法定地上権が成立する（香川保一監修・注釈民事執行法(4)〔1983〕183頁〔原田和徳〕）。また，②仮差押えの時には土地と建物が同一人に属していたが，差押えの時までに仮差押えのされていない方が譲渡されていた場合には法定地上権が成立せず，逆に，③仮差押えの時は異別の者に属していたのが，差押えの時には同一人に属するに至っていたという場合は法定地上権が認められることになる（香川監修・前掲書184頁〔原田〕）。

　このような結論は，たとえば，②の場合に，譲渡の際に設定された約定利用権が存続するとの解釈が可能であれば問題はない。しかし，民事執行法施行前のものではあるが，最高裁昭和47年4月7日判決（民集26巻3号471頁）は，建物に抵当権が設定された時には既に土地に仮差押えがされていたという事例で，建物抵当権の実行により建物の買受人が取得した民法388条に基づく法定地上権は，その後にされた土地についての本執行により，土地の買

208　〔松本〕

第2節　抵当権の効力　　　　　　　　　　　　　　§*388*　V

受人に対して対抗しえなくなるとの判断を示している（→Ⅱ2⑷(ウ)）。競売に
よる建物買受けと任意譲渡とは同様に見ることができるであろうから，これ
では結局建物は存続できないことになり，民事執行法81条の立法趣旨に反
する。したがって，民事執行法81条による法定地上権の成立要件としては，
仮差押えまたは本差押えのいずれかの時点で土地と建物が同一人に属してい
ることと解すべきであろう。

　この点で，最高裁平成28年12月1日判決（民集70巻8号1793頁）は，地
上建物に対する仮差押えが本執行に移行して強制競売手続がされた場合にお
いて，仮差押えの時点で土地と建物の所有者が同一であったときは，差押え
の時点で土地が第三者に譲渡されていたとしても，法定地上権が成立すると
の判断を示した。

　仮登記担保権の設定されている土地または建物について強制執行が行われ
た場合は，民事執行法81条による法定地上権が成立し，仮登記担保権の設
定されていない方の不動産について強制競売が行われた場合は，民事執行法
81条による法定地上権がいったん成立し，その後の仮登記担保権の実行に
よって仮登記担保法10条の適用の問題となる（高木多喜男「法定地上権・法定
賃借権」鈴木忠一＝三ケ月章監修・新・実務民事訴訟講座12巻〔1984〕298頁以下）。

　土地または建物の一方が強制執行の申立てにより差し押さえられた後，売
却までの間に他方に仮登記担保権が設定された場合についても，また，一方
について仮差押えから本執行に移行する間に他方に仮登記担保権が設定され
た場合についても，抵当権と強制執行との競合の場合と同様に処理される。

⑷　仮登記担保権の実行と法定賃借権

　仮登記担保契約に関する法律（仮登記担保法）10条は，土地と地上建物が
同一人に属する場合において，その土地について担保仮登記がされ，その仮
登記に基づく本登記がされたときは，その土地について賃貸借がされたもの
みなす旨の規定を置いている（→仮登記担保V）。

　同条の立法趣旨は，土地について仮登記担保権が設定される場合には，建
物所有者は自己所有の土地に停止条件付きの自己借地権を設定することが法
律上不可能だからであり，また仮登記担保権者との間で将来の土地利用に関
し何らかの合意をとりつけておくことは困難であり，かりに合意してもそれ
を仮登記することができないからである（法務省編・実務102頁以下）。

〔松本〕　209

§*388* V 第2編 第10章 抵当権

　これに対して，建物について仮登記担保権が設定される場合には，仮登記担保権者はあらかじめ土地所有者と停止条件付きで約定利用権設定契約を締結し，その権利を仮登記によって保全しておくことが事実上も法律上も可能であるから，同条は適用されない。しかし，建物の仮登記担保権者があらかじめ土地利用権について準備していなかった場合でも，建物を廃材として利用する意図であったようなときを除き，当事者の合理的意思解釈として，停止条件付賃借権設定契約があったものと擬制する説がある（槇392頁）。

　同条の適用によって成立する法定土地利用権が賃借権であるとされたのは，建物所有を目的とする利用権としては賃借権が普通であるからと説明されている（法務省編・実務103頁）。地上権も賃借権もともに借地借家法による保護を受けるとは言え，譲渡性の点において一定の差がある。抵当権の実行や強制執行の場合に地上権とされていることと区別することに合理的理由はないとして，学説は一様に批判的である。

　同条は担保仮登記がされることを要件としているが，仮登記担保権自体は仮登記がされなくても成立することから，仮登記が省略され，担保権の実行として直接本登記がされた場合にも，法定賃借権が認められる（法務省編・実務110頁）。

　土地と建物の双方について同一債権者のために同時に仮登記担保権が設定されたときは，通常両者は同時に実行され本登記されるであろうから，法定賃借権の手当ては必要ないと考えられているが，一方についてのみ仮登記担保権の実行がされ，それだけで債務の弁済として十分であった場合にも法定賃借権が認められる（土地のみの本登記の場合について，法務省編・実務111頁）。

　仮登記担保権の設定されている土地について，仮登記担保権者が債務名義に基づいて強制執行を行った場合については，仮登記担保法の立法担当者は，法定賃借権は成立せず，民事執行法81条による法定地上権が成立すると考えている（法務省編・実務112頁）。法文が「その仮登記に基づく本登記がされる場合」となっていることが，抵当権の場合の扱いとの違いの理由であろう。したがって，仮登記担保権の設定されている土地について，他の債権者による強制競売の開始決定があり，仮登記に基づく本登記請求ができない場合（仮登記担保15条1項）についても，民事執行法81条が適用されることになる。

第2節　抵当権の効力　　　　　　　　　　　　　　　§*388*　V

(5)　不動産質権・先取特権

　不動産質権については抵当権の規定が準用されるが（361条），不動産質の設定自体が稀なことから，実際にはあまり問題にならない。

　先取特権についても抵当権の規定の準用が定められている（341条）。もっとも，学説には，準用される条文として388条を引用するものもあるが（一第6巻§341 II〔今尾真〕），引用しないものもある（我妻95頁，注民(8)224頁〔西原道雄〕，主要な参照条文付の六法など）。後者の背景には，法定地上権の成立を抵当権設定当事者間での意思と予測に重点をおいて根拠づける考え方からは，当事者の意思と無関係に成立する法定担保物権たる先取特権への法定地上権の準用には消極的になるということが考えられる。また，現実の問題としては，すでに抵当権が設定されている不動産に先取特権が成立して優先弁済権を主張するという場合であれば，先取特権の実行の効果として考える必要がないということもある。しかし，不動産先取特権の行使としての競売によって土地の所有権が別人に帰する可能性がある以上，建物保護という公益上の理由はこの場合にも妥当する。そこで，不動産保存・工事・売買の先取特権の行使の場合は388条が準用され，一般の先取特権の行使の場合は，租税債権の優先性と類似の関係にあるから，滞納処分に関する国税徴収法127条の類推適用が考えられる。

(6)　財　団　抵　当

　工場抵当法16条は，土地または建物が抵当権の目的たる工場財団に属する場合に民法388条の準用を規定しているが，財団を組成しない工場抵当については，388条の準用規定は置かれていない。これは，財団を組成しない狭義の工場抵当は，個々の土地・建物についての抵当権の効力が付加物のほか供用物（抵当権設定後のものも含む）にも及ぶ（工抵2条1項）とされる点で通常の民法の抵当権とは異なるものの，法定地上権に関しては民法388条がそのまま適用されるということである。

　工場抵当法16条は，鉱業抵当法3条，漁業財団抵当法6条，港湾運送事業法26条，道路交通事業抵当法19条，観光施設財団抵当法11条等において，いわゆる不動産財団が組成され，抵当権が設定される場合に準用されている。

〔松本〕　211

§388　V

第2編　第10章　抵当権

(7)　立　木　抵　当

立木ニ関スル法律は，土地上に生立する樹木の集団を登記することにより，立木を土地からは独立した不動産として譲渡または抵当権の目的とすることを認め（立木法2条1項2項），土地の所有権または地上権の処分は立木には及ばないものとする（立木法2条3項）。そして，立木法は，抵当権の実行により立木と土地の所有権者が分離する場合に備えて法定地上権の規定を置く（立木法5条1項）とともに，立木が地上権者や転貸可能な土地の賃借人に属する場合のために法定賃借権（立木法6条1項），法定転借権（立木法7条）の規定を有している（→特別法による抵当権II 3(4)(5)）。これは，立木法の制定のねらいが，借地林業家（とくに吉野地方）に資金調達の道をひらくことにあったからである（渡辺洋三・土地・建物の法律制度(上)〔1960〕151頁以下）。

(8)　譲　渡　担　保

同一人に属する土地と建物のうち，いずれかが譲渡担保に供され，それが実行された場合に，建物所有者のための土地利用権はどうなるであろうか（→不動産譲渡担保VI 4(2)）。土地と建物の一方のみが任意に譲渡される場合は，建物の取り壊しが予定されているときを除き，当事者間で明示の合意がなくても，黙示的に借地権が設定されたものと認められることが多い。たとえば，大阪地裁昭和38年6月18日判決（判時342号26頁）は，建物贈与の事例で，民法388条および地上権ニ関スル法律1条の法意により，地上権が成立するとする。とりわけ，建物が税納付のために国に物納され，後に国から第三者に払い下げられる場合に，滞納処分との類似性から，何らかの土地利用権の成否が問題となる（鈴木・借地236頁以下）。

ところで，譲渡担保について，所有権的構成ではなく，担保的構成をとると，譲渡担保権の実行時点までは設定者に所有権が残っており，実行時点で譲渡担保権者に移転することになる。実行後の土地と建物との完全な分離については，譲渡担保権の実行を停止条件とする借地契約がされたものと解することによって，建物の取り壊しを防ぐことができる（鈴木・借地270頁）。建物の譲渡担保の場合に，被担保債権の債務不履行を停止条件とする敷地賃貸借契約がされたものとみる下級審裁判例もある（東京高判昭42・7・7判タ215号161頁）。その対抗要件は，譲渡担保を原因とする所有権移転登記によって満たされているとみればよいであろう。さらに，土地に譲渡担保権が設

212　〔松本〕

第2節　抵当権の効力　　　　　　　　　　　　　　　　　§*389*

定された場合には，仮登記担保法10条の類推適用によって，法定賃借権の成立を認めることも可能であろう（道垣内331頁，近江309頁，田中克志「法定用益権の効力とその内容」担保法大系Ⅰ507頁）。

　なお，土地と建物の所有者がそのうちの一方を譲渡担保に供した後に，他の一方について別の債権者のために抵当権を設定し，後に抵当権が実行された場合に，抵当権設定時点における土地と建物の同一人への帰属という法定地上権の成立要件を満たしていたか否かが問題となる（高木・金融取引132頁以下）。この点については，譲渡担保権が実行されるまでは所有権は設定者に残ると考えて，所有権の登記が実体と一致していない例の一つとして処理すればよいであろう。

〔松本恒雄〕

（抵当地の上の建物の競売）

第389条①　抵当権の設定後に抵当地に建物が築造されたときは，抵当権者は，土地とともにその建物を競売することができる。ただし，その優先権は，土地の代価についてのみ行使することができる。

②　前項の規定は，その建物の所有者が抵当地を占有するについて抵当権者に対抗することができる権利を有する場合には，適用しない。

〔改正〕　①＝平15法134改正　②＝平15法134新設

細　目　次

Ⅰ　本条の趣旨 ……………………………214
Ⅱ　一括競売の存在理由および法定地上
　権・短期賃貸借との関係 ……………216
　（1）　一括競売の存在理由 ………………216
　（2）　短期賃貸借との関係 ………………220
Ⅲ　一括競売の要件 ………………………221
　（1）　土地抵当権設定時点での地上建物
　　の不存在 ………………………………221
　（2）　土地抵当権設定後の地上建物の建

　築 ………………………………………223
　（3）　抵当権者に対抗できる土地占有権
　　原の不存在 ……………………………224
　（4）　一括競売の申立て ………………224
Ⅳ　一括競売の効果 ………………………225
　（1）　一括競売の手続 …………………225
　（2）　土地部分の代価からの優先弁済権
　　　……………………………………………226
　（3）　地上建物の賃借人への効果 ………226

〔松本〕　　213

§*389* I 　　　　　　　　　　　　　　　　第2編　第10章　抵当権

I　本条の趣旨

　本条は，土地の抵当権者による地上建物を含めたいわゆる一括競売を定め
たものであり，平成15年の「担保物権及び民事執行制度の改善のための民
法等の一部を改正する法律」（平成15年法律134号。以下，「平成15年改正法」と
呼ぶ）によって改正された条文である。

　土地の抵当権の効力は，抵当地の上に存する建物には及ばないのが大原則
であり（370条本文），本条はその例外を定めるものである。一括競売の趣
旨・存在理由については，後述（一II(1)）のように，388条の法定地上権の成
立要件とも関連して考え方に対立があるが，判例・通説は，地上建物の存在
する土地について，競売によって法定地上権が成立しない場合や建物所有者
の土地利用権が抵当権者に対抗できない場合において，土地のみを競売しよ
うとしても，買受人が現れなかったり，買受価格が下落したりするおそれが
あることから，土地の抵当権者に生ずるそのような不利益を避けるために，
抵当権者に特別に認められたものと解している。ただし，抵当権者に不当な
利益を得させないために，その優先弁済を受ける権利は，土地の代価部分に
限定される（本条1項ただし書）。

　通説は，上記に加えて，建物所有者としては，土地のみの競売がされて，
土地の買受人から建物の収去を求められるよりは，建物の売却代金相当額を
取得できるから，建物所有者にとっても有利であることを一括競売の根拠と
して挙げている。もっとも，一括競売するかどうかは，抵当権者の裁量に委
ねられているので，建物所有者の利益も守られることは，一括競売が選択さ
れたことの付随的結果にすぎない。

　平成15年改正前の本条は，「抵当権設定ノ後其設定者カ抵当地ニ建物ヲ築
造シタルトキハ抵当権者ハ土地ト共ニ之ヲ競売スルコトヲ得但其優先権ハ土
地ノ代価ニ付テノミ之ヲ行フコトヲ得」とされていた。すなわち，土地の抵
当権の設定者が自ら抵当地上に建物を建築した場合のみを対象としており，
抵当権設定者以外の第三者が建築した場合は対象外であった。そのような場
合でも，地上建物に十分な価値があり，土地にふさわしい効用を果たしてい
る場合には，地上建物とともに売却する方が土地についても高く売却できる
可能性があるが，この道はふさがれていた。

214　〔松本〕

第 2 節　抵当権の効力 §*389*　I

　抵当権設定者以外の者が所有する地上建物への一括競売の拡張の可能性について，民法の起草者である梅謙次郎博士は「他人ノ所有物ヲ売ツテ誰モ取ルコトカ出来ルトイフコトハ不都合」（法典調査会民法議事 17 巻 22 丁裏-23 丁表〔梅〕），「他人ノ所有物ヲ一緒ニ売ツテ仕舞ウト云ウコトハ何ウモ穏ヤカテナイ」（同 42 丁裏〔梅〕）と述べている。しかし，たとえ抵当権設定者の所有物であっても，抵当目的物でない物を債務名義もなしに競売にかけるのは，同じ程度に不都合であろうし，また，「他人ノ所有物」を売るとは言っても，その売却代金相当額については建物所有者（ないし配当を通じて建物抵当権者または建物所有者の一般債権者）が取得しうるのであるから，建物所有者にとっては，建物収去を迫られる場合に比べて，経済的には不都合どころか，好都合なことの方が多いであろう。

　そこで，平成 15 年改正後の本条 1 項は，だれが建築したかを問うことなしに，抵当権設定者以外の者，たとえば借地人や土地譲受人，あるいは無権利者が抵当地上に建物を建築した場合にまで一括競売を拡張した。

　このような改正の目的は，抵当権設定者以外の建物所有者の利益保護のためではなく，土地の抵当権設定後に，抵当権設定者が第三者に建物を建築させることによって，改正前本条の一括競売の実行を困難にするという執行妨害への対策のためであった。もっとも，この種の執行妨害対策としては，平成 15 年改正前にも，民事執行法の度重なる改正によって一定の手当てがされてきたし，また，実体法上も，判例は，抵当権者が抵当不動産所有者に対して有する抵当不動産の担保価値維持請求権を被保全債権として，抵当不動産所有者の不法占有者に対する妨害排除請求権を代位行使することを認めた（最大判平 11・11・24 民集 53 巻 8 号 1899 頁）。さらに，判例は，抵当権設定登記後に抵当不動産の所有者から占有権原の設定を受けて抵当不動産を占有する者についても，その占有権原の設定に抵当権の実行としての競売手続を妨害する目的が認められ，その占有により抵当不動産の交換価値の実現が妨げられて抵当権者の優先弁済請求権の行使が困難となるような状態があるときは，抵当権者は，当該占有者に対して，抵当権に基づく妨害排除請求をなしうることを認めるに至っている（最判平 17・3・10 民集 59 巻 2 号 356 頁）。

　ただし，一括競売を土地の抵当権設定者ではない者による建物の建築の場合にまで単純に拡張するだけだと，非常にまれであるにせよ，土地への抵当

〔松本〕　215

権設定より前に第三者が当該土地を借り受けて，賃貸借の登記をしていた場合にも一括競売が認められるという不当な結果となる。そこで，本条2項で，「その建物の所有者が抵当地を占有するについて抵当権者に対抗することができる権利を有する場合」を適用除外としたものである。もっとも，このことは，177条の原則から見て当然のことであり，念のための規定であると評価されている（基本法コメ293頁〔川井健〕）。

なお，平成15年改正の際に，本条に関して特段の経過措置はとられていない。平成15年改正によって一括競売が拡張される建物所有者のうち，土地への抵当権設定後の土地賃借人が平成15年改正法の施行前に建物を建築して所有している場合については，平成15年改正前の395条の短期賃貸借による保護が存続するから（平15法134附則5条），賃借人のために特段の手当ては不要である。他方，土地の使用権原を有していない第三者にとっては，平成15年改正前本条が適用されると，抵当土地の買受人からの所有権に基づく妨害排除請求によって建物収去・土地明渡しを余儀なくされたことに比べて，一括競売により地上建物の売却代金相当部分については受け取ることができることとなって，特段の不利益はないからである（谷口＝筒井・解説32頁）。

II 一括競売の存在理由および法定地上権・短期賃貸借との関係

(1) 一括競売の存在理由

(ア) 権利説 一括競売制度の存在理由については，平成15年改正前から，388条の法定地上権の成立要件の問題とも関連して，説が対立していた。

大審院大正15年2月5日判決（民集5巻82頁）は，「固ヨリ土地ノ抵当権設定者ハ其ノ土地ノ使用収益処分ノ権利ヲ失ハサルヲ以テ其ノ地上ニ建物ヲ築造シ又ハ其ノ築造シタル建物ヲ担保ニ供スルコト何等妨クル所ナシト雖之カ為ニ土地抵当権者ニ不測ノ損害ヲ被ラシムルコトヲ得サルモノニシテ如上ノ場合ニ於テ民法第389条カ土地抵当権者ニ土地ト共ニ建物ノ競売ヲ為スコトヲ許容スル所以ノモノモ畢竟之カ損害防止ノ一便宜手段ニ外ナラス従テ土地ト共ニ建物ノ競売ヲ為スコトハ固ヨリ土地抵当権者ノ権利ニシテ義務ニアラサルヲ以テ抵当権者ハ土地ト共ニ建物ノ競売ヲ為ササリシカ為ニ其ノ損害

第2節　抵当権の効力　　　　　　　　　　　　§*389*　Ⅱ

ヲ甘受セサルヘカラサル筋合ナシ」と述べている。

　すなわち，この判例は，建物が抵当権設定以前から存在していたか否かで388条と平成15年改正前本条の適用を分けたうえで，改正前本条については，「競売スルコトヲ得」との文面を重視して，一括競売は抵当権者の義務ではなく，たとえ土地だけを競売したとしても，388条によって法定地上権が成立することはないとする。

　通説も，法定地上権にまつわるこの制限は，抵当権設定以後の用益権が抵当権によって覆滅されるという主義とともに，立法上再考を要する価値権と用益権の不調和であるとしつつも，388条，平成15年改正前本条の解釈論としては判例の立場に賛成していた（我妻353頁）。そして，間接義務的権利説（一（イ））や義務説（一（ウ））をとらない理由として，建付地価格に建物価格を加えても更地価格に及ばないというわが国不動産市場の現状（星野279頁），土地の有効利用となっていない建物の保存を強制して抵当権者に不利益を強いる根拠はないこと（内田432頁），更地であっても底地価格でしか融資を受けられなくなり，土地の担保価値を十分に活用できなくなること（松岡158頁），建物付きの土地を競売させる負担を抵当権者に負わせることは妥当ではないこと（道垣内217頁）などが挙げられている。さらに，実務的には，抵当地上の建物の正確な把握や特定が困難な場合があることが指摘されている（荒木新五「一括競売」銀法624号〔2003〕41頁）。

　すなわち，一括競売は抵当権者の権利であり，それを行使することなしに抵当土地のみを競売したとしても法定地上権は成立しない。そのような場合，抵当土地の買受人は，土地の所有権に基づいて妨害排除請求（建物収去・土地明渡請求）をすればよいが，そのような手間のかかる抵当物件については買受人が現れないおそれがあり，仮に現れても買受価格が下落するおそれがある。土地の抵当権者に生ずるかもしれないこのような不利益を避けるために，一括競売が認められていると解している。これによって，買受人は，別訴を提起することなく，民事執行手続内で建物についても引渡命令の申立てができる（民執83条）。

　前述（一Ⅰ）のように，判例（最判平17・3・10民集59巻2号356頁）は，執行妨害目的が認められ，抵当不動産の交換価値の実現が妨げられる場合には，抵当権者自身による妨害排除請求を認容しているが，すべての場合に抵当権

〔松本〕　　217

§389 II 　　　　　　　　　　　第2編　第10章　抵当権

者が抵当権に対抗できない地上建物を収去させてから土地を競売することを許しているわけではないので，一括競売の必要性は依然として存在する。

(イ)　間接義務的権利説　　権利説も，一般に，一括競売は，上記のように抵当権者の利益になるだけではなく，建物所有者にとっても建物の収去の費用負担を免れ，建物の競売代価を取得することができるという利益があり，さらに，有用な建物の取壊しという社会的損失をも防ぐことができるという「三方よし」を掲げている（道垣内161頁，松岡156頁など）。とはいえ，抵当権者の利益以外の二方の利益は，抵当権者が一括競売の権利を行使した場合に，結果的に実現されるにすぎないことがらである。

そこから，抵当権設定後の抵当地の自由使用を設定者に許しておきながら，競売にあたって建物を取り壊させることは制度矛盾であり，社会経済的にも好ましくないとして，更地の抵当権者は，後に建設されるべき建物に与えられるべき法定地上権によって抵当権が制限されることを予期すべきであり，ただその際認められる法定地上権の内容は当初より建物が存在した場合，とりわけ滅失・再築の場合との権衡上，土地抵当権者にとって負担の最も軽いものでなければならないとの制約があるにすぎないとする有力な反対説が存在する（柚木313頁）。この説は，平成15年改正前本条の一括競売は，法定地上権が成立することによる不利益を避けるために抵当権者に与えられたものであると位置づける（柚木314頁）。言い換えれば，抵当権者に与えられた一括競売という特権をあえて行使しない抵当権者は，法定地上権の負担に甘んじなければならないという考え方である。

学説の分類として，このような立場も義務説と呼ばれることが多いが，この説をとったとしても，土地のみの競売が許されないわけではないので，(ウ)の「義務説」とは異なり，間接的な義務（平野・総合140頁）であるにすぎないから，「間接義務的権利説」と呼ぶほうが適切である。

388条および平成15年改正前本条の起草過程の分析（起草過程については，高木・金融取引220頁以下，松本恒雄「民法三八八条（法定地上権）」百年II 645頁参照）や地上建物の建築のための投下資本の回収の保障，不動産鑑定理論，買受人にとっての評価の容易性等から，この立場を支持する説もある（松本恒雄「抵当権と利用権との調整についての一考察(1)」民商80巻3号〔1979〕283頁）。間接義務的権利説の考え方は，学説上一定の支持を得ている（新版注民(9)〔改訂版〕414

218　〔松本〕

第 2 節　抵当権の効力　　　　　　　　　　　　　　　　§*389*　II

頁〔生熊長幸〕，平野・総合 140 頁，清水 77 頁）。

　上記（一(1)(ア)）のように，この説に対しては，更地であっても底地評価で
しか融資を受けられないことになり，土地の担保価値を十分に活用できなく
なるとの批判がされることがある（松岡 158 頁）。また，法定地上権が認めら
れることと一括競売ができるということは理論的に両立困難であるとの批判
もある（水津太郎「法定地上権と一括競売の関係」名法 254 号〔2014〕229 頁）。これ
らの指摘に対しては，一括競売は，更地に抵当権の設定を受けた抵当権者が
把握した，最高裁平成 9 年 2 月 14 日判決（民集 51 巻 2 号 375 頁）のいう土地
の全体価値を実現するために認められた特別の権利と位置づけられることが
回答の一部となろう。

　なお，間接義務的権利説を，土地と地上建物に共同抵当権が設定され，旧
建物の滅失後に新建物が再築された場合に限定して認める立場がある。すな
わち，このような場合において再築後の建物に土地と同一順位の共同抵当権
の設定を受けたようなときを除いて法定地上権は成立しないとする前掲最高
裁平成 9 年 2 月 14 日判決に反対して，当該判例が依拠する抵当権者による
全体価値把握は本条による一括競売によって実現できることを根拠に，土地
だけを競売した場合には，法定地上権が成立するとする（石田(穣)374 頁）。も
っとも，この説は，更地に抵当権が設定された後に建物が建築された場合に
法定地上権を認めることに対しては，建物を欲しない買受人も多いから，土
地と建物の一括競売が円滑に進むとは限らず，抵当権者を害するとして反対
する（石田(穣)371 頁）。

　(ウ)　義務説　　高木多喜男教授は，柚木馨教授とともに上記の間接義務的
権利説に与した時期（柚木＝高木 366 頁・371 頁）もあるが，更地に抵当権が設
定された場合には法定地上権が成立しないという判例理論が確立している状
況において，上記のような間接義務的権利説をとる解釈は実際上は無力であ
り，本条の立法趣旨を充分に機能させるためには，土地は建物と共にするの
でなければ執行の目的となしえないと解すべきであるとして，端的に一括競
売は抵当権者の義務であるとの立場を打ち出している（高木 214 頁）。具体的
には，執行裁判所は土地のみの競売申立てについては違法であるとして却下
すべきであるとし，競売開始決定に対しては建物所有者は執行異議の申立て
（民執 11 条 1 項）ができるとする。間接義務的権利説が，388 条の解釈と本条

〔松本〕　　219

の解釈をセットで考えていたのに対して，義務説は388条の解釈を切り離し，本条固有の解釈として，義務あるいは執行法上の義務という考えを打ち出したものである。工場抵当法7条2項が，工場の敷地建物機械器具を一括して競売させるために，個別執行を禁じていることと同じ考え方をとるものとされる（高木216頁）。この立場を支持する学説もある（山野目321頁，田中克志「土地・建物の一体化と法定地上権・一括競売制度」静岡大学法政研究2巻3＝4号〔1998〕16頁。平野90頁は間接義務と言いながらも同98頁は義務説をとる）。

　(エ)　その他の説　　建物所有者の投下資本回収の保障の観点からは，建物所有者の側が一括競売を抵当権者に請求したときに，抵当権者は一括競売権を取得し，同時にその義務を負うとする説（槇228頁）や，抵当地のみの担保不動産競売がされた場合には，建物所有者は買受人に対して建物買取請求権を行使しうるとの説（高木・金融取引228頁〔旧説〕）も提起された。

(2)　短期賃貸借との関係

　平成15年改正前の395条によると，5年以内の期間の定めのある土地の賃貸借契約であれば，土地の抵当権に劣後する賃借権であっても，土地の抵当権実行後もその残存期間内は，土地賃借人は土地の買受人に対して土地賃借権を対抗することができ，建物を所有し続けることができた。

　ところで，更地に抵当権が設定された後，土地の抵当権の実行時において，抵当権設定者が建物を所有している場合も第三者たる土地賃借人が建物を所有している場合も，いずれの場合も，抵当権設定の際にともに更地であったことに変わりはないから，土地の評価額すなわち信用供与額は同一である。また，土地のみを競売した場合に，建物所有者と土地の買受人とが別人となることも同一である。にもかかわらず，抵当権実行後においては，前者の場合には建物収去・土地明渡しが原則であるのに対し，後者の場合には一定の猶予が与えられるということでは，抵当権実行時に土地賃借人が建物を所有している方が，厚い保護を受けられるということになり，権衡を失することとなる。

　そこで，抵当権設定者が建物を所有している場合にも平成15年改正前395条を類推適用して，設定者を保護しようとの提案がされた（星野273頁・279頁，清水元「抵当権実行手続における建物所有者の法的地位」東北学院大学論集〈法律学〉55＝56号〔2000〕67頁）。

第 2 節　抵当権の効力　　　　　　　　　　　　　§*389*　III

　逆に，抵当権設定者が建物を所有している場合に土地のみを競売に付すと
法定地上権が成立し，抵当権者には特権として土地建物一括競売が認められ
ているとする本条の存在理由に関する間接義務的権利説に立つことを前提に，
土地賃借人所有の場合にも，388 条および平成 15 年改正前本条を適用する
という形で権衡をとるという提案もされた（松本恒雄「抵当権と利用権との調整
についての一考察(2・完)」民商 81 巻 1 号〔1979〕1 頁)。もっとも，これでは，短
期賃貸借による保護を受けられる場合にまで，土地賃借人の抵当権者に対抗
できる権利を抵当権者が一括競売によって一方的に奪ってしまうことになる
との問題点も指摘されていた（鎌田薫「抵当権(その二)」椿寿夫編・担保法理の現
状と課題（別冊 NBL31 号）〔1995〕39 頁)。平成 15 年改正によって短期賃貸借の
制度が廃止されたことにより，この論点の考慮は不要となった。

III　一括競売の要件

(1)　土地抵当権設定時点での地上建物の不存在

　(ア)　更地への抵当権設定　　土地の抵当権設定時点で，抵当地上に建物が
存在しない更地であったところ，その後に抵当地上に建物が建築された場合
が，本条の適用される典型例である。

　(イ)　抵当権設定時点で存在した建物の滅失・取壊しと再築　　土地の抵当
権設定時点で存在した建物が滅失し，または取り壊され，その後，再築され
た場合，抵当権実行時点で存在する建物は抵当権設定時点では存在しておら
ず，その意味では抵当権設定後に建築されたものに該当する。

　このような場合であっても，土地と地上の旧建物が同一人に帰属しており，
土地にのみ抵当権が設定されていたときについて，大審院昭和 10 年 8 月 10
日判決（民集 14 巻 1549 頁）は，抵当権者は旧建物の存在を前提に担保価値を
計算していることを理由に，旧建物を基準として法定地上権の成立を認めて
いる。したがって，この場合には，一括競売は認められない。建物所有者の
有する法定地上権の利益を一方的に奪ってしまうことになるからである。さ
らに，一括競売が行われると，後述（→IV(2)）のように，建物の売却基準価
額は，土地の利用権を伴わない建物のみの価額となるため，法定地上権の成
立を前提として建物に後順位で抵当権の設定を受けた者の利益をも害するこ

〔松本〕　　221

とになるからである。法定地上権が成立する場合には一括競売が認められない
ことを 389 条 1 項の縮小解釈として説明する見解もある（松岡 159 頁）。

　他方，同一人に帰属する土地と旧建物に共同抵当が設定されていた場合に
ついては，最高裁平成 9 年 2 月 14 日判決（民集 51 巻 2 号 375 頁）が，いわゆ
る「全体価値考慮説」に依拠して，「新建物の所有者が土地の所有者と同一
であり，かつ，新建物が建築された時点での土地の抵当権者が新建物につい
て土地の抵当権と同順位の共同抵当権の設定を受けたとき等特段の事情のな
い限り，新建物のために法定地上権は成立しない」とする（→§388 Ⅱ 1 (5)(ア)）。
したがって，そもそも土地の抵当権者が新建物について共同抵当権の設定を
受けていない場合には，本条に基づく一括競売を行うことができる（新版注
民 (9)〔改訂版〕408 頁〔生熊長幸〕）。なお，この局面でも，本条の解釈上，一括
競売の間接義務的権利説や義務説の主張もみられる（平野 88 頁）。

　この最高裁判例によれば，土地の抵当権者が新建物について土地の抵当権
と異なった順位の共同抵当権の設定を受けた場合も新建物のために法定地上
権は成立しないから，土地の抵当権者は，土地の抵当権の実行としての土地
のみの競売を行うことも，本条に基づく一括競売を行うこともできる。

　もっとも，同一順位でないとはいえ，土地の抵当権者は建物についても抵
当権を有していることから，一括競売の場合であっても建物代価からの建物
抵当権の順位に従った優先弁済をも受けることができる。さらに，抵当権者
は，土地の抵当権に基づく競売と建物の抵当権に基づく競売をともに行うこ
ともでき，執行裁判所は土地と建物を一括して売却することを定めることが
できる（民執 188 条・61 条）。このような場合における民事執行法 61 条に基づ
く一括売却においては，土地の抵当権者は，土地の代価からの優先弁済に加
えて，法定地上権の成立しない建物の価値について建物抵当権の順位に従っ
て配当を受けることができるとされており（最判平 10・7・3 判タ 984 号 81 頁
〔法定地上権の成立を前提とした配当表の作成は誤りであるとする〕），後述（→Ⅳ(1)）
のように，本条に基づく一括競売は民事執行法 61 条の一括売却の手続で行
われることから，本条の一括競売においても同様になる。

　(ウ)　抵当権設定前から存在する建物　　土地の抵当権設定前から当該土地
上に存在する建物については，土地と建物が同一の所有者に帰属している場
合であれば法定地上権（388 条）が成立し，所有者が異なる場合には建物所

第2節　抵当権の効力　　　　　　　　　　　§*389*　III

有者が土地占有権原（土地利用権）を有しているか否か，またその占有権原が土地の抵当権者に対抗できるものか否かが問題となる。

抵当権設定前から建物が存在しており，土地と建物の所有者が異なる場合には，たとえ建物所有者が抵当権者に対抗できる土地占有権原を有していないときであっても，本条は適用されない。平成15年改正の審議過程では，中間試案において，執行妨害対策の観点からこのような場合にも一括競売を認めることとする考え方にも注で言及されていたが，土地抵当権設定前に建物が建築されていた場合には，抵当権者は抵当権設定時に建物の存在を認識し得るものの，建物を建築した者は建築時点で抵当権設定を予測し得ないことを考慮して，この考え方は改正法では採用されなかった（谷口＝筒井・解説31頁）。

もっとも，このような場合についても，敷地利用権を有しない区分所有者に対して，その専有部分の収去請求権を有する者に，区分所有権売渡請求権が認められている（建物区分10条）こととの対比から，一括競売を抑制することを疑問視する見解（道垣内ほか78頁〔小林明彦〕）が提示されているほか，抵当権設定前に建物を建築した第三者が土地利用権の対抗要件を取得していなかった場合にも一括競売の根拠が妥当するので，本条1項の類推適用を認めるべきとの説（清水76頁，松岡160頁）がある。

(2)　土地抵当権設定後の地上建物の建築

(ア)　土地抵当権設定後の建築　　　平成15年改正前の本条は，「抵当権設定ノ後其設定者カ抵当地ニ建物ヲ築造シタルトキハ」とされており，土地の抵当権設定者が自ら建物を建築した場合にのみ認められるとの文言となっていた。そのため，抵当権者に対抗することのできない賃借人やまったくの無権利者が建築して所有している場合には，一括競売の対象外であったが，平成15年改正により，これらの場合も含めて，だれが建築したかを問わず適用されることとなった。

(イ)　建築された建物の譲渡，土地譲受人による建築　　　平成15年改正前の本条の適用に関して，第三者が抵当権設定者から土地利用権を得て建物を建築した場合において，その建物を抵当権設定者が譲り受けたようなときは，本条を適用する説があった（我妻・判コメ457頁〔清水誠〕）。

また，抵当権設定者が建物を建築した後に当該建物を第三者に譲渡した場

〔松本〕　223

§*389* III 第2編　第10章　抵当権

合については，一括競売を否定する裁判例（福岡高決昭38・6・19下民集14巻6号1180頁）や学説（注民(9)〔増補再訂版〕194頁〔柚木馨=上田徹一郎〕，基本法コメ293頁〔川井健〕）と肯定する裁判例（東京高決平6・8・9判タ876号272頁）や学説（我妻・判コメ457頁〔清水〕，高木・金融取引231頁）があった。

　抵当権設定者から土地を譲り受けた第三者が建物を建築し，所有する場合についても，本条の準用ないし類推適用により一括競売を認める裁判例（札幌高決昭52・6・28判タ359号273頁〔抵当土地の譲受人による建物建築の禁止を求める抵当権者の仮処分申請を却下する理由として〕）や学説（我妻・判コメ457頁〔清水〕，高木・金融取引231頁）があった。

　さらに，共同抵当に付された建物が取り壊され，再築された建物を第三者が所有した後に当該第三者が抵当地の所有権を取得したという事例について，当該第三者は本条の設定者と同視しうるとして一括競売を拡張する裁判例（名古屋高決昭60・1・24判タ550号165頁）もあった。

　しかし，平成15年改正により，これらの議論はすべて不要となり，いずれの場合においても，当然に一括競売を行えることとなった。

(3)　**抵当権者に対抗できる土地占有権原の不存在**

　土地の抵当権設定後に建築された建物であっても，その建物の所有者が抵当地を占有するについて抵当権者に対抗することができる権利を有する場合には，抵当権者による一括競売は許されない（本条2項）。土地の抵当権設定登記より前に第三者が当該土地を借り受けて，賃貸借の登記を経ていた場合や，平成15年改正後の387条1項に基づいて，土地の抵当権設定登記後に土地の賃貸借の登記がされ，先に登記を経ているすべての抵当権者が当該賃借権に同意をしてその旨の登記を経ている場合などがこれにあたる。

(4)　**一括競売の申立て**

　前述（一II）のように，本条に基づく一括競売の存在理由については議論があるが，いずれの立場をとるにせよ，抵当権者の申立てがなければ，一括競売の手続が行われないという点については争いがない。

IV 一括競売の効果

⑴ 一括競売の手続

民事執行法 61 条によると，土地とその地上建物のように，相互の利用上不動産を他の不動産と一括して同一の買受人に買い受けさせることが相当であると認めるときは，執行裁判所は，一括売却を定めることができるとされている。この意味で，本条の一括競売は，民事執行法の一括売却の特殊型のような位置を占めており（松岡 159 頁），本条の一括競売の申立てがされると，民事執行法の一括売却の手続により行われるのが普通である（中野 = 下村 427 頁）。

民事執行法の一括売却は執行裁判所の裁量によるものであることから，本条の一括競売の申立てについても，裁判所による一括売却に係る裁量を完全に排除するものではなく，裁判所は，それが合理的であると認める場合には，土地と建物を個別に売却できると説かれることもある（中野 = 下村 442 頁注 25）。また，本条の解釈論としての間接義務的権利説（→ II 1 (イ)）に対する批判として，一括競売を申し立てても一括競売されるとは限らないことがしばしば主張される（加賀山・講義 426 頁など）。しかし，個別に売却するとなると，土地について法定地上権の負担のないものとして評価されるのか，それとも負担のあるものとして評価されるのかという問題が発生し，法定地上権の負担のないものとして評価されるのであれば，建物の買受人は執行妨害目的の者以外は現れないであろうし，法定地上権の負担のあるものと評価されるのであれば，そもそも本条の立法趣旨に反することになる（我妻 = 有泉・コメ 631 頁）。したがって，執行裁判所の裁量の余地はないと考えるべきであろう（内田 432 頁，相澤眞木 = 塚原聡編著・民事執行の実務 不動産執行編上〔4 版，2018〕479 頁）。

また，一括売却の場合は，ある不動産の買受可能価額で債権および執行費用の全部を弁済することのできる見込みがあるときは，一括売却には債務者の同意が必要である（民執 61 条ただし書）。しかし，本条の一括競売の場合は，下級審裁判例には，超過売却となっても一括競売が許されるとするものがあり（広島高決昭 50・11・17 判タ 336 号 261 頁，〔更地に抵当権を設定した後に建築された建物にも共同担保として抵当権を設定していた事例〕），学説でも，超過売却に関する規定は適用されないとする説が通説である（高木・金融取引 236 頁，相澤 = 塚

原編著・前掲書 479 頁)。

(2) 土地部分の代価からの優先弁済権

土地の抵当権者が一括競売をしても，建物については抵当権の効果が及んでいるわけではないので，優先弁済権は土地の代価についてのみ行使することができるにとどまり（本条 1 項ただし書），建物の代価の部分については建物所有者に配当される。もちろん，抵当権者が別に債務名義を有している場合には，一般債権者として建物の代価からの配当を受けることができる。学説には，一括競売手続全体を担保不動産競売であるとみる立場から，債務名義がなくても，建物の対価についても配当要求ができるとの説もある（山野目 322 頁）。

したがって，土地と建物を一括した売却基準価額（民執 188 条・60 条）に加えて，土地と建物それぞれについて個別の売却基準価額を定めておく必要がある（民執 188 条・86 条 2 項）。この場合，抵当権者の優先弁済権の対象となる土地の売却基準価額は，法定地上権の負担のないことは当然ながら，建付地としての減価もされない，更地として評価された価額である（道垣内ほか 79 頁〔小林明彦〕，道垣内 161 頁）。建物の売却基準価額は，土地の利用権の伴わない建物のみの価額となる。実際の一括売却の代金総額を土地と建物の売却基準価額に応じて案分した額がそれぞれに割り付けられる。

(3) 地上建物の賃借人への効果

一括競売の対象とされた地上建物に第三者対抗要件を備えた賃借人が存在する場合に，その賃借権は買受人に引き受けられることになるのであろうか。民事執行法 59 条によると，不動産の上に存する抵当権は売却により消滅し（同条 1 項），そのような売却により消滅する権利を有する者に対抗することができない不動産に係る権利の取得は，売却によりその効力を失うとされている（同条 2 項）。一括競売の場合，土地の抵当権は同条 1 項によって消滅するのは当然であるが，地上建物の賃借権が，同条 2 項の「〔土地の抵当権者〕に対抗することができない不動産に係る権利」に該当するかどうかが問題となる。

この点について，下級審裁判例ではあるが，大阪地裁堺支部平成 18 年 3 月 31 日決定（金法 1786 号 108 頁）は，「民法 389 条が土地の抵当権者にその土地上にある建物の競売まで認めたのは，抵当権の実行の対象を建物にまで拡

第2節　抵当権の効力　　　　　　　　　　　　　　§*389*　IV

大したものであって，同条による一括競売の法的性質は，債権の満足を目的
とし，土地と建物とを一体として売却する競売，すなわち担保権の実行とし
ての競売であると解するのが相当である。もっとも，このように建物の競売
の基礎が土地の抵当権にあるとはいっても，土地と建物を別個の不動産とす
る我が国の法体系及び民事執行法59条の文理からすれば，建物に関する権
利の取扱いは，同条に従い，建物に設定された抵当権の有無等に応じ，これ
を基準として決すべきものと解するのが相当である」と述べ，本件の場合は，
一括売却の対象となる本件建物には，同条1項の規定によって消滅する抵当
権等は存在せず，本件建物についての差押登記に先立って本件建物を賃借権
に基づいて占有していることから，同条2項の反対解釈により，賃借人の賃
借権は，売却によりその効力を失わず，買受人の負担すべき権利となると判
示した。

　ただし，本件は，土地建物に共同抵当が設定され，土地の空地上に別の建
物が建築され，その後，担保不動産競売の申立てがされた後に，その別建物
を第三者が賃借したというかなり特殊な事例である。そもそも抵当権者が土
地と地上建物を共同抵当にとっているのは，土地の全体価値把握のためであ
ることを重視するならば，その後に建築された建物についての賃借権が買受
人に対抗でき，その結果，買受価額が下落するということになると，全体価
値考慮説に立つ判例（最判平9・2・14民集51巻2号375頁）の立場とは相容れ
ない。

　とはいえ，一括競売をすれば地上建物の賃借権が買受人の負担となるとす
ると，地上建物に賃借人が存在する場合には，一括競売によるほうが，土地
だけを競売するよりも，競落価格が低くなる場合も考えられることから，一
括競売についての権利説の根拠の一つとして，この大阪地裁堺支部平成18
年3月31日決定が援用されることもある（道垣内ほか78頁〔小林〕，道垣内161
頁）。

　この論点は，平成15年改正前の389条でもあったはずであるが，改正に
よって建物の築造者および所有者の要件が緩和されたことを契機に，議論が
顕在化したものである。本条に基づく一括競売手続における建物売却は抵当
権の実行として行われるものではないことから形式競売に該当すると考える
と，一括競売の申立てに基づく建物の差押え前に対抗要件を具備した建物賃

〔松本〕　227

§*390* I 　　　　　　　　　　　　　　　　　　第2編　第10章　抵当権

借権は土地・建物の売却により消滅しないとの解釈が成り立つが，他方，一
括競売を全体として一個の担保不動産競売であると考えると，土地抵当権設
定登記後に対抗要件を具備した建物賃借権は土地・建物の売却により消滅す
ると解することになる（山野目章夫 = 小粥太郎「一括競売」NBL793 号〔2004〕38 頁
注 104）。

　学説としては，建物を基準に民事執行法 59 条を適用する建物基準説（法
務省民事局参事官室編「担保・執行法制の見直しに関する要綱中間試案補足説明」
NBL735 号〔2002〕18 頁，荒木新五「一括競売」銀法 624 号〔2003〕43 頁，道垣内ほか
78 頁〔小林〕）と土地を基準に同条を適用する土地基準説（松岡久和「担保・執
行法改正の概要と問題点(上)」金法 1687 号〔2003〕25 頁，山野目 = 小粥・前掲論文 38
頁）がある。前述（一-(2)）のように，抵当権者は一括売却の代金総額から更
地としての売却基準価額に応じた額の優先弁済を受けることができ，建物賃
借権を買受人が引き受けなければならないことによる一括売却価額の減価は，
建物所有者が負担することになるのであるから，建物賃借権の存在による減
価によって一括売却価額が土地の更地価額をも下回るとか，買受人が現れな
いというような場合を除いて，建物基準説が適切であろう。

〔松本恒雄〕

　　（抵当不動産の第三取得者による買受け）
　第390条　抵当不動産の第三取得者は，その競売において買受人とな
　ることができる。

　　　　〔対照〕　フ民 2484

I　本条の趣旨

　本条および次条は，378 条〜386 条と同様，抵当不動産の第三取得者の法
的地位を規律するものである。しかし，378 条〜386 条が，第三取得者が抵
当権の設定者でない担保物所有者であることに基づく規律であったのに対し
て，本条および次条は，第三取得者が被担保債権の債務者でない担保物所有
者であることに基づく規律である。

第2節　抵当権の効力　　　　　　　　　　　　　　　§*390*　I

　民事執行法68条は，不動産強制競売手続における買受申出資格を限定し，「債務者」（執行債務者）が買受人となりえない旨を定めており，この原則は担保不動産競売においても同様に妥当する（民執188条による準用）。これに対して，本条はその例外として，第三取得者が担保物所有者であり担保不動産競売手続上は執行債務者として扱われるにもかかわらず，その買受申出資格を認めたものである。

　民事執行法68条が債務者の買受申出資格を否定したのは，債務者は買受原資があるならそれを債務の任意弁済に充てるべきだからである。敷衍すると，債務者の買受けを認めても，配当が債務の全部を弁済するのに足りなければ債務者は残債務を負い続け，債権者は債務者が買い受けた不動産の強制競売を再び申し立てることができるので，買受原資を債務の任意弁済に充てたうえで残債務のために執行を受ける場合と比べて，債務者に実益があるわけではない。むしろそれは，債務を任意弁済せず債権者に徒に執行手続を繰り返させることで執行を妨害する誘因を債務者に与えかねない。そこで民事執行法68条は，買受けを通じた債務の弁済ではなく，任意の債務弁済による競売の阻止を促しているのである（田中康久・新民事執行法の解説〔増補改訂版，1980〕427-428頁）。しかし，これらの考慮は第三取得者の買受けには妥当しない。第三取得者は抵当権の被担保債務の債務者ではなく，競売によってその責任を免れることができるので，被担保債務を弁済することなく競売で不動産を買い受けることに正当な利益を有するといえるからである。これが，本条を正当化する実質的な理由である。

　本条は，第三取得者が担当不動産の所有者であるにもかかわらず自ら買受人となりうることを確認した注意規定であると説明されることが多い（梅570頁，内田449頁，新版注民(9)〔改訂版〕417頁〔生熊長幸〕）。しかし，本条の真の意義は，上のとおり執行債務者の買受申出資格の原則的否定を前提としてはじめて理解されうるものである。このことは，以下のような沿革によっても裏づけられる。

　第三取得者による抵当不動産の買受けは，フランスにおける滌除制度の沿革において重要な役割を果たした。すなわち，フランス古法において物上差押えの「強制命令」の消除主義を応用し，第三取得者が自己の（仮装の）債権者に不動産の差押えを申し立てさせて執行債務者となり，競落によって負

〔阿部〕　　229

§*390*　I

担のない不動産を取得したという「任意売却命令」実務（阿部・追及権79頁）が，正面から制度化されて承認書制度となり（同150頁），フランス民法典の滌除制度を生んだのである。もっとも，フランス古法においても，本来の強制命令手続では差押債務者による競落は認められておらず，第三取得者の入札資格は，前主が生じさせた抵当権を滌除するために認められた特典であった。

そのため，フランス民法典旧2189条（＝現2484条）は，滌除に対する増価競売手続において，「取得者または受贈者」が不動産を自ら競落できることを前提に，この場合には競落判決の謄記（公示）を要しない，という規定を置いた。他方で，民事訴訟法典旧713条2項（不動産司法売却に関する1841年6月2日法律711条2項）には，差押債務者のための入札を禁止する規定が存在した（現在の民事執行法典R322-39条1号がこれに相当する）。そこで，滌除を経なかった第三取得者が，増価競売以外の（追及権行使による）競売において差押債務者とされた場合に，第三取得者が自ら競落人となりうるのかが議論され，第三取得者が抵当債務を弁済する義務を負わないことを理由とする肯定説と，滌除を怠った場合は抵当債務を人的に義務づけられたものと同視される，という否定説とが対立していた。

ボワソナード草案1291条1項（旧民法債権担保編280条1項）は，そのうちの肯定説を採用して，第三取得者が滌除に対する増価競売に限らず一般に競落人になりうることを確認したものであり，本条はこれを継承したものである。もっとも，民事執行法制定前は，同法68条の原則に相当する明文の規定は存在せず，強制執行手続においては債務者の買受申出資格を否定する見解が通説であったのに対して，競売法に基づくいわゆる任意競売においては被担保債務の債務者たる抵当権設定者を含めて執行債務者の買受申出資格を認める見解が通説であった（鈴木＝三ヶ月編・注解(2)478-480頁〔大石忠生＝坂本倫城〕）。このような原則不在の状態では，本条がその例外としての意味を失い単なる確認規定と解されたのも無理からぬことであった。しかし民事執行法は，68条で強制競売における債務者の買受資格を明示的に否定するとともに，188条でこれを担保不動産競売に準用して規律の統一を行ったので，同法68条の原則に対する例外としての本条の位置づけもまた明確になったといえよう。

第2節　抵当権の効力　　　　　　　　　　　　　　§*390*　II

II　適用場面

(1)　第三取得者と所有権移転登記

本条の第三取得者は，抵当不動産の差押登記までに所有権移転登記を経由した者を指す。差押登記に後れて所有権移転登記を経由した場合，第三取得者は執行債務者とならないので，買受けが可能なのは本条の適用ではなくむしろ民事執行法68条の不適用の帰結である（同旨，鈴木＝三ケ月編・注解(2)488頁〔大石＝坂本〕）。

(2)　債務を負担する第三取得者

第三取得者が被担保債務額を取得代金額から控除して被担保債務の債務引受をしていた場合や，保証人が第三取得者となっていた場合には，本条の適用を認めるべきではないだろう。買受け後も債権者が不動産の強制競売を申し立てることができる点で，抵当権を設定した債務者による買受けと同様だからである。もっとも，これらの事実は執行官にとって必ずしも形式的に明らかとなるものではないが，最高価買受申出人が買受申出資格のない者の計算で買受けの申出を行ったことも売却不許可事由とされている（民執71条3号）以上，買受申出資格自体が形式的に判断できない事由のために否定されることがあっても問題はないだろう（執行官は第三取得者の買受申出を一応受理し，第三取得者の債務負担については執行裁判所の売却許可決定やこれに対する執行抗告手続〔民執74条〕の中で判断すれば足りる）。

(3)　「その競売」の意義（第三取得者が後順位抵当権を設定した場合）

第三取得者が抵当不動産の取得後に自己の債務のために後順位抵当権を設定した場合，第三取得者は後順位抵当権者との関係では債務者となるが，抵当不動産の競売の際には民事執行法68条ではなく本条の適用を認めるべきである（第三取得者に対する担保不動産競売手続において一般債権者の配当要求があった場合につき，鈴木＝三ケ月編・注解(2)488頁〔大石＝坂本〕）。本条および民事執行法68条の趣旨（一I）を踏まえると，譲渡人が設定した先順位抵当権が存在する以上は，第三取得者による買受けは無益とはいえないからである。さらに，このことは，先順位抵当権者が追及権行使として担保不動産競売を申し立てた場合のみならず，第三取得者から抵当権設定を受けた後順位抵当権者が担保不動産競売を申し立てた場合や，第三取得者自身の一般債権者が不動

〔阿部〕　　231

§*390* III・IV　　　　　　　　　　　　　第2編　第10章　抵当権

産強制競売を申し立てた場合にも，同様に妥当すると解すべきである。いずれの場合にも，すべての抵当権が競売によって消除される（民執59条1項）からである。

III　第三取得者以外への類推適用

(1)　物上保証人

本条は，物上保証人にも類推適用される（あるいは，物上保証人は民執68条の債務者に当たらない）と解すべきである（田中・前掲書428頁〔本条の類推適用を示唆〕，鈴木＝三ケ月編・注解(2)487-488頁〔大石＝坂本〕，中野＝下村494頁，山本和彦ほか編・新基本法コンメンタール民事執行法〔2014〕211頁〔伊東智和〕，新版注民(9)〔改訂版〕416頁〔生熊〕）。物上保証人は債務者と異なり，被担保債務を負わず，この点は第三取得者と同様である。もっとも，物上保証人は抵当権設定者である点で第三取得者と異なるが，抵当権消滅請求と異なり，物上保証人による買受けは物上保証契約の趣旨にも反しない。ただし，第三取得者が保証人を兼ねる場合（→II）と同様，物上保証人が保証人を兼ねる場合にも本条の類推適用を認めるべきでない（これに対して，鈴木＝三ケ月編・注解(2)488頁〔大石＝坂本〕はこの場合にも買受申出資格を肯定する）。

(2)　設定者からの賃借人等

なお，設定者からの賃借人等も買受人となりうるが，これは，賃借人が本条の第三取得者に当たるから（近江205頁）でも，本条が類推適用されるからでもなく，賃借人が不動産の所有者ではなく執行債務者として扱われないためにそもそも民事執行法68条の適用を受けないことの帰結にすぎない（同旨，新版注民(9)〔改訂版〕416-417頁〔生熊〕）。

IV　第三取得者による買受けの効果

(1)　競売を原因とする所有権移転登記（嘱託）の要否

ボワソナード草案1291条2項は，競落判決それ自体の謄記は（フランス民法典同様）不要であり，謄記された取得証書の欄外に付記される形で競落判決が公示されることを定めていたが，この規定は本条からは失われている。

232　〔阿部〕

第2節　抵当権の効力　　　　　　　　　　　§*390*　IV

　その結果，競売によって所有権移転が生じていないので買受人のための所
有権移転登記（民執82条1項1号）自体が不要となったものと解される（法務
省民事局長回答昭和34年7月10日曹時11巻8号1191頁〔民事執行法制定前〕，鈴木＝
三ケ月編・注解(2)490頁注41〔大石＝坂本〕，同(3)208-209頁〔渋川満〕，執行・保全手
続研究会編・新版執行・保全手続実務録2〔1981〕2184の102-103頁，深沢利一＝園部
厚・民事執行の実務(上)不動産執行〔補訂版，2007〕552頁）。これに対して，第三
取得者の所有権は最先順位抵当権者に対抗できず，そのため売却によって消
滅するので（民執59条2項，末弘厳太郎・債権総論（現代法学全集(8)）〔1928〕85頁
参照），第三取得者への所有権移転登記は一旦抹消され（民執82条1項2号「売
却により消滅した権利」の取得に係る登記として），抵当権設定者から第三取得者
へ競売を原因とする所有権移転登記が嘱託される（同項1号），という学説も
存在する（新版注民(9)〔改訂版〕417頁〔生熊〕）。しかし，第三取得者の所有権
を最先順位抵当権者に「対抗することができない不動産に係る権利」（民執
59条2項）に含めて競売による消除の対象と考えることは，民事執行法59条
2項を対抗要件主義（民177条）の論理的帰結として捉え，対抗要件主義を過
度に単純化して抵当権者と第三取得者との関係に推し及ぼすものと言わざる
を得ない。民法177条によれば，抵当権設定登記後に第三取得者への所有権
移転登記があった場合，抵当権者は第三取得者に抵当権の設定を対抗できる
が，第三取得者もまた所有権の取得を抵当権者に対抗できる（→§378 I(1)）。
第三取得者が競売によって所有権を喪失するのは，民事執行法59条2項に
よる消除の結果ではなく，競売が通常は買受人への所有権移転を生ずるから
であり，例外的に第三取得者が自ら買受人となった場合には競売は所有権移
転を生じないのだからこれを登記する必要もない。これに対して，抵当権設
定者を執行債務者とする差押登記後に第三取得者への所有権移転登記があっ
た場合，この所有権移転登記は差押えの処分禁止効のために抹消されるので
（民執82条1項2号），あらためて競売を原因とする所有権移転登記が嘱託さ
れる（民執82条1項1号）が（注民(9)〔増補再訂版〕196頁〔柚木馨＝上田徹一郎〕は
これに言及する），これはそもそも第三取得者が所有権の移転を抵当権者に対
抗できず執行債務者として扱われない場面であって，本条が想定している追
及権行使の場面ではない（→II(1)）。

　それでも，第三取得者による買受けは何らの法的効力も認められないわけ

〔阿部〕　　233

§*391*

第2編 第10章 抵当権

ではない。第三取得者が競売前に設定していた権利は当然に存続するものではなく，競売の効果を定めた民事執行法59条に従って処遇されることになるだろう。

(2) 売主担保責任・債務者に対する求償権

第三取得者が売買契約によって不動産を取得していた場合，第三取得者は売主に対し担保責任に基づく費用償還請求（570条〔平29改正前567条2項〕）をなしうる。他方で，競売の代金が抵当権者に配当されると第三者弁済（474条）が成立するので，第三取得者は債務者に対する求償権も取得できる。もっとも，売主と債務者が同一の場合（第三取得者が債務者所有不動産を取得した場合），代金を直接売主に支払っていない買主は，競売代金の配当によって売主に対する売買契約上の代金債務を免れる，というのが担保不動産売買契約の趣旨に沿うと考えられる。そうすると，第三取得者は，競売による売却代金額と売買契約上の代金額との差額についてのみ，求償権および費用償還請求権を取得する（両者は同額であり，請求権競合関係に立つ）ことになる。

もっとも，被担保債務額を控除して売買契約上の代金額が設定され，第三取得者が被担保債務につき債務引受をしていた場合，第三取得者にはそもそも買受申出資格がないと解される（→II(2)）。これに対して，履行引受をしていたに留まる場合は，買受け自体は可能であるものの，以上のような売主担保責任や債務者への求償権は成立しないものと解される（→§378 I(3)(イ)）。

〔阿部裕介〕

（抵当不動産の第三取得者による費用の償還請求）
第391条 抵当不動産の第三取得者は，抵当不動産について必要費又は有益費を支出したときは，第196条の区別に従い，抵当不動産の代価から，他の債権者より先にその償還を受けることができる。

〔対照〕 フ民2470

細 目 次

I 本条の趣旨 …………………………………235	(1) 第三取得者が複数の場合 …………238
II 適用場面 …………………………………238	(2) 第三取得者と所有権移転登記 ……238

第2節　抵当権の効力　　　　　　　　　　　　　　　　　　　§*391*　Ⅰ

　(3)　債務を負担する第三取得者 ‥‥‥‥239
　(4)　「抵当不動産の代価」の意義‥‥‥‥239
Ⅲ　第三取得者以外への類推適用 ‥‥‥‥‥241
　(1)　物上保証人 ‥‥‥‥‥‥‥‥‥‥‥241
　(2)　抵当権設定者から設定を受けた地
　　　上権者，永小作権者，賃借人 ‥‥‥‥241
Ⅳ　優先的償還の内容 ‥‥‥‥‥‥‥‥‥‥242

　(1)　優先的償還の対象，範囲 ‥‥‥‥‥242
　(2)　優先的償還の手続 ‥‥‥‥‥‥‥‥244
　(3)　第三取得者が競売手続において配
　　　当を受けなかった場合 ‥‥‥‥‥‥245
Ⅴ　第三取得者による不動産の毀損 ‥‥‥‥247
　(1)　第三取得者の損害賠償義務 ‥‥‥‥247
　(2)　損害賠償以外の救済 ‥‥‥‥‥‥‥248

Ⅰ　本条の趣旨

　本条は，第三取得者が抵当不動産の維持改良のために支出した必要費・有益費について，抵当不動産の競売に際してその売却代金からの優先的償還を認めるものである。

　これに類する費用償還の根拠としては196条が存在するが，196条は本権を有しない占有者に「回復者」すなわち本権者への費用償還請求を認めたものであるところ，第三取得者は自らが所有者であって費用償還義務者たるべき「回復者」が他に存在しない（これに対して，松岡久和「物権法講義(26)」法セ696号〔2013〕62頁・66頁は抵当権設定者が196条の「回復者」に当たるというが，本条の適用場面は設定者が競売によって目的物を回復する場面ではないのでこの解釈は困難である）。したがって，本条は196条の費用償還請求権を有しない第三取得者に特に代価からの費用償還を認めたものである。

　本条はさらに，この第三取得者の費用償還が抵当権に優先することを認めている。これは，これらの費用が「不動産の価値の維持・増加のために支出された一種の共益費」（最判昭48・7・12民集27巻7号763頁）といえるからである。つまり，共益費用の先取特権（306条1号・307条）が利益を受けた全債権者に優先し（329条2項ただし書），不動産保存の先取特権（326条）および不動産工事の先取特権（327条）が抵当権者に優先する（339条）のと同様の理由に基づくものといえよう。

　もっとも，起草者は本条を抵当権者の不当利得を防止する趣旨の規定として理解しており（梅571頁〔藤澤治奈「抵当不動産の第三取得者の担保価値維持義務と民法391条」淡路剛久古稀・社会の発展と権利の創造〔2012〕31頁・54頁は，当時のフランス法学説〔同43頁〕が梅の理解に影響を与えたと指摘する〕），この理解は現在でも有力である（道垣内175頁）。そうすると，本条は第三取得者の抵当権者

〔阿部〕　　235

§391 I 　　　　　　　　　　　　　　　　　　　　　第2編　第10章　抵当権

に対する不当利得返還請求権（一Ⅳ(3)）につき特殊な行使方法を認めたものということになろう。それゆえに，本条（とりわけ必要費の償還）に対しては，第三取得者は所有者として必要費を支出しているにすぎず，債務者と同様に第三取得者自身がこれを負担すべきである，という立法論的批判があるところである（遊佐慶夫・全訂民法概論物権篇〔7版，1933〕473頁，清水元「民法391条について」東北学院大学論集法律学29号〔1986〕1頁・16頁）。不当利得法に即していえば，所有者の支出には法律上の原因がある，という趣旨であろうか。

　しかし，前述した「共益費」としての理解は，このように抵当権者と第三取得者との関係だけを切り出してそこに優先的償還の根拠を求めるべきではないことを示唆する（藤澤・前掲論文56-57頁も，前掲昭和48年最判による「共益費」の性質決定が，債務者からの集団的債権回収を想定している可能性を指摘する）。そもそも，維持改良費用を終局的に負担すべき受益者は，不動産の新たな所有者である買受人であるところ，維持改良の結果が買受価格に反映されることによって，買受人は投下費用を実質的に負担している。そしてその利得は通常，売却代金の配当を通じて，費用を支出した所有者に返還されるものといえる。ここで，支出を行った所有者が債務者である場合には，自らが売却代金の配当を受けなくても，売却代金が自己の債権者に配当されることで債務を免れ，間接的に利得の返還を受けることができ，このことが債務者に不動産の維持改良を動機づける。これに対して，抵当不動産の第三取得者は抵当権者による追及権の行使を受けるのみでその被担保債務を自ら負担する者ではないので，抵当権者への配当は第三取得者への利得の返還を意味せず，配当によって免責される被担保債権の債務者が，第三取得者の損失において利得することになる。これは最終的には第三取得者に対する売主の担保責任（565条・564条〔平29改正前567条〕）または債務者の求償義務の額が上乗せされることで解決されるが，第三取得者は債務者の無資力による求償不能リスクを負担することになり，それだけ不動産の維持改良のインセンティヴが阻害される。そこで本条は，前述した必要費・有益費の共益的性格に基づき，抵当権に優先して第三取得者への償還を認めることで，その限度で第三取得者の求償リスクを抵当権者に一部肩代わりさせ，第三取得者の維持改良のインセンティヴを補強したものと解されるのである。

　しかしさらに，必要費について，有益費のような増価が現存する限度とい

第2節　抵当権の効力　　　　　　　　　　　　　　　　§391　I

う制限なしに全額の優先的償還を認めることは，担保物所有者の担保価値維持義務（一V）と矛盾するのではないか，という疑問が提起されている（藤澤・前掲論文35頁）。沿革的にも，本条の源流にあるフランス民法典2175条（現2470条）は，第三取得者による必要費（impenses〔現2470条はdépenses〕）および有益費（améliorations）の支出について，改良（amélioration）による増価の限度でのみ費用償還を認める，という規定であったところ，この限定が必要費および有益費の双方にかかるのか，改良のための有益費のみにかかるのかについて解釈上の争いが存在した。本条は，このうちの後者の解釈，即ち有益費限定説を選択し，必要費については現存する増価の限度という限定を外すことを，196条の準用という形で明らかにしたものである（ベルギー民法草案2302条において，必要費につきこの限定を明示的に除去する提案がされ，これが法典調査会で参照された〔草案の内容を含め，藤澤・前掲論文50-52頁参照〕）。したがって，上述の疑問は，この選択の妥当性についての疑問として位置づけることができよう。

　そこで検討するに，この疑問が示唆する「矛盾」は，必要費とそれによって維持された担保価値とが等価である場合に顕著なものとなるだろう。第三取得者が担保価値を維持した場合に優先的に償還を受ける必要費の額と，第三取得者が担保価値維持義務に反した場合に抵当権者に対して負う損害賠償債務の額とが同じであるならば，たとえ第三取得者が担保価値維持義務を尽くしても，抵当権者にとっては担保価値が維持されていないのと実質的に同じ結果になるからである。このような前提の下で，本条のように必要費全額の優先的償還を認めるのであれば，第三取得者は担保価値維持義務を果たさなくても抵当権者には損害がない，ひいては，第三取得者は抵当不動産を積極的に毀損しないという限度でしか担保価値維持義務を負わない，と解しなければ首尾一貫しなくなるかもしれない。

　しかし実際には，必要費の支出によって維持される担保価値は，必要費の額を上回ることが通常であろう。その場合，たとえば，10万円の必要費を支出して抵当不動産を修繕しなかったことで100万円の担保価値の毀損が生じた場合に，第三取得者が抵当権者に対して100万円の賠償義務を負うということと，修繕を履践したら第三取得者が10万円の償還を優先的に受けるということとは，必ずしも矛盾しない。このように，両者が等価でないとい

〔阿部〕　　237

§391 II

第2編　第10章　抵当権

う前提があるからこそ，この必要費は抵当権者にとっても有益な共益費である（前掲昭和48年最判）ということができるのだろう。もちろん，さらに第三取得者の10万円の償還請求権を抵当権者に劣後させて抵当権者の抵当権設定時における担保価値把握を完全に保護することも論理的には可能である（とりわけ，担保価値維持義務を，担保権者による担保価値の排他的支配の反射的帰結として位置づけるなら，そのような保護が論理的に必要となるだろう）。しかしその場合には，上述した求償における債務者の無資力リスクのために，担保価値維持に対する第三取得者のインセンティヴが阻害され，抵当権者も費用以上の損害を被りかねない。そこで本条は，必要費全額の優先的償還を認めることで，担保価値維持に対する第三取得者のインセンティヴを補強するとともに，抵当権者の損害を予防するものと解される。

II　適　用　場　面

(1)　第三取得者が複数の場合

不動産が転々譲渡され，複数の第三取得者がそれぞれ費用を支出していた場合には，最終の第三取得者のみが本条の第三取得者に当たると解すべきである（中島1168頁，近藤344-345頁）。すでに不動産を他に譲渡した第三取得者は，自らの費用支出の結果として転売価格の上昇という利益を既に享受しているからである。なお，費用を支出した第三取得者が売主から買戻しを受けた場合には，583条2項に基づき売主に対する費用償還請求権を有する。

(2)　第三取得者と所有権移転登記

本条の第三取得者も，390条のそれ（→§390 II(1)）と同様，不動産の差押登記までに所有権移転登記を経ていた第三取得者を指すものと解される（執行・保全手続研究会編・新版執行・保全手続実務録2〔1981〕2233-2334頁，寺崎次郎「抵当不動産の第三取得者が有する民法391条に基づく費用の優先償還請求権と民事執行手続」民事訴訟雑誌33号〔1987〕73頁・84頁，新版注民(9)〔改訂版〕426-427頁〔生熊長幸〕。反対，注民(9)〔増補再訂版〕197頁〔柚木馨＝上田徹一郎〕〔第三取得者への所有権移転登記があればそれが差押登記後であってもよいとする〕）。第三取得者への所有権移転登記が本条の優先権の競売手続に対する公示を兼ねていると考えると，差押登記前に所有権移転登記がなされていなかった場合には競売手続に対抗

238　〔阿部〕

できないものと解される。もっともこの場合，譲渡の当事者間では所有権は既に移転しており（176条），第三取得者は本条の優先償還に代えて執行債務者（譲渡人）に対し196条に基づく償還請求権を取得するわけではないと解される。その結果，差押登記までに所有権移転登記を経ていない第三取得者にとって担保価値維持の動機づけは弱くなるが，これによる価格減少のおそれに対しては，損害賠償（→V）のみならず，売却のための保全処分（民執55条）の活用によって対処できよう。

なお，差押登記前に第三取得者のための仮登記がある場合，差押え後に本登記がされると，順位保全効（不登106条）のために本条の第三取得者として扱われる（新版注民(9)〔改訂版〕426頁〔生熊〕）。もっとも，最先順位抵当権設定登記に後れる仮登記は競売によって失効するので（民執59条2項），これに伴う仮登記の抹消（民執82条1項2号）がなされた後はもはや本登記はなされえない。

(3) 債務を負担する第三取得者

「第三取得者」の反対解釈により，抵当権が担保する債務の債務者は本条の適用を受けない。債務者は，費用投下の結果を反映した売却代金が抵当権者に配当されることで，自己の負担する被担保債務を免れるという利益を得るからである（→I）。したがって，債務者が一般責任財産から費用を支出したにもかかわらず，売却代金はすべて抵当権の順位に従って配当される。このことは，一般責任財産からの支出による担保不動産の価値維持・増加が（詐害行為に当たるような場合を除いて）責任法秩序の予定するところであることを示唆するものといえよう。

さらに，相続等により被担保債務を承継した第三取得者も，債務の終局的負担者であり，抵当権者への配当に伴う被担保債務の免責によって間接的に利益の還元を受けるので，本条の適用を認める必要はない。これに対して，保証人が第三取得者となった場合には本条の適用を認めるべきである。保証関係においては終局的な負担は求償によって主債務者に帰することが予定されており，この求償リスクを一部免除する必要がある点で，通常の第三取得者と変わらないからである。

(4) 「抵当不動産の代価」の意義

「抵当不動産の代価」には，追及権の行使による担保不動産競売の売却代

§*391* II 第2編 第10章 抵当権

金に限らず，第三取得者自身の債権者の申立てによる担保不動産競売・不動産強制競売の売却代金も含まれる（強制競売につき，鈴木＝三ケ月編・注解(3)343頁〔中山一郎〕，寺崎・前掲論文88頁，深沢利一＝園部厚・民事執行の実務(上)不動産執行〔補訂版，2007〕705頁，新版注民(9)〔改訂版〕418頁〔生熊〕）。いずれの手続においても抵当権者への配当は生じ，それによってその被担保債権の債務者が不当利得することに変わりはないからである。ただし，第三取得者は自己の債権者との関係では債務者（→(3)）であるので，彼らとの関係では優先の根拠を欠く（→Ⅳ(2)）。

　本条が主として想定しているのは，第三取得者が担保不動産競売によって所有権を失った場合である。これに対して，第三取得者が自ら買受人となった（390条）場合には，第三取得者は競売後も買受人として抵当不動産の維持改良の結果を享受するので，本条の適用を認める必要はないようにも見える。しかし，第三取得者はすでに買受人として維持改良の結果を反映した買受申出価格を設定して代金を納付しており，それ以上の負担を被るべき理由はないので，第三取得者自身が買受人として納付した売却代金も本条の「代価」に当たると解すべきである（梅572頁は，この場合には競売を新たな取得原因と見るべきである，という理由も挙げるが，疑問がある〔→§390Ⅳ(1)参照〕）。

　本条は，「代価」が第三取得者を執行債務者とする競売の代価であることを明文で要求してはいない。しかし，代価弁済（378条）および抵当権消滅請求（379条以下）において第三取得者が支払う，取得の「代価」（抵当権消滅請求の場合には，特に指定した金額を含む「申出額」〔→§383Ⅱ〕）は，必ずしも第三取得者による抵当不動産の維持改良を反映したものにはなっていない。第三取得者が維持改良後に抵当権消滅請求をした場合，申出額が維持改良の結果を反映していることはありうるが，そもそもこの場合，第三取得者は不動産所有権を自ら保存するので，第三取得者に求償リスクを負担させても費用支出の動機付けを失わせることにはならない。したがって，これらは本条にいう「代価」には当たらないと解される。

第 2 節　抵当権の効力

§*391*　III

III　第三取得者以外への類推適用

⑴　物上保証人

　物上保証人は第三取得者に当たるかについては，文理を理由とする否定説
が存在し（道垣内 144 頁），そもそも議論が乏しい。しかし，本条の趣旨に遡
った検討が必要だろう。前述のように第三取得者が被担保債務を自ら負担し
ないことが本条の背景にあるとするならば，物上保証人もその点は同じであ
り，本条は物上保証人にも類推適用されると解すべきだろう（清水元「民法
391 条について」東北学院大学論集法律学 29 号〔1986〕5-6 頁，信濃孝一「宅地上の従物
と抵当権の効力」野田宏＝後藤邦春編・裁判実務大系(14)担保関係訴訟法〔1991〕108
頁・119 頁〔従物設置費用への類推適用（→IV(1)）に関して〕）。もっとも，物上保証
人は自らが抵当権設定者であり，その債権的な担保価値維持義務の内容は設
定契約によってアレンジできるとも考えられるが，その結果は債権者ごとに
異なる性質のものであり，物上保証人の優先償還権を一旦認めたうえで，物
上保証人が特定の抵当権者に順位を譲渡する特約を認めるべきであろう。

⑵　抵当権設定者から設定を受けた地上権者，永小作権者，賃借人

　最先順位抵当権設定登記後に抵当権設定者から賃借権の設定を受けた賃借
人は，競売によって賃借権を失う（民執 59 条 2 項）。このような賃借人につい
ては，本条にいう第三取得者に当たるという学説（寺崎次郎「抵当不動産の第三
取得者が有する民法 391 条に基づく費用の優先償還請求権と民事執行手続」民事訴訟雑誌
33 号〔1987〕84 頁，注民(9)〔増補再訂版〕197 頁〔柚木馨＝上田徹一郎〕）と，第三取
得者に当たらず，これに本条を類推適用すべきでもないという学説（執行・
保全手続研究会編・新版執行・保全手続実務録 2〔1981〕2233-2234 頁，新版注民(9)〔改
訂版〕377 頁〔生熊長幸〕）とが対立している。賃借人は本条ではなく 608 条に
基づいて賃貸人に対する必要費・有益費償還請求権を有するので，本条に基
づく必要費・有益費の償還を認める必要はない。もっとも，賃借人は費用償
還請求権を被担保債権として買受人に対し留置権を主張し（民執 59 条 4 項），
引渡命令の発令を阻止する（民執 83 条 1 項ただし書）ことで，費用につき事実
上優先弁済を受けることができる。

　最先順位抵当権設定登記後に対抗力を備えた地上権，永小作権者も，同様
に競売によって権利を失う（民執 59 条 2 項）。これらの者については，本条の

〔阿部〕　241

§*391* Ⅳ　　　　　　　　　　　　　　　　　　　第2編　第10章　抵当権

第三取得者に当たるとするのが通説であったが（中田秀慧＝宮脇幸彦・基本金融法務講座(4)回収Ⅱ〔1962〕691頁〔宮脇幸彦〕〔民事執行法制定前〕，執行・保全手続研究会編・前掲書2233頁，寺崎・前掲論文84頁，近江205頁），近時は反対説が登場している（新版注民(9)〔改訂版〕377頁〔生熊〕）。これらの者については，必要費・有益費とも増価の限度でのみ設定者に対する償還請求を認めるべきとするのが通説であるが（我妻栄＝有泉亨・新訂物権法〔1983〕373頁・402頁，新版注民(7)889-890頁〔鈴木禄弥〕・930頁〔髙橋寿一〕〔→第5巻§269の2，§279〕），いずれにせよ，この費用償還請求権以上の権利を競売による権利喪失の場合に限って特に認める必要はないので，本条による費用償還を認める必要はないだろう。なお，この場合も，設定者に対する費用償還請求権を担保する留置権が成立する結果，地上権者および永小作権者は費用につき事実上優先弁済を受けるものと解される。

Ⅳ　優先的償還の内容

⑴　優先的償還の対象，範囲

本条は，償還の対象となる費用の範囲について，占有者の費用償還請求権に関する196条を準用している。196条によれば，物の保存等のために支出された必要費は全額（ただし占有者が「果実を取得したとき」には特別の必要費のみ）が償還され（同条1項），物の改良等のために支出された有益費は，現存する増価の限度で，回復者の選択に従い支出額または現存増価額が償還される（同条2項）。

もっとも，本条の場合，有益費償還額の選択を行うべき「回復者」すなわち償還義務者が存在しないので（川口冨男〔判解〕最判解昭48年183頁・186頁），誰が選択を行うべきかが問題となる（抵当権設定者が「回復者」に当たるという学説とその難点については，→Ⅰ）。起草者（梅572頁）は，抵当権者が選択すべきとするが（道垣内175頁も同旨），抵当権者が複数の場合に誰がどのように選択を行うのかにつき困難を生ずる。そこで，大きくない方の額が当然に償還されると解く学説もある（中田秀慧＝宮脇幸彦・基本金融法務講座(4)回収Ⅱ〔1962〕691頁，寺崎次郎「抵当不動産の第三取得者が有する民法391条に基づく費用の優先償還請求権と民事執行手続」民事訴訟雑誌33号〔1987〕85頁〔第三取得者が届出において執

第2節　抵当権の効力　　　　　　　　　　　　　　　　§*391*　IV

行裁判所に対し支出額および現存増価額の両方を証明する必要がある（同86頁）という前提に立つ），深沢利一＝園部厚・民事執行の実務（上）不動産執行〔補訂版，2007〕921頁）。しかし，196条が償還義務者に選択権を認めたのはどちらの額が大きくないのかを確定する煩雑さを避けるためであると解されるので，第三取得者の選択を配当表作成の基礎としたうえで（新版注民(9)〔改訂版〕420頁〔生熊長幸〕），抵当権者は配当異議によって他方を償還するよう求めることができると解すべきである（支出額より現存増価額が低いことの主張立証につき同旨，松岡久和「物権法講義(26)」法セ696号〔2013〕66頁）。

　第三取得者が本条による償還を受けられる費用は，所有権移転登記後（→Ⅱ(2)参照），売却許可決定までに支出したものであることを要すると解される（寺崎・前掲論文85頁）。本条は，費用支出の結果が代価に反映されていることを前提として代価からの優先償還を認めるものであるところ（→Ⅰ），その代価が定まるのは売却許可決定時だからである。

　さらに，本条によって必要費償還を受ける権利は費用支出時から10年の消滅時効にかかるという見解もあるが（清水元「民法391条について」東北学院大学論集法律学29号〔1986〕17頁），第三取得者に時効の完成を妨げる手段がない以上，時効消滅を認めるべきではない。

　第三取得者が付加して不動産と一体となった物（370条）の設置費用について，本条の適用または類推適用を認めることができるか。付加一体物は不動産とともに売却され，その価値は売却価額に反映される。付加一体物が不動産に付合した場合（242条），その設置費用は必要費または有益費に当たり，本条の適用を受けると解される。不動産の付合の場合，通常は不動産所有者に対する償金請求権（248条）が生ずるが，第三取得者は自己所有の不動産に自己所有の動産を付合させているのでこれは機能せず，本条による優先償還を認める必要がある。これに対して，抵当権設定後に設置された従物（87条）に370条に基づき抵当権の効力が及ぶと解した場合（→第6巻§370Ⅱ1），従物は不動産から独立しているので従物設置費用は有益費とはいえないが，本条を類推適用して優先償還を認める見解が存在する（信濃孝一「宅地上の従物と抵当権の効力」野田宏＝後藤邦春編・裁判実務大系(14)担保関係訴訟法〔1991〕119頁，道垣内144頁）。付加一体物が不動産に付合していなくても，その価値が不動産の売却価額ひいては抵当権者への配当額に反映される以上，その設置

〔阿部〕　　243

費用に本条を類推適用すべきであろう。

(2) 優先的償還の手続

本条の「代価」が抵当不動産の競売における売却代金を指すとすると（→Ⅱ(4)），本条にいう「他の債権者より先にその償還を受ける」も，競売における配当手続において第三取得者が他の債権者に優先するという趣旨と解される。具体的には，共益費用の先取特権（最優先：329条2項ただし書）に次ぎ，公租公課よりも優先される（深沢＝園部・前掲書705頁・920頁，新版注民(9)〔改訂版〕419頁〔生熊〕）。登記ある不動産保存・工事の先取特権よりも優先し（石田・上283頁，深沢＝園部・前掲書705頁），したがって当然に取得前に設定された抵当権よりも優先する。

ただし，ここでいう「他の債権者」は，第三取得者が自ら負担しない債務の債権者に限られると解すべきである。すなわち，第三取得者自身に対して債権を有する後順位抵当権者や第三取得者自身の差押・配当要求債権者がいる場合（→Ⅱ(4)），彼らとの関係では第三取得者は債務者であって，第三取得者が優先する理由はない。したがって，本条によって第三取得者が償還を受けるべき費用については，第三取得者自身の抵当債権者や一般債権者が第三取得者に代位して，抵当権の順位に従って配当を受けることを認めるべきであろう（差押債権者につき，寺崎・前掲論文89頁）。仮に譲渡人が設定した抵当権が存在しなければ，不動産の競売による売却代金は，費用に相当する部分も含めて抵当権者に優先的に配当され，その残余が一般債権者に配当されて最後に剰余金が所有者に交付されるのであり（→Ⅱ(3)），第三取得者が償還を受けるべき費用についてこの優劣関係を維持すべきだからである。このように解しても，第三取得者は費用相当額につき自らが負う債務を免れるという形で利益を得るので，本条の目的（→Ⅰ）は十分達せられる。それを超えて，第三取得者自身が配当を受領することを要すると解して費用を第三取得者の一般責任財産と混同させることは，本条の趣旨から正当化できるものではない。

第三取得者が競売の売却代金の配当によって償還を受けるためには，配当を受けるべき債権者の範囲に関する一般原則（民執87条1項）に従う必要がある，という説も存在する（深沢＝園部・前掲書705頁・921頁）。これによれば，第三取得者は費用につき債務名義を取得したうえでこれに基づき配当要求終

期までに二重差押え・開始決定（同項1号）を得るか配当要求（同項2号）を行い，または差押登記前に費用を被保全債権として抵当不動産の仮差押え（同項3号）を得ることが必要となる。しかし，本条に基づく優先的償還は抵当権者への配当を圧縮することで債務者に対する求償権行使を実質的に先取りするものであり，第三取得者は費用につき債権を有しているわけではないので，第三取得者による債務名義の取得や抵当不動産の仮差押えは現行法上不可能と解される（寺崎・前掲論文78頁）。そこで，手続の欠缺によって民法391条が死文化しないよう，通説は第三取得者が配当を受けるために民事執行法87条1項各号の方式を要求せず（手続費用〔民執42条2項：執行債権者が債務名義なくして執行債権と同時に取り立てることができ，民執87条1項の適用を受けない〕に準じた扱いを認めるものといえる），執行裁判所への届出があれば足りるとする（ただし，届出の記載内容は配当要求のそれ〔民執規26条〕に準じたものであることを要し，一般先取特権者の配当要求〔民執51条1項〕と同様に本条所定の要件事実の存在につき証明を要するという〔寺崎・前掲論文86頁，中野＝下村564頁〕）。優先償還の申出の終期についても，剰余を生ずる見込み（民執63条）の有無を早期に確定するため，配当要求の終期（民執49条1項）までに届け出る必要がある，とする学説が存在する（深沢＝園部・前掲書705頁，921頁，鈴木＝三ヶ月編・注解(3)343頁〔中山一郎〕，新版注民(9)〔改訂版〕420頁〔生熊〕）。しかし，実体法的には第三取得者の所有権喪失までに生じた費用が本条の償還の対象となると解されるので（一(1)），売却決定期日（民執69条）の終了までに届け出れば足りると解すべきである（寺崎・前掲論文87頁，中野＝下村564頁，道垣内203頁）。なお，最高裁昭和48年7月12日判決（民集27巻7号763頁。一I）は，旧競売法の任意競売手続で競落期日後に第三取得者が償還を申し出たため交付表に計上されなかったという事案である。

　第三取得者は，以上のように民事執行法87条1項の枠外で配当に加入する資格を認められるので，裁判所書記官による債権届出の催告（民執49条2項）の対象にもなっていない。しかし，第三取得者は執行債務者として競売開始決定の送達（民執45条2項）を受けるので，これに費用届出の催告を重ねる必要はなかろう（反対，新版注民(9)〔改訂版〕420頁〔生熊〕）。

(3)　第三取得者が競売手続において配当を受けなかった場合

　第三取得者が上記の期限までに優先償還の申出をしなかった場合，または

§391 IV　　　　　　　　　　　　　　　　　　　　　　第2編　第10章　抵当権

優先償還を認めない配当表が作成されても異議を申し出なかった場合，配当
は本条が定める実体法上の順位に従わない不当なものとなる。したがって，
配当を受けなかった第三取得者は，配当を受けた抵当権者に対して不当利得
返還請求権を有する（前掲最判昭48・7・12）。この判決の「一見抵当権者の債
権が消滅し債務者が債務消滅の利得を得たかのような外形を呈する」という
文言について，川口・前掲判解189頁は，利得を返還した抵当権者は債務者
に対して再度債権を行使できるので債務者の利得はない，という趣旨である
と説明する。しかし，配当による不当利得は，実体法上不当な配当も有効で
あるという大前提の下での議論であって，抵当権者が利得を返還しても抵当
権者への配当による被担保債務の弁済は無効にならず，債務の消滅は「一
見」の「外形」ではない。したがって，理論的には，抵当権者および債務者
の両方に第三取得者との関係で不当利得が成立し（吉原省三＝笹井保大〔判批〕
判タ303号〔1974〕81頁・85頁，石川明〔判批〕民商70巻6号〔1974〕995頁・1006
頁），抵当権者が利得を返還した場合には，（同じく債務者から抵当権設定を受け
た）後順位抵当権者や，最終的には債務者に不当利得返還を求めうると解す
べきであろう。

　第三取得者の留置権の成否については，これを肯定するのが通説であるが
（中田＝宮脇・前掲書692頁，深沢＝園部・前掲書921頁，寺崎・前掲論文89頁），何を
もってその被担保債務としているのかは判然としない。これに対して，これ
を否定する学説（新版注民(9)〔改訂版〕424頁〔生熊〕）および下級審裁判例（京都
地判昭61・10・27判時1228号107頁）も存在する。後者によれば，本条に基づ
き優先的償還を受ける第三取得者の権利自体は配当手続終了によって消滅し，
第三取得者の不当利得返還請求権は第三取得者が不法占有者になった後に成
立するので，これを被担保債務とする留置権は成立しない，という（295条2
項類推）。この裁判例の事案では，第三取得者からの賃借人が，第三取得者の
買受人に対する費用償還請求権または不当利得返還請求権の成立を主張し，
かつこれを担保するためとして第三取得者の留置権を援用している。しかも，
賃借人が主張した費用が不動産評価額に比して極めて過大であることも指摘
されており，賃貸借が執行妨害目的であったことが窺われる。本条の費用償
還は本来配当手続でなされるべきものであり，償還の申出をしなかったこと
で留置権が成立するとなると，このように執行妨害に悪用される危険が高い

246　〔阿部〕

ので，否定説を支持したい。理論的にも，この場合，買受人に不当利得は成立しないし，抵当権者や被担保債務の債務者に対して不当利得返還請求権が成立しても，その時点で抵当権者も債務者も第三取得者に対して目的物返還請求権を有しないので，留置権成立の要件を欠くといえよう。

V 第三取得者による不動産の毀損

本条は第三取得者が不動産を維持改良した場合の規定であるが，逆に，第三取得者が不動産を維持せず，あるいは毀損した場合にも，第三取得者と抵当権者との間の法律関係が問題になる。

この点，最高裁平成11年11月24日大法廷判決（民集53巻8号1899頁）は，一般論として「抵当権者は，抵当不動産の所有者に対し，……抵当不動産を適切に維持又は保存するよう求める請求権を有する」と判示した。これは，抵当不動産所有者の担保価値維持義務を認めたものと解され（戸田久〔判解〕最判解平17年上153頁・165頁），抵当不動産所有者には第三取得者も含まれる（八木一洋〔判解〕最判解平11年下833頁・854頁）。もっとも，これは抵当不動産所有者の妨害排除請求権を抵当権者が代位行使するための被保全債権として担保価値維持義務を論じたものであるが，第三取得者による義務違反の効果としては，以下のようなものが考えられる。

(1) 第三取得者の損害賠償義務

本条の源流にあるフランス民法典2470条，ボワソナード草案1296条および旧民法債権担保編285条には，抵当権侵害の場合に第三取得者の（抵当権者に対する）損害賠償義務を認める明文も存在する。本条はこれを失っているが，それは不法行為の一般原則に基づく当然の帰結だからであって（藤澤治奈「抵当不動産の第三取得者の担保価値維持義務と民法391条」淡路剛久古稀・社会の発展と権利の創造〔2012〕42頁注20），第三取得者の損害賠償義務を認めるのがなお通説である（我妻382頁，道垣内190頁など）。

債務者による毀損の場合，債務者は被担保債務の期限の利益を喪失するので（137条2号），債権者はこれを請求すれば足り，被担保債務と損害賠償義務の競合を認めても意味がない（内田445頁，道垣内190頁）。さらに，担保物所有者でない第三者による毀損の場合，抵当権者は所有者の損害賠償請求権

に物上代位できる（372条・304条）（内田445頁，道垣内188頁）。これに対して，被担保債務を自ら負担しない物上保証人による毀損の場合には損害賠償義務を認めることに意味はあるが（内田445頁），この場合は物上保証契約上の義務違反として債務不履行に基づく損害賠償請求をすることも可能と解される（道垣内191頁）。したがって，不法行為に基づく損害賠償請求の実益が最も大きいのは，第三取得者による抵当権侵害の場合である。

　第三取得者は，積極的に不動産を毀損した場合のみならず，消極的に不動産の適切な維持管理を怠った場合にも，それによって生じた損害を賠償する義務を負うと解される。これに対して，藤澤・前掲論文36頁は，本条の解釈の一つとして，第三取得者は取得不動産を毀損しないという不作為義務のみを負い，費用を支出して担保価値を維持するという作為義務までは負わない，という解釈が成立しうることを示唆する。抵当権者は第三取得者による「価値の維持・増価部分からの満足を期待すべきではない」という理解（川口冨男〔判解〕最判解昭48年187頁）も，字義どおりに解すれば積極的担保価値維持義務を否定する含意を帯びるものと評しうる。これらによれば，第三取得者は，消極的に不動産の適切な維持管理を怠ったに留まる場合には，損害賠償義務を負わない，ということになろう。しかし，本条が必要費の全額につき優先的償還を認めたのは，支出された費用がそれによって維持された不動産価値よりも小さいという前提で，第三取得者による費用支出に共益的性質を認めたものであって（→Ⅰ），両者が等価であるという前提で，維持された価値につき担保把握を否定したものではないと解される。

(2)　損害賠償以外の救済

(ア)　被担保債務の期限の利益喪失　　第三取得者による担保の毀損は，「債務者」による担保の毀損（137条2号）に当たらないので，被担保債務の期限の利益喪失は当然には生じないと解される（「債務者」の意義につき，石田・上170頁，我妻386頁，道垣内191頁は文理どおり債務者に限定するのに対して，近藤194頁，注民(4)411-412頁〔金山正信〕，内田444頁（近江176頁も同旨か）は設定者たる物上保証人も含める趣旨と解されるが（→第3巻§137），およそ債務者の行為を137条2号の要件と解しない新版注民(4)822-823頁〔金山正信＝金山直樹〕を除くと，第三取得者による担保毀損に137条2号の適用を認めるものは見当たらない）。被担保債務の期限の利益喪失は，債務者に対する損害賠償請求が実効性を欠くためにこ

第2節　抵当権の効力　　　　　　　　　　　§*391*　Ⅴ

れを補完すべく認められた制裁と解されるので，特約がないかぎり，物上保
証人や第三取得者による担保物毀損の場合には生じないと解すべきであろう
（我妻 387 頁は，金融取引実務上は債務者の責めに帰すべき事由以外の事由による抵当権
侵害についても期限の利益喪失特約がほぼ例外なく置かれているという）。

　(イ)　増担保　　担保を毀損された債権者の増担保請求権については，そも
そも現行法上これを認める明文の規定はないが，通説は一定の場合にこれを
認める（新版注民(9)〔改訂版〕93 頁〔柚木馨＝高木多喜男〕）。もっとも，沿革的に
は増担保請求は被担保債務の期限の利益喪失の前提とされ（旧民法債権担保編
201 条 2 項・3 項），増担保を提供した場合には期限の利益喪失を生じないと解
されている（高木 167 頁，道垣内 191 頁）。そうすると，(ア)で見たように第三取
得者の担保物毀損によっては期限の利益喪失が生じないのであれば，第三取
得者に対する増担保請求を認める必要もないということになろう（道垣内 191
頁は債務者に対する増担保請求のみを認める）。仮に債権者と抵当権設定者との間
の抵当権設定契約に増担保特約があったとしても，契約外の第三取得者に増
担保義務を課する効力は認められない。

　これに対して，増担保請求を期限の利益喪失から分離して，損害賠償請求
（一(1)）と関連づける見解も存在する。その先駆形態は，債務者による毀損の
場合において，期限の利益喪失と並ぶ抵当権者の保護として，被担保債権の
履行期到来前においては抵当権侵害による抵当権者の損害は将来損害であっ
て，その賠償方法は代担保の提供によるべきと説くことで，損害賠償請求の
実効性を確保しようとする見解であった（石田・上 172 頁）。この見解は，抵
当権侵害による損害賠償請求一般に拡張され（近藤 193-194 頁，加藤雅信「担保
権侵害とその救済」同・現代民法学の展開〔1993〕215 頁・232 頁），損害賠償に代わ
る増担保請求を認める見解（我妻 388 頁），損害賠償請求は担保物所有者が増
担保義務を履行しない場合にのみ補充的に認められるとする見解（近江 180-
181 頁），担保物所有者は損害賠償義務を一応負うが増担保提供によってこれ
を免れるという担保的賠償義務説（清水恵介「担保権侵害に対する一般的救済手段
の相互関係」日本法学 79 巻 4 号〔2014〕137 頁・149 頁）などが登場している。これ
らの見解は，増担保義務を担保物所有者の担保価値維持義務から導出するの
で（近江 176 頁，清水(恵)・前掲論文 148 頁），これによれば，第三取得者も増担
保義務を負うと同時に，増担保の提供によって損害賠償義務を免れうる，と

〔阿部〕　　249

§392

いうことになろう。

〔阿部裕介〕

（共同抵当における代価の配当）

第392条① 債権者が同一の債権の担保として数個の不動産につき抵当権を有する場合において，同時にその代価を配当すべきときは，その各不動産の価額に応じて，その債権の負担を按分する。

② 債権者が同一の債権の担保として数個の不動産につき抵当権を有する場合において，ある不動産の代価のみを配当すべきときは，抵当権者は，その代価から債権の全部の弁済を受けることができる。この場合において，次順位の抵当権者は，その弁済を受ける抵当権者が前項の規定に従い他の不動産の代価から弁済を受けるべき金額を限度として，その抵当権者に代位して抵当権を行使することができる。

〔対照〕 イ民2856条，フ民2393条2項，ド民1132条，ド強制執行法64条1項・122条1項前段

細 目 次

Ⅰ 総 説 ……………………………251
  1 共同抵当…………………………251
    (1) 共同抵当の設定 ……………251
    (2) 共同抵当の機能 ……………251
  2 392条の代位 ……………………253
    (1) 392条の代位の意義 ………253
    (2) 沿 革 ………………………254
    (3) 比較法 ………………………255
  3 392条の適用範囲 ………………256
    (1) 複数不動産の帰属態様 ……256
    (2) 共同抵当権の設定態様 ……257
    (3) 各不動産上の担保権の種類 …258
Ⅱ 同時配当 …………………………258
    (1) 1項の適用範囲 ……………258
    (2) 割付計算 ……………………262
Ⅲ 異時配当の場合 …………………266

    (1) 総 説 ………………………266
    (2) 392条2項の代位権者の範囲 ……266
    (3) 一部弁済と392条2項の代位 …267
    (4) 弁済以外の抵当権消滅原因と392条2項の代位 ………………268
    (5) 目的不動産の帰属と392条2項の適用 …………………………271
Ⅳ 第三取得者との関係 ……………277
    (1) 同一所有者帰属類型 ………278
    (2) 別異所有者帰属類型 ………279
Ⅴ 代位特約と392条2項 ……………281
    (1) 後順位抵当権者と弁済代位 ………281
    (2) 弁済代位に関する特約と後順位抵当権者 …………………………281
    (3) 392条の意義再論 …………283

〔森田〕

第 2 節　抵当権の効力　　　　　　　　　　　　　　§ *392*　I

I　総　　説

1　共同抵当

　同一の債権を被担保債権として複数の不動産上に抵当権が設定される場合を共同抵当と呼ぶ。

　⑴　共同抵当の設定

　共同抵当の設定にあたっては，共同担保の登記（不登 83 条 1 項 4 号）を行い当該抵当権の目的となっている複数の不動産の権利にかかる事項等を記載した「共同担保目録」（不登 83 条 2 項，不登則 167 条）を作成する。登記制度上「共同担保目録」の作成は義務づけられている（不登則 166 条 1 項）。

　しかし「共同担保の登記」は主登記ではなく登記事項の一つにすぎない。そもそも普通抵当権による共同抵当が設定される場合には「共同担保の登記」をしていなくても，その実体的効力は民法 392 条・393 条により規律される。その意味で共同担保の登記は権利関係を明確にする情報提供の意味を持つにすぎない。

　共同抵当権の担保権としての対抗力自体は，個々の不動産上の抵当権登記そのものにより認められ（清水響・Q&A 不動産登記法〔2007〕259-260 頁），それさえあれば，392 条が先順位の共同抵当権者および後順位抵当権者に認めている利益は法律上当然に認められる。

　⑵　共同抵当の機能

　㋐　機能の多様性　　共同抵当には，①単一の不動産の担保価値を複数の不動産の価値を合わせることによって単純に増加させること（単純合算機能）にとどまらず，②土地と地上建物，あるいは隣地同士を併せることによって価値のシナジーを作り出すこと（価値増加機能），あるいは，③商業用地，住宅地，農地等の価格特性の異なる不動産を併せたポートフォリオを目的とすることによって担保価値を市況の変動に対して安定させること（危険分散機能），④複数の不動産から適宜選択して実行できるようにすること（実行容易化機能）等の様々な機能を持つ（清水誠「共同抵当序論」担保法大系 I 603 頁）。

　㋑　価値把握機能と法定地上権　　土地と地上建物とを別不動産とする原則を採る日本法の下では，共同抵当が土地および地上建物を目的物とすることが多いが，この場合上記の機能のうちの②のシナジー効果が狙われている

〔森田〕　　251

§*392* Ⅰ

第2編　第10章　抵当権

と言えよう。もちろん，この場合でも，一括競売されるとは限らず，また一括競売されても同一買受人に競落されるとは限らない。このとき同一所有者に帰属している土地建物についての抵当権が実行され，その結果土地建物の所有者を異にするに至った場合，その建物について法定地上権が成立する（388条）。

　土地と同一の所有者に属する土地上建物が，当該土地とともに共同抵当の対象となっている場合に，当該建物がいったん滅失し再築された場合に，法定地上権は成立するか。この点についての判例法は共同抵当の上記②に関する価値把握機能を重視するものとなっている。

　抵当権設定時に存在していた当該土地上建物が，抵当権実行までに滅失した場合には原則として法定地上権は成立しないが，抵当権実行の前に再築された場合には，法定地上権が成立する（大判昭10・8・10民集14巻1549頁）。しかし，このとき土地建物に共同抵当が設定されていた場合には，法定地上権は特段の事情のないかぎり成立しないとされた（最判平9・2・14民集51巻2号375頁）。たとえば次のような事案を想定する。すなわち債権者Aが債務者Bの所有する甲土地および甲土地上の乙建物について，共同抵当の設定を受けた。その後Bは乙建物を取り壊し，Cと共謀して丙建物（バラック）を再築したうえ，丙建物にCのための抵当権を設定し，これをCが後に実行し，Dが競落したとする。このとき，従来の判例法によればDは法定地上権を取得し，他方Cは丙建物価値のみならず甲土地上の法定地上権の価値相当額を売得金として得ることになる。これは甲土地の地上権相当価格をCがAから奪う担保権侵害的な濫用であるので平成9年最判はDのための甲土地上の法定地上権の成立を認めなかった。その結果，共同抵当権者Aは，土地抵当権を通じて底地価格を優先的に価値把握し，建物抵当権を通じて躯体価格および地上権価格を優先的に価値把握しているが，これは結局，土地建物全体の担保価値を把握していることになる。Dのための法定地上権の成立を認めて土地利用権の価値相当額の優先的価値支配を失うことは，「抵当権設定当事者の合理的意思」に反するとした。この立場（全体価値考慮説と呼ばれる）は，土地建物全体の担保価値を把握するという共同抵当の上記②の機能を重視して，上記のような法定地上権の濫用的利用を封じるものと評することができよう。

252　〔森田〕

第2節　抵当権の効力　　　　　　　　　　　　　§*392*　Ⅰ

2　392条の代位

しかし民法典は共同抵当に関して392条および393条の2か条を置くのみであって，これは抵当権の実行の一局面に限定された規律であるにすぎない。

(1)　392条の代位の意義

【設例1】
債権者Aが債務者Bの所有する甲乙二つの不動産上に1番抵当として共同抵当権を有し，その被担保債権額は5000万円である。甲不動産の価格は6000万円，乙不動産の価格は4000万円であり，甲不動産上には被担保債権額を4000万円とする2番抵当権者X，乙不動産上には被担保債権額を3000万円とする2番抵当権者Yがそれぞれ存在する。

先順位の共同抵当権者Aは甲乙不動産のいずれについてであれ，また双方についてであれ，抵当権実行をすることができる。この場合に甲乙不動産双方の代価が同時に配当される場合を「同時配当」と呼び，いずれか一方の不動産の代価のみが配当される場合を「異時配当」と呼ぶ。

Aが甲不動産のみについて抵当権を実行した場合，Aは被担保債権5000万円全額の弁済を受けるが，Xは1000万円の配当をしか受けることができない。このとき，392条の規律を度外視すると，乙上のAの抵当権は消滅し，Yの2番抵当権は1番抵当権へと順位上昇するため，乙不動産の換価がなされればYは被担保債権3000万円全額の配当を受け，残余1000万円は債務者Bに返還される（ないしBの一般債権者の配当に充てられる）。Aが逆に乙不動産のみについて抵当権を実行した場合には，Aは4000万円の配当を受けYには配当がない。続いて甲不動産の換価がなされれば，まずAがそこから残債務1000万円の配当を受け，続いてXが被担保債権4000万円全額について配当を受け，残余1000万円は債務者Bに返還される（ないしBの一般債権者の配当に充てられる）。このように392条の規律がない場合には，甲乙不動産のいずれについて先に配当がなされるかによってそれぞれの後順位抵当権者XYへの配当額は大きく変わる。このことはXYの間に不公平をもたらすのみならず，後順位抵当権者が最小配当額の可能性を想定して貸付けを行う行動を取る場合には，Aの共同抵当の負担があるBの両不動産の割付残余価値の利用の効率性を損なうことにもなる。そのため392条は次のような規律を置いた。

〔森田〕　253

(ア) 392条1項　　同時配当の場合には，まず先順位共同抵当権Aの負担を，各不動産にその価額に応じて割り付ける。設例1においては甲不動産上には3000万円，乙不動産上には2000万円の価値がAに割り付けられる。次いで甲乙それぞれの割付残余価値がXYの2番抵当権それぞれに割り付けられ，Xは甲不動産の配当から3000万円，Yは乙不動産の配当から2000万円を割り付けられる。XYが2番抵当権の設定を受けてそれぞれ貸付けを行う際に，この割付担保価値はAの先順位抵当権登記によって明らかである。

(イ) 392条2項　　異時配当の場合には，甲不動産の配当が先になされた場面を想定すると，まず先順位抵当権者Aは，同条1項の割付に拘わらず，被担保債権5000万円全額について甲の代価から配当を受ける（同項前段）。このとき甲不動産の2番抵当権者Xは1000万円の配当を受けるのみならず，残債務3000万円につき，392条1項によって乙不動産にAに認められる割付担保価値2000万円の限度で，Aの乙不動産上の1番抵当権に代位することができる（同条2項後段）。乙不動産の換価がなされるとそこからXに2000万円の配当がなされ，残余の2000万円はYに配当され，同時配当と同じ優先弁済がAXYそれぞれに実現されることになり，異時配当によってXYはその2番抵当権の割付担保価値についての期待を害されることはない。このようにして計1億円の価値を持つ甲乙不動産というBの資産を，公平かつ効率的に担保利用することが可能となる。

(2)　**沿革**（本項については織田博子「共同抵当規定の制定過程」駿河台法学7巻1号〔1993〕を参照した）

(ア) フランス19世紀の学説・判例　　当初は，共同抵当において，抵当債権者は，複数の目的不動産から任意に選択された各個の不動産について被担保債権全額に基づく換価が可能であることが，抵当権不可分の原則（フ民旧規定2114条2項，新規定2393条2項）から単純に導き出されていた。

しかしこれによって各個の目的不動産上の後順位抵当権者が受ける不利益がしだいに意識されていった。同時配当の場面では日本民法典392条1項と同様の割付を行うという立場も存在したが，判例は同時配当の場面での債権者の配当を受ける不動産の選択権には「正当な利益」の有無による制限があるとする立場を出発点としつつ，まず後順位抵当権の負担のないものから配

当を行い，また，後順位抵当権の存在する不動産が複数存在している場合には，後順位抵当権の登記の先後に従いその遅い不動産から順に先順位共同抵当権者への配当を行うとしていた（織田・前掲論文 91-92 頁）。これに対して異時配当の場面では「正当な利益」法理も適用されず，先順位共同抵当権者に実行対象不動産の選択の自由が認められることになるが，後順位抵当権者に先順位抵当権への代位を認める立場も主張されてはいた（織田・前掲論文 93 頁）。

(イ)　ボアソナードと旧民法　　旧民法は，同時配当の場面での不動産価額に応じた先順位抵当権の負担の按分割付と，異時配当の場面での後順位抵当権者の先順位抵当権の割付部分への代位という現行日本民法典 392 条の基本構想を，既に採用していた（旧担 242 条）。起草者ボアソナードは上記のフランス法注釈学派における議論状況を念頭に置きつつ，フランス法には存在しない新制度を，イタリア民法典旧規定 2011 条（現行 2856 条）を参考にして敢えて導入したと明言している（Boissonade, Projet de Code Civil pour l'empire du Japon accompagné d'un commentaire 2e édition〔1889〕tom. 4, p. 457, art. 1256, n. 488）。

(ウ)　明治民法典起草過程　　法典調査会においては，異時配当においても 392 条 1 項の割付を徹底すべきであるとする反対論が述べられたが（法典調査会民法議事 17 巻 52 丁表〔横田国臣発言〕），梅委員は抵当権不可分の原則に反し，場合により先順位抵当権者の利益を害するとしてこれを退け（同 52 丁裏-53 丁表），ほぼ旧民法どおりの条文が 392 条として成立した。

(3)　比　較　法

392 条の基本構想は，その母法であるイタリア民法典にほぼ同様のものが存在するとはいえ，沿革において既述したとおりフランス民法典原始規定には存在せず，その 2006 年改正後も見当たらない。

(ア)　ドイツ　　ドイツ民法典においては，一つの債権を担保するために複数の土地上に設定された抵当権（共同抵当権 Gesamthypothek）に基づいて，債権者は任意の目的不動産を選択して，被担保債権全額の弁済を受けることができるが（ド民 1132 条 1 項），複数の土地が同時に配当される場合には同項に拘わらずそれぞれの不動産の価額に応じて按分された額の配当を受けることになる（ド強制執行法 64 条 1 項・122 条 1 項前段）。しかし，共同抵当権者は，日本民法典 392 条 1 項と同様のこの按分額には拘束されない比率であらかじめ

割付を行い，共同抵当権を単独抵当権に転化できる（ド民1132条2項）。これらによって後順位抵当権者に生じる割付担保価値上の不利益には条文上の手当てはない。他方共同抵当目的不動産の所有者が異なる場合については，弁済代位による担保権の当然移転の規定は置かれているが（ド民1173条2項），その場合の後順位抵当権の帰趨についての規定は置かれておらず，共同抵当権者がどのように実行をするか，どの抵当権設定者が任意弁済をするかということによって著しい影響を受ける（以上につき鈴木禄弥「ドイツにおける共同抵当制度」金法162号〔1958〕7頁以下を参照した）。日本民法典392条の基本構想とは極めて異質であるといえよう。

（ｲ）アメリカ　アメリカ法においては，複数の担保物を支配している担保債権者に広く選択権が認められている場合に，後順位担保権者の保護のために担保順配（marshalling）という一般法理が存在している（動産担保に関して森田修・アメリカ倒産担保法〔2005〕128-131頁）。しかし州法管轄事項である不動産担保法に関しては判然とせず，また担保順配法理自体も，日本民法典392条のような割付担保価値を確定したうえでその範囲に従った優先弁済を保障するものではなく，先順位担保権者の配当対象資産の選択を裁判所が裁量的に制限するタイプのもの（フランスにおける「正当な利益」法理に類似する）にとどまっている。

3　392条の適用範囲

(1)　複数不動産の帰属態様

392条の文理上は，共同抵当の目的となっている複数不動産の帰属先に関する言及はないため，その帰属態様如何に拘わらず同条の広い適用が想定はされる。しかし現在の判例法上は，複数不動産が同一所有者に属する場合にのみ392条が適用されるという法理が安定的に形成されていると言えよう（詳しくは後述する）。

（ｱ）複数不動産の所有者が同一の場合　共同抵当の目的不動産甲乙が同一の所有者に帰属する場合は，①いずれも債務者所有の場合（設例1〔→2(1)〕）と，②いずれも同一の物上保証人に属する場合とに，さらに区別される。392条は①の場合を想定しているものと考えられるが，②の場合にも392条の適用を肯定するのが判例法である（最判平4・11・6民集46巻8号2625頁）。

256　〔森田〕

第2節　抵当権の効力　　　　　　　　　　　　　　　　　　§*392*　I

　(イ)　複数不動産の所有者が異なる場合　　共同抵当の目的不動産甲乙の所有者が異なる場合には，③一方の不動産甲は債務者所有であるが，他方の不動産乙は物上保証人所有である場合と，④甲乙がそれぞれ異なる物上保証人の所有である場合とがある。異時配当の場合には③④いずれの場合にも499条（従来の議論は平成29年改正前の500条について行われたが，以下ではそれを継承する499条に置き換えて記述する。もとは平成29年改正前500条についての議論であることを適宜注記することとする）の弁済代位が392条2項の代位と交錯・競合するため，これら二つの代位制度の関係が判例法上問題とされてきた。判例法は③の場面での392条の適用を否定することで確立しており（最判昭44・7・3民集23巻8号1297頁），④の場面においても否定説が有力である（道垣内212-213頁，内田470頁）。翻って同時配当の場面でも③の場合について392条1項の割付がなされるのかが問題となっており，否定説が有力に主張されている。

　(2)　共同抵当権の設定態様

　複数の不動産に抵当権が同時に設定された場合であっても，順次追加的に設定された場合であっても，本条の適用がある（新版注民(9)〔改訂版〕430頁〔高木多喜男〕）。

　また，複数の不動産上に同一の債権を被担保債権とする異なる順位の抵当権が設定された場合にも本条の適用がある。例えば債権者Aが債務者Bに対して5000万円の債権を有しており，Bは時価をそれぞれ6000万円および4000万円とする甲乙二つの不動産を有しているが，甲不動産上には既に被担保債権を2000万円とする1番抵当権者Xが存在しているとする。このときAは被担保債権額を5000万円として，甲上に2番抵当権，乙上に1番抵当権の設定を受けると，その間に共同抵当権が成立することになる。このとき，後述する392条の割付額は，甲不動産価格から先順位抵当権者の割付担保価値を控除した額（すなわち6000万円−2000万円＝4000万円）と，乙不動産価格4000万円との按分となり，甲上には2500万円が割り付けられる。その後乙上に被担保債権額を3000万円とする2番抵当権者Yが現れ，Aが抵当権を実行して乙から先に異時配当を受けた場合には，Yは甲上の割付担保価値（この場合にはAの残債務をさらに控除した1500万円）の限度で392条2項の代位を認められることになる。

〔森田〕　257

§*392* II　　　　　　　　　　　　　　　第2編　第10章　抵当権

(3)　各不動産上の担保権の種類

(ア)　根抵当　　各不動産に設定される抵当権が根抵当権である場合にも本条が適用されうる。ただし根抵当権による共同抵当の場合には，不動産登記法83条1項4号の定める共同担保の登記を備えた場合にのみ392条・393条が適用される（398条の16。この場合の共同抵当を純粋共同根抵当と呼ぶ）。この登記を欠く場合には，抵当権者は極度額について392条1項の割付をされない（これを累積根抵当と呼ぶ）。したがって根抵当に関しては普通抵当とは異なり共同担保の登記に実体法上の意味があることになる（→1(1)。詳しくは→§398の16 II(2)参照）。

(イ)　特別法上の抵当権　　工場財団・鉱業財団・漁業財団のように，一個の不動産と見なされたうえで特別法上の抵当権の目的となる財団については，複数の財団について成立した抵当権相互の間に，あるいはこれらの特別法上の抵当権と土地ないし建物に成立した民法上の抵当権との間に，共同抵当関係が成立する（我妻429頁）。

　これに対して鉄道財団（鉄道抵当法2条）や自動車（自動車抵当法3条）のように，不動産とはみなされずに抵当権の成立が認められているものについては，共同抵当関係は成立しない（我妻429-430頁）。

　ただ建設機械上の抵当権のように，特別法自体に独自の共同抵当関係についての規定を有するものは，その規定によって共同抵当関係を成立させうる（建設機械抵当法21条）。

(ウ)　抵当権以外の担保権　　抵当権以外の担保権のうち，抵当権規定の一般的準用規定を有するもの（不動産先取特権〔341条参照〕，不動産質権〔361条参照〕）については，392条も準用され，共同抵当関係が成立するが，そのような準用規定のないものについては成立しないとするのが通説である（我妻429頁。大分地判昭35・2・23下民集11巻2号400頁は，債権質と抵当権との間には適用がないとする）。

II　同時配当

(1)　1項の適用範囲

(ア)　同時配当　　共同抵当の複数の目的不動産が換価され同時に配当され

第2節　抵当権の効力　　　　　　　　　　　　　　　　§*392*　Ⅱ

る場合には，392条1項に従い不動産価額に応じた割付がなされる。ただ，複数の不動産全部の競売申立てが同時になされた場合であっても，同時配当が行われるとは限らない。そのうちの一つの不動産についてのみ売却がなされ，それのみについてなされる配当はⅢで見る異時配当である。また反対に複数の不動産についての競売申立てが同時でなくても，配当が同時になされる場合には同時配当となる（我妻434頁）。

　甲乙丙3筆の不動産が共同抵当の目的となっている場合に，甲乙のみについて同時に配当がなされる場合には，甲乙についてまず按分配当がなされ，残りの丙につき後に配当される際に392条2項に従った代位が，やはり甲乙の価額に応じた按分比率で生じる（我妻436頁）。いま債権者Aが債務者Bに対して3000万円の債権を有しており，その担保としてBの有する甲乙丙3筆の不動産上に共同抵当権設定を受けたとする。甲乙丙の価格をそれぞれ3000万円，2000万円および1000万円とし，それぞれについて後順位抵当権者 X₁，X₂，X₃ が存在するとする。このときAが共同抵当権を実行し，まず不動産甲乙のみが同時に配当された場合には，Aは甲から1800万円，乙から1200万円回収する。次いで X₁，X₂ は，丙不動産上のA割付担保価値500万円について，X₁ は300万円，X₂ は200万円の割合で代位することになる。

　(イ)　後順位抵当権者の存否と392条1項の割付の必要性

　　(a)　一方の目的不動産に後順位抵当権者が存在しない場合　　設例1（→Ⅰ2⑴）において，甲不動産には後順位抵当権者Xがおらず，乙不動産にのみ被担保債権3000万円とする後順位抵当権者Yがいるとする。このとき債権者Aが共同抵当権を実行し，甲乙につき同時配当がなされた場合に，392条1項に従った割付計算はなされるか。同項による割付なしに配当がなされると，Aの被担保債権5000万円もYの被担保債権3000万円も全額優先弁済され，甲乙の代価1億円の残余たる2000万円はBに返還される（ないしBの一般債権者に配当される）。これに対して392条1項の割付に基づいて配当がなされると，Yは乙不動産の割付残余価値2000万円についてのみ優先配当を受け，甲不動産の割付残余額3000万円がBに返還される（ないしBの一般債権者に配当される）。この場面につき，後者の考え方を採り，392条1項の割付計算を行うとした裁判例がある（大判昭10・4・23民集14巻601頁。ただし一般債権者が甲不動産について仮差押えをしていた事案）。この裁判例を前提と

〔森田〕　259

§*392* Ⅱ 第2編　第10章　抵当権

すると，甲不動産について異時配当がなされた場合には，甲には後順位抵当権者が存在しない以上392条2項の代位は生じず，不動産乙上のAの抵当権は端的に消滅するから，Yは順位上昇によって，後に乙不動産が実行された場合に3000万円の優先配当を受けることになり，Bに返還される（ないしBの一般債権者に配当される）のは，不動産甲の代価から1000万円，不動産乙の代価から1000万円となり，異時配当の順序によっては，同時配当と帰結が異なりうることになる。逆に異時配当の順序次第ではあるが，この判例法の限度で一般債権者の利益を保護する機能を392条1項の割付が有していることになる。

　(b)　複数の目的不動産いずれにも後順位抵当権者不存在の場合　　共同抵当の複数の目的不動産甲乙が同一人に帰属している場合（いずれも債務者所有である場合〔後述Ⅲ(5)で見る $\boxed{\alpha}$ の場合〕および同一の物上保証人所有の場合〔同じく $\boxed{\beta}$ の場合〕）には，甲乙不動産いずれにも後順位抵当権者がいなければ，392条1項の割付の有無にかかわらず，設定者に返還される（ないし設定者の一般債権者に配当される）割付残額は同一である。しかし，甲乙不動産が別異の主体に帰属している場合（甲は債務者所有，乙は物上保証人所有の場合〔後述Ⅲ(5)で見る $\boxed{\gamma}$ の場合〕および別異の物上保証人所有の場合〔同じく $\boxed{\delta}$ の場合〕）には，甲乙いずれに後順位抵当権者がいなくても，設定者に返還される（ないし設定者の一般債権者に配当される）割付残余額は，392条1項の割付の有無によって変動する。これらの変動のもたらす不公平ないし予見可能性の低下を避けるために，この場面では392条1項の割付を行うべしとするのが学説上は有力である（新版注民(9)〔改訂版〕433頁〔高木多喜男〕参照）。

　(ウ)　目的不動産の帰属態様と392条1項の適用　　Ⅲで詳述するとおり，判例法上，異時配当においては392条の適用は共同抵当の複数の目的不動産甲乙が同一人に帰属している場合（上記 $\boxed{\alpha}\boxed{\beta}$ の場合）に限定され，甲乙不動産が別異の主体に帰属している場合（上記 $\boxed{\gamma}\boxed{\delta}$ の場合）には適用がない。

　これに対して同時配当については，上記二つのいずれの場合についても，区別なく392条1項の割付がなされると解されてきた。

　しかし，近時は異時配当と同時配当との間のバランスを強調して，上記 $\boxed{\gamma}$ $\boxed{\delta}$ の場合には同時配当についても392条1項の割付を行うべきでないとする主張が有力となっている。

第 2 節　抵当権の効力

§ *392*　II

(a)　**目的不動産甲は債務者所有，乙は物上保証人所有の場合**　判例には，この場面について傍論ながら，392 条 1 項の割付がなされないとしたものがある（最判昭 61・4・18 裁判集民 147 号 575 頁。甲乙両不動産につき同時競売の申立てがなされたが，同時配当がなされたかは判然としない事案）。

(i)　**392 条 1 項適用肯定説**　同時配当の場面では物上保証人の弁済代位が問題となる時点で既に代位対象となる債務者所有不動産上の共同抵当権も消滅しているので，理論上 499 条（平 29 改正前 500 条）の代位は生じず，したがって 392 条の適用を排除しえないとする（富越和厚「共同抵当をめぐる判例法上の問題点」担保法大系 I 685 頁，加藤就一「共同抵当の配当関係」判タ 1239 号〔2007〕57 頁）。

【設例 2】
債権者 A が債務者 B の所有する甲不動産と物上保証人 C の所有する乙不動産とに 1 番抵当として共同抵当権を有し，その被担保債権額は 5000 万円である。甲不動産の価格は 4000 万円，乙不動産の価格は 6000 万円であり，甲不動産上には被担保債権額を 3000 万円とする 2 番抵当権者 X が存在し，乙不動産上には被担保債権を 4000 万円とする 2 番抵当権者 Y が存在する。

このとき甲乙不動産につき同時配当がなされると，A は甲から 2000 万円，乙から 3000 万円それぞれ優先弁済を受ける。残余はそれぞれ X に 2000 万円，Y に 3000 万円配当されることになる。

この立場がかつては主流であったと評されるが（石田剛「共同抵当における物上保証人の法的地位」淡路剛久古稀・社会の発展と権利の創造〔2012〕76 頁），現在では判例法上 392 条 2 項の適用が認められない異時配当の場合と配当の帰結が異なりうることが問題視されている。

例えば甲不動産についてまず異時配当がなされた場合，A は 4000 万円の優先弁済を受け，次いで乙の配当にあたって 1000 万円の残債務につき優先弁済を受ける。このとき 392 条の適用はないから X の同条 2 項による代位は生じず，債務者 B には弁済代位も生じないから X には優先配当を受ける余地はない。かくして乙不動産上の A の抵当権は消滅し Y の順位が上昇し乙の代価から 4000 万円全額の優先配当を受け，残余の 1000 万円は C（ないし C の一般債権者）に配当されることになる。

〔森田〕　261

§*392* II　　　　　　　　　　　　　　　　　　　　　　第2編　第10章　抵当権

　(ii)　392条1項適用否定説　　(i)に見たとおり適用肯定説の下では，抵当権者の実行方法の選択如何によって後順位抵当権者への割付担保価値に大きな差を生じ，その予見可能性が害される。また異時配当と同時配当とで配当の帰結が異なるのは392条の趣旨に反するため，この帰属態様の場面では，同時配当についても392条1項の適用を排除する立場が近時では有力である（鈴木282頁，内田466頁，道垣内211-212頁）。この立場では同時配当の場合であっても，まず，Aは債務者所有不動産である甲の代価から4000万円の優先配当を受け，次いで乙の代価から1000万円の残債務につき優先弁済を受ける。それによって乙不動産上のAの抵当権は消滅しYの順位が上昇し，乙の代価の残余から4000万円全額の優先配当を受け，残余の1000万円はC（ないしCの一般債権者）に配当されることになり，具体的帰結は(i)で見た異時配当の場合と同じになる。

　この立場の法律構成としては499条（平29改正前500条）類推適用説（佐久間弘道・共同抵当の理論と実務〔1995〕382頁，大阪地判平22・6・30判タ1333号186頁），460条類推適用説（松尾＝古積352頁，石田・前掲論文80頁）等が主張されている（学説の分岐については石田・前掲論文76-80頁参照）。

　(b)　目的不動産甲乙がそれぞれ別異の物上保証人の所有に帰属する場合　　この場面についても異時配当の場面では392条の適用はないから，同時配当の場面でも同条の適用を除外するのが形式的には平仄が合う。ただ(a)の場面とは異なりそれぞれの物上保証人は対等な立場で連帯して物的有限責任を負っており，甲乙不動産いずれかを先に債権者Aへの配当に充てる根拠はない。結論的に392条1項を適用したのと501条3項3号（平29改正前501条4号）を適用した結果は同じである。

　(2)　割　付　計　算

　(ア)　「不動産の価額」と先順位抵当権の存在　　392条1項の適用される場面での割付の基礎となる「不動産の価額」は売却価格であるが，共同抵当にさらに先順位の抵当権が存在する場合にはその被担保債権額を差し引いた額を割付の基礎とすることになる（我妻436頁）。

　次のような場合を考えてみよう。

【設例3】

債権者Aが債務者Bの所有する甲乙二つの不動産上に1番抵当として共同

第2節　抵当権の効力 §*392*　II

抵当権を有し，その被担保債権額は 8000 万円である。甲不動産の価格は 4500 万円，乙不動産の価格は 1500 万円である。

設例 3 において，甲不動産上には被担保債権額を 4000 万円とする A に対する先順位の抵当権者 X が存在する場合，A の割付の基礎となる甲の「不動産の価額」は 500 万円となる。

(イ)　「不動産の価額」と同順位の抵当権の存在　　共同抵当の目的不動産の一つに，共同抵当と同順位の抵当権が存在している場合に，割付の基礎となる「不動産の価額」をどのように算定するか。

【設例 4】

設例 3 において，甲不動産上に A と同順位で被担保債権額を 4000 万円とする抵当権者 X が存在する。

甲乙について同時配当がなされる場合に，392 条 1 項の「不動産の価額」の算定には二つの考え方がありうる。

第 1 は，不動産価格按分説と呼ばれるものである。まず同順位の抵当権が存在している共同抵当の目的不動産である甲の価額を，AX それぞれが行使しうる優先弁済請求権の額に従って按分する。そうすると設例 4 において A に 3000 万円，X に 1500 万円が割り付けられる。このときの 3000 万円が民法 392 条 1 項にいう甲の「不動産の価額」となり，乙不動産の価額 1500 万円との按分で，A の被担保債権 8000 万円は甲に 5333 万円余（$=8000 \times \frac{2}{3} > 3000$），乙に 2666 万円余（$=8000 \times \frac{1}{3} > 1500$）が割り付けられ，結局 A は甲の代価から 3000 万円，乙の代価から 1500 万円の配当を受け，X は甲の代価から 1500 万円を回収する。

第 2 は，行使債権説と呼ばれるものである。まず共同抵当権の被担保債権を，共同抵当権の目的不動産の価額（このとき甲に対する X の割付担保価値は度外視される）に従って按分する。そうすると設例 4 においては A の被担保債権は甲に 6000 万円，乙に 2000 万円が割り付けられる。そのうえで次に同順位の抵当権が存在している共同抵当の目的不動産である甲の価額が，上記のとおり甲へ割り付けられた A の被担保債権額 6000 万円と X の被担保債権額 4000 万円とに従って按分され，結局甲の代価は A に 2700 万円，X に 1800 万円が配当され，さらに乙の代価 1500 万円が A に配当される。

最高裁は，不動産価額按分説を採用し（最判平 14・10・22 判タ 1110 号 143 頁），

〔森田〕　　263

§392 II　　　　　　　　　　　　　　　　　第2編　第10章　抵当権

学説も，①392条1項の「不動産の価額」は，一般に当該共同抵当権者の有する割付担保価値を基礎とするものと理解すべきこと（上記(ｱ)とも整合する），②行使債権説は，当該共同抵当権者に割り当てられていない価値を含む不動産価額を用いて，行使債権の按分を行う点に問題があることを理由に判例の不動産価格按分説を支持するものが有力である（我妻437頁，新版注民(9)〔改訂版〕434頁〔髙木〕，佐久間弘道〔判批〕銀法615号〔2003〕20-21頁，髙橋眞〔判批〕平14重判解68頁）。

(ｳ)　同順位・先順位の抵当権が共同抵当権である場合　　上記(ｱ)の場合の先順位の抵当権や，(ｲ)の場合の同順位の抵当権が，共同抵当権である場合の計算は問題である。次のような場合を考えてみよう。

【設例5】

設例3において，Xの抵当権（Aよりも先順位）が甲のほかに丙不動産（価額を3000万円とする）をも目的とした共同抵当権である場合で，丙については当該同時配当がなされない場合。

このときAにとっての甲の「不動産の価額」は，先順位抵当権者Xの被担保債権全額4000万円を控除した500万円のままなのか，Xの被担保債権のうち，甲不動産に割り付けられた2400万円（＝4000万×$\frac{3}{5}$）を控除した2100万円となるのか。

【設例6】

設例4でXの抵当権（Aと同順位）が甲のほかに丙不動産（やはり価額を3000万円とする）をも目的とした共同抵当権である場合で，丙については当該同時配当がなされない場合。

このとき不動産価額按分説を前提とすると，甲について，Aとの間で割付の基礎となるXの優先弁済請求権の額は4000万円のままなのか，被担保債権の割付をした2400万円となるのか。

学説には，設例5および設例6に関してXの優先弁済請求権の額についてそれぞれ割付を行うべきである（丙不動産については抵当権が実行されていないので，売却価額ではなく別途評価を行うべきである）とする立場が有力である（我妻437頁，新版注民(9)〔改訂版〕434頁〔髙木〕）。

しかし，設例6については，設例4に関する前記判例が，他方のAについては乙不動産を考慮に入れた被担保債権の割付をしていないことに照らす

264　〔森田〕

第 2 節　抵当権の効力　　　　　　　　　　　　　　　　§*392*　Ⅱ

と（しかもこのとき乙不動産は同時配当されているにも拘わらずそうである），X につ
いても丙不動産を考慮に入れずに 4000 万円全額を計算の基礎として維持す
るのが判例法に整合的な理解となろう。翻って設例 5 においてもこの立場か
らは先順位抵当権たる X の抵当権について 4000 万円全額を控除すべきこと
になろう。

　㈍　共同抵当権の交錯　　　共同抵当権が順位において「たすき掛け」とな
って交錯している場合の同時配当の割付計算には困難を生じる。例えば債権
者 A が 3000 万円の被担保債権ⓐのために債務者 B 所有の不動産甲（時価
4000 万円とする）に 1 番抵当権を設定した後，B の他の債権者 X が 2000 万円
の被担保債権ⓘのために甲上に 2 番抵当権の設定を受け，これと併せて B
所有の他の不動産乙（時価 2000 万円とする）の上にさらに 1 番抵当権の設定を
受けて共同抵当権者となった。さらにその後 A が乙不動産上にⓐ債権のた
めに 2 番抵当権の設定を受けた場合の同時配当の割付の計算を考えてみよう。
このとき A の 2 番抵当権については A の 1 番抵当権との間で共同抵当の関
係に立たないものとして計算するという提案がなされている（我妻 438 頁）。
これによれば，A は甲から 3000 万円全額の配当を受け，X は甲の 1000 万円
と乙の 2000 万円とを 392 条 1 項の割付のための不動産の価額とし，甲から
666 万円余り，乙から 1333 万円余の配当を受け甲乙の残余はそれぞれ B に
返還されることになる。

　　このときに，乙の残余について成立している A の 2 番抵当権を A の共同
抵当権として取り扱うと，A の割付額 666 万円余と甲の 4000 万円とを 392
条 1 項の「不動産の価額」として再度割付計算を行うべきことになり，その
結果，甲からの A への配当額が減少する。そうすると B の共同抵当権につ
いての 392 条 1 項の計算においては甲についての「不動産の価額」が増加し，
乙についてのそれは減少するために，さらに乙の A への割付額が増加する
ことになる。このプロセスについて漸化式の収斂値を計算すべきことになり，
一定の条件の下でこの計算は可能であるが，我妻説はこれを煩雑にすぎる，
とする（東京地判平 3・4・19 判タ 773 号 262 頁。中野貞一郎・民事執行法〔増訂新版 6
版，2010〕554 頁注 11⒠もこれを支持する）。

　㈎　一部抵当が混在している場合　　　共同抵当権のうち，被担保債権の一
部のみを担保する一部抵当が混在している場合には，その一部額で共同抵当

〔森田〕　　265

§*392* III   第2編　第10章　抵当権

の関係があるものとして 392 条 1 項の「不動産の価額」を決定するという学説が有力である（我妻 439 頁，新版注民(9)〔改訂版〕435 頁〔高木〕）。

III　異時配当の場合

(1)　総　　説

　共同抵当の目的となっている複数不動産のうちの一つのみの代価が配当される場合を異時配当と呼ぶが，このとき，抵当権の不可分性により，共同抵当権者はその代価につき，被担保債権の全額について優先弁済を受ける（392 条 2 項前段）。しかしそれによって後順位抵当権者の利益が害され，ひいてはまた設定者資産の効率的な担保利用が阻害されないように，後順位抵当権者に先順位の共同抵当権への代位を，392 条 1 項によって割り付けられた額の限度で認めている（392 条 2 項後段）。

(2)　392 条 2 項の代位権者の範囲

(ア)　392 条 2 項は代位権者を「次順位の抵当権者」と規定する。その中に次の設例における X_2 が含まれるかが問題となる。

【設例 7】

設例 1（→ I 2(1)）において共同抵当権者 A に対して次順位の抵当権者である X のみならず，それよりも後順位の抵当権者として甲不動産上に 3 番抵当権者 X_2 がいる。

　通説は 392 条 2 項の代位権者には X_2 も含むとする（我妻 442 頁以下，新版注民(9)〔改訂版〕435 頁〔高木多喜男〕）。A が甲不動産から配当を受けた結果，X のみならず X_2 も乙上の A の一番抵当権に代位しうる（代位の付記登記は X および X_2 それぞれに認められる。大判大 11・2・13 新聞 1969 号 20 頁）。

　設例 7 では 2000 万円の A の割付額について X が X_2 に優先して弁済を受けるため，X_2 に優先配当はなされないが，X の被担保債権額が 2000 万円よりも少ないような場合には，その残余について X_2 も優先配当を受けることになる。

(イ)　同順位の抵当権者　　この者は文理上は代位権者に含まれないが，同時配当によって受けうる配当額が異時配当によって減少した場合には，代位を認めるのが通説である（我妻 443 頁，新版注民(9)〔改訂版〕436 頁〔高木〕）。

266　〔森田〕

第2節　抵当権の効力　　　　　　　　　　　　　　§*392*　III

(ウ)　不動産質権者，不動産上の先取特権者　　既述したとおりこれらの者には392条が準用されるので（→I 3(3)(ウ)），これらの者が後順位担保権者となっている場合には，392条の代位権者となる。

(3)　一部弁済と392条2項の代位

異時配当によって共同抵当権者が一部弁済を受けたにとどまる場合に，代価が配当された不動産についての後順位抵当権者に392条2項の代位が認められるか。具体的には設例1（→I 2(1)）において，乙不動産の代価4000万円の配当がなされた場合，Aは5000万円の被担保債権の一部弁済しか受けないが，このときYは甲不動産上の1番抵当権（割付額3000万円）に392条2項の代位を認められるかが問題となる。

(ア)　判例　　当初大審院はこの場合のYによる代位を否定していたが（新版注民(9)〔改訂版〕436頁〔高木〕参照），大審院大正15年4月8日連合部判決（民集5巻575頁）は，次のような立場（以下，折衷説と呼ぶ）を採った。すなわち共同抵当権者Aが乙不動産上の割付額（2000万円）を超えて弁済を受けた以上，後順位抵当権者Yは392条2項によって代位を認められるが，その段階では，将来Aの抵当権が全額弁済を受ける等によって消滅する時点で代位をして抵当権を行使しうる地位を得るにすぎないとした。したがってYはこの停止条件付抵当権につき代位の付記の仮登記をしうるのみであり，Aが全部弁済を受けた段階で代位の付記登記を本登記としてYは抵当権実行ないし優先弁済を受けうることになる。

設例1（→I 2(1)）において，乙に次いで甲不動産の配当がなされる場合にAが1000万円の残債務の配当を得た時点ではじめてYは代位の付記の本登記をなしえ，3000万円の割付額からAへの配当残2000万円の配当に与ることができる。かくして，甲上のAYの抵当権の間ではAが実行のイニシアティヴを持ち，優先弁済を受けることが確保される，というのである。

(イ)　学説　　学説には大正15年大連判を支持するものも有力であった（柚木＝高木381頁，星野297頁，松坂373頁）。しかし，異時配当の時点で直ちに後順位抵当権者は先順位抵当権に代位し，条件つきではない抵当権を取得するとし，したがって代位の本登記ができるとする説も有力に唱えられ（我妻452頁），近時は後者（肯定説と呼ぼう）の支持が強まっている（川井147頁，内田468頁，道垣内209頁）。

〔森田〕　267

§*392* Ⅲ   第 2 編　第 10 章　抵当権

　肯定説の下では，代位の対象となる抵当権（甲上の A への割付部分 3000 万円）について A Y の準共有が生じることになるが，この立場では，502 条の一部弁済と代位との関係が問題となる。この問題について判例は，一部弁済者の抵当権実行を認めるが（大決昭 6・4・7 民集 10 巻 535 頁），批判が強く，また配当の場面では一部弁済代位者に対する債権者の優先が認められている（最判昭 60・5・23 民集 39 巻 4 号 940 頁）。502 条の一部弁済と代位における債権者保護の手当て（平成 29 年民法改正によって，債権者の一部弁済者に対する実行時期選択の自由および優先弁済権の確保は明文化された。502 条 1 項〜3 項参照）を踏まえれば，翻って 392 条 2 項の代位について判例法の折衷説を維持する必要は乏しいと言えよう。

　⑷　**弁済以外の抵当権消滅原因と 392 条 2 項の代位**

　392 条 2 項によって図られている後順位抵当権者の割付担保価値についての期待の保護は，共同抵当権の実行にともなって異時配当がなされる場面以外でも問題となる。

　㈦　**放棄**　　先順位の共同抵当権者が，目的不動産の一つの上の抵当権を放棄した場合に，放棄不動産上の共同抵当権の割付部分について後順位抵当権者が持っていた将来の代位の期待の保護が問題となる。

　【設例 8】

　設例 1（→Ⅰ2⑴）において A が乙不動産上の抵当権を放棄し，次いで A が甲不動産の抵当権を実行した。

　A は 5000 万円の配当を受けるが X は 1000 万円の配当しか受けえず，392 条 2 項の代位をするにも，代位対象である乙上の A の抵当権は消滅しているため，設例 1 においてみた X の設定時の割付担保価値への期待がそのままでは害される。

　（a）　**判例**　　古い判例は，設例 8 において後順位抵当権者 X の同意なく先順位共同抵当権者 A が行った乙不動産上の抵当権の放棄の効力を認め（大決大 6・10・22 民録 23 輯 1410 頁），かつこのとき X の権利侵害を認めず，A に対する不法行為責任の追及を否定していた（大判昭 7・11・29 民集 11 巻 2297 頁）。しかしその後この不法行為責任が問題となった事案において，大審院は傍論ながら，放棄がなければ後順位抵当権者 X が代位により配当を受けえた額（上記の例では 2000 万円）について，392 条および 504 条の法意によっ

268　〔森田〕

て，甲からの配当に当たって A は X に優先しえないとした（大判昭 11・7・14 民集 15 巻 1409 頁）。

　この理論は，最高裁昭和 44 年 7 月 3 日判決（民集 23 巻 8 号 1297 頁）によって正面から肯定された。また最高裁平成 4 年 11 月 6 日判決（民集 46 巻 8 号 2625 頁）はこれを踏襲して，放棄がなければ後順位抵当権者 X が代位により配当を受けえた額について A が優先弁済を受けた場合，X が A に対する不当利得返還請求権を認められるとした。この立場は判例理論として確立している。

　　(b)　学説　　学説も後順位抵当権者の利益保護を図る方向では一致しており，判例法の構成を支持するものが多数である（我妻 455 頁，川井 148 頁，道垣内 210 頁）。

　しかし，これに対しては，放棄があると，共同抵当は 392 条 1 項の割付に従った単独抵当の関係に解消されるとする構成が主張された（加藤一郎「抵当権の処分と共同抵当」谷口知平＝加藤一郎編・民法演習 II〔1958〕199 頁）。これによれば，設例 8 においては乙抵当権放棄後，A は甲不動産上に 392 条 1 項の割付額で単純抵当を持つにすぎないこととされ，甲不動産からは 3000 万円の配当しか受けないことになる。この立場は，判例の立場とは異なり，次のような場合には B の一般債権者が有する甲から配当を受けうる期待を保護しうることを根拠とする。

【設例 9】

　設例 8 において，X の被担保債権が 2000 万円である。このとき B に対してさらに一般債権者 D が 1000 万円の債権を有していた。

　このとき甲の配当は，上記学説によれば A に 3000 万円，X に 2000 万円，D に 1000 万円となり，判例法によれば A に 4000 万円，X に 2000 万円，D に 0 円となる。しかし上記学説の立場では，共同抵当がなにゆえ単純抵当の関係に転換されるのか根拠が判然としないうえ，そもそも A が放棄せず甲不動産から先に配当を受けた場合にはやはり D の配当は 0 円となるのであるから（乙不動産が物上保証人所有の場合には D の引当財産の増加も生じない），D の利益がそのような保護に値するか疑問視されている（道垣内 210 頁）。

　また近時では，乙上抵当権の放棄についての A の主観的態様を問題にして，後順位抵当権者の救済を不法行為責任に限定する立場も有力になってい

§*392* III 　　　　　　　　　　　　　　第2編　第10章　抵当権

る。すなわち，先順位共同抵当権者の放棄によって後順位抵当権者が優先弁済を受けえなくなった額（設例8においては2000万円）について，Aの放棄に故意または過失および違法性がある場合にのみAに対して709条に基づく損害賠償の救済のみによるべきであるとする（高木多喜男「後順位抵当権者のための共同抵当権者の担保保存」金法1382号〔1994〕23頁）。その根拠は，第1に，504条の担保保存義務とのバランスである。担保権者の抵当権放棄に対して，残部の抵当権への代位権保護のために放棄抵当権者の優先弁済権を縮減せしめる点で，504条は上記判例法と類似する発想に立つが，504条では放棄者に故意または過失があることが要求されるのに対して，上記判例法にはその絞りが用意されていない。例えば一部弁済を受ける代償として担保放棄がなされたような場合について，放棄者に故意過失なしとして504条の適用が制限されることがありうるが，この場合よりもAを当然に不利に扱うべきではあるまい（田髙寛貴「共同抵当と代位」鎌田薫ほか編著・民事法(2)担保物権・債権総論〔2版，2010〕123頁も参照）。第2に，そもそも，先順位共同抵当権者の優先権を犠牲にして後順位抵当権者の保護を図る日本の上記判例法の態度が比較法的にも突出している，という認識である。すなわち日本法の母法であるイタリア民法典においても，放棄の場面については上記判例法のような先順位抵当権者の優先弁済権の当然縮減ではなく，競売通知後になされた放棄に限って正当な理由がない場合にのみXからAへの損害賠償を認めるという救済のみが用意されている（イ民旧2087条，新2899条）。また，フランス法，ドイツ法も後順位抵当権者の代位の規定をそもそも用意しておらず，ひろく先順位共同抵当権者の自由選択権を容認している（→I 2(2)(3)）。

　(イ)　混同　　先順位の共同抵当権者が，目的不動産の一つ（乙としよう）について所有権を取得した場合，混同によって乙不動産上の抵当権が消滅するとされるならば，共同抵当権の乙不動産上の割付部分について後順位抵当権者が持っていた将来の代位の期待が害されるため，(ア)で見た放棄の場合と同様の保護が問題となる。

　【設例10】

　設例1（→I 2(1)）においてAが乙不動産をBから買い受け，次いでAが甲不動産の抵当権を実行した。

　このときAは5000万円の配当を受けるがXは1000万円の配当しか受け

えない。392条2項の代位をするにも，代位対象である乙上のAの抵当権は消滅しているからである。

　古い判例には，放棄と同様，混同についても後順位抵当権者の代位の期待の保護を否定するものがある（大判大11・12・28民集1巻865頁）。しかし当時から批判が強く（末弘厳太郎〔判批〕法協42巻1号〔1924〕167頁），上述した放棄に関する判例の変遷を前提として，その後の学説の多数は，そもそもこの場面で乙不動産上の抵当権の混同消滅を，民法179条1項ただし書の類推適用（上記大正11年大判の退けた構成である）により否定することで，後順位抵当権者の保護を図っている（我妻456頁，柚木＝高木387頁，道垣内210-211頁）。抵当権が混同消滅したことを前提にして，乙不動産を買い受けたCに対して甲不動産上の後順位抵当権者Xが392条2項の代位権を対抗できるかは，Xの代位の付記の仮登記とCへの移転登記の先後によることになる（我妻456頁，柚木＝高木387頁）。

(5)　**目的不動産の帰属と392条2項の適用**

　共同抵当の目的不動産甲乙の帰属態様には既述したとおり4つの場合がある。すなわち α 甲乙いずれも債務者に帰属する（設例1〔→ I 2(1)〕の場面がこれに当たる），β 甲乙いずれも同一の物上保証人に帰属する，γ 甲が債務者に属し乙が物上保証人に帰属する，δ 甲乙それぞれ異なる物上保証人に帰属する。本注釈IIIの以上の叙述はこのうち α を主として想定してきたが，それ以外の場面での392条2項の適用について判例学説が論じるところを見ておこう。特に γ δ に関しては392条2項の代位と499条（平29改正前500条）の弁済代位との競合衝突を如何に調整するかという点が論じられてきた。

(ア)　**甲乙いずれも同一の物上保証人に帰属する場合（β のケース）**　　この場合を甲乙いずれも債務者に帰属する α のケースと区別して取り扱うべき文理上の根拠は392条にはない。判例法も β のケースに392条の適用を端的に認めている（前掲最判平4・11・6）。

(イ)　**甲が債務者に属し乙が物上保証人に帰属する場合（γ のケース）**　　これに対して，複数の目的不動産が別人に帰属する場合には499条との関係で複雑な問題を生じる。このとき，甲乙それぞれの上に存在する，共同抵当権に劣後する後順位抵当権の処遇が問題となるが，とくに γ のケースにおいては，甲乙いずれの不動産について先に代価の配当がなされるかで事情が異な

〔森田〕　271

§392 III

第2編　第10章　抵当権

ってくる。

(a)　**債務者所有不動産上の後順位抵当権者の処遇**　まず次のような場面を考える。

【設例11】

債権者Aが債務者Bの所有する甲不動産と物上保証人Cの所有する乙不動産とに1番抵当として共同抵当権を有し，その被担保債権額は5000万円である。甲不動産の価格は4000万円，乙不動産の価格は6000万円であり，甲不動産上には被担保債権額を3000万円とする2番抵当権者Xが存在する（これは設例2〔→II(1)(ウ)〕において乙不動産上の後順位抵当権者Yがいない場合である）。

①　物上保証人所有不動産について先に代価の配当がなされる場合

物上保証人C所有の乙不動産について実行がなされ先に代価の配当がなされた場合に，債務者B所有の甲不動産上の後順位抵当権者Xはいかなる処遇を受けるか。このときCは499条の弁済代位によって甲不動産上のAの共同抵当権に全部代位する（設例11において乙不動産の価格が5000万円を仮に下回っていた場合には「一部弁済と代位」の問題が生じるが，この点につき詳しくは後述(ウ)②(ii)参照）。Cがこの抵当権を実行した場合に，499条に従えば4000万円全額の配当を受ける計算になる。これに対して，後順位抵当権者Xは，392条1項による割付に従えば自らに留保されていた割付担保価値2000万円を確保すべく，Cへの配当額を392条1項に従い2000万円に限定できるか。後者の計算は392条をこの場面でも適用して，債務者所有不動産の後順位抵当権者を物上保証人に優先させる立場であるのに対して，前者の計算はこの場面では392条の適用はなく499条を専ら適用して物上保証人を優先する立場であるといえる。この場面そのものについての裁判例はないが，物上保証人CがAの債権全額について任意弁済をし，Aの共同抵当権を弁済代位で取得したが，乙についての抵当権登記を抹消したうえで，甲について抵当権を実行した事案について，前者の499条適用説を採っている（前掲最判昭44・7・3）。

②　債務者所有の甲不動産について先に代価の配当がなされる場合

設例11において，逆に甲不動産上の抵当権が先に実行された場合に，392条2項が適用されるとXは乙不動産上のAの共同抵当権の割付分について

272　〔森田〕

第2節　抵当権の効力　　　　　　　　　　　　　　　§*392*　III

代位が認められることになる。この場面について上記昭和44年最判の理由中には「甲不動産について競売がされたときは，もともと第二順位の抵当権者は，乙不動産について代位することができない」との一節があり，392条の適用を否定した下級審裁判例もある（札幌高決昭45・10・28下民集21巻9＝10号1422頁）。

　かくして判例法は，共同抵当の目的不動産の一方が債務者に帰属し他方が物上保証人に帰属する場合において，債務者所有不動産上の後順位抵当権者と物上保証人との関係については，499条をもって規律し，392条の適用はないとしている。

　(b)　物上保証人所有不動産上の後順位抵当権者の処遇　　ついで次のような場面を考える。

【設例12】
債権者Aが債務者Bの所有する甲不動産と物上保証人Cの所有する乙不動産とに1番抵当として共同抵当権を有し，その被担保債権額は5000万円である。甲不動産の価格は4000万円，乙不動産の価格は6000万円であり，乙不動産上には被担保債権額を4000万円とする2番抵当権者Yが存在する（設例2〔→Ⅱ(1)(ウ)〕において甲不動産上の後順位抵当権者Xがいない場合である）。

①　物上保証人所有不動産について先に代価の配当がなされる場合

　(i)　判例法の「弁済代位＋物上代位」という構成　　物上保証人C所有の乙不動産について実行がなされ先に代価の配当がなされた場合に，乙不動産上の後順位抵当権者はいかなる処遇を受けるか。

　このときもCは499条の弁済代位によって甲不動産上のAの共同抵当権に全部代位する。Cがこの抵当権を実行すれば4000万円全額の配当を受ける計算になる。しかし，Yは物上保証人C自らが設定した抵当権者であるから，YがCに優先しなくてはならない。このときAの乙不動産上の抵当権実行によって，1000万円は既にYに配当されているが，これはYの被担保債権4000万円には満たず，その限度で，Aによる乙不動産に対する抵当権実行によってYの担保権が消滅したと見ることができる。そこで最高裁昭和53年7月4日判決（民集32巻5号785頁）は，「物上保証人所有の不動産が先に競売された場合においては，民法392条2項後段が後順位抵当権者の

〔森田〕　273

§*392* III 第2編 第10章 抵当権

保護を図っている趣旨にかんがみ，物上保証人に移転した1番抵当権は後順位抵当権者の被担保債権を担保するものとなり，後順位抵当権者は，あたかも，右1番抵当権の上に民法372条，304条1項本文の規定により物上代位をするのと同様に，その順位に従い，物上保証人の取得した1番抵当権から優先して弁済を受けることができる」とした。

したがって設例12では，Yは499条によってCに移転したAの共同抵当権につき一種の物上代位を認められ，これを実行してその代価4000万円から3000万円の残債務をCに先立って回収し，Cは残余の1000万円に甘んじることになる。

判例法は，392条2項後段の趣旨を援用しているものの，Yの抵当権取得の論理は，392条2項の代位によるものではなく，Cの499条の弁済代位にYの372条・304条による物上代位を重ねるという法律構成（これを以下では「弁済代位＋物上代位」の構成と呼ぼう）によっており，その限りで，この場面でも392条ではなく499条が適用されていると整理することができる（なお，昭和53年最判は，この「物上代位」によって認められるYの抵当権は，Cから移転を受けたものではないから，Cから上記1番抵当権の譲渡を受け付記登記を了した第三者Dに対して登記なく対抗でき，また，Dは登記簿の記載によりYの優先弁済権を認識しうるからYが304条の差押えをする必要はない，としている）。

(ii) 債務者所有不動産上の後順位抵当権者と物上保証人所有不動産上の後順位抵当権者との関係　しかし，この場面で，債務者所有不動産上にも他の後順位抵当権者Xが存在している場合があり，その場合に(i)で見た判例法の認める物上保証人所有不動産上の後順位抵当権者の優先弁済権の処遇が問題となる。

いま，設例12に加えて，不動産甲上に後順位抵当権者Xがあり，その被担保債権額を3000万円であったとする（これは設例2〔一II(1)(ウ)〕と同一事案である）。(i)で見たのと同じく物上保証人C所有の乙不動産について実行がなされ先に代価の配当がなされた。このとき昭和53年最判によれば，Cは不動産甲上のXの担保権に優先するAの1番抵当権に499条によって代位し，Yはその上に物上代位をするのであるから，YがXに優先することになる。

仮にYの代位が392条2項によるものと構成されると，同様の代位権を乙上のAの1番抵当権に認められ，それによって甲不動産について有して

274　〔森田〕

第 2 節　抵当権の効力　　　　　　　　　　　　　　　§*392*　III

いた割付担保価値 2000 万円を保護されていた以上，X と Y との間の優劣は
当然には決まらないことになる。言い換えれば，判例法は複数の目的不動産
が債務者と物上保証人とに分属しているというこの場面では，392 条ではな
く 499 条が適用されるとすることで，この問題にも上記のような解決が図ら
れていることになる（前掲最判昭 60・5・23 の事案もこの解決を前提としている）。

②　債務者所有の甲不動産について先に代価の配当がなされる場合

設例 12 において①とは異なり債務者 B 所有の甲不動産について実行がな
され先に代価の配当がなされた場合に，乙不動産上の後順位抵当権者 Y は
いかなる処遇を受けるか。この実行によっては①とは異なり 499 条の代位は
生じない。ただ A の 1 番抵当権の被担保債権が 1000 万円に減少し，その限
度でそれによって乙不動産の後順位抵当権者 Y は乙についての割付担保価
値が増加する利益を受ける。他方この場面で甲不動産の後順位抵当権者 X
は 392 条 1 項によって認められている割付担保価値 2000 万円を失うが，①
で見た判例法に従えば 392 条 2 項の適用はないから，乙不動産上の A の共
同抵当権の割付部分への代位は生じず，したがって物上保証人 C ないしそ
の後順位抵当権者 Y との優先劣後はそもそも問題とならない。

(ｳ)　甲乙がそれぞれ別異の物上保証人の所有に帰属する場合（⑥のケース）

次のような事案が想定される。

【設例 13】

債権者 A が物上保証人 C₁ の所有する甲不動産と物上保証人 C₂ の所有する
乙不動産とに 1 番抵当として共同抵当権を有し，その被担保債権額は
5000 万円である。甲不動産の価格は 4000 万円，乙不動産の価格は
6000 万円であり，乙不動産上には被担保債権額を 4000 万円とする 2 番
抵当権者 Y₂ が存在する。

①　後順位抵当権者の存在する乙不動産の抵当権がまず実行された場合

(ⅰ)　判例法の「弁済代位＋物上代位」という構成　　乙不動産が実行さ
れた場合，乙不動産所有者 C₂ は甲不動産上の共同抵当権者 A の 1 番抵当権
に，甲乙不動産の価格に応じて代位し，そのうえで乙不動産上の後順位抵当
権者 Y₂ は一種の物上代位によって C₂ の取得した抵当権に代位する，という
のが判例法である（大判昭 11・12・9 民集 15 巻 2172 頁。既述した昭和 53 年最判はこ
の構成を踏襲したものである）。甲不動産上の共同抵当権者 A の 1 番抵当権への

〔森田〕　275

§392 III

Y_2 のこの代位は，392 条 2 項の代位ではなく，また，甲乙不動産価格に応じた割付は 501 条 3 項 3 号（平 29 改正前 501 条 4 号）に規定されているので，この場面でも 499 条による 392 条の適用除外は明確である。

（ii）　それぞれの物上保証人所有不動産上の後順位抵当権者の関係　さらに次のような場面を想定する。

【設例 14】
設例 13 において甲不動産上にも C_1 の後順位抵当権者 Y_1 が存在し，その被担保債権は 3000 万円である。

このとき，A の抵当権実行によって先に乙不動産のみが換価された場合，Y_1 と(i)に従って代位した Y_2 との間で甲不動産の割付担保価値をめぐる関係が問題となる。しかし，そもそも Y_2 の代位は，C_2 に認められる 501 条 3 項 3 号（平 29 改正前 501 条 4 号）の代位割合に限定されており，この割合は 392 条 1 項によって認められている割合と同一である（2000 万円）。そのため，設例 14 において 499 条によって 392 条の適用を除外する前提の下で，Y_2 の代位によっても 392 条 2 項によって Y_1 に認められている割付担保価値（4000 万円 − 2000 万円 = 2000 万円）は確保される。

②　後順位抵当権者の存在しない甲不動産が先に実行された場合

（i）　乙不動産の後順位抵当権者の地位　設例 13 において①とは逆に実行によって先に代価の配当が甲不動産についてなされた場合を考える。一般論としてこのとき，501 条 3 項 3 号（平 29 改正前 501 条 4 号）の代位割合に従って C_1 が乙不動産上の A に代位することを認めても，この割合は 392 条 1 項の割合と同じであるので，392 条 2 項によって Y_2 に認められている割付担保価値を害さない。

（ii）　「一部弁済と代位」の判例法理との関係　ただこの場面では，甲不動産の代価の配当によって債権者 A は 5000 万円の被担保債権について 4000 万円の一部弁済を受けたにとどまる。そのため「一部弁済と代位」に関する判例法理によって，弁済代位者 C_1 の権利の内容が制限され，そこから生じる問題が介在する（上述した 499 条による代位の論理階梯が問題とされる全ての場面で，先になされた代価の債権者への配当が被担保債権額に満たない場合には，以下の問題が生じることはいうまでもない）。

このときそもそも債権者 A はなお 1000 万円の残債務があり，乙不動産上

第2節　抵当権の効力　　　　　　　　　　　　　　　§*392*　IV

の先順位抵当権は A と C_1 との準共有となっている。第 1 に，この場面で C_1 単独で乙不動産について抵当権を実行できるかが問題となる。肯定した古い判例法はあるが（前掲大決昭 6・4・7），学説は批判的であり（我妻栄・新訂債権総論〔1964〕255 頁），平成 29 年民法改正によって，否定説が明文化された（502 条 1 項）。第 2 に，その後乙不動産の代価が配当される局面に至った場合に，乙不動産上の先順位抵当権の割付担保価値 3000 万円が，A の残債権に優先的に充てられず A が 1000 万円を回収するのか（債権者優先説），C_1 の求償権 4000 万円との按分となり，A は 600 万円の配当に甘んじるのか（按分配当説）が問題となる。起草者は按分配当説を採っていたが，学説にも債権者優先説が有力であったところ（我妻前掲箇所，於保不二雄・債権総論〔新版，1972〕389 頁），判例法は傍論ながら債権者優先説を前提とした（前掲最判昭 60・5・23）。

　債権者優先説に従えば，C_1 は 2000 万円の配当を受けるにとどまることになる。さらに C_1 に乙不動産上の後順位抵当権者 Y_1 がある設例 14 の場面を考えると，このとき Y_1 は物上代位類似の論理によって C_1 に先立って配当を受けることになるが，その額はこの 2000 万円に限定される。このように Y_1 の優先配当額は，C_1 の 501 条 3 項 3 号（平 29 改正前 501 条 4 号）の代位割合の範囲内に限定されているが，この割合は 392 条 1 項のそれと同一である。この場面でも，499 条（平 29 改正前 500 条）によって 392 条の適用を除外する判例法の下で，乙不動産の後順位抵当権者 Y_2 に 392 条 2 項によって認められている割付担保価値は結果的に保護されていることになる。

IV　第三取得者との関係

　上述した共同抵当の目的不動産甲乙の 4 つの帰属態様（III(5)でみた$\boxed{\alpha\,\beta\,\gamma\,\delta}$参照）それぞれについて，甲乙不動産のいずれかが譲渡された場合を考える。このとき不動産の第三取得者と，譲渡不動産以外の目的不動産上の後順位抵当権者の関係が問題となる。

　目的不動産の帰属および責任法の観点からは，形式的には第三取得者は物上保証人と同じ地位に立つということはできる。しかし，ここでもまず判例法上，第三取得者が現れる前の帰属態様に着目して，それが 392 条の適用の

〔森田〕　277

§*392* Ⅳ

ある同一所有者帰属類型（囲β）であった場合（㈠(1)）と499条（平29改正前500条）によって392条の適用が除外される別異所有者帰属類型（γδ）であった場合（㈠(2)）とを区別すべきである（道垣内213頁以下参照）。

(1) 同一所有者帰属類型

共同抵当権の目的不動産甲乙がいずれも債務者に帰属する場面（α）および甲乙いずれも同一の物上保証人に帰属する場面（β）において，甲乙のいずれか一方（以下の叙述では乙とするが，甲として論じても議論は無差別となる）について第三取得者Dが現れた場合を考える。Ⅲ(5)で見た判例法によればこのとき，第三取得者登場前は同一所有者帰属類型として392条適用場面となるが，第三者登場後は499条適用場面たる別異所有者帰属類型となる。そのままでは第三取得者の登場によって後順位抵当権者の地位が変動する可能性があるので手当てが必要となるが，保護すべき当事者の期待は，甲不動産上の後順位抵当権設定と乙不動産の譲渡との先後によって異なったものとなる。

⑺ 第三取得者登場前に既に後順位抵当権が設定されていた場合

(a) 次のような場面を想定する。

【設例15】

設例1（㈠Ⅰ2(1)）（αの場合）において，さらにその後乙不動産がDに譲渡された。

このときXは，Ⅲ(5)で見た判例法を前提として，Dへの譲渡前には，甲不動産上に，392条1項によるAへの割付の残余について割付担保価値を得ているという期待を有している。したがって同時配当の場合にはⅠ(2)⑺で見たとおりの392条1項に従った割付がなされる。異時配当の場合には，Ⅰ(2)⑷で見たとおりの392条2項の代位が認められていた。ところがDへの譲渡によって，乙不動産は債務者所有ではなくなるため，この点を捉えてD所有の乙不動産を物上保証人所有の不動産として扱うと392条は適用されないことになり，例えば甲について先に代価が配当される異時配当がなされると，Bが乙不動産上のAの共同抵当権に代位することは（したがってそれに物上代位類似の構成でXが代位することも），499条によっては否定されてしまう（乙不動産について先に異時配当がなされた場合には，反対にDのBに対する代位が問題となるが，この場面では，これをⅢ(5)⑷で見たγ型として取り扱い499条の適用を認めても，Dの代位は生じるが，Yの保護は392条2項の代位ではなく，弁済代位＋物上代

第2節　抵当権の効力　　　　　　　　　　　　　　　§*392*　IV

位という構成となり，実質的な保護の範囲も異なりうる）。これではXの期待はD
への譲渡によって覆滅してしまうので，この場合にはDがBの地位を承継
するとして392条2項の適用を肯定すべきである。

　（b）　甲乙いずれも同一の物上保証人Cに属する場合（Ⅲ(5)(ア)で見た β 型）
も，判例に従えばDへの譲渡前にXは392条1項に従った期待を有してい
る。このときDへの譲渡後の場面を，甲乙が別異の物上保証人に帰属する
類型（Ⅲ(5)(ウ)で見た δ 型）として捉えると，判例法上はXYの関係は392条で
はなく499条で規律されることになるが，DはCの地位を承継するのみと
捉えれば392条が適用されることになる。とはいえこの場面では501条3項
3号（平29改正前501条4号）の割合は392条1項と同一であるので，実質的
には違いがない。

　(イ)　第三取得者登場後に後順位抵当権が設定された場合

　（a）　設例15において乙不動産のDへの譲渡後に，甲不動産にXへの後
順位抵当権が設定される場合には，Xには392条の期待はなく，この場面は
債務者所有不動産と物上保証人所有不動産とが共同抵当権の目的不動産とな
っている場面（Ⅲ(5)(イ)で見た γ 型）と同視される。

　（b）　当初いずれも同一の物上保証人Cに属していた甲乙の不動産の一
方がDへ譲渡された後で，一方の不動産に現れた後順位抵当権者は，当初
から別異の物上保証人に帰属していた複数の目的不動産上の後順位抵当権者
が持つのと同一の割付担保価値の期待を保護されるべきであるから，Ⅲ(5)(ウ)
でみた δ 型として捉え，XY間の規律も499条によれば足りる。

　(2)　別異所有者帰属類型

　判例法に従えば，複数の目的不動産の所有が異なる場合には，392条の適
用はないので，そのそれぞれについて想定される後順位抵当権者も392条1
項による割付の残余について担保価値把握の期待を保護される地位にはない。

　この類型において，いずれかの不動産が譲渡されても，譲受人は前主の地
位を承継するという立場が有力である（道垣内213頁）。さもなくば当初の物
上保証人およびこの者が設定した後順位抵当権者の期待が害されるからであ
る。

〔森田〕　　279

§*392* Ⅳ
第2編　第10章　抵当権

(ア)　共同抵当権の目的不動産甲乙のうち甲が債務者に属し乙が物上保証人に帰属する場合

(a)　**債務者所有不動産甲がDへ譲渡された場合**　　譲渡の結果，一見すると甲乙不動産は別異の物上保証人に帰属する $\boxed{\delta}$ 型となるように見える。債務者Bから甲上に後順位抵当権の設定を受けたXも，物上保証人Cから乙上に後順位抵当権の設定を受けたYと同様の地位に立つことになるとすると，例えばAの抵当権が実行され甲不動産についてのみ代価が配当された場合，Dは499条によって乙上のAの不動産に弁済代位し，物上代位の論理によってXはそこから優先配当を受けるとも考えられる。しかし，これは譲渡がない場面では債務者Bが弁済してもAの抵当権に弁済代位は生じないというCの期待が，Cのあずかり知らないBからDへの甲不動産譲渡によって覆滅されることになり適切でない。反対にDへの譲渡後乙不動産についてのみ代価が配当された場合についても，このときCの弁済代位が501条3項3号（平29改正前501条4号）の甲乙不動産の価額によって決まる代位割合に限定されるとすれば，Dへの譲渡がない場面では乙の換価額全額についてAの甲上の抵当権に代位しえたCの期待が，Dへの甲不動産譲渡によって覆滅されることになってやはり適切でない。そこでこの場合第三取得者Dは当初の債務者としての地位を承継し，Dには物上保証人としての地位は認められないとする立場が有力である（道垣内214頁）。

(b)　**物上保証人所有不動産乙がDに譲渡された場合**　　この場合譲渡前後を通して，複数の不動産の帰属態様はいずれも $\boxed{\gamma}$ 型で変化はない。判例法によれば，甲乙いずれの不動産について異時配当がなされても，499条が適用されることになるが，それによってCYの期待は害されない。

(イ)　**甲乙不動産が別異の物上保証人の所有に属する場合**　　この場合，甲乙いずれの不動産が譲渡されても，譲渡の前後を通じて，複数の不動産の帰属態様はいずれも $\boxed{\delta}$ 型で変化はない。判例法によれば，甲乙いずれの不動産について異時配当がなされても，499条が適用されることになるが（ちなみにそれは392条が適用された場合と同じである），それによってCYの期待は害されない。

280　〔森田〕

第2節　抵当権の効力　　　　　　　　　　　　　　　　§*392*　V

V　代位特約と 392 条 2 項

(1)　後順位抵当権者と弁済代位

Ⅲ(5)(イ)(ウ)において詳述したとおり共同抵当権の複数の目的不動産が別異の主体に帰属している γ 型および δ 型において，異時配当の対象となった物上保証人 C 所有不動産の後順位抵当権者 Y の保護についての判例法の構成は，392 条 2 項の代位ではなく，物上保証人 C に 499 条（平 29 改正前 500 条）によって認められる弁済代位および 304 条の物上代位類似の論理によるとされている（既述した「弁済代位＋物上代位」の構成。最判昭 53・7・4 民集 32 巻 5 号 785 頁）。この判例法の構成の下では，Y の優先弁済に C の 499 条の代位が前提となっていることに注意すべきである。

(2)　弁済代位に関する特約と後順位抵当権者

ところで，弁済代位については，債権者 A は代位弁済者との間の特約によって，例えば代位弁済をした物上保証人 C の代位を封じることができる。AC 間の代位に関する特約（以下代位特約と呼ぶ）には，①代位弁済があっても担保権および原債権の代位弁済者への移転がそもそも生じないこととする特約（代位権譲渡ないし放棄特約）と，②代位は生じるが，代位弁済者に債権者の同意がないかぎり代位権を行使させないとする特約（代位権不行使特約）という二つの類型が区別される。

債権者 A と物上保証人 C との間の特約によって，そもそも物上保証人の 499 条の代位が認められない場合には，判例法の構成上それを前提とする物上保証人所有不動産上の後順位抵当権者 Y の物上代位類似のプロセスも生じないことになる。そこで AC 間の特約の効力が第三者である Y に及ぶかが問題となる。

(ア)　昭和 59 年最判　　ところで代位に関する特約の第三者効について次のような判例が存在している（最判昭 59・5・29 民集 38 巻 7 号 885 頁）。その事案をモデル化すれば，次のとおりである。A が B に対して 3000 万円の債権を有しておりこれについて C_1 保証協会が連帯保証をし，さらに C_2 が時価 2000 万円の自己所有不動産乙をもって物上保証をしたが，乙上には被担保債権を 700 万円とする後順位抵当権者 Y が存在する。このとき C_1C_2 間に代位割合に関する特約があった。この特約は，501 条 3 項 4 号（平 29 改正前 501

〔森田〕　　281

条5号）によればC_2に2分の1の代位が認められているところを，C_2の代位割合をゼロとしていた。

　C_1が全額を代位弁済した後，弁済代位した乙不動産上の抵当権を実行し2000万円の配当を受けたのに対して，Yは，法定の代位割合によればC_2は1500万円を負担するにすぎず，500万円の割付残余についてはYに配当されるべきであると主張した。しかし最高裁は，特約の第三者効を認めたうえで，3000万円の被担保債権の存在が公示されているから，500万円を失うYの不利益は，「他人間の法律関係によって事実上反射的にもたらされるものにすぎ」ないとした。その際，平成29年改正前民法501条5号は「共同抵当に関する同法392条のように，担保不動産についての後順位抵当権者その他の第三者のためにその権利を積極的に認めたうえで，代位の割合を規定していると解することはできず」という理由を付していることに注意すべきである。

　(イ)　昭和60年最判　　ところが最高裁は，代位に関する特約の第三者効について，次のような判断を示している。最高裁昭和60年5月23日判決（民集39巻4号940頁）の事案をモデル化すれば次のとおりである。AがBに対して3000万円の債権を有しておりこれについてBが自己所有不動産甲につき抵当権を設定し，さらにCが時価2000万円の自己所有不動産乙をもって物上保証をしたが，乙上には被担保債権を700万円とする後順位抵当権者Yが存在した。このときAC間にAが同意しないかぎりCは代位権を行使しえないという代位権不行使特約があった。

　既述した$\boxed{\gamma}$型に属するこの事案において最高裁は，前掲最高裁昭和53年7月4日判決に従い「弁済代位＋物上代位」の構成に基づいてYの代位を認めたうえで，さらに代位権不行使特約は「後順位抵当権者が物上保証人の取得した抵当権から優先弁済を受ける権利を左右するものではない」とした。

　(ウ)　判例法の整合的理解

　　(a)　問題の所在　　$\boxed{\gamma}$型の事案において異時配当の対象となった物上保証人所有の乙不動産の後順位抵当権者の保護を「弁済代位＋物上代位」の構成で認める判例法を前提とすると，昭和59年最判においても昭和60年最判においても499条の代位が問題となっており，さらにそこでの代位に関する特約の第三者効が等しく問題となっているのに，昭和59年最判はYへの

第2節　抵当権の効力 　　　　　　　　　　　　　　　§*392*　V

第三者効を認め，昭和60年最判はこれを認めなかったものとして，両判決は一見不整合をきたしているように見える。

　(b)　**代位特約の類型と判例法の整合的理解**　　しかし，両判決については，それぞれの事案における代位特約の内容の違いに即して事案類型による区別を行って整合的に理解できるとされてきた（昭和60年最判の調査官解説〔門口正人〕〔判解〕最判昭60年203事件〕参照）。すなわち昭和59年最判の事案においては，そもそも代位割合に関する特約によって変更されてゼロとなった割合について弁済代位自体が生じていないのに対して，昭和60年最判は，代位権不行使特約が存在しているのみであり，代位弁済によってCの弁済代位自体は生じているのであって，ただその行使がAC間でCについては制約されているのにとどまるから，Yとの関係では，弁済代位によってCのもとに存在はしている担保権に物上代位することは妨げられないというのである。

(3)　**392条の意義再論**

　(ア)　**後順位抵当権者の権利の性格と判例法の整合的理解**　　ただ，昭和59年最判が499条（平29改正前500条）と392条とを対比させている点に着目すると，昭和60年最判は392条を援用はしないが，その引用する昭和53年最判は「弁済代位＋物上代位」の構成を採りつつも，あくまで「392条の趣旨」を引いていることに注意すべきである。この点を重視すると，複数の担保権が共に抵当権である共同抵当の場面で499条が適用される場面と，一方は人的担保であり他方が抵当権である共同担保の場面で499条が適用される場面とでは，499条の代位に認められる特約可能性一般に違いがあると見ることもできる。前者の場面では392条の認める後順位抵当権者の物権的保護の必要性が，392条の適用そのものはないにしてもその「趣旨」としてなお影響して，特約に抗して保護されるべきYの利益の性格が異なるとするのである。このような考え方の延長に，共に同一の物上保証人に属する目的不動産について一方が放棄された場面において，異時配当の対象となった他方の不動産上の後順位抵当権者は放棄の効力を対抗されずに代位の利益を認めた最高裁平成4年11月6日判決（民集46巻8号2625頁）（→Ⅲ(4)(ア)）も位置づけられることになる（これは 𝛽 型の事案であるので，392条が本来的に適用されており，Yに認められる代位は392条2項の代位そのものであり，Yの要保護利益の物権性

〔森田〕　283

§393

は昭和 60 年最判よりも明確であるとされることになろう）。

（イ）　392 条と 499 条の棲み分けに関する二つの構想　　共同抵当の目的不動産が別異の主体に帰属する場合にそれぞれに設定された後順位抵当権者の処遇について，かつては次のような立場が存在していた。すなわち，この場面では 392 条ではなく 499 条（平 29 改正前 500 条）の適用によって規律する判例法の立場は，499 条・501 条による代位が 392 条 2 項の後順位抵当権者の代位に優先するものであると捉えたうえで，そのような立場では，債務者所有不動産と物上保証人所有不動産のいずれに設定を受けるかで後順位抵当権の割付担保価値が大きく異なるから不都合であるとし，むしろ常に 392 条 2 項後段の規定を適用すべきである，というのである（鈴木禄弥「共同抵当における代位の諸問題」金法 232 号〔1960〕21 頁）。この立場を徹底すれば，複数の不動産を目的とする共同抵当が存在している場面では，目的不動産の帰属の如何，異時配当の順番の如何を問わず，後順位抵当権者への優先弁済の範囲は 392 条の割付に一定し，さらに代位に関する特約の影響を受けないことになろう。この立場では$\boxed{\alpha}\boxed{\beta}$に限定されず，$\boxed{\gamma}\boxed{\delta}$の場合も広く含めて，複数不動産上に共同抵当権が存在している場合について，後順位抵当権者には独立の物権的地位が 392 条によって認められていると捉えることになる。

　しかし，代位特約に関する判例学説の趨勢は，債権回収の集団的秩序について，499 条の代位とその契約による柔軟な調整的再設計に委ねられている領域と並んで，後順位抵当権者の権利を物権的に強固に保証する 392 条の規律する領域が異質なものとして対立的に存在しているという理解を採ったうえで，392 条の適用を$\boxed{\alpha}\boxed{\beta}$の場面に限定し，後順位抵当権者の地位を物上代位に依存したものとして捉える方向にあるということができるであろう。

〔森田　修〕

（共同抵当における代位の付記登記）

第 393 条　前条第 2 項後段の規定により代位によって抵当権を行使する者は，その抵当権の登記にその代位を付記することができる。

第 2 節　抵当権の効力　　　　　　　　　　　　　　§*393*　I・II

I　総　　説

392 条 2 項の代位について，393 条は代位者に，代位した権利について付記登記を備える権能を認めている。

いま，債権者 A が債務者 B の所有する甲乙二つの不動産上に 1 番抵当として共同抵当権を有し，その被担保債権額は 5000 万円であるとする。甲不動産の価格は 6000 万円，乙不動産の価格は 4000 万円であり，甲不動産上には被担保債権額を 4000 万円とする 2 番抵当権者 X，乙不動産上には被担保債権額を 3000 万円とする 2 番抵当権者 Y がそれぞれ存在するとする（以下これを【冒頭設例】と呼ぶ）。このとき A の抵当権が実行され，甲の代価のみの配当（異時配当）がなされたとしよう。この場合には，A の被担保債権が全部弁済を受けるため，本来であれば乙上の A の抵当権も消滅するはずであるが，A の抵当権は 392 条 1 項に基づく乙不動産上への割付の限度で（不動産価格に基づいて按分された被担保債権の額すなわち 2000 万円（$=5000 \times \frac{4000}{4000+6000}$））で存続し，その上に甲上の後順位抵当権者 X が代位する。言い換えれば乙上の抵当権の上記割付部分が，A から X に移転する。この物権移転は法律上当然に生じる物権変動とされている。

このとき代位者である X は，この物権変動について，付記登記を備えることができるとしたのが 393 条である。

この代位の付記登記は，代位者 X と被代位者すなわち共同抵当権者 A との共同申請によることとされている（大決大 2・10・2 民録 19 輯 735 頁，大決昭 4・3・19 評論 18 巻諸法 333 頁）。代位の付記登記の詳細については不動産登記法 91 条に規定が置かれている。

II　付記登記をなしうる場合

(1)　異時配当による先順位共同抵当権者の一部弁済

【冒頭設例】において甲についてまず異時配当がなされた場合のように，それによって先順位共同抵当権者が全部弁済を受けた場合は上述のとおりとなる。しかし【冒頭設例】において乙についてまず異時配当がなされた場合のように，異時配当によって先順位共同抵当権者は一部弁済しか受けえない

〔森田〕　　285

§*393* Ⅲ   第2編　第10章　抵当権

場合がありうる。このときAの抵当権はそもそも消滅せず，まずAの残債
務1000万円のために存続するが，乙の代価によって配当を受けえなかった
乙上の後順位抵当権者Yのために，392条2項の代位も乙上のAの抵当権
の割付部分について生じるとされている。このときこの代位についてYに
は，代位の付記登記の仮登記が認められるにとどまるとするのが判例である
が（大連判大15・4・8民集5巻575頁），近時の学説では，代位の付記登記の本
登記まで認められるとする有力な立場（我妻452頁）のほうが有力であること
は既述した（→§392Ⅲ(3)参照）。

(2)　先順位共同抵当権者がおよそ弁済を受ける前の代位の付記登記

【冒頭設例】においてXは，後順位抵当権の設定を受けたときから，Aが
何らの弁済も受けていない段階でも，仮登記によってであれば代位の付記登
記ができるとする説がある（我妻455頁，我妻・判コメ491頁）。

Ⅲ　付記登記の効力

(1)　代位が生じる以前から被代位不動産上に権利を有していた者との関係

392条2項の代位が生じる以前から，被代位不動産上に権利を有していた
者に対しては，その後先順位抵当権者の実行により異時配当がなされた結果
392条2項の代位をすることになった後順位抵当権者は，この代位を代位の
付記登記なく対抗できる。

このような者としては，当該後順位抵当権の設定者（【冒頭設例】においては
B），第三取得者（【冒頭設例】においてBからDが乙不動産を譲り受けた後に，甲不動
産について異時配当がなされた場合のD），被代位不動産上に代位前から存在して
いた後順位抵当権者（【冒頭設例】において甲が異時配当された場合のY）がある。
これらの者はAの先順位抵当権の存在を前提として法的地位を取得してい
るから，後順位抵当権者Xに乙不動産上のAの抵当権への代位を認めるこ
とによって期待を害される不利益はない。

なお，【冒頭設例】において甲不動産について異時配当がなされた場合に，
Xによる代位の付記登記がなされないばかりでなく，そもそも乙上のAの
抵当権登記自体が異時配当の結果抹消されることがある。この場合でもX
は上記の者に対して，392条2項の代位を行使できるとするのが判例法であ

286　〔森田〕

る（大決大 8・8・28 民録 25 輯 1524 頁）。これらの者と代位者とは代位による物権変動の当事者の関係に立つとして，登記不要とする考え方が有力である（我妻 450 頁，我妻・判コメ 489 頁）。

(2) 代位が生じた後に被代位不動産上に権利を取得した者との関係

392 条 2 項の代位が生じた後に，被代位不動産上に権利を取得した者に対しては，代位の付記登記がなければ，代位する後順位抵当権者は代位を対抗できない。

このような者としては，代位後に被代位不動産を取得した第三取得者（【冒頭設例】で，甲不動産の異時配当後に，乙不動産を B から譲り受けた D），代位後に被代位不動産に後順位抵当権の設定を受けた者（【冒頭設例】とは異なり，乙上の後順位抵当権の Y への設定が，甲不動産の異時配当の後でなされた場合の Y）がある。これらの者は異時配当によって A が代位取得する乙上の A の抵当権が消滅したものとして法的地位を取得するからである。

判例は，A の先順位共同抵当権の目的不動産甲乙の一つである不動産甲につき異時配当がなされ，A は全額弁済を受けたとして共同抵当権の登記を抹消したところ，乙について新たに Y のために抵当権が設定された事案において，甲についての後順位抵当権者 X は付記登記のない以上 Y に対抗できないとしている（大判昭 5・9・23 新聞 3193 号 13 頁）。

昭和 5 年大判の射程は，A の共同抵当権登記の抹消が異時配当によってなされていない場合には及ばないが，学説には，この場合であっても X は異時配当後に乙を譲り受けた D や乙上に後順位抵当権の設定を受けた Y とは対抗関係に立ち，これらの者が X の代位後に取得した権利について備える対抗要件と X の代位の付記登記との先後によって優劣が決まると解するものがある（我妻・判コメ 490 頁）。

(3) 複数の代位権者の間の関係

順位の異なる複数の後順位抵当権者に 392 条 2 項の代位がそれぞれ認められる場合がある。例えば【冒頭設例】とは異なり甲不動産上に 2 番抵当権者の X のみならず被担保債権を 2000 万円とする 3 番抵当権者 X_2 も存在している場合に，甲不動産の異時配当が生じたとする。このとき乙上の A の抵当権について 2000 万円の限度で代位が生じるが，代位の付記登記は X_2 が先に備え X はそれに後れて付記登記をした場合，X と X_2 とのいずれが優先す

〔森田〕　287

§394 I 第2編 第10章 抵当権

るか。この優先劣後は付記登記の先後ではなく，実体的な順位によって決まる（X₂より先順位のXが2000万円の優先弁済を受ける）とするのが通説である（我妻451頁，我妻・判コメ490頁）。ただしXとX₂との間でも付記登記は対抗要件となるとする説もある（富越和厚「共同抵当をめぐる判例上の問題点」担保法大系I 677頁）。

〔森田　修〕

（抵当不動産以外の財産からの弁済）

第394条①　抵当権者は，抵当不動産の代価から弁済を受けない債権の部分についてのみ，他の財産から弁済を受けることができる。

②　前項の規定は，抵当不動産の代価に先立って他の財産の代価を配当すべき場合には，適用しない。この場合において，他の各債権者は，抵当権者に同項の規定による弁済を受けさせるため，抵当権者に配当すべき金額の供託を請求することができる。

I　総　説

1　本条の趣旨

(1)　被担保債権の責任法関係の二つの理解

以下の検討のために，まず次のような設例を考えてみよう。債権者Aは債務者Bに対して1500万円の貸付債権を有していたところ，その担保としてBの所有する時価1000万円の不動産甲に抵当権の設定を受けた。Bはさらに一般債権者Cに対して1500万円の債務を負担しており，一般責任財産としては時価1000万円の不動産乙を所有するのみであった（以下これを【冒頭設例】とする）。このとき，抵当債権者Aは債務者Bに対するその被担保債権について，Bの一般責任財産に属する乙不動産をどのように引当てにできるか。

抵当債権と債務者の一般責任財産との責任法的関係というこの問題については二つの考え方が想定される。第1の考え方は，乙がAの被担保債権全額について一般責任財産として引当てとなっているという見方である。これ

288　〔森田〕

によれば A は C との按分で乙から 500 万円をまず回収し，ついで排他的責任財産である甲から 1000 万円を回収できることになる。これに対して第 2 の考え方は，A の債権は，甲不動産の割付担保価値によってカヴァーされている部分（以下では α 部分とする）については，他の一般責任財産である乙を引当てとはしていないという見方である。これによれば A は，一般責任財産乙からは，その被担保債権について α 部分を除いた部分（これを以下では β 部分とする）500 万円に基づいてのみ，C との按分で，したがって 250 万円のみを回収をすることができ，乙の残余価値 750 万円は一般債権者 C に配当されることになる。

本条は，このうち，一般債権者の保護の観点から第 1 の考え方を退け，第 2 の考え方を採ったものである。

(2)　**倒産法における不足額責任主義**

この第 2 の考え方は，倒産法において不足額責任主義と呼ばれるものと共通している。すなわち，担保権が別除権として取り扱われる倒産手続（破産手続・民事再生手続）においては，被担保債権は，α 部分と β 部分とに最初から分別されたうえで，β 部分のみが手続債権として遇される（破 108 条 1 項，民再 88 条，伊藤眞・破産法・民事再生法〔4 版，2018〕474 頁以下特に注 41 参照。なお会社更生手続における更生担保権・更生債権については，会更 2 条 10 項・12 項を参照。伊藤眞・会社更生法〔2012〕194 頁以下も参照）。

2 沿　革

本条は旧民法債権担保編 247 条に若干の修正を加えて成立したものであり，さらにフランス旧商法典 552 条〜556 条に由来するものとされている（法典調査会民法議事 17 巻 65 丁裏-66 丁表〔梅謙次郎発言〕）。

ただ旧民法は，配当計算のあり方として規定を置いていたのに対して，明治民法典はヨリ簡便な規定に変更した。その計算方法はヨリ単純化され，さらに他の債権者の供託請求を介在させて，そのような請求がない限りは強制執行の一般原則が貫徹されることになる。

起草過程においては，倒産局面を念頭に置きつつ，抵当権者の実行遷延による弊害が危惧されたほか（同 75 丁表裏〔岸本辰雄発言〕），そもそも上記の第 2 の考え方を徹底する見方も主張されたことが注目される（同 72 丁表-73 丁表〔土方寧発言〕）。

§394 Ⅰ

第2編　第10章　抵当権

3　比　較　法

　本条は抵当債権者の被担保債権に限定された規定であるが，そこで取り扱われている問題は，債務者の一般責任財産に対する被担保債権の責任法関係というヨリ広い領域に関わり，したがって物的有限責任と人的無限責任との関係をどのように理解するかという理論的な問題が前提となっている。

　金銭債権を有する者がさらに担保物権の設定を受けている場合，前者の権利によって債務者の責任財産全体に対して人的無限責任が成立し，追加的に担保目的物に対する物的有限責任が成立すると観念すれば，上記の第1の考え方がむしろ前提となり，本条2項前段はこの原則の表現と位置づけられる。逆に，本条1項の考え方は，債務超過の局面での，担保債権者と無担保債権者との公平に関する一つの政策的な立場の表明と位置づけられることになる。

　しかしこのような捉え方は，比較法的には特殊なものと言わざるを得ない。

　従来から，ドイツ法を参照して，担保債権者においては，債務者との関係でも物的有限責任のみが認められる段階を経て，むしろ追加的な特殊な救済として，担保債権者に対する債務者の一般責任財産による責任が認められ，最終的に，担保債権者に対しても債務者は人的無限責任を負うとされたという法史理解が採られてきた（柚木＝高木169頁）。この立場からは本条2項前段を政策的な特則と位置づける理解が導かれることになる。

　日本民法典が旧民法を経てつらなるフランス旧商法典の系譜においても，特殊な救済としての人的責任の系譜は顕著であるといえる（この系譜について詳しくは阿部・追及権参照）。その意味で，担保債権者の責任法関係をめぐるフランス法史的な原像においては，物上保証人と抵当債務者とで，その責任法的な地位は同じ構造のものと理解されていたのである。

　また法史の系譜を異にするアメリカ法においても，抵当債務者の物的有限責任の原則は，不足金判決（deficiency judgement）という執行法上の制度に表現されている（最も厳格なものはカリフォルニア州民事訴訟法§580a, b。この制度については，さしあたり國生一彦「米国不動産担保法入門(2)」NBL293号〔1983〕40頁以下を参照）。これは不動産担保権の一つである譲渡抵当（mortgage）の設定を受けた担保債権者に（日本民法典394条1項の限度ですら）一般責任財産への攫取を当然には認めず，そのためには，実行手続の中で担保不動産の換価によっては回収残が生じた場合に，不足金について一般責任財産への攫取を認める

290　〔森田〕

旨の判決をとる必要があるというものである。ここにおいては抵当債権に対する債務者の人的無限責任の例外性・政策的特則性は一層顕著であるといわなければならない。そして，このことは，日本において最近の担保取引における特殊な責任法上の合意として語られるノンリコースの合意（担保債権についてその効力を担保目的物の交換価値の優先的把握に限定し，一般責任財産への摑取を予め否定する合意）の考え方が，アメリカでは責任法上特殊な約定によって例外的に認められるものではなく，むしろ担保権の責任法関係の本来的なあり方の表現という面があることを意味している。

4　本条の適用範囲

(1)　本条の準用

本条の適用は，直接には抵当権に限定されているが，不動産質権および不動産権利質権には準用規定（361条および362条2項）の適用があると解されている（新版注民(9)〔改訂版〕452頁〔生熊長幸〕，大阪地判昭51・3・17判時826号71頁）。

(2)　割引手形担保への類推適用

それ以外の担保権への本条の類推適用は，預金債権を受働債権として金融機関が行う相殺の制限という文脈で，一時期下級審において問題となった。そこでは例えば，金融機関Ａが預金先Ｂに手形貸付債権を有し，割引手形をその担保として保有している場合に，預金債権を差し押さえたＣがＡの手形貸付債権（割引手形買戻請求権）を自働債権として預金債権を受働債権とした相殺を，割引手形という物的担保を有するＡが行うＢの一般責任財産からの回収と捉えたうえで，本条によって割引手形によって担保されていない額の限度に相殺の範囲を限定すべく本条の類推適用を主張した。

これについては積極説を採った大阪高裁昭和48年8月6日判決（判タ302号151頁）と，消極説を採った前掲大阪地裁昭和51年3月17日判決とがあり，下級審は分かれている。この対立は，銀行の預金債権に対する相殺の担保的機能をめぐる判例法の展開の修正という特殊な文脈で現れたものであるが，その中で類推適用否定説は「不動産担保権は物的責任という沿革をもっており，債権的基礎のない抵当権を認める場合には，一般財産への執行と言うことはあり得ない」とする観点から394条を上記第2の考え方に基づくものとしたうえで，同条は，抵当権に特殊な規定として理解し（吉原省三「差し

〔森田〕　291

§*394* II　　　　　　　　　　　　　第2編　第10章　抵当権

押えられた預金と，担保手形のある貸付債権との相殺の効力」金法706号〔1974〕4頁特に7頁，前掲昭和51年大阪地判），金融機関が手形について有している担保権にはそのような経緯がないとして類推適用を否定している（吉原・前掲論文7頁）。ここには3(1)において見た抵当権の責任法関係に関する同条の沿革の理解が示されているといえよう。

(3) 不動産担保権への類推適用

しかし，不動産質権・不動産権利質権以外にも不動産譲渡担保権・不動産仮登記担保権のような不動産担保権については，抵当権に限らず所有権移転型担保への類推適用の可能性を認める主張があり（新版注民(9)〔改訂版〕452頁〔生熊〕），上記大阪地判の判決理由にもその含みが残されてはいる。

II　394条1項

(1) 394条1項と2項との関係

394条1項と2項との関係については，二つの見方がありうる（我妻・判コメ492頁）。

第1は，当該抵当権以外の一般責任財産に対する強制執行が，抵当権者によって開始される場合に関する規定を394条1項とし，当該抵当権者以外の他の一般債権者による場合に関する規定を同条2項とみて，各項は適用局面を異にするという立場である。この立場を明示する学説もあり（新版注民(9)〔改訂版〕の章立て〔同書452-454頁〕を参照），判例がこの立場を採るとする理解もある（我妻・判コメ492頁は，大判大15・10・26民集5巻741頁を引く）。

第2は，394条1項は，抵当権者が抵当不動産から債権全部の弁済を受けえない場合における原則を定めたものであって，2項は，抵当不動産以外の一般責任財産に対して先に強制執行がなされた場面一般において取られるべき措置を定めたものとする立場である。この立場によれば，本条1項は既述した倒産法における処理の基礎ともなる，「債権二分」（bifurcation 担保権の不可分性が否定されて，被担保債権が担保債権と無担保債権とに分割される取扱い）という責任法上の原則を示した実体規定となり，2項は，抵当権者自身が当該抵当不動産以外の一般責任財産に強制執行を行った場合をも射程に収めた規定となる（この場合を本条1項の守備範囲とし2項の適用はないとする第1の立場とは，2

第 2 節　抵当権の効力

§*394*　II

項の適用範囲が異なることになる）。我妻・判コメ 492 頁は，判例とは異なり，起草過程および 2 項の文理からは第 2 の立場が採られるべきであったとする。

(2)　394 条 1 項に基づく異議

判例法は 394 条 1 項に基づいて，抵当権者が一般責任財産に強制執行を行った場合に他の債権者が異議を出せるとする（前掲大判大 15・10・26）。

しかしその異議の内容には複数のものが考えられ，判例の評価につき学説は分かれている。

(ア)　弁済請求　　抵当権者は，抵当権を問題とせずに，被担保債権の履行請求訴訟を，債務者および保証人に対して提起できるか。判例はこれを肯定しており（大判昭 7・1・29 新聞 3371 号 18 頁，大判昭 9・9・25 新聞 3750 号 7 頁），これらの者が抵当権者に対して，まず抵当物件から弁済を受けるべきであるとする抗弁は主張できないとする点で学説にも異論はない（我妻・判コメ 492 頁）。

(イ)　執行自体の排除　　抵当債権者が(ア)によって被担保債権について債務名義を得たうえで，さらにそれに基づいて債務者の一般責任財産に対して強制執行を開始しうるか。

債務者および保証人・連帯保証人はこれに対しても異議を述べることはできないとするのが判例法である（前掲大判大 15・10・26）。

問題は，他の一般債権者がこれに対しては 394 条 1 項に基づいて異議を述べることができるか，である。下級審には，他の一般債権者は抵当権者の開始した金銭執行を排除しうるとしたものがある（京都区決昭 17・3・25 新聞 4772 号 21 頁は民訴旧規定 544 条〔執行の方法に関する異議。現行民執 11 条の執行異議に対応する〕によって執行の阻止を認めた）。これを肯定する学説（石田・上 280 頁）もあり，さらに第三者異議の訴えを認める立場もあった（柚木＝高木 374 頁）。しかし①債務名義を得た抵当権者の強制執行に手続上の形式的瑕疵はなく，執行異議事由はないこと②第三者異議の訴えの要件たる民執 38 条 1 項所定の「所有権その他目的物の譲渡又は引渡しを妨げる権利」を，他の一般債権者は有さないこと，から多数説はいずれの構成も退けている（注民(9)〔増補再訂版〕215 頁〔柚木馨＝上田徹一郎〕，新版注民(9)〔改訂版〕453 頁〔生熊〕，我妻・判コメ 492 頁）。

(ウ)　配当に対する異議　　このように他の一般債権者は金銭執行自体の阻止はできないとしても，金銭執行が配当手続まで進んだ段階では，配当に関

〔森田〕　293

する異議は出せるというのが裁判例の趨勢でもあり（前掲大判大15・10・26の
ほか，東京控判昭9・6・22新聞3735号7頁，広島控判昭11・4・27新聞4000号17頁），
結論において学説にも異論はない。ただ，この配当に関する異議を我妻は
394条1項に基づいて基礎づける（我妻301頁）。この異議の実現方法につい
て学説には，①394条1項に基づいて一般債権者が配当に関する異議の申立
てをしても配当手続は開始されるが，一般債権者は，配当要求（民執51条）
をなすか，二重開始決定（民執47条）を得ることを要件として，抵当権者へ
の配当額（【冒頭設例】〔一I(1)〕では500万円となる）を供託するよう請求する異
議を出すことができ，執行裁判所によりこの額が供託される，とする。

　しかし①は帰結において394条2項の解決に帰着するものであり（我妻・
判コメ493頁），394条1項についての判例の立場（上記(1)の第1の立場）を前提
とすると，394条1項の独立の存在意義を没却するものという批判が可能で
ある（道垣内204-205頁は394条1項に基づく配当に関する異議については言及がない）。

　そこでこの批判に対しては，②394条1項に基づいて一般債権者が配当に
関する異議の申立てをすると，裁判所はそもそも配当手続に入らず，売却代
金全額（乙不動産価格である1000万円）を抵当権者が抵当不動産から優先弁済
を受けるまで供託することとし，ただその間に一般債権者からの配当要求が
あると本条2項の問題に移行する，とする立場が示されている（注民(9)215
頁〔柚木＝上田〕参照）。

(3) 異議申立権者

　(2)において見た異議を申し立てることができるのは，抵当権者以外の一般
債権者のみか，債務者・保証人を含むか，について判例法は判然としない。
前掲大審院昭和7年1月29日判決は債務者・保証人にも394条1項に基づ
く抗弁を認めるが，前掲大審院昭和9年9月25日判決は，抵当権者以外の
一般債権者に限定する。

III　394条2項

(1) 適　用　場　面

　394条2項の適用場面は，抵当権実行に先行して一般責任財産への強制執
行がなされた場面のうち，強制執行が他の債権者によって開始された場合に

第2節　抵当権の効力　　　　　　　　　　　　　　　　　§*394*　III

限定されるとするのが判例通説であるが，抵当権者によって開始された場面
も除外されないとする批判学説があることは既述したとおりである。

(2)　供託請求構成

【冒頭設例】（一 I 1 (1)）において，不動産乙について抵当権者以外の一般
債権者 C が金銭執行を行い，ついで不動産甲について抵当権者 A が実行を
行う場合を考える。

(ア)　旧民法の返還請求構成　　この場面につき，旧民法債権担保編 247 条
2 項は，乙不動産に対する金銭執行に際して，甲不動産の抵当権者 A も，
その被担保債権 1500 万円の債権全額をもって配当加入することができると
するが，同条 3 項以下は現行民法 394 条 2 項の供託構成とは異なる構成で帰
結も異なる複雑な手当てをしている。すなわち，①抵当権者 A が不動産甲
の抵当権実行に際して被担保債権全額の弁済を受ける場合には（【冒頭設例】
はこの場合である），A はあたかも乙不動産の強制執行手続において何の配当
も受けなかったものとして 1500 万円の優先弁済を受け，A が実際には乙不
動産の強制執行において受け取った按分配当額 500 万円を，B の一般責任財
産に返還しなければならないとする。これに対して②抵当権者 A が不動産
甲の抵当権実行に際して被担保債権額の一部の弁済を受けない担保割れの場
合（例えば抵当権実行の時点で不動産甲が 1400 万円になっていた場合）には，やはり
A は被担保債権全額で不動産甲から優先弁済を受けつつ，乙不動産の強制
執行において受け取った按分配当額 500 万から不足額 100 万円を控除した
400 万円についてのみ B の一般責任財産に返還しなければならないとする
（同条 4 項）。③そのうえで①の場合でも②の場合でも，A が返還する額につ
いて，C および A よりも後順位であったために不動産甲の抵当権実行によ
って全額の配当を受けなかった抵当権者（①の場合には一部配当を受けた後順位
抵当権者も出現する）との間で，さらに配当が行われる（同条 5 項）。

　一言で言えば，旧民法では，後続する抵当権実行手続においては，先行す
る金銭執行の結果を度外視して A に対する配当を一旦実施したうえで，A
から B への返還義務を発生させ，それについてのさらなる配当手続が用意
されていた。

(イ)　供託請求構成　　これに対して，現行民法は，先行する金銭執行にお
ける A への供託請求の制度を用意した。すなわち，抵当権者 A 以外の他の

〔森田〕　　295

§395

一般債権者Cの供託請求がなければ，Aは被担保債権全額で強制執行に参加し500万円の配当を受け，その後の不動産甲の抵当権実行によって1000万円の回収を受けるが（Aの回収額1500万円，Cの回収額500万円），Cが供託請求をすると，乙の金銭執行におけるAへの配当額500万円は不動産甲の競売がなされるまで供託されることになる（昭50・4・5民四1764号民事局回答・供託関係先例集6巻23頁）。これは乙不動産の強制執行におけるAへの配当を条件付き配当と同視するものであり（我妻・判コメ493頁），民事執行法91条1項1号，92条1項の類推適用に条文上の根拠を求める立場が有力である（道垣内204-205頁。新版注民(9)〔改訂版〕454頁〔生熊〕もこれを支持する）。実際には後続する不動産甲の抵当権実行によってAが1000万円の配当を実際に受けると，先行する不動産乙の強制執行においては，Aの執行債権の額は1500万円ではなく500万円であったことになるから，Aへの配当額は250万円，Cへの配当額は750万円となる（我妻301頁以下，柚木=高木374頁以下，我妻・判コメ493頁，新版注民(9)〔改訂版〕454頁〔生熊〕。ただ，これに対しては，供託金からの返還についてもまずAが優先配当を受け，残余がある場合（甲不動産が1100万円で換価された場合には供託金からAに不足額400万円について優先配当がなされたうえで，100万円の残余が生じる），これがCに配当されるとする異説がある（石田・上281頁））。

〔森田　修〕

（抵当建物使用者の引渡しの猶予）

第395条①　抵当権者に対抗することができない賃貸借により抵当権の目的である建物の使用又は収益をする者であって次に掲げるもの（次項において「抵当建物使用者」という。）は，その建物の競売における買受人の買受けの時から6箇月を経過するまでは，その建物を買受人に引き渡すことを要しない。

　一　競売手続の開始前から使用又は収益をする者

　二　強制管理又は担保不動産収益執行の管理人が競売手続の開始後にした賃貸借により使用又は収益をする者

②　前項の規定は，買受人の買受けの時より後に同項の建物の使用をしたことの対価について，買受人が抵当建物使用者に対し相当の期

第2節　抵当権の効力　　　　　　　　　　　　　　　　§*395*　I

間を定めてその1箇月分以上の支払の催告をし，その相当の期間内
に履行がない場合には，適用しない。

　　〔改正〕　本条＝平15法134全部改正

細　目　次

I　本条の趣旨 ……………………………297
II　短期賃貸借制度とその廃止 ……………298
　(1)　平成15年改正前395条に基づく
　　　短期賃貸借制度 ………………………298
　(2)　短期賃貸借の弊害と対策 …………299
　(3)　短期賃貸借制度の廃止 ……………300
　(4)　平成15年改正後の濫用的賃貸借
　　　の扱い ……………………………………300
III　建物明渡猶予の要件 ……………………301
　(1)　抵当権者に対抗できない賃借人 …301
　(2)　建物の使用・収益 …………………302
　(3)　建物の競売 …………………………303
IV　建物明渡猶予の効果 ……………………304

　(1)　買受け後6か月間の明渡猶予 ……304
　(2)　猶予期間中の法律関係 ……………304
　(3)　建物明渡猶予の喪失 ………………306
　(4)　猶予期間終了後の法律関係 ………307
V　本条の類推または拡張 …………………308
　(1)　一括競売の対象となった地上建物
　　　の賃借人 ………………………………308
　(2)　建物の敷地の抵当権が実行され，
　　　買受人から敷地の明渡請求を受けた
　　　地上建物の賃借人 …………………308
　(3)　仮登記担保の設定された建物の賃
　　　借人 ……………………………………308

I　本条の趣旨

　本条は，平成15年の「担保物権及び民事執行制度の改善のための民法等
の一部を改正する法律」（平成15年法律134号。以下，「平成15年改正法」と呼ぶ）
による民法改正の際に新設された規定であり，平成15年改正前395条の短
期賃貸借に関する規定が削除されたことの代替措置の1つである。他の代替
措置としては，387条に抵当権者の同意の登記がある場合の賃貸借の対抗力
に関する規定が新設された。387条は建物の賃貸借のみならず，土地の賃貸
借にも適用されるが，本条の賃借人の引渡しの猶予の制度は，土地の賃貸借
については対象となっておらず，建物の賃貸借の場合にのみ適用される。し
たがって，一般には，建物の明渡猶予の制度として論じられている。

　抵当権の実行としての担保不動産競売がされると，抵当権者に対抗できる
賃貸借でない場合には，賃借権は買受人に引き受けられないことから，賃借
人は買受人に対して賃借権を主張することができず，買受人に直ちに建物を
明け渡さなければならないのが原則である。担保不動産競売の開始決定は債
務者に送達しなければならない（民執188条・45条2項）が，抵当不動産の賃

　　　　　　　　　　　　　　　　　　　　　　　　　　〔松本〕　　297

借人には送達されない。抵当建物の賃借人にとって，賃借建物の抵当権が実行される可能性があるという一般的な予見はあるし，現況調査の際に競売手続の開始を偶然知ることもあるかもしれないが，競売手続が開始されたことを知る制度的な手当てはない。そのため，抵当権者に対抗することのできない賃借人が競売による建物の売却の結果，突然に生活や営業の本拠からの退去を求められるという事態も生じうる。そこで，本条の明渡猶予の制度は，このような賃借人の不利益を避けるために，賃貸借に基づく抵当建物の占有者に，売却の時から6か月間は，建物を明け渡さなくてもよいこととして，その間に新たな住居や営業の場所を求める機会を与えるものである（谷口＝筒井・解説35頁）。土地の賃貸借に本条の適用がないのは，継続的な利用を目的とする土地の賃貸借の場合には，短期間の引渡しの猶予を与えても，賃借人保護としての意味があまりないからである（谷口＝筒井・解説36頁）。

II 短期賃貸借制度とその廃止

(1) 平成15年改正前395条に基づく短期賃貸借制度

不動産に抵当権が設定された後に，当該不動産に第三者のために設定された用益権は，抵当権の実行によってすべて消滅するのが原則であるが，平成15年改正前395条は，「第602条ニ定メタル期間ヲ超エサル賃貸借ハ抵当権ノ登記後ニ登記シタルモノト雖モ之ヲ以テ抵当権者ニ対抗スルコトヲ得但其賃貸借カ抵当権者ニ損害ヲ及ホストキハ裁判所ハ抵当権者ノ請求ニ因リ其解除ヲ命スルコトヲ得」として，602条に定める範囲内の短期（山林について10年，土地について5年，建物について3年）の賃貸借であるならば，それは抵当権設定者による管理行為であって，抵当権者および買受人にとってあまり負担にならないと考えられることから，その期間の範囲内で賃借人は抵当権者に対抗でき，したがって買受人にも対抗できるとしていた。これが短期賃貸借の制度であり，このような形で，平成15年改正前395条は，抵当権者の権利と抵当権設定後の設定者の賃貸による収益権（これは，反面で当該不動産の賃借人の使用・収益権でもある）との間のバランスをとろうとした。そして，賃貸借の登記がされていなくても，借地借家法による地上建物の所有権の保存登記や建物の引渡しによって対抗要件を取得するに至った賃貸借も保護された

第2節　抵当権の効力　　　§*395*　II

（大判昭 12・7・9 民集 16 巻 1162 頁）。

　ただし，短期のものであっても，かなりの期間の賃料の前払いがされている場合などのように，抵当権者に損害を及ぼすおそれのあるときは，抵当権者は裁判所に賃貸借の解除を請求することができた（平 15 改正前 395 条ただし書）。さらに，同条ただし書にいう抵当権者に損害を及ぼすときとは，抵当不動産の競売による売却価額が同条本文の短期賃貸借の存在により下落し，これに伴い抵当権者が被担保債権の弁済として受ける配当等の額が減少するときをいうとされた（最判平 8・9・13 民集 50 巻 8 号 2374 頁）。ところが，現実には，短期の賃貸借の負担がついているだけでも競売価格が低下すること，および賃貸借解除請求手続は簡単ではないことから，抵当権者が自らを賃借人とする停止条件付きの賃借権の仮登記をすることによって，対抗力のある短期賃貸借の出現を予防するといういささか倒錯した現象も生じた。

(2)　短期賃貸借の弊害と対策

　平成 15 年改正前 395 条の定める短期賃貸借の制度には，占有屋等により執行妨害のために濫用される事例があり，この制度が抵当不動産を安値で競落させる手段や立退料を要求する口実として悪用されるなどの弊害が生じていた。そして，このような濫用のおそれを考慮して与信額が引き下げられると，抵当不動産の担保価値の有効利用を妨げる要因ともなっていた。

　また，賃借人保護の面でも次のような不十分さがあった。第 1 に，短期賃貸借も 603 条が更新を認めていることから，競売による差押えがされるまでは更新ができたが，差押え後に更新された短期賃貸借は買受人に対抗できないとされていた（最判昭 38・8・27 民集 17 巻 6 号 871 頁）。そして，短期賃貸借を買受人に対抗できる場合は，敷金返還義務は買受人が引き受けることになるが，対抗できない場合には，敷金返還義務は買受人に引き継がれず，賃貸不動産の抵当権を実行されるほどに資力がなくなっていた元の賃貸人から敷金返還を受けられる可能性はほとんどなかった。このような大きな落差が，短期賃貸借期間の満了・更新時期の到来が差押え前であるか，差押え後であるかという偶然の事情によって生じていた。第 2 に，借地借家法によっても 602 条の期間に影響はなく，602 条の定める期間を超える長期の賃貸借は全く保護されないものとされた（最判昭 36・6・23 民集 15 巻 6 号 1680 頁，最判昭 38・9・17 民集 17 巻 8 号 955 頁）。第 3 に，以上のいずれの場合にも，短期賃貸

〔松本〕　　299

§395 II

第2編　第10章　抵当権

借制度の保護を受けられない賃借人は，買受人の所有権取得後は直ちに建物を明け渡さなければならなかった。

(3)　短期賃貸借制度の廃止

平成15年改正では，上記のような短期賃貸借制度の弊害や不十分な点を考慮して，これを廃止するとともに，抵当権者に対抗できない賃借人の保護のために，抵当権者の同意による対抗力の付与の制度（387条）と明渡猶予期間の制度（本条）を新設した。

なお，平成15年改正法附則5条では，「この法律の施行の際現に存する抵当不動産の賃貸借（この法律の施行後に更新されたものを含む。）のうち民法第602条に定める期間を超えないものであって当該抵当不動産の抵当権の登記後に対抗要件を備えたものに対する抵当権の効力については，なお従前の例による」とされる。したがって，改正法の施行日である平成16年4月1日より前に締結された短期賃貸借契約は，その後に更新される場合も含めて，平成15年改正前395条の適用を受ける。

このことは，逆に言えば，そのような賃貸借については，本条によって新たに創設された明渡猶予制度の適用を受けられないことを意味する。東京高裁平成21年12月16日決定（判タ1324号274頁）は，平成15年改正法附則5条が定める経過措置の適用を受ける賃貸借が，改正法施行後に開始された不動産競売開始決定を原因とする差押登記後に期間満了により更新されたことから，賃借人が，当該更新を抵当権者に対抗できず，抵当権者に対抗できない賃貸借により抵当建物を使用することになったとしても，本条が規定する建物引渡猶予制度の保護の適用を受けることはないと述べて，この点を確認した。

(4)　平成15年改正後の濫用的賃貸借の扱い

平成15年改正前の短期賃貸借制度については，賃貸借の登記等はあるものの実体を欠いている場合や抵当権実行を妨害する目的の賃貸借であると判断された場合には，保護されるべき賃借権が存在しないとして，抵当権実行時に職権により抹消するという執行実務が確立していた。改正後は，従来の実務がそのままの形で維持されることは相当でなく，濫用的賃貸借について，実体法上は，できる限り本条に明示されたところに従って保護の有無が判別されるべきとの考え方（山野目章夫＝小粥太郎「短期賃貸借保護制度の見直し（下）」

300　〔松本〕

第 2 節　抵当権の効力　　　　　　　　　　　　　§*395*　III

NBL796 号〔2004〕79 頁）と，このような実務を維持することが，明渡猶予期間を利用した執行妨害が生じないようにするために重要との考え方（道垣内177 頁）がある。

III　建物明渡猶予の要件

(1)　抵当権者に対抗できない賃借人

　本条による明渡猶予制度の適用を受けるのは，抵当権者に対抗できない賃貸借契約に基づいて占有する者に限られる。賃貸借の期間の定めの有無や期間の長さ，定期建物賃貸借（借地借家 38 条など）であるかどうかを問わない。使用借人や無権原占有者も，抵当権者に対抗できず，買受人からの明渡請求に応じなければならない点は，抵当権者に対抗できない賃借人と同様であるが，これらの者は，特別な保護を与える社会的必要性が低いということから，制度の対象外である（谷口＝筒井・解説 36 頁）。

　賃借人が，抵当権の設定登記より前に賃貸借の対抗要件を備えていた場合は，抵当権者に対抗することができ，抵当権が実行されても，賃借権は買受人に引き受けられるので，そもそも明渡しを求められることはない。抵当権の設定登記に後れて賃貸借契約が締結されたことから本来は抵当権者に対抗できない賃借人であるものの，387 条に基づいて優先する抵当権者からの同意とその登記を得て対抗できることとなった場合の賃借人も，本条の対象外である。

　抵当権者に対抗できない賃借人からの転借人も，仮に転貸借がなければ原賃借人が明渡猶予制度の適用を受けられたであろう場合には，同制度の適用を受ける（山野目章夫＝小粥太郎「短期賃貸借保護制度の見直し（下）」NBL796 号〔2004〕76 頁，基本法コメ 304 頁〔長谷川貞之〕）。

　ところで，賃借人が賃貸人の承諾なしに第三者に賃借物を使用・収益させたときは，「賃借人の当該行為が賃貸人に対する背信的行為と認めるに足らない特段の事情」がある場合でない限り，賃貸人は，賃貸借契約を解除することができるし（612 条，最判昭 28・9・25 民集 7 巻 9 号 979 頁），解除しなくても転借人に対して賃借物の返還を求めることができる（最判昭 26・5・31 民集 5 巻 6 号 359 頁）。民法は，転借人について，賃貸人との関係では，賃借人の賃借

〔松本〕　　301

権が保護されるからといってそれを基礎とする転借権も当然に保護されるとする立場をとっているわけではない。そこから，東京高裁平成20年4月25日決定（判タ1279号333頁）は，転使用貸借の事例で「建物の売却以前に前所有者（抵当権設定者）が建物の明渡しを求めることができない地位にあった転借人は，競売による売却によって突然退去を求められることになるため前所有者からの賃借人と同様に同条項の保護の対象とする必要があり，賃借人の賃借権を基礎とする占有者として同項の保護を受けることができるというべきであるが，前所有者が明渡しを求めることができた転借人については，常に明渡請求を覚悟しておかなければならない立場にあったのであるから，上記の趣旨に照らして同条項の保護の対象とはならないというべきである。前所有者が明渡しを求めることができた転借人についてまで同条項の保護の対象とすることは，同条項の改正以前にも保護されていなかった者に新たに明渡猶予の利益を与えることになり，抵当物件の価値を低下させることになるので，同条項の改正の趣旨にも沿わない」とする。学説も，転借人が原賃貸人に対して転貸借の効力を主張できない場合には，明渡猶予制度の適用を受けないと解すべきであるとする（新版注民(9)〔改訂版〕461頁〔占部洋之〕）。

さらに，前述（一Ⅱ(3)）のように，平成15年改正の際の経過措置により平成15年改正前395条の適用を受ける賃借人については，競売による差押え後に当初の期間が満了して更新された結果，抵当権者に対抗できない賃貸借により建物を使用することとなったとしても，本条の適用はない（東京高決平21・12・16判タ1324号274頁）。

(2) 建物の使用・収益

建物を現実に使用・収益していない賃借人は，そもそも明渡猶予制度による保護を受けることができない。本条による保護を受けることのできる賃借人として，本条1項は，次の2種類を認めている。

(ア) 競売手続開始前から使用・収益している賃借人　　競売手続の開始後に賃貸借契約を締結して使用・収益を始めた賃借人や，開始前に賃貸借契約を締結していたものの，開始後に使用・収益を始めた賃借人については，執行妨害のために濫用されるおそれが高まることから，明渡猶予制度の適用を受けられないものとされた。このような賃借人は，執行手続の開始を知っていたかどうかを問わず，一律に除外される。

第2節　抵当権の効力　　　　　　　　　　　　　　§*395*　III

(イ)　**強制管理または担保不動産収益執行の管理人からの賃借人**　　強制管理または担保不動産収益執行の管理人からの賃借人は，賃貸借が競売手続の開始後のものであっても，使用・収益をしている場合は，明渡猶予の対象となる（本条1項2号）。このような者については，執行妨害のために濫用されるおそれがないからである。

(3)　**建物の競売**

不動産の強制競売の申立てに基づく差押えの登記の前に締結され，対抗要件を備えていた賃借権であっても，これに優先する抵当権に対抗することができない場合には，売却により抵当権とともに消滅するとされている（最判昭46・3・30判タ261号198頁）ことから，担保不動産競売（民執180条1号）の場合のみならず，強制競売（民執43条1項）の場合にも，競売によって消滅する抵当権に対抗できない賃借人には，本条に基づく建物明渡猶予制度が適用される。

滞納処分による差押えと担保不動産競売の開始決定による差押えの間に賃借権が設定された不動産が担保不動産競売により売却された場合において，平成15年改正前395条の下で，判例は，短期賃貸借制度による保護を否定していたが（最決平12・3・16民集54巻3号1116頁），最高裁平成30年4月17日決定（民集72巻2号59頁）は，抵当権者に対抗することができない賃借権が設定された建物が担保不動産競売により売却された場合において，その競売手続の開始前から当該賃借権により建物の使用・収益をする者には，当該賃借権が滞納処分による差押えがされた後に設定されたときであっても，本条に基づく建物明渡猶予制度が適用されるとした。その理由として，最高裁は，本条1項は，「抵当権者に対抗することができない賃借権は民事執行法に基づく競売手続における売却によってその効力を失い（同法59条2項），当該賃借権により建物の使用又は収益をする占有者は当該競売における買受人に対し当該建物の引渡義務を負うことを前提として，即時の建物の引渡しを求められる占有者の不利益を緩和するとともに占有者と買受人との利害の調整を図るため，一定の明確な要件を満たす占有者に限り，その買受けの時から6箇月を経過するまでは，その引渡義務の履行を猶予するものであるところ，この場合において，滞納処分手続は民事執行法に基づく競売手続と同視することができるものではなく，民法395条1項1号の文言に照らしても，

〔松本〕　303

同号に規定する『競売手続の開始』は滞納処分による差押えを含むと解することができないからである」と述べている。

IV 建物明渡猶予の効果

(1) 買受け後6か月間の明渡猶予

抵当権者に対抗できない賃借権は，買受人に引き受けられることはないが，突然の退去を迫られる建物賃借人の不利益を緩和するために，賃借人は，競売における買受人の買受けの時から6か月間は，建物の明渡しを拒むことができる。「買受人の買受けの時」とは，買受人が競売による売却により所有権を取得する時であり，具体的には，買受人が代金を納付した時である（民執79条）。

この6か月間の明渡猶予は，抵当権者に対抗できない賃貸借について，その期間の定めの有無や長短を問わず，平成15年改正前395条の下で短期賃貸借としての保護を受けられなかった長期賃貸借であっても与えられる。また，競売手続開始後に賃貸借契約が更新された場合であっても適用されることによって，更新時期がたまたま競売による差押え前であったか差押え後であったか等の偶然による短期賃貸借制度の場合の賃借人保護の落差が解消された。

明渡猶予の期間は，当初の政府原案では3か月間とされていたが，国会審議において6か月間に延長する修正がされたものである（谷口＝筒井・解説37頁）。政府案の3か月間は，突然に退去を迫られる賃借人の保護と買受人が所有権を取得した建物を自ら使用・収益することができないという負担による円滑な売却の阻害のおそれをともに考慮したものであるとされるが（谷口＝筒井・解説38頁注23），6か月間に延長されたことによって，限られた範囲においてではあるが，建物利用の継続性を保護する制度としての性格も帯びることとなったと評価されている（山野目章夫＝小粥太郎「短期賃貸借保護制度の見直し（下）」NBL796号〔2004〕75頁）。

(2) 猶予期間中の法律関係

抵当権者に対抗できない賃貸借は，買受代金の納付により抵当建物の所有権が買受人に移転した時点で終了する。

第2節　抵当権の効力　　　　　　　　　　　　　　　§*395*　IV

　賃貸借契約において敷金が交付されていた場合の敷金返還請求は元の賃貸人に対して行うことになる。しかし，抵当権が実行される状態に陥った元の賃貸人は，敷金返済の資力に欠けることも多いであろう。

　そこで，短期賃貸借制度を廃止したうえで，賃借人の敷金返還請求権を保護する方策として，賃借建物の競売開始後は敷金額の限度で賃料の支払を拒むことができるとの制度の導入の是非が検討されたが，敷金返還債務と賃料債務とは対価的な関係にないこと，競売開始前に建物を明け渡したが敷金の返還を受けられない場合との権衡を失すること，賃料債権について他に差押え等がされた場合にも賃料の支払を拒めるものとすれば，停止条件付債権である賃借人の敷金返還債権を賃貸人の債権者の中で最優先に保護する結果となること等の理由で採用されなかった（谷口＝筒井・解説34頁注21）。

　この点については，賃貸借契約が終了して，目的物が明け渡されたときは，抵当権者が物上代位権を行使して賃料債権を差し押さえた場合であっても，賃料債権は敷金の充当によりその限度で消滅する（最判平14・3・28民集56巻3号689頁）とされることから，立法措置によらなくても，抵当権実行による差押えの後は，賃借人は，不安の抗弁権に基づいて，敷金額までは賃料の支払を停止できるとの解釈論が提案されている（道垣内178頁，松岡127頁，小林明彦「抵当権に基づく物上代位と相殺」伊藤眞ほか編著・担保・執行・倒産の現在〔2014〕62頁）。もっとも，たとえこのような抗弁権が認められるとしても，賃借物に抵当権実行のための差押えがあったことを賃借人が知らない場合には，このような手段をとることができないであろう。

　6か月間の明渡猶予期間中は，元の賃借人は明渡しを猶予され，その間建物を引き続き使用・収益することができる。このような明渡猶予期間中の元の賃借人は，「抵当建物使用者」と呼ばれる（本条1項柱書括弧書）。抵当建物使用者による使用は賃貸借契約に基づくものではないため，買受人（6か月内に建物所有権が譲渡されたときは建物所有者。以下同じ）は建物の使用に必要な修繕をする義務（606条1項）を負わないし，債務不履行に基づく損害賠償義務も負わない。ただし，抵当建物使用者が建物の保存のために支出した必要費は，買受人に償還請求することができる（196条1項）。抵当建物使用者が建物の改良のために支出した有益費は，その価格の増加が現存する場合に限り，買受人の選択により支出した金額または価格の増加額の償還を求めることが

〔松本〕　　305

§395 IV

第2編　第10章　抵当権

できる（196条2項）。

抵当建物使用者は，買受人に対して特定物の引渡義務を負っており，それが一定期間猶予されているだけであるから，建物を善良な管理者の注意をもって保存する義務を負う（400条）。また，抵当建物使用者による建物の使用は，賃貸借契約に基づくものではないため，抵当建物使用者は買受人に対して賃料支払義務を負うものではない。民法によって明渡しの猶予期間が与えられたことから使用・収益を継続できるという意味では「法律上の原因」があるとはいえ，使用・収益する権原（すなわち，占有を根拠づける本権）があって占有しているわけではないという意味で法律上の原因なしに使用していることに変わりはなく，買受け時からの建物使用の対価を不当利得として買受人に返還する義務を負う。

明渡猶予期間中の抵当建物使用者が賃料相当額の不当利得返還義務を負うことは，政府原案においても当然の前提とされていたが，後述（→(3)）のように，国会審議の過程で，本条2項が追加され，そこに「買受人の買受けの時より後に同項の建物の使用をしたことの対価」の支払遅延への対抗策が盛り込まれたことによって，この点が法文上も明確となった（谷口＝筒井・解説39頁注25）。

この場合の不当利得の額は，通常は従前の賃料相当額となろうが，従前の賃料が著しく不当である場合には相当額に是正される。賃料相当額の算定にあたっては，抵当建物使用者の使用権が6か月間に限定されていること，買受人は修繕義務等の通常の賃貸人が負う義務は負わないことなどの，通常の賃料より不当利得額を引き下げる要因と，買受人は敷金を受領しておらず，その運用益を享受していないという不当利得額を引き上げる要因があることが指摘されている（道垣内178頁）。しかし，これらの要因は，買受人の買受申出額の算定にすでに織り込まれていると考えられる。

(3)　建物明渡猶予の喪失

明渡猶予期間中の抵当建物使用者が，建物使用の対価の買受人への支払を怠った場合，買受人が抵当建物使用者に対し，相当の期間を定めて建物使用の対価の1か月分以上の支払の催告をし，その相当の期間内に支払がされない場合は，明渡しの猶予という保護は剥奪され，買受人は直ちに建物の明渡しを求めることができる（本条2項）。

第2節 抵当権の効力 §*395* Ⅳ

本条の当初の政府原案には，2項はなかった。これは，当初の政府原案の
猶予期間が3か月とされており，建物使用の対価の不払いに対処するための
規定を設ける実際上の必要性に乏しかったことによる（谷口＝筒井・解説39頁
注25）。しかし，国会審議において明渡猶予期間を6か月に延長する修正を
するにあたり，この期間中の対価が支払われない場合に買受人のとりうる手
段がないのは，買受人の所有権を不当に害することになるとの考慮から，本
条に2項を追加する修正が行われた。

(4) 猶予期間終了後の法律関係

明渡猶予期間が終了すると，抵当建物使用者は，買受人に対して建物を明
け渡さなければならない。

元の賃貸人に対する敷金返還請求権を被担保債権として建物に留置権を行
使して明渡しを拒否することは，対抗要件を基準とする優劣決定基準を無に
帰せしめることになるから，認められない。その根拠として，第三者対抗要
件を備えていない土地賃借人が，当該土地の取得者から建物収去・土地明渡
しを求められた事例で，土地の元の所有者との間で締結した賃貸借契約に基
づき土地を使用・収益する債権は，賃貸借契約により当然に成立する債権で
あって，民法295条にいう物に関して生じた債権ではないとして，賃借人が
賃貸人に対して取得した損害賠償債権を被担保債権として，土地に対して留
置権を行使することはできないとした判例（大判大11・8・21民集1巻498頁）
が援用されている（道垣内ほか60頁〔道垣内弘人〕）。

さらに，明渡猶予期間中は，建物について賃借権その他の占有権原を有す
るものではないが，その占有の継続を法律の規定により許容されているもの
であるから，「事件の記録上買受人に対抗することができる権原により占有
していると認められる者」を引渡命令の対象から除外している民事執行法
83条1項ただし書の趣旨に照らして，引渡命令の対象とはならないが（谷
口＝筒井・解説38頁），明渡猶予期間終了後は同項本文に基づいて引渡命令の
対象になる。引渡命令の申立期間は，原則として代金を納付した日から6か
月以内であるが，明渡猶予制度の適用のある抵当建物使用者が占有している
場合は9か月以内となる（民執83条2項）。これは，国会審議の過程で明渡猶
予期間が3か月から6か月に延長されたことに伴い，原則のままでは買受人
として引渡命令を申し立てる機会が奪われ，買受人に対し著しい不利益を与

§*395* V　　　　　　　　　　　　　　　第2編　第10章　抵当権

えることになるからである（谷口＝筒井・解説 38 頁）。

V　本条の類推または拡張

(1)　一括競売の対象となった地上建物の賃借人

389 条 1 項本文は，「抵当権の設定後に抵当地に建物が築造されたときは，抵当権者は，土地とともにその建物を競売することができる」としている。この場合において，地上建物の賃借権が買受人に引き受けられるのかどうかという論点がある（→§389 IV(3)）。この点で，一括競売手続における建物売却を全体として一個の担保不動産競売であると考えると，土地抵当権設定登記後に対抗要件を具備した建物賃借権は土地・建物の売却により消滅すると解することになり，本条を類推適用する余地があるとの考え方が示されている（山野目章夫＝小粥太郎「短期賃貸借保護制度の見直し（下）」〔以下，山野目＝小粥「短期賃貸借」として引用〕NBL796 号〔2004〕76 頁，同「一括競売」NBL793 号〔2004〕38 頁注 104）。

(2)　建物の敷地の抵当権が実行され，買受人から敷地の明渡請求を受けた地上建物の賃借人

判例・通説は，389 条の一括競売は，土地の抵当権者の権利であるにすぎず，一括競売を行わなくても法定地上権は成立しないとする（→§389 II(1)(ア)）。そうだとすると，一括競売が行われなかった場合に，土地に抵当権が設定された後に建築された建物の賃借人は，買受人から敷地の明渡請求を受けることとなる。このような場合を含めて，抵当権の目的となっていない建物の敷地である抵当地が抵当権の実行により売却され，建物賃借人が土地の買受人から明渡請求を受ける場合については，建物賃借人が敷地利用権の覆滅の時期を事前に予測しえないという意味では借地借家法 35 条の規律する場合と同等あるいはそれ以上に賃借人保護の要請が認められるから，本条を類推適用する可能性が肯定されるべきであるとされる（山野目＝小粥「短期賃貸借」（下）76 頁，基本法コメ 303 頁〔長谷川貞之〕）。

(3)　仮登記担保の設定された建物の賃借人

建物に抵当権ではなく，仮登記担保が設定された後の当該建物の賃借人については，仮登記担保契約に関する法律に本条の明示的な準用規定がない以

308　〔松本〕

第2節　抵当権の効力　　　　　　　　　　　　　　§*395*　Ⅴ

上，類推適用はできないと解される可能性が高いであろうとの説（淡路剛久
ほか・民法Ⅱ物権〔4版補訂，2019〕330頁〔鎌田薫〕）もあるが，抵当権実行時に，
その抵当権に後れる賃借人が即時に退去しなければならないのは酷であると
の本条の立法趣旨は，仮登記担保についてもあてはまるので，類推適用を肯
定すべきとするのが学説の多数である（道垣内297頁，松岡302頁，髙橋276頁，
石田(穣)647頁，基本法コメ303頁〔長谷川〕）。

　なお，建物について，第1順位に仮登記担保，第2順位に賃借権，第3順
位に抵当権が設定されている場合に，抵当権が実行されると，仮登記担保は，
優先弁済権に関しては抵当権とみなされる（仮登記担保13条1項）。その結果，
建物の賃借権は消滅するので，買受人からの不意の明渡請求から賃借人を保
護すべき必要性は本条が本来適用される場面と変わらないことから，類推適
用の可能性を認めるべきであるが（山野目＝小粥「短期賃貸借」（下）77頁），仮登
記担保権の私的実行の場合は，本条の問題ではなく，むしろ，再売買予約の
場合に類似していることから，581条2項の類推適用が考慮されるべきであ
るとの説がある（山野目＝小粥「短期賃貸借」（下）81頁注162）。581条2項によれ
ば，買戻しの特約の登記がされた後に605条の2第1項に規定する対抗要件
を備えた賃借人の権利は，買戻権を行使した売主に対して，その残存期間中
1年を限度に対抗できるとされているので，私的実行の場合を別扱いとする
この説が適切であると思われる。

〔松本恒雄〕

前注（§§*396-398*）

第 2 編　第 10 章　抵当権

第 3 節　抵当権の消滅

前注（§§ 396-398〔抵当権の消滅〕）

　民法は，第 2 編物権第 10 章抵当権の第 3 節において，抵当権の消滅に関する規定を置いている。もっとも，本節は，抵当権の消滅原因を網羅的には規定しておらず，396 条から 398 条までの 3 か条のみを規定している。これに対して，旧民法は，抵当権の消滅原因を明文で列挙する規定を有していた。旧民法債権担保編 292 条である。同条は，次の各原因により，抵当権は消滅すると規定していた。すなわち，第 1 に主たる義務全部の確定的消滅，第 2 に債権者の抵当権の放棄，第 3 に時効，第 4 に滌除，第 5 に競落，第 6 に抵当不動産の全部の滅失，第 7 に公用徴収の 7 つの原因である。しかし，これらは当然のことであるとして，現行民法では，抵当権の消滅原因を明文で列挙するという方法は採用されなかった（法典調査会民法議事〔近代立法資料 2〕959 頁参照）。

　したがって，抵当権という権利の性質から，本節の場合以外にも当然に，抵当権の消滅が認められる。すなわち，抵当権は，①物権に共通の原因として，目的物の滅失，混同（179 条），絶対的放棄の場合に消滅する。また，②担保物権に共通の原因として，被担保債権の消滅，目的物の競売の場合にも，抵当権は消滅する。さらに，③抵当権に特有の原因として，代価弁済（378 条），抵当権消滅請求（379 条〜386 条）の場合に，抵当権は消滅するのである。

〔新井　剛〕

第3節　抵当権の消滅 　　　　　　　　　　　　　　　　　§*396*　I

（抵当権の消滅時効）

第396条　抵当権は，債務者及び抵当権設定者に対しては，その担保
　する債権と同時でなければ，時効によって消滅しない。

〔対照〕　フ民 2488，ド民 216・902，ス民 807

I　本条の趣旨

本条の趣旨に関しては，3つの説明のしかたがある。なお，この説明のし
かたとⅡで述べる α 説，β 説，γ 説の対立とは，直接の関係がない点に注意
が必要である。

(1)　信　義　則　説

1つ目は，本条を信義則を理由として説明するものである。すなわち，主
たる債権と抵当権は別個の権利であるから，形式論理的には，抵当権のみが
消滅時効にかかって，消滅することもありうる。しかし，債務者および抵当
権設定者に関しては，債務を弁済しないで，抵当権の消滅時効を主張するの
は信義に反するから，本条がその例外を設けたとする説明である（論者はⅢ
で紹介する）。

(2)　付　従　性　説

2つ目は，本条を付従性の観点から説明するものである。すなわち本条は，
被担保債権が消滅すれば，消滅における付従性の観点から，抵当権が消滅す
るという当然のことを定めた規定であるとするものである（論者はⅢで紹介す
る）。

(3)　公　示　力　説

3つ目は，登記という公示による強力な権利推定が働くことにより，抵当
権の独自の消滅時効が完全に否定されることを前提に，本条は，抵当権設定
者がなお目的不動産を占有している場合には，被担保債権の消滅時効によっ
てしか，抵当権の消滅時効を主張しえないことを明示したものであるとする
説である（古積健三郎「時効による抵当権の消滅について」同・換価権 323 頁）。

(4)　検　　　討

それでは，どう考えるべきか。そもそも本条の沿革は次のようなものであ
る。もともとローマ法の下においては，被担保債権の消滅時効完成後に，な

〔新井〕　　311

§*396* II 　　　　　　　　　　　　　　　　　　第2編　第10章　抵当権

お10年間，担保権が存続するという事態が生じた。そのため，付従性の原
理との関係で問題となり，フランス民法旧2180条4号はこの担保権の存続
を明確に否定するために規定されたのである（古積・換価権316頁参照）。そし
て，同条同号をもとに，日本民法396条は制定されたのである。したがって，
以上の沿革を重視するかぎり，付従性説が妥当であるといえよう。

　なお，付従性説に対しては，抵当権のみの放棄がありうる以上，被担保債
権と抵当権は別個であり，付従性論は不十分であるとの批判も存する（有泉
享〔判批〕民商13巻5号〔1941〕814頁，古積・換価権310頁）。そこで古積は，登
記による強力な権利推定が働くことにより，抵当権の独自の消滅時効を完全
に否定する，新たな説を提唱する。

　しかし，抵当権の放棄は，抵当権者自らの意思によるものであり，被担保
債権の時効消滅による抵当権の消滅は，抵当権者の意思によらず，債務者ま
たは抵当権設定者側の主張により消滅する以上，両者は別問題であり，批判
とはならない。また，登記を重視する考え方が既登記不動産の時効取得を認
めることと整合するか，推定を重視するなら逆に長期間実行がないことで消
滅時効を広く認めることにならないかといった批判もなされている（松岡
173頁）。

II　本条と397条との関係性

　本条と397条との関係性に関しては，学説上大別して，3つの立場が対立
している。

(1)　α説

　α説は，本条と397条をそれぞれ抵当権の時効消滅と取得時効による反射
的効果という，別個・独立なものとして理解する。すなわちα説は，本条
が，債務者および抵当権設定者に対しては，被担保債権と同時にでなければ，
時効消滅しないとの規定であるとし，397条は，取得時効の反射的効果によ
り，抵当権が消滅するとの規定であるとする。このα説が，判例および旧
通説が採用する立場である（中島1189頁，田島275頁，石田・上296頁，勝本・下
532頁，我妻422頁，柚木＝高木421頁，川井139頁，鈴木234頁，大久保邦彦「自己の
物の時効取得について（2・完）」民商101巻6号〔1990〕809頁，鈴木直哉「抵当権と時

312　〔新井〕

第3節　抵当権の消滅　§*396*　II

効制度」高島平蔵古稀・民法学の新たな展開〔1993〕293頁，近江256頁，船越264頁，松岡172頁・179頁等）。

(2)　*β*説

他方，*β*説は，沿革を重視して，本条と397条を抵当権の時効消滅に関する一連の規定として理解する。すなわち*β*説は，本条が，債務者および抵当権設定者に対しては，被担保債権と同時にでなければ，時効消滅しないとの規定であるとし，397条は，債務者および抵当権設定者以外の者（特に第三取得者）に対して，抵当権が時効消滅する場合を規定したものであると理解するのである。この説が近時の多数・有力説である（来栖三郎〔判批〕判民昭和15年度〔1942〕303頁，有泉・前掲判批809頁，原島重義〔判批〕民商58巻2号〔1968〕286頁，星野293頁，野村豊弘〔判批〕法協87巻5号〔1970〕680頁，清水誠「抵当権の消滅と時効制度との関連について」加藤一郎編・民法学の歴史と課題〔1982〕181頁，道垣内236頁，同「時効取得が原始取得であること」法教302号〔2005〕46頁，内田474頁，髙橋247頁，松尾弘「物権の消滅時効」金山直樹編・消滅時効法の現状と改善提言（別冊NBL122号）〔2008〕86頁，平野・総合203頁，金子敬明「抵当権と時効——最近の3つの最高裁判決を機縁として」千葉大学法学論集27巻3号〔2013〕64頁，安永正昭「抵当不動産の自主占有の継続（取得時効）と抵当権の消滅」田原睦夫古稀・現代民事法の実務と理論(上)〔2013〕155頁，武川幸嗣「抵当権時効と所有権の取得時効」内池慶四郎追悼・私権の創設とその展開〔2013〕597頁，草野元己・抵当権と時効〔2019〕26頁等）。

(3)　*γ*説

さらに，*γ*説は，*β*説と同様，沿革を重視して，本条と397条を抵当権の時効消滅に関する一連の規定ととらえるが，沿革を仔細に検討すると，397条は取得時効の性質を有する規定であるとしたうえで（両条を一連の規定ととらえつつ，397条は取得時効の性質を有すると解する説としては，梅591頁，岡松583頁にまで遡る。ただし，両者の見解には，397条自体に立法論的な問題があるため，その適用対象を制限的に解していこうとする発想はない），397条は隠れた抵当権からの保護を制度趣旨とすることから，登記制度の完備した今日，397条の適用は制限されるべきであると解する説である。最新の説である（角紀代恵「抵当権の消滅と時効」民研595号〔2006〕13頁，同「再論　抵当権の消滅と時効」星野英一追悼・日本民法学の新たな時代〔2015〕371頁，古積・換価権292頁）。

〔新井〕　313

III　抵当権もその不行使を理由に消滅時効にかかるか
　（本条の反対解釈の可否等）

　債務者および抵当権設定者以外の者（第三取得者や後順位抵当権者）に対する関係では，抵当権は単独で20年の消滅時効（起算点は弁済期）にかかるか。条文上の根拠としては，166条2項（平29改正前167条2項）や，本条の反対解釈が挙げられている。

（1）　肯　定　説

　この問題に関しては，肯定するのが判例の立場である（大判昭15・11・26民集19巻2100頁，以下「昭和15年大判」で引用する。なお，最判平30・2・23民集72巻1号1頁は，抵当権の被担保債権が免責許可の決定の効力を受ける場合には，債務者および抵当権設定者に対する関係においても，抵当権自体が166条2項（平29年改正前167条2項）所定の20年の消滅時効にかかるとしている）。

　学説では，α説を採用する論者が肯定説を採り，判例に賛成する（Ⅰにつき信義則説を採る中島1189頁，田島275頁，石田・上296頁，柚木＝高木421頁，鈴木234頁，Ⅰにつき付従性説を採る勝本・下532頁，我妻422頁，川井139頁，船越264頁等）。なお，β説の論者のうち清水のみ，γ説の論者のうち梅のみが肯定説を採る点に注意が必要である（清水・前掲論文181頁，梅590頁〔改説されたものである〕。なお両者は，Ⅰにつき付従性説を採る）。

（2）　否　定　説

　これに対して，判例の立場に反対する有力説が存在する。この説は，本条と397条を一連の規定として理解する，前述のβ説とγ説に立脚する論者の多くが主張するものである（Ⅰにつき信義則説を採る道垣内236頁，Ⅰにつき付従性説を採る来栖三郎〔判批〕判民昭和15年度〔1942〕466頁，有泉・前掲判批809頁，星野293頁，内田474頁，髙橋247頁，松尾・前掲論文85頁，角・前掲星野追悼380頁等）。

（3）　検　　討

　それでは，どう考えるべきか。前述した本条の沿革に鑑みれば，被担保債権との関わりを持たず，また担保権の存続にも直接の関わりを持たない抵当権設定者以外の者との関係で，独立した消滅時効を認めるという解釈論は出てくる余地はないであろう。よって，まず本条の反対解釈によって独立の消

第3節　抵当権の消滅　　　　　　　　　　　　　　　§*396*　IV

減時効を肯定することは妥当ではない。

　また，昭和15年大判は，判例が第三取得者に，被担保債権の消滅時効に関する援用権を認めていなかったころに出されたものである（最判昭48・12・14民集27巻11号1586頁で判例変更）。今日では，第三取得者にも消滅時効の援用権が認められているから，もはや肯定説を採る必要性はない。

　さらに，昭和15年大判は，後順位抵当権者に対する関係でも，抵当権は単独で20年の消滅時効にかかるとする。しかし，この判示部分は全くの傍論であるし，後順位抵当権者に，被担保債権の消滅時効に関する援用権を認めなかった最高裁平成11年10月21日判決（民集53巻7号1190頁）の立場からすれば，昭和15年大判の今日における先例としての意義は乏しいと解するべきである。

　そして，そもそも被担保債権につき不履行があったとしても，原則として抵当権者は実行時期を自由に決めることができるが（例外は抵当権消滅請求があった場合等），その状態にあるからといって，「権利の上に眠れる者」であると評価することはできない。もし，抵当権設定者以外の者との関係で，166条2項に基づき独自の消滅時効を認めると，時効の更新事由が「承認」（究極的には，抵当権存在確認請求訴訟）くらいしかなく，抵当権者に不利益である（なお，香川崇「近時の重要判例でみる時効」月報司法書士486号〔2012〕15頁は起草過程を検討して，166条3項ただし書〔論文刊行時の166条2項ただし書に相当〕に基づき裁判外または裁判上承認請求権を行使できるとするが，結論的には変わらないであろう）。

　加えて，第三取得者は抵当権設定者の地位を承継するとして，そもそも独立した消滅時効を否定する説も存する（槇245頁，安永346頁）が，論理的である。

　したがって，否定説が妥当であるといえよう。

IV　本条に関する比較法的検討

　本条は，フランス民法旧2180条4号（2006年担保法改正後の現在は2488条4号）の系譜を引いており，抵当権の流通を企図せず，債権の保全のみを目的とする抵当権者の保護を念頭に置いた制度であるといえる。

　これに対し，ドイツ民法では，被担保債権が時効にかかったとしても，登

〔新井〕　　315

§*397* Ⅰ 第2編 第10章 抵当権

記された権利に基づく請求権は時効に服さず，抵当権者は，なおも抵当物より弁済を求めることができるとされている。ドイツ民法は，債権の保全のみを目的とする保全抵当とともに，抵当権の流通を企図した投資抵当等を認めているので，時効の問題に関しても，投資抵当権者等に配慮して，その保護を厚くしているものと解される（ド民216条1項・902条1項）。

また，スイス民法807条は，登記がされた債権は消滅時効に服さないと規定しており，ドイツ法よりも，さらに抵当権者の保護に厚い制度が採用されている。スイス民法でも，債権担保のための抵当権とともに，流通を企図した抵当制度（抵当債務証券等）が認められていることがその背景にあるといえるであろう（比較法の詳細については，我妻栄「抵当不動産の第三取得者の時効援用権」同・民法研究Ⅱ〔1966〕199頁，林錫璋・債権と担保〔1997〕3頁，古積・換価権315頁，武川・前掲論文607頁参照）。

〔新井　剛〕

（抵当不動産の時効取得による抵当権の消滅）
第397条　債務者又は抵当権設定者でない者が抵当不動産について取得時効に必要な要件を具備する占有をしたときは，抵当権は，これによって消滅する。

〔対照〕　フ民2488

Ⅰ　本条の趣旨

本条の趣旨に関しては，本条と396条との関係についての立場（→§396Ⅱ）により，3つの説明のしかたがある。

(1)　α説

まず，α説は，ある者が取得時効に必要な要件を具備する占有をしたときには，取得時効の効果が原始取得であることから，その反射的効果として，抵当権は消滅するという当然のことを前提とする規定であるとする。その理由は，①本条の抵当権消滅の要件はもっぱら取得時効の成立要件によっているため，こう解するのが条文の文言に即していること，②取得時効の効果は

316　〔新井〕

第3節　抵当権の消滅　　　　　　　　　　　　　　　　§397　Ⅰ

原始取得である旨の理解に整合的であることにある。

　そのため α 説は，本条の意義は，債務者および抵当権設定者が時効取得
した場合を除外した点に存すると説明する。この α 説が，判例および旧通
説の考えである（大判大9・7・16民録26輯1108頁，最判平24・3・16民集66巻5
号2321頁，中島1189頁，田島275頁，石田・上296頁，勝本・下532頁，我妻422頁，
柚木＝高木421頁，川井139頁，鈴木234頁，大久保邦彦「自己の物の時効取得について
(2・完)」民商101巻6号〔1990〕809頁，鈴木直哉「抵当権と時効制度」高島平蔵古
稀・民法学の新たな展開〔1993〕293頁，近江256頁，船越264頁，我妻＝有泉・コメ
642頁，新版注民(9)〔改訂版〕472頁〔柚木馨＝小脇一海＝占部洋之〕，松岡179頁等）。

　(2)　β 説

　次に，β 説は，本条を抵当権の消滅時効に関する規定であるとする。すな
わち，本条は，第三取得者が，取得時効に必要な要件を具備したときに，抵
当権が被担保債権とは独立に消滅することを定める規定であると説明する。
そして，第三取得者に対して，抵当権が消滅するのは，本条の場合のみとす
るのである。よって，債権または所有権以外の財産権の消滅時効に関する
166条2項（平29改正前167条2項）は，抵当権には適用されないとする。そ
のため，これを認める大審院昭和15年11月26日判決（民集19巻2100頁）
（→§396 Ⅲ(1)参照）を批判する。

　その理由は，①取得時効の反射効というだけでは，本条の存在意義を説明
できないこと，②本条を第三取得者保護のための特別規定と解することが，
本条に独自の存在意義を与えるとともに，立法沿革にも適うこと，③本条が
第三者に新たな権利取得をもたらすものではないこと，④もっぱら抵当権の
消滅ひいては負担ないし危険からの解放を目的とする制度であることにある
（来栖三郎〔判批〕判例昭和15年度〔1942〕303頁，有泉亨〔判批〕民商13巻5号
〔1941〕809頁，原島重義〔判批〕民商58巻2号〔1968〕286頁，星野293頁，野村豊弘
〔判批〕法協87巻5号〔1970〕680頁，清水誠「抵当権の消滅と時効制度との関連につい
て」加藤一郎編・民法学の歴史と課題〔1982〕181頁，道垣内237頁，道垣内弘人「時効
取得が原始取得であること」法教302号〔2005〕46頁，内田474頁，髙橋247頁，松尾
弘「物権の消滅時効」金山直樹編・消滅時効法の現状と改善提言（別冊NBL122号）
〔2008〕86頁，平野・総合203頁，金子敬明「抵当権と時効──最近の3つの最高裁判決
を機縁として」千葉大学法学論集27巻3号〔2013〕64頁，安永正昭「抵当不動産の自主

〔新井〕　317

§397 II　　　　　　　　　　　　　　　　　　　　　第2編　第10章　抵当権

占有の継続（取得時効）と抵当権の消滅」田原睦夫古稀・現代民事法の実務と理論（上）
〔2013〕155頁，武川幸嗣「抵当権時効と所有権の取得時効」内池慶四郎追悼・私権の創
設とその展開〔2013〕597頁，草野元己・抵当権と時効〔2019〕33頁等）。

　(3)　γ説

　γ説は，本条は抵当権の時効消滅の規定であるとするが，沿革を仔細に検
討すると，本条は取得時効の性質を有する規定であるとしたうえで（本条は
取得時効の性質を有すると解する説としては，梅591頁，岡松583頁にまで遡る。ただし，
両者の見解には，397条自体に立法論的な問題があるため，その適用対象を制限的に解し
ていこうとする発想はない），本条は隠れた抵当権からの保護を制度趣旨とする
ことから，登記制度の完備した今日，本条の適用は制限されるべきであると
して，公示原理との関係で，本条を第三取得者に適用することを否定する見
解である（角紀代恵「抵当権の消滅と時効」民研595号〔2006〕13頁，同「再論　抵当
権の消滅と時効」星野英一追悼・日本民法学の新たな時代〔2015〕371頁，古積健三郎
「時効による抵当権の消滅について」同・換価権292頁）。

　その理由は，①本条が抵当権者の懈怠ないし権利不行使ではなく，もっぱ
ら第三者側の占有継続を要件とすること，②本条の沿革からは，本条は，登
記制度の完備していない時代において，隠れた抵当権の負担から解放され，
完全な権能を獲得する取得時効の一種とみるべきこと，③このように本条は
隠れた抵当権からの保護を図るための規定であるということがその沿革から
導かれる以上，抵当権に関する登記制度が完備している今日においては，そ
の趣旨が妥当しないから，本条の適用は制限的であるべきこと等にある。

　本条の沿革とともに，特に本条の立法趣旨を重視するべきであるから，こ
の説が妥当であろう。

II　適用対象

　本条の適用対象として問題となる者としては，㋐不動産を所有者から譲り
受け，その登記を具備した第三取得者（以下，「第三取得者〔既登記型〕」と呼ぶ），
㋑不動産を所有者から譲り受けたが，その登記を具備していない第三取得者
（以下，「第三取得者〔未登記型〕」と呼ぶ），㋒不動産の売買契約を締結したが，
契約に無効・取消し・解除等の事由があったために，結局所有権を取得でき

318　　〔新井〕

第3節　抵当権の消滅　　　　　　　　　　　　　§*397*　II

なかった者（以下，「未取得者〔契約瑕疵型〕」と呼ぶ），㋓不動産の売買契約を締
結したが，売主に所有権がなかったために，結局所有権を取得できなかった
者（以下，「未取得者〔売主無権利型〕」と呼ぶ），㋔当該不動産を何らの利用権原
もなく占有する者（以下，「純粋不法占有者」と呼ぶ），㋕隣地の所有権を有して
いるが，境界を誤認しているため，当該土地を無権原で占有する者（以下，
「境界誤認型占有者」と呼ぶ）等が考えられる。

(1)　α説

　Iで述べたα説のうち，主要な見解は，第三取得者も本条の適用を受け
るかについて否定説を採る（我妻423頁，川井140頁，遠藤浩「取得時効における占
有の態様」我妻栄追悼・私法学の新たな展開〔1975〕181頁，近江258頁等）。その理由
は，①抵当権の負担が設定登記により公示されている以上，第三取得者を保
護する必要性に乏しい，②第三取得者は抵当権設定者の地位を承継するとい
うものであった。また当時は，③自己の物の時効取得を否定する考えが判例
において採られていたという点がその背景に存した。

　ここで，本条の適用が否定される第三取得者とは，主として㋐第三取得者
〔既登記型〕が想定されている。しかし，後に紹介する我妻の言辞からして，
㋑第三取得者〔未登記型〕の場合にも，本条の適用が否定されると解される。
加えて，我妻の言辞からすれば，㋒未取得者〔契約瑕疵型〕や㋓未取得者
〔売主無権利型〕の場合にも，本条の適用が否定されるであろう。なお，㋑
第三取得者〔未登記型〕，㋒未取得者〔契約瑕疵型〕，㋓未取得者〔売主無権
利型〕について本条の適用を否定する理由として，㋐第三取得者〔既登記
型〕よりも優遇されるべき理由はないことが挙げられている（鈴木(直)・前掲
論文312頁）。他方で，近江は，㋑第三取得者〔未登記型〕に関して，取得時
効を抗弁として提出でき，第三取得者は時効取得しうるとする（近江258頁）。

　このように否定説の背景には③があったため，判例が，自己の物の時効取
得を肯定（最判昭42・7・21民集21巻6号1643頁）するようになってからは，第
三取得者も，本条の適用を受けうるという考えが出てきた（柚木＝高木421頁，
遠藤浩〔判批〕民商61巻5号〔1970〕830頁，新版注民(9)〔改訂版〕473頁〔柚木＝小
脇＝占部〕，大久保・前掲論文807頁，鈴木234頁，船越265頁等）。もっとも，鈴木，
船越は，第三取得者も本条の適用対象であるとしつつ，抵当権の存在につい
て悪意の場合，抵当権の消滅を主張することができないと解することで，バ

〔新井〕　　319

§397 Ⅱ   第2編　第10章　抵当権

ランスをとっている（→Ⅲ(1)参照）。

　次に，本条の適用対象として，第三者（㋐純粋不法占有者，㋑境界誤認型占有者）が含まれるかに関しては，第三取得者を除外する説は，純粋な第三者こそが本条の適用対象であるとする（我妻＝有泉・コメ 642 頁，鈴木（直）・前掲論文 313 頁等）。我妻は，「抵当不動産の全部または一部について，外形上も取引行為がなく，ただ事実上，現実の占有と真実の所有関係とが食い違っている場合に，前者によって完全な所有権が時効取得されるときには，抵当権も消滅する。本条は，そのような稀な場合に適用されると解してよい」としている（我妻 423 頁）。

　第三取得者を除外しない説が，第三者（㋐純粋不法占有者，㋑境界誤認型占有者）も本条の適用対象とすることに関しては問題がない（柚木＝高木 421 頁，船越 266 頁）。

(2)　判　　例

　判例はかつて，第三取得者は本条の適用対象ではないと判示した（大判昭 15・8・12 民集 19 巻 1338 頁）。しかし，同判決は，抵当権設定後に当該不動産を譲り受けて占有を開始した，㋐第三取得者〔既登記型〕の事案である。したがって，同判決の射程は，㋒未取得者〔契約瑕疵型〕や㋓未取得者〔売主無権利型〕にはもちろん，㋑第三取得者〔未登記型〕の事案にも及んでいないと解すべきである（同旨，高木 288 頁，鈴木（直）・前掲論文 305 頁，田井ほか 246 頁〔磯野英徳〕）。にもかかわらず，すべての第三取得者に関して（事案の違いを考慮することなく），現在も，同判例の立場は変更されていないと考える論者もいる（清水・前掲論文 188 頁，近江 258 頁，髙橋 245 頁等）。しかしながら，現在の判例は，少なくとも㋑第三取得者〔未登記型〕，㋒未取得者〔契約瑕疵型〕，㋓未取得者〔売主無権利型〕については，本条の適用を受けうるという立場を前提としているないしは採用していると解される（最判昭 43・12・24 民集 22 巻 13 号 3366 頁，前掲最判平 24・3・16。同旨，横山長〔判解〕最判解昭 43 年下 1384 頁，大久保・前掲論文 805 頁等。なお，397 条に関する判例群を整合的に理解する論文として，新井剛「抵当権と時効(1)」獨協法学 103 号〔2017〕131 頁参照）。

　また，判例は，以上のように第三取得者を本条の適用対象から除外しないから，第三者（㋐純粋不法占有者，㋑境界誤認型占有者）を本条の適用対象とすることに関しても問題がない（最判平 15・10・31 判タ 1141 号 139 頁。平野・総合 198

第3節　抵当権の消滅　　　　　　　　　　　　　　　　　　　　§*397*　Ⅱ

頁の整理も参照）。

(3)　β説

　β説からは，第三取得者こそが，本条の主たる適用対象となる。ここでの第三取得者に関しては，本条は㋐第三取得者〔既登記型〕のみが適用対象であり，㋒未取得者〔契約瑕疵型〕や㋓未取得者〔売主無権利型〕はもちろん，㋑第三取得者〔未登記型〕についても 162 条の問題とする考えも存する（平野・総合 203 頁・206 頁等）。もっとも，本条の沿革を重視する β説の立場を前提とする限りは，少なくとも㋓未取得者〔売主無権利型〕は含まれうることになろう（本条の元となった，旧民法債権担保編 297 条 1 項は，「真ノ所有者ニ非サル者カ不動産ヲ譲渡シタルトキハ占有者ハ其善意ナルト悪意ナルトニ従ヒ所有者ニ対シテ時効ヲ得ル為メニ必要ナル時間ノ経過ニ因リ抵当債権者ニ対シテ時効ヲ取得ス」と規定していた。これは，ボワソナード草案（再閲修正民法草案）1810 条 1 項とほぼ同じ規定である）。

　それでは，第三者（㋕純粋不法占有者，㋔境界誤認型占有者）が本条の適用対象に含まれるか。この問題に関しては，β説の内部でも，見解が分かれる。肯定する説もある（来栖・前掲判批 304 頁等）が，否定説を採る論者が多い（星野 293 頁，平野・総合 206 頁等。山野目 336 頁の整理も参照）。この論者は，第三者の場合には，162 条の問題であるとする。すなわち，第三者の不法占有等の場合には，162 条の時効取得による原始取得の効果として，抵当権が消滅するという。

(4)　γ説

　γ説は，本条の趣旨はその沿革からして，隠れた抵当権からの保護を図ることにある以上，登記制度の完備により，この沿革上の理由が妥当しなくなったとして，できるかぎりその適用対象を制限的に解していこうとする。

　すなわち，①住宅ローンに代表されるような長期の年賦償還債務を被担保債権とする抵当権については，最後の弁済期前に，本条の要件を満たす占有が完成することは稀ではないから，第三取得者には本条は適用されないと解するべきであり，②本条の適用は，登記が十分に機能しないために抵当不動産を占有するに至った者に限定されるから，たとえば境界紛争をめぐって時効が問題となるような場合（㋔境界誤認型占有者）のように，きわめて稀な事例に限り，本条は適用があるとしている（角・前掲民研 20 頁，同・前掲星野追悼 382 頁，古積・換価権 325 頁）。

〔新井〕　　321

§397 III 第2編 第10章 抵当権

(5) 検 討

本条の沿革，特に沿革から導かれるところの本条の趣旨（隠れた抵当権からの保護）を重視すれば，登記制度の完備により，今日その沿革上の趣旨が妥当しなくなった以上，できるかぎりその適用対象を制限的に解すべきであるから，γ説が妥当であろう。詳しくは，次のように考えられる。

第1に，⑦第三取得者〔既登記型〕，④第三取得者〔未登記型〕，⑤未取得者〔契約瑕疵型〕は，登記制度の完備によって，抵当権設定者と同様，当然に抵当権の存在を前提とすべき地位にあるから，本条の適用から除外される（162条の適用問題になる）。

第2に，①未取得者〔売主無権利型〕は，無権利の者が登記を有していたため，その者から譲り受けた場合だが，登記されている抵当権の設定者がこの無権利者なら，当該抵当権は無効であるし，本来の所有者が設定者なら，当該抵当権は有効だが，この場合は第1と同様，その抵当権を前提としているから，本条の適用から除外される（162条の適用問題になる）。

第3に，②純粋不法占有者も，登記の存在にもかかわらず不法占有を開始したものである以上，本条の適用対象から除外される（同じく162条の問題になる）。

その結果，たとえば境界紛争をめぐって時効が問題となるような場合（③境界誤認型占有者）のように，きわめて稀な事例に限り，本条は適用があると解する。

III 善意・悪意の対象

(1) α説

Ⅰで述べたα説は，本条の趣旨について，取得時効の効果が原始取得であることから，その反射的効果として，抵当権は消滅するとの規定であると解する以上，本条における善意・悪意の対象は，自らに所有権がないことについてであって，抵当権の存在についてではないとする。この点は，判例・旧通説ともほぼ異論がない（前掲大判大9・7・16，前掲最判昭43・12・24，前掲最判平24・3・16，我妻＝有泉・コメ642頁等。例外は大久保説で，本条における善意・悪意の対象は，抵当権についてであるとしつつ〔大久保・前掲論文810頁〕，悪意でも取得

322 〔新井〕

第 3 節　抵当権の消滅　　　　　　　　　　　　　§*397*　III

時効によって抵当権は常に消滅するという〔大久保・前掲論文 811 頁。結論ほぼ同旨，遠藤・前掲論文 180 頁〕）。よって，占有開始時に自らに所有権がないことについて善意・無過失である場合には，10 年の取得時効による抵当権の消滅もありうる。

　もっとも，鈴木，船越は，本条の適用を認めながらも，抵当権の存在を登記によって知っている場合には，抵当権は存続するという（鈴木 235 頁，船越 265 頁）。

　なお，判例・旧通説が，時効によって取得される権利の内容は，その基盤となった占有状態によって左右されるとしている点には注意が必要である。そのため，この説は，抵当権の存在を「容認」している場合には，その者が抵当不動産を時効取得したとしても，抵当権は消滅しないとしている（前掲大判大 9・7・16〔ただし傍論〕，大判昭 13・2・12 判決全集 5 輯 6 号 8 頁，前掲最判平 24・3・16，石田・上 297 頁，勝本・下 533 頁，柚木馨「抵当不動産の譲受人と民法 397 条の適用」民商 13 巻 2 号〔1941〕279 頁，横山・前掲判解 1384 頁，鈴木 164 頁等）。

（2）　β説

　β説は，本条を抵当権の消滅時効に関する規定であると解する以上，善意・悪意の対象は，自らに所有権がないことについてではなく，抵当権の存在についてであると解するのが論理的である（星野 293 頁，清水・前掲論文 181 頁，草野・前掲論文 68 頁，道垣内 237 頁，内田 474 頁，平野・総合 203 頁，松尾・前掲論文 86 頁等）。よって，抵当権の存在は，登記により公示されている以上，普通は 20 年の取得時効が問題となるとする。

　他方で，β説の一部は，時効取得者が抵当権の存在を登記によって知っている場合には，抵当権は存続するという（星野 293 頁，野村・前掲判批 681 頁）。

（3）　γ説

　γ説は，本条を抵当権の時効消滅に関する規定（その性質は取得時効であるが）であると解する以上，善意・悪意の対象は，抵当権についてであると考えている（梅 591 頁，角・前掲民研 16 頁，古積・換価権 325 頁）。このうち，梅は，抵当権の存在について，善意・無過失なら 10 年でよいとしている（梅 591 頁）。登記官が過誤により抵当権を登記簿謄本から脱落させた場合を想定しているが，今日ではそのような事態はほとんど考えられないから，無過失ということはほぼないであろう。

〔新井〕　323

§397 IV
第2編 第10章 抵当権

これに対して，γ説のうちでも最新の説は，本条の適用が認められる者は，登記制度があってもなお，抵当権の存在につき善意・無過失で目的不動産の占有を開始した者と解すべきであるとする（古積・換価権325頁）。

本条は隠れた抵当権からの保護を図るのがその沿革から導かれる趣旨である以上，時効取得者が抵当権の存在を登記によって知っている場合，あるいは知りうる場合には，抵当権は存続すると解するべきであろう。最後の説が妥当である。

IV　本条の適用は，占有開始時に，抵当権が存在する場合に限られるか

(1)　非　限　定　説

判例および旧通説である α 説は，本条における善意・悪意の対象は所有権であると解するから，本条の適用を時的に制限する必要がないので，①占有開始時に，抵当権が存在する場合のみならず，②占有開始後に，抵当権が設定された場合にも，本条の適用を肯定することになる。判例は，明らかにこの立場である（①ケース＝前掲大判大9・7・16，前掲大判昭13・2・12，前掲最判昭43・12・24。②ケース＝前掲最判平15・10・31，前掲最判平24・3・16）。

なお，β 説の一部にも，この非限定説を採る見解がある（内田473頁，平野・総合204頁，武川・前掲論文618頁等）。その理由としては，有効な譲渡を受けて占有を開始した譲受人と，その後に抵当権を設定した者は対抗関係になるから，162条の取得時効を認めるべきではなく，もっぱら397条による抵当権消滅の問題とすべきことが挙げられている（平野・総合204頁）。

(2)　限　定　説

β・γ 説は本条の善意・悪意の対象を抵当権の存在と解する以上，占有開始後の抵当権設定の場合には，本条の適用対象外であると解するのが論理的である（草野・前掲論文83頁，道垣内237頁，松尾・前掲論文86頁，金子・前掲論文65頁，角・前掲星野追悼387頁，古積・換価権326頁）。よって，本条は①の場合にのみ適用され，②の場合には162条の問題となる。この立場が妥当である。

それでは②の場合に，162条による時効取得による原始取得の効果として，抵当権が消滅すると考えるのは妥当なのか。

324　〔新井〕

第 3 節　抵当権の消滅　　　　　　　　　　　　　　　　　§*397*　V

②の場合には，抵当権者は現地検分をしっかりしていれば，占有者の存在に気づき，占有関係について整理するよう，しかるべく対処をすることができたはずである（なお，担保不動産の適正な評価のために，現在すでに現地検分が不可欠であり，その義務を課す結果になっても取引に悪影響を及ぼすとはいえないとされている。松岡久和〔判批〕民百選Ⅰ8版119頁等）。にもかかわらず，抵当権者がそれをせずに，安易に抵当権を設定した事情がある以上，占有者が時効取得をすれば，原始取得の効果として，抵当権は消滅すると解してよいであろう（よって，⑦第三取得者〔既登記型〕においては，抵当権者に現地検分の不備を指摘することができないし，第三取得者自身も登記を具備して完全な所有権を取得している以上，自己の所有物に関する時効取得を認めるべきではないであろう）。

V　時効の起算点

(1)　α説

α説は，本条を，取得時効の効果が原始取得であることから，その反射的効果として，抵当権は消滅するとの規定であると解する以上，時効の起算点は，占有開始時ということになる（前掲大判大 9・7・16，前掲最判平 15・10・31，大久保・前掲論文 807 頁，鈴木 235 頁等）。

(2)　β説

β説は，本条を抵当権の消滅時効に関する規定であると解する以上，時効の起算点は，債権の弁済期到来時と考えるのが論理的である（武川・前掲論文617 頁等。平野・総合 194 頁の整理も参照）。なお，⑦第三取得者〔既登記型〕に関して，沿革を重視して，登記時からとする少数説もある（草野・前掲書 31 頁）。

しかし，本条の文言からすれば，このように解するのは厳しいため，時効の起算点を占有開始時と考える説が有力である（平野裕之〔判批〕金法 1977 号〔2013〕35 頁，金子・前掲論文 65 頁等）。

(3)　γ説

γ説は，本条を取得時効の性質を有する規定であると解する以上，時効の起算点は，占有開始時ということになる（古積・換価権 325 頁）。この立場が妥当であろう。

〔新井〕　　325

VI 再度の時効取得と時効の起算点

(1) 判例——162条・397条適用説

時効完成後に設定された抵当権との関係で問題となる，再度の時効取得に関する起算点に関しては，現存する最先順位の抵当権設定登記時であると解するのが判例の立場である（前掲最判平24・3・16）。

(2) 反 対 説

これに対して，再度の取得時効を認める必要はないのではないかとする見解もある。その見解には，2種類がある。

第1に，当初の占有開始時を起算点とする長期の時効取得を主張していれば同様の解決を図ることができる以上，再度の取得時効を認める必要はないとする見解である（伊藤栄寿〔判批〕銀法747号〔2012〕10頁）。

第2の見解は次のようなものである。すなわち，一度目の取得時効完成によりすでに所有者となっている以上，その後，抵当権の設定・登記がなされても，抵当権者に対抗できない所有者であるにとどまる。そして，その所有者が時効取得に必要な期間の自主占有を継続することで，まさに本条によって抵当権が消滅する。このように解するほうが単純明快であり，妥当であるとする（安永・前掲論文150頁，占部洋之〔判批〕金法1964号〔2013〕47頁，前掲最判平24・3・16古田佑紀裁判官補足意見等）。ただし，このように考える場合には，占有開始時に，抵当権が存在する場合にのみ，本条が適用になるとする考え（→Ⅳ(2)）と論理的に整合するのかが問題となる。そのため，当該抵当権を遅くとも占有者の占有開始時と同時に設定されたものとする論理操作が必要になるとされる（角・前掲星野追悼388頁）。

もっとも，本条の適用を占有開始時に抵当権が存在する場合に限定しない見解によれば，上記の問題は起こらないため，この第2の考えを採用する（平野・前掲判批34頁，武川幸嗣「抵当権と時効その2」法セ736号〔2016〕75頁）。

(3) 162条適用説

他方，γ説（β説の多数も同じであろうが）は，Ⅳ(2)で述べたように，占有開始後に抵当権が設定された場合には，162条の問題と考える説である。したがって，この最判の事案も，162条の適用問題であることになる。その結果，前掲最判平成24年3月16日の法廷意見と結論的には同様になるため，この

第3節　抵当権の消滅　　　　　　　　　　§*397*　VII，§*398*　I

説は法廷意見の結論には賛成する（古積健三郎〔判批〕速判解 12 号〔2013〕98 頁）。

　162 条の問題については，IV(2)で述べたが，抵当権者に現地検分の不備が認められる以上，ここでも，その論理が妥当すると考えてよい。したがって，最後の説が妥当である。

VII　立法論的検討

　以上より，本条は隠れた抵当権からの保護を趣旨として規定されたものであるので，不動産登記制度が完備した今日では，その趣旨が妥当しなくなっている。本条の母法国フランスでも，旧 2180 条 4 号（現 2488 条 4 号）については立法論的批判の強いところであり，1850 年および 1851 年の抵当権法改正の際には，すでに削除提案が出されていた（我妻栄「抵当不動産の第三取得者の時効援用権」同・民法研究 II〔1966〕214 頁，来栖・前掲判批 305 頁，古積・換価権 316 頁等参照）。

　したがって，将来，担保物権法の改正がなされる際には，本条は削除されるべきであると考える。

〔新井　剛〕

　　（抵当権の目的である地上権等の放棄）
　第398条　地上権又は永小作権を抵当権の目的とした地上権者又は永
　　　小作人は，その権利を放棄しても，これをもって抵当権者に対抗す
　　　ることができない。

I　本条の趣旨

　権利者が自らの有する権利を放棄するのは，その放棄が当該権利の性質に反したり，公序良俗に違反する等しないかぎり，原則として自由であるとされている。地上権に関しては 268 条，永小作権に関しては 275 条の要件を具備するかぎり，当該権利者はその放棄をすることができる。しかしながら，369 条 2 項により地上権または永小作権が抵当権の目的となっている場合に

〔新井〕　　327

§398 Ⅱ

第2編 第10章 抵当権

も，その放棄を認めるとするならば，当該抵当権者は不測の損害を被ることになる。そこで本条は，地上権者または永小作人が，その権利を放棄しても，これをもって抵当権者に対抗することができないと規定したのである。

したがって，地上権等の放棄は地上権設定当事者間では有効であるが，抵当権者は抵当権を実行して，地上権等を競売に付することができ，買受人も土地所有者に対し，地上権等の取得を主張することができる。他方，地上権等が，地代の不払いや期間の満了，消滅時効によって消滅する場合には，抵当権も消滅する。

このように本条は，当該権利が，第三者の権利の客体となっている場合には，第三者の権利を保護するため，当該権利の放棄を第三者に対抗することができないという当然の原理を規定したものである。そのため，本条に関しては，その趣旨を類推適用する法解釈が盛んに行われている（→Ⅱ）。

なお，本条と同趣旨の規定として，立木ニ関スル法律8条，工場抵当法16条3項，特許法97条等がある。

Ⅱ　本条の適用範囲

本条は，①「地上権又は永小作権を抵当権の目的とした地上権者又は永小作人」が，②「地上権又は永小作権」の，③「放棄」をしても，④「抵当権者に」対抗することができないと規定している。このような本条に関しては，その趣旨の汎用性から，以上の全ての点に関して拡張適用ないし類推適用がされており，その適用範囲は拡大傾向にある。

(1)　対象となる主体

まず①に関しては，本条の適用対象者は，「地上権又は永小作権を抵当権の目的とした地上権者又は永小作人」，すなわち抵当権設定者に限定されている。しかしながら，それでは，地上権または永小作権を譲渡することによって，容易に脱法が可能である。そのため，地上権または永小作権が登記されており，それらを目的とする抵当権も登記されている以上，「地上権又は永小作権を取得した第三者」も，その権利を放棄した場合に，抵当権者に対抗することができないと解されている（中島1194頁等）。

328　〔新井〕

第3節　抵当権の消滅

§*398*　II

(2)　対象となる権利

次に②に関しては，本条の適用は，「地上権又は永小作権」が放棄された場合に限定されている。しかしながら，抵当権の目的となっている権利の放棄により，抵当権者が害されるのは，抵当目的物が不動産（の所有権）である場合（369条1項）も，同様である。したがって，「所有権」の放棄の場合にも，本条が類推適用されると解されている（梅593頁，中島1195頁等）。

また今日，実務では地上権または永小作権が利用されることはほとんどなく，代わりに土地賃借権（借地権）が利用されている。そして，借地権を抵当権の目的物にすることは難しいが，借地上の建物を抵当権の目的物にすることが考えられる。この場合に，建物所有者が借地権を放棄すると，建物のみならず，従たる権利として借地権をも担保として把握していると考える抵当権者を害する結果となる。そのため，判例は，「借地権」の放棄の場合にも，本条が類推適用されるとしている（大判大11・11・24民集1巻738頁）。

(3)　対象となる行為

さらに③に関しては，権利の「放棄」の場合に，本条の適用は限定されている。しかしながら，抵当権者を害するのは，権利の放棄のケースに限られない。そのため，判例は，借地権の「合意解除」の場合に，本条を類推適用している（大判大14・7・18新聞2463号14頁）。

(4)　対抗できない相手方

そして④に関しては，本条は，権利の放棄等を「抵当権者に」対抗できないと規定している。しかしながら，権利の放棄等から，第三者の権利を保護するという本条の趣旨は，第三者が抵当権者以外の場合にもあてはまる。そのため，判例は，土地賃借権の合意解除は地上建物の「賃借人に」対抗することができないとして，本条を類推適用している（最判昭38・2・21民集17巻1号219頁）。なお，本判例の考えは，平成29年改正によって，613条3項で明文化された。

(5)　ま　と　め

以上のように，本条は広く類推適用されているが，②の対象となる権利に関しては，さらに広く権利一般に類推適用されると解してよいであろう（石田・上294頁，勝本・下534頁，我妻栄＝有泉亨・新訂物権法〔1983〕249頁等）。

〔新井　剛〕

〔新井〕　329

前注（§§ *398 の 2-398 の 22*）　I　　第 2 編　第 10 章　抵当権

第 4 節　根　抵　当

前注（§§ 398 の 2-398 の 22〔根抵当〕）

I　根担保・総説

(1)　根担保の意義

　根担保とは，継続的な関係において生ずる不特定の債権を担保するものであり，民法上には物的担保としての根抵当（398 条の 2 以下）と人的担保としての根保証（465 条の 2 以下）がみられる。

　例えば，卸売店と小売店との間で商品の卸売取引が継続的に行われている場合，卸売店が小売店に対して有する代金債権は，掛売がされるごとに発生し，弁済がされるごとに順次消滅する，という具合にして，随時変動していく。これらの債権を担保するため，前条までに規定された抵当権（根抵当権との対比で普通抵当権ともよばれる）を用いようとすれば，債権の発生・消滅のたびに抵当権登記の設定と抹消を繰り返さねばならず，きわめて煩瑣である。このことは保証の場合でも同様であり，登記手続はないにしても，主たる債務が発生するたびに保証契約を結ばねばならないとするのは難儀である。そこで，将来にわたり継続的に発生する不特定の債権を一括して担保・保証する根抵当・根保証が生み出された。実務では一回的取引にもまして継続的取引は行われており，そのため根担保はひろく用いられている。

(2)　根抵当権とそのしくみ

　根抵当権とは，一定の範囲に属する不特定の債権を，極度額を限度として担保する抵当権であり（398 条の 2），付従性や随伴性を大幅に緩和，修正したものといえる。すなわち，根抵当権は，個々の債権の成立や消滅に影響さ

330　〔田髙〕

第 4 節　根抵当　　　　　　　　**前注（§§ *398 の 2-398 の 22*）　Ⅱ**

れることなく成立し存続することが認められ，また，個々の債権が移転すると根抵当権が担保する債権ではなくなる。このように，根抵当権は個々の債権からは切り離された価値支配の枠として把握される存在であり（これを根抵当権の「独立性」という），根抵当権を被担保債権とは別個に譲渡することもできる。

　もっとも，実際に根抵当権によって優先弁済を受ける段階では，どの債権がその対象なのかが特定される。これを根抵当権の「元本の確定」ないし単に「確定」という。被担保債権は，元本の確定までは不特定で流動的であるが，確定後には固定され，根抵当権は付従性や随伴性をもつことになる。

(3)　根抵当と根保証の関係

　根抵当と根保証をどの程度統一的に理解すべきかは議論がある。このことは具体的には，根保証においても根抵当の場合と同様，元本確定前の履行請求や随伴性が否定されるのか，といった問題の結論に相違をもたらすことになる。詳しくは後述する（→§398 の 7 Ⅴ）。

Ⅱ　根抵当権立法の経緯

　根抵当権は，明治期より慣習的に行われ，大審院判決でもその有効性が認められていた（大判明 34・10・25 民録 7 輯 9 巻 137 頁，大判明 35・1・27 民録 8 輯 1 巻 72 頁）。根抵当権は長らく民法上に明文の規定をもたないまま，判例や解釈論に支えられ利用されてきたが，とりわけ第二次大戦後には，取引の進展に伴い根抵当権に対する需要が著しく増大した。

　そうしたなか，債権の範囲をまったく限定しない包括根抵当を銀行実務が用い出したのに対して，昭和 30 年に登記実務がこうした根抵当権の登記申請の受付を拒むという事態が生じ（昭 30・6・4 民事甲 1127 号民事局長通達），根抵当をめぐる取引が大きく混乱した。そこで，昭和 46（1971）年の民法改正により根抵当権の規定が新設され，立法的な解決が図られた（立法の経過については，高木多喜男「根抵当と民事立法学」法時 53 巻 14 号〔1981〕70 頁以下に詳しい）。現行の根抵当権の規定は，被担保債権の範囲を基本契約から生ずる一連の債権に限定する立場と，こうした限定を不要として包括根抵当も認める立場の間をとる，折衷的な内容となっている（→§398 の 2 Ⅲ(1)(イ)）。

〔田高〕　　331

前注（§§ *398の2-398の22*）　III　　第2編　第10章　抵当権

III　根抵当の規定の概観

根抵当に関する民法の規定（398条の2〜398条の22）を，条文の並び順に従って以下で概観しておく。

(1)　**根抵当権の設定と被担保債権**

根抵当権の設定契約では，被担保債権の範囲や債務者，極度額が定められなければならない（398条の2）。根抵当権を行使できるのは，極度額を限度とした確定元本と利息等についてである（398条の3）。

(2)　**元本確定前の変更**

(ア)　**被担保債権に関する変更**　　根抵当権については，継続的な取引関係の進展や状況の変化に伴い生じてくる必要性に応じて，被担保債権の範囲や債務者（398条の4），極度額（398条の5），元本確定期日（398条の6）を変更することが認められている（極度額の変更のみ確定後も行える）。

(イ)　**債権譲渡・債務引受**　　元本確定前の根抵当権には随伴性がないから，債権譲渡や債務引受などによって債権者や債務者が変更した個々の債権は，担保される債権ではなくなる（398条の7）。

(ウ)　**根抵当権者・債務者における包括承継**　　根抵当権者または根抵当債務者につき包括承継が生じたときには，承継人との間で根抵当取引が継続するのか，それとも元本が確定する扱いとされるのか。相続（398条の8），合併（398条の9），会社分割（398条の10）のそれぞれの場合につき規定がおかれている。

(3)　**根抵当権の処分・譲渡**

元本確定前の根抵当権の処分については，転抵当の場合を除き，普通抵当権の処分を定めた376条1項が適用されず（398条の11），独自の規定が設けられている。根抵当権の譲渡には，全部譲渡（398条の12第1項），分割譲渡（398条の12第2項），一部譲渡（398条の13）がある。一部譲渡がされると，譲渡人と譲受人とが根抵当権を準共有（398条の14）することとなる。

なお，先順位の抵当権につき根抵当権者が順位の譲渡・放棄を受けることは可能であるが，その根抵当権者が根抵当権の譲渡をした場合についての規定がある（398条の15）。

332　〔田髙〕

第4節　根抵当　　　　　　　　　　　　　　　　　　　§*398の2*

(4)　共同根抵当

被担保債権の範囲や極度額が共通する根抵当権が複数の不動産に設定されている場合を共同根抵当といい，その設定や変更，内容等を定めた規定がある（398条の16〜398条の18）。

(5)　根抵当権の元本の確定

根抵当権者が優先弁済を受けられる債権が特定される元本の確定は，根抵当権者または設定者の元本確定請求（398条の19），根抵当権者の競売申立て等の事由（398条の20），その他によって生ずる。

(6)　元本確定後の根抵当権（確定根抵当権）

元本の確定によって，根抵当権は特定の債権を担保するものに転化する。被担保債権の範囲や債務者の変更はできなくなり，被担保債権の譲渡や根抵当権の処分，実行についても普通抵当権と同様の扱いとなる。確定後に被担保債権が存在しなくなれば，根抵当権は消滅する。

なお，元本確定後，根抵当権設定者には，一定の要件の下で，極度額の減額請求（398条の21）や根抵当権の消滅請求（398条の22）が認められている。

〔田髙寛貴〕

（根抵当権）

第398条の2①　抵当権は，設定行為で定めるところにより，一定の範囲に属する不特定の債権を極度額の限度において担保するためにも設定することができる。

②　前項の規定による抵当権（以下「根抵当権」という。）の担保すべき不特定の債権の範囲は，債務者との特定の継続的取引契約によって生ずるものその他債務者との一定の種類の取引によって生ずるものに限定して，定めなければならない。

③　特定の原因に基づいて債務者との間に継続して生ずる債権，手形上若しくは小切手上の請求権又は電子記録債権（電子記録債権法（平成19年法律第102号）第2条第1項に規定する電子記録債権をいう。次条第2項において同じ。）は，前項の規定にかかわらず，根抵当権の担保すべき債権とすることができる。

〔田髙〕　　333

§398の2 Ⅰ

第2編 第10章 抵当権

〔改正〕 本条＝昭46法99新設 ③＝平29法44改正

（根抵当権）
第398条の2①② （略）
③ 特定の原因に基づいて債務者との間に継続して生ずる債権又は手形上若しくは小切手上の請求権は，前項の規定にかかわらず，根抵当権の担保すべき債権とすることができる。

Ⅰ 本条の趣旨と根抵当権の定義

本条は，根抵当権を定義し，その被担保債権を定めたものである。

(1) 根抵当権とその被担保債権

本条1項によれば，根抵当権とは，「一定の範囲に属する」「不特定の債権」を「極度額の限度において」担保する抵当権と定義される。不特定というのは，設定時から元本確定に至るまでの間は，最終的に担保されるべき債権が具体的には決まらない，ということである。

一定範囲という枠を設けず，不特定の債権を無限定に担保するものとした根抵当権は，包括根抵当権とよばれる。本条2項・3項は，被担保債権となりうる債権とその範囲の定め方を示し，これに従って被担保債権を限定すべきものとして，包括根抵当権を認めないこととした。

根抵当権で担保する債権にできるもの（被担保債権としての適格性をもつもの）は，原則として債務者との取引から生ずる債権であり（本条2項），そのほか，「特定の原因に基づいて債務者との間に継続して生ずる債権」と「手形上若しくは小切手上の請求権又は電子記録債権」にも被担保債権の適格性が認められている（本条3項）。

(2) 被担保債権の不確定性と不特定性

根抵当権が立法される以前には，根抵当権の本質を，被担保債権の額の「不確定性」と被担保債権の「不特定性」のいずれに求めるべきか，という議論があったが（鈴木・概説526頁），上述のとおり，本条では後者を基礎に根抵当権が定義された。額が不確定なだけであれば，その債権を担保するのは根抵当ではなく普通抵当ということになる。例えば，特定物の引渡請求権や単発の不法行為に基づく損害賠償請求権などは，額が未確定であっても普

第4節　根抵当 §398の2　I

通抵当権で担保すべきものに当たる。また，1年ごとに1000万円ずつ貸し
増して合計で3000万円を貸し付けるといった契約（逐次貸し・分割貸付契約）
や，3000万円を貸与するが1000万円を返済すれば新たに1000万円の貸付
けに応じる等，3000万円を貸付上限とするような契約（限度貸付契約）につ
いても，額は不確定ながら特定債権であり，普通抵当が担保するものと解さ
れる（貞家＝清水28頁，鈴木・概説539頁）。

　もっとも，債権によっては根抵当と普通抵当のいずれによるべきか，見解
が分かれるものもある。

　例えば，賃貸借契約から将来発生する賃料債権について月数の範囲を定め
て担保するのは，既特定の将来債権を担保するものであるから，根抵当では
なく普通抵当である（我妻486頁，鈴木・概説544頁）。一方，毎月発生する賃
料の不履行分を上限額のみ定めて担保する場合については見解が分かれてお
り，根抵当とみる説（我妻486頁）と，近い将来の賃料（375条により2年分と解
される）を担保する部分は普通抵当によるべきものとする説（鈴木・概説547
頁）とがある（定期金債権を普通抵当の被担保債権とする場合に関して→§375 II 2)。

　特定債権の保証人の求償権を担保するのが普通抵当であるのは明らかだと
して，では，主債務が不特定である根保証の場合の求償権はどうか。根保証
については元本確定前の履行請求が認められる場合と認められない場合の双
方がありうるが（→§398の7 V），前者については，求償権は主債務に連動し
て随時発生することになる。この場合の求償権については，不特定であるか
ら根抵当によるべきとする説（我妻485頁）と，不確定ではあるが特定はされ
ているとして普通抵当によるとする説（鈴木・概説542頁）とがある。

(3)　債権が不特定であることの必要性

　不特定の債権を担保する根抵当権によって，特定の債権を担保することも
できるか。設定時すでに具体的に発生している特定債権も，不特定債権に加
えて根抵当権の被担保債権にすることは可能であり，その意味で特定債権も
被担保債権の適格性は有しているといえる（貞家＝清水38頁）。では，特定債
権のみを担保するものとして根抵当権を設定することは許されるか。

　特定債権のための根抵当権設定が認められると，利息や遅延損害金等につ
いての優先弁済権行使を制限する375条を潜脱する手段ともなりかねないか
ら，特定債権を担保する根抵当権が設定されたとしても普通抵当権の効力の

〔田高〕　　335

みが認められる，との見方がある（貞家＝清水31頁）。下級審裁判例には，既存の2口の特定債権のみを担保するのはあくまで普通抵当権であって，この場合の根抵当権設定登記は，普通抵当権に流用できず無効としたものがある（盛岡地判平元・9・28判タ714号184頁）。なお，普通抵当権の効力のみを認める学説には，根抵当権の登記に普通抵当権の登記としての効力を認めるものもある（高木多喜男「特定債権の担保と根抵当権」民研414号〔1991〕15頁）。

　これに対して，不特定の債権の発生可能性といった認定困難な事実をもって根抵当権の有効性を決するのは妥当とはいえないから，たとえ特定債権の担保を意図していたとしても，当事者が根抵当権の設定を選択し，相応の債権の範囲が定められていれば根抵当権は有効に成立する，との見解もある（清水誠「根抵当権における被担保債権の不特定性について」手研418号〔1988〕9頁，秦光昭〔判批〕担保法の判例Ⅰ219頁）。

　375条の潜脱を企図した根抵当権設定のおそれはあるとしても，設定者において根抵当権設定を許容する意思が真に認められるのであれば，設定時に特定債権のみの担保となっているものでも根抵当権としての有効性は認められてよいであろう。銀行が，住宅ローンの担保として銀行取引から生ずる債権を担保する根抵当権の設定を受け，返済が良好な顧客に対してはこの根抵当権を用いて学資ローンなどの新規貸付を行う，といった利用のしかたも，限界事例的ながら許容されることになろうか。なお，当事者の真意が普通抵当権の設定にあった場合には，錯誤や詐欺等により根抵当権の設定合意の効力を否定する余地もある（鈴木・概説553頁以下）。

Ⅱ　根抵当権の設定と登記

(1)　根抵当権の設定の要件

　根抵当権の設定が設定契約によることは普通抵当権と同じである。数人の者が共同して根抵当権の設定を受けることも可能であり，この場合は根抵当権が準共有されることになる（398条の14）。

　根抵当権の設定契約で必ず定めるべきなのは以下の事項である。第1は「担保すべき債権の範囲」であり，これは本条2項・3項の規律する方法で限定をして定めなければならない（→Ⅲ・Ⅳ）。第2は「債務者」であり，こ

第4節　根抵当
§398の2　III

れも担保すべき債務の範囲を限定する趣旨にかかるものである。債務者は複数であっても差し支えなく，そのような根抵当権は，共用根抵当権とも呼ばれる。第3は，担保すべき債権額の上限である「極度額」である（→§398の3 III）。

なお，元本確定期日をあらかじめ当事者の合意によって定めることもできるが（398条の6），この合意は設定契約と同時である必要はない。

(2)　根抵当権の登記

普通抵当権と同様，根抵当権においても，設定登記は対抗要件となる。登記すべき事項は，普通抵当権におけるもの（債務者も含まれる。不登83条1項2号〜5号）等のほか，担保すべき債権の範囲および極度額（不登88条2項1号）である。このほか，370条ただし書の別段の定め（同項2号），元本確定期日（同項3号），398条の14第1項ただし書の定め（同項4号）も任意で登記することができる。

なお，根抵当権においては，設定後にも様々な局面で登記が必要となっており，そのなかには対抗要件ではなく効力発生要件と解されるべきものもある。これに関しては該当する各箇所で言及する。

III　担保される債権とその範囲

根抵当権の担保すべき債権は，原則として債務者との取引から生ずるものであり，その範囲については「債務者との特定の継続的取引契約によって生ずるもの」か「債務者との一定の種類の取引によって生ずるもの」かに限定して定めるべきものとされている（本条2項）。そのほか，「特定の原因に基づいて債務者との間に継続して生ずる債権」と「手形上若しくは小切手上の請求権又は電子記録債権」も被担保債権にすることができる（本条3項）。以下(1)〜(3)で詳述する。

なお，これら債権のうち2種類以上の債権をあわせて被担保債権の範囲に属する債権として根抵当権を設定することも可能である（石田（穣）525頁，川井・概論420頁）。また，これら債権に特定債権を加えて被担保債権とすることもできる（→I(3)）。

〔田髙〕　337

§398の2 III

第2編　第10章　抵当権

(1) 取引によって生ずる不特定の債権

(ア) 取引によって生ずる債権とは　根抵当権の被担保債権について，本条2項が，両当事者間の合意によって形成された取引関係から生ずるものに限定した趣旨は，不法行為に基づく損害賠償請求権のような偶発的債権を排除することにある。

取引によって生ずる債権というためには，債務者との取引から直接に生じた債権でなければならない。そのため，第三者が債務者に対して有する債権を根抵当権者が譲り受けても，これを被担保債権とすることは（設定契約でとくにこれを被担保債権に含めるものとしない限り）できない。求償権も根抵当権の被担保債権になりうるが（→ I (2)），委託によらない保証の場合の求償権は，基本的に取引によって生ずる債権にはならない（貞家 = 清水47頁）。

取引によって生ずる債権のなかには，取引契約上の債権のほか，債務不履行による損害賠償請求権や立替金債権なども含まれる。

(イ) 範囲の定め方　取引によって生ずる債権を被担保債権とする場合の範囲の定め方について，本条2項は，①「債務者との特定の継続的取引契約によって生ずるもの」，②「その他債務者との一定の種類の取引によって生ずるもの」と規定している。概念的に②は①を包摂するものであり，いわば①は②の例示という位置づけにある（鈴木・概説60頁，基本法コメ294頁〔清水誠〕）。立法時には被担保債権を①の特定の基本契約から発生するものに限定すべきとの議論もあったところ，その限定をしないこととしたものである。

特定の継続的取引契約によって生ずるもの，という①の限定のしかたは比較的明確である。一連の債権を発生させる基礎となる継続的取引契約としては，貸金債権を発生させる当座貸越契約や代金債権を発生させる物品供給契約など，様々なものがありうる。登記上には「○年○月○日　当座貸越契約」「○年○月○日　電気製品供給契約」というように，契約成立年月日と契約の名称が記載される。

問題は，債権が発生する特定の基本契約を指定する①以外の，取引の種類のみで範囲を限定する②である。この方法では抽象度がより高くなるため，範囲限定のしかたとして有効といえるかの判断が難しい。IVで詳述する。

(2) 特定の原因に基づき債務者との間に継続して生ずる債権

取引以外に根抵当権の利用を必要とする相当性が認められる場合もあろう

第4節　根抵当　　　　　　　　　　　　　　　　　　§*398の2*　III

ことをふまえ，本条3項は，特定の原因に基づき継続して生ずる債権も被担
保債権にできるものとしている（基本法コメ295頁〔清水〕）。ここにいう特定の
原因とは，本条2項に規定された取引ではなく，しかも将来にわたって継続
して債権を発生させるものでなければならない。継続的に将来にわたって発
生する騒音被害や日照権侵害についての損害賠償債権，酒類を製造場から移
出する量に応じて生ずる酒税債権などがその例として挙げられる（貞家＝清
水50頁，鈴木・概説32頁）。

(3)　手形上もしくは小切手上の請求権または電子記録債権

(ア)　回り手形・小切手上の請求権　　手形・小切手上の請求権も根抵当権
の被担保債権にすることができる（本条3項）。ただし，債務者との取引で直
接に生ずる手形上・小切手上の請求権は，本条2項の定める債務者の取引に
よって生ずるものに含まれるため，本条3項の適用対象ではない。本条3項
が念頭においているのは，振出人以外から受け取った手形・小切手（いわゆ
る回り手形・回り小切手）である。例えば，A銀行（根抵当権者）の取引先B（根
抵当債務者）が振り出した手形が裏書譲渡され，回りまわってCに渡り，そ
のCからAが取得をした，というような場合である。

　回り手形・小切手上の請求権を被担保債権とすることの可否については，
立法時に激しく議論がたたかわされた。Bの振り出した手形をAが取得す
るのはBの予期しない，いわば偶然的な債権であり，また，Aは自身に手
形の譲渡をしたCに融資をしているのだから，Cに対して担保を求めるこ
とで対応すればよいはずともいえる。他方，Bの手形・小切手の振出しは，
誰の手に渡ってもその人に対して債務を負担するという意味をもつから，B
のAに対する債務は間接的には取引に基づくものといえなくはない。実際，
Cが持ち込んだ回り手形等をAが割り引くのは，Bの設定した根抵当権が
あるからこそのことである，との主張を金融機関等は強く示した。結局，こ
うした金融機関等からの要望を入れ，これも被担保債権に含めることとなっ
た（鈴木・概説35頁，基本法コメ295頁〔清水〕）。もっとも，債務者の資力が悪
化した局面において債務者が振り出した手形・小切手を根抵当権者が廉価で
第三者から買い受けたうえで根抵当権によって回収する，といった手段が横
行すると，後順位抵当権者や一般債権者が害されるおそれがある。そのため，
次条2項においてこの弊を除去する措置が講じられている（→§398の3 IV）。

〔田髙〕　　339

§398の2　Ⅳ

手形・小切手上の請求権を被担保債権として定めた場合の登記は,「手形債権」「小切手債権」と記載される。「銀行取引」といった定め方では, 回り手形・小切手上の請求権はそこから直接に生ずるものでないため, 被担保債権とはならない。

(イ)　電子記録債権　　従来の手形・小切手に代替しうる新たな資金調達手段を創設するべく, 平成 19 (2007) 年に電子記録債権法が制定された。同法による電子記録債権についても, 上述の手形・小切手上の請求権と同様に根抵当権の被担保債権に含まれうることを明らかにするべく, 平成 29 (2017) 年, その旨の文言を本条 3 項に追加する改正がされた。さきに述べたように, 第三者が債務者に対して有する債権を根抵当権者が譲り受けても, これを被担保債権にすることはできない (一(1)(ア))。その例外として, 手形・小切手上の債権を被担保債権にできるとした理由の 1 つには, それら債権は原因関係から切り離されるため, 特定の取引や特定の原因から生じた債権か否かを確定することが容易ではない, ということもあった。高度の流通性が企図された電子記録債権も同じことがいえるのであって, そうした意味で例外的に被担保債権としての適格性を許容する扱いをするのに相応しいものといってよい (小林明彦ほか「座談会・担保法制の展望」金法 2000 号〔2014〕236 頁〔道垣内弘人発言〕参照)。

Ⅳ　一定の種類の取引による指定の方法と解釈

Ⅲに示した範囲の定め方のうち, 取引の種類のみによる場合については, 範囲の限定として有効な定め方なのか, また, 当該債権がその範囲内に属するものなのか, という判断に困難が伴う。

(1)　範囲の指定方法としての有効性

取引の種類による範囲の指定は, 被担保債権を限定するものとして機能するのでなければ, 有効とはいえない。どのような態様の限定が適法といえるのか, 抽象的な基準としては, 次のようなものが挙げられる (鈴木・概説 50 頁参照)。

(ア)　限定として意味をもちうる程度に範囲を狭めるものであること「根抵当取引」が限定の意味をまったくもちえず適法でないのは当然である

340　〔田高〕

第 4 節　根抵当　　　　　　　　　　　　　　§398の2　Ⅳ

が,「商取引」「有償取引」など, 除外部分が僅少で取引債権をほぼ包含する
ようなものも適法とはいえない。また,「商社取引」「農業協同組合取引」と
いったように, 世間一般の取引のなかからは限定されるとしても, 根抵当取
引当事者間で生ずる取引債権一切を含むようなものは適法とはいえない。た
だ, (2)で述べるように, 取引主体の取引すべてが包含されるものであっても,
「銀行取引」や「信用金庫取引」は登記可能とされている。これは, 銀行法
や信用金庫法といった法律で業務が法定されており, それによって債権の範
囲が画されるから, と説明されている (貞家＝清水44頁)。

　(イ)　限定の内容がある程度客観的に明瞭であること　　第三者が限定の内
容を知りうるものでなければならない。当事者のみが用いている名称, 例え
ば「甲号取引」といったものは不適法であるし, その名称が社会一般に浸透
し認知されていることも必要である (昭和48年の基本通達では「リース取引」は
登記できないとされた)。

　(2)　登記ができる取引の種類
　取引の種類の定め方が有効であるかは, 実際には登記ができるか否かで決
まるといってよい。不適法な取引の種類を定めた登記申請は受理されないも
のとされており, その基準は法務省の基本通達などで示される (法務省民事局
第三課職員編・例解新根抵当権登記の実務〔増補版, 1983〕9頁)。以下では, 相当数
にのぼる先例のなかから, いくつかを掲げるにとどめる (詳細については, 新
版注民(9)〔改訂版〕487頁以下〔高木多喜男〕等参照。なお, 山田猛司「根抵当権と登
記」新担保・執行法講座(3) 309頁以下には, 肯定例, 否定例が各50前後挙げられてい
る)。

　登記実務の取扱いは, (1)に示したような基準に概ね則して判断されている
ようでもあるが, なかには有効か否かの区別が非常に曖昧なものも少なくな
い。例えば, 取引主体をそのまま取引の種類とした場合についてみると,
「銀行取引」「信用金庫取引」「信用組合取引」は可だが,「農業協同組合取
引」「信用保証協会取引」は不可とされている。また, 取引の内容をある程
度具体的に表したもののなかでも,「商品委託取引」「商品供給取引」「信託
取引」は可だが,「卸売取引」「委託販売取引」「サービス役務請負取引」「レ
ンタル取引」「当座貸越取引」「金融取引」は不可である。用語統一の見地に
かかる判断であろうか,「加工委託取引」は可だが「委託加工取引」は不可

〔田高〕　　341

§398の3
第2編　第10章　抵当権

とされている。判断が求められたその時々において，社会一般への浸透の度合いなどが勘案されつつ結論が出されるものであり，時代によっても基準にブレが生ずるのは否めないところといえようか。

(3)　発生した債権の被担保債権該当性

取引の種類によって範囲が指定された場合には，現実に発生した債権が当該範囲に含まれるかの判断が難しいものもある（詳しくは新版注民(9)〔改訂版〕489頁〔髙木〕参照）。

銀行や信用金庫が被担保債権の範囲を「銀行取引（信用金庫取引）から生ずる債権」として根抵当権の設定を受けた場合において，根抵当権者が債務者に対して取得した保証債権は根抵当権の被担保債権に含まれるか。学説や下級審判決は肯定・否定に分かれていたが，最高裁は，根抵当権設定者と債務者が第三者のためにした保証に基づいて信用金庫が取得した保証債権は信用金庫法の規定する信用金庫の業務に含まれるとして，これを肯定した（最判平5・1・19民集47巻1号41頁）。

他方，自らが融資を受けるのに際して，被担保債権の範囲を「保証委託取引による一切の債権」とする根抵当権を信用保証協会のために設定した者が，第三者のために連帯保証をしていた場合において，この連帯保証により信用保証協会が取得した債権が根抵当権の被担保債権に含まれるかが争われた事例について，最高裁は，当該保証債権は保証委託取引により生ずる債権には含まれないとした（最判平19・7・5判タ1253号114頁）。

これら2つの判決の事例は，ともに第三者のためにした保証に基づき根抵当債務者が負うこととなった保証債務が問題とされたものであるが，にもかかわらず結論が異なったのは，被担保債権の範囲の指定として，「信用金庫取引」に比して「保証委託取引」がより限定されたものであることに起因するといえる（さきに(2)で述べたとおり，「信用保証協会取引」という登記は認められていない）。

〔田髙寛貴〕

（根抵当権の被担保債権の範囲）

第398条の3①　根抵当権者は，確定した元本並びに利息その他の定期

第4節　根抵当　　　　　　　　　　　　　　　　　　§*398の3*　I

金及び債務の不履行によって生じた損害の賠償の全部について，極
度額を限度として，その根抵当権を行使することができる。
②　債務者との取引によらないで取得する手形上若しくは小切手上の
請求権又は電子記録債権を根抵当権の担保すべき債権とした場合に
おいて，次に掲げる事由があったときは，その前に取得したものに
ついてのみ，その根抵当権を行使することができる。ただし，その
後に取得したものであっても，その事由を知らないで取得したもの
については，これを行使することを妨げない。
一　債務者の支払の停止
二　債務者についての破産手続開始，再生手続開始，更生手続開始
又は特別清算開始の申立て
三　抵当不動産に対する競売の申立て又は滞納処分による差押え

〔改正〕　本条＝昭46法99新設　②＝平11法225・平16法76・平17法87・平
29法44改正

（根抵当権の被担保債権の範囲）
第398条の3①　（略）
②　債務者との取引によらないで取得する手形上又は小切手上の請求権
を根抵当権の担保すべき債権とした場合において，次に掲げる事由が
あったときは，その前に取得したものについてのみ，その根抵当権を
行使することができる。ただし，その後に取得したものであっても，
その事由を知らないで取得したものについては，これを行使すること
を妨げない。
一―三　（略）

I　本条の趣旨

根抵当権の実行等によって根抵当権者が現実に優先弁済を受けられる被担
保債権はどの範囲となるのかを示したのが本条である。被担保債権が不特定
である根抵当権においても，これを実行し優先弁済を受けようとする段階で
は，被担保債権となる債権を特定することが必要とされ，これを元本の確定
という。根抵当権によって優先弁済を受けられるのは，この確定した元本，
そして，その元本から生ずる利息や遅延損害金ということになる。こうして

〔田髙〕　　343

§398の3 II・III　　　　　　　　　　　　　　第2編　第10章　抵当権

優先弁済の対象となる債権は決まるが，さらに，極度額が優先弁済を受けることのできる額の上限を画するものとなる（以上，本条1項）。

なお，回り手形・小切手上の請求権や電子記録債権も根抵当権の被担保債権にすることができるが（398条の2第3項），これらの債権については優先弁済を受けられる範囲が特に限定されている（本条2項）。

II　優先弁済の対象となる債権

(1)　元　　本

設定当事者間で定められた被担保債権の範囲に属するものであって，確定時に存在する元本が，優先弁済を受けられる対象となる。元本確定の時点で発生している必要はなく，将来債権・条件付債権であっても，それを発生させる原因となる事実が生じていて特定のものとなっていればよい。例えば，保証人の求償権を担保する根抵当権については，保証契約が元本確定前に締結されていれば，保証債務の履行がされていなくとも，その求償権は確定元本に含まれる（貞家＝清水66頁）。

(2)　利息・遅延損害金・違約金

確定した元本から生ずる利息・遅延損害金（遅延利息）は，配当時までに発生するものすべてが優先弁済を受けられる対象となる。

「債務の不履行によって生じた損害の賠償」とは，すなわち違約金のことであり，375条2項に定めるものと同義である。元本債権について生じた遅延利息，遅延賠償金等の定期金的な性格を有するものをいい，このような性格を有しない違約金は含まれない（貞家＝清水66頁）。

III　極　度　額

根抵当権者は，極度額の範囲内でのみ優先弁済を受けられる。

(1)　極度額の内容

極度額の定め方には，従前は元本極度額と債権極度額の2種があった。前者は，元本の上限として極度額を定めるもので，利息，損害金等については375条が適用され，極度額を超えても最後の2年分につき優先弁済が認めら

344　〔田髙〕

第4節　根抵当　　　　　　　　　　　　§398の3　III

れるとするものである。後者は，375条の適用がなく，元本および利息，損
害金等の全部につき極度額を限度として優先弁済を受けられるとするもので
ある。本条により，根抵当権の極度額は，後者の債権極度額の定めによるべ
きものとされた。

　債権極度額の場合は，375条の適用がないため，極度額の限度内ではある
が，利息や損害金等について何年分も優先弁済を受けられることになり，設
定者を不当に圧迫するおそれもある。これについては，根抵当権の元本確定
後になしうる極度額減額請求（398条の21）により対処できるようになってい
る。

　なお，現実に行う融資額をはるかに上回る極度額が定められている場合に
ついて，当事者意思の合理的解釈の帰結として相応の額についてのみ極度額
と認め，更正登記を命じた裁判例がある（東京地判昭56・4・27下民集32巻1〜4
号97頁）。

(2)　確定後の任意弁済

　根抵当権者は，優先弁済権を現実に行使する時点で存在する確定元本や，
利息，遅延損害金等の合計額について優先弁済を受けられる。したがって，
確定後に元本や利息，遅延損害金等につき一部弁済がされたとしても，配当
の時点で極度額に相当する額以上の確定元本，利息，遅延損害金等があるな
らば，極度額まで優先弁済を受けられることになる（貞家＝清水67頁）。

(3)　被担保債権額が極度額を超える場合の弁済充当

　担保される債権の合計額が極度額を超える場合，極度額の限度で個々の債
権のうちのいずれが弁済を受けることになるかは，弁済充当の定め（488条
以下）による。

　債務者が複数となっている場合（共用根抵当権─§398の2 II(1)）において，
配当金が被担保債権の全額を満足させるのに足りない場合の配当については，
次のような判例がある。まず，各債務者に対する債権への弁済充当について
は489条（現488条）等の規定に従い按分してされるべきであり，債権者が
任意に弁済充当の指定をできるとする特約がされていても，これによる弁済
充当は許されない（最判昭62・12・18民集41巻8号1592頁）。また，ある債務者
に対する債権の弁済によって他の債務者に対する債権も消滅するという複数
の被担保債権があるとき（連帯保証債権となっている場合など）には，いずれの

〔田高〕　　345

§398の3　Ⅳ

債権もその全額を按分の基礎となる各債務者の被担保債権額に算入すべきである（最判平9・1・20民集51巻1号1頁）。

なお，根抵当権者は，たとえ後順位担保権者が存在しない場合であっても，極度額を超えて優先弁済を受けることはできない（最判昭48・10・4判時723号42頁）。

Ⅳ　回り手形・小切手についての優先弁済権の制限

(1)　制限の趣旨と効果

さきにも述べたように（→§398の2Ⅲ(3)(ア)），回り手形・小切手上の請求権や電子記録債権が被担保債権とされている場合においては，債務者の資力が悪化した局面で，根抵当権者が不当に廉価で債務者の振出し，裏書，保証等にかかる手形等を買い集め，その請求権等を債務者に対する根抵当権によって担保させるという事態が生じかねず，そうなると後順位担保権者や一般債権者が害される。そうした弊を防止するために設けられたのが，本条2項である。

(2)　制限が生ずる原因

制限が生ずる原因とされているのは，債務者についての事由として，債務者の支払の停止（本条2項1号），債務者についての破産手続開始，再生手続開始，更生手続開始または特別清算開始の申立て（本条2項2号）であり，根抵当目的物における事由として，抵当不動産に対する競売の申立てまたは滞納処分による差押え（本条2項3号）である。

ただし，その後に取得したものであっても，以上の事由を知らないで取得したものについては，根抵当権を行使することができる（本条2項ただし書）。

これら制限が生ずる場合に当たらないこと（すなわち，上記事由が生ずる前に取得した事実，または，上記事由が生じた後で取得したものの上記事由を知らなかったという事実）は，根抵当権者の側で証明すべきものとされる（貞家＝清水73頁）。

(3)　制限の効果

本項の制限に該当する場合に根抵当権を行使することができなくなる，という意味については，2通りの解釈のしかたがある。1つは，根抵当権の被担保債権にはならない，というものであり，もう1つは，被担保債権ではあ

346　〔田高〕

第4節　根抵当　　　　　　　　　　　　　　　　§398の4　I

るが優先権がない，というものである。後者の理解は，375条の解釈におい
て採られており，2年分を超える利息，遅延損害金等も債務者や物上保証人
に対する関係では被担保債権になる（すなわち，後順位担保権者や一般債権者等が
存在しない場合は抵当権の実行により弁済を受けられる）と解するものである。

　本項による制限の趣旨が，後順位担保権者や一般債権者の予測しえない債
権が大量に根抵当権によって担保されるような事態を防ぐことにあるのは前
述したとおりだが，それのみならず，根抵当権設定者や債務者の予測しえな
い手形債権等が大量に根抵当権によって担保されるものとなることを排除す
るという意味も本項はもちうる。そうである以上は，本項の制限は，第三者
に対する関係においてはもちろん，当事者間においても効力をもつものであ
り，制限によって排除される手形債権等のみに基づく根抵当権の実行申立て
はできないと解される（貞家＝清水71頁）。

〔田髙寛貴〕

　　　（根抵当権の被担保債権の範囲及び債務者の変更）
　第398条の4①　元本の確定前においては，根抵当権の担保すべき債権
　　の範囲の変更をすることができる。債務者の変更についても，同様
　　とする。
　②　前項の変更をするには，後順位の抵当権者その他の第三者の承諾
　　を得ることを要しない。
　③　第1項の変更について元本の確定前に登記をしなかったときは，
　　その変更をしなかったものとみなす。
　　　〔改正〕　本条＝昭46法99新設

I　本条の趣旨

　根抵当取引を続けていく間に，根抵当権の担保すべき債権の範囲を変更し
たり，当初の債務者とは異なる者が債務者となっている債権を担保するもの
に変更したいという要請が生ずることもある。そうした事態に対応するべく，
本条は，根抵当権者と設定者との間で被担保債権の範囲や債務者を自由に変

〔田髙〕　　347

§398の4 Ⅱ　　　　　　　　　　　第2編　第10章　抵当権

更できることを明らかにし，その場合に元本確定前の登記を要すること等を
定めたものである。

Ⅱ　変更の内容と方法

(1)　本条の定める変更の内容と効果

(ア)　担保すべき債権の範囲の変更　　債権の範囲の変更としては，例えば，
「取引Aから生ずる債権」を「取引Bから生ずる債権」に完全に入れ替える
こともできるし，従来の範囲に他の債権の範囲を追加したり，従来の範囲か
ら一部を除外することもできる。

変更がされると，新たに加えられた範囲にある債権については，変更後に
発生するもののほか，変更時までに発生していたものも担保されることにな
る。変更により除外された範囲にある債権については，変更後に発生するも
のはもちろん，変更時に発生していたものも被担保債権から除外される。

(イ)　債務者の変更　　債務者の変更については，債務者を完全に別人とす
ることもできるし，従来の債務者に新たな債務者を追加したり，従来の債務
者のなかから一部の債務者を除外することもできる。債務者の変更は，担保
すべき債権の範囲の変更とともにされる場合もある。

債務者の変更がされれば，既発生の債権も含め，変更後の債務者に対する
債権が当該根抵当権によって担保されることとなる。

(2)　変更の当事者

根抵当権の担保すべき債権の範囲または債務者の変更は，根抵当権者と設
定者の合意によってなされる。その際，後順位の抵当権者その他の第三者の
承諾は不要である（本条2項）。極度額が変更されるのでない以上，後順位抵
当権者や転抵当権者などが格別不利益を被ることはないからである。

なお，変更にあたっては債務者の承諾も不要である。委託による物上保証
人は，変更の結果として委託契約違反の責任を負うべき場合もありうるが，
変更の効力が左右されることはない。

(3)　変更の時期

変更をすることができるのは，根抵当権の元本確定までの間に限られる
（本条1項）。

348　〔田髙〕

第4節　根抵当　　　　　　　　§*398の4*　III, §*398の5*　I

III　変更の登記

　被担保債権の範囲または債務者の変更については，根抵当権の元本確定前に登記がされないと，変更がなかったものとみなされる（本条3項）。ここでは，変更の登記は，効力要件としての意味をもつものとされている。

　なお，この登記の効力については学説上議論がある。第1は，合意のみでは変更の効力が生ぜず，登記によってはじめて効力が生ずるとする見解であり（我妻496頁，鈴木・概説272頁等），第2は，登記がないと第三者には対抗できないものの，効力自体は合意によって発生するとしつつ，確定前に登記がされなかったときは効力が生じないものとなるとの見解である（貞家＝清水90頁）。後者の見解は，本条3項の「みなす」という文言に忠実な解釈といえるが，確定前に登記がされた場合において，登記前に現れた第三者と登記後に現れた第三者とで対抗できるか否かを別異に解すべきことになる等，法律関係が複雑になるという難がある（新版注民(9)〔改訂版〕500頁〔高木多喜男〕）。

〔田髙寛貴〕

　（根抵当権の極度額の変更）
　第398条の5　根抵当権の極度額の変更は，利害関係を有する者の承諾
　　を得なければ，することができない。
　　〔改正〕　本条＝昭46法99新設

I　本条の趣旨

　根抵当権を設定する際には必ず極度額を定めなければならないが，根抵当取引を継続しているうちに，極度額を増額したり，減額したりする必要が生ずることもある。本条は，設定後に極度額を変更することが（根抵当権の確定の前後を問わず）認められること，ただしその際には利害関係人の承諾を得なければならないことを定めたものである。

〔田髙〕　　349

II 承諾を要する利害関係人

極度額の変更において承諾を得なければならない利害関係人とは，変更によって不利益を受ける者であり，増額の場合と減額の場合とで異なる。

(1) 増額の場合

極度額の増額によって不利益を受ける者として典型的なのは，同順位・後順位の抵当権者その他の担保権者であり，これらの者が有する権利を目的とする権利を有する者（転抵当権者など）も同様である。抵当不動産の差押債権者も利害関係人となる。

増額の対象となる根抵当権者に対して順位の譲渡・放棄をしている先順位の抵当権者が利害関係人になるかは見解が分かれる。増額によって受益者の受ける弁済額が増え，譲渡・放棄者の弁済額が減少すると解する論者はこれを肯定し（鈴木・概説231頁），極度額を増額しても順位の譲渡・放棄による受益は増額前の極度額が限度となると解する論者はこれを否定する（貞家＝清水100頁）。

後順位に用益権を有する者は，自己の権利を保全するために先順位根抵当権の極度額を出捐してこれを消滅させられる立場にあるから（398条の22），極度額の増額による不利益を全く受けないとまではいえない。しかし，用益権者は不動産担保価値を把握しているわけではないから，増額を拒める立場に据えて保護する必要まではないと解される（鈴木・概説234頁，貞家＝清水101頁）。

(2) 減額の場合

根抵当権の極度額減額により不利益を受ける者としては，当該根抵当権の転抵当権者が挙げられる。被担保債権の差押債権者や質権者も，それが根抵当権にも効力を及ぼすと解する限りは（→§398の7 Ⅱ(2)），利害関係人に含まれる（鈴木・概説235頁，貞家＝清水102頁）。また，元本確定後には根抵当権についても376条による処分が可能となるので，それら処分の受益者も利害関係人に加わる。

第 4 節　根抵当　　　　　　　　§*398の5*　III, §*398の6*

III　極度額変更の方法

(1)　利害関係人全員の承諾

　極度額を変更するためには，利害関係人全員の承諾を得なければならない
と解されている。もし，一部の者の承諾を得ただけでも，その者に対する関
係においては変更の効力が生ずるとしたら，きわめて複雑な関係が生じてし
まうからである（貞家＝清水98頁）。

　承諾を得られない者がいる場合に，（この者には劣後するものの）実質的な極
度額の増額を実現するための便法としては，増額分相当の極度額として，被
担保債権の基準を同じくする後順位の根抵当権を設定し，従前の根抵当権と
あわせ累積根抵当とすることが考えられる（鈴木・概説236頁）。

(2)　極度額変更の登記

　条文には示されていないが，極度額の変更については，登記が効力発生要
件であると解されている（我妻498頁，貞家＝清水102頁，鈴木・概説237頁等）。
この登記を対抗要件と解すると，利害関係人全員の承諾を得た後，登記まで
の間に新たな利害関係人が現れた場合などに極度額変更について画一的な処
理ができず，複雑な関係が生じてしまうためである。この登記は付記登記に
よってされる（不登66条）。

〔田髙寛貴〕

（根抵当権の元本確定期日の定め）

　第398条の6①　根抵当権の担保すべき元本については，その確定すべ
　　き期日を定め又は変更することができる。

② 　第398条の4第2項の規定は，前項の場合について準用する。

③ 　第1項の期日は，これを定め又は変更した日から5年以内でなけ
　　ればならない。

④ 　第1項の期日の変更についてその変更前の期日より前に登記をし
　　なかったときは，担保すべき元本は，その変更前の期日に確定する。

　　〔改正〕　本条＝昭46法99新設

〔田髙〕　　351

§398の6 Ⅰ・Ⅱ

第2編 第10章 抵当権

Ⅰ 本条の趣旨

根抵当権設定当事者は，元本の確定すべき期日を定めることができる。本条は，その確定期日の定めと変更について規律したものである。

確定期日の定めは，根抵当権の担保する債権を一定の時間的範囲によって限定するものといえ，設定者にとっては，この定めによって根抵当権による長期の拘束を免れることができる。また，元本確定期日が定められていると，設定者は元本確定請求をできなくなるため（398条の19第3項），根抵当権者としては，自らの地位を安定させられることになる。

Ⅱ 元本確定期日の定めとその変更の方法

(1) 元本確定期日の定めとその変更の合意

元本確定期日の定めは，根抵当権者と設定者の合意による。この定めは，設定契約と同時でもよいし，元本確定前であれば設定後にするのでもよい。いったん定めた元本確定期日を変更することも，元本確定前であれば可能である。

元本確定期日の定めやその変更をするのに，後順位抵当権者等の第三者の承諾は要しない（本条2項・398条の4第2項）。

(2) 元本確定期日の制限

元本確定期日は，これを定めまたはその変更をした日から5年以内の日であることを要する（本条3項）。根抵当権設定者が不当に長期にわたり根抵当権による拘束を受けないようにするためである（貞家＝清水109頁）。もっとも，定めや変更をする日から5年以内の日であればよいから，設定時から5年を超える日が元本確定期日となることはある。

5年を超える日を元本確定期日に定める事態は，登記が受理されない以上ほぼ生じないといえるが，これが誤って受理された場合には，その効力をどのように解するかが問題となる。そのような定めは一切無効であるから，元本確定期日の定めのない根抵当権として扱い，設定後3年が経過すればいつでも元本確定請求（398条の19第1項・2項）ができるとする説（鈴木・概説128頁）と，契約当事者の意思解釈の問題として，法律の許容する最長期の日を

352 〔田髙〕

第 4 節　根抵当　　　　　　　　　　　　　　　　　　§*398の6*　III

元本確定期日とみるべき場合もありうるとする説（貞家 = 清水 110 頁）がある。

III　元本確定期日の定めとその変更の登記

(1)　元本確定期日の定めについての登記

　元本確定期日の定めがあること，あるいはその変更がされたことを第三者に対抗するためには，その旨の登記をしなければならない。ここにいう第三者とは，元本確定期日の定めをした後に現れた抵当不動産の第三取得者，根抵当権の譲渡を受けた者である。

　本条の登記は，前条の場合等とは異なり，効力要件ではないと解されており，元本確定期日の定めは登記がなくとも当事者間では効力が生ずる（貞家 = 清水 107 頁，鈴木・概説 131 頁）。したがって，未登記であっても期日が到来すれば元本は確定する。もっとも，当事者間でなお根抵当取引を継続していて，いずれからも格別異議が述べられないのであれば，元本確定期日の定めが暗黙に廃止されたとみるべき場合もありうる（貞家 = 清水 108 頁，鈴木・概説 131 頁）。

(2)　元本確定期日の定めの変更についての登記

　元本確定期日の定めを登記した場合において，その後にその期日を変更したときも，その変更の登記をしなければならない。変更前の期日が到来する前にその登記をしないときは，元本はその変更前の期日において確定する（本条 4 項）。変更前の期日が到来する前に変更の合意がされていても，変更前の期日までに登記をしないと，たとえ第三者が現れなかったとしても，その期日で元本は確定し，その後に登記をしても元本確定前の状態が復活することはない。その意味では，この場合の登記は効力発生要件になっているといえる（貞家 = 清水 107 頁，鈴木・概説 133 頁）。

　なお，元本確定期日の定めが登記されていないときにこれを変更する場合には，本条 4 項の適用はない。前述のとおり，当事者間では登記がなくとも元本確定期日の定めの効力は生ずるのであって，元本確定期日の定めを暗黙に廃止したとみるべき場合もあるのだから，その変更も当事者は自由にすることができる。ただ，登記がされていると，第三者に向けて元本確定期日を予告しているともいうべきことになるため，398 条の 4 第 3 項と同様に，本

〔田髙〕　　353

§398の6　Ⅳ，§398の7　　　　　第2編　第10章　抵当権

条4項のような措置が必要になると解される（貞家＝清水108頁，鈴木・概説131頁）。

Ⅳ　元本確定期日の効果

元本確定期日が定められていると，その期日が到来した時に元本が確定する。

元本確定期日が定められている場合には，根抵当権者および設定者は元本確定請求をすることができない（398条の19第3項）。なお，根抵当権設定者が物上保証人である場合，設定後に著しい事情変更が生じたときは，元本確定期日の定めがあったとしても，元本確定請求ができる。根抵当権の立法前の判例に（確定期日の定めのない事案ではあるが）同旨を判示したものがあり（最判昭42・1・31民集21巻1号43頁。→§398の19Ⅱ(5)），このことは元本確定期日の定めがある事例の準則としても現行法下で維持されていると解されている（我妻536頁，貞家克己ほか・新根抵当法の解説〔1971〕144頁等）。

〔田髙寛貴〕

（根抵当権の被担保債権の譲渡等）

第398条の7①　元本の確定前に根抵当権者から債権を取得した者は，その債権について根抵当権を行使することができない。元本の確定前に債務者のために又は債務者に代わって弁済をした者も，同様とする。

② 元本の確定前に債務の引受けがあったときは，根抵当権者は，引受人の債務について，その根抵当権を行使することができない。

③ 元本の確定前に免責的債務引受があった場合における債権者は，第472条の4第1項の規定にかかわらず，根抵当権を引受人が負担する債務に移すことができない。

④ 元本の確定前に債権者の交替による更改があった場合における更改前の債権者は，第518条第1項の規定にかかわらず，根抵当権を更改後の債務に移すことができない。元本の確定前に債務者の交替

第4節　根抵当　　　　　　　　　　　　　　**§398の7　I**

による更改があった場合における債権者も，同様とする。

　〔改正〕　本条＝昭46法99新設　③＝平29法44新設　④＝平16法147移動
　　　（398条ノ8→③），平29法44改正移動（③→④）

┌───┐
　　（根抵当権の被担保債権の譲渡等）
　第398条の7①②　（略）
　③　元本の確定前に債権者又は債務者の交替による更改があったときは，
　　その当事者は，第518条の規定にかかわらず，根抵当権を更改後の債
　　務に移すことができない。
└───┘

I　本条の趣旨

　本条は，元本確定前の根抵当権については随伴性がなく，個々の被担保債
権の変動の影響が根抵当権に及ばないことを明らかにしたものである。すな
わち，根抵当権によって担保される個々の債権について，元本確定前に譲渡
などによって債権者が変わったり，債務引受などによって債務者が変わった
りすると，その債権は根抵当権の被担保債権から離脱することとなる。

　元本確定前における随伴性を否定したのは，次のような理由による。元本
確定前の根抵当権は，個々の債権と直接の結びつきをもっておらず，その抵
当権によって終局的に担保されることに定まってはいない。これら個々の債
権について随伴性を認めるのは，本来の根抵当権の機能と相容れない面があ
るのみならず，法律関係をいたずらに複雑にする原因ともなりうる（貞家＝
清水115頁）。

　当事者がとくに随伴をさせたいと考えたときには，債務引受の際に被担保
債権の範囲や債務者を変更したり（398条の4第1項），債権譲渡の際に譲受人
に根抵当権の一部譲渡をしたうえで（398条の13）被担保債権の範囲を変更す
れば，その目的を達することができる。ただ，こうした措置を講じるために
は，随伴性を認める場合とは異なり，根抵当権設定者の承諾が必要となる。
随伴性を否定したのは，随伴性を認める場合に生ずるおそれのある法律関係
の紛糾を避けるには設定者の承諾を必要とする制度に代替させるのがよい，
との判断にかかるものともいいうる（我妻500頁以下）。

　なお，本条はあくまで元本確定前の根抵当権につき随伴性を否定したもの

〔田髙〕　　355

§398の7　II　　　　　　　　　　　　　　第2編　第10章　抵当権

であり，元本確定後には，担保の一般原則により随伴性も認められるようになる。

II　元本確定前における債権の移転と代位

(1)　債権が第三者によって取得された場合

　根抵当権が担保する個々の債権が第三者に移転した場合，その債権の取得者は根抵当権を行使することができない（本条1項前段）。本項の適用があるのは，あくまで個々の債権の移転であって，相続や合併・会社分割のような包括承継については，別途規定がある（398条の8〜398条の10）。

　第三者による債権の取得として典型的なのは債権譲渡があった場合であるが，このほか差押債権者が転付命令を得た場合もこれに含まれる。なお，債権の譲渡とともに根抵当権の分割譲渡や一部譲渡がされたとしても，当該譲受債権は当該譲受根抵当権によって担保されるものとはならない。根抵当権には随伴性がないし，根抵当権の譲渡は被担保債権と切り離して根抵当権の一部を移転させるものだからである（貞家＝清水117頁）。

　根抵当権者が事業譲渡をし，これに伴って債権が移転した場合をどう扱うかは議論がある。根抵当取引の継続性を重視して合併に準じた扱いを志向する見解もあるが（高木270頁），事業譲渡による財産承継が特定承継である以上，本項が適用されると解される（貞家＝清水118頁）。

(2)　債権につき差押え・質入れがされた場合

　普通抵当の場合は，抵当権者が被担保債権を質入れし，あるいは抵当権者の債権者がこれを差し押さえた場合，その効力は抵当権にも及ぶ（抵当権の被担保債権につき差押えがされた場合はその旨が登記される。民執150条）。一方，差押えや質入れがされた債権が根抵当権で担保されている場合，その効力が抵当権に及ぶかについては，肯定説と否定説の対立がある。根抵当権の元本確定前に質権が実行されて債権を第三者が取得したり，差押債権者が転付命令を得たりするなどした場合，この債権が根抵当権によって担保されなくなるのは両説とも同様である。しかし，元本確定前の段階で差押債権者や質権者が根抵当権の実行を申し立てられるか，あるいは被担保債権や極度額の変更等においてこれらの者の承諾が必要となるか，といった問題については，両

第 4 節　根抵当　　　　　　　　　　　　　　§ *398 の 7*　III

説で結論が異なってくる。

　本項で根抵当権の随伴性が否定されるのは債権の移転に伴う場合だけであるから，質入れ・差押えの効力は根抵当権に及ぶとする肯定説が，かつては多数であった（貞家＝清水118頁，鈴木正和・新根抵当入門〔1972〕47頁等。我妻502頁は，肯定説に立ちつつ根抵当権の実行までは認められないとする）。なお，登記実務では，元本確定前に根抵当権の担保する債権についてされた差押えや質入れの登記も可能とされている（昭55・12・24民三7176号民事局長通達）。

　これに対し，差押えの効力については根抵当権に及ぶが質入れについては及ばないとする説（鈴木・概説305頁以下，竹下守夫・担保権と民事執行・倒産手続〔1990〕115頁）があり，さらに近時は，差押えや質権実行により債権者が変更した場合にも根抵当権の被担保債権からの独立性を図る本項の趣旨は妥当するとして，差押えと質入れのいずれも根抵当権には効力が及ばないとする否定説が多数となっている（高木271頁，松坂383頁，槇281頁，近江243頁，川井・概論425頁，道垣内246頁）。

(3)　元本確定前の代位弁済

　債務者のために第三者が債務の弁済をし，あるいは保証人が債務者に代わって弁済をした場合でも，これらの者は，根抵当権について代位（499条・501条）することができない（本条1項後段）。したがって，保証人その他の第三者が確定前に代位弁済をしても，求償権の範囲内でその債権者の債権を取得することはできるものの，根抵当権を代位により行使することはできないことになる。保証人は，求償権の担保を図るためには，抵当権の設定を別途受けるか，根抵当権の一部譲渡を受けること等が必要である。

III　元本確定前における債務引受

　元本確定前に根抵当権の担保すべき個々の債務について債務引受がされた場合，根抵当権者は引受人の債務について根抵当権を行使することができない（本条2項）。本項は，併存的債務引受と免責的債務引受のいずれにも適用される。なお，併存的債務引受においては，引受人の債務は担保されないものの，引受け前の債務者の債務は依然として根抵当権により担保される。

　平成29（2017）年の民法改正により，免責的債務引受がされた場合におい

〔田高〕　　357

§398の7 Ⅳ・Ⅴ 第2編 第10章 抵当権

て，債権者は債務者が免れる債務の担保として設定された担保権を引受人が負担する債務に移すことができる旨の規定が新設されたが（472条の4），これに伴い，根抵当権については同条の適用がないものとする規定が設けられた（本条3項）。

Ⅳ 元本確定前における債権者または債務者の交替による更改

更改とは，当事者が債務の内容を変更することにより，元の債務を消滅させて新たな債務を成立させる契約であり（513条），そのなかには，債務者または債権者を第三者と交替させるものも含まれる。ところで，518条1項には，債権者は，更改前の債務の担保として設定された抵当権等を更改後の債務に移転できる旨が規定されている。しかし，債権者の交替は債権譲渡に，債務者の交替は債務引受にそれぞれ実質的には類似しており，にもかかわらずここで同項が適用できるとすると，本条1項や2項で元本確定前の根抵当権について随伴性を否定したことと均衡を失する。そこで，元本確定前に債権者または債務者の交替による更改がされたときには，518条1項の例外として，債権者は根抵当権を更改後の債務に移すことができないものとされた（本条4項）。

Ⅴ 元本確定前の根保証と根抵当の異同（補論）

個人根保証契約においても，以後に発生する債権は保証の対象にしないという趣旨にかかる元本確定が，一定の事由ないし期間経過によって生ずるものとされている（465条の3・465条の4）。では，根保証と根抵当のそれぞれにおける元本確定は，どこまで共通性が認められるものなのか。

(1) 元本確定前の根保証の性質

元本確定前の根保証をどのような状態とみるかについては，次のように見解が分かれている。

① 個別保証集積説 根保証の保証人は，保証期間中に発生する個々の主債務について継続的に保証責任を負うと解し，元本確定前でも，主債務について履行期が到来すれば，随時保証人に対して履行請求ができるとみる考

358 〔田髙〕

第4節　根抵当　　　　　　　　　　　　　　　**§398の7　Ⅴ**

え方がある（注民(11)144頁〔西村信雄〕等）。この説では，根保証における元本
確定は，被保証債権の元本発生の終期を区切るという意味で理解されること
になる。

　②　根抵当権類似説　　他方，根保証人は，債権者と主債務者の間の継続
的取引が正常に継続している間は履行する必要がなく，取引関係や保証期間
が終了した時点で残存する債権についてのみ保証人に履行請求できる，とす
る考え方もある（我妻栄・新訂債権総論〔1966〕475頁，鈴木禄弥「根保証人の解約
権」金融財政事情研究会・判例先例金融取引法〔1979〕186頁，松本恒雄「根保証の内容
と効力」担保法大系Ⅴ 238頁以下等）。この説によれば，元本の確定は，根抵当権
と同様，担保の実現（＝履行請求）や随伴性を認める前提という意味をもつも
のとなる。

　平成16（2004）年の民法改正で根保証の条文を新設するにあたり，根抵当
権と共通の「元本確定」の語が用いられたことを契機に，②の見解はより多
くの支持を集めるようになった。しかしその一方，保証人の財産への強制執
行により元本が確定するとした465条の4は，元本確定前に保証人への履行
請求ができるのを前提としている，との指摘もされている（山野目章夫「根保
証の元本確定前における保証人に対する履行請求の可否」金法1745号〔2005〕11頁）。

(2)　元本確定前における保証人への履行請求の可否

　元本確定前に債権者が保証人に対して保証債務の履行を請求することはで
きるか。(1)に示した①説ではこれが肯定され，②説では否定される，という
のが基本であるが，②説にあっても，398条の20第1項1号の類推により
債権者による履行請求をもって元本確定とみる等として，履行請求を肯定す
る見解も少なくない（吉田光碩「貸金等根保証契約における保証債務の随伴性」判タ
1214号〔2006〕70頁等）。

　履行請求を認めることには，債権者が根保証人を当てにして資力が十分で
ない主債務者に新たな貸付けを続けていく事態を招来しかねない，という問
題がある。しかし，主債務者が債務不履行に陥っているのに，取引関係を終
了させて元本確定をしない限り保証人に対する履行請求ができないとするの
は実情にあわないこと等から，履行請求を肯定するのが現時の学説の多数と
なっている。なお，平成29（2017）年の民法改正に向けた議論においては，
元本確定前の履行請求の可否について規定を設ける方向で検討がされていた

〔田髙〕　359

§398の7　Ⅴ　　　　　　　　　　　　　　第2編　第10章　抵当権

が，結局，規定の創設は見送りとなった（改正における議論の経過を概説するものとして，潮見佳男・新債権総論Ⅱ〔2017〕743頁等参照）。

(3) 元本確定前における保証人の弁済

元本確定前における保証人に対する履行請求を肯定した場合には，保証人が元本確定前にした弁済をどう扱うのかも問題となる。根抵当権の場合，物上保証人は，元本確定前に代位弁済をしていたとしても，元本確定の後，根抵当権の消滅請求の手続（398条の22）等により極度額を限度とする被担保債権額の払渡しまたは供託をしなければ，物的負担を免れることはできない。これと同様に，根保証においても，元本確定前にいくら弁済をしていようと，保証人は元本確定時にあらためて極度額までの弁済をすべきであるという見方は，論理的にはありうる。しかし，学説の大半は，極度額の定めにつき保証人が負担すべき上限を意味するものとみて，保証人が元本確定前に請求に応じてした弁済も極度額の範囲に含まれると解している。

(4) 元本確定前の根保証の随伴性

元本確定前の根保証において随伴性は認められるか。元本確定前に根保証の被保証債権の一部が譲渡され，あるいは第三者弁済がされた場合に，当該債権の譲受人や弁済者は保証債務の履行を求めることができるか，という問題である。

(1)に示した②説によれば，根抵当権におけるのと同様，元本確定前の随伴性は否定される。下級審判決にはこの見解を採ったものがある（千葉地判平21・3・19金判1337号46頁）。一方，①説のなかでは見解が分かれており，随伴性を認めるものがある一方，法律関係の複雑化を回避し（根抵当権で随伴性が否定された理由でもある。→Ⅰ）また債権者が誰であるかの期待を保護する必要から，これを否定するものもある（中原利明「保証」金法1874号〔2009〕58頁以下等）。この問題につき，最高裁は，元本確定前の根保証の法律関係については当事者の合意によって定まるとしつつ，通常の意思の合理的解釈を根拠として，履行請求が認められることとともに，随伴性が認められるものとした（最判平24・12・14民集66巻12号3559頁）。

(5) 根抵当と根保証の相違

以上のように，元本確定前の根保証の理解については（個別論点の判断に必ずしも直接に反映されるわけではないものの）根抵当権との共通性を基礎とするか

360　〔田髙〕

第4節　根抵当　　　　　　　　　　　　　　　　　　**§*398の8***

否かをめぐって見解の対立がある。

　少なくともここで留意されるべきは，根保証が根抵当と根本的に異なるの
は，根抵当の場合は物権として内容が画一的に法定されるべきなのに対し，
根保証については契約によってその内容を任意に決められる，ということで
ある。元本確定という語を用いた趣旨につき，立案担当者は，「保証期間」
だと期間経過後は保証人が何ら責任を負わなくなると誤解されかねないので，
根抵当権の言葉を流用しただけであり，確定前の法律関係については契約自
由の原則を基礎とする解釈論に委ねられるとしている（吉田徹＝筒井健夫編
著・改正民法の解説〔2005〕34頁以下）。元本確定前の根保証につき随伴性を認
めた判例において，「別段の合意がない限り」との留保が付されていること
にも，そのことが表れている（前掲最判平24・12・14）。

　結局，根保証における元本確定前の履行請求の可否や随伴性の有無につい
ては，基本的には，契約当事者の合理的意思解釈によって判断されるものと
いえる。ただ，履行請求や随伴性を肯定すると保証人の負担が重くなるだけ
に，そうした内容のものと意思解釈するのには慎重さが求められよう。

〔田高寛貴〕

　（根抵当権者又は債務者の相続）
　第398条の8①　元本の確定前に根抵当権者について相続が開始したと
　　きは，根抵当権は，相続開始の時に存する債権のほか，相続人と根
　　抵当権設定者との合意により定めた相続人が相続の開始後に取得す
　　る債権を担保する。
　②　元本の確定前にその債務者について相続が開始したときは，根抵
　　当権は，相続開始の時に存する債務のほか，根抵当権者と根抵当権
　　設定者との合意により定めた相続人が相続の開始後に負担する債務
　　を担保する。
　③　第398条の4第2項の規定は，前2項の合意をする場合について
　　準用する。
　④　第1項及び第2項の合意について相続の開始後6箇月以内に登記
　　をしないときは，担保すべき元本は，相続開始の時に確定したもの

〔田高〕　361

§*398の8* I　　　　　　　　　　　　　　第2編　第10章　抵当権

とみなす。

〔改正〕　本条＝昭46法99新設，平16法147移動（398条ノ9→本条）

I　本条の趣旨と根抵当取引の相続性

(1)　本条の趣旨

　死亡により相続が開始したり，会社の合併や分割がされるなどして，設定
契約で定められていた債権者や債務者につき包括承継に伴う変更が生ずるこ
とがある。このとき，元本が確定したものとして根抵当取引関係は終了する
のか，それとも，元本は確定せずそのまま根抵当取引関係が承継されるのか。
本条は，これら包括承継が生じた場合のうち，債権者または債務者につき相
続があったときの元本確定の有無について定めたものである。

(2)　根抵当取引の相続性

　普通抵当権や元本確定後の根抵当権については，被担保債権または債務を
相続によって承継した者が当然に抵当権者または債務者となる。しかし，元
本確定前の根抵当権は，担保すべき元本が特定されていないため，その承継
として根抵当権の移転や債務者の変更を基礎づけることができない。

　人的信頼関係および根抵当権設定者（とりわけ物上保証人）の意思を重視す
るならば，根抵当権者または債務者につき相続が開始した場合には，根抵当
取引が終了し元本が確定するのが原則と解すべきこととなる（ちなみに，個人
根保証契約においては，主債務者または保証人の死亡により元本が確定する〔465条の4
第1項3号〕）。他方，根抵当取引における物的信頼の側面を重視するならば，
根抵当権者や債務者の地位は当然に相続人に承継され，根抵当取引が継続す
るのを原則と解すべきこととなる。本条は，関係当事者の合意があれば元本
は確定せず根抵当取引は承継されるが，合意がされないとき（または合意が6
か月以内に登記されないとき）には元本は相続開始時に確定する，という形で，
根抵当権者や設定者の利益保護に留意しつつ法律関係の明確化を図った（貞
家＝清水132頁）。

362　　〔田髙〕

第4節　根抵当　　　　　　　　　　　　　　　　§398の8　II

II　根抵当権者についての相続

(1)　相続開始後に根抵当権が担保する債権

　元本確定前に根抵当権者について相続が開始した場合，相続開始時に根抵当権者（被相続人）が有していた既発生の被担保債権は引き続きその根抵当権によって担保され，相続人は当然に根抵当権者となる。それに加え，根抵当権者の相続人が，相続開始後に取得する新たな債権をこの根抵当権により担保されるものとするには，根抵当権設定者との間で合意をする必要がある（以上，本条1項）。この合意には後順位担保権者その他の第三者の承諾は要しない（本条3項）。合意しないとき，または合意を相続開始後6か月以内に登記しないときは，元本は相続開始時に確定する（本条4項）。

　根抵当取引を継続させるのに合意を必要としたのは，根抵当権者の死亡に際し，根抵当権者の相続人の信用等を考慮しつつ根抵当取引を継続するかを選択する機会を根抵当権設定者に与えたものである（貞家＝清水134頁）。

(2)　合意の当事者と「合意により定めた相続人」の範囲

　合意の当事者となる相続人は，根抵当権者としての地位を相続によって承継した者であり，根抵当権を承継する「合意により定めた相続人」（本条1項）もこの中に含まれる者でなければならない。共同相続の場合，遺産分割前ならば共同相続人全員が合意の当事者となり，共同相続人のなかから根抵当取引関係を継続する根抵当権者となる者を決め，設定者との合意をすることになる。また，遺産分割後に合意をするのであれば，遺産分割により根抵当権者の地位を承継した者のみが当事者となる。

(3)　合意と相続との関係

　根抵当権者につき相続が開始された場合に，根抵当権者の地位が承継されるのと承継されないのと，いずれを原則とみるのかは，見解が分かれる。すなわち，①根抵当権者の地位は相続されず，相続開始により元本は確定されるのが原則だが，本条の定めにより，6か月以内の合意と登記がされれば確定の効果が相続開始時に遡って消滅する，と解するものがある（解除条件説。鈴木・概説390頁，我妻506頁）。他方，②根抵当権者の地位は相続され，相続開始によっても元本は確定しないのが原則だが，本条の定めにより，6か月以内に合意と登記がされないときは相続開始時に遡って確定の効果が生ずる，

〔田髙〕　　363

§398の8 Ⅲ
第2編 第10章 抵当権

と解するものもある（停止条件説。貞家＝清水135頁，新版注民(9)〔改訂版〕513頁〔髙木多喜男〕）。本条4項で，合意の登記がないときは相続開始時に確定したものと「みなす」と表現されていること，また，不動産登記法92条では，相続による根抵当権の移転または債務者の変更の登記をした後でなければ合意の登記はできないと規定されていることは，停止条件説を前提としたものである，との指摘がある（貞家＝清水136頁）。

　上に述べた①解除条件説と②停止条件説とでは，6か月以内の合意と登記がされるか否かが未確定の期間を元本確定状態とみるか否かに相違が生ずる。元本確定を前提とする行為，例えば極度額減額請求（398条の21）や根抵当権消滅請求（398条の22）について，①説では相続開始後ただちにすることができることになるのに対し，②説では6か月以内の合意と登記が不存在となってはじめてできることになる。これに対し，元本確定前にのみすることのできる行為，例えば，被担保債権や元本確定期日の変更（398条の4・398条の6），全部譲渡・分割譲渡・一部譲渡（398条の12・398条の13）などを相続開始後にできるかについては，①説では否定，②説では肯定になるとも思えるが，②説でも6か月以内の合意と登記が不存在であると決まれば遡って確定することになるので，結局両説で結論に相違はないことになる。

Ⅲ　債務者についての相続

(1)　相続開始後に根抵当権が担保する債権

　根抵当権の元本確定前にその債務者につき相続があったときは，根抵当権は，相続開始時に被担保債務として存在したものを引き続き担保するほか，根抵当権者と設定者との合意で定めた債務者の相続人が相続開始後に負担する債務を担保する（本条2項）。この合意には後順位抵当権者その他の第三者の承諾は要しないこと（本条3項），合意しないとき，または合意を相続開始後6か月以内に登記しないとき元本は相続開始時に確定すること（本条4項），あるいは合意を必要とすることの趣旨等については，Ⅱの根抵当権者についての相続の場合と同様である。

(2)　合意の当事者と「合意により定めた相続人」の範囲

　債務者について相続が開始した場合に根抵当関係を承継させる合意をする

364　〔田髙〕

第4節　根抵当

§398の9

のは，抵当権者と設定者である。設定者ではない債務者（の相続人）は合意の当事者にならない。設定者たる債務者が死亡したときは，当該抵当不動産を相続した者が根抵当権設定者として合意の当事者となるが，共同相続の場合，この者が「合意により定めた相続人」とされる必要はない。

なお，設定者たる債務者が抵当不動産を第三者に譲渡した後に死亡した場合において，第三取得者と根抵当権者との間で特段の合意がない以上，根抵当権は確定するとした裁判例がある（名古屋高判昭54・6・27金判579号3頁）。

(3)　合意と相続との関係

債務者につき相続が開始した場合においても，相続と合意の関係や合意の成否未定の期間中の法律関係について，根抵当権者の相続開始におけるのと同様の問題がある（一Ⅱ(3)）。裁判例としては，根抵当権の債務者変更についての合意の直後に旧債務者につき相続開始があり，その後に債務者変更の登記（398条の4）がされた場合につき，本条4項の登記が6か月以内にされなかった以上，債務者変更の登記はその効力を生じないとしたものがある（東京地判昭60・12・20判時1221号62頁）。この結論が解除条件説と停止条件説のいずれからも導きうることは，前述したとおりである。

〔田髙寛貴〕

　　（根抵当権者又は債務者の合併）

第398条の9①　元本の確定前に根抵当権者について合併があったときは，根抵当権は，合併の時に存する債権のほか，合併後存続する法人又は合併によって設立された法人が合併後に取得する債権を担保する。

②　元本の確定前にその債務者について合併があったときは，根抵当権は，合併の時に存する債務のほか，合併後存続する法人又は合併によって設立された法人が合併後に負担する債務を担保する。

③　前2項の場合には，根抵当権設定者は，担保すべき元本の確定を請求することができる。ただし，前項の場合において，その債務者が根抵当権設定者であるときは，この限りでない。

④　前項の規定による請求があったときは，担保すべき元本は，合併

〔田髙〕　　365

§398の9 Ⅰ・Ⅱ 第2編 第10章 抵当権

の時に確定したものとみなす。

⑤ 第3項の規定による請求は，根抵当権設定者が合併のあったこと
を知った日から2週間を経過したときは，することができない。合
併の日から1箇月を経過したときも，同様とする。

〔改正〕 本条＝昭46法99新設，平16法147移動（398条ノ10→本条）

Ⅰ 本条の趣旨

本条は，根抵当権者または債務者たる法人が合併した場合の法律関係を定
めたものである。従前の根抵当取引は合併後の法人にもそのまま承継される
ことを原則としつつ（本条1項・2項），根抵当権設定者の保護を図るべく確定
請求を認める措置が講じられている（本条3項）。

同じく根抵当権者または債務者について包括承継が生ずる場合でありなが
ら，相続についての前条と原則的な扱いを異にしたのは，次のような理由に
よる。すなわち，相続が開始した場合，被相続人の取引関係を承継するか否
かは相続人の意思いかんにかかることが多く，とくに共同相続の場合は遺産
分割まで承継関係が不確定的であるため，取引関係の承継については合意を
要するとされた。これに対し，法人合併の場合には，従前の法人の取引関係
を合併後の法人が引き継ぐことは当然の前提といってよいため，格別の合意
がなくとも当然に根抵当取引も承継されるとした。

Ⅱ 法人合併による根抵当関係の承継

(1) 根抵当権者についての合併

根抵当権者である法人が他の法人に吸収合併された場合，または他の法人
とともに新設合併をした場合，根抵当権は当該吸収合併をした法人または新
設合併により設立された法人に移転する。この根抵当権によって担保される
債権は，合併時に被担保債権であった債権と，合併後の法人が合併後に取得
する債権である（以上，本条1項）。根抵当権者ではなかった法人が合併前に
有していた債権は，被担保債権の範囲を変更して被担保債権に追加しない限
りは担保されない。

366 〔田髙〕

第4節　根抵当　　　　　　　　　　　　　　§*398の9*　III

　根抵当権者である法人Ａが，債務者に対する債権を有する法人Ｂを吸収合併した場合には，根抵当権者の地位に変動が生ずるわけではないから，本項の適用はない。したがって，合併前にＢが有していた債権は，たとえ被担保債権の範囲に属するものであったとしても，担保されない。ただし，根抵当権が回り手形・小切手を担保するものである場合において，Ｂがこれに該当する手形・小切手を合併前に取得していたときは，Ａが吸収合併により当該手形・小切手を取得することになる以上，その請求権は根抵当権によって担保されるものとなる（貞家＝清水 153 頁）。

(2)　**債務者についての合併**

　根抵当権の債務者である法人が吸収合併された場合，または他の法人とともに新設合併をした場合，根抵当権の債務者は吸収合併した法人または新設合併により設立された法人に変更となる。この根抵当権は，合併時に存していた担保すべき債務と，合併後の法人が合併後に負担する債務を担保する（以上，本条 2 項）。合併前に根抵当権の債務者でなかった法人が合併前に負担していた債務は当然には担保されないこと，根抵当権の債務者である法人が根抵当権者に対し債務を負っている他の法人を吸収合併した場合に本項の適用がないこと等は，根抵当権者についての合併の場合と同様である。

III　根抵当権設定者の元本確定請求

(1)　**元本確定請求をすることのできる者**

　根抵当権設定者（第三取得者も含む）は，合併により根抵当権が他に移転し，または債務者の変更が生じたときは，元本の確定を請求することができる（本条 3 項本文）。合併により根抵当関係が当然に合併後の法人に承継されるものとすると，根抵当権設定者としては，自己の関知しない債権者に対して，あるいは債務者のために，根抵当権を設定している状態となり，そのために自己の利益が害されるおそれがある。そこで，承継を望まない根抵当権設定者は元本確定を請求できることとして，その利益保護を図ったものである（貞家＝清水 155 頁）。

　債務者が根抵当権設定者である場合には，債務者について合併が生じたことによる元本確定請求はできない（本条 3 項ただし書）。債務者が自らの意思

〔田髙〕　367

§398 の 10

第 2 編　第 10 章　抵当権

に基づいて合併をしておきながら，設定者の立場で元本確定請求をできると
するのは不合理だからである（貞家＝清水 156 頁）。

(2)　元本確定請求の行使・効果

元本確定請求は，根抵当権設定者が合併の効力を知った日から 2 週間を経
過したとき，または，合併の日から 1 か月を経過したときは，することがで
きない（本条 5 項）。法律関係が長期にわたって不確定な状態となることを避
けるためである。

元本確定請求権は形成権であるから，一方的に元本確定請求の意思表示を
すれば足り，それが根抵当権者に到達した時に元本確定請求の効力が生ずる。
実際に元本確定の効力が生ずるのは，合併の効力が生じた時である（本条 4
項）。

〔田髙寛貴〕

（根抵当権者又は債務者の会社分割）

第 398 条の 10①　元本の確定前に根抵当権者を分割をする会社とする
分割があったときは，根抵当権は，分割の時に存する債権のほか，
分割をした会社及び分割により設立された会社又は当該分割をした
会社がその事業に関して有する権利義務の全部又は一部を当該会社
から承継した会社が分割後に取得する債権を担保する。

②　元本の確定前にその債務者を分割をする会社とする分割があった
ときは，根抵当権は，分割の時に存する債務のほか，分割をした会
社及び分割により設立された会社又は当該分割をした会社がその事
業に関して有する権利義務の全部又は一部を当該会社から承継した
会社が分割後に負担する債務を担保する。

③　前条第 3 項から第 5 項までの規定は，前 2 項の場合について準用
する。

〔改正〕　本条＝平 12 法 91 新設，平 16 法 147 移動（398 条ノ 10 ノ 2 →本条）
①②＝平 17 法 87 改正

第4節　根抵当　　　　　　　　　　　　　　　§*398の10*　I・II

I　本条の趣旨

　本条は，平成12（2000）年の商法改正に伴って新設され，現在は会社法757条以下に規定されている会社分割制度に対応して，根抵当権者または債務者につき会社分割があった場合の根抵当関係を定めるものである。前条に規定された根抵当権者または債務者につき合併があった場合と同様，従前の根抵当取引は分割後の会社に承継されることを原則としつつ，根抵当権設定者に元本確定請求を認めている。

　会社分割には，分割した事業を既存の別会社に承継させる吸収分割（会社2条29号・757条以下）と，分割した事業を新設の会社として承継させる新設分割（会社2条30号・762条以下）とがある。

II　会社分割における根抵当関係の承継

(1)　根抵当権者を分割会社とする会社分割

　元本確定前に根抵当権者を分割会社とする会社分割があった場合に，根抵当権が担保する債権となるのは，①分割時に存する債権，②分割会社が分割後に取得する債権，③分割により新設された会社または事業を承継した会社が分割後に取得する債権である。設立会社・承継会社が根抵当取引を継続するほか，分割会社の債権についても担保されるものとしたのは，根抵当権が分割の対象とされた事業に属しているのかが判然としない場合があるためである。複数の事業から生ずる債権が根抵当権の被担保債権の範囲に含まれており，それらの事業を，分割会社と設立会社または承継会社のいずれもがするような場合には，これらの会社が根抵当権を準共有することとなる。

(2)　債務者を分割会社とする会社分割

　元本確定前に債務者を分割会社とする会社分割があった場合に根抵当権が担保する債務となるのは，①分割時に存する債務，②分割会社が分割後に負担する債務，③分割により新設された会社または事業を承継した会社が分割後に負担する債務である。したがって，債務者につき会社分割がされたときの根抵当権は，債務者が複数の共用根抵当となる。

〔田髙〕　　369

§398の10　Ⅲ，§398の11　Ⅰ　　第2編　第10章　抵当権

Ⅲ　根抵当権設定者の元本確定請求

　根抵当関係の承継を望まない根抵当権設定者は，会社分割時での元本確定を請求することができる（債務者につき会社分割がされた場合において，債務者が根抵当権設定者であるときを除く）。これについては，根抵当権者または債務者の合併における元本確定請求に関する規定（398条の9第3項〜5項）が準用される（本条3項）。

〔田髙寛貴〕

（根抵当権の処分）

第398条の11①　元本の確定前においては，根抵当権者は，第376条
　　　第1項の規定による根抵当権の処分をすることができない。ただし，
　　　その根抵当権を他の債権の担保とすることを妨げない。
　②　第377条第2項の規定は，前項ただし書の場合において元本の確
　　　定前にした弁済については，適用しない。
　　　〔改正〕　本条＝昭46法99新設

Ⅰ　根抵当権の処分と本条の趣旨

⑴　抵当権の処分の性質と本条の趣旨

　376条1項では，抵当権について，その譲渡および放棄，その順位の譲渡および放棄，ならびに転抵当という5つの処分ができるとされている。これら抵当権の処分は，抵当権者が自身の優先弁済権を処分の相手方（受益者）に与えるという相対的な性質をもつものである。

　この点，確定前の根抵当権は付従性・随伴性がないため，処分の相手方が優先弁済を受けられる範囲を処分者である根抵当権者の被担保債権に限定する等の措置を取ろうとすると，絶対的効力をもつものとして別途規定された根抵当権の処分（一⑵）や被担保債権の範囲の変更等との関係において複雑な問題が生ずることになる。そこで，元本確定前の根抵当権については，転抵当を除き，376条1項による処分ができないことを定めたのが本条である。

370　〔田髙〕

第 4 節　根抵当　　　　　　　　　　　　　　　§*398の11*　I

(2)　根抵当権の処分

　根抵当権の処分として民法上認められているのは，①転抵当（本条 1 項ただし書），②全部譲渡（398 条の 12 第 1 項），③分割譲渡（398 条の 12 第 2 項），④一部譲渡（398 条の 13）の 4 種である。

(3)　376 条 1 項の処分と同様の効果を得る方法

　本条において 376 条 1 項に定める転抵当権以外の処分を認めないこととした背景には，転抵当を除いては，根抵当権の一部譲渡（398 条の 13）や共同根抵当（398 条の 14）を用いれば 376 条 1 項の処分と同じ効果を得られるため，同項の適用を認める実益に乏しい，ということもある。根抵当権の一部譲渡等を用いつつ，相対的効力である 376 条 1 項の処分と同様の効果を得るのには，次のような方法がありうる（貞家＝清水 162 頁・166 頁以下）。

　(ｱ)　根抵当権の譲渡・放棄　　一般債権者との関係で根抵当権の放棄をしたいのであれば，その債権者に対して根抵当権の一部譲渡をすればよい。また，根抵当権の譲渡については，それに加えて，弁済を受ける順序につき譲受人が譲渡人に先立って弁済を受ける旨を特約することによって実現できる。

　(ｲ)　元本確定前の根抵当権を有する者に対する順位の譲渡・放棄　　順位の譲渡・放棄をする相手が有しているのが元本確定前の根抵当権である場合には，次のような方法による。まず，順位の放棄については，先順位者と後順位者が相互に自身の根抵当権の一部譲渡をしあう。また，順位の譲渡については，その相互の一部譲渡いずれにおいても，譲渡の相手方が全額につき自己に優先する旨を特約すればよい。

　(ｳ)　普通抵当権または元本確定後の根抵当権を有する者に対する順位の譲渡・放棄　　順位の譲渡・放棄をする相手が有しているのが普通抵当権または元本確定後の根抵当権である場合についても，(ｲ)と同様に相互の譲渡と優先に関する特約をもって行えばよいが，普通抵当権ないし元本確定後の根抵当権の譲渡のほうは，根抵当権の一部譲渡ではなく，376 条の抵当権の譲渡（放棄をするのでも同様）によることとなる（376 条 1 項の抵当権譲渡は先順位抵当権者に対してもできるものであることについては，貞家＝清水 167 頁以下）。

〔田髙〕　　371

II 根抵当権の転抵当

根抵当権は転抵当の目的にすることができる（本条1項ただし書）。その設定，対抗，効果については普通抵当の転抵当におけるのと概ね同様であるが，元本確定前の根抵当権の転抵当については，以下のような特有の問題がある。

(1) 根抵当権の被担保債権の弁済

普通抵当権の転抵当においては，転抵当権者の承諾なく債務者等がその債務を弁済しても，これをもって転抵当権者に対抗することができない（377条2項）。しかし，根抵当権においては，担保する債権が発生と消滅を繰り返していくことが当然に予定されているから，弁済は自由にできてよいはずである。そこで，転抵当権者の承諾を得ないで弁済をしたとしても，普通抵当の場合とは異なり，その弁済をもって当然に転抵当権者に対抗することができるものとされた（本条2項）。転抵当権者としては，原抵当権の被担保債権が完済されたために優先弁済を受けられなくなる事態を阻止できないが，これについては転抵当権の設定を受けた者が甘受すべきものといえる。

(2) 債務者への通知・承諾

通知・承諾なくしては債務者等に抵当権の処分を対抗できない旨規定する377条1項は，根抵当権の転抵当にも適用されるか。条文上は適用除外とはされていないが，同条1項は2項の効果が生ずる前提として位置づけられる条文であり，2項が適用されない根抵当権の転抵当では1項も適用されない，と解されている（我妻512頁）。もっとも，元本確定後には377条2項が適用されることをふまえると，将来の元本確定に備えて通知をしておくほうがよいのはいうまでもない（鈴木・概説318頁等）。

(3) 根抵当権の変動の転抵当権への影響

転抵当権が設定された原抵当権たる根抵当権について，被担保債権の範囲や債務者の変更，元本確定期日の定めやその変更をするにあたっては，転抵当権者の承諾を要しない（398条の4第2項・398条の6第2項）。他方，極度額の減額については転抵当権者の承諾を要する（398条の5）。

原抵当権たる根抵当権が譲渡または一部譲渡されたときは，転抵当権者は譲受人に対しても当然にその効力を及ぼすことになる。他方，根抵当権の分割譲渡がされた場合には，譲渡された部分には転抵当権の効力が及ばなくな

第4節　根抵当　　　　　　　　　　　　　　　§*398の12*　I・II

る（398条の12第2項）。そのため，転抵当権者の承諾なくしては分割譲渡を
することができない（同条3項）。

〔田髙寛貴〕

（根抵当権の譲渡）
第398条の12①　元本の確定前においては，根抵当権者は，根抵当権
　　設定者の承諾を得て，その根抵当権を譲り渡すことができる。
②　根抵当権者は，その根抵当権を2個の根抵当権に分割して，その
　　一方を前項の規定により譲り渡すことができる。この場合において，
　　その根抵当権を目的とする権利は，譲り渡した根抵当権について消
　　滅する。
③　前項の規定による譲渡をするには，その根抵当権を目的とする権
　　利を有する者の承諾を得なければならない。
　　〔改正〕　本条＝昭46法99新設

I　根抵当権の譲渡と本条の趣旨

　根抵当権の譲渡とは，根抵当権そのものを，その被担保債権と切り離して
第三者に絶対的に移転させることをいう。譲渡人の債権は，譲渡された根抵
当権によっては担保されなくなり，他方，譲受人の債権は，そのすべてが極
度額を上限として当該根抵当権によって担保されるものとなる。

　根抵当権の譲渡には，全部譲渡，分割譲渡，一部譲渡がある。本条は，こ
のうち全部譲渡と分割譲渡について定めたものである。

II　全 部 譲 渡

　根抵当権の全部譲渡とは，根抵当権者が自身の元に根抵当権を一切残さず
に譲渡をするものであり，これにより，譲渡人の債権は，その根抵当権によ
っては担保されないものとなる。

〔田髙〕　　373

§398の12　Ⅱ　　　　　　　　　　第2編　第10章　抵当権

(1)　全部譲渡の方法

　根抵当権の譲渡は，譲渡人たる根抵当権者と譲受人の合意によってすることができるが，設定者（第三取得者を含む）の承諾を得なければならない（本条1項）。この承諾がなければ，譲渡の効力は生じない。根抵当権が不要となった債権者がこれを他に譲渡し，さらには転々譲渡が繰り返されるようなことになると，ひとたび設定されるや，根抵当権はなかなか消滅しないこととなり，設定者の利益が害されるおそれがある。そこで，根抵当権の譲渡に設定者の承諾を要することとして設定者の保護を図り，根抵当権の自由譲渡性を否定したものである（貞家＝清水174頁）。

　譲受人の資格については制限がない。譲受人が債務者に対する債権者でない場合等には，譲受けと同時に債権の範囲等の変更（398条の4）をすべきこととなる。

(2)　全部譲渡の登記

　譲渡を第三者に対抗するためには登記をしなければならず，根抵当権の二重譲渡があれば登記の先後でその優劣が決せられる。

　譲渡の登記は元本確定前にされる必要がある。たとえ二重譲受人が現れていないとしても，元本確定までに登記がされなければ譲渡の効果は認められず，譲渡がなかったものとして元本確定の効果が生ずると解されている（東京高判平20・6・25判タ1276号214頁の傍論も同旨を述べる）。元本確定前の譲渡について確定後でも登記できるとした場合，元本確定後の譲渡についての登記を阻止できないおそれがあるほか，元本確定後の利害関係人との間で複雑な関係を生じてしまうからである。譲渡の登記が対抗要件を超えた効力要件としての意味を実質的にもつこととなるが，このことの理解のしかたについては，元本確定前の変更（398条の4）にかかる登記の効力をめぐる議論等ともあいまって，元本確定前に登記をしないときに失効すると説明するもの（我妻514頁等）と，登記をするまでは譲渡の物権的効力は生じないとして，効力要件そのものと解するもの（鈴木・概説285頁等）とがある。

(3)　全部譲渡の効果

　根抵当権の全部譲渡がされると，譲受人の債権は，譲渡後に取得した債権はもちろん，譲渡前から有していたものも含め，被担保債権の範囲として指定された事由から生じたものであるかぎり，すべて当該根抵当権によって極

374　〔田髙〕

第4節　根抵当　　　　　　　　　　　　　§398の12　III

度額まで担保されることになる。

　他方，譲渡人が譲渡当時に有していた債権や譲渡後に取得する債権は，すべてこの根抵当権では担保されないものとなる。根抵当権とともに譲渡人の債権も譲渡されたとしても，その譲受債権は当然には担保される債権とはならず，被担保債権の範囲の変更（398条の4）が別途必要となる。

III　分　割　譲　渡

　分割譲渡とは，根抵当権を分割し，そのうちの1つを譲渡するものである。例えば，極度額5000万円の根抵当権を分割して，極度額が3000万円と2000万円の2つの同順位の根抵当権を生じさせ，このうち極度額2000万円の根抵当権を譲渡する，といった具合である。根抵当権者がなお譲渡する根抵当権の利益の一部を独立して保持したい場合に用いられる。なお，譲渡と無関係に，根抵当権を分割して，これら根抵当権をそのまま1人が有するものとするのは認められていない。

(1)　分割譲渡の方法と登記

　分割譲渡の方法や元本確定前に登記をすべきことは，全部譲渡の場合と基本的に異なるところはない。ただし，分割譲渡の場合は，分割譲渡する根抵当権の極度額を定めなければならず，また，次の(2)に述べることとの関係で，分割譲渡される根抵当権を目的とする権利を有する者（転抵当権者など）の承諾が必要とされている（本条3項）。

(2)　分割譲渡された根抵当権を目的とする権利の消滅

　根抵当権が転抵当の目的とされている場合に，この転抵当の効力が分割譲渡された根抵当権にも及ぶとすると，権利関係が複雑になってしまう。そのため，根抵当権を目的とする権利は，譲渡した根抵当権については消滅するものとされた（本条2項後段）。

(3)　分割譲渡の効果

　分割譲渡によって，譲渡人と譲受人は，同順位の根抵当権を有することとなる。根抵当権につき分割譲渡された部分は，譲受人に絶対的に移転し，譲受人の有する債権のうち，担保すべき債権として定められた範囲に属するものを担保するものとなる。他方，譲渡人の原根抵当権の極度額は，分割譲渡

〔田髙〕　　375

§398の13 I・II 　　　　　　　　　　　第2編　第10章　抵当権

した根抵当権の極度額の分だけ減少する。

〔田髙寛貴〕

（根抵当権の一部譲渡）
第398条の13　元本の確定前においては，根抵当権者は，根抵当権設
　　定者の承諾を得て，その根抵当権の一部譲渡（譲渡人が譲受人と根
　　抵当権を共有するため，これを分割しないで譲り渡すことをいう。
　　以下この節において同じ。）をすることができる。

　　　〔改正〕　本条＝昭46法99新設

I　根抵当権の一部譲渡と本条の趣旨

　根抵当権の一部譲渡とは，譲渡人と譲受人との間で元本確定前の根抵当権
を準共有し，極度額を共同利用する関係とする根抵当権処分であり，本条は
そのことを定めたものである。

　前条2項に規定された分割譲渡では，根抵当権の譲渡人と譲受人とが別個
独立の根抵当権者として権利を行使するものとなるのに対し，一部譲渡は，
譲渡人と譲受人が1つの根抵当権の準共有者として権利行使するものとなる。
ただし，根抵当権自体の絶対的移転が生ずるという点では，全部譲渡や分割
譲渡と一部譲渡とで異なるところはない。

　なお，一部譲渡によって生ずる根抵当権の準共有がどのような効果をもつ
のかについては，次条に規定されている。

II　一部譲渡の方法と効果

(1)　一部譲渡の方法

　一部譲渡は，譲渡人たる根抵当権者と譲受人の合意によってされる。ただ
し，前条の全部譲渡，分割譲渡の場合と同様，設定者（第三取得者も含む）の
承諾を要する。

　根抵当権の一部譲渡を受けることができる者の資格には特に制限がないこ

376　〔田髙〕

第4節 根抵当 §398の14 Ⅰ

と，元本確定前に登記をすべきこと等についても，全部譲渡，分割譲渡と同
様である。

(2) 一部譲渡の効果

根抵当権の一部譲渡があると，譲受人は譲渡人とともに根抵当権を準共有
し，極度額まで優先弁済を受けることができる。両者はそれぞれの債権額の
割合に応じて弁済を受けることになるが，その詳細は次条に規定されている。

両者が債権自体を共有する必要はなく，各自が別個に取得する債権であっ
ても差し支えない。一部譲渡にあたり，従来担保すべき債権の範囲に属して
いない債権を当該根抵当権で担保させようとする場合には，根抵当権の準共
有者である譲渡人と譲受人とが共同して設定者との間で合意をし，398条の
4に定められている変更の手続をすべきことになる。

〔田髙寛貴〕

（根抵当権の共有）

第398条の14① 根抵当権の共有者は，それぞれその債権額の割合に
  応じて弁済を受ける。ただし，元本の確定前に，これと異なる割合
  を定め，又はある者が他の者に先立って弁済を受けるべきことを定
  めたときは，その定めに従う。

② 根抵当権の共有者は，他の共有者の同意を得て，第398条の12第
  1項の規定によりその権利を譲り渡すことができる。

  〔改正〕 本条＝昭46法99新設

Ⅰ 共有根抵当とその発生原因

(1) 共有根抵当とは

本条は，根抵当権が共有されている場合の法律関係について定めるもので
ある。

根抵当権の共有者は，根抵当権の極度額を共同利用することになる。もっ
とも，両者は被担保債権まで共有する必要はなく，それぞれ別個に取得する
債権を根抵当権で担保することとしても差支えはない。例えば，銀行取引と

〔田髙〕 377

売買取引から生ずる債権を担保する根抵当権について，共有者の一方は銀行取引から生ずる債権を，他方は売買取引から生ずる債権をそれぞれ担保するものとする，といったことも可能である。また，共有者それぞれの債権について債務者が異なっていてもよい。

元本確定前の根抵当権のみならず，確定後の根抵当権が共有状態となっていることもある。この場合も，共有者間の優先弁済関係を定めた本条1項の規定は当然に適用される（ただし，確定後に1項ただし書の別段の定め〔→Ⅱ(2)〕をすることはできない）。

(2) 共有根抵当の発生原因

元本確定前に根抵当権が共有される状態が生ずる例としては，①当初から共有で根抵当権が設定された場合，②根抵当権の一部譲渡がされた場合（前条参照），③根抵当権を単有する者と設定者，そして共有者となろうとする者の間で共有とする旨の三面契約が締結された場合，④根抵当権者につき共同相続が開始した場合（398条の8参照）が挙げられる。

元本確定後の共有状態は，①元本確定前に共有状態となっていてそのまま確定した場合に生ずるほか，②単有の状態で元本が確定した後，被担保債権の一部譲渡に伴う根抵当権の一部移転がされたり，③元本確定後に相続があったときにも生ずる。

Ⅱ 共有者間の優先弁済関係

(1) 平等弁済の原則

根抵当権の共有者は，各人の債権額に応じて優先弁済を受けるのが原則である（本条1項本文）。例えば，極度額2000万円の根抵当権の共有者AとBが，それぞれ1800万円，600万円の債権を有しており，配当される額が1600万円であったとすると，AとBは3対1の割合で按分配当を受けることになるため，配当額はAが1200万円，Bが400万円となる。

(2) 別段の定めがある場合

根抵当権の共有者が，元本確定前に，債権額の割合とは異なる割合で弁済を受けるべき旨の定めや，共有者のうちのある者が他の共有者に優先して弁済を受けるべき旨の定めをしていれば，その定めに従った配当がされる（本

第4節　根抵当　　　　　　　　　　　　　　　　§398の14　Ⅱ

条1項ただし書）。

　⑺　弁済を受ける割合の定め　　さきの⑴に掲げた例において，AとB
とが3対2の割合で配当を受けるべき旨が約されていたならば，それぞれに
対する配当額は960万円，640万円となる。この定めがあって，かつAの
債権額が600万円，Bの債権額が1000万円であったならば，Bは640万円
のほかに，Aの分の960万円から600万円を差し引いた360万円の配当も
受けられる。この定めは，共有者相互の関係についてのものであるから，一
部の者に余剰があれば，それは後順位担保権者や一般債権者に対してではな
く，他の根抵当権共有者の配当に充てられるわけである。

　⑷　共有者間の優先劣後の定め　　さきの⑴に掲げた例において，AがB
に優先する旨が約されていたならば，1800万円の債権をもつAのみに1600
万円の全額が配当されることになる。なお，優先劣後の定めについては，一
定部分だけ優先させるものとしたり，割合の定めと併用する形をとることも
可能である。例えば，配当される額のうちの1000万円，あるいは60％は
Aが優先するものとし，残余は原則どおり債権額の割合に応じる，とか，A
が優先する部分を除いた残余のAとBの配当割合は2対3とする，といっ
たようなものである。

　⑶　**別段の定めの方法・登記**

　別段の定めやその変更は，共有者全員に対して絶対的に効力を生ずるもの
とすべきであるから，全員の合意によってしなければならない。共有者中の
一部の者のみの利害に関わる内容のものであれば，他の共有者の同意を得る
必要はない。A・B・C三者が根抵当権を共有している場合に，弁済の優先
順位の定めを「A→B→C」から「A→C→B」に変更することについては，A
の同意は不要である（貞家＝清水218頁）。

　別段の定めやその変更にあたり，根抵当権設定者の承諾を得る必要はない。
なお，根抵当権の被担保債権につき差押えや質権設定がされている場合には，
その効力が根抵当権にも及ぶと解する立場をとると（→§398の7Ⅱ⑵），差押
債権者や質権者の承諾を得るべきこととなる（貞家＝清水218頁）。

　別段の定めやその変更は，根抵当権の確定前に限ってすることができる。
また，この別段の定めについては，登記をしなければ第三者（例えば共有持分
権の譲受人など）に対抗することができない。なお，別段の定めを登記すべき

〔田髙〕　　379

§398の14 III

第2編　第10章　抵当権

時期については見解が分かれており，別段の定めは後順位担保権者や設定者等の利害に影響しないから，登記が確定後になってもよいと解するもの（清水湛「新根抵当法の逐条解説(中)」金法619号〔1971〕24頁）と，根抵当権の譲渡（398条の12）についての登記と同様，確定後の登記では効力が生じないとするもの（新版注民(9)〔改訂版〕532頁〔高木多喜男〕）とがある。

III　共有根抵当権の処分等

(1)　共有根抵当権の譲渡

根抵当権の共有者は，その他の共有者の同意を得て，自身の共有持分権を398条の12第1項によって譲渡することができる（本条2項）。398条の12に基づく譲渡である以上，元本確定前にしなければならず，また設定者の承諾を要する。

「第398条の12第1項の規定により」とされている点について，学説には，設定者の承諾を得ることを要するという趣旨のものであり，共有者がすることのできる譲渡は全部譲渡に限らず，分割譲渡や一部譲渡でもよい，とする見解もある（我妻524頁）。しかし，多数説は，分割譲渡や一部譲渡を許すと複雑な関係が生じてしまうこともあり，全部譲渡のみを許容する趣旨のものと解している（貞家＝清水221頁，新版注民(9)〔改訂版〕532頁〔高木〕）。後説によれば，共有者の持分権の全部を複数の者に譲渡することも認められないと解される（貞家＝清水221頁）。

(2)　共有根抵当権の変更・処分・確定

共有根抵当権の変更および処分は，共有者がその権利を本条2項に従って譲渡する場合のほかは，共有者全員が一致してしなければならない。

根抵当権の確定は，すべての共有者についてその事由が生じたときにはじめて生ずる。例えば，設定者による元本確定請求（398条の19第1項）においては，共有者全員に到達してから2週間を経過してはじめて確定する。なお，競売申立てによる元本確定については次の(3)で述べる。

(3)　共有根抵当権の実行

根抵当権が共有となっている場合，抵当不動産についての競売申立て（398条の20第1項1号）は，共有者全員でしなければならないか。共有者全員

第 4 節　根抵当　　　　　　　　　　　　　　　　§*398 の 15*　I

によることを要するとする説（我妻 526 頁）と，共有者の 1 人が単独ですることができるとする説（鈴木・概説 442 頁等）とがある。なお，元本確定後には一部代位弁済の結果として根抵当権の共有状態が生ずることもあるが，この場合は，代位弁済者は債権者と共にしか原債権を行使することができない（502 条 1 項）。

〔田髙寛貴〕

　　　（抵当権の順位の譲渡又は放棄と根抵当権の譲渡又は一部譲渡）
　第 398 条の 15　抵当権の順位の譲渡又は放棄を受けた根抵当権者が，
　　　その根抵当権の譲渡又は一部譲渡をしたときは，譲受人は，その順
　　　位の譲渡又は放棄の利益を受ける。
　　　〔改正〕　本条＝昭 46 法 99 新設

I　本条の趣旨

　根抵当権者は，元本確定前に転抵当以外の 376 条 1 項による根抵当権の処分をすることはできないが（398 条の 11 第 1 項），先順位の普通抵当権や確定後の根抵当権を有する者から処分を受けることについては差支えがない。本条は，根抵当権者が抵当権の順位の譲渡・放棄を受けた場合において，その後，その根抵当権を譲渡または一部譲渡したときに，譲受人が当該順位の譲渡・放棄の利益を引き続いて受けられることを明らかにしたものである。

　376 条 1 項では，他の「債権者」の利益のために処分をすることができる，とされている。この文言からすると，A が普通抵当権の順位の譲渡や放棄を B に対してした後に B がこの抵当権を C に譲渡した場合に，A が B に対してした順位の譲渡や放棄の利益を C が受けられる論拠については，C が債権者たる B の地位を承継するためである，と説明されることになる。他方，根抵当権の譲渡または一部譲渡は，根抵当権自体を絶対的に譲渡するものであって，債権者の地位の承継と結びついたものではないから，根抵当権者が受けた順位の譲渡や放棄の利益を譲受人が受けることができるかは，376 条 1 項によっては必ずしも明らかとはいえないことになる。そこで，本

〔田髙〕　　381

§398の15　Ⅱ　　　第2編　第10章　抵当権

条を置くことによって，利益が承継されることに疑義が生じないようにしたものである。

Ⅱ　順位の譲渡・放棄を受けた根抵当権者からの譲受人の受益の限度

順位の譲渡または放棄を受けた根抵当権者がその後に根抵当権を譲渡した場合，譲受人が受ける順位の譲渡・放棄にかかる利益の限度は，どのようなものとなるか。具体例をもって説明してみよう。

(1)　順位の譲渡があった場合

例えば，第1順位の普通抵当権（被担保債権額1200万円）を有するAが，第2順位の根抵当権（極度額600万円で被担保債権額は600万円を超過しているとする）を有するBに対して，順位の譲渡をしたとする。抵当不動産から1500万円が配当される場合，順位の譲渡がなければAに1200万円，Bに300万円が配当されるべきところ，順位の譲渡がされると，AとBへの配当額合計1500万円のなかから，Bにまず極度額600万円の限度で配当がされ，残余の900万円がAに配当されることになる。

この配当に先立って，順位の譲渡を受けたBが，Cに対して根抵当権を全部譲渡していたとすると，CがBに代わって600万円の限度でまず配当を受けられることになる。また，Bが極度額400万円分の根抵当権をDに分割譲渡していたならば，Bが200万円，Dが400万円の限度でそれぞれ配当を受けることになる。さらに，BがEに対して一部譲渡をしていた場合なら，600万円の限度でBとEが配当を受ける（BE間の配当割合は398条の14第1項によって決まる）ことになる。

(2)　順位の放棄があった場合

さきの(1)の例において，AがBに対してしたのが順位の放棄であったとする。この場合のAとBへの配当額は，1500万円をAとBそれぞれに1200万対600万の割合で按分した額，すなわちAが1000万円，Bが500万円となる。そして，Bが順位の譲渡や放棄を受けた後で根抵当権を譲渡していた場合，譲受人は，(1)と同じように，500万円の全部または一部の配当を受けることになる。

382　〔田高〕

第4節　根抵当　　　　　　　§398の15　Ⅲ，§398の16　Ⅰ

Ⅲ　根抵当権者が抵当権の譲渡・放棄を受けた場合

抵当権者が，376条1項により，同一不動産上の根抵当権者に対して抵当権の譲渡・放棄をすることも可能と解されている（→§398の11 Ⅰ(3)(ウ)）。では，根抵当権者が，「抵当権の順位の譲渡または放棄」を受けたのではなく，「抵当権の譲渡または放棄」を受けた場合にも，その後に根抵当権者から根抵当権の譲渡または一部譲渡を受けた譲受人は，本条により，抵当権の譲渡または放棄の利益を受けられるのか。抵当権の順位の譲渡・放棄は，両抵当権者相互の優劣を変更するものであって，その影響は根抵当権にも及ぶことになるのに対し，抵当権の譲渡・放棄は，相手方が元から有している抵当権には影響を及ぼさない。したがって，抵当権の譲渡・放棄を受けた根抵当権者からの譲受人は，譲渡・放棄の利益を受けられない（貞家＝清水196頁）。

〔田高寛貴〕

（共同根抵当）
第398条の16　第392条及び第393条の規定は，根抵当権については，その設定と同時に同一の債権の担保として数個の不動産につき根抵当権が設定された旨の登記をした場合に限り，適用する。

〔改正〕　本条＝昭46法99新設

Ⅰ　共同根抵当の種類

被担保債権が共通する根抵当権が複数の不動産に設定されている場合を共同根抵当（広義）という。この共同根抵当には2種のものがあり，それぞれの根抵当権が別個独立に極度額の範囲まで債権を担保するものを累積式共同根抵当（累積根抵当）といい（398条の18），極度額や被担保債権の範囲等がすべて共通していて，普通抵当における392条・393条の適用があるものを純粋共同根抵当もしくは狭義の共同根抵当（本条）という。

例えば，甲不動産（価額3000万円）と乙不動産（価額6000万円）のそれぞれに，同じ銀行取引から生ずる債権を被担保債権とする極度額3000万円の根

〔田高〕　　383

§398の16 **II**　　　　　　　　　　　　　　　　第2編　第10章　抵当権

抵当権が設定され，共同根抵当になっていたとする。これが累積式共同根抵当であるとすると，甲不動産上の根抵当権と乙不動産上の根抵当権は，それぞれ3000万円を極度額とする別個の根抵当権となるから，これら共同根抵当権で担保される債権の極度額は合計6000万円となる。これに対し，純粋共同根抵当である場合には，共同根抵当の全体で極度額が3000万円となり，実際に極度額いっぱいの3000万円の被担保債権につき配当が行われるとすると，392条により，甲不動産から1000万円，乙不動産から2000万円が配当される。

　元本確定前の根抵当権は付従性がないため，392条にいう「同一の債権」の担保という概念が必ずしも適合的とはいえないし，実際，各根抵当権の被担保債権は完全に一致する場合ばかりでもない。そこで民法は，この2つの共同根抵当について，累積式共同根抵当を原則としつつ，本条の定める要件を満たした場合に例外として純粋共同根抵当になる，という形で規定をした。

II　純粋共同根抵当の成立要件

　本条の定める純粋共同根抵当（狭義の共同根抵当）に該当し，392条・393条の適用を受けるのは，次の2つの要件が具備された場合である。

(1)　担保すべき債権の範囲，債務者および極度額が同一であること

　各共同根抵当の被担保債権が「同一の債権」であるというのは，具体的には，被担保債権の範囲，債務者，極度額の3点において同一であることを意味する。

(2)　設定と同時に共同担保である旨の登記がなされること

　根抵当権の設定と同時に共同担保である旨の登記（不登83条1項4号）がされなければならない。この登記は，対抗要件ではなく，効力発生要件としてのものである。設定時にこの登記をせず，いったん累積式共同根抵当となっていたものを，後に純粋共同根抵当にすることはできない。

　ここにいう「設定と同時」とは，根抵当権の設定登記と同時という意味であって，数個の不動産の上の根抵当権がすべて同時に設定されかつ登記されなければならない，ということではない。追加担保として根抵当権を設定し，すでに設定されている他の根抵当権とともに純粋共同根抵当とすることも，

384　〔田髙〕

第4節　根抵当　　　　　　　　　　　　　§*398の17*　I〜III

追加設定の登記と同時に共同担保である旨の登記をすれば可能である。

〔田髙寛貴〕

　（共同根抵当の変更等）
　第398条の17①　前条の登記がされている根抵当権の担保すべき債権
　　の範囲，債務者若しくは極度額の変更又はその譲渡若しくは一部譲
　　渡は，その根抵当権が設定されているすべての不動産について登記
　　をしなければ，その効力を生じない。
　②　前条の登記がされている根抵当権の担保すべき元本は，1個の不動
　　産についてのみ確定すべき事由が生じた場合においても，確定する。
　　〔改正〕　本条＝昭46法99新設

I　本条の趣旨

　前条が定める純粋共同根抵当は，各根抵当権が同一の債権を担保するもの
であるが，その相互の同一性は，設定後においても維持される必要がある。
そこで，純粋共同根抵当につき根抵当権の変更や処分がされ，あるいは元本
が確定する場合に要請される手続や扱いを定めたのが，本条である。

II　共同根抵当の変更・処分

　純粋共同根抵当において，根抵当権の極度額，被担保債権の範囲，債務者
を変更したり，処分をする際には，すべての根抵当権について同一にこれを
行い，また根抵当権が設定されているすべての不動産についてその旨を登記
しなければならず，これに反した場合にはその効力が生じない（本条1項）。

III　元　本　確　定

　純粋共同根抵当の元本確定は，当然にすべての根抵当権について生ずる
（本条2項）。例えば，共同根抵当の関係にある不動産のうちの1つが差し押

〔田髙〕　　385

§398の18 I　　　　　　　　　　　第2編　第10章　抵当権

さえられた場合には，他の不動産について元本確定事由が生じていなくても，すべての不動産上の根抵当権について元本が確定する。

　なお，元本確定後に認められている極度額の減額請求や根抵当権の消滅請求についても同様の扱いとなるが，これについては別途規定されている（398条の21第2項・398条の22第2項）。

〔田髙寛貴〕

（累積根抵当）

第398条の18　数個の不動産につき根抵当権を有する者は，第398条の16の場合を除き，各不動産の代価について，各極度額に至るまで優先権を行使することができる。

　　〔改正〕　本条＝昭46法99新設

I　本条の趣旨と累積式共同根抵当

(1)　本条の趣旨

　本条は，被担保債権が共通する根抵当権が複数の不動産に設定されている場合（広義の共同根抵当）について，398条の16の規定する純粋共同根抵当（狭義の共同根抵当）以外は，392条・393条の適用がない累積式共同根抵当（累積根抵当）となることを定めたものである。

(2)　累積式共同根抵当の意味と性質

　累積式共同根抵当では，各根抵当権が別個に極度額の範囲まで債権を担保するものとなる（→§398の16 I）。

　数個の不動産の上に根抵当権があって，各根抵当権が別個に債権を担保する場合といっても，各根抵当権の担保すべき債権の範囲がまったく異なるときは，単に別個の根抵当権が複数存在するというだけで，共同根抵当とはならない。この場合，一方の根抵当権の被担保債権が極度額を超えた部分について，他方の根抵当権の不動産から優先弁済を受けることは（その他方の被担保債権がたとえ極度額を下回っていたとしても）できない。累積根抵当となるのは，担保すべき債権の一部が共通している場合か，または全部が共通するものの

386　〔田髙〕

第4節　根抵当　　　　　　　　　　　　　　　　　　§398の18　Ⅱ

共同担保の登記をしなかったために純粋共同根抵当（398条の16）としては扱われない場合である。

　累積式共同根抵当の場合，個々の債権は，数個の根抵当権の担保する被担保債権のいずれにも属し担保されうるから，その意味では共同根抵当ということができる。ただ，優先弁済権行使の段階においては，個々の債権は数個の根抵当権のうちいずれか1つの被担保債権となり，もはや他の根抵当権の被担保債権ではなくなるのであって，この点においては別個独立の根抵当権が複数あるのと同様といってよい。そのため，純粋共同根抵当権の場合（398条の17）とは異なり，各根抵当権は別個独立に変更，処分することができ，元本確定も各別となる。

Ⅱ　優先弁済を受けられる被担保債権の総額

　累積式共同根抵当において根抵当権者が優先弁済を受けられる債権の総額は，各根抵当権の被担保債権がどの程度共通しているのかによって異なる。

　(1)　被担保債権の一部が共通している場合

　例えば，甲不動産上の根抵当権は，被担保債権が銀行取引によって生ずる債権で極度額500万円であり，乙不動産上の根抵当権は，被担保債権が手形割引取引によって生ずる債権で極度額300万円であって，両者が債務者を同じくする累積式共同根抵当であったとする。銀行取引は手形割引取引を包摂するものであるから，手形割引取引から生ずる債権については，両根抵当権の被担保債権で共通する部分といえ，甲不動産と乙不動産のいずれから優先弁済を受けることも可能である（後述するように，優先弁済を受ける不動産の選択は根抵当権者の自由に委ねられている）。この場合において，手形割引取引から生じた債権が200万円，それ以外の銀行取引から生じた債権が600万円だとすると，手形割引以外の銀行取引から生じた債権は乙不動産から優先弁済を受けられないため，根抵当権者が優先弁済を受けられるのは最大でも700万円となり，各根抵当権の極度額の合計800万円を下回ることになる。

　(2)　被担保債権の全部が共通している場合

　各根抵当権の被担保債権の範囲や債務者が完全に共通している場合は，いずれの債権もすべての根抵当権の不動産から優先弁済を受けられるから，根

〔田髙〕　　387

§398の18 III 第2編 第10章 抵当権

抵当権者は，常に極度額の総和まで優先弁済を受けることができる。

III 優先弁済を受ける不動産の決定

(1) 根抵当権者による優先弁済を受ける不動産の選択

各根抵当権の被担保債権のうち共通するものについて，どの不動産から優先弁済を受けるかは，基本的には根抵当権者の自由な選択に委ねられている。したがって，根抵当権が甲と乙の両不動産に設定されている場合に，両根抵当権に共通する被担保債権について，根抵当権者が甲と乙のいずれを実行して優先弁済を受けるかによって，甲乙それぞれに存する後順位担保権者が受けられる優先弁済の額が低くなってしまう可能性もある。しかし，後順位担保権者は，先順位の根抵当権者の極度額までは優先されることを予定していたとみるべきであるから，根抵当権者の選択いかんで生ずる後順位抵当権者間での不公平は甘受すべきものと解されている（貞家＝清水252頁）。

もっとも，甲乙両不動産の代価が同時に配当される場合にまで，各不動産からの配当の額を根抵当権者が任意に決められるとするのは行き過ぎであるとして，この場合は，392条の類推適用によって後順位担保権者間の利益の衡平を図るべきとの主張もある（我妻533頁以下，貞家＝清水252頁，鈴木・概説471頁。この場合における具体的算定方法については新版注民(9)〔改訂版〕543頁以下〔高木多喜男〕参照）。

(2) 被担保債権の質入れと差押え

根抵当権の被担保債権が質入れされ，あるいは差し押さえられたとき，その効力が根抵当権にも及ぶかについては議論がある（→§398の7 II(2)）。かりに及ぶと解したとして，累積式共同根抵当において各根抵当権が担保する共通の債権の1つにつき質入れや差押えがされた場合，質権者や差押債権者は，いずれの根抵当権によって優先弁済を受けることになるか。質入れについては，当事者の合意があれば，それにより優先弁済を受ける不動産の順位を決めてよいが，そうした合意がないとき，および差押えがあった場合の扱いについては，見解が分かれる。根抵当権の自由選択によって決めた順序で各不動産からの配当がされ，ただし質権者を害するような配分を行うことはできない，とする見解が一方にはある（我妻534頁）。他方，根抵当権者の自由

388　〔田髙〕

第4節　根抵当　　　　　　　　　　　　　　§ *398 の 19*　I

意思に委ねるとすると，質権者や差押債権者が害されることになるとして，
これらの者が質入れや差押えの効力が及んでいる旨の登記をした場合には，
その登記をした不動産のなかから優先弁済を受けるものを選択しうる，とす
る説もある（貞家＝清水 252 頁）。

〔田髙寛貴〕

　（根抵当権の元本の確定請求）
　第 398 条の 19①　根抵当権設定者は，根抵当権の設定の時から 3 年を
　　経過したときは，担保すべき元本の確定を請求することができる。
　　この場合において，担保すべき元本は，その請求の時から 2 週間を
　　経過することによって確定する。
　②　根抵当権者は，いつでも，担保すべき元本の確定を請求すること
　　ができる。この場合において，担保すべき元本は，その請求の時に
　　確定する。
　③　前 2 項の規定は，担保すべき元本の確定すべき期日の定めがある
　　ときは，適用しない。

　　　　〔改正〕　本条＝昭 46 法 99 新設　①＝平 15 法 134 改正　②＝平 15 法 134 全部
　　　　　　　改正　③＝平 15 法 134 新設

I　根抵当権の元本確定・総説

(1)　元本確定の意義

　根抵当権は，被担保債権が不特定で流動性を有するところに特徴をもつが，
実行までの間には被担保債権を特定させ優先弁済効を及ぼせる範囲を明確に
することが必要となる。新たな債権が被担保債権の元本に加わるのを止め，
被担保債権の流動状態を終了させることを，元本の確定という。元本の確定
によって根抵当権は特定の債権を担保する状態に転化し（元本確定後の根抵当
権を確定根抵当権という），元本確定後に被担保債権が存在しなくなれば根抵当
権は消滅する。なお，元本となる債権は特定されても，そこから生ずる利息
や遅延損害金等については 375 条が適用されず極度額まで担保されるため

〔田髙〕　　389

§398の19 Ⅰ 　　　　　　　　　　　　　　　　第2編　第10章　抵当権

（398条の3第1項），確定根抵当権は普通抵当権と完全に同じなわけではない。

(2) 元本確定事由

元本の確定は，本条に定める確定請求によるほか，次条に定める元本確定事由その他によっても発生する（→§398の20 Ⅰ(1)）。

(3) 元本確定の効果

元本確定によって特定の被担保債権と根抵当権との間に結びつき（付従性）が生ずることに伴い，根抵当権の取扱いは，次のような点において元本確定前から変化する。

(ア)　元本確定によって不可能となること　　被担保債権が不特定であるがゆえに可能とされていたことは，元本確定後には不可能となる。元本確定前にはすることができた被担保債権の範囲・債務者の変更（398条の4）や元本確定期日の変更（398条の6），あるいは根抵当権の全部譲渡・分割譲渡・一部譲渡（398条の12・398条の13）は，元本確定後にはできなくなる。また，根抵当権者や債務者の包括承継に関する諸規定（398条の8〜398条の10）の適用もなくなる。

(イ)　元本確定によって可能となること　　元本確定前の根抵当権は，個々の被担保債権につき債権譲渡や代位弁済，債務引受，更改などがあっても随伴をしなかったところ（398条の7），元本確定後には随伴するようになる。376条1項の規定する処分は，転抵当を除いて元本確定前には許されていないが（398条の11），元本確定によって可能となる。

また，元本確定後には，設定者の極度額減額請求権（398条の21），物上保証人等の根抵当権消滅請求権（398条の22）の行使が可能となる。

(4) 根抵当権の実行

根抵当権は，被担保債権に不履行があれば，その実行により優先弁済を受けることができる。根抵当権の実行をはじめ，根抵当権によって優先弁済的効力の実現を図るうえでは，その前提として，優先弁済を受けられる範囲を確定させるべく，元本の確定が不可欠となる。根抵当権者が実行に着手すると，それによって元本確定の効果が自動的に生ずる（398条の20第1項）。

(5) 元本確定と登記

元本確定は根抵当権の内容に変更が生ずる物権変動であるから，登記事項である。ただ，元本確定の登記が対抗要件として機能する局面は，次のよう

第4節　根抵当　　　　　　　　　　　　　　　　　§*398の19*　**II**

な理由により，実際には存しないといわれている（貞家＝清水258頁）。すなわち，登記の対抗における第三者の立場にあるのは，個別債権の譲受人や，抵当不動産の第三取得者，あるいは後順位抵当権者であるが，これらの者は元本確定について利益を有する者であるから，元本確定の登記の申請当事者である根抵当権者や根抵当権設定者に対し，登記の不存在を争うことは想定されない。また，根抵当権の譲受人については，譲渡に際して根抵当権設定者の承諾を必要とするから，やはり元本確定の対抗が問題とされることはない。なお，元本確定期日の登記がある場合や，競売開始決定によって元本が確定した場合には，それらの登記によって元本確定は公示されているとみることができるから，別途，元本確定の登記に対抗の意味をもたせる必要がそもそもない。

このように，元本確定の登記は，実体法上は格別の意味をもたないとしても，不動産登記上に物権変動の過程を反映させ，法律関係を明確にするという見地において一定の効用をもつものといえる。なお，元本確定によって行使が認められる極度額減額請求（398条の21）や根抵当権消滅請求（398条の22）についての登記は，元本確定の登記をした後でなければ，することができない。

II　設定者の元本確定請求

(1)　本制度の趣旨

根抵当権設定者（第三取得者も含む）は，元本確定期日の定めがない根抵当権について，設定後3年が経過すると，その一方的意思表示により元本を確定させることができる（本条1項前段・3項）。元本確定期日の定めがない場合，設定者は長期間にわたって根抵当権による拘束を受けることになりかねないため，そうした不利益から設定者を救済するために設けられた制度である。

設定者の保護を目的とした制度である以上，あらかじめ根抵当権者と設定者との間で元本確定請求権を放棄する旨の特約をしても，それは無効である（貞家＝清水262頁）。

(2)　元本確定請求の要件

元本確定請求をするための要件は，①根抵当権設定後3年を経過している

〔田髙〕　　391

§398の19 Ⅱ 第2編 第10章 抵当権

こと（本条1項），②元本確定期日の定めのないこと（本条3項）である。なお，
②に関して，元本確定期日の登記がない場合，当事者間では元本確定期日の
定めは有効であるから（→§398の6Ⅲ(1)），設定者は元本確定請求ができない
が，第三者には元本確定期日を対抗できないため，第三取得者は元本確定請
求ができる。

(3) 元本確定請求の行使方法

設定者の元本確定請求は，根抵当権者に対する意思表示をもってされる。
問題は，根抵当権設定者または根抵当権者が数人ある場合をどのように扱う
かであり，論者により見解が分かれている。

(ア) 抵当不動産が共有となっている場合 抵当不動産が共有されている
ために設定者が数人となっている場合，元本確定請求は，処分行為に相当す
るから全員が共同して行うべきとするのが多数説である（貞家＝清水263頁，
新版注民(9)〔改訂版〕546頁〔高木多喜男〕）。これに対して，設定者の1人がする
元本確定請求が他の設定者に不利益を及ぼすことは少ないこと，制度趣旨か
らして設定者が容易に元本確定請求できるものとすべきこと等を理由として，
元本確定請求を保存行為と解し，各設定者が単独ですることができるとする
見解もある（鈴木・概説118頁）。

(イ) 共同根抵当において各根抵当権の設定者が異なっている場合 設定
者が数人である状態は，共同根抵当において各根抵当権の設定者が異なって
いるときにも生ずる。この場合における各設定者の単独での元本確定請求の
可否については，各自が独立した根抵当権設定者である以上は独立の元本確
定請求権を有するとして，(ア)の場合に単独行使を否定する論者も，これを是
認している（貞家＝清水264頁）。なお，各設定者のいずれかから1つの根抵
当権について元本確定請求がされれば，共同根抵当権全部について元本確定
の効果が生ずる（398条の17第2項）。

(ウ) 根抵当権者が複数の場合 根抵当権が共有されているために根抵当
権者が数人となっているとき，設定者の元本確定請求は全員に対して行使さ
れる必要があるか，それとも一部の根抵当権者に対してのみ元本確定請求を
することも認められるか。多数説は，根抵当権者の一部のみにつき元本確定
の効果を生じさせても，設定者の利益保護という制度趣旨は達成できない等
として，元本確定請求は全員に対してすべきものとしている（我妻536頁，貞

392 〔田高〕

第4節　根抵当　　　　　　　　　　　　　　§398の19　Ⅲ

家＝清水262頁）。これに対して，一部の根抵当権者において今後生ずる債権
のみを被担保債権から除外しようとする設定者の意思も不合理なものとはい
えないとして，元本確定の効果が共有根抵当権の一部のみに発生することも
認められるとする見解もある（鈴木・概説456頁）。

(4)　元本確定請求の効果

設定者の元本確定請求の意思表示が根抵当権者に到達してから2週間を経
過した時に，元本が確定する（本条1項後段）。

(5)　事情変更による確定

根抵当権設定後に著しい事情の変更があった場合に，これを理由として設
定者が根抵当権の元本を一方的に確定させることは認められるか。根抵当権
が立法化される以前の判例には，物上保証人の予期に反して債務者の信用状
態が著しく悪化し，将来の求償権の行使も危ぶまれる状況となったこと等を
理由として，設定後わずか1か月半の時点で，設定者に根抵当権設定契約の
解約告知権を認めたものがある（最判昭42・1・31民集21巻1号43頁）。

本条が規定されたことにより，現在は，設定後3年が経過すれば設定者は
元本を確定できることとなったが，それでもなお，上記判例理論をふまえ，
特段の事情があると認められる場合には，3年の経過を待たずに設定者は元
本の確定を主張できると一般に解されている（貞家＝清水265頁，新版注民(9)
〔改訂版〕547頁〔高木〕）。継続的保証においては，主債務者の資産状態の悪化
など著しい事情の変化があれば，根保証人は直ちに解約ができるとの判例法
理が確立しているが（特別解約権：大判昭9・2・27民集13巻215頁，最判昭39・
12・18民集18巻10号2179頁），根抵当権設定者の元本確定についても，これ
と同様に扱われるべきであろう。

Ⅲ　根抵当権者の元本確定請求

(1)　本制度の趣旨

元本確定請求は，根抵当権者からもすることができる（本条2項）。その後
生じた債権が被担保債権に加わらなくなる元本確定というのは，根抵当権者
にとっては不利益となるものであり，そのような効果の発生を根抵当権者の
側がすすんで求めることは一般には想定しがたい。しかし，企業再編や不良

〔田髙〕　　393

§398の19　Ⅲ　　　　　　　　　　　　　第2編　第10章　抵当権

債権処理などの局面においては，被担保債権とともに根抵当権をも譲渡する必要が生ずることもあり，そうした要請に応えるべく平成15（2003）年の担保・執行法改正において新設されたのが，本制度である（→§398の20Ⅰ(2)）。その具体的効用は次のとおりである（詳細については，谷口＝筒井・解説46頁以下，道垣内ほか90頁以下）。

　債権とともにそれを担保する根抵当権も併せて譲渡することは，元本確定をしなくとも，根抵当権の譲渡（398条の12・398条の13）によってもすることができる。ただ，この方法では根抵当権設定者の承諾が必要となるところ，その承諾を得ることが難しい場合もある。新たな債権の発生を前提としない場合は，流動性を維持したまま根抵当権の譲渡をする必要もない。

　また，根抵当権の元本確定を登記するには，根抵当権者による競売申立てや根抵当権設定者につき破産手続開始決定がされるなど，元本確定が登記上確認できる場合を除き，根抵当権者と根抵当権設定者の共同申請による必要があった。そのため，根抵当権設定者の協力が得られないため元本確定の登記が行えず，バルクセールス等による不良債権処理を進められない，といった事態も多発した。平成10（1998）年には，根抵当権臨時措置法（正式名称は「金融機関等が有する根抵当権により担保される債権の譲渡の円滑化のための臨時措置に関する法律」）の施行により，金融機関が特定債権回収機関へ被担保債権全部を売却する場合に元本確定を生じさせ，根抵当権者単独での元本確定登記の申請も可能とされたものの（鈴木・概説148頁），より一般的・普遍的な確定制度が望まれていた（なお，同法は平成13〔2001〕年までの時限立法であったが，その後期限が延長され，本制度が新設された平成16〔2004〕年まで効力を有していた）。

　以上に示したような問題を解決するべく，根抵当権者による元本確定とその単独登記申請を可能とする本制度が新設され（本条2項，および旧不動産登記法119条ノ9〔現93条〕の新設），債権譲渡の際の根抵当権の随伴移転が簡易・迅速に行えることとなった。

　(2)　**元本確定請求の要件と行使方法**

　根抵当権者の元本確定請求は，設定者の元本確定請求とは異なり，いつでもすることができ（本条2項前段），その行使は，根抵当権設定者（第三取得者も含む）に対する意思表示をもってされる。

　なお，設定者の元本確定請求と同様，根抵当権者の元本確定請求も，元本

394　〔田髙〕

第4節　根抵当　　　　　　　　　　　　　　　　　§*398の20*

確定期日の定めがあるときは，することができない（本条3項）。

(3)　元本確定請求の効果

　根抵当権者の元本確定請求は，自らの権利範囲を自ら限定するものであるから，その効果は請求の時に直ちに生ずるものとされている（本条2項後段）。なお，根抵当権者は，元本確定請求がされたことを証する書面を添付することによって，単独で元本確定登記の申請をすることができる（不登93条本文）。

〔田髙寛貴〕

（根抵当権の元本の確定事由）

第398条の20①　次に掲げる場合には，根抵当権の担保すべき元本は，確定する。

　一　根抵当権者が抵当不動産について競売若しくは担保不動産収益執行又は第372条において準用する第304条の規定による差押えを申し立てたとき。ただし，競売手続若しくは担保不動産収益執行手続の開始又は差押えがあったときに限る。

　二　根抵当権者が抵当不動産に対して滞納処分による差押えをしたとき。

　三　根抵当権者が抵当不動産に対する競売手続の開始又は滞納処分による差押えがあったことを知った時から2週間を経過したとき。

　四　債務者又は根抵当権設定者が破産手続開始の決定を受けたとき。

②　前項第3号の競売手続の開始若しくは差押え又は同項第4号の破産手続開始の決定の効力が消滅したときは，担保すべき元本は，確定しなかったものとみなす。ただし，元本が確定したものとしてその根抵当権又はこれを目的とする権利を取得した者があるときは，この限りでない。

　　〔改正〕　本条＝昭46法99新設，平15法134・平16法76改正

〔田髙〕　　395

I 本条の趣旨

(1) 元本確定事由

本条は，元本が確定する事由を定めたものである（元本確定の意義や効果については，前条の解説を参照のこと）。

元本確定事由として本条1項1号から4号に定められているのは，根抵当権者が根抵当権の実行その他により優先弁済権を実現する局面において，あるいは抵当不動産につき清算がなされるのに際して，元本確定の効果を生じさせるとしたものである。

本条に定めるもの以外で，元本確定の効果が生ずる事由としては，①確定期日を定めた場合における確定期日の到来（398条の6），②根抵当権者または債務者につき相続が開始したが，相続開始後6か月以内に合意の登記をしなかった場合（398条の8第4項），③根抵当権者または債務者に合併があったときに根抵当権設定者が元本確定請求をした場合（398条の9第3項・4項），④根抵当権者または債務者に会社分割があったときに根抵当権設定者が元本確定請求をした場合（398条の10第3項），⑤根抵当権設定者または根抵当権者が元本確定請求をした場合（398条の19第1項・2項）がある。

(2) 平成15年改正

平成15（2003）年における民法改正前は，元本確定事由の1つとして，「担保スベキ債権ノ範囲ノ変更，取引ノ終了其他ノ事由ニ因リ担保スベキ元本ノ生ゼザルコトト為リタルトキ」（本条1項旧1号）が掲げられていた。すなわち，被担保債権の範囲を特定の債権だけのものに変更したり，被担保債権を発生させる継続的取引が当事者の合意や債務者の廃業等により終了するなどした場合には，元本確定の効果が生ずるとされていた。しかし，いかなる事情があれば取引の終了といえるのかの認定をめぐって紛争が多発したことから，平成15年に上述の本条項旧1号は削除され，代わりに根抵当権者の元本確定請求の制度が新設された（398条の19第2項）。

(3) 元本確定事由の特約等

元本確定事由を当事者が特約で定めることは問題がないし，設定当事者が合意によって元本を確定させることもできる。ただし民法上の元本確定事由を排除する特約は，物権法定主義に反し無効と解されている（貞家＝清水278

第4節　根抵当　　　　　　　　　　　　　　§398の20　Ⅱ

頁）。

Ⅱ　本条の定める元本確定事由

(1)　根抵当権者による実行手続開始等

　根抵当権者が，抵当不動産につき競売もしくは担保不動産収益執行または物上代位（372条・304条）のための差押えを申し立てたときは，元本が確定する（本条1項1号本文）。ここにいう競売は，当該根抵当権の実行としてのものに限らず，一般債権者の立場においてする強制競売や，同一不動産上の他の担保権に基づくものも含む。

　なお，本号にいう申立てがされたものの，取下げ等により競売や収益執行の手続が開始されず，また差押えがされなかったときは，元本は確定しない（本条1項1号ただし書）。その一方，同手続が開始し，差押えがされた場合は，その後に取り消されて効力が消滅しても，いったん生じた元本確定の効果は消滅しない（貞家＝清水269頁）。

(2)　滞納処分による根抵当権者の差押え

　根抵当権者が抵当不動産に対して滞納処分による差押えをしたときにも，元本が確定する（本条1項2号）。税債権者である国や地方公共団体が根抵当権者となっている場合に適用されるものであり，滞納処分により債権を徴収するためにした差押えを(1)と同様に扱うものである（ただし，元本確定の効果発生が1号では申立て時であるのに対し，2号では差押え時である点には相違がある）。

(3)　第三者の申立てによる競売開始決定・滞納処分による差押え

　根抵当権者以外の第三者により抵当不動産につき競売手続の開始または滞納処分による差押えがあった場合，根抵当権者がその事実を知った時から2週間を経過すると元本が確定する（本条1項3号）。2週間という期間は，根抵当権者が債務者との取引関係を見直したり，債務者への追加融資で第三者の競売申立てを取り下げさせるなど，何らかの対応をするための猶予を与えたものである（我妻540頁）。

　根抵当権者の債権者が根抵当権者に代位して競売申立てをした場合に，1号と本号のいずれが適用されるのかは議論の余地がある。根抵当権者自身の意思に基づくものでない以上，2週間の猶予期間を認める本号が適用される

〔田髙〕　　397

§398の20 Ⅲ 第2編 第10章 抵当権

と解するのが多数である（鈴木・概説153頁，新版注民(9)〔改訂版〕553頁〔高木多喜男〕）。

競売手続開始決定や滞納処分の差押えがあると，裁判所ないし税務署から根抵当権者に通知がされるが（民執49条2項・188条，税徴55条），それ以前に，例えば競売を申し立てた債権者が根抵当権者に対してする通知により競売を知った場合でも，その時から2週間の期間計算がされる。

(4) 債務者または根抵当権設定者の破産手続開始決定

債務者または根抵当権設定者が破産手続開始の決定を受けたときは，同決定時に元本が確定する（本条1項4号）。破産手続開始決定によって総財産は一括清算されることになるのであって，その段階でなお根抵当権を流動性あるものとして利用できるとするのは，破産手続の妨げになるためである。

なお，債務者または根抵当権設定者につき特別清算が開始された場合については，その事実のみによっては元本が確定しない。特別清算は債権者と債務者の話合いの手続という面があり，その過程で元本確定の当否を決定させるのが適当と解されたからである（貞家＝清水279頁）。また，民事再生手続が開始された場合についても，同手続が債務者の再生を目的とするものであって，根抵当権の利用により融資を受けられる余地を残すことが適当であると解されるため，元本確定はされない。会社更生手続が開始された場合についても同様に解するのが多数説であり（貞家＝清水279頁，鈴木・概説159頁，新版注民(9)〔改訂版〕554頁〔高木〕），そのように判断をした下級審裁判例もある（東京地判昭57・7・13下民集33巻5〜8号930頁）。

Ⅲ 元本確定効の覆滅

(1) 元本確定効が覆滅する場合

本条1項3号の競売手続開始や差押え，または同4号の破産手続開始決定については，その後に効力が消滅したときは，元本は確定しなかったものとみなされる（本条2項本文）。根抵当権者の意思に基づかず強制的に元本を確定させられたものである以上，その効力が消滅したときは，元本確定の効果を残存させないとするのが合理的と考えられたためである。この措置によって，3号の場合であれば，前述のように根抵当権者が追加融資によって競売

398 〔田高〕

第4節　根抵当　　　　　　　　　　　　　　§*398の21*　Ⅰ

申立てを取り下げさせるなど，猶予期間内に元本を確定させないための対応
をとることも可能となっている。

(2)　覆滅の例外

　上記のような元本確定の効果が覆滅する場合に該当するとしても，元本が
確定したものとしてその根抵当権またはこれを目的とする権利を取得した者
があるときは，元本確定の覆滅はない（本条2項ただし書）。例えば，元本が
確定したことを前提として，その被担保債権の譲渡を受けたり弁済をするこ
とによって根抵当権を取得した者がある場合や，その根抵当権について転抵
当権の設定を受けたり，順位の譲渡を受けた者がある場合などがこれに該当
する。

〔田髙寛貴〕

　　　（根抵当権の極度額の減額請求）
　第398条の21①　元本の確定後においては，根抵当権設定者は，その
　　　根抵当権の極度額を，現に存する債務の額と以後2年間に生ずべき
　　　利息その他の定期金及び債務の不履行による損害賠償の額とを加え
　　　た額に減額することを請求することができる。
　②　第398条の16の登記がされている根抵当権の極度額の減額につい
　　　ては，前項の規定による請求は，そのうちの1個の不動産について
　　　すれば足りる。
　　　〔改正〕　本条＝昭46法99新設

Ⅰ　本条の趣旨

　根抵当権の元本確定後も，すでに生じている被担保債権の利息や遅延損害
金については，極度額に達するまで確定根抵当権で担保されることになる。
そのため，元本確定後もあえて根抵当権を実行せず利息を膨らませるような
ことを根抵当権者がしないとも限らない。あるいは，高い極度額の根抵当権
の設定を受けておきながら，現実にはほとんど融資をしない悪質な債権者も
現れかねない。そうなると，根抵当権設定者は，せっかく元本確定時に被担

〔田髙〕　　399

§398の21 Ⅱ　　　　　　　　　　　　　第2編　第10章　抵当権

保債権の合計額が極度額を大幅に下回っていて抵当不動産に剰余価値があっても，後順位抵当権の設定や抵当不動産の処分などができなくなる。そこで，極度額に余裕があるときに，抵当不動産の残余価値を利用する可能性を確保するため，設定者の一方的意思表示によって，確定根抵当権の極度額を一定額まで減額することができるとしたのが，本条である。

Ⅱ　減額請求権者と要件

(1)　減額請求権者

減額請求権を行使しうるのは，根抵当権設定者（第三取得者も含む）である。

(2)　減額請求の要件

減額請求をするための要件は，次の(ア)(イ)の2つである。

(ア)　根抵当権の元本が確定していること　　根抵当権の元本確定前には，たとえ被担保債権額が極度額を大きく下回っていたとしても，被担保債権が新たに発生する可能性はあるのだから，減額請求は認められない。元本確定後に増加する被担保債権は利息等のみであって，その額や発生時期の見通しが立つからこそ，そのうちの一定額までに被担保債権を限定することも認めうることとなる。

(イ)　現時の被担保債権額に以後2年間に生ずる利息等を加えた額が極度額に満たないこと　　減額請求は，現時における被担保債権額にその後2年間に生ずる利息や遅延損害金等を加えた額までを被担保債権の上限とするよう求めるものであるから，もとの極度額がそれを下回っている場合には，減額請求をする必要がない。もっとも，これに反するときには減額請求が意味をもたないというにすぎず，もとの極度額を上回っていることを示さなければ減額請求が認められないというわけではないため，要件として挙げる意味があるかは疑問ともされている（次条の消滅請求における「現に存する債務の額が根抵当権の極度額を超えるとき」の要件も同様である。→§398の22 Ⅱ(2)(イ)）。

400　〔田髙〕

第4節　根抵当　　　　　　§*398の21*　III，§*398の22*

III　効　　果

(1)　極度額の減額

　減額請求権は形成権であるため，減額の意思表示が根抵当権者に到達した時に効力が生ずる。

　減額請求によって，極度額は，効果発生時に現に存する債務の額に，その時以降2年間に生ずべき利息や遅延損害金等を加えた額まで，減額される。ここにいう「現に存する債務」とは，元本だけでなく，利息や遅延損害金等も含む。

　共同根抵当（398条の16）において各不動産につき所有者が異なるときは，1つの不動産の所有者（根抵当権設定者）が減額請求を行うと，全部について減額の効果が生ずる（本条2項）。

(2)　減額の登記とその効果

　減額請求の結果として，根抵当権者と設定者とが当事者となり，極度額の減額が登記される。

　減額請求は，すべての第三者に対して絶対的に効力を生ずるため，対抗要件としての登記を要しないとする見解もある（我妻547頁，貞家＝清水288頁）。しかし，減額後，その登記をしないでいる間に極度額を信頼して取引関係に入った第三者（とくに減額により不利益を被るおそれのある者）との関係では，登記なくしては減額を対抗しえないとする説もある（鈴木・概説182頁，新版注民(9)〔改訂版〕559頁〔高木多喜男〕）。同説によれば，例えば，減額請求がされた後，根抵当権者が被担保債権とともに確定根抵当権を譲渡したり，転抵当権の設定をした場合に，譲受人や転抵当権者が確定根抵当権の実行により減額前の極度額につき優先弁済を主張したときは，減額登記をしていなかった設定者としては，減額された極度額をもってこれに対抗できないことになる。

〔田髙寛貴〕

（根抵当権の消滅請求）

第398条の22①　元本の確定後において現に存する債務の額が根抵当権の極度額を超えるときは，他人の債務を担保するためその根抵当

§398の22　I　　　　　　　　　　　　第2編　第10章　抵当権

権を設定した者又は抵当不動産について所有権，地上権，永小作権
若しくは第三者に対抗することができる賃借権を取得した第三者は，
その極度額に相当する金額を払い渡し又は供託して，その根抵当権
の消滅請求をすることができる。この場合において，その払渡し又
は供託は，弁済の効力を有する。

②　　第398条の16の登記がされている根抵当権は，1個の不動産につ
いて前項の消滅請求があったときは，消滅する。

③　　第380条及び第381条の規定は，第1項の消滅請求について準用
する。

〔改正〕　本条＝昭46法99新設

I　本条の趣旨

　本条は，元本確定後に現存する債務額が極度額を超えている場合に，物上
保証人や第三取得者が極度額の支払をもって根抵当権の消滅を請求できると
したものである。

　抵当権者は，極度額を限度として目的不動産の価値を把握しているのであ
って，このことは，逆にいえば，物上保証人等は極度額の限度で物的負担を
負っているともいえる。そこで，これらの者については，極度額相当額の払
渡し等をもって根抵当権の消滅請求をすることができるとしたのが，本条で
ある。

　本条が制定される前は，抵当不動産の第三取得者等が根抵当権を抹消させ
るべく任意弁済をするときには，たとえ極度額を上回る額であったとしても，
被担保債権の全額を弁済しなければならないとされていた（最判昭42・12・8
民集21巻10号2561頁）。しかし，抵当不動産が不動産競売されたときは，根
抵当権者には極度額相当分しか渡らず，残額は所有者や後順位権利者に配当
されることになるのに，任意弁済のときには全債務額を支払わなければなら
ないというのでは，第三取得者等が，競売されるのを待つほうが有利だと判
断し，任意弁済を躊躇することになってしまう。本条には，第三取得者等に
自発的履行による対処を促すという趣旨も含まれている（鈴木・概説188頁）。

402　〔田髙〕

第 4 節　根抵当　　　　　　　　　　　　　　　§398の22　Ⅱ

Ⅱ　消滅請求権者と要件

(1)　消滅請求権者

　消滅請求ができるのは，①物上保証人（他人の債務を担保するためその根抵当権を設定した者），②第三取得者（抵当不動産について所有権を取得した第三者），③抵当不動産上の用益権者（抵当不動産について地上権，永小作権もしくは第三者に対抗することができる賃借権を取得した第三者）である（本条1項）。②③については，根抵当権の元本確定後に登場した場合でもよい。なお，停止条件付きの権利を取得しただけの者は，条件の成否未定の間は消滅請求をすることができない（本条3項による381条の準用）。

　また，根抵当債務者や被担保債権の保証人，およびそれらの者の承継人は，たとえ1項の定める消滅請求権者に該当したとしても（債務者が物上保証人から抵当不動産を譲り受けたり，地上権の設定を受けた場合など），消滅請求をすることができない（本条3項による380条の準用）。これらの者は，そもそも債務全額の弁済をする義務を負っているからである。

(2)　要　　件

　消滅請求をするための要件は，以下に掲げる(ア)〜(ウ)の3つである。

　(ア)　根抵当権の元本が確定していること　　　元本確定前においては，たとえ現存被担保債権の全部を弁済しても根抵当権を消滅させることができないのであるから，本条の消滅請求が元本確定後にのみ認められるべきなのは当然である。

　(イ)　現存する債務の額が根抵当権の極度額を超えていること　　　これが要件とされているのは，被担保債権額が極度額を下回っている場合には，極度額以下の額を弁済するのでも確定根抵当権を消滅させることができ，本条による消滅請求を行使する必要がないからである。では，現存債務が極度額を超えるかが不明であったり，下回っている場合には，消滅請求は認められないのか。裁判例では，極度額相当額の供託があれば消滅請求が認められている。すなわち，債権額が不明である場合に物上保証人が極度額相当額を弁済供託した場合にも消滅請求をすることはでき（東京地判平2・12・25判タ764号188頁），また，債務額が極度額を超えておらず消滅請求の要件を満たしていない場合でも，弁済供託の要件が満たされていれば，消滅請求が認められる

〔田髙〕　　403

（千葉地判平 2・12・27 判時 1390 号 111 頁）とされている。こうした裁判例からすると，被担保債権が極度額を上回っていることは必須の要件とはいえず，極度額の提供さえあれば消滅請求は認められてよいことになる。

　(ウ)　極度額に相当する金額の払渡しまたは供託をすること　　ここにいう払渡しまたは供託は，あくまで消滅請求のためのものであって，第三者の弁済そのものではない。ただ，その効果として極度額の分だけ被担保債権の消滅が認められていることでもあり（→Ⅲ），通常の弁済や弁済供託としてされたものであっても，消滅請求の要件は満たされているとみて差し支えない（前掲東京地判平 2・12・25 参照）。

　なお，払渡しないし供託の時期に関しては，根抵当権の実行として不動産競売がされたが，売却決定から代金納付までの間に，第三取得者が極度額相当の金額を供託し，消滅請求により根抵当権が不存在であるとして執行異議を申し立てた場合につき，信義則違反により消滅請求を無効とした裁判例がある（札幌高決平 4・2・28 判タ 806 号 216 頁）。

Ⅲ　効　　果

(1)　根抵当権の消滅

　消滅請求権は形成権であり，根抵当権者の意思表示によって根抵当権消滅の効力が生ずる。共同根抵当においては，1 つの不動産につき消滅請求がされればすべての根抵当権が消滅する（本条 2 項）。

(2)　極度額相当での被担保債権の消滅

　消滅請求のための払渡しまたは供託は，本来は第三者弁済そのものではないが，それと同様の効力を有するものとされている（本条 1 項後段）。そのため，払渡しまたは供託をした極度額の範囲で被担保債権は消滅し，それ以外の超過部分は無担保の債権になる。払渡しまたは供託をした第三取得者等は，債務者に対して求償権を取得する。なお，確定根抵当権は消滅する以上，代位することができず，無担保債権を代位取得するのみとなる。

(3)　抹消登記とその効果

　消滅請求の結果として，根抵当権の抹消登記がされることになる。

　根抵当権の消滅の効果は絶対的に生ずるものであるため，普通抵当権にお

第4節　根抵当　　　　　　　　　　　　§*398の22*　**III**

ける付従性の帰結として説明されているのと同様，抹消登記がされていなく
とも，その不存在を主張することができる，といえそうである（我妻421頁）。
　しかし，確定根抵当権の消滅請求においては，次のような問題も生じうる。
例えば，物上保証人Aが確定根抵当権の被担保債権1000万円のうち，極度
額相当の800万円を根抵当権者Bに払い渡して根抵当権の消滅請求をした
が，その抹消登記手続をしないでいるうちに，BがCのために確定根抵当
権の上に転抵当権を設定したとする。この場合，普通抵当権で被担保債権が
全額弁済されたのとは異なり，被担保債権の残額200万円はなお存続してい
るため，それを担保する根抵当権への転抵当権の設定が無効であることを，
付従性によって導くことはできない。そうであるならば，原抵当権である確
定根抵当権の消滅を転抵当権者に対して主張するためには，消滅の対抗要件
として抹消登記が必要と解すべきことになる（鈴木・概説203頁以下，新版注民
(9)〔改訂版〕563頁〔高木多喜男〕）。

〔田髙寛貴〕

特別法による抵当権

特別法による抵当権

第2編　第10章　抵当権

細　目　次

I　総　説 ……………………………………407
II　立木抵当権 ……………………………409
　1　意義・機能 …………………………409
　2　立木登記の設定 …………………409
　3　立木登記の効力 …………………410
　　(1)　立木の独立性 …………………410
　　(2)　立木の施業方法 ……………410
　　(3)　立木の伐採と追及効 …………410
　　(4)　法定地上権 …………………411
　　(5)　法定賃借権・法定転借権 ……411
　　(6)　買受人の土地利用権 …………411
　4　担保制度としての特徴 …………411
III　動産に対する抵当権 ………………412
　1　意　義 ………………………………412
　2　農業用動産抵当権 ………………412
　　(1)　意義・機能 …………………412
　　(2)　動産抵当権の設定 …………413
　　(3)　効　力 ………………………413
　3　自動車抵当権 ……………………414
　　(1)　意義・機能 …………………414
　　(2)　設　定 ………………………414
　　(3)　効　力 ………………………414
　4　航空機抵当権 ……………………415
　　(1)　意義・機能 …………………415
　　(2)　設定・性質 …………………415
　　(3)　効　力 ………………………415
　5　建設機械抵当権 …………………416
　　(1)　意義・機能 …………………416
　　(2)　設　定 ………………………416
　　(3)　効　力 ………………………417
　6　船舶抵当権 ………………………417
　　(1)　意義・機能 …………………417
　　(2)　設　定 ………………………417
　　(3)　効　力 ………………………417
　7　担保制度としての特徴 …………418
IV　財団抵当権 …………………………419
　1　総説・機能・種類 ………………419
　　(1)　意義および沿革 ……………419

　　(2)　財団抵当の機能と種類 ………419
　2　工場財団抵当 ……………………420
　　(1)　狭義の工場抵当と工場財団抵当の
　　　　意義と差異 …………………420
　　(2)　工場抵当権および工場財団抵当権
　　　　の設定 …………………………421
　　(3)　工場財団抵当の変更・分割・合併
　　　　……………………………………422
　　(4)　工場抵当および工場財団抵当の効
　　　　力 …………………………………422
　　(5)　工場抵当権の実行 …………426
　3　鉱業財団抵当 ……………………426
　　(1)　意義・機能 …………………426
　　(2)　設　定 ………………………427
　　(3)　効　力 ………………………427
　4　漁業財団抵当 ……………………427
　　(1)　意義・機能 …………………427
　　(2)　設　定 ………………………428
　　(3)　効　力 ………………………428
　5　港湾運送事業財団担当 …………428
　　(1)　意義・機能 …………………428
　　(2)　設　定 ………………………428
　　(3)　効　力 ………………………429
　6　道路交通事業財団抵当 …………429
　　(1)　意義・機能 …………………429
　　(2)　設　定 ………………………429
　　(3)　効　力 ………………………429
　7　観光施設財団抵当 ………………430
　　(1)　意義・機能 …………………430
　　(2)　設　定 ………………………430
　　(3)　効　力 ………………………430
　8　鉄道財団抵当 ……………………430
　　(1)　意義・機能 …………………430
　　(2)　設　定 ………………………431
　　(3)　効　力 ………………………431
　9　軌道財団抵当 ……………………431
　　(1)　意義・機能 …………………431
　　(2)　設定・効力 …………………432

特別法による抵当権 I

10 運河財団抵当 …………………432		3 効 力 …………………434	
(1) 意義・機能 …………………432		4 担保制度としての特徴 …………434	
(2) 設定・効力 …………………432		VI 抵当証券制度 …………………434	
11 担保制度としての特徴 …………432		1 意義・機能 …………………434	
V 企業担保 …………………433		2 設 定 …………………435	
1 意義・機能 …………………433		3 効 力 …………………436	
2 設 定 …………………433		4 担保制度としての特徴 …………436	

I 総 説

　明治 29 年に，民法典（法律 89 号）が制定され，担保物権として，留置権，先取特権，抵当権，質権（動産，不動産，権利）が設けられた。しかし，これだけでその後の日清日露戦争後の経済発展や第二次大戦後の高度経済成長における金融取引に対応することはできず，絶え間なく新たな資金調達方法の需要が生じてきた。

　このような経済発展における金融取引に対する対応として，わが国の担保法は，近時の担保・執行法改正（2003 年）以外に，主として 2 つの方向における立法および解釈による法創造が行われてきた。第 1 は，抵当権に関する特別法の制定であり，第 2 は，仮登記担保，譲渡担保，所有権留保など非典型担保に対する判例法の発展である。

　すでに，抵当権の特別法については，多くの文献が公表されている。民法典制定後，抵当制度は民法典の改正という方法をとらずに，特別法を制定することによって行われてきたことが，わが国における抵当制度の発展の大きな特徴であったと指摘されている（近江幸治「日本民法の展開(2)特別法の生成―担保法」百年 I 181 頁，近江 259 頁）。本稿では，抵当権の特別法の概要を整理するにあたり，民法上の抵当権との差異に留意し，各制度の機能や独自性に力点を置いて整理する。

　以下では，抵当権の特別法として，次のような分類にしたがって整理する。

　第 1 に，立木抵当制度である。森林担保金融の一翼を担う制度である。

　第 2 に，動産抵当制度である。明治 32 年の船舶抵当権から，農業用動産抵当権，自動車抵当権，航空機抵当権，建設機械抵当権などがある。金融恐慌における農業救済や産業発展の基盤となる，民法には見られない制度が導入されている。

〔鳥谷部〕　407

特別法による抵当権　Ⅰ

第 3 に，財団抵当制度である。明治 38 年に，わが国の産業基盤を整備する，財団抵当 3 法（工場抵当法，鉄道抵当法，鉱業抵当法）が制定された。その他に，漁業財団抵当，港湾運送事業財団抵当，道路交通事業財団抵当，観光施設財団抵当，軌道財団抵当，運河財団抵当がある。財団抵当権は，不動産とみなす不動産財団抵当と動産とみなす物財団抵当に分けられる。不動産財団抵当は，不動産および動産類を包括して担保する。不動産財団抵当には，工場財団抵当，鉱業財団抵当，漁業財団抵当，港湾運送事業財団抵当，道路交通事業財団抵当，観光施設財団抵当があり，他方，物財団抵当には，鉄道財団抵当，軌道財団抵当，運河財団抵当がある。

第 4 に，企業担保制度であり，企業の不動産，動産，権利を一括して担保する先進的な担保制度として昭和 33 年の企業担保法（昭和 33 年法律 106 号）により導入された。

第 5 に，抵当証券制度等である。昭和 6 年に，証券を手段とする担保制度として抵当証券法（昭和 6 年法律 15 号）により導入された。また，抵当証券業の規制等に関する法律（昭和 62 年法律 114 号）が制定された。

以上の特別法上の抵当権制度全般について記述したものとして，香川保一・特殊担保〔1963〕1 頁，我妻栄・新訂担保物権法〔1968〕424 頁，津島一雄・工場抵当・財団抵当の実務〔1971〕1 頁，中川善之助＝兼子一監修・不動産法大系Ⅱ担保〔改訂版, 1977〕523 頁，加藤一郎＝林良平編・担保法大系Ⅱ〔1985〕2 頁，米倉明＝清水湛＝岩城謙二＝米津稜威雄＝谷口安平編・金融担保法講座Ⅱ根抵当権・特殊担保〔1986〕139 頁，石井眞司＝西尾信一編・特殊担保〔1986〕112 頁，遠藤浩＝田山輝明＝遠藤賢治編・不動産担保（注解不動産法 3）〔1990〕397 頁，高木多喜男・担保物権法〔第 4 版, 2005〕289 頁，道垣内弘人・担保物権法〔第 4 版, 2017〕261 頁，柚木馨＝高木多喜男編・注釈民法(9)物権(4)〔増補再訂, 1982〕285 頁〔柚木＝小脇一海〕，柚木馨＝高木多喜男編・新版注釈民法(9)物権(4)〔改訂版, 2015〕607 頁〔柚木＝小脇一海＝占部洋之〕，河上正二・担保物権法講義〔2015〕287 頁などがある。

特別法による抵当権　II

II　立木抵当権

1　意義・機能

　わが国の民法上，建物は土地と独立した不動産として登記制度が設けられ
たが，立木については，その生育する土地の一部として扱われ，土地の処分
と運命を共にすることとされた。しかし，わが国では，古くから立木を土地
と切り離して取引をする慣行があった。このために用いられるようになった
のが明認方法であり，樹皮を削って所有者名を墨書し，または果樹園の周り
に縄を張り所有者名を表示する，立札を設置するという慣習が生成してきた。
その後，学説・判例は，立木所有権の取得について，それらの明認方法につ
いて第三者に対する対抗要件としての効力を認めた（我妻栄＝有泉亨・新訂物権
法（民法講義 II）〔1983〕199 頁・205 頁，大判大 10・4・14 民録 27 輯 732 頁，最判昭
37・6・22 民集 16 巻 7 号 1374 頁等）。しかし，明認方法は，継続することが必要
であり，抵当権設定などの複雑な権利関係を表示することが困難である。

　そこで，「立木ニ関スル法律」（明治 42 年法律 22 号）（以下 II では，立木法または
法と略す）が制定され，一筆の土地または一筆の土地の一部に生育する樹木
の集団を登記することによって独立の不動産とみなし（法 1 条・2 条 1 項），土
地とは別個に独立して取引の目的とすることを可能にした（法 2 条 2 項）。こ
れによって，登記された立木のみを譲渡し，または立木のみに抵当権を設定
して，林業者の資金調達手段等として利用することができるようになった。
また，当初は，植栽によって生育したものに限られていたが，天然林にも適
用されるよう改正（昭和 6 年）された。

2　立木登記の設定

　立木のみを取引の対象とするには，まず，立木所有権の保存登記を行うこ
とが必要である。法務局および地方法務局の登記所が扱っている。登記申請
人は，土地所有権または地上権の登記名義人であり（法 16 条 1 項），保存登記
の申請には，その部分の位置，地積，その名称または番号，樹種，数量（材
積・本数），樹齢を申請情報の内容としなければならない（法 15 条 2 項）。すで
に樹木が生育する土地に地上権または質権が設定されているときは，立木所
有権の保存登記をすることができない（遠藤ほか・不動産担保 584 頁〔滝澤孝臣〕）。
また，すでに樹木が生育する山林に抵当権が設定されている場合（山林抵当）

〔鳥谷部〕　　409

特別法による抵当権　II

には，立木の処分による対抗が問題となるが，立木の生育する土地の所有権を譲り受けた者は，土地について登記をしなければ立木に明認方法を施しても，立木所有権の取得を第三者に対抗できないとする判例がある（大判昭9・12・28民集13巻2427頁）。

立木所有権の保存登記の後に，立木のみを売却する場合は売買契約に基づく所有権移転登記，立木を担保に融資を受ける場合には消費貸借契約および抵当権設定契約に基づく抵当権設定登記を行うことになる。

この立木所有権の保存登記は，その登記手続が煩雑であり，昭和40年代から昭和50年前半までは年200件から300件の登記があったが，昭和50年代の後半からは年50件程度の登記にとどまっている（宇都木旭「森林担保金融の諸問題」金融担保法講座Ⅱ205頁・213頁・220頁，山田卓生「抵当権の目的となる物権，立木とその抵当権の内容・効力」担保法大系Ⅲ4頁，浦野雄幸「物権担保，立木担保の実行」担保法大系Ⅲ17頁）。

立木登記とあわせて，立木に関する明認方法がこれを補充する機能を営んでおり，明認方法の継続性，対抗関係，二重譲渡に関する裁判例が多数現われている（最判昭35・3・1民集14巻3号307頁，前掲最判昭37・6・22など）。

3　立木登記の効力

(1)　立木の独立性

立木登記をした立木は独立の不動産とみなされ（法2条1項），立木の所有権は土地と分離して譲渡または抵当権の目的とすることができる（同条2項）。また，土地の所有権または地上権を第三者に譲渡しても，その効力は立木には及ばない（同条3項）。

(2)　立木の施業方法

立木所有権に抵当権を設定する際に，立木の伐採に関して施業方法に関する協定を義務づけ，その合意の範囲で所有者は樹木の採取をすることができるとした（法3条・21条）。立木に抵当権を設定する場合には，その樹木の管理や処分等に関する施業方法について協議を行い，主伐の可否，間伐の時期，枯損した樹木の伐採とその補植，立木の管理などを施業方法書に記載し，その書面を提出することができる（立木登記規則14条）。

(3)　立木の伐採と追及効

協定した施業方法に従って伐採することは抵当権の侵害とならない。これ

410　〔鳥谷部〕

特別法による抵当権　II

に対して，施業方法に違反して伐採をした場合には，抵当権の侵害となり，その樹木に対して抵当権を行使することができる（法4条1項）。また，債務者は，期限の利益を失い，抵当権者は弁済期前でもその樹木の競売の申立てができる（同条2項）。樹木の所有者は，相当の担保を提供して競売の免除を申し立てるか（同条3項），または抵当権者に対して1か月以上の期間を定めて競売を行うことを催告でき，抵当権者がその期間内に抵当権の競売をしない場合には，抵当権を行使することができない（同条4項）。また，第三者が樹木について即時取得の要件を充たしたときは，抵当権の追及効は消滅する（同条5項）（新版注民(9)〔改訂版〕608頁〔柚木＝小脇＝占部〕）。

(4)　法定地上権

民法388条の法定地上権の場合と同じように，①土地と立木が同一所有者に属し，②その双方または一方に抵当権が設定され，③抵当権の実行によって，④所有者が異なるに至ったときは，その土地の利用権を失った立木を保護するために，地上権を設定したものとみなすとした（法5条1項本文）。さらに，このことは，一般債権者の強制競売によって生じた場合にも準用され，法定地上権の成立が認められている（同条2項）。

法定地上権の存続期間および地代は，当事者が協議して決めることができる。当事者の協議が調わないときは，裁判所が定める（法5条1項ただし書）。

(5)　法定賃借権・法定転借権

立木が地上権者に属する場合において，抵当権の実行等により，地上権者と立木の所有者が異なったときは，法定賃借権が成立するとした（法6条）。また，立木が転貸のできる賃借人に属する場合において，賃借人と立木の所有者が異なったとき等に法定転借権の成立を認めている（法7条）。さらに，立木所有権を維持するために，抵当権者の承諾がなければ立木の利用権の前提となる敷地権の放棄または契約の解除を禁止している（法8条）。

(6)　買受人の土地利用権

立木の所有者が立木の運搬のために土地を利用する権利を有する場合に，立木の買受人も相当の対価を支払ってその権利を行使できるとしている（法9条）。立木の商品化（換価）のためには伐採・運搬等が不可欠だからである。

4　担保制度としての特徴

立木法の第1の特徴は，立木登記により，土地に対する立木の独立性が付

〔鳥谷部〕　411

与され，土地と分離して処分し，抵当権等の担保権を設定でき，かつ，第三者に対する対抗力を与えることによって，立木の生育を保護していることである。

第2の特徴は，立木に抵当権を設定した後も，当事者の合意した施業方法の範囲内での樹木の採取を認めていることである。すでに明治42年において，近年問題となっている流動動産の譲渡担保における「通常の営業の範囲内における処分」に類似の趣旨の規定が設けられていたことは，「抵当権の保全と目的物の収益との関係に関する特別な調整措置」（新版注民(9)〔改訂版〕608頁〔柚木＝小脇＝占部〕）として，きわめて斬新な制度が導入されていたというべきである。

第3の特徴は，土地の所有者と立木の所有者や土地の所有者と立木の敷地利用権者が異なった場合等に，法定地上権，法定賃借権，法定転借権の成立を認めることにより，立木の生育を保護していることである。

III　動産に対する抵当権

1　意　義

民法の動産質権は，有効に第三者に対抗するためには，質物を債権者に引き渡さなければならない（民342条・344条・352条）。債務者に占有をとどめたまま，生産手段である動産を目的とする担保制度は，民法典に存在しない。これを補充するのが，非典型担保であり，特別法である。譲渡担保は，特別法ではなく，取引慣行が判例法により承認され，広く動産担保の1方法として認められてきた。特別法による動産担保権としては，農業用動産抵当権，自動車抵当権，航空機抵当権，建設機械抵当権，船舶抵当権などがある。以下では，これら各種の動産抵当制度を整理する（山川一陽「自動車・航空機・建設機械抵当」担保法大系III 131頁，新版注民(9)〔改訂版〕610頁〔柚木＝小脇＝占部〕）。

2　農業用動産抵当権

(1)　意義・機能

農業動産信用法（昭和8年法律30号。以下，2において法と略す）は，昭和初期の不景気の時代における農業金融の行き詰まりを打開する目的で制定された。農業経営者が資金を調達するに当たり，本法は，第2章で農業経営資金貸付

の先取特権（法4条〜11条）を，第3章で農業用動産の抵当権（法12条〜17条）を規定する。後者では，民法では認められていない農業用動産に対して抵当権を設定することを認めている。前述のように，民法典上は動産質が規定されているが，当該動産を債権者に引き渡す必要がある。債務者が使用しながら融資を受ける担保方法として民法典にない機能を果たすものである。この点で，農業動産信用法は，後の航空機抵当法，建設機械抵当法の先駆をなすものであるとされている（宮崎孝雄・農業動産信用法〔1972〕2頁）。

(2) 動産抵当権の設定

法務局および地方法務局の登記所が扱っている。抵当権設定者および抵当権者となりうる者は法定されている。設定者は，農業（法1条）をなす者または農業協同組合その他本法施行令で定める法人に限られ，抵当権者は，上記の設定者が所属する農業協同組合，信用組合または本法施行令で定める法人に限られる（法12条1項）。

抵当権を設定できる農業用動産も，法2条（施行令1条）によって定められている。農業の経営の用に供する動産であり，具体的には，石油発動機，電動機，トラクター（耕運機），ボイラー，精米機，乾燥機，貨物自動車，牛馬などであり，個々の動産が抵当権の目的となる（宮崎・前掲書13頁）。

動産抵当権の設定・効力等は，別段の定めがある場合を除き，不動産の抵当権に関する規定が準用される（法12条2項）。根抵当権の設定・効力等も不動産の根抵当権と同様である。

(3) 効　　力

農業用動産の抵当権の得喪および変更は，農業用動産抵当登記簿に登記をしなければ，善意の第三者に対抗することができない（法13条1項）。悪意の第三者には，登記なくして対抗できる。また，この登記後においても，民法192条ないし194条（即時取得）の適用が認められている（法13条2項）。登記の対抗力の重大な制限となっている（宮崎・前掲書43頁）。

抵当目的動産を譲渡する場合，または他に担保設定する場合に，抵当権の存在を譲受人・債権者となる者に告知しなければならない（法14条）。さらに，譲受人に告知した旨を抵当権者にも告知しなければならない（法15条1項）。第三者が抵当動産を差し押さえた場合も同様である（法15条2項）。

農業用動産について抵当権と先取特権が競合したときは，抵当権者は，民

〔鳥谷部〕　413

法330条に掲げる第1順位の先取特権と同一の権利を有するものとされている（法16条）。

農業動産信用法に基づく農業用動産抵当権につき，抵当物件を任意売却によって換価することができる旨の特約は，有効であるとした裁判例がある（最判昭37・1・18民集16巻1号36頁）。約定書による流抵当特約の有効性のほかに，清算義務の実現等にも課題がある（下村正明〔判批〕担保法の判例I 275頁）。

3　自動車抵当権

(1)　意義・機能

自動車抵当法（昭和26年法律187号。以下，3において法と略す）は，自動車に関する動産信用の増進により，自動車運送事業の健全な発達および自動車による輸送の振興を図ることを目的としている（法1条）。自動車抵当権は，割賦販売代金の担保手段として，事業用運転資金の調達方法として機能したが，次第に利用が減少した。その理由は，①自動車の価格が相対的に低下したこと，②自動車の減耗が速いこと，③金融事情が良くなったこと，④所有権留保の方が手続が簡単で実行も実効性が高いことなどが挙げられている（酒井栄治・自動車抵当法〔1972〕2頁，石井＝西尾編・前掲書112頁〔村上〕）。

(2)　設　　定

本法の自動車とは，道路運送車両法によって自動車登録ファイルに登録したものをいう（法2条）。登録手続は，国土交通省運輸支局・検査登録事務所で行っている。登録制度は，自動車の実態把握，安全確保，盗難予防等の陸運行政上のためであり，義務として強制されている。公示手段としての機能は二次的なものであるとされている（酒井・前掲書5頁）が，民事上も，後述のように，重要な機能を有している。

自動車抵当権の設定は，当事者の合意によって設定され，当事者について農業用動産抵当権のような制限はない。民法の物権の総則規定および担保物権に関する通則は，別段の定めがない限り，自動車抵当権にも適用される。自動車登録ファイルへの登録は，第三者への対抗要件となっている（法5条）。

(3)　効　　力

抵当権者は，債務者または第三者が占有を移さないで債務の担保に供した自動車につき，他の債権者に先立って優先弁済を受けることができる（法4条）。その他，民法上の抵当権の効力に関する規定と類似の規定が自動車抵

当法にも定められている。たとえば，抵当権の効力の及ぶ範囲（法6条），不可分性（法7条），物上代位（法8条），物上保証人の求償権（法9条），抵当権の順位（法10条），先取特権との順位（法11条），担保される利息（法12条），代価弁済（法13条），第三取得者の費用償還請求権（法14条），一般財産からの弁済（法15条），抵当権の実行（法17条），時効による消滅（法18条・19条），根抵当権（法19条の2）などである。

　前述の農業用動産抵当権との差異として，通説によると，登記・登録されている自動車・航空機・建設機械には即時取得制度（民192条）の適用はないとされている。ただし，民法192条適用否定説の論拠は不十分であるとして，即時取得を肯定する見解も有力である（鈴木211頁。裁判例は適用を否定する東京高判昭45・5・28判時595号56頁等と肯定する東京高判昭45・7・20判時602号56頁等に分かれている）。なお，無登録の自動車等の場合には即時取得の適用があると解されている点に留意が必要である（最判昭45・12・4民集24巻13号1987頁，新版注民(9)〔改訂版〕613頁〔柚木＝小脇＝占部〕，山川・前掲担保法大系III178頁等）。

4　航空機抵当権

(1)　意義・機能

　航空機抵当法（昭和28年法律66号。以下，4において法と略す）は，膨大な資本を必要とする航空機購入資金および航空企業の事業運転資金の調達を容易にすることを目的として制定されたものである（田中敬一郎・航空機抵当法〔1972〕2頁）。運航の安全・秩序に関する航空法（昭和27年法律231号）とともに，本法は，壊滅状態となった終戦後の航空事業の再建のために，金融の円滑化を確保する機能を営むものである。抵当権の設定，対抗要件，効力，処分，実行，根抵当権などに関する規定を置いている。

(2)　設定・性質

　登録された航空機（法2条）に抵当権を設定することができる（法3条）。本法の抵当権は，民法175条の「その他の法律」によって創設された物権として位置づけられ，民法の抵当権と同様に，債権への付従性，随伴性，不可分性（法7条），物上代位性（法8条）などの性質を有する。

(3)　効　　力

　設定当事者の合意によって成立し，占有を移さないで担保に供した航空機

〔鳥谷部〕　415

特別法による抵当権　**III**　　　　　　　　第2編　第10章　抵当権

について，債務不履行があった場合に優先弁済権を行使することができる（法4条）。抵当権の取得・喪失・変更は，登録によって，第三者に対抗することができる（法5条）。

本法の抵当権の物上代位も，民法372条において準用する同法304条の規定に相当するものである（法8条）。同様に，物上保証人の求償権（法9条），抵当権の順位（法10条），先取特権との順位（法11条，民334条〔動産質との競合〕），担保される利息等（法12条），抵当権の処分（法13条・14条），代価弁済（法15条），費用償還請求権（法16条），共同抵当の代価の配当（法17条），一般財産からの弁済（法18条），抵当権の実行（法20条），時効による消滅（法21条・22条）なども民法の各条文に類似するものである。

本法の根抵当権についても，民法の根抵当権に相当するものであり，民法398条の2以下が準用されている（法22条の2第2項）。以上，民法上の対抗要件は登記であるが，本法の対抗要件は登録であり，上記の各条文に相当する効力において大きな差異はない。

5　建設機械抵当権

(1)　意義・機能

建設機械抵当法（昭和29年法律97号。以下5において法と略す）は，建設機械に関する動産信用の増進により，建設工事の機械化の促進を図ることを目的として制定された。戦後，電源開発をはじめ，各種の公共事業（治山治水，道路，農地，災害復旧）や民間設備投資の推進のための各種建設機械類の購入・完備は，資金的に苦しい状況にあった。そこで，各建設機械の保有につき，利用を留保しながら，代金債権を担保するために，他の動産抵当権の例にならって，建設機械に抵当権を設定することを可能にした（酒井栄治・建設機械抵当法〔1972〕2頁）。

(2)　設　　定

建設機械については，国土交通大臣または都道府県知事から許可を受けた建設業者でかつ当該機械の所有者は，所有権保存の登記をすることができる（法3条1項本文）。保存の登記をしようとする者は，打刻または検認を受けなければならない（法3条1項ただし書）。保存登記をした建設機械は，抵当権の目的とすることができる（法5条）。この場合の建設機械は，必ずしも建設工事の用に供されているものでなくてもよい。

416　〔鳥谷部〕

特別法による抵当権　III

(3)　効　力

抵当権者は，既登記建設機械につき，目的物の引渡しを受けることなく，債務の弁済がないときは，優先弁済を受けることができる（法6条）。既登記の建設機械の所有権および抵当権の得喪・変更は，建設機械登記簿に登記しなければ第三者に対抗できない（法7条）。建設機械登記簿については，「1建設機械1登記用紙主義」の原則が採用されている（酒井・前掲書13頁）。抵当権は，抵当建設機械に付加して一体となっているものに及ぶ（法10条）。その他，建設機械抵当権には，一般担保物権と同じように，不可分性，物上代位性があり，物上保証人には債務者に対する求償権が与えられる（法11条～13条）。さらに，抵当権の順位（法14条），被担保債権の範囲（法16条），抵当権の処分（法17条・18条），代価弁済（法19条），共同抵当権（法21条），根抵当権（法24条の2）等に関する規定が設けられている。

6　船舶抵当権

(1)　意義・機能

船舶抵当権（商847条）は，船舶所有者のために，生産手段として重要な船舶を自ら使用しながら，資金調達手段として担保に利用することを可能とするために設けられた制度である。船舶抵当権は，商法（明治32年法律48号）によって認められた担保物権であり，民法の抵当権と異なるが，民法における抵当権に関する規定が準用されるので，その性質，設定，効力，処分，消滅および登記も，原則として，民法の抵当権と同様である（平野忠昭・〔付〕船舶抵当〔1972〕13頁）。

(2)　設　定

船舶は，登記所に設けられる船舶登記簿に所有権保存の登記をしなければならない（商686条1項，船舶法34条1項，船舶登記令）。商法は，この登記された船舶または将来登記しうる製造中の船舶に抵当権の設定を認めている（商847条1項・850条）。船舶抵当権は，共有持分に設定することや複数の船舶に共同抵当権を設定する場合も少なくないといわれている。また，登記のできない船舶（総トン数20トン未満。商686条2項）は，財団抵当権の組成物件とするか，質権または譲渡担保の方法によって担保設定することができる。

(3)　効　力

船舶抵当権の効力は，船舶の属具にも及び（商847条2項），船舶先取特権

〔鳥谷部〕　　417

特別法による抵当権　Ⅲ

と競合した場合には船舶先取特権が優先する（商848条1項）点において他の動産抵当権の場合と異なっている。

船舶抵当権には，前述のように，不動産の抵当権に関する規定が準用されている（商847条3項）。したがって，被担保債権の範囲，優先弁済の順位，処分，代価弁済，共同抵当，物上代位，根抵当権等の規定が準用される。

船舶に対する抵当権実行の方法は，不動産執行に準じて行われる（民執189条・112条・121条）（船舶抵当権実行の詳細については，阿部士郎＝坂田裕一「船舶抵当権等の実行としての競売―申立の要件と競売の手続」担保法大系Ⅲ 85頁参照）。

7　担保制度としての特徴

第1の特徴としては，抵当権の設定の公示および対抗手段が登記と登録に分かれることである。登記を要するのは，農業用動産抵当権，建設機械抵当権，船舶抵当権であり，登録を要するのは，自動車抵当権，航空機抵当権である。

第2の特徴は，質権等の典型担保に対する独自性である。占有を債権者に移転せず，所有者等の営業等に使用しながら資金を調達できることである。

第3の特徴としては，動産の即時取得に対する扱いである。通説によると，登記・登録を公示方法とする場合に民法192条の適用を否定するが，自動車抵当については学説に肯定説があり，裁判例は分かれている。農業用動産抵当については法13条2項で民法192条の適用を肯定している。

第4の特徴は，優先弁済のために実行手続や先取特権との優劣関係を規定していることである。

第5の特徴としては，利用状況である。自動車抵当権設定数は昭和51年には3万件弱に達していたがその後漸減する。航空機抵当権設定数は昭和47年に121件，建設機械抵当権設定数は昭和47年に318件であったがその後漸減状態をたどる。これに代わるのが所有権留保や譲渡担保であり，その後リースの比率が増大する。原因は，メインテナンス付新製品の利用，契約形態の多様性，手続・経費の負担減などである。自動車・航空機・建設機械抵当権について，山川・前掲担保法大系Ⅲ 161頁以下参照。

以上のような担保制度は，民法上の制度を補充する機能を営んできたという実際的意義を有するのみならず，法理論上も動産に対する特別法上の抵当権の発展として評価することができる。ただし，個別的な差異も少なくなく，

418　〔鳥谷部〕

特別法による抵当権　Ⅳ

統一的制度の構築が必要である。

Ⅳ　財団抵当権

1　総説・機能・種類

(1)　意義および沿革

　財団抵当とは，土地や建物などの不動産や機械などの動産・特許権などをあわせて一体の財産として，この上に抵当権を設定する制度である。民法の抵当権では，その効力が及ぶのは土地建物の付加物に限定されるので（民370条），土地または建物に備え付けられている機械・器具その他の工場供用物や工業所有権等に抵当権の効力は及ぶとは限らない。これらを個別に担保設定するには，手続が非常に煩雑であり，多くの費用を要する（飛沢隆志「工場抵当・各種財団抵当の内容および効力」担保法大系Ⅲ 185頁）。

　民法施行後，明治38年に工場抵当法，鉱業抵当法，鉄道抵当法の財団抵当法の3法が制定され，有機的統一一体としての企業設備自体を1個の「物」または「不動産」とみなすこととし，この1個の物または不動産を目的として抵当権を設定することにより，企業設備を一体のものとして担保化する財団抵当制度の途が開かれた（津島・後掲書はしがき1頁）。

(2)　財団抵当の機能と種類

　各種の財団抵当は，工場抵当を代表とする「不動産財団」と鉄道抵当法の鉄道財団を始祖とする「物財団」の2つに分かれる（津島・後掲書6頁）。現在9種類の財団抵当制度がある。

　不動産財団抵当制度としては，工場財団抵当，鉱業財団抵当，漁業財団抵当，港湾運送事業財団抵当，道路交通事業財団抵当，観光施設財団抵当がある。1つの不動産とみなされる。

　物財団抵当制度としては，鉄道財団抵当，軌道財団抵当，運河財団抵当がある。1つの物とみなされる。

　財団抵当については，香川保一・特殊担保〔1963〕，津島一雄・工場抵当・財団抵当の実務〔1971〕，香川保一「工場抵当・各種財団抵当」加藤一郎＝林良平＝河本一郎編・銀行取引法講座〈下巻〉〔1976〕，平野忠昭「特殊の抵当権等」中川善之助＝兼子一監修・不動産法大系Ⅱ担保〔改訂版，1977〕523頁

〔鳥谷部〕　419

以下，浅野裕司「財団抵当制度の問題点——観光施設財団抵当法を中心として」大東法学3号〔1976〕183頁，石井眞司＝西尾信一編・特殊担保〔1986〕595頁〔稲田〕などが詳細に整理している。

2　工場財団抵当

(1)　狭義の工場抵当と工場財団抵当の意義と差異

　工場抵当法（明治38年法律54号。以下，2において法と略す）は，2条から7条までは，財団を構成しない工場抵当権について規定し，8条以下では，財団を組成した工場財団に設定する抵当権について規定している。本稿では，前者を「狭義の工場抵当」または工場抵当，後者を工場財団抵当または財団抵当と呼んでいる（新版注民(9)〔改訂版〕620頁〔柚木＝小脇＝占部〕）。

　工場抵当法2条は，狭義の工場抵当について，工場の所有者が工場に属する土地または建物の上に設定した抵当権の効力は，その土地または建物に付加して一体となった物，およびその土地または建物に備え付けた機械，器具その他工場の用に供する物に及ぶと規定する（法2条）。民法上の抵当権は，付加して一体となる物に及ぶ（民370条）。また，主物に抵当権が設定されるとその従物にも抵当権の効力が及ぶ（民87条2項）。狭義の工場抵当では，それらの付加一体物や従物に加えて，土地または建物に備え付けた機械，器具その他工場の用に供する物に及ぶ点で民法よりも抵当権の効力の及ぶ範囲が広い。したがって，民法上の抵当権とは，効力の及ぶ範囲が若干異なりうる。また，効力（特に目録への記録による第三者効）も異なりうる（→(4)(ウ)(エ)）。

　これに対して，工場抵当と工場財団抵当との差異は，以下のような点にある（遠藤ほか・不動産担保400頁〔今村与一〕）。①工場抵当は目的不動産に備付けの機械器具その他の工場供用物件に及ぶのが原則であるが，工場財団抵当では設定の際の組成物件に及ぶ（法11条）。②工場抵当では目的物上に地上権や賃借権等の他人の権利が存在しても設定することができるが，工場財団抵当では他人の権利の目的となっているものを組成物件とすることができない（法13条1項）。③工場抵当の対象となるものには何らの制限はないが，工場財団は所有権および抵当権以外の権利の目的とすることができない（法14条2項）。④工場抵当では目的物の処分について制限はないが，工場財団抵当の場合はその組成物件の個別の処分が禁止される（法13条2項）。工場抵当は，比較的小規模の工場施設に利用されるのに対して，工場財団抵当は，大企業

特別法による抵当権　IV

の工場施設の担保化に利用される傾向にある（津島・前掲書16頁・19頁，平野・前掲論文526頁）。

後者の工場財団抵当に関する規定は，鉱業財団抵当，漁業財団抵当，港湾運送事業財団抵当，道路交通事業財団抵当，観光施設財団抵当の場合に準用されている。

(2)　工場抵当権および工場財団抵当権の設定

工場抵当権が成立するには，以下の要件が必要である（津島・前掲書33頁）。①土地または建物が工場に属するものであること，②土地または建物に属する工場が法1条所定のものであること，③機械器具などの備付けのある土地または建物であること，④機械器具などに抵当権の効力を及ぼさない旨の特別の意思表示のないこと，である。

このような工場抵当の場合は，工場に属する土地または建物に抵当権を設定する旨の合意があれば工場抵当権が成立するのであり，工場抵当権を設定する特別の合意は必要ではない（飛沢・前掲論文187頁）。また，これらの備付物に抵当権の効力が及ぶ特別の合意も必要ではない（香川・前掲書21頁）。工場抵当目録に記載がなくても当事者間では備付物に効力が及ぶ（大判大9・12・3民録26輯1928頁）。被担保債権その他は，普通抵当と同様である。

他方，工場財団抵当について，法8条は，工場の所有者は抵当権の目的となる1個または数個の工場について工場財団を設けることができ，数個の工場が各別の所有者に属するときも同様であると定め，法11条は，工場財団は，工場に属する土地建物のほか，機械・器具，地上権，賃借権，工業所有権などの中から工場所有者が任意に選択して組成することができると規定する。

工場財団抵当の設定は，工場の所有者が工場財団登記簿に所有権保存の登記を受けることによって行う（法9条）。この保存登記が成立要件である。保存登記のために，数個の工場がある場合には，工場ごとに組成物件を選択し，工場財団目録に記録すべき情報を提供しなければならない（法22条，工場抵当登記規則15条）。目録については，登記すべき事項を明らかにするために作成される記録であり，目録を登記とみなす規定を置くまでもないということで，みなし規定（旧35条）は不動産登記法の改正に伴い削除された（新基本法コメ不登248頁〔千葉和信〕）。

〔鳥谷部〕　　421

特別法による抵当権　IV　　　　　　第2編　第10章　抵当権

(3)　工場財団抵当の変更・分割・合併

工場財団設立後の変更としては，目録記録の変更（法38条），組成物件の変更・追加（法39条〜42条），財団の分割・合併（法42条ノ2・42条ノ3）などがある。

原則として，工場財団抵当の組成物件に分離・追加・変更・消滅の事実がある場合には変更登記をしなければならない。この登記は，効力要件であり，第三者対抗要件となるものと考えられる。ただし，個々の組成物件の内容は，目録に記録し，所有権保存登記の申請の際に提出することによって，登記簿の一部となる。したがって，記録物件の表示のみに変更が生じた場合の変更登記は，すでに生じている事実を財団目録に符合させるものであるから，第三者に対する対抗要件となるものではない。

財団の分割（分割して第1順位の抵当権を設定する場合等）や合併（数個の財団を合併して担保価値を増加する場合等）には全ての抵当権者の同意が必要であり，分割・合併の登記によって効力が生ずる（法42条ノ2〜42条ノ4）。

(4)　工場抵当および工場財団抵当の効力

以下の効力は，狭義の工場抵当について裁判で争われたものを中心にまとめ，財団抵当として問題となったものはその都度その旨を表示する。

(ア)　土地建物と機械の所有者同一の要否　　最高裁昭和37年5月10日判決（金法309号3頁）は，会社代表取締役が，担保貸主兼保証人として，会社の債務担保のため，個人所有の建物と，同建物内備付けの会社所有にかかる機械につき設定した工場抵当法2条による根抵当権の効力は，同機械に及ぶとした（中務嗣治郎＝安保智勇〔判批〕担保法の判例 I 272頁）。すなわち，工場供用物件は同一所有であるのが原則であるが，その供用物件の所有者が根抵当権の効力が及ぶことに同意している場合には物上保証的行為を排斥する理由はないとしたものである。

(イ)　工場財団抵当組成物件の賃借権と抵当権者の同意　　狭義の工場抵当の効力は，前述のように，付加一体物や従物以上に拡張されて備付物にも及ぶ。ただし，第三者に対抗するためには，登記申請の際に登記官に対し当該機械・器具等の目録に記録すべき情報を提供して，登記官がこれを作成しなければならない（法3条）。

しかし，工業所有権などの権利や他の不動産に付加された機械・器具等に

422　〔鳥谷部〕

特別法による抵当権 **IV**

は抵当権の効力は及ばない（新版注民(9)〔改訂版〕634頁〔柚木＝小脇＝占部〕）。これに対して，工場財団抵当では，前述のように，狭義の工場抵当が及ばないものにも及ぼすことができる点で異なる。具体的に問題になった例として，工場財団組成物件の賃貸借について，東京高裁昭和44年7月17日判決（高民集22巻3号456頁）は，工場抵当権者の同意は，同賃貸借の効力発生要件と解するのが相当であって，単なる対抗要件と解すべきでないとした（中山知己〔判批〕担保法の判例Ⅰ260頁）。

　(ｳ)　搬出された場合の効力（物権的返還請求権と即時取得との関係）　法2条の規定により工場の土地または建物とともに抵当権の目的とされた動産が，抵当権者の同意なしに工場から搬出された場合について，最高裁昭和57年3月12日判決（民集36巻3号349頁）は，第三者が即時取得しない限り，抵当権者は，目的動産をもとの備付場所に戻すことを請求することができるとした（吉田眞澄〔判批〕担保法の判例Ⅰ257頁）。本件では当該動産は3条目録に記載されていた。この場合には別の場所に搬出された場合でも登録番号等で同一性を確定することができる。この点で，登記による公示範囲外では同一性が不明確となる普通抵当権と異なるのであり，また，後述の当該登録動産に対する優先弁済の順位も異なりうるということができる。

　前述のように，工場抵当においては，法5条2項で即時取得を妨げないと規定する。その結果，第三者が即時取得の要件を具備した場合には，もはや追及することができない（法5条2項）。最高裁昭和36年9月15日判決（民集15巻8号2172頁）は，工場財団に属する動産についても，民法192条の適用があるとする（執行秀幸〔判批〕担保法の判例Ⅰ266頁）。ただし，工場財団目録に記載されている場合には無過失が認定されにくいことは前述のとおりである。

　(ｴ)　第三者に対する法3条2項の目録の対抗力　工場抵当権の効力は，前述のように，工場に設置された動産（付加一体物等）に及ぶとされている。問題は，第三者に対する対抗力である。その対抗力について，目録への記載方法は具体的であることを要し，「建物内に在る機械器具其他工具一切」という表示では対抗力がないとする（最判昭32・12・27民集11巻14号2524頁，飛沢・前掲論文190頁）。

　第三者対抗力については，見解が分かれている。

〔鳥谷部〕　423

特別法による抵当権　IV

第2編　第10章　抵当権

第1は，従来の通説・判例・実務の見解である。工場抵当の備付物その他の工場供用物に抵当権の効力が及んでいることを第三者に対抗するための登記方法として当該機械・器具などの目録を作成し，この目録が登記の一部となる（法3条）。したがって，工場抵当目録に記載された場合に第三者対抗力を有するとする見解である（前掲大判大9・12・3，前掲最判昭32・12・27，香川・前掲書168頁，飛沢・前掲論文187頁）。

第2は，備付物等の工場供用物には，工場抵当法2条の規定によって当然に抵当権の効力が及ぶものとされていることから，この場合の対抗要件は，目録の記載の有無に左右されるものではなく，工場の供用物である限り抵当権設定登記があれば足りるとする有力な見解があるとされている（我妻571頁，柚木＝高木506頁，我妻・判コメ230頁〔清水誠〕）。

優先関係について，福岡高裁平成3年8月8日判決（判タ786号199頁）は，工場抵当法にいう工場に属する建物の上に抵当権設定登記を経由した者は，その工場の用に供する物について，同法3条1項（現2項）の目録の提出がなくても，同建物に対して有する抵当権をもって，後順位抵当権者に対抗することができるとした（小林明彦〔判批〕担保法の判例I 254頁）。

しかし，土地や建物に対する抵当権の効力が付加物である動産に及ぶことと，当該動産に特別の要件を具備した第三者である即時取得者や対抗力を備えた譲渡担保権を排除できるかは別問題である。土地建物本体への抵当権の公示が付加物である動産に及んでいない場合も多い。

我妻説は，目録に記載がない場合に，登記官吏の過誤によって記載されなかった場合や，一般債権者，後順位抵当権者，差押債権者に対しては工場抵当権の対抗力を認めるべきであり，反対に不法に分離された場合にも追及するには目録への記載が必要であるとしている（我妻571頁）。そこでは純粋の対抗関係は，後順位担保権者，差押債権者の場合のみであり，対抗要件の基準として一貫していないように思われる。

工場抵当の供用物件をめぐる工場抵当権者間の優劣について，注目すべき最高裁判例が公表されている。工場抵当本体への1番抵当権を設定したのみで抵当目録を提出していなかった1番抵当権者と抵当目録への記載を行った工場抵当権本体への2番抵当権者の優劣について，最高裁平成6年7月14日判決（民集48巻5号1126頁）は，「工場抵当権者が供用物件につき，……3

特別法による抵当権　IV

条目録の記載は第三者に対する対抗要件であると解するのが相当である。……したがって，法が供用物件について3条目録を提出すべきものとしている趣旨は，供用物件が従物に当たるかどうかを問わず，一律にこれを3条目録に記載すべきものとし，そのことにより，右のような困難な判断を回避し，工場抵当権の実行手続を簡明なものとすることにもあるというべきである」と明確に述べて，工場抵当の供用物件については抵当目録を提出している2番抵当権者が優先するとした（道垣内弘人〔判批〕平6重判解77頁，同・諸相239頁以下参照）。

　ここから，第3の見解として，工場抵当の設定登記によって備付物等に抵当権の効力が及ぶことを認めたうえで，工場抵当の供用物件については，本体への抵当権設定登記時ではなく，供用物件への個別の対抗要件（変更登記をも含む）を具備した第三者に対してのみ，目録記載の時点を基準に対抗関係・優先関係を決定すべきであると考えられる。このように解することが法3条，法22条の規定にも合致するものであると考える。

　いずれにしても，備付物や供用物件については，構成部分，付加一体物（民370条），付合物（民242条），従物（民87条），その他の物など，フランス民法，ドイツ民法等の部分的な法継受により，法概念と区分が不明確な状態となっている。民法と特別法の附属物（その変更や公示方法，中間的効力も含めて）に関する再構成が必要である。

　㋘　先取特権との優劣　　大阪高裁昭和42年6月30日判決（下民集18巻5＝6号724頁）は，工場抵当権の目的となっている機械器具上の動産売買先取特権について，農業動産信用法16条や自動車抵当法11条などのように，先取特権と競合する場合には抵当権者は民法330条に掲げる第1順位の先取特権と同一の権利を有するとの特別の規定がない工場抵当法の解釈においては，工場抵当権に優先すると認めざるを得ないとした（森井英雄〔判批〕担保法の判例Ⅰ269頁，津島・前掲書70頁以下，柚木＝高木74頁）。

　㋙　工場抵当目的物の焼失　　この問題について，東京高裁昭和44年5月30日決定（下民集20巻5＝6号406頁）は，工場抵当法2条2項により工場の供用物件に工場抵当権の効力が及んでいる場合には，工場抵当の目的物たる建物が，競売手続中に焼失しても，残存機械器具についての抵当権の効力が消滅することがないとした（岩城謙二〔判批〕担保法の判例Ⅰ263頁）。工場の

〔鳥谷部〕　　425

特別法による抵当権　Ⅳ

供用物件が同一性を保って現存し，担保価値を有する限りは，物上代位的効力により，その供用物件のうえに抵当権の効力が及んでいると解することができるからである。

(5)　工場抵当権の実行

工場抵当権実行の方法や手続は，工場抵当法に別段の定めがない限り，民法上の抵当権と同様に，民事執行法181条以下の定めによる（雨宮真也「工場抵当権，各種財団抵当権の実行とその実務上の問題点」担保法大系Ⅲ 241頁，遠藤ほか・不動産担保416頁・470頁〔今村〕，新版注民(9)〔改訂版〕636頁〔柚木＝小脇＝占部〕等）。

法7条2項は，「第2条の規定によって抵当権の目的となった物は，土地又は建物と共にするにあらざれば差押え，仮差押え又は仮処分の目的とすることを得ず」と規定し，一括競売に限られるか，個別競売が許されるか問題となっている。他方で，法46条は，「裁判所は，抵当権者の申立により工場財団を個々のものとしての売却に付すべき旨を命ずることを得」と規定している。

そこで，法2条は，あくまで工場抵当権の目的物の総合的な換価価値を維持するためであり，原則として工場抵当権実行の申立てがあったときは，工場不動産と備付けの工場供用物件は包括して競売に付さなければならない（東京高決昭40・3・15下民集16巻3号443頁）。これに対して，総合的な換価価値の維持が必要でない場合，一括競売するか，個別競売するかは競売申立権者の申立てに基づいて競売裁判所が自由裁量によって決定することができるとされている（札幌高決昭36・3・28高民集14巻3号205頁）。

3　鉱業財団抵当

(1)　意義・機能

鉱業抵当法（明治38年法律55号。以下，3において法と略す）は，鉱業権に基づいて鉱物の試掘・採掘等の事業を行う鉱業企業を一体として担保化するために，現行の担保制度と調和させながら，鉱業財団を組成するものの範囲を定め，かつ，その鉱業財団の組成物件となるものを帰属させる場合の要件や効力等を定めている（平野忠昭・鉱業抵当法〔1976〕2頁）。組成された鉱業財団は，工場財団抵当と同様に，1個の不動産とみなされる。

鉱業財団には，工場抵当法の工場財団に関する規定が準用されるが（法3条・11条），採掘権や未設立法人に関する特則が規定されている（法4条〜10条）

特別法による抵当権　**IV**

（新版注民(9)〔改訂版〕623頁〔柚木 = 小脇 = 占部〕，遠藤ほか・不動産担保476頁〔今村〕）。

(2) 設　　定

鉱業財団を設定しうるのは，採掘権者である（法1条）。採掘権を有する者が共同で設定することもできるが，共同鉱業権の持分への抵当権設定は認められない（最判昭37・6・22民集16巻7号1389頁）。鉱業財団の設定は，鉱業財団登記簿への所有権保存登記によって行われる。鉱業財団は，①鉱業権，②土地および工作物，③地上権および土地の使用権，④賃貸人の承諾ある物の賃借権，⑤機械，器具，車両，船舶，牛馬その他の附属物，⑥工業所有権によって組成される（法2条各号）。この組成物件となりうるためには，鉱業に関するものであること，同一の採掘権者に属する物件であることが必要である（法2条柱書）。その他，組成物件の変更には工場抵当法38条ないし42条が，鉱業財団の分割・合併には工場抵当法42条ノ2ないし42条ノ7が，鉱業財団からの分離には工場抵当法15条が準用されている（平野・前掲書62頁，遠藤ほか・不動産担保480頁〔田山〕）。

このような鉱業財団には，抵当権を設定することができる。設定の登記については，工場抵当法36条が準用されている。

(3) 効　　力

鉱業財団抵当権の目的物の範囲については，工場抵当法16条1項の準用がある。

鉱業財団抵当権の実行についても，工場抵当法45条以下の準用がある。

4　漁業財団抵当

(1) 意義・機能

漁業財団抵当法（大正14年法律9号。以下，4において法と略す）は，漁業経営のために諸種の物件を包括的に担保化することによって漁業に対する金融の促進を図ろうとするものである。漁業財団は，この目的のために，定置漁業権者，区画漁業権者，漁業用登記船舶所有者または水産物養殖場所有者が設定者となり（法1条），組成物件として，定置漁業権または区画漁業権，船舶・その属具・附属設備，土地・工作物，地上権・土地水面使用権等，漁具・副漁具，機械・器具その附属物，物の賃借権，工業所有権について（法2条），漁業財団登記簿に保存登記をすることによって設定される（新版注民(9)〔改訂版〕623頁〔柚木 = 小脇 = 占部〕，遠藤ほか・不動産担保483頁〔今村〕）。組成

〔鳥谷部〕　　427

された漁業財団は，1個の不動産とみなされる。組成物件の変更，漁業財団の分割・合併，漁業財団の移転については，鉱業財団抵当と同様に，工場抵当法の工場財団に関する条文が準用される（法6条）。

(2) 設　　定

漁業財団を目的とする抵当権の設定は，当該財団が定置漁業権または区画漁業権について設定されたものである場合には，都道府県知事の認可を受けなければ効力を生じない（法3条ノ2第1項）。都道府県知事の認可は，抵当権設定の効力発生要件である（遠藤ほか・不動産担保483頁〔今村〕）。

(3) 効　　力

定置漁業権または区画漁業権が漁業財団に属する場合には，その財団を目的とする抵当権の効力は，漁場に定着した工作物に及び，船舶が漁業財団に属する場合には，その船舶の属具に及ぶ（法3条1項2項）。漁業権の取消しがあった場合の漁業財団を目的とする抵当権の実行については，鉱業財団の場合（鉱抵4条）と同様の特則が設けられている（法4条）。

5　港湾運送事業財団抵当

(1) 意義・機能

港湾運送事業法（昭和26年法律161号。以下，5において法と略す）は，港湾運送事業のための企業財産を一体として担保の対象とするために，当該事業の用に供する不動産（土地，建物）や船舶その他の動産等の各種設備，諸権利（地上権，賃借権，地役権）をもって1個の財団を設定し，これを抵当権の目的とすることによって当該事業の増進を図ろうとするものである（法1条）。港湾運送事業財団の対象となる事業は，険数，鑑定，検量の各事業を除く一般港湾運送事業，港湾荷役事業，はしけ運送事業，いかだ運送事業である（法3条1号・2条1項1号）。

(2) 設　　定

国土交通大臣から一般港湾運送事業の許可を受けた者は，抵当権の目的とするために，港湾運送事業財団を設定することができる（法23条）。港湾運送事業財団の組成物件は，①上屋，荷役機械その他の荷さばき施設およびその敷地，②はしけおよび引船その他の船舶，③事務所その他一般港湾運送事業等のために必要な建物およびその敷地，④①または③の工作物を所有し，または使用するため他人の不動産の上に存する地上権，登記した賃借権およ

特別法による抵当権　IV

び①または③の土地のために存する地役権，⑤一般港湾運送事業等の経営のために必要な器具および機械である（法24条）。①③のいずれもが存しないときは，港湾運送事業財団を設定することができない（法25条）。

⑶　効　　力

　港湾運送事業財団を目的とする抵当権については，工場抵当法中の工場抵当財団に関する規定が準用される（法26条）。

6　道路交通事業財団抵当

⑴　意義・機能

　道路交通事業抵当法（昭和27年法律204号。以下，6において法と略す）は，道路運送事業，自動車ターミナル事業および貨物利用運送事業に関する信用の増進により，これらの事業の健全な発達を図ることを目的とする（法1条）。この目的を達成するために，事業設備を一体として財団を設定し，これを抵当権の目的とすることによって，その企業経営の維持および拡充に必要な長期資金の調達を円滑にしようとするものである（津島・前掲書276頁，遠藤ほか・不動産担保488頁〔今村〕）。

　事業財団は，①土地および工作物，②自動車およびその附属品，③地上権，賃貸人の承諾があるときは物の賃借権および①の土地のために存する地役権，④機械および器具，⑤軽車両，はしけ，牛馬その他の運搬具によって組成される（法4条）。事業財団は1個の不動産とみなされる（法8条）。

⑵　設　　定

　道路交通事業財団を目的とする抵当権の設定については，同法19条により工場抵当法36条が準用される。事業財団は，所有権および抵当権以外の権利の目的とすることができない（法9条）。

⑶　効　　力

　事業財団の登記をしたときは，法4条に規定するものは，設定時および設定後に存するものを含め当然に事業財団に帰属する。ただし，第三者の権利の目的であるものはこの限りでない（法6条2項3項）。

　道路交通事業財団抵当権の効力についても，同法19条により工場抵当法15条および16条が準用される。登記所は，①事業財団について第1順位の抵当権の設定を登記したとき，②事業財団が消滅した旨を登記したときに，直ちにその旨を国土交通大臣に通知しなければならない（法11条）。抵当権

〔鳥谷部〕　429

者は，国土交通大臣より事業者の免許の取消し・失効の通知を受けてから6か月以内に抵当権の実行をすることができる（法14条1項〜3項）（新版注民(9)〔改訂版〕625頁〔柚木＝小脇＝占部〕，遠藤ほか・不動産担保491頁〔今村〕）。

7　観光施設財団抵当

(1)　意義・機能

観光施設財団抵当法（昭和43年法律91号。以下，7において法と略す）は，観光施設に関する信用の増進により，観光に関する事業の発展を図り，もって観光旅行者の利便の増進に資することを目的とする（法1条）。本法は，観光施設の運営にあたり多額の設備資金が必要であり，資金調達上の隘路となっている物的担保の問題を解決するために財団抵当制度を導入したものである（岩崎平八郎・観光施設財団抵当法〔1976〕5頁，新版注民(9)〔改訂版〕625頁〔柚木＝小脇＝占部〕，遠藤ほか・不動産担保492頁〔今村〕）。法2条および政令は，観光施設として，遊園地，動物園，スキー場，水族館，植物園その他の園地，展望施設，アイススケート場，水泳場を定める。その施設が観光旅行者の利用に供される宿泊施設に附帯して設けられている場合には，当該施設および宿泊施設を含む（法2条）。ゴルフ場やマリーナ等も財団化する方が望ましいとの指摘がある（岩崎・前掲書8頁，浅野・前掲論文195頁）。

(2)　設　　定

法2条の観光施設を観光旅行者の利用に供する事業者は，抵当権の目的とするため，1または2以上の観光施設について，観光施設財団を設定することができる（法3条）。設定は，観光施設財団登記簿への保存登記による（法7条）。その施設財団は，①土地および工作物，②機械，器具および備品，③動物，植物および展示物，④地上権，賃貸人の承諾あるときは物の賃借権，⑤船舶，車両および航空機ならびにこれらの附属品，⑥温泉を利用する権利によって組成される（法4条）。

(3)　効　　力

観光施設財団の設定手続および抵当権の実行については，工場抵当法8条以下の規定が準用されている（法11条）。

8　鉄道財団抵当

(1)　意義・機能

鉄道抵当法（明治38年法律53号。以下，8において法と略す）は，鉄道会社の

特別法による抵当権　Ⅳ

資金調達促進の利便のために設けられた金融担保に関する特別法である。この法律は，鉄道設備を構成している数多くの物件を有機的に組織して「1個の物」すなわち鉄道財団の登記をすることにより合成的な担保力を与えるものである（岩崎平八郎・鉄道抵当法・軌道ノ抵当ニ関スル法律〔1972〕1頁，新版注民(9)〔改訂版〕626頁〔柚木＝小脇＝占部〕）。本法は，諸施設を1個の物とみなす「物財団」に属する（法2条3項）。

(2)　設　　定

　鉄道財団の主体は，株式会社である鉄道事業者である（法1条）。鉄道財団の設定には，鉄道財団に属する線路の表示，鉄道財団の所有者の名称および住所を記載した申請書および鉄道財団目録を提出しなければならない（法7条）。鉄道財団は，国土交通大臣の認可があったときに成立する（法2条ノ2第1項）。鉄道財団は，鉄道線路，鉄道用地，その上の工作物，運輸に要する建物，用水に関する工作物，登記した賃借権，地役権等によって組成される（法3条）。抵当権設定の登録申請書には，鉄道財団に属する線路の表示，抵当権者，債務者および鉄道財団の所有者の名称および住所，抵当権の順位，債権額および償還の方法ならびに期限，利率および利息支払の方法ならびに期限を記載した抵当証書を添付しなければならない（法29条）。

(3)　効　　力

　抵当権設定の認可があったときは，鉄道財団目録記載に関わらず，財団に属するすべてのものに及ぶ。鉄道財団設定後に鉄道財団の所有となったものも同様である（法11条）。抵当権の得喪・変更または鉄道財団の所有権の移転は，登録をしなければ第三者に対抗できない（法15条）。抵当権相互の順位は，登録の前後によって決まる（法16条）。抵当権の実行は，強制競売および強制管理の方法による（法43条以下・78条以下）。

9　軌道財団抵当

(1)　意義・機能

　「軌道ノ抵当ニ関スル法律」（明治42年法律28号。以下，9において法と略す）は，軌道の抵当に関しては，本法に別段の規定がある場合を除いて，鉄道抵当法を準用すると定める（法1条）。鉄道は道路ではない専用路線を使用するのに対して，軌道は，原則として，道路上に敷設された路線（路面）を使用するものである（岩崎・前掲書141頁，新版注民(9)〔改訂版〕628頁〔柚木＝小脇＝占

〔鳥谷部〕　431

特別法による抵当権　**Ⅳ**

部〕）。

⑵　設定・効力

設立される財団が，鉄道財団から軌道財団に変わり，軌道財団の組成物件も，鉄道線路から軌道線路に変わるなど，軌道財団抵当権の設定，公示，効力および実行は，いずれも鉄道抵当法に準じて扱われることになる。

10　運河財団抵当

⑴　意義・機能

運河財団は，運河法（大正2年法律16号。以下，**10**において法と略す）に基づいて設立される。運河財団抵当は，河川等を船舶等の移動のために人工的に水路を開設する場合等に，運河法に基づき，資金調達の手段として設定される。運河財団や抵当権の取扱いについては，運河法13条により，「軌道ノ抵当ニ関スル法律」が準用されている（新版注民(9)〔改訂版〕629頁〔柚木＝小脇＝占部〕，遠藤ほか・不動産担保579頁〔田山輝明〕）。

⑵　設定・効力

運河を開設しようとする者は，国土交通大臣の免許を受けなければならない（法1条）。免許を受けた者は，通航料その他運河の使用に関する規程を定め，都道府県知事の認可を受けなければならない（法7条）。運河財団は，運河用地が定められ（法12条），運河用地やその上に存する工作物，器具・機械などによって組成される（法14条）。その財団に，抵当権が設定される。その効力等は，「軌道ノ抵当ニ関スル法律」やこれが準用する鉄道抵当法によって定められる（法13条）。

11　担保制度としての特徴

第1に，不動産財団では，組成物を任意に選択できる（任意選択組成主義）。これに対して，物財団では，公益性が強く，企業財産は当然に財団に帰属する（当然所属主義）。

第2に，財団を構成する動産を搬出した場合に即時取得を認めるかについて，工場抵当法は5条2項で即時取得を肯定するが，他の財団では規定を置いていない。

第3に，財団の土地建物の附属物である付加一体物（民370条），付合物（民242条），従物（民87条），その他の物について，法概念や区分が不明確であり，公示方法・対抗要件・優先弁済権との関係でも民法と特別法を再構成

すべきである。

第4に，不動産財団では必ずしも財団を一体として競売する必要がない（工抵46条）。これに対して，物財団では，抵当権の実行に際しては原則として財団を一体として競売すべきとされている。

第5に，これらの各種財団制度の問題点として，流動財産は対象外であること，工場，鉱業などの9業種以外に幾多の企業があること，組成・管理のための煩雑な手続（保存登記，財団登録，設定登記，変更登記等）と費用が必要であることなどが指摘されていた（香川保一「企業担保法の逐条解説（一）」金法172号〔1958〕280頁，小林・後掲書3頁，遠藤ほか・不動産担保496頁〔田山〕）。

V 企 業 担 保

1 意義・機能

企業担保法（昭和33年法律106号。以下，Vにおいて法と略す）は，株式会社の発行する社債または特定の債権（日本開発銀行〔平成11年に日本政策投資銀行が承継，平成19年の株式会社日本政策投資銀行法による民営化に伴い，企業担保権の目的とすることができるとする特例規定は削除されたが，改正前の企業担保法附則2項の規定により設定された企業担保権については，なお従前の例による，とされる〕の貸付金債権等）の担保として，会社の総財産を浮動のまま，一体として担保権の目的とするものである（法1条）。民法上では個別物件ごとの物権しか設定できず，また前述の財団抵当でも企業の有する流動財産を含む総財産を包括的に対象とする担保権の設定が困難であった。そこで，法務省は，イギリスの浮動担保（floating charge）に関する法制度の実情調査を行い，企業担保法要綱案を経て企業担保法が制定された（小林英雄・企業担保法〔1972〕10頁，執行秀幸「企業担保権の内容・効力」担保法大系Ⅳ1頁，秦光昭「企業担保と金融取引」同61頁，近藤崇晴「企業担保権の実行手続上の問題点」同79頁，新版注民(9)〔改訂版〕641頁〔柚木＝小脇＝占部〕など参照）。

2 設 定

企業担保権を設定できる主体は，株式会社に限定されている（法1条）。設定または変更を目的とする契約は，公正証書によってしなければならない（法3条）。被担保債権は社債に限られ，会社本店の所在地で株式会社登記簿

〔鳥谷部〕 433

特別法による抵当権　VI　　　　　　　　　　　　　第2編　第10章　抵当権

に登記しなければならない（法4条1項）。登記は効力要件とされた。

3　効　　力

　企業担保権は，物権とされる（法1条2項）。企業担保権者は，他の債権者に先立って，債権の弁済を受けることができる（法2条）。ただし，この企業担保権は，実行の開始があるまでは個別的には確定せず，浮動の状態にある。実行が開始された場合に，差押えによって差押え時の状態で優先弁済を受ける総財産の範囲が確定する（法20条）。実行手続の開始決定と同時に管財人が選任され（法21条），遅滞なく会社の財産の登記・登録を行い（法24条），総財産を管理する（法30条）。管理人は，総財産の換価を競売または任意売却によって行う（法37条）。裁判所は，管財人の作成した配当表に従って配当する（法52条）。

　企業担保権と他の権利者の優先関係は，一般債権者すなわち無担保権者には優先するが，他に個別の担保権者がいるときは，企業担保権者が劣後する（法6条）。企業担保権設定後の個別担保権者も対抗要件を備えたときは，企業担保権者に対抗することができる（中間的効力）。

4　担保制度としての特徴

　第1に，流動動産を含む総財産に対する物権としての担保権を設定することができる。

　第2に，実行が開始されるまでは，企業構成財産から離脱したものに対して，追及力がないため効果的ではない。

　第3に，被担保債権は，原則として，その会社の発行する社債に限定されている。社債以外への拡張が課題となっている。

　第4に，実行にあたり，一般債権者には優先するが，個別の担保権者には対抗できないという中間的効力しかない。総合すると，担保権の効力は薄弱とならざるを得ない（小林・前掲書10頁）。

VI　抵当証券制度

1　意義・機能

　抵当証券法（昭和6年法律15号。以下VIにおいて法と略す）は，昭和2年の金融恐慌を契機に，不動産上の抵当権自体を証券化して流通させることにより

特別法による抵当権　VI

資金を回収する方法として昭和6年に制定された。このような抵当証券制度は，流通抵当（ド民1116条以下）を抵当権の原則とするドイツ民法の抵当証券（Hypothekenbrief）制度や，土地を抵当から解放し，土地改良の手段を提供するフランスにおける抵当証券（cedule hypothecaile）制度としても利用されていた（今村与一「日本の抵当証券制度」担保法大系Ⅲ 402頁）。

わが国においては，不動産金融の流動化として，資金難に苦しむ地方銀行の救済のためにも，日銀の特別融資の回収のためにも，その救済策として注目された（今村・前掲論文399頁）。しかし，施行後ほとんど利用されなかった。その理由としては，①抵当権者は証券の発行にあたり抵当権設定者または第三取得者および債務者の同意書が必要（法3条1項4号）であるため同意を求めることを躊躇しがちであること，②かりに証券の交付を求めても抵当権設定者等から異議申立てが行われると簡単には抵当証券の交付を受けられないこと（法6条以下），③証券譲渡の際の裏書によって裏書人としての責任（法31条・32条）を生ずることが証券の譲渡を困難にしていること等が指摘されていた（基本法コメ343頁〔遠藤浩（小林明彦補訂）〕参照）。

ところが，昭和58年頃から，低金利時代における高金利の節税商品として一般投資家の注目を集めるようになり，抵当証券の取引量は増加した。この間，抵当証券の二重売りや空売り等の悪用事例が発生したため，これを規制するために抵当証券業の規制に関する法律（「抵当証券業法」と略す。昭和62年法律114号）が制定された。

その後バブルの崩壊，金融商品の多様化とともに証券取引法を大幅に改正して「金融商品取引法」が制定され，「抵当証券業法」は廃止された。現在は多様な資産流動化制度が用意されているが，現行の抵当証券法については，上記の阻害要因を改善することが望まれる（庄菊博・抵当証券制度の課題〔1989〕，今村・前掲論文366頁，上原由起夫「抵当証券の流通をめぐる実務上の問題点」担保法大系Ⅲ 424頁，庄菊博「抵当証券の手続面における特色と問題点」同461頁，石井＝西尾編・前掲書293頁〔片岡〕，遠藤ほか・不動産担保686頁〔上原由紀夫〕，新版注民(9)〔改訂版〕615頁〔柚木＝小脇＝占部〕など参照）。

2　設　　定

抵当権者と抵当権設定者間に抵当証券発行の特約がある場合に，抵当権者は抵当証券の交付を申請することができる（法1条・2条5号）。抵当証券の交

特別法による抵当権　VI

付申請に関する登記実務については，大関和夫＝関實・一問一答抵当証券と登記実務〔1993〕が詳しい。

3　効　　力

抵当権者により抵当証券の交付申請が行われた場合，登記官は，利害関係人に対して異議申立ての催告をしなければならない（法6条）。これに対して，その抵当証券発行前の利害関係人は，一定期間内に証券交付に対する異議を申し立てることができ（法7条），異議がない場合には，証券発行の妨げになる事由を交付申請人に対して対抗することができなくなる（法10条1項）。抵当証券発行後，所持人は，裏書譲渡，証券に基づく抵当権実行および裏書人への償還請求によって貸金の回収や優先弁済を受けることができる（河上301頁）。

4　担保制度としての特徴

抵当証券制度の第1の特徴は，不動産金融の流動化の先駆けとして，抵当権に裏付けられた資産の運用，資金調達手段，または優先弁済手段として機能することが期待された。この制度が堅実に運用されるならば，不動産価値の裏付けがある点で有効に機能しうる制度であるということができる。

第2の特徴として，抵当証券は，不動産の所有権価格のみならず収益価格にも優先弁済的効力（物上代位効）を有する点で，他の資産流動化制度よりも簡便で優先的な効力を有するといえるであろう。

ただし，すでに指摘したように，多くの問題点を抱えていた。当初ほとんど利用されなかった理由に挙げられているように，①証券の発行の際の同意を通知に改めること，②抵当権設定者等からの抗弁と抵当証券の交付を切り離すこと，③抵当証券の譲渡に公信力を認め，ドイツ民法の土地債務と同様に，抵当権設定者に一定の場合に抗弁権を認める制度に改めることが必要であろう。

さらに，抵当証券が資産の運用，資金調達手段，または優先弁済手段において堅実な制度として再生するためには，抵当権証券の二重売りや空売り等ができないような抜本的な法改正が必要である。

〔鳥谷部　茂〕

非典型担保総論　I

非典型担保

非典型担保総論

細　目　次

I　「非典型担保」という捉え方…………437
　1　「非典型担保」と捉えることの意義 …437
　2　「非典型担保」概念の確立 …………438
　　(1)　「非典型担保」概念の登場…………438
　　(2)　教科書類の状況 ……………………439
II　非典型担保論の具体的内容 …………440
　1　譲渡担保における担保性の肯定………440
　　(1)　譲渡担保の先行理由 ………………440
　　(2)　契約自由による担保性の限界………441
　2　代物弁済予約における議論の始まり…442
　　(1)　受戻権についての議論 ……………442
　　(2)　清算義務肯定の方向 ………………443
　　(3)　端的に担保とみる見解の登場 ……443

　3　譲渡担保についての新たな議論………443
　4　代物弁済における担保としての処遇
　　の進展 ── 譲渡担保から代物弁済への
　　影響……………………………………444
　5　仮登記担保法の譲渡担保への影響……445
　6　所有権留保の担保としての処遇………446
　　(1)　所有権留保の特殊性 ………………446
　　(2)　所有権留保自体の議論の深まり …446
　　(3)　非典型担保間での相互的な影響 …447
III　統一的把握の限界……………………448
　1　統一的な把握の妥当性………………448
　2　精緻な検討の必要性…………………449

I　「非典型担保」という捉え方

1　「非典型担保」と捉えることの意義

　近時の担保物権法の教科書類では，「非典型担保」という1つの章を立て，その中で，仮登記担保，譲渡担保，所有権留保を扱うものが多い（高木303頁以下〔ただし，「権利取得型非典型担保」と題する〕，近江273頁以下〔ただし，「変則担保」と題し，さらに，債権の譲渡担保は，別個に「債権担保」という括りで論じる〕，高橋259頁以下，松井170頁以下，角163頁以下，生熊256頁以下，河上305頁以下，大村100頁以下など）。これに対して，相殺は，しばしばその「担保的機能」が

〔道垣内〕　437

論じられるが，あくまで債権総論のなかで論じ続けられている。

　さて，ある制度が，担保の機能を有していると認識することと，それを担保として性質決定することとでは，その意味が大きく異なる。後者においては，その効力等を考えるにあたり，抵当権など民法上の担保権とのバランスの必要性が認識されることを超え，民法上の担保権に関する規定の類推・民法上の担保権との同質化へと向かいうる。また，様々な制度を「非典型担保」という同一の概念のもとで捉えることは，それらの制度の均質化を支える根拠ともなる。

　仮登記担保，譲渡担保，所有権留保を，あわせて「非典型担保」として捉えることには，たんなる整理を超えた意味があることになる。

2 「非典型担保」概念の確立

(1) 「非典型担保」概念の登場

　それでは，これらの制度が「非典型担保」という1つの概念のもとに捉えられるようになったのは，いつのことなのであろうか。

　近江幸治は，この点で，1969年の米倉明の論文（同「非典型担保法の展望」米倉・研究1頁以下〔初出，ジュリ413号〔1969〕51頁〔ただし，改題〕〕）によるとの認識を示している（近江幸治・担保制度の研究〔1989〕5頁注(1)）。米倉論文は，まさに，譲渡担保，所有権留保，代物弁済予約を同一の表題のもとに扱うものである。

　これ以前に「非典型担保」という用語が使われている例は，私も見つけることができていない。そして，以下の理由から，だいたい1960年代の終わりに，3つの制度を共通の基盤のもとに検討していくという視点が確立したものと思われる。すなわち，1969年に，我妻栄を代表者とする「変態担保研究会」が組織され，所有権留保と仮登記担保の研究が開始された（変態担保研究会・動産「所有権留保」法試案〔1972〕，同・仮登記担保法試案〔1972〕）。これには，譲渡担保が含まれていないと思われるかもしれないが，それは，松本財団財産立法研究会が，同じく我妻栄を代表者として，1959年から譲渡担保立法の研究を行っていたからである（四宮和夫ほか「譲渡担保立法の問題点」私法31号〔1969〕23頁）。前者の研究会と後者ではメンバーの多くが重なっている。つまり，「変態担保研究会」は，譲渡担保も含めた「変態担保」を総体的に検討するという意図をもっていたのである。

非典型担保総論　I

⑵　教科書類の状況

教科書類での扱いはどうか。

㋐　譲渡担保の登場　　最初に，担保物権法のもとに組み入れられたのは，譲渡担保である。

1935 年には，石田文次郎・担保物権法論上巻〔1935〕序 2-3 頁が，「わが民法上担保権は法定担保権たる留置権・先取特権と，約定担保権たる売渡担保・質権・抵当権とに大別することが出来る」とし，同書下巻〔1936〕585頁以下で，40 数頁にわたって売渡担保を説明している。同時期に，我妻栄・担保物権法（民法講義Ⅲ）〔1936〕が，譲渡担保に 1 章を割き（329-348 頁），また，柚木馨・判例物権法各論〔1936〕は，第 2 章・担保物権の第 6 節として，売渡抵当を論じている。石田の本の前年に刊行された，近藤英吉・物権法論〔1934〕が，売渡担保の説明を，「担保物権総説」のなかで「担保の種類」を論じるにあたり，「本来の債権担保と隠れたる債権担保」として行うにとどめ（同書 109 頁以下），独立の章を与えていないところから見ると，ちょうどこのあたりに境目がありそうである。

㋑　所有権留保・代物弁済予約の遅れ　　所有権留保については，なかなか担保物権法の本の中には登場しない。もっとも，所有権留保が担保の機能を有することは早くから認識されており，1931 年に著された石田文次郎「担保的作用より見たる所有権留保契約」（同・民法研究第 1 巻〔1934〕274 頁以下〔初出，新報 41 巻 6 号〔1931〕〕）は，「動産抵当と実質上その作用を同じくする法的手段として現代行はれてゐるものは動産の売渡抵当と，茲に論じやうとする動産の所有権留保契約とである」（同論文 275 頁）と述べている（もっとも，そこでも，売渡抵当との対で用いられている言葉は，「所有権留保契約」であり，いまだ担保の性格を正面に出したものとはいえない。それ以前の，三潴信三「所有権留保論」法協 35 巻 4 号 595 頁，5 号 855 頁〔1917〕は，なおさらそうである）。その中で，勝本正晃・担保物権法論〔1940〕が，その 291-304 頁において，所有権留保を論じているのは注目に値する。

代物弁済予約についても状況は同じであり，担保物権法の教科書類でそれを論じる例は，長い間，見られない。1968 年に出版された我妻栄・新訂担保物権法（民法講義Ⅲ）も，譲渡担保しか論じていない。

㋒　1970 年からの変化　　ところが，1970 年から状況が一変する。遠藤

〔道垣内〕　439

浩ほか編・民法(3)〔1970〕は，譲渡担保，代物弁済予約，所有権留保に，各章を割り当てて論じている。中川善之助＝兼子一監修・不動産法大系Ⅱ担保〔1971〕や山本進一ほか編・物権法〔1973〕が，これに続く。そして，1973年には，柚木馨・担保物権法〔1958〕が改訂され，仮登記担保，所有権留保の章が新設された（柚木＝高木〔新版〕）。翌1974年に出された星野英一・民法概論Ⅱ第2分冊〔1974〕は，第14章を非典型担保と題し（その際，米倉・前掲論文を引用する），「予め所有権を債権者に移転する方法による担保」，「弁済のない場合に所有権等を債権者に移転する方法による担保」，「所有権留保」という節を立てている。川井健・担保物権法〔1975〕は，目的物の種類ごとに論じる点に特色があるものだが，譲渡担保，代物弁済予約，所有権留保を説明している。

　以上からすると，1970年代に入り，非典型担保という共通概念のもとに，譲渡担保，代物弁済予約，所有権留保を論じるというスタイルが確立し，それらの制度の統一的把握のための基礎が提供されたといってよいだろう。

Ⅱ　非典型担保論の具体的内容

1　譲渡担保における担保性の肯定

(1)　譲渡担保の先行理由

　それでは，具体的には，どのようなかたちで非典型担保論が形成されていったのであろうか。

　すでに述べたように，教科書類において最初に扱われるようになったのは譲渡担保であるが，その理由はいくつか存在するであろう。

　まず，債権者に対して権利を移転するという担保手段は，民法典が制定され，抵当権制度が創設される前から存在していたことである。すなわち，地券預入れ担保である。それが地券制度の廃止によって消失しても，担保目的での買戻特約付売買が行われ，さらに，売渡抵当であると認識されるに至ってくる。そして，譲渡担保は当初から，流担保特約の有効性を中心に議論された。担保としての側面が最初から問題になっていたのである（近江・前掲書42-77頁）。

非典型担保総論　II

(2)　契約自由による担保性の限界

　民法制定後に，譲渡担保を担保として扱うことを明言したものとして，大審院明治45年7月8日判決（民録18輯691頁）がある。すなわち，「今之ヲ売渡抵当ニ付テ言ヘハ，当事者ハ所有権ヲ移転スル意思ヲ有シ之ヲ表示スルモノニシテ虚偽ノ意思表示ニ非サルコト勿論ナリト雖モ，其目的トスル所ハ之ニ依リ債権担保ノ実ヲ挙ケントスルニ在ルカ故ニ，譲受人ハ此担保ノ目的ニ従ヒ其所有権ヲ行使セサルヘカラサル制限ヲ受ク。詳言スレハ，当事者間ノ債務関係ハ此譲渡行為ニ因リ直ニ消滅スルモノニ非スシテ，債務者カ其債務ヲ弁済セサルトキハ債権者ハ其譲受ケタル目的物ヲ処分シ其弁済ニ充当スルコトヲ得ヘシト雖モ，債務者カ弁済ヲ為シタルトキハ債権者ハ之ヲ債務者ニ返還スルニ必要ナル手続ヲ為スコトヲ要シ，弁済期前ニ在リテハ自由ニ目的物ヲ処分スルコトヲ得サルモノトス。此ノ如ク売渡抵当ハ所有権移転ノ効果ニ制限ヲ加ヘ之ニ依リテ債権担保ノ目的ヲ達セントスルモノナルカ故ニ，所有権ノ移転ハ此目的ヲ遂行スルニ必要ナル範囲内ニ於テ其効力ヲ生スルモノト為ササルヘカラス」（句読点―引用者）というわけである。

　もっとも，大審院大正5年7月12日判決（民録22輯1374頁）は，「不動産ノ売渡抵当又ハ売渡担保ト称スルハ売買ノ形式ニ依リ不動産ヲ担保ニ供スル一切ノ行為ヲ汎称スルモノナルカ故ニ，売渡抵当又ハ売渡担保ノ内容及効力ハ固ヨリ常ニ一定スルモノニ非ス。当事者ハ法規ニ違犯セサル限リハ，契約自由ノ原則ニ依リ担保ノ目的ヲ達スルニ適当ナリト思量スル法律関係ヲ設定スルコトヲ得ルモノ」（句読点―引用者）とする。このように，どのような法律関係にするかは自由であるということになると，担保としての統一的な取扱いにはつながらない。

　たしかに担保としての統一的把握の端緒は見られた。

　先に挙げた明治45年大審院判決は，上記に引用したところに続けて，「而シテ之ヲ為スニハ，所有権ハ第三者ニ対スル外部関係ニ於テハ債権者ニ移転スルモ，当事者間ノ内部関係ニ於テハ移転スルコトナク債務者ハ依然所有権ヲ有スルモノト為スヲ至当トス。何トナレハ，債権者ハ債権ノ弁済ヲ得サルトキ有効ニ目的物ヲ処分シ得ヘキ権能ヲ取得スルヲ以テ足レリトシ，債務者ニ於テモ絶対的ニ所有権ヲ債権者ニ移転スル意思ヲ有スルモノト看ルヲ得サレハナリ」（句読点―引用者）とし，いわゆる外部のみ移転という法律構成を

〔道垣内〕　　441

示した。そして，その後，内外ともに移転することを推定する大審院大正
13年12月24日連合部判決（民集3巻555頁）が現れ，さらに，前田直之助判
事の論文（同「売渡担保，附信託行為(1)〜(3・完)」法曹会雑誌8巻7号1頁以下，8
号21頁以下，9号21頁以下〔1930〕）を経て，大審院昭和8年4月26日判決（民
集12巻767頁）が，売渡担保と譲渡担保との区別を論じ，学説もそれに賛同
した（我妻栄『『売渡担保』と『譲渡担保』という名称について」同・民法研究Ⅳ担保物
権〔1967〕121頁以下〔初出，法協52巻7号〔1934〕〕）。このような議論のしかたは，
当該法律関係の統一的把握（つまり，契約自由の問題に解消しない）の方向性を
示している。

　しかし，たとえば清算義務については，債務不履行時に，譲渡担保権者が
目的物の処分権を取得する型と譲渡担保権者に目的物の所有権が確定的に帰
属する型とを分け，前者についてのみ，清算義務を肯定するというのが判例
の大勢であった（我妻・判コメ562-563頁〔四宮和夫〕）。つまり，担保として観
念しながらも，なお契約自由の問題として考えられていたといえるのである
（生熊長幸「仮登記担保」民法講座(3)243頁）。

2　代物弁済予約における議論の始まり

(1)　受戻権についての議論

　代物弁済予約については，担保としての処遇の実現は，初期，譲渡担保よ
りも遅れることになる。この背景には，譲渡担保が民法制定前から担保とし
て把握されてきた手法を継続するものであるのに対し，代物弁済予約は，民
法上，確固とした制度として存在する代物弁済（または売買予約）を用いるも
のであるから，そこでの位置づけとは異なる性格の制度であるとは言いにく
かったことがあろう。

　そのような中，まず，受戻権について，代物弁済予約を担保として扱うべ
きことが説かれ始めた。すなわち，代物弁済を債務の決済手段だとすると，
債務不履行時に債権者が予約完結権を行使した時点で債務の弁済が行われる
ことになり，それ以降，債務者が債務（またはその相当額）を支払って目的物
を受け戻すことを認めるという発想は生じない。しかし，これに対して，
「担保目的を重視すれば，たとえ予約完結の意思表示があったとしても，そ
の後相当期間内に元利合計額を提供すれば受戻類似の権利があると構成する
ことができよう」と指摘されるようになった（沢木敬郎〔判批〕法協74巻3号

〔1957〕402頁）。

(2) 清算義務肯定の方向

また，代物弁済予約にあたり，目的物の価額と弁済される債権額との差額が大きい場合には，債権者の主観的要件を加えて，暴利行為として当該予約契約を無効とすること，あるいは，予約完結権の行使を信義則違反とすることによって，債務者を救済する裁判例が見られていた（戦前から見られる。我妻栄編著・判例コンメンタール④債権総論〔1965〕299-300頁〔水本浩〕参照）。しかるに，担保であるとするならば，一概に無効とするのではなく，目的物の所有権が債権者に帰属することを認めつつ，その債権額を超える価額部分を債権者から債務者に対して返還させるという解釈がありうることが指摘されるようになった（谷口知平〔判批〕民商36巻2号〔1957〕223頁，金山正信〔判批〕同志社法学43号〔1957〕63頁）。

(3) 端的に担保とみる見解の登場

そして，「いわゆる代物弁済の予約は本来の債務決済手段ではなく担保権であること，これを法律的に評価すべきであろうと思う。……私は担保権とみて，これにあうように構成すべきであると思う」と端的に述べるものが現れた（米倉明「抵当不動産における代物弁済の予約」同・担保法の研究〔1997〕267頁〔初出，ジュリ281号〔1963〕〕）。さらに，同時期に，椿寿夫「抵当権・質権の濫用」（同・代物弁済予約の研究〔1975〕3頁以下〔初出，末川博古稀・権利の濫用(中)〔1962〕〕）も，法的構成としての担保的理由付けを説くに至った。

3 譲渡担保についての新たな議論

他方，譲渡担保についても，新たな議論のきっかけが生まれた。

まず，1959年に公布された新国税徴収法24条である（柚木馨「譲渡担保と新国税徴収法との解釈論的調整について」曹時12巻5号〔1960〕522頁以下参照）。これは，譲渡担保財産から設定者の滞納国税を徴収することを（一定の要件のもとで）認めるものであり，譲渡担保財産をもって，抵当物などと同じく，なお何らかの意味で設定者の財産に属することを前提にしているものである。そして，「法律的には所有権の移転という形をとりつつも実質は担保物権と同じねらいを達しようという譲渡担保を，形式的には所有権の移転だという面を重視しつつ民法学者の通説的把握を将来も維持すべきであるか，それとも，実質的には担保だというあとの面に重点を置いて将来の規制を構想する

かの2つの見解の対立に処しまして，この法律は日本の実定法として初めてあとの考え方によることをはっきり打ち出したという意味で，これから譲渡担保の対外的効力を私法理論として取り扱って行く場合にも看過し得ない意義を持ってくる」（三ケ月章「譲渡担保と租税」同・民事訴訟法研究第2巻〔1962〕252頁〔初出，私法22号〔1960〕〕）と評価された。

そして，これを境にして，会社更生手続において譲渡担保権者を更生担保権者として扱うべしという見解が急速に有力になり（三ケ月章〔判批〕同・会社更生法研究〔1970〕398-400頁〔初出，法協84巻4号〔1967〕〕），1966年には，債務者の会社更生手続において，譲渡担保権者に目的物の取戻権を与えず，更生担保権者として処遇することを明らかにする最高裁判決が登場した（最判昭41・4・28民集20巻4号900頁）。

4 代物弁済における担保としての処遇の進展 ── 譲渡担保から代物弁済への影響

代物弁済予約についての前述のような学説動向，および，立法・判例において譲渡担保を端的に担保として扱うという方向は，判例における代物弁済予約の処遇に対して大きな影響を及ぼした。すなわち，最高裁昭和42年11月16日判決（民集21巻9号2430頁）の登場である。

この判決は，担保目的の代物弁済予約について，「特別な事情のないかぎり，債務者が弁済期に弁済しないときは債権者において目的物件を換価処分し，これによって得た金員から債権の優先弁済を受け，もし換価金額が元利金を超えれば，その超過分はこれを債務者に返還する趣旨であると解するのが相当である。そしてこのような場合には，代物弁済の形式がとられていても，その実質は担保権と同視すべきものである（……）。すなわち，この場合は，特定物件の所有権を移転することによって既存債務を消滅せしめる本来の代物弁済とは全く性質を異にするものであり，停止条件成就ないし予約完結後であっても，換価処分前には，債務者は債務を弁済して目的物件を取り戻しうる」とした。

同判決を担当した松田二郎判事は，同判決について，「仮登記担保に関する判決は，会社更生法における譲渡担保権者の取戻権行使の否定に由来する」と述懐しており（同「判決から立法へ」NBL170号〔1978〕8頁），また，同判決は，譲渡担保に関する昭和41年判決を引用している。ここに譲渡担保の

非典型担保総論　II

法律論が代物弁済予約に対して強い影響を及ぼした例が見られる。それは当然，統一的把握へとつながってくることになる。

　この後，いくつかの判決が続き，代物弁済予約に関する判例法理の頂点として，最高裁昭和 49 年 10 月 23 日大法廷判決（民集 28 巻 7 号 1473 頁）が登場する。これによって，代物弁済予約は，判例法理により内容の定められた担保制度として把握されることになる。

　そして，それらの判例法理は，若干の修正を受け，1978 年に仮登記担保契約に関する法律に統合されることになる。

5　仮登記担保法の譲渡担保への影響

　昭和 42 年判決，昭和 49 年判決，仮登記担保契約に関する法律の制定により，担保として扱う方向について，代物弁済予約は譲渡担保を追い越すに至った。そこで，今度は，代物弁済予約の規律が，譲渡担保へと影響を及ぼすことになる。

　まず，昭和 42 年判決を承け，最高裁昭和 46 年 3 月 25 日判決（民集 25 巻 2 号 208 頁）が，譲渡担保についても，常に清算義務が課されるべきことを判示した。すなわち，「貸金債権担保のため債務者所有の不動産につき譲渡担保形式の契約を締結し，債務者が弁済期に債務を弁済すれば不動産は債務者に返還するが，弁済をしないときは右不動産を債務の弁済の代わりに確定的に自己の所有に帰せしめるとの合意のもとに，自己のため所有権移転登記を経由した債権者は，債務者が弁済期に債務の弁済をしない場合においては，目的不動産を換価処分し，またはこれを適正に評価することによって具体化する右物件の価額から，自己の債権額を差し引き，なお残額があるときは，これに相当する金銭を清算金として債務者に支払うことを要するのである。そして，この担保目的実現の手段として，債務者に対し右不動産の引渡ないし明渡を求める訴を提起した場合に，債務者が右清算金の支払と引換えにその履行をなすべき旨を主張したときは，特段の事情のある場合を除き，債権者の右請求は，債務者への清算金の支払と引換えにのみ認容されるべきものと解するのが相当である」というわけであり，この判決は，代物弁済予約に関する最高裁昭和 45 年 9 月 24 日判決（民集 24 巻 10 号 1450 頁）を引用している。

　そして，仮登記担保法の制定は，その規定が譲渡担保にも類推適用される

〔道垣内〕　445

べきであるという学説および判決例を生じさせた（初期のものとして，たとえば，鈴木・分化 273 頁以下〔初出，金法 874 号〔1978〕〕。譲渡担保を完全に仮登記担保法の適用下に位置づけようとするものとして，吉田真澄・譲渡担保〔1979〕233-240 頁）。

6 所有権留保の担保としての処遇

(1) 所有権留保の特殊性

以上，代物弁済予約の議論と譲渡担保の議論とにおける相互影響関係について見てきたが，所有権留保はどうであろうか。

代物弁済予約・譲渡担保で，担保としての取扱いが問題になった局面で代表的なものは，清算義務と受戻しである。しかるに，所有権留保において，売買代金が買主によって完済されるまで売主に売買目的物の所有権を留保するという場合には，目的物の価値が残債権額を上回ることは少なく，清算義務の有無は重要な問題とならない。また，買主の債務不履行時に，売主は契約の解除ができるはずであり，解除権の行使がされても，なお担保の法理から受戻しができるというためには，高いハードルがある。つまり，代表的な局面における担保としての取扱いは問題になりにくかったわけである。

(2) 所有権留保自体の議論の深まり

このような状況下において，所有権留保が非典型担保という概念のもとで論じられるようになったには，次の 2 つの理由があると思われる。

第 1 は，所有権留保について，目的物についての代金の完済まで，売主に当該目的物の所有権を留保するという形態が必然的ではないことの認識が確立したことである。これも，さらに 2 つに分かれる。1 つは，いわゆる拡大された所有権留保・延長された所有権留保についての研究の深化である。このような形態の存在は，古くから指摘されていたが（石田文次郎「担保的作用より見たる所有権留保契約」同・民法研究第 1 巻〔1934〕285 頁は，つとに，「所有権留保契約は譲渡物件についての代金債権の確保のために為されるのが常であるけれども，他の契約から生じた金銭債権の弁済を確保するがために為すことも不可能ではない」とする），1965 年から 66 年にかけて連載された，米倉明「流通過程における所有権留保」（同・所有権留保の研究〔1997〕1 頁以下〔初出，法協 81 巻 5 号，82 巻 1 号・2 号〔1965-1966〕〕）が重要なきっかけとなっているであろう。もう 1 つは，信販会社・クレジットカード会社の隆盛により，売買目的物の所有権が，売主にそのまま留保されるのではなく，それらの会社に移転されるという取引形態が

446　〔道垣内〕

増加したことである。こうなると，所有権留保をたんに売買契約の付款とし
て理解することは困難になってくる。

第2は，倒産の局面における議論が深化したことである。1973年に発表
された，竹下守夫「所有権留保と破産・会社更生」（同・担保権と民事執行・倒
産手続〔1990〕267頁以下〔初出，曹時25巻2号・3号〔1973〕〕）が画期となってい
る。そして，竹下は，倒産法上の効力を論じる前提として，所有権留保売主
の地位について，譲渡担保権者と同様に考える方向を示している（竹下・前
掲論文283-287頁）。

(3) 非典型担保間での相互的な影響

所有権留保を譲渡担保と同様に扱おうという方向性は以前から示されてい
た。幾代通は，「所有権留保の現実的関係じたいが，ひとたび所有権を買主
に移して直接に逆方向へ譲渡担保に入れたと同様，ないしは二段の手段を省
略したのと同じである，といえないでもない」とする（幾代通「割賦売買」契
約法大系II贈与・売買〔1962〕294頁。石田・前掲論文275頁にもその方向が見られる）。
(2)に述べた2つの理由は，この方向に理論的な基礎を与えるものである。そ
して，「譲渡担保の場合と同じく，当事者の用いている法形式を離れ，残存
代金を被担保債権とする担保権（留保所有権）が売主に存し，所有権より，こ
れを差し引いた物権的地位が買主に帰属すると構成すればよい」という端的
な指摘（柚木＝高木〔新版, 1973〕613頁）につながってくる。

ここに，譲渡担保から所有権留保への影響を見ることができる。

また，先に挙げた昭和49年大法廷判決が，代物弁済予約に対して，担保
としての取扱いを総体的に示したことは，所有権留保についての解釈論にも
影響を与え，所有権留保についても同様の考え方がとられるべきことが主張
された（米倉明・所有権留保の実証的研究〔1977〕258頁〔初出，米倉明＝森井英雄・
NBL90号〔1975〕〕，高木多喜男「動産の非典型担保の担保的性格」同・金融取引285-291
頁〔初出，法時47巻11号〔1975〕〕）。

そして，近時では，所有権留保から譲渡担保への影響も指摘できる。最高
裁平成21年3月10日判決（民集63巻3号385頁）は，所有権留保目的物であ
る自動車が他人の駐車場に放置されている場合について，「留保所有権者が
有する留保所有権は，原則として，残債務弁済期が到来するまでは，当該動
産の交換価値を把握するにとどまるが，残債務弁済期の経過後は，当該動産

を占有し，処分することができる権能を有するものと解されるから」，「留保所有権者は，……残債務弁済期が経過した後は，留保所有権が担保権の性質を有するからといって上記撤去義務や不法行為責任を免れることはない」とする。そして，この判示は，譲渡担保目的物についても妥当するという理解が一般的なのである。

III　統一的把握の限界

1　統一的な把握の妥当性

　ここまで，非典型担保という概念の生成と，代物弁済予約，譲渡担保，所有権留保が，その概念のもとに統一的に把握される様子を見てきた。しかし，統一的な把握がア・プリオリに妥当であるわけではない。

　代物弁済予約に代表される仮登記担保については，それを１つの担保物権と捉える見解も強い（代表的なものとして，高木・金融取引237頁以下）。しかし，これに対しては，仮登記担保法は，一定の契約につき，その効力の一部を改変するものであり，新たな物権を創設したものではなく，担保仮登記の権利者は，あくまで，将来に物権を取得するという債権的地位しか有しない，という見解もある（法務省編・実務642-644頁，道垣内277頁）。他方で，譲渡担保権者や所有権留保売主が一定の物権を有していることには，ほぼ異論がない。つまり，それらを統一的に把握すべきことについて，見解が一致しているわけではないのである。

　これは，譲渡担保の担保的性格についても言えることである。目的物の範囲に関する民法370条の類推適用の可否，物上代位の可否についての議論の存在は，そのことを示している。

　所有権留保において，留保売主の権利実行にあたって，売買契約の解除が必要か否かについての議論も似た面を有する。また，アメリカ合衆国統一商事法典は，購入代金担保権（所有権留保といった売買目的物を売買代金債権の担保とする担保権）と浮動担保（わが国でいう集合動産譲渡担保に近いものと考えてよい）との優劣に関して，購入代金担保権の目的物が消費者物品であるとき，消費者物品・在庫商品以外であるとき，在庫商品であるとき，の３つに分けて規定している（9-309条１号・324条ａ項）。所有権留保においては，やはり売買契約

448　〔道垣内〕

非典型担保総論　III

における履行過程にすぎないという面を考慮する必要があるのかもしれない。

2　精緻な検討の必要性

「非典型担保」という概念は，代物弁済予約，譲渡担保，所有権留保について，担保としての統一的把握を可能にし，判例・学説における議論を深化させた。しかし，それは，効果等を均質化すべきだとの結論に一直線に結びつくわけではない。個々的かつ精緻な検討が今後も要請されることになる。

さらには，目的物の性質に応じた検討も必要である。集合動産譲渡担保論は，まさに，集合物という目的物の特性に合わせて議論が積み重ねられてきた。これは，権利の担保化においては，より必要となる観点である。また，不動産については抵当権という制度があるのだから，という理由は，不動産譲渡担保・仮登記担保の効力を弱める方向にも働きうる。本書において，譲渡担保を，不動産・動産・債権のそれに分けて説明することにしたことにも，そのような理由があろう。今後，さらに自覚的な検討が求められる。

〔道垣内弘人〕

仮登記担保　　　　　　　　　　　　　　　　　　第2編　物　権

仮登記担保

細　目　次

I　総　説 ……………………… 451
　1　仮登記担保の意義と本稿の整理……… 451
　　(1)　仮登記担保の意義 ………………… 451
　　(2)　本稿の整理 ……………………… 452
　2　判例法理の展開 ……………… 453
　　(1)　昭和 49 年大法廷判決までの展開… 453
　　(2)　昭和 49 年大法廷判決……………… 454
　　(3)　昭和 49 年大法廷判決後の展開…… 456
　　(4)　立法化への動き ………………… 456
　3　仮登記担保法の成立・構成・基本法
　　理…………………………………………… 457
　　(1)　仮登記担保法の成立（昭和 53 年
　　　法律 78 号）………………………… 457
　　(2)　仮登記担保法の構成 ……………… 457
　　(3)　非典型担保の基本法理 …………… 457
II　仮登記担保の意義・要件・実行方法・
　譲渡担保との関係 …………………… 458
　1　仮登記担保の意義……………………… 458
　2　仮登記担保の要件……………………… 459
　　(1)　金銭債務（被担保債権）が存在す
　　　ること ……………………………… 459
　　(2)　担保目的であること ……………… 460
　　(3)　所有権その他の権利の移転等を目
　　　的とすること ……………………… 461
　　(4)　仮登記・仮登録のできるものであ
　　　ること ……………………………… 461
　3　法律構成と実行方法…………………… 462
　　(1)　一般論 …………………………… 462
　　(2)　仮登記担保法の 2 つの実行方法 … 462
　4　譲渡担保等との関係（独自性・認
　　定・類推適用）………………………… 465
　　(1)　仮登記担保と譲渡担保の独自性 … 465
　　(2)　仮登記譲渡担保（認定の問題）…… 466
　　(3)　仮登記担保法の不動産譲渡担保へ
　　　の適用・類推適用 ………………… 467
　　(4)　仮登記担保と抵当権との関係 …… 472

III　仮登記担保の効力 …………………… 472
　1　総　説 ………………………………… 472
　2　所有権移転の制限・移転時期（2 条）
　　………………………………………… 473
　　(1)　所有権の移転時期 ……………… 473
　　(2)　清算金が存在しない場合 ……… 474
　　(3)　清算金が存在する場合 ………… 474
　3　清算手続等（3 条）…………………… 474
　　(1)　清算金支払義務 ………………… 474
　　(2)　同時履行・留置権の抗弁権 …… 475
　　(3)　片面的強行規定 ………………… 476
　4　清算期間（2 条）……………………… 476
　　(1)　実行通知の時期 ………………… 476
　　(2)　通知の相手方・内容 …………… 477
　　(3)　通知の拘束力（8 条）…………… 478
　5　清算金請求権の清算期間中の処分禁
　　止（6 条）……………………………… 479
　　(1)　清算金請求権の性質と処分禁止 … 479
　　(2)　清算金請求権の弁済禁止 ……… 479
　　(3)　物上代位権者への実行の通知なし
　　　に弁済が行われた場合 …………… 480
　6　清算金の供託（7 条）………………… 480
　　(1)　本条の趣旨・供託の要件 ……… 480
　　(2)　供託の効果 ……………………… 480
　　(3)　供託の通知 ……………………… 481
　7　不動産の価額が被担保債権額に満た
　　ない場合の消滅（9 条）……………… 481
IV　後順位担保権者等による物上代位（4
　条・5 条）……………………………… 481
　1　物上代位の趣旨・要件・効果………… 481
　　(1)　趣　旨 …………………………… 481
　　(2)　物上代位の要件 ………………… 482
　　(3)　物上代位の効果 ………………… 482
　2　物上代位権者に対する通知（5 条）… 482
　　(1)　趣　旨 …………………………… 482
　　(2)　物上代位権者に対する通知 …… 483

仮登記担保　Ⅰ

(3)　その他の登記上の利害関係人に対する通知 ……………………483	3　仮登記担保権者の優先弁済権とその範囲………………………490
Ⅴ　法定借地権（10 条）……………484	4　根抵当仮登記の効力……………490
1　意　義…………………………484	5　強制競売等の場合の担保仮登記（競売申立先行による優先弁済の場合）……492
2　法定借地権の成立要件と効果…………485	(1)　清算金支払前の競売申立てによる優先弁済（15 条 1 項）……492
Ⅵ　債務者等の受戻権（11 条）………485	(2)　競売手続による仮登記担保権の消滅（16 条）………………492
1　受戻権の意義・要件……………485	(3)　強制競売等の特則 —— 競売手続における届出（17 条）………493
(1)　11 条の意義………………485	Ⅷ　清算金支払先行による所有権取得と本登記手続 ……………………494
(2)　受戻権の性質 ……………485	1　競売申立て前の清算金支払による所有権取得（15 条 2 項）………494
2　受戻権者と行使要件・期間……………486	2　本登記手続の特則（18 条）……494
(1)　受戻権者…………………486	Ⅸ　破産手続等における担保仮登記（19 条）………………………495
(2)　受戻権行使の要件………486	Ⅹ　土地等の所有権以外の権利を目的とする契約への準用（20 条）………496
(3)　受戻権の期間・消滅……487	
3　受戻権の第三者対抗力…………487	
Ⅶ　仮登記担保権に基づく優先弁済権（12 条〜19 条）…………………………488	
1　債権回収の 2 方法………………488	
(1)　総　説……………………488	
(2)　仮登記担保権者による競売申立ての可否………………………488	
2　後順位担保権者等による競売の請求…489	

Ⅰ　総　説

1　仮登記担保の意義と本稿の整理

(1)　仮登記担保の意義

　仮登記担保契約に関する法律（以下，仮登記担保法という）は，後述のように，多くの裁判例の蓄積のもとに，1978（昭和 53）年 6 月 20 日制定公布され，翌 1979 年 4 月 1 日から施行された。

　この仮登記担保とは，貸金債権等の回収を確保するために，将来不履行があった場合に所有権を移転することを約束して，順位保全の効力を有する仮登記を手段として利用する担保方法をいう。すなわち，債務者は，借受け債務等の担保のために自己または第三者（物上保証人）が有する不動産等について，代物弁済予約，停止条件付代物弁済契約または売買予約などを原因として債権者のために所有権移転または所有権移転請求権の仮登記を行い，一定期間後に元本と利息を返済したときは不動産等の所有権を受け戻すことができるが，弁済できないときは債権者が清算金を支払って（差額がある場合）その不動産等の所有権を取得するか，または抵当権と同じように優先弁済を受

〔鳥谷部〕　　451

仮登記担保 I

第 2 編 物 権

けることができるとするものである。民法典に規定がないことから，譲渡担保などと同様に，非典型担保の 1 つとして位置づけられてきた。

このような担保方法は，設定段階における仮登記費用が所有権移転登記に比して安価であり，債権回収は売却代金から登記費用なども含めて裁判外で実行・回収できるということで昭和年代に多用された。特に，譲渡担保と同じように，差額があっても清算しない非清算特約（代物弁済予約）が付され，丸取りの手段として行われることが多かった。また，抵当権または根抵当権と併用して用いられる傾向にあった。しかも，2003（平成15）年の担保・執行法の改正前は，抵当権実行手続に時間がかかる，手続が複雑である，競売の結果高く売れず満足を得ることができないなど（浦野雄幸「仮登記担保——その変遷と位置づけ」加藤一郎＝林良平＝河本一郎編・銀行取引法講座下巻〔1976〕190 頁，219 頁，宇佐見大司「仮登記担保の内容・効力」担保法大系Ⅳ 115 頁），抵当権が実行しにくい状況にあり，そもそも裁判上の実行を回避する目的で設定される場合が多かった（松井 172 頁）。

非清算特約に対しては，当初の裁判例には被担保債権額の数倍の価格の不動産を丸取りするものを暴利行為として無効とするものがあった（椿寿夫「抵当権・質権の濫用——流担保特約ことに代物弁済予約と関連させて」末川博古稀・権利の濫用中〔1962〕97 頁，同「担保としての代物弁済予約」金法 500 号〔1968〕26 頁，吉野・解説 4 頁等参照）。その後，不動産の価格が被担保債権額を超える場合には清算義務を課すことを前提に仮登記担保契約を有効とする裁判例が登場する。このような判例を評価する学説の支持を得て，最高裁昭和 49 年 10 月 23 日大法廷判決（民集 28 巻 7 号 1473 頁）（以下，昭和 49 年大法廷判決という）が登場し，前掲 1978 年の仮登記担保法の立法へと展開する。

(2) **本稿の整理**

仮登記担保は，以上のような推移のなかで，抵当権との関係，譲渡担保との関係（認定や類推適用）など多くの問題について議論が行われてきた。

1978 年制定の仮登記担保法については，すでに注釈書，概説書，詳細な教科書・研究論文等が多数公表されてきた。それらの著作によって，条文ごとに周到な解説が施され，従来の判例法理，学説，同法の立法趣旨などが詳細に整理分析されている。

本稿の整理は，条文ごとの解説ではなく，項目ごととなっている。また，

452 〔鳥谷部〕

仮登記担保　I

各条文における意義，要件，効力を担保構造という観点から整理し直してみるという試みを行っている。

その理由は，第1に，仮登記担保法成立前後はきわめて多くの著書文献が公表され，前述のように，同法に関する優れた条文解説が複数あり，条文ごとに整理するものとしてはそれらに委ねれば足りると思われることにある。ただし，いくつかの論点については，新たな学説や裁判例も公表されており，本稿に取り入れている。第2は，今日の通説的見解は担保的構成の下に位置づけられ，仮登記担保と抵当権や譲渡担保等との差異が不明確になっていることから，担保の目的は同じでもそのため執られた手段・方法が異なれば効力も異なりうるのではないか，たとえば，目的物（対象）は異なるが，債権質，債権の譲渡担保，代理受領，相殺，振込指定などは，いずれも担保目的であるにもかかわらず，同じ効力にはなっていない。これらの担保構造が異なることによって効力の差異を説明でき，転得者や第三者等との関係，類推適用等の是非も明らかになる。当事者の実体的権利を明確にすることは，債務者の保護を図るためにも，債権者の対抗力や転得者・第三者の権利を基礎づけるためにも重要である。

2　判例法理の展開

(1)　昭和49年大法廷判決までの展開

仮登記を手段とする債権回収方法は，担保として承認され清算義務が課されるまでは，暴利行為として効力を制限された。すなわち，目的不動産の価格が債権額より何倍も大きくても差額を返還しないとの特約（非清算特約＝丸取り特約）がなされる場合が多かった。このような場合に，判例は，そのような特約を暴利行為として無効とする法律構成を用いて効力を否定した。たとえば，被担保債権の5倍余りの価格の不動産に仮登記を設定し，不返還特約がある場合（最判昭27・11・20民集6巻10号1015頁），被担保債権の8倍半強の価格の場合（最判昭32・2・15民集11巻2号286頁）に無効とした。ただし，被担保債権の4倍の価格で無効としなかった最高裁判決（最判昭35・6・2民集14巻7号1192頁）もあり，学説からの批判が強かった。

これに対して，最高裁（最判昭42・11・16民集21巻9号2430頁）は，「契約時における当該不動産の価額と弁済期までの元利金額とが合理的均衡を失するような場合には，特別な事情のないかぎり，債務者が弁済期に弁済しないと

きは債権者において目的物件を換価処分し，これによって得た金員から債権の優先弁済を受け，もし換価金額が元利金を超えれば，その超過分はこれを債務者に返還する趣旨であると解するのが相当である。」として清算義務を認めることにより，民法90条（暴利行為）の適用を回避するようになった。

これらの判例は，このような代物弁済予約契約等により仮登記を設定する契約は，「その実質は担保権と同視すべきものである」（前掲最判昭42・11・16。最判昭41・4・28民集20巻4号900頁〔譲渡担保〕等参照）とか，「残額に相当する金銭をいわば清算金として債務者に支払うことを要する趣旨の債権担保契約と解するのが相当である。」（最判昭45・3・26民集24巻3号209頁）としている。

学説からも，債権者の清算義務を中心に担保目的に即して構成すべきことが提唱された（注民(12)〔1970〕134頁〔椿寿夫〕，椿寿夫・代物弁済予約の研究〔1975〕10頁，17頁以下）。

(2) 昭和49年大法廷判決

その後の昭和49年大法廷判決は，それまでの最高裁小法廷判決の理論を整理し，かつ，これを判例法理として集大成したものであり，判例法上の仮登記担保を理解するためには重要な地位を占めるものである（浦野・前掲論文208頁）。すなわち，これまでの一連の判例の展開により判例法理というべきものが形成され，清算義務，換価・清算の方法，受戻権の行使時期などについて，昭和49年大法廷判決は，以下のように整理することができる（吉野・解説7頁，宇佐見・前掲論文124頁，鈴木弘「最高裁大法廷判決に於けるいわゆる仮登記担保理論」仮登記担保の実務研究（別冊NBL1号）〔1975〕35頁，椿・前掲書325頁，高木・金融取引247頁，生熊長幸「仮登記担保」民法講座(3)250頁，近江幸治「日本民法の展開(2)特別法の生成──担保法」百年I 220頁，道垣内274頁，遠藤浩ほか編・注解不動産法3 不動産担保〔1990〕603頁〔鈴木直哉〕等）。

①仮登記担保権の内容は，条件等が成就した場合に権利者において目的不動産の処分権能を取得し，当該不動産を適正に評価された価額で確定的に所有権を自己に帰せしめるか，または相当な価格で第三者に売却等することで換価処分し，その評価額もしくは売却代金等から自己の債権の弁済を受けることができることにある。

②仮登記担保権者は，目的不動産の価額が債権額を超えるときは，その超過額を保有すべきいわれはないから清算義務を負う。それには帰属清算と処

仮登記担保　I

分清算の二種類があるが，前者が原則的な形態である。

③清算金の支払時期は，帰属清算型の場合は所有権が債権者に帰属した時，処分清算の場合は債権者がその不動産を第三者に処分した時である。

④債務者等は，帰属清算または第三者への処分の時までは，債務の全額を弁済して仮登記担保権を消滅させ，目的不動産の完全な所有権を回復することができる（受戻権）。

⑤帰属清算の場合，仮登記担保権者による清算金の支払までは，債務者等は目的不動産についての本登記手続義務および引渡しを拒絶できる（同時履行の関係）。同様に，仮登記担保権者が後順位担保権者・差押権者等に対して本登記承諾請求をする場合も債務者等への清算金支払との引換給付の抗弁を主張することができる。

⑥仮登記担保権による実行は，抵当権に基づく不動産競売に類似する点があるが，仮登記担保権者が直接清算金支払義務を負うのは債務者または第三取得者に対してのみであり，現行法上この支払手続のみによって後順位担保権者や他の債権者に対して矛盾のない解決を保障することができる。後順位担保権者等は，物上代位や競売申立てによって債権の満足を得ることができる。

⑦仮登記担保権者は，自ら目的不動産の競売を求めることはできないが，他の債権者等による競売手続に参加して，仮登記に基づく当該不動産上の権利者として，その順位にしたがって配当を受けることができる。

⑧仮登記担保権に基づく本登記の請求手続と他の債権者による競売手続が競合した場合には，本登記請求の手続をした時と競売手続を開始した時と比べて，いずれが先にしているかによって，両手続の優先関係を決めるべきである，などを明らかにした。

以上の大法廷判決との関係で，留意すべき点を挙げる。第1に，仮登記の効力（順位保全効，本登記取得の効力，その第三者対抗力等）を原則として維持したままであること，第2に，そのうえで担保の目的のために所有権取得の効力を制限（所有権の移転時期，清算義務，受戻権等）していること，第3に，担保の目的のために新たな効力規定（清算期間，物上代位制度，抵当権とみなす条項等）を設けたこと，第4に，債権者の所有権取得機能（清算金支払）と他の債権者による強制競売等における優先弁済機能（競売申立て等）の双方を調整してい

〔鳥谷部〕　　455

ることなどである。

　以上は，どのように各権利者（当事者，当該不動産の先順位者・後順位者，その後の承継人，債権者側・債務者側の第三者，特別法上の第三者等）の優先劣後関係を決し，優先弁済権を根拠付け，優先弁済の範囲を決めるかについて，法律（判例法）に基づいて実施しなければならない担保法の宿命であることを理解できる。それは，従来の判例法や法制度をどのように仮登記担保法が新たな法制度として創設または変更したかを整理する場合において重要である。また，さらに新たな法創造や法改正を検討する上でも重要である。

(3)　昭和 49 年大法廷判決後の展開

　以上の最高裁大法廷判決の趣旨は，その後の裁判例によっても承継され，さらに展開されている。たとえば，債権者に清算義務があり，債務者が本登記義務の履行を拒絶できるときは，目的不動産の所有権も，予約完結権の行使によって直ちに債権者へ移転するものではない（最判昭 50・7・17 民集 29 巻 6 号 1080 頁）。清算義務を負い受戻権が認められるから，暴利行為にならない（最判昭 50・4・10 判タ 323 号 149 頁）。債権者による清算未了のときは，本登記がなされるまでは，債務者に受戻権があり，違法な手続で登記を経由した第三者に対し債務者はその抹消を請求することができる（最判昭 50・11・28 判タ 335 号 204 頁）。根抵当権と併用された根仮登記担保は，特段の定めのない場合には，目的不動産の適正価額が極度額となる（最判昭 52・3・25 民集 31 巻 2 号 320 頁）。後順位仮登記担保権者も民法 500 条（平成 29 年改正前）の代位弁済ができ，先順位者に対し仮登記の抹消請求ができる（最判昭 51・3・19 判時 813 号 35 頁）。仮登記担保権者は，第三者に対し不動産の明渡しを請求できる場合でも，特段の事情がない限り，所有権侵害による損害賠償を求めることはできない（最判昭 50・2・25 民集 29 巻 2 号 112 頁）。債権者による第三者への処分が担保権設定であっても，債務者は完全な所有権を回復することができない（最判昭 51・12・9 金法 818 号 38 頁）。

(4)　立法化への動き

　昭和 49 年大法廷判決およびその後の判決にも見られるように，判例法理のみでは，多種多様な実務上のすべての仮登記担保問題に対して体系的，統一的な論拠を提示できるとは言い難く，解釈上多くの疑義が残されていた。そこで，「これらの疑義を解消し，利害関係人の利害を調整して，合理的な

仮登記担保　Ⅰ

担保制度として認知するために」（浦野・前掲論文190頁・219頁，吉野・解説7頁，法務省編・実務序文），立法化への動きが加速されることになる。

3　仮登記担保法の成立・構成・基本法理

(1)　仮登記担保法の成立（昭和53年法律78号）

前述のような昭和49年大法廷判決およびその後の裁判例を踏まえて，法制審議会民法部会は，同部会財産法小委員会が検討してまとめたところに基づき，昭和53年2月10日「法律案要綱」を決定した。これを受けて，法務省民事局参事官室は，「仮登記担保契約に関する法律案」をまとめ，同法律案は，「仮登記担保契約に関する法律」として，昭和53年6月20日制定公布され，翌昭和54年4月1日から施行された。

(2)　仮登記担保法の構成

仮登記担保法は，昭和49年大法廷判決を承継し，その後の判例法理を取り込み，議論が分かれる点を明文化し，清算期間などの新たな仕組みを導入した。

全体の構成は，次のとおりである。1条では，その意義を規定した。効力については，2条から9条に規定した。2条では所有権移転の効力の制限等，3条では清算金，6条では清算金の支払に関する処分の禁止，7条では清算金の供託，8条では通知の拘束力，9条では債権の一部消滅，を規定した。

担保仮登記の効力のなかでも，物上代位については4条および5条で，法定借地権については10条で，受戻権については11条で，競売・優先弁済権等については12条ないし17条で，破産手続等における効力については19条で規定した。仮登記担保法の特徴としては，新版注民(9)〔改訂版〕565頁〔高木多喜男〕などに整理されている。

(3)　非典型担保の基本法理

仮登記担保法の施行後は，仮登記担保の利用が減少しているといわれている（加藤一郎「担保法の展開——実体法の視点から」担保法大系Ⅰ20頁）。その理由として，以下のようなことが挙げられている。第1に，昭和49年大法廷判決によって「丸取り」等の「うまみ」がなくなった。第2に，仮登記担保法の立法によって債権者の権利が制限され「うまみ」がないことが実務にも浸透した。第3に，不動産譲渡担保の利用へとシフトすることになった。第4に，平成15年担保・執行法の改正により抵当権が利用しやすくなった，な

〔鳥谷部〕　457

どである（河上316頁，近江・前掲百年I227頁）。

抵当権を利用することになったのであれば，非典型担保を利用するよりも望ましいことである。担保としての具体的内容が民法典に規定されているだけでなく，その旨が登記簿（抵当権であること，債権額，利息，当事者等）により公示されており，民事執行法等において実行手続も明記されているからである。したがって，仮登記担保よりも抵当権が使われることになったのであれば，それは立法として意義があったことになる。ただし，不動産譲渡担保への「逃げ水」現象が生じているのであれば，問題は残る（米倉明「非典型担保法の展望(上)」ジュリ731号〔1981〕92頁，荒川重勝「不動産譲渡担保と仮登記担保法──不動産譲渡担保の私的実行を中心として」立命館法学205＝206号〔1989〕379頁など）。

仮登記担保法は，多様な意見があるが，不動産を目的とする非典型担保の基本法理を明確にしたと評価することができる。したがって，不動産の譲渡担保や所有権留保等の他の非典型担保についても，多くの点で影響を与えることになる。ただし，担保物権の基本原理をきわめて厳格に規定したため，前述のように，仮登記担保契約の利用は減少した。しかし，その後も裁判例等には少なからず登場する。仮登記担保と譲渡担保等について，同じ効力を導くために直ちに類推適用等ができるか，あるいは採用された手段（仮登記か本登記か）等の差異によって当事者または第三者に対する効力が異なりうるかどうかが問題となる（→II4）。非典型担保に対するアプローチの問題であることに留意すべきである。

II　仮登記担保の意義・要件・実行方法・譲渡担保との関係

1　仮登記担保の意義

仮登記担保法1条（以下，仮登記担保法の条文は条数のみを示す）は，その趣旨について，「この法律は，金銭債務を担保するため，その不履行があるときは債権者に債務者又は第三者に属する所有権その他の権利の移転等をすることを目的としてされた代物弁済の予約，停止条件付代物弁済契約その他の契約で，その契約による権利について仮登記又は仮登録のできるもの（以下「仮登記担保契約」という。）の効力等に関し，特別の定めをするものとす

る。」とし，民法等の特則を規定することを明らかにしたものである（法務省編・実務1頁）。すなわち，1条は，一方で「金銭債務を担保するため，その不履行があるときは債権者に債務者又は第三者に属する所有権その他の権利の移転等をすることを目的としてされた代物弁済の予約，停止条件付代物弁済契約その他の契約」として仮登記担保契約の定義を定める。そこでは，仮登記担保はいかなる要件のもとで成立する契約であるのかを規定している。その要件とは，次に詳述するように，①金銭の貸主（債権者）は借主（債務者）に対し金銭債権（被担保債権）を有すること，②その被担保債権の回収を確保（担保）するためであること，③そのために被担保債権の不履行後に所有権等の権利を移転する合意が存在すること，④その権利は仮登記または仮登録ができるものであることである。

　他方で，1条は「その契約による権利について仮登記又は仮登録のできるもの（以下「仮登記担保契約」という。）の効力等に関し，特別の定めをする」ものとする。そこでは，仮登記担保契約の効力について，本条は，民法，民事執行法，不動産登記法，破産法，会社更生法等に対する特別法であることを規定している。すなわち，仮登記担保においては，民法の抵当権ではないにもかかわらず一定の場合に抵当権とみなし，強制執行の方法によらずに実行ができるので，「特別の定めをする」としたものである（法務省編・実務11頁，道垣内277頁）。

2　仮登記担保の要件

(1)　金銭債務（被担保債権）が存在すること

　仮登記担保は，担保物権であるから，被担保債権が必要である。その被担保債権は，金銭の給付を目的とするものでなければならない（法務省編・実務5頁）。

　仮登記がなされた場合，そもそもこの仮登記が本法の担保仮登記なのか，売買契約などが行われたが所有権移転登記ができない事情があるためになされた仮登記なのかが問題となる。仮登記担保法では，被担保債権の発生原因，債権額，利息等は登記されない。したがって，仮登記の登記だけでは担保仮登記と担保仮登記ではない仮登記を識別することは困難である。これに対して，抵当権と併用されている仮登記は，ほぼ間違いなく担保仮登記とみることができるとされている（法務省編・実務351-352頁）。また，抵当権と併用さ

仮登記担保　II

第2編　物　権

れていない場合でも，代物弁済予約または停止条件付代物弁済契約の場合には，ほぼ担保目的とみてよいとされている（「強制執行法改正要綱と民法」ジュリ517号〔1972〕55頁〔我妻栄発言〕など）。ただし，抵当権が併用されていない仮登記は，真正の売買予約の所有権移転請求権の仮登記であることを否定できない。不動産登記法105条1号の所有権移転仮登記を同2号の所有権移転請求権仮登記として登記をした場合でも，直ちにこの仮登記を無効とすることはできない。これに対して，真正な売買予約に基づく仮登記の場合には，仮登記担保法は適用されない。この場合は，本登記請求の条件が整えば，仮登記担保法によらずに本登記請求ができる。決め手は被担保債権が存在するか否かであり，両者の取扱いは大きく異なることに留意が必要である。

被担保債権となる金銭債務は，仮登記担保契約時に特定している必要はない（14条）。また，金銭債務以外の債務，たとえば馬一頭，車一台の引渡しを目的とする債務は仮登記担保の被担保債務とすることはできないが，これらの非金銭債務の不履行が生じた場合の違約金・損害賠償債務についての代物弁済予約等の趣旨であれば仮登記担保法が適用される（法務省編・実務366頁）。

(2)　担保目的であること

売買契約成立後に本登記ができない場合（売主が登記移転に協力しない場合や移転登記の必要書類が整わない場合等）の予備的な仮登記や売買予約における所有権移転登記請求権を保全するための仮登記は，代金債務の担保ではないため，それだけでは担保目的とはいえない。これに対して，金銭債務の不履行を停止条件とする代物弁済契約や金銭債務の不履行があるときに所有権等の権利が債権者に移転することを約する代物弁済予約には，担保目的が含まれている。したがって，「担保のために」という文言がなくても仮登記担保と認定される。

担保目的でない所有権移転契約には，前述のように，仮登記担保法が適用されず，清算請求権，受戻権等の種々の効力は発生しない。したがって，仮登記担保法が適用される担保仮登記と適用されない仮登記では，両者の効力は異なるものであるが，担保仮登記であることを認定することが困難である場合が生じうる。両者の区分について，債権者が本来型に基づいて本登記請求をする場合において清算金未払を理由に争うときなどは，担保目的である

ことの立証責任は債務者にある（法務省編・実務 352 頁）。

　強制競売等において当該物件に仮登記が設定されている場合，裁判所書記官から，担保仮登記であること，被担保債権，原因・額を執行裁判所に届けることを催告することが規定されており，債権者は，この届出をした場合に限り，売却代金の配当または弁済金の交付を受けることができる（17 条）。

(3)　所有権その他の権利の移転等を目的とすること

　仮登記担保契約では担保のためにどのような合意をするのか。この合意について，1 条は，「不履行があるときは……所有権その他の権利の移転等をすることを目的としてなされた代物弁済の予約，停止条件付代物弁済その他の契約」としている。ここで所有権の移転を目的とする代物弁済予約や売買予約の合意をするということは，「担保権」発生の物権的な合意をしているということではない。担保権という担保物権は存在しないし，直接に「抵当権」という物権を設定しているわけでもない。所有権を取得するための代物弁済予約や売買予約であり，所有権の取得に関する合意を行っている。

　他方，所有権を取得するための合意を確保するために仮登記を設定する。この仮登記は，所有権を取得する順位保全効を有する。仮登記担保法が適用される仮登記は，その対象が所有権の場合は，所有権移転請求権仮登記または所有権移転仮登記のいずれかである。この仮登記を設定する前提として，「所有権移転請求権仮登記」には，将来所有権を移転する合意が含まれている。

　契約の目的は，債務者または第三者（物上保証人）に帰属する所有権その他の権利等である。「移転等」は，代物弁済予約や停止条件付代物弁済だけではなく，売買予約，贈与の予約等であってもよい。

　仮登記担保では，権利移転が債務不履行後に生じることが必要である。譲渡担保の場合はあらかじめ権利（所有権）などを移転し，債務者による債務の履行があったときに，移転したその権利（所有権）が債権者から返還（受戻権）されるものである。譲渡担保との差異については，3 で後述する。

(4)　仮登記・仮登録のできるものであること

　担保の目的物（対象）は，法律によって仮登記・仮登録ができるものであればよい。2 条では「土地又は建物（以下「土地等」という。）の所有権の移転を目的とするものである場合には」と定め，土地・建物を典型例として

仮登記担保　Ⅱ

第2編　物　権

挙げている。また，多くの条文で「土地等」を仮登記担保の対象とする場合を規定している（3条・4条・9条〜13条・15条〜20条）。したがって，法律が主として念頭においているものは土地および建物であるが，動産や知的財産権なども仮登記・仮登録が法律上可能であれば本法が適用されることになる。

では，必ず仮登記・仮登録が必要か。仮登記担保契約の合意があれば，仮登記・仮登録がなされていなくても，本法は適用され，優先弁済権や物上代位権の行使等ができないだけであるとされている（法務省編・実務8頁）。

わが国では，登記は対抗要件であり，効力要件ではないので，契約だけでも，後述する清算期間が経過した後に所有権を取得しうる。ただし，他の債権者による強制競売があると本登記請求ができなくなり，競売となったときは，優先弁済権がなく，かつ，仮登記担保契約上の権利は消滅する。したがって，仮登記・仮登録がなされていない仮登記担保契約は，当事者間のみで一定の効力を生ずる債権的契約に近いことになる。

3　法律構成と実行方法

(1)　一　般　論

法律構成と実行方法の関係を説明する場合に，担保的構成や所有権的構成という法律構成が挙げられる。担保の目的であれば所有権は移転しないとする抵当権説や担保権説も有力に主張されたが，信託的譲渡説，物権的期待権説，設定者留保権説など所有権移転を肯定した上で債務者の権利を保護する担保的構成も主張され，最近は所有権の帰属を明確にしないままで担保的構成という用語が使用される。

仮登記担保の場合には，仮登記に順位保全の効力があり，条件成就のときに仮登記の設定で所有権の本登記を取得できる効力を当事者および第三者に対抗できることに特徴がある。この効力が，判例法により，また本法により債権回収を達成する限度に制限されている。

以下では，仮登記担保法における債権回収は，何を根拠に，どのような方法で行っているかに基づいて整理する。

(2)　仮登記担保法の2つの実行方法

仮登記担保法は，債権回収方法として，2条の所有権を取得して回収する方法（所有権取得構成）と13条の所有権を取得せずに回収する方法（所有権非取得構成＝抵当権類似構成または抵当権とみなすことによる抵当権構成）の2つの実行

462　〔鳥谷部〕

仮登記担保　II

方法を採用している（浦野雄幸「仮登記担保——その変遷と位置づけ」加藤一郎＝林良平＝河本一郎編・銀行取引法講座下巻〔1976〕219頁，吉野・解説16頁）。後者は，後順位担保権者等の第三者からの競売手続に仮登記担保権者が参加して優先弁済を受ける方法である。学説には，2条の所有権を取得し清算金を支払う実行を「私的実行」とし，仮登記担保権者または他の債権者が行う競売手続により優先弁済を受ける実行を「公的実行」に分ける見解がある（槇384頁・388頁，中野貞一郎「非典型担保権の私的実行」新・実務民事訴訟講座(12)〔1984〕425頁・432頁）。

　(ア)　2条の実行　　2条では，清算金の見積額等の通知後2か月の清算期間が経過した時に所有権移転の効力が生ずるとしている。この時に所有権が債権者に移転し，その上で，清算金が支払われるまで債務者は被担保債権を弁済することによって，債権者に移転したその所有権を受け戻すことができる。その受戻権の対象は所有権であることに留意すべきである。したがって，所有権が移転していなければ受戻権も生じえない。

　また，所有権移転は債権回収のためであるため，被担保債権額の金銭を用意できないときは受戻権を行使できないが，目的物の価額が被担保債権額を超えるときは，その差額を清算金として請求することができる（3条1項）。清算金の支払と目的物の登記や引渡しは同時履行の関係にあり（同条2項），強行規定であることが明文で規定されている（同条3項）。留置権については，清算金請求権を被担保債権とする場合には肯定すべきである（詳細は，→Ⅲ3）。

　清算期間経過時から移転した所有権を受け戻すことができ，受戻権が消滅した後も清算金請求権を行使できるから，いわゆる担保的構成である。しかし，債権者は所有権を取得しているのであり，その清算金を支払うことにより自己の債権の回収にあて，所有権取得を確定させるから所有権取得構成（所有権移転構成）でもある。この場合，所有権を取得していること（所有権概念）と担保的構成は矛盾していないか。所有権者が自己の所有物を債務者に占有を委ねること（民180条以下），債務者のために使用権を設定すること（民265条・270条・593条・601条等），債務者に受戻権を認めること（民579条以下）は，それぞれ個別的に民法で認められた制度であり，二重三重に自己の所有権の上に他人のために権利を設定しても何ら債権者の所有権と矛盾する

〔鳥谷部〕　　463

ものではない。また、所有者に対して債権的清算請求権を取得することも所有権取得と矛盾しないことは、譲渡担保および仮登記担保に関する最高裁判例および3条が認めてきたところである。

(イ) 13条の実行　　13条は、「担保仮登記がされている土地等に対する強制競売、担保権の実行としての競売……においては」優先弁済を受けることができる。「この場合における順位に関しては、その担保仮登記に係る権利を抵当権とみな」すとしている。ここから、仮登記担保権者は所有権を取得することなく、抵当権者として仮登記の順位で優先弁済権を行使できるということである。したがって、所有権は債務者から競落人に直接移転することになる。いわゆる抵当権説と同様の構成となる。この場合、担保権という担保物権は存在しない（対抗要件・公示方法との問題がある）ので、これは所有権非移転構成でもあり、また、抵当権構成でもあるというべきである。仮登記担保権者自身に担保権の実行ができるのか、他の担保権者の実行等がある場合に限られるか争いがあるが、13条の詳細については、後述する。

(ウ) 2つの実行方法の意義　　この2つの債権回収方法は、2条では清算を前提に所有権を取得することにより回収しており、13条では担保仮登記に係る権利を抵当権とみなして裁判上の競売により回収している。

第1に、上記の2つの実行方法を説明する場合に、「担保的構成」という用語は、どのような意義を有するのか。双方とも清算請求権、使用収益権等の担保的な配慮を行うものであり、双方の性質や効力の区分を説明するのに意義はあるのであろうか。

第2に、多くの学説では、仮登記担保による債権回収についても、「私的実行」という概念を用いている。これを第三者に対抗できる根拠はなにか。2条では裁判外での回収が可能である。しかし、清算期間後に自己が取得した所有権を処分している。この場合、特定承継人には所有権の登記を要しないが、特定承継人が所有権登記を取得するためには、不動産登記法改正後は中間省略登記が認められないので、債権者が所有権登記を得なければならないことになる。また、そうでなければ、特定承継人は、債務者および債権者側双方の第三者（差押え等）に対抗できない。これに対して、13条の優先弁済は、抵当権と同じ担保権の実行または競売による債権回収である。裁判上の実行である。

仮登記担保　II

　以上の場合,「私的実行」という概念は,当事者間の合意や特約で債権回収ができ,かつ,その特約により第三者に対抗できると理解されがちである。しかし,2条では,清算を前提とする当事者の所有権移転の合意とその登記(その前提として仮登記の順位保全の効力)による対抗力であって,債権的実行特約による効力とはいえない場合を多く含んでいる。13条の実行の効力は,13条と民事執行法の担保権の実行または競売手続等によるものであり,当事者間の私的実行特約によるものではないことは明らかである。

4　譲渡担保等との関係(独自性・認定・類推適用)

(1)　仮登記担保と譲渡担保の独自性

　一般的な形態である,所有権移転登記が経由されている不動産の譲渡担保と仮登記が経由されている仮登記担保とでは,以下のような点で差異がある。第1に,前者では,所有権が移転したとの合意があって所有権移転登記がなされているのに対して,後者では,まだ所有権が移転しておらず将来移転するとの合意の下に順位保全の効力を有する仮登記がなされていることになる。第2に,当該不動産についての公示方法や対抗力が異なる。譲渡担保は,正にこの所有権移転の対抗力を用いて債権の回収を図るものであり,仮登記担保は,順位保全の効力を対抗手段として債権の回収を図るものである。いずれも担保の目的のために取得した対抗力であり,債務者に清算請求権や受戻権,当該不動産の使用収益権が帰属することが従来の判例法理によって認められてきたものである(四宮和夫・譲渡担保〔総判民(17)〕〔1962〕67頁・229頁・131頁)。物権法において,公示方法と対抗要件が一致していなくても担保権としての対抗力および対外的効力が与えられるとの理屈は,明文の規定がない限り,認められていない。当事者間の実体的権利に,これと合致する公示方法があって第三者対抗力が付与されるのではなかろうか。第3に,不動産譲渡担保の場合は,所有権登記が債権者にあるので,後順位担保権が設定されない。また,債務者の第三者から差押えができない。第4に,仮登記担保では,本法により,債権回収のために,所有権を取得する方法と担保権の実行としての競売があるのに対して,譲渡担保では権利としての債権回収は所有権を取得する方法のみであり,担保権の実行としての競売は認められていない。

〔鳥谷部〕　465

仮登記担保　II　　　　　　　　　　　　　　　　　　　　　　　　第2編　物　権

(2)　仮登記譲渡担保（認定の問題）

(ア)　認定の問題　　仮登記譲渡担保とは，当事者の合意は不動産の譲渡担保契約であるが，仮登記のみを行っている場合をいう（宇佐見隆男「仮登記担保法拾遺上」金法894号〔1979〕6頁，高木320頁，槇335頁，新版注民(9)〔改訂版〕572頁〔高木〕，荒川重勝「不動産譲渡担保と仮登記担保法——不動産譲渡担保の私的実行を中心として」立命館法学205＝206号〔1989〕381頁等）。この仮登記譲渡担保は，前述の仮登記担保の4要件をすべて充足している。しかし，従来の判例・学説は，必ずしもこれを仮登記担保とは認定していない。そこで，そもそも，仮登記担保や譲渡担保はどのように認定するのか整理する必要がある。

　東京高裁平成元年7月25日判決（判時1320号99頁）は，①農地につき担保のために買戻特約付売買契約を締結し仮登記を設定した，②その後に債権者は所有権移転登記を経由して，不履行後に第三者に転売した，③当事者はこの契約書において譲渡担保という用語は用いていない（債務者の相続人が買戻特約付売買ではなく譲渡担保であると主張した），という事案において，買戻特約付売買契約を譲渡担保と認定し，仮登記担保法の類推適用を否定して，債務者からの所有権移転登記の抹消請求を棄却した。しかし，元の契約である担保のための買戻特約付売買契約から効力を導くことなく，譲渡担保と認定している。さらに，その譲渡担保からも効力を導いていない。結果的に，債務者からの債権者に対する抹消登記請求の可否を判断するに際して，仮登記担保法2条1項の適用を否定して，所有権抹消登記請求を棄却した。買戻特約付売買契約が担保のためになされた場合，担保のための買戻特約付売買契約から効力を導くことができないのか。何故に譲渡担保と認定しなければならないのか。さらに何故，認定したその譲渡担保自体から効力を導かないのか。何故，仮登記担保契約法の適用の可否によって結論を導くのか。担保のための買戻特約付売買契約であれば，債務者に対する関係では買戻請求権や清算請求権は認められるが，第三者に所有権移転登記を経由されてしまった場合には，その買戻特約等の登記がない以上，担保目的であっても所有権を取得した第三者には買戻しや所有権移転登記の抹消請求を対抗できないとの結論を元の担保のための買戻特約付売買契約から導くことができるのではないだろうか。上記の判決のようなアプローチは，当事者間の契約に基づく実体的権利とそれに合致する公示方法・対抗力を明らかにすることなく（担保的構

仮登記担保　Ⅱ

成の下に曖昧にして），一定の結論を付与するために，他への認定や類推適用の可否に頼っているように思われる。

　(イ)　**裁判例**　仮登記譲渡担保に仮登記担保法の規定を類推適用すべきかどうか判例・学説は分かれている。

　裁判例は，①仮登記譲渡担保に仮登記担保法2条を類推適用せず，譲渡担保自体から効力を導くもの（大阪高判昭59・10・16判タ542号211頁），②動産・不動産の譲渡担保を問わず仮登記担保法が共通の準則となるとするもの（高松高判昭63・3・31判タ681号159頁），③仮登記譲渡担保には仮登記担保法が類推適用されるとするもの（福岡高判平元・10・30判タ713号181頁，東京高判平5・12・27金判951号25頁等），④仮登記担保と認められる4つの要件を充足するから仮登記担保契約に該当するとするもの（名古屋高金沢支判昭61・9・8判タ631号175頁）などに分かれている。

　学説については，以下において，条文ごとに譲渡担保への類推適用をめぐる見解を整理する。

(3)　仮登記担保法の不動産譲渡担保への適用・類推適用

　仮登記担保法の不動産譲渡担保への類推適用については，すでに多くの学説によって指摘されている（生熊長幸「仮登記担保」民法講座(3)288頁，新版注民(9)〔改訂版〕569頁〔高木〕，注解判例671頁〔坂口彰洋〕など）。類推適用に関する各項目の検討も行われている（前掲文献のほか，宇佐見隆男・前掲論文5頁，吉田真澄「譲渡担保と仮登記担保法(2・完)」法時51巻11号〔1979〕128頁，竹内俊雄「不動産の譲渡担保における仮登記担保法の準用」金融担保法講座Ⅲ112頁，鈴木禄弥「仮登記担保法雑考(4)」金法874号〔1978〕4頁，荒川・前掲論文378頁，吉田光碩「譲渡担保における仮登記担保法の類推適用」法時61巻8号〔1989〕121頁など参照）。

　(ア)　**不動産譲渡担保への直接適用**　仮登記担保法は，不動産譲渡担保に直接適用されるか。仮登記担保法は不動産譲渡担保に直接適用されないとする見解が通説である。なぜなら，不動産譲渡担保では，消費貸借契約の段階ではじめから所有権移転の合意をし，かつ，ほとんどの場合に所有権移転登記をする。これに対して，仮登記担保では，債務不履行後に権利が移転等することを約し，契約時に仮登記の設定がなされる。このような当事者の合意と登記等の効力の差異から直接適用すべきでないとする（基本法コメ361頁〔須永醇＝土田武信〕，新版注民(9)〔改訂版〕569頁〔高木〕，注解判例671頁〔坂口〕）。

〔鳥谷部〕　　467

仮登記担保 II
第2編 物 権

これに対して，吉田真澄教授は，譲渡担保と仮登記担保の関係について，譲渡担保も，仮登記担保も私的実行を伴う担保権であるという実質において，何ら異なるものでなく，譲渡担保における公示の不適切さを是正すると，譲渡担保は仮登記担保に同化することになったにすぎない。不動産の譲渡担保は，当然に，仮登記担保法1条にいう契約に該当し，仮登記担保法1条の適用を受けるのはいうまでもないとする（吉田真澄・譲渡担保〔1979〕232頁，235頁，同・前掲論文128頁）。

米倉明教授は，抵当権説の立場から，直接「適用はされないと解するにしても，それでもなお，類推適用が問題となる。たとえば2条，3条，9条，11条は類推適用すべきであろう」と指摘している（米倉明「非典型担保の展望（上）」ジュリ731号〔1981〕92頁）。また，譲渡担保を一種の担保権と構成する学説が有力となってきており，その理由（契約時に権利移転か不履行時に権利移転か）のみをもって本法の適用を否定することは，十分に説得的ではないとする見解がある（新版注民(9)〔改訂版〕569頁〔高木〕）。

さらに，高木多喜男教授は，前述(1)のような差異から，「本法には，譲渡担保になじまない条文が多く，一般的に本法の適用があるといってみても，実益がない。むしろ，適用可能な条文について，類推適用の是非を検討するのがよいと思われる」と指摘したうえで，条文ごとに類推適用の是非を検討している（新版注民(9)〔改訂版〕569頁〔高木〕）。

また，立法担当者の吉野衛・宇佐見隆男参事官らは，清算期間や物上代位は後順位担保権者等を保護するためであるから，すでに所有権移転登記を経由した不動産譲渡担保には，後順位担保権者等が登場しないので，仮登記担保法4条，5条，6条2項，8条2項，11条，12条，13条ないし18条は原則として適用されないとする（加藤一郎ほか「〈座談会〉仮登記担保法の諸問題」ジュリ675号〔1978〕21頁・23頁〔吉野衛発言〕，宇佐見隆男・前掲論文5頁，鈴木禄弥・前掲論文6頁も同旨）。

以上から，学説および裁判例により，仮登記担保法が不動産譲渡担保に類推適用できるかどうかが多くの点で問題となっている。その主な項目と概要は以下のとおりである。

　(イ)　2条関係

　　(a)　清算金見積額の通知　　見積額の通知義務に関する仮登記担保法2

条は不動産譲渡担保に類推適用されるか。不動産譲渡担保において清算金がある場合には，仮登記担保法2条の類推適用を認めるべきであるとの見解がある（鈴木禄弥・前掲論文5頁，槇349頁，吉田真澄・前掲論文128頁等）。他方，後順位担保権者が出現しない譲渡担保において2条の清算金の見積額を通知させる実益はないとして否定する見解がある（宇佐見隆男・前掲論文5頁，新版注民(9)〔改訂版〕570頁〔高木〕，伊藤進ほか「譲渡担保と学説」譲渡担保の法理（ジュリ増刊）〔1987〕49頁，中野・前掲論文442頁，竹内・前掲論文113頁等）。さらに，清算金がない場合については，2条を類推し見積額の通知は必要であるが，清算期間の設定は不要であるとの指摘も行われている（滝沢昌彦〔判批〕ジュリ937号〔1989〕91頁）。

清算金の見積額の通知について，2条の類推適用があるとすれば，通知義務があることになり，2か月の清算期間後に清算金の支払によって所有権を確定的に取得することになる（加藤一郎ほか「〈座談会〉銀行取引における仮登記担保の運用とその問題点(1)」金法879号〔1979〕15頁〔竹下守夫発言〕，鈴木禄弥・前掲論文5頁）。裁判例として，類推適用を肯定するものに，前掲高松高裁昭和63年3月31日判決，前掲福岡高裁平成元年10月30日判決があり，否定するものに，前掲東京高裁平成元年7月25日判決，最高裁昭和62年2月12日判決（民集41巻1号67頁）がある。

また，譲渡担保の清算金額の確定時期については，2条を類推適用し，2か月の清算期間経過時に確定するとの見解がある（近江幸治〔判批〕判評346号（判時1250号）40頁，近江301頁）。

　(b)　所有権の移転時期　　2条は清算期間経過時に所有権が移転するとする。譲渡担保の所有権移転時期について，譲渡担保では，契約時または債務不履行時にすでに所有権が移転しているから，2条を類推適用できないとする見解が有力である。抵当権説では，不動産譲渡担保に13条が類推適用され，抵当権とみなされることになる。

　(ウ)　3条の清算義務

　(a)　清算義務に関する3条は，不動産譲渡担保に類推適用されるか。登記に関する点を除けば，類推適用すべきである（新版注民(9)〔改定版〕571頁〔高木〕）。清算義務を負うことについては，譲渡担保判例においても確定しているが，明文化された仮登記担保法を譲渡担保に類推適用することにより，

仮登記担保　II

第 2 編　物　権

強行規定とあわせて，担保法のルールを実現する上で意義がある。

　(b)　同時履行の抗弁権（3条2項）　　清算金支払の債務と，所有権移転の登記および引渡しの債務に関する同時履行の抗弁権の規定は，引渡しとの関係で類推適用してよい。譲渡担保では設定時にすでに所有権移転登記を経由しているので，この登記移転には適用されない（荒川・前掲論文394頁）。

　留置権については，不動産譲渡担保において，損害賠償債権を被担保債権とする直接の牽連性はないとして成立を否定するが，清算金請求権を被担保債権とする場合については留置権の成立を肯定してきた（一Ⅲ3）。ただし，成立に消極的な学説もある。

　(c)　強行規定（3条3項）　　債務者に不利な特約は無効とするとの規定も，不動産譲渡担保に類推適用すべきである（新版注民(9)〔改訂版〕571頁〔高木〕）。ただし，債権者への所有権移転登記を無効とし，債務者に所有権移転請求権保全の仮登記請求権を認めるべきであるとする見解がある（吉田・前掲書236頁）。

　㈐　物上代位（4条・5条・6条）　　後順位担保権者が発生しない譲渡担保には物上代位やその通知に関する規定の適用の余地はないとされている（前掲立法担当者，新版注民(9)〔改訂版〕572頁〔高木〕）。これに対して，清算金債権を債務者（設定者）の一般債権者が差し押さえることもありうるから，6条1項は準用・類推適用されないと断定できないが，後順位者が生じない譲渡担保には同条2項は適用されないとする見解がある（吉田真澄・前掲論文130頁）。

　㈒　清算金の供託（7条）　　一般債権者が清算金請求権を差し押さえることもありうるから，準用・類推適用が必要である（吉田真澄・前掲論文130頁）。

　㈔　通知の拘束力（8条）　　8条1項は，何ら文言・字句を変更することなく準用・類推適用できる。ただ，同条2項は後順位者の出現を前提にしているから準用・類推適用の余地はない（吉田真澄・前掲論文131頁）。

　㈖　債権の一部消滅（9条）　　目的物の取得価額が債権額に満たないときは，被担保債権が目的物の価額の限度で消滅するとの9条も類推適用するに障害はない（新版注民(9)〔改訂版〕571頁〔高木〕）。他方，適用する必要はないとの見解は，必要があれば3条，11条，19条を適用すれば足りるとしている（宇佐見隆男・前掲論文6頁）。

仮登記担保　II

(ク)　法定借地権（10条）　譲渡担保の場合は，設定時に所有者が替わり地上建物のために約定利用権を設定するので，類推適用の必要がない（新版注民(9)〔改訂版〕571頁〔高木〕）。法定地上権は成立しないが，停止条件付賃借権設定の合意が推認できるとした東京地裁昭和60年8月26日判決（判時1191号93頁）がある（注解判例681頁〔坂口〕）。約定利用権が設定されなかった場合については「現在の土地の利用関係のほとんどが賃貸借であることを考慮すると，同様の考慮をしている仮登記担保法10条の類推適用が適当であろう」（道垣内331頁。吉田真澄・前掲論文132頁，竹内・前掲論文115頁も同旨）。

(ケ)　受戻権（11条）　譲渡担保の場合も受戻権は認められるから，この点で11条は類推適用される（新版注民(9)〔改訂版〕571頁〔高木〕）。ただし，清算期間の規定がないことから，類推適用を認める場合には，「受戻権を行使しうる時から」と読み替える必要がある（宇佐見隆男・前掲論文6頁）。また，2条の清算期間とセットにすれば，11条のただし書前段が，よりスムーズに類推適用されることになる（椿寿夫「譲渡担保論の課題と考え方」法教49号〔1984〕27頁，吉田光碩・前掲論文124頁）。これに対して，類推適用されると5年の消滅時効にかかり，受戻権は物権的期待権の性質を有することから，否定する見解がある（竹内・前掲論文113頁）。

(コ)　競売の請求（12条・13条）　後順位担保権者が発生しない譲渡担保には適用の余地はなく，登記名義が譲渡担保権者に移転しているので債務者側の一般債権者による競売申立ても事実上ありえない（新版注民(9)〔改訂版〕572頁〔高木〕）。

また，優先弁済請求権（13条）は，ほとんど類推適用の問題は生じないが，先順位の抵当権者から競売の申立てがされた場合は，本登記か仮登記かを問わず，譲渡担保権者に13条の規定により優先弁済請求権を認めても必ずしも不都合ではないとの見解もある（宇佐見隆男・前掲論文7頁）。

(サ)　根仮登記担保の効力（14条），強制競売（15条・16条・17条），不動産登記の特則（18条）　後順位担保権者が発生しない譲渡担保には，14条から17条の適用はほとんど考えられないとする（吉田真澄・前掲論文134頁）。また，適用の余地がないとの指摘もある（新版注民(9)〔改訂版〕572頁〔高木〕）。

(シ)　破産手続等（19条）　破産手続および民事再生手続では別除権，会社更生手続では更生担保権として扱う19条を類推適用することに妨げはな

〔鳥谷部〕　　471

いが，すでに判例・通説となっているので余り実益はないとする（宇佐見隆男・前掲論文6頁，新版注民(9)〔改訂版〕571頁〔高木〕）。これに対して，19条は，債務者（設定者）が破産した場合に譲渡担保権は抵当権と同じに処遇されることから，準用ないし類推適用されると解することができるとする見解がある（吉田真澄・前掲論文134頁）。

(4) 仮登記担保と抵当権との関係

仮登記担保は仮登記が設定され，抵当権は抵当権設定登記がなされるのでその区分は明確である。実際には，仮登記担保は抵当権と併用して設定されることが多かった。また，仮登記担保の効力を導く場合に，仮登記担保法制定前には，抵当権の規定を準用・類推適用するとの見解が多く，留置権に関する民法296条（不可分性），抵当権に関する304条（物上代位），374条（被担保債権の範囲〔平成16年改正後は375条〕），388条（法定地上権），392条（共同抵当），394条（抵当不動産以外の財産からの弁済），395条（短期賃借権〔平成15年改正前〕），501条（弁済による代位〔平成29年改正前〕）等について類推適用が肯定されてきた（米倉・前掲論文92頁，遠藤浩「仮登記担保と抵当権規定の準用」法時47巻11号〔1975〕41頁，伊藤進＝椿寿夫「仮登記担保と抵当権の規定」手研273号〔1978〕4頁，吉野衛「仮登記担保権に対する抵当権の規定の準用」米倉明ほか編・金融担保法講座III非典型担保〔1986〕1頁，佐藤修市「仮登記担保権と抵当権の準用」野田宏＝後藤邦春編・裁判実務大系(14)〔1991〕289頁等）。

これに対して，仮登記担保法は，仮登記担保を独立の担保として扱っており，仮登記担保に抵当権規定を準用すべき場合でも，準用規定を置くことなく，その内容を本法規定中に取り入れるという形をとっている（新版注民(9)〔改訂版〕567頁〔高木〕）。すなわち，仮登記担保法は，後述するように，担保仮登記されている土地等に対する強制競売，担保の実行としての競売等においては，仮登記担保権者は優先弁済権を有し，その順位については担保仮登記にかかる権利を抵当権とみなすと規定している（13条）。

III　仮登記担保の効力

1　総　説

債権の回収を確保するために仮登記担保契約を締結した場合にどのような

効力が生じるか。仮登記担保法は，その効力について，2条から9条に規定する。2条では所有権移転の効力の制限等，3条では清算金，6条では清算金の支払に関する処分の禁止，7条では清算金の供託，8条では通知の拘束力，9条では債権の一部消滅，を規定する。

　仮登記担保の効力のなかでも，物上代位については4条および5条で，法定借地権については10条で，受戻権については11条で，競売・優先弁済権等については12条ないし17条で，破産手続における効力については19条で規定するので，それぞれ後述する。

　本稿では，見積額の通知，所有権移転，清算金，物上代位，受戻権，競売・優先弁済権等をすべて含めて「実行」または「実行方法」と呼ぶこととする。ただし，前述のように，2条は所有権取得構成を採用しているのに対して，13条は抵当権構成を採用している。前者は裁判外で行使できるが，後者は裁判上の行使によるものである。また，当事者間を拘束する強行規定となっている（ただし，第三者に転売された場合には，受戻権を転得者に対抗できないときがある）。したがって，当事者間の合意が有効で第三者にも対抗できるという印象を与える「私的実行」という概念は用いないこととする。

2　所有権移転の制限・移転時期（2条）

　2条1項は，「仮登記担保契約が土地又は建物（以下「土地等」という。）の所有権の移転を目的とするものである場合には，予約を完結する意思を表示した日，停止条件が成就した日その他のその契約において所有権を移転するものとされている日以後に，債権者が次条に規定する清算金の見積額（清算金がないと認めるときは，その旨）をその契約の相手方である債務者又は第三者（以下「債務者等」という。）に通知し，かつ，その通知が債務者等に到達した日から2月を経過しなければ，その所有権の移転の効力は，生じない。」と規定する。

(1)　所有権の移転時期

　所有権の移転時期が清算期間2か月経過後のいつの時点かは，直接には規定されていない。しかし，清算金の支払時期を定める3条1項，債権の一部消滅に関する9条，清算期間が経過した時から受戻権が発生するとする11条等から，所有権の移転時期は清算期間経過時であると解されている（最判平3・4・19民集45巻4号456頁，法務省編・実務21頁，新版注民(9)〔改訂版〕575頁

〔鳥谷部〕　473

仮登記担保 III

〔高木〕，注解判例673頁〔坂口〕）。また，所有権移転を遅らせた理由として，債務者等の保護と後順位担保権者間の利害調整にあるとされている（道垣内284頁）。

当事者が債務不履行の時に所有権が債権者に移転すると定めた場合でも，この時点で所有権が移転するのではなく，実行の通知後であり，かつ，通知から2か月が経過した日（清算期間が経過した期日）に所有権移転の効果が生ずるとされている（法務省編・実務21-23頁）。

(2) 清算金が存在しない場合

ここでの仮登記担保権の実行は，代物弁済予約などの合意に基づいて，債権者が金銭債権の回収に代えて不動産の所有権を取得しうることを法律が根拠づけるものであるが，他方では，1条の担保の趣旨に基づいて所有権移転等が一定の手続のもとに制限されることを規定したものである。その結果，所有権の移転時期は，清算金見積額の通知をし，かつ，清算期間2か月の経過後であり，この手続を経なければ所有権等が移転しないこととなる。このことは，清算金がある場合もない場合にも同様に適用される。

被担保債権と目的不動産価額に差額，すなわち清算金が生じない場合には，清算金のない旨を通知した後2か月の清算期間の到来とともに債権者への所有権移転が生じ，かつ，債務者の受戻権が消滅し所有権移転が確定する。ただし，清算期間内に清算金の存否を争う訴えが提起された場合または競売申立てが行われた場合は，清算金の確定は，その手続による。

(3) 清算金が存在する場合

清算金が存在する場合には，一定の場合を除き，以下の清算手続を経なければ所有権移転の効力は生じない。その場合には，つぎの清算手続等による。

その他，受戻権（11条）や強制競売等（15条・16条・18条ただし書等）による所有権移転および本登記移転請求の制限については，後述する。

3 清算手続等（3条）

(1) 清算金支払義務

(ア) 意義　　3条1項は，「債権者は，清算期間が経過した時の土地等の価額がその時の債権等の額を超えるときは，その超える額に相当する金銭（以下「清算金」という。）を債務者等に支払わなければならない。」と定め，第1に，債権者の清算義務を明らかにしている。第2に，その清算は債権者

474　　〔鳥谷部〕

仮登記担保　III

に所有権を帰属させることによって行う帰属清算である。昭和49年大法廷判決は，特段の事情がある場合に無清算特約の可能性を残していたが，仮登記担保法は無清算による仮登記担保の実行を否定した。

　(イ)　帰属清算　　仮登記担保の実行に当たり，昭和49年大法廷判決では帰属清算と処分清算の双方を認めつつ，帰属清算を原則とするものであったが，仮登記担保法は，帰属清算方式に一本化したとされている（基本法コメ362頁〔須永醇＝土田武信〕）。なぜなら，処分清算をするためには本登記への協力が先履行となるが，本条2項で所有権移転登記と清算の履行が同時履行とされ，同条3項では債務者等に不利な特約は無効とすると規定されたからである。

　(2)　同時履行・留置権の抗弁権

　(ア)　同時履行の抗弁権　　3条2項は，債務者または物上保証人を保護するために，清算金の支払の債務と土地等の所有権移転の登記および引渡しの債務の履行について民法533条の規定を準用する，と定めた。

　仮登記担保法施行以前に，判例法は，清算金の支払の債務と土地等の所有権移転の登記および引渡しの債務の履行について，同時履行の抗弁権を認めてきた（最判昭45・9・24民集24巻10号1450頁）。これを明文化したものである。

　(イ)　留置権　　同時履行の抗弁権は双務契約の当事者間で行使しうるが，仮登記担保権者が担保目的物を第三者に譲渡した場合に，債務者は，その第三者に対して留置権による抗弁権を行使できるとした判例（最判昭58・3・31民集37巻2号152頁）がある。留置権の成否については，肯定説と否定説に分かれる。肯定説は，被担保債権が損害賠償請求権の場合は留置権の成立を否定するが，清算金請求権の場合は肯定する（新版注民(9)〔改訂版〕577頁〔高木〕，尾崎三芳〔判批〕担保法の判例Ⅱ94頁，相原東孝〔判批〕昭58重判解65頁，道垣内288頁，注解判例675頁〔坂口〕，松井176頁，松岡299頁など）。

　肯定説を妥当とする。第1に，3条3項で債務者の清算金請求権を強行規定によって保護していること，第2に，債権者からの転得者や第三者は仮登記の設定により仮登記担保であることを知ることができ，かつ，不動産所有権の取得には公信力が与えられないこと，第3に，留置権を認めなければ容易に清算義務を免れることを認めることになることなどから，その物に対して清算金請求権を有するときは，留置権の要件を具備するので，成立を認め

〔鳥谷部〕　475

るべきである。また，差額がある場合の清算金請求権は，仮登記担保設定時から内在しており，かつ，直接の牽連性があり（損害賠償請求権と異なる），見積額の通知により弁済期が到来し受戻権が消滅しても存続しうると考える。

(3) 片面的強行規定

3条3項は，前2項の規定に反する特約で債務者等に不利なものを無効とするが，清算期間が経過した後にされたものについてはこの限りでないとする。清算期間前に後掲の書類により本登記がなされても無効である。しかし，清算期間後になされた合意は，有効であることが明文で規定された。清算期間経過後の特約は，自由意思によるものと考えられ，債務者に不利であっても有効となる（大阪高判昭59・1・24金法1060号37頁）。

実務においては，債権者が本登記移転に必要な書類を一括して仮登記の際に受領している場合がある。清算期間後にこの書類を用いて所有権移転登記を経た場合について，債務者は同時履行の抗弁権を有するから，登記と実体関係が一致する本登記の抹消を認めるべきでないとする見解が有力である（東京高判昭59・1・31判タ526号148頁）。高木教授は，特約違反の登記は，一種の不当利得であり，登記の回復請求権を債務者等に認めるべきであるとする（新版注民(9)〔改訂版〕578頁〔高木〕）。

4 清算期間（2条）

(1) 実行通知の時期

2条1項によると，仮登記担保権の実行を行う場合，債権者は，清算金を支払って確定的に所有権を取得するためには，後述(2)のように，見積額等を債務者または物上保証人に通知しなければならない。

その通知の時期は，債務者による被担保債権の不履行（履行遅滞等）があり，当事者間で所有権が移転すると合意した日（予約を完結する意思を表示した日，停止条件が成就した日その他のその契約において所有権を移転するものとされている日）以後である。また，予約完結の意思表示とこの通知は，同時に1通の書面ですることができる（法務省編・実務19頁）。

このような2か月の清算期間を設けたのは，債務者の保護と後順位担保権者のような利害関係人相互の調整を図るためである（近江283頁）。債務者はこの間に弁済するための資金を用立てることによって土地や建物を失わずに済む。また，後述のように，後順位権者は余剰価値から回収するための競売

仮登記担保 III

や清算金請求権に対する物上代位の行使を選択することができる（法務省編・実務20頁，注解判例673頁〔坂口〕）。

(2) 通知の相手方・内容

2条1項では，通知の内容は，前項に規定する清算金の見積額等（清算金がないと認めるときは，その旨）であり，債権者からその契約の相手方である債務者または第三者（以下「債務者等」という）に対してなされなければならない。通知をしていない後順位担保権者に対しては，仮登記に基づく本登記の承諾請求をすることができない（最判昭61・4・11民集40巻3号584頁）。なお，物上代位権者等に対しても遅滞なく通知をしなければならない（5条）が，これについては，後述IV2(2)を参照。

2条2項は，「前項の規定による通知は，同項に規定する期間（以下「清算期間」という。）が経過する時の土地等の見積価額並びにその時の債権及び債務者等が負担すべき費用で債権者が代わって負担したもの（土地等が2個以上あるときは，各土地等の所有権の移転によって消滅させようとする債権及びその費用をいう。）の額（以下「債権等の額」という。）を明らかにしてしなければならない。」と定める。仮登記担保契約による土地または建物の所有権取得の要件を定めたものである。

その見積額が，清算期間が経過する時の土地等の見積価額ならびにその時の債権および債務者等が負担すべき費用で債権者が代わって負担したものの額（債権等の額）を明らかにして通知しなければならない。

見積額は，清算期間満了時を基準に目的物の価額から被担保債権等の額を控除したものが清算金の額となる。債務の弁済や受戻権行使の機会を保障するためである（法務省編・実務13頁）。

清算金の見積額は，債権者が売却などをせずに決定した金額であるから，必ずしも客観的金額とは限らないが，客観的金額と相違する場合でも通知自体が直ちに無効となるわけではなく（東京高判昭60・5・14判時1159号105頁，久保井一匡＝中井洋恵〔判批〕担保法の判例II 91頁），見積額に不満があるときは債務者から争うことができる。当該不動産に先順位の抵当権などが設定されている場合は，この抵当権の額を控除した額である。根抵当権の場合は一般的には極度額が基準となるが，最終的には清算期間が経過する時点の実際の被担保債権額によって債務者の登記手続と債権者の清算金の支払との争訟に

〔鳥谷部〕　477

仮登記担保　Ⅲ　　　　　　　　　　　　　　　　第2編　物　権

よる。これに対して，担保仮登記後に登記された（4条1項の）先取特権，質権もしくは抵当権者または後順位の担保権者は，この見積額が誤りであることを直接的に争うことはできない（8条2項）が，土地または建物の競売を請求するという間接的な形で争うことができる（12条）。この場合には，仮登記担保権者は，その仮登記に基づく所有権移転の本登記を求めることができない（15条）（法務省編・実務16頁）。

　債務者が負担すべき費用で債権者が代わって負担したものとは，清算期間が満了した時における土地・建物の価額の評価に要した鑑定費用のほか，民法485条の弁済費用，代物弁済に関する費用などである（法務省編・実務17頁以下）。

　2条2項は，土地等が2個以上あるときは，各土地等の所有権の移転によって消滅させようとする債権およびその費用を通知しなければならない，と定める。必ずしも各土地または建物の価額の割合に従って債権額を割り付ける必要はなく，債権者の自由裁量によって割り付けることができるが，他の後順位権者から競売請求を受けることがありうる（法務省編・実務18頁）。通知の方法については，別段の定めはない。

　(3)　通知の拘束力（8条）

　見積額を通知した債権者は，清算金の額が2条1項の規定により通知した清算金の見積額に満たないことを主張することができない（8条1項）。同様に，4条1項の先取特権，質権もしくは抵当権を有する者または後順位の担保仮登記の権利者も，清算金の額が8条1項の見積額を超えることを主張することができない（8条2項）。

　土地等の所有権移転の登記および引渡しの債務の履行については，清算金支払債務の履行と，同時履行の関係に立つ（3条2項）。しかし，仮登記担保債務者は，債権者から通知されてきた清算金の見積額に拘束されないから（8条参照），見積額が低すぎると考える場合はその額を争うことができる。

　また，同時履行の抗弁権を回避する目的で本登記書類を預かっておいて，適正な清算金の支払前に本登記を移転したときは，仮登記担保債務者から抹消登記請求ができる（加藤一郎ほか「〈座談会〉仮登記担保法の諸問題」ジュリ675号〔1978〕34頁〔加藤一郎発言〕，柚木＝高木533頁など）。さらに，判例は，本登記を済ませた仮登記担保債権者から第三者に譲渡し，第三者から仮登記担保債務

者に対して当該土地等の明渡請求をした場合に，清算金請求権を被担保債権
として留置権の行使を認めている（→3(2)）。

5　清算金請求権の清算期間中の処分禁止（6条）

(1)　清算金請求権の性質と処分禁止

清算金を目的とする債権は，清算期間が経過した時に現在の債権として成
立するものである。またこの債権は，当該不動産に対して競売の申立てがな
され，競売許可決定に至った場合には，消滅する債権である。しかし，この
ような将来債権も民法の原則（民129条）からは譲渡・担保設定が可能であ
る。そこで，6条1項は，清算期間が経過するまでは，債務者等が，清算金
の支払を目的とする債権について，譲渡，質入れ，免除，放棄，相殺等一切
の処分をすることを禁止し，これに反する処分を無効としている。

6条1項は，債務者側からの処分を禁止し，清算金請求権に対する物上代
位権を行使する後順位担保権者等（4条参照）を保護する規定である。法文は，
処分をすることができないと規定するが，この処分禁止は，絶対的処分禁止
である（法務省編・実務68頁）。

処分が禁止されるのは清算期間中，すなわち実行通知が到達した日から2
か月の間であり，物上代位権を有する者は，この期間内に保全手段を講じな
ければならない。

(2)　清算金請求権の弁済禁止

6条2項は，清算期間中，債権者側からの清算金請求権の弁済を禁止する
ものである。この規定の趣旨も，物上代位権者を保護することが目的である。

清算期間が経過する前に清算金の支払の債務が弁済された場合には，その
弁済をもって4条1項の先取特権，質権もしくは抵当権を有する者または後
順位の担保仮登記の権利者に対抗することができない。5条1項の規定によ
る通知がされないで清算金の支払の債務が弁済された場合も，同様である。

6条1項の処分禁止および同条2項の弁済禁止は，弁済期後に早期に清算
終了を望む債権者および債務者にとっては拘束となるが，利害関係のある第
三者が不利益を受けることを防ぐために，2か月間の清算期間に限って制限
するものである。したがって，2か月の清算期間内に後順位担保権者等が保
全手段を講じることなく清算期間が経過した場合は，債務者および債権者の
処分や弁済は禁止されない。

〔鳥谷部〕　479

仮登記担保　III

第2編　物　権

債権者が債務者等に対して有する債権（自働債権）と清算金請求権との相殺を主張する場合，債権者は後順位担保権者に優先して弁済を受けえないはずの被担保債権以外の債権について，優先弁済を受けるのと同じ結果を生ずるとして相殺を認めなかった本法制定前の裁判例（最判昭50・9・9民集29巻8号1249頁）がある。この法理は，本法制定後における清算期間経過後の相殺についても維持されるべきである（法務省編・実務71頁，新版注民(9)〔改訂版〕584頁〔高木〕）。

(3)　物上代位権者への実行の通知なしに弁済が行われた場合

物上代位権者等に対しても，遅滞なく実行の通知を行うことが義務付けられている（5条）。この通知が行なわれなかった場合は，清算期間中であるか，清算期間経過後であるかを問わず，対抗できない。詳細は，Ⅳ2を参照。

6　清算金の供託（7条）

(1)　本条の趣旨・供託の要件

清算金請求権について差押えまたは仮差押えの執行が行われたときは，債権者は，債務者等に対して清算金を支払うことができなくなり，債務者からの同時履行の抗弁権により，本登記移転や目的物の引渡しができなくなる。このような場合に，弁済供託をすることによって，債権者の不利益を回避することとした。民法494条の特則である（法務省編・実務72頁，新版注民(9)〔改訂版〕585頁〔高木〕，注解判例679頁〔坂口〕など）。

供託の要件は，第1に，清算金の支払を目的とする債権につき差押えまたは仮差押えの執行があったことである。物上代位による差押え，滞納処分による差押え，一般債権者による差押えなども含む。仮差押えや差押えが競合する場合には，民事執行法156条2項による供託が行われる（法務省編・実務74頁）。

第2は，清算期間が経過したことである。債権者は，清算期間が経過した後に清算金を支払えばよく，清算期間前は物上代位権者等に対抗できない（→5(2)）。清算金の弁済供託においても同様である。

(2)　供託の効果

仮登記担保権者は，清算期間が経過した後，清算金を債務履行地の供託所に供託して，その限度において清算金の支払債務を免れることができる（7条1項）。

仮登記担保　Ⅳ

7条1項の規定により供託がされたときは，債務者等の供託金の還付請求権につき，同項の差押えまたは仮差押えの執行がされたものとみなす（同条2項）。債権者は，15条1項に規定する場合を除き，供託金を取り戻すことができない（同条3項）。

(3) 供託の通知

債権者は，債務者等のほか，差押債権者または仮差押債権者に対しても，遅滞なく，供託の通知をしなければならない（7条4項）。

7　不動産の価額が被担保債権額に満たない場合の消滅（9条）

清算期間が経過した時の土地等の価額がその時の債権等の額に満たないときは，債権は，反対の特約がない限り，その価額の限度において消滅する（9条）。

一部消滅の要件は，①清算期間が経過したこと，②不動産の価額が被担保債権額に満たないこと，③反対の特約がないことである。

たとえば，目的不動産価額が600万円で債権額が1000万円の場合，清算期間経過時に不動産の所有権は債権者に移転するから，600万円の被担保債権は担保のために代物弁済されたことにより消滅し，400万円の債務が債務者に残存することになる。不動産価額が被担保債権額を超過している場合に清算金を支払うことになる3条と表裏一体をなすもので，公平の観念に合致するものと解される（法務省編・実務96頁）。

被担保債権1000万円が全額消滅するとの別段の特約がある場合は，債務者に不利益はないので1000万円の債務は消滅する。

Ⅳ　後順位担保権者等による物上代位（4条・5条）

1　物上代位の趣旨・要件・効果

(1) 趣　　旨

仮登記担保は，被担保債権を回収するために，より高い価値のある目的不動産に設定される傾向にあった。この余剰価値のある不動産に対して，債務者である所有者が後順位の担保権を設定した場合において，清算期間経過後に債権者が目的不動産の所有権を取得し債務者に清算金請求権が発生したとき，判例は，後順位担保権者等のために，この清算金請求権に対する物上代

〔鳥谷部〕　481

位権の行使を認めた（前掲最大判昭 49・10・23 民集 28 巻 7 号 1473 頁）。

　4 条 1 項前段は，この昭和 49 年大法廷判決を承継し，債権者のために土地等の所有権の移転に関する仮登記（担保仮登記）がされているときは，その仮登記後に登記がされた先取特権，質権または抵当権を有する者は，その順位により，債務者等が支払を受けるべき清算金に対しても，その権利を行うことができると定めた。物上代位の客体となる清算金請求権は，債権者の通知による清算金の見積額が基準となる。本条の物上代位権を有する者は，仮登記後の後順位担保権者等に限られる。見積額に不満のある後順位担保権者等は競売の請求によることができる（12 条を参照）。

　同条 2 項は，担保仮登記後に担保仮登記が設定された権利者（後順位の担保仮登記権者）についても，14 条の根担保仮登記を除き，清算金請求権を差し押さえることによって，物上代位権を行使できることを定めている。

　同条 3 項は，後順位の担保仮登記権者が 2 項の規定により物上代位権を行使する場合，13 条 2 項 3 項を準用して，優先弁済の範囲（利息等について最後の 2 年分）を定めている（法務省編・実務 39 頁参照）。

(2)　物上代位の要件

　清算金請求権に対する物上代位のためには，民法 304 条の物上代位と同様に，債権者から清算金の払渡し前に差押えをしなければならない（4 条 1 項後段）。物上代位のための後順位担保権者等による差押えは，仮差押えを含むが，法律が特に認めたものであり，自ら行わなければならず，配当要求を含まないと解釈されている（最判平 13・10・25 民集 55 巻 6 号 975 頁）。

(3)　物上代位の効果

　後順位担保権者等による優先弁済権は，差押えの先後ではなく，担保権の順位により行使することができる。この清算金請求権に対する物上代位の差押えは，清算期間中でも，清算期間経過後でも，清算金が債務者に支払われるまで行使することができるが，実際に支払を請求するためには清算期間後の取立命令（民執 155 条 1 項）による。

2　物上代位権者に対する通知（5 条）

(1)　趣　　旨

　仮登記担保権者は，実行（見積額等）の通知を行った場合，担保仮登記後に登記がされている先取特権，質権もしくは抵当権を有する者または後順位

仮登記担保　IV

の担保仮登記の権利者があるときは，遅滞なく，これらの者に対し，2条1項の規定による通知をした旨，その通知が債務者等に到達した日および同条の規定により債務者等に通知した事項を通知しなければならない（5条1項）。担保仮登記の実行に基づき所有権移転の本登記が行われた場合，これによってそれらの者の権利が失効し，抹消されることになるので，登記上の利害関係人に対して，自己の利益を保全する機会を与えるためである（法務省編・実務56頁）。

(2)　物上代位権者に対する通知

5条1項の通知の相手方は，2条1項の規定による通知が債務者等に到達した時点で存在する物上代位権者である。実行の通知が債務者に到達後は，その後に担保権を取得する者は債務者から物上代位に必要な事項を知ることができ，すべての物上代位権者に対する通知を要求したのでは担保仮登記権者に酷であるとするのがその理由である（法務省編・実務56頁）。

通知事項は，①債務者等に対し2条1項の規定による通知をしたこと，②その通知が債務者等に到達した日，③2条の規定により債務者等に通知した事項の3点である。

物上代位権者に対する通知違反があった場合，判例には，担保仮登記権者は通知を受けていない後順位担保権者に対して，仮登記に基づく本登記の承諾請求をすることができないとし，これは共益費用や先順位者への弁済により剰余を生ずる見込みのない場合であっても，5条1項による後順位担保権者への通知は不要にならないとしたものがある（最判昭61・4・11民集40巻3号584頁，田中昭孝〔判解〕最判解説61年233頁，道垣内・課題222頁，賀集唱〔判批〕担保法の判例II 88頁，新版注民(9)〔改訂版〕582頁〔高木〕等）。なお，2条の通知については，III 4を参照。

(3)　その他の登記上の利害関係人に対する通知

その他の登記上の利害関係人としては，担保仮登記後にその目的物について権利に関する登記を受けた登記名義人であり，たとえば，担保仮登記後に所有権移転登記を受けた第三取得者や地上権や賃借権等の権利の設定登記を受けた者である。通知事項は，①債務者等に対し2条1項の規定による通知をしたこと，②2条の規定により債務者等に通知した債権等の額の2点である。その他の利害関係人に対する通知違反については，本登記の際に失効す

〔鳥谷部〕　483

べき運命にあることから何らの効果も生じないとする見解（法務省編・実務64頁）と，債権者は損害賠償責任を負うとする見解や仮登記に基づく本登記の承諾請求をできないとの見解（東京高判昭62・2・26金判770号11頁）に分かれている。

V 法定借地権（10条）

1 意　義

2条の実行により所有権が債権者に移転するまでは，所有権および利用権は債務者（物上保証人）にある。実行により土地と建物の所有者が異なるに至った場合，建物の保護が必要である。

土地・建物が同一所有権に帰属し，その一方または双方に仮登記担保権が設定され，競売によって土地と建物が別所有者に帰属するに至った場合，双方が同一所有者であったときは（自己借地権は原則認められないため）借地権が成立しえないから，建物を除去しなければならない。判例には，建物の除去は不経済であり，民法388条を類推適用し，法定地上権の成立を認めるのと同様に法定の利用権の成立を示唆するものがあった（最判昭45・7・16民集24巻7号921頁）。

10条は，「土地及びその上にある建物が同一の所有者に属する場合において，その土地につき担保仮登記がされたときは，その仮登記に基づく本登記がされる場合につき，その建物の所有を目的として土地の賃貸借がされたものとみなす。この場合において，その存続期間及び借賃は，当事者の請求により，裁判所が定める。」と規定した。この建物のために法定借地権が認められるときは，当該借地上の建物は存続しうることになる。

法定借地権は，第1に，土地に仮登記が設定された場合に限られること，第2に，地上権ではなく，借地権（債権）であること，において法定地上権と異なる。第1については，建物と同一所有の場合は自己借地権を設定できないことからであり，第2については，実務では建物所有のために地上権が設定されることはまれであり，賃貸借契約によることが普通である実態にかんがみたものであるとされている（法務省編・実務103頁，近江291頁，道垣内297頁）。他方で，仮登記担保についてだけ賃借権にする必要性があったか立

仮登記担保　VI

法論として疑問であるとの指摘もある（村田博史「仮登記担保契約と土地利用権」法時 52 巻 4 号〔1980〕143 頁，松井 185 頁，河上 324 頁）。

2　法定借地権の成立要件と効果

法定借地権の成立要件は，①土地に仮登記担保権が設定されたこと，②仮登記担保権設定時に建物が存在したこと，③土地・建物が同一所有権者に帰属すること，④担保仮登記により本登記がなされたこと，である。この法定借地権は，建物のために約定利用権が成立できない場合に法律が建物保護のために土地の利用権を発生させる必要がある場合であるから，仮登記設定の時点ですでに建物が存在し，土地と建物が同一所有権者に帰属する場合に限られる。建物再築の場合，実質上同一所有であるが未登記である場合，共有である場合などそれぞれの要件については，法定地上権に関する判例法理が参考となる。

存続期間・借賃は，当事者の請求により，裁判所が定める。

VI　債務者等の受戻権（11 条）

1　受戻権の意義・要件

(1)　11 条の意義

11 条本文は，「債務者等は，清算金の支払の債務の弁済を受けるまでは，債権等の額……に相当する金銭を債権者に提供して，土地等の所有権の受戻しを請求することができる。」と定める。

受戻権という用語・概念は，仮登記担保や譲渡担保等において一般的に使用されている（近江 289 頁）。この受戻権を明文で規定する条項として意義がある。受戻権は，不動産譲渡担保についても，古くから判例学説により，債務者の弁済による債権者から債務者への所有権移転登記請求または抹消登記請求が肯定されてきた。11 条の受戻権は，前掲昭和 49 年大法廷判決の判例法理を承継したものである。

(2)　受戻権の性質

11 条が規定するように，受戻権の対象は，債権者に移転した所有権である。したがって，所有権移転の効力が生ずる前は，受戻権は，発生しないことになる。担保仮登記の実行手続との関係では，弁済期を徒過し，実行の通

〔鳥谷部〕　485

知がなされ，清算期間が経過するまでは所有権移転の効力は生じないので，それまで受戻権自体が発生しないことになる。しかし，担保仮登記は，担保のために設定される点で抵当権と同じであるから，被担保債権を全額弁済することにより，担保目的の達成（付従性）または取戻し（生熊268頁）により，担保仮登記の効力を消滅させ，所有権の移転の効力を阻止することになる。

以上から，受戻権の発生時期は，清算期間経過時点である。この時点から，不動産譲渡担保の場合と同様となるかどうかは，譲渡担保の法的構成と関わる。仮登記担保においても譲渡担保においても，所有権が移転しないとの構成においては，受戻権は，何の権利を受け戻すのかを明らかにする必要がある。

また，受戻権は，債務者が被担保債権額を債権者に提供して，受戻しの意思表示をすれば，その意思表示が債権者に到達した時に，当該不動産の所有権は，法律上当然に債務者（または物上保証人）に復帰する形成権である（法務省編・実務119頁）。

2 受戻権者と行使要件・期間

(1) 受 戻 権 者

受戻権者は，債務者または物上保証人である。また，第三取得者は含まれないこととなった。これらの者は，清算期間経過前は代位弁済によって権利を保全でき，清算期間以後は債務者等に債権者代位して受戻権を行使することができる。

(2) 受戻権行使の要件

①清算金の支払の債務の弁済を受けるまでであること，②債権等の額に相当する金銭を債権者に提供すること，である。

清算期間経過後に債務者が清算金の弁済を受けると，受戻権が消滅し，債権者への所有権移転が確定する。清算金がない場合は，清算期間が経過した時に債権者への所有権移転が確定する。この場合も，受戻権が消滅する。

清算期間経過後に債務者が清算金の弁済を受けたときとは，清算金の弁済だけではなく，弁済と同様の法律効果を生じさせる，相殺（別に反対債権がある場合）や供託などでも差し支えない。

「債権等の額に相当する金銭」とは，受戻権を行使した時に存在した元本，利息，遅延利息および弁済の費用等債務者が負担すべき費用で債権者が代わ

って負担したものの合計額に相当する金銭である（法務省編・実務 121 頁）。

(3) 受戻権の期間・消滅

受戻権は，清算期間が経過した時から 5 年が経過したとき，または第三者が所有権を取得したときは，消滅する（11 条ただし書）。

受戻権は，所有権移転の効力が生じる清算期間経過時に発生し，このときから 5 年の除斥期間をもって消滅する。この場合，債務者は，清算金の支払を受けていなくても受戻権の行使はできない。ただし，清算期間経過後でも債務者の清算金請求権が残存し，清算金の支払がない限り，後順位担保権者等による競売の請求があったときは，債権者は，当該不動産の所有権移転登記請求ができず，競売手続により競売許可決定がなされると，債権者の所有権取得は失効する。すなわち所有権は移転するが，その本登記を得ることができず，競売によって債権者は取得した所有権を失うことになる。

3 受戻権の第三者対抗力

債務者の受戻権は，「第三者が所有権を取得したとき」も消滅する。「第三者」とは，債権者から当該不動産を取得した第三者であり，かつ，所有権移転登記を受けた第三者と解されている。第三者が登記を要するのは，清算期間経過とともに，一方では債務者の受戻権が発生し，他方で債権者から第三者に所有権が移転するので，両者には民法 177 条の二重譲渡の関係が生ずるからであるとされている（法務省編・実務 124 頁）。学説では，受戻権の行使が先で第三者への譲渡が後の場合と第三者への譲渡が先で受戻権の行使が後の場合で分けて考え，前者を 177 条の問題，後者を 96 条 3 項と類似した問題とする見解がある（椿寿夫ほか「〈座談会〉仮登記担保契約法をめぐる諸問題(4)」手研 279 号〔1979〕14 頁〔米倉明発言〕）。いずれにしても，まだ，清算金が支払われていない場合を前提としている。

また，177 条の問題と考える場合，第三者の善意悪意は問わない。さらに，受戻権者は，第三者が背信的悪意者に対しても対抗できないか。学説は，背信的悪意者に対しては受戻権を主張できるとするが（法務省編・実務 125 頁，新版注民(9)〔改訂版〕592 頁〔高木〕，生熊 271 頁，松岡 299 頁など），判例は，不動産の譲渡担保の場合において，債権者が第三者に当該不動産を譲渡したときは第三者は所有権を確定的に取得し，債務者は債権者に対して清算金の支払を求めることができるだけで，第三者が背信的悪意者にあたる場合であっても

〔鳥谷部〕 487

仮登記担保　Ⅶ　　　　　　　　　　　　　　　　　　　第2編　物　権

受戻権を行使することはできないとした（最判平6・2・22民集48巻2号414頁）。
背信的悪意者に関する物権法の法理に反すると考える。

Ⅶ　仮登記担保権に基づく優先弁済権（12条～19条）

1　債権回収の2方法

(1)　総　　説

　担保仮登記に基づく債権回収（実行）の方法は2通り考えられる。第1は，
2条および3条による所有権取得による債権回収であり，第2は，他の担保
権者からの競売請求（12条）がある場合に抵当権とみなされることによる優
先弁済（13条）である（松岡293頁は二面的効力と説明する）。ただし，第2の競
売請求については，仮登記担保権者に直接の競売請求が認められるか否かに
つき肯定説と否定説に分かれており，立法担当者は否定説を採用してきた。
したがって，所有権移転による実行（所有権移転構成）と担保仮登記または抵
当権の順位に基づく実行（所有権非移転構成＝抵当権構成）の2つがあることに
なる。仮登記担保権者は，前者では所有権者となり，後者では所有権者とな
ることはない。後者の場合は，所有権取得構成とはいえないことになる。

(2)　仮登記担保権者による競売申立ての可否

　仮登記担保権者自身は競売申立権を行使できるのか，他の担保権者の競売
手続に参加する場合に限られるのか争いがある。否定説は，仮登記担保権に
抵当権等と同様の申立権を認めると，特有の私的実行と相まって法定の担保
物権よりも強大となり，予め債権額や利息等の公示を伴わないことから信用
取引上著しい弊害が予想されるとする（中野貞一郎「非典型担保権の私的実行」
新・実務民事訴訟講座(12)〔1984〕422頁）。立法担当者は，前掲昭和49年大法廷
判決を承継し，否定説を採用している（法務省編・実務190頁，139頁，宇佐見隆
男「仮登記担保法拾遺下」金法896号〔1979〕16頁）。それは，強制競売等におい
て担保仮登記権者はその順位に関して，その担保仮登記に係る権利を抵当権
とみなし，その順位で抵当権の登記がなされたものとみなすとの13条の文
言に現れている。しかし，学説では肯定説も有力である（米倉163頁〔初出
「仮登記担保権の実行方法」奥田昌道ほか編・民法学3担保物権の重要問題〔1976〕］，槇
388頁，松岡293頁，石田(穣)824頁等）。抵当権と同視し担保物権として扱うこ

488　　〔鳥谷部〕

仮登記担保　VII

とができることや担保物権ではないとの理解にこだわるべきでないなどが挙げられている。

現行法において，そもそも先順位の仮登記がその後の所有権取得者やその後に設定された抵当権等に優先しうるのは，仮登記の順位保全効によるものであり，本登記取得により後順位の権利者の権利を覆すことができるからである。従来の最高裁判決もこれを維持したままで，清算義務や受戻権等を認めること（判例法＝法創造）によって債権者の所有権取得等を制限してきた。順位保全効しか有しない仮登記をめぐる多種多様な権利関係の優劣を決する場合，その法的根拠に基づいて強制的に優先弁済を実現しなければならない担保実行手続法の宿命である。これを変更するためには，新たな法創造または法改正が課題となる。

2　後順位担保権者等による競売の請求

12条は，仮登記担保権者から通知を受けた後順位担保権者は，清算金の見積額に不服がある場合は，清算期間内であれば，被担保債権の弁済期の到来前であっても，土地等の競売を請求することができることを定めた規定である。前掲昭和49年大法廷判決は，仮登記担保権者の実行通知が先行したときはその後の競売請求は排除される先着手主義を採用していた。しかし，これによると先に差押えおよび転付命令を得た者が抵当権等の登記の基準とは別の基準で優先弁済を受ける結果となるので，本法は，担保仮登記設定後の後順位担保権者に対して清算金見積額の通知を行い，後順位担保権者は，その見積額に不満がないときは物上代位に基づき順位に応じた清算金の支払完了により所有権移転を確定させることとし（所有権取得構成），見積額に不満があるときは後順位担保権者からの競売請求により仮登記担保権者に優先弁済を受けさせて仮登記担保権は消滅することとした（抵当権構成）。

競売請求の申立てについて，清算期間内は，清算金請求権を差し押さえた後順位担保権者は競売請求の申立てができないと解されている。清算金請求権を差し押さえることはその見積額に不満がない場合であり，競売請求の申立ては見積額に不満がある場合であり，両者は矛盾するからである。しかし，清算期間経過後は，必ずしもこのような拘束は生じないとされている（法務省編・実務136頁）。

〔鳥谷部〕　489

仮登記担保　VII

3　仮登記担保権者の優先弁済権とその範囲

　仮登記権者は，本来本登記請求により所有権を取得する機能を有する。しかし，仮登記が担保のために利用され，学説・判例により，本来の所有権（本登記）取得の効力が制限され，担保としての効力が認められてきた。前掲昭和49年大法廷判決は，本登記承諾請求を制限し競売手続への配当参加によって優先弁済を受けうるとし，その根拠を，第1に，これを認めても仮登記担保権者にその本来有する以上の利益を与えるものではないこと，第2に，仮登記に後れて開始された強制競売手続の排除を許し，仮登記担保権の実行によって競落人の地位が転覆され競売手続が不安定になること，第3に，登記の順位に従って優先配当を認めても後順位担保権者等は自己の登記の抹消を甘受せざるをえない地位にあることなどを挙げ，配当参加できるとした（法務省編・実務148頁）。

　13条は，このような判例法理を，仮登記担保権者は，土地等の強制競売において，仮登記の順位において抵当権とみなし，その順位で優先弁済権を有することを規定したものである。

　仮登記担保権者の優先弁済の範囲については，担保仮登記の権利者が利息その他の定期金を請求する権利を有するときは，その満期となった最後の2年分についてのみ，13条1項の規定による権利を行うことができる（同2項）。

　また，担保仮登記の権利者が債務の不履行によって生じた損害の賠償を請求する権利を有する場合において，その最後の2年分についても，これを適用する。ただし，利息その他の定期金と通算して2年分を超えることができないと規定した（同3項）。

　仮登記担保法においては，被担保債権（元本，利息，損害金等）を公示することができない（生熊265頁）。

4　根担保仮登記の効力

　仮登記担保法立法前の最高裁昭和52年3月25日判決（民集31巻2号320頁）では，根抵当権と根仮登記担保が併用された事案において，そのいずれかの選択的な実行を許すとする非限定説が採用されたが，14条は，仮登記担保契約で，消滅すべき金銭債務がその契約の時に特定されていないものに基づく担保仮登記は，強制競売等においては，その効力を有しないと定めた。

仮登記担保　VII

したがって，根仮登記担保権者は，競売手続においては優先弁済権を主張できない。

これに対して，当事者間では有効である根仮登記担保は，当事者間での2条による所有権取得手続には影響を与えない。すなわち，包括根抵当権は無効であるのに対して，根仮登記担保は有効であり仮登記の効力である本登記請求権は維持されていることになる（吉野・解説26頁・114頁）。

根仮登記担保の効力を制限した趣旨として，民法が包括根抵当権を禁止していることや，余剰価値の利用が妨げられることが挙げられている（法務省編・実務168頁，新版注民(9)〔改訂版〕598頁〔高木〕，注解判例685頁〔坂口〕など）。

これに対して，これによって根仮登記担保権の実効性が大きく減殺され，仮登記担保権自体があまり利用されなくなっており，立法的当否が問題となっているとの指摘がある（椿寿夫「根仮登記担保の極度額」「仮登記担保法と根抵当規定」民法研究Ⅱ〔1983〕243頁，273頁〔初出：金法788号・789号〔1976〕，手研273号・274号〔1978〕〕，新版注民(9)〔改訂版〕598頁〔高木〕，注解判例685頁〔坂口〕）。また，余剰担保価値の利用を尊重する本条から，根仮登記担保権の効力を認めないと一貫しないとの指摘もある（新版注民(9)〔改訂版〕598頁〔高木〕）。

該当箇所のみを比較すると，併用された根抵当権では原因，極度額および債権の範囲（例：手形貸付契約）などが登記簿に記載・公示されるのに対して，仮登記担保のみの場合は，原因（売買予約）しか記載されない。すなわち，登記簿には極度額および債権の範囲などは記載・公示することができない。

この公示との関係で，極度額等の公示がないから優先弁済権を有する仮登記担保と優先弁済権のない仮登記担保は区分できないので，後順位担保権を設定しようとする者は，確認をしてからでないと設定できない反面，公示のない根仮登記担保に優先弁済権を認めると強大な効力を認めることになるという問題が生じる（加藤一郎ほか「〈座談会〉仮登記担保法の諸問題」ジュリ675号〔1978〕44頁〔鈴木禄弥発言〕）。

他方，諸外国では被担保債権の公示なしに担保機能を認める傾向（ドイツ民法では土地債務，韓国・中国民法等では最高額抵当等）にあって，わが国の根担保制度をどのように再構成すべきか否かが今後の課題である（鳥谷部茂「わが国における根抵当権の生成・比較・行方」広島法学39巻3号〔2016〕254頁）。

〔鳥谷部〕　491

仮登記担保　Ⅶ　　　　　　　　　　　　　　　　　　　第2編　物　権

5　強制競売等の場合の担保仮登記（競売申立先行による優先弁済の場合）

(1)　清算金支払前の競売申立てによる優先弁済（15条1項）

　仮登記担保権による債権回収の方法として，所有権取得構成（2条）と抵当権構成（13条）がある。その分かれ道は，清算金の弁済時点である。その前までに競売の申立てがあれば抵当権構成となり，所有権本登記請求の道は，原則として絶たれることになる。

　担保目的不動産の価額が被担保債権額より高いときは，清算金が発生する。仮登記担保権者からこの見積額が通知された後，この清算金が支払われる前に競売の申立てが行われた場合，この抵当権構成について，15条1項は，担保仮登記がされている土地等につき強制競売等の開始の決定があった場合において，その決定が清算金の支払の債務の弁済前（清算金がないときは，清算期間の経過前）にされた申立てに基づくときは，担保仮登記の権利者は，その仮登記に基づく本登記の請求をすることができないと規定する。競売手続が先に有効に進行したときは，担保を目的とする仮登記担保権は，不動産譲渡担保と異なり，所有権の対抗力を有するわけでもないので，抵当権とみなされて，優先弁済権を行使することで満足しなければならない。

　ただし，競売手続が競売開始決定前に取り下げられた場合，競売申立てが違法として却下された場合などは，仮登記担保権者は，所有権の本登記請求をすることができる。

　清算金の支払前に，国税滞納処分による差押えがあった場合にも，15条1項が準用され（税徴52条の2），本登記請求をすることができない。なお，国税滞納処分の差押えがあった後に担保仮登記が設定され，その後に国税滞納処分としての参加差押えがあったという事案に対して，15条1項の準用を認めた判例（最判平3・4・19民集45巻4号456頁）がある。

(2)　競売手続による仮登記担保権の消滅（16条）

　(ｱ)　前述のように，競売申立てが清算金の支払よりも先行した場合，仮登記担保権者は，本登記請求をすることができない。競売手続によって，所有権は競落人に移転し，仮登記担保権者は，その競売代金に優先弁済権を行使して債権を回収し，仮登記担保権は消滅する（消除主義）。

　このことを，16条1項は，担保仮登記がされている土地等につき強制競売等が行われたときは，担保仮登記に係る権利は，15条2項の場合（→Ⅷ）

492　〔鳥谷部〕

仮登記担保　VII

を除き，その土地等の売却によって消滅する，と規定する。

仮登記担保権が消滅する時期は，買受人が代金を納付した時である（民執79条）。

(イ)　また，16条2項は，民事執行法（昭和54年法律4号）の制定に伴い新たに追加された規定であり，本法の仮登記担保権に対抗できない目的物上の権利の取得者について民事執行法59条2項を，仮登記担保権に対抗できない仮処分の執行について民事執行法59条3項を準用し，仮登記担保法16条1項または民事執行法59条2項と異なる合意については民事執行法59条5項を準用することを規定している。

(3)　強制競売等の特則——競売手続における届出（17条）

(ア)　前述のように，競売申立てが清算金の支払よりも先行した場合において，目的不動産に対する強制競売または担保権の実行としての競売における配当要求の終期が定められたときは，裁判所書記官は，仮登記の権利者に対して，担保仮登記についてはその旨ならびに債権（利息その他の附帯の債権を含む）の存否，原因および額を，担保仮登記でないときはその旨を配当要求の終期までに執行裁判所に届け出るべき旨を催告しなければならない（17条1項）。

(イ)　差押えの登記前にされた担保仮登記に係る権利で売却により消滅するものを有する債権者は，1項の規定による債権の届出をしたときに限り，売却代金の配当または弁済金の交付を受けることができる（同条2項）。

(ウ)　所有権の移転に関する仮登記がされている土地等につき企業担保権の実行の開始の決定があったときは，管財人は，仮登記の権利者に対し，1項に規定する事項を一定の期間内（企業担保法22条1項5号）に届け出るべき旨を催告しなければならない（同条3項）。

(エ)　民事執行法50条の規定は，仮登記担保法17条1項または同条3項の規定による催告を受けた仮登記の権利者に対して，民事執行法87条2項・3項の規定は，(イ)の債権者のための担保仮登記が仮差押えまたは執行停止に係る差押えの登記後にされたものである場合について，準用する（同条4項）。

(オ)　届出がなかった場合の効力　　担保仮登記に後れる当該不動産の上の権利者の権利は，届出がなく配当を受けることができなかった場合でも，前述の本条2項により，仮登記担保権との関係で売却手続により消滅するもの

〔鳥谷部〕　493

仮登記担保　VIII

第2編　物　権

は，配当要求の終期までに本条1項の届出をしないときは，失効することになる。

VIII　清算金支払先行による所有権取得と本登記手続

1　競売申立て前の清算金支払による所有権取得（15条2項）

15条2項は，同条1項の強制競売等の開始の決定があった場合において，その決定が清算金の支払の債務の弁済後（清算金がないときは，清算期間の経過後）にされた申立てに基づくときは，担保仮登記の権利者は，その土地等の所有権の取得をもって差押債権者に対抗することができると定める。すなわち，前述2条により清算期間経過時に所有権が移転し，清算金が支払われるか，物上代位権が行使されるか，または債務者から受戻権が行使されるかに分かれるが，清算金が支払われたときは受戻権が消滅し，所有権移転が確定したことになる。

所有権の移転時期が，清算期間が経過した時点か，または清算金を弁済した時点か見解が分かれるが，仮登記担保法の趣旨は，清算期間が経過した時に被担保債権が消滅し（9条），受戻権が発生するとする（11条）ことから，法務省の担当官は清算期間が経過した時点としている（法務省編・実務21頁）。

清算期間経過前は，所有権が移転せず（2条1項），被担保債権の支払により付従性の原則により仮登記担保権が消滅する。清算期間経過時に所有権が債権者に移転し，清算金の支払前に，債務者が被担保債権を弁済し移転した所有権を回復するのが受戻権である。したがって，清算期間経過後に債権者が清算金を弁済したときは，すでに被担保債権が消滅しており，債権者に移転した所有権が債務者に復帰しないことが確定したということになる。

このような所有権に基づき，仮登記担保権者は，本登記請求や本登記承諾請求と併合することなく，仮登記のままで，第三者異議の訴えによって競売手続を排除することができる（新版注民(9)〔改訂版〕600頁〔高木〕，注解判例686頁〔坂口〕）。

2　本登記手続の特則（18条）

本来，仮登記権利者は条件が成就したとき，所有権移転登記をすることができる。ただし，登記上利害関係人がいるときは，その第三者の承諾がなけ

494　〔鳥谷部〕

仮登記担保 IX

ればならない（不登109条1項）。

　18条は，この承諾に関して，仮登記担保権者が清算金を供託した場合における特則を定めている。すなわち，担保仮登記の権利者は，清算金を供託した日から1か月を経過した後にその担保仮登記に基づき本登記を申請する場合には，先取特権，質権もしくは抵当権を有する者または後順位の担保仮登記の権利者が物上代位による4条1項（同条2項の準用も含む）の差押えをしたことおよび清算金を供託したことをもってこれらの者の承諾に代えることができるとする。それらの後順位担保権者等が仮登記担保権者が供託したその清算金請求権について物上代位等の差押えをしたということは，その仮登記が有効であり，かつ，本登記の要件が具備されていることを承認のうえで行動していることになるからである（法務省編・実務245頁）。

　ただし，その仮登記に基づく所有権移転の本登記を申請しようとするときに，その土地等についてすでに競売の申立ての登記がされているときは，15条1項の規定により，仮登記に基づく所有権移転の本登記はすることができないので，上記特則の扱いはしないこととした（18条ただし書）。いずれにしても，債務者の清算金の支払が競売の申立ての前でなければならない。また，清算金がない場合には，18条の特則は適用されない。

IX　破産手続等における担保仮登記（19条）

　仮登記担保権者は，破産手続および民事再生手続においては，取戻権者としてではなく，別除権者として，また，会社更生手続等においては，更生担保権者として処遇されることを規定したものである。

　仮登記担保権は，前述のように，その効力として，所有権取得機能（2条）と優先弁済機能（13条）を有する。破産手続においては，担保物権者同士または債権者同士それぞれに公平に分配する手続であり，1人が所有権の本登記請求ができる所有権取得機能は適さない。抵当権や質権などの典型担保物権を有する債権者も，破産手続においては別除権者として取り扱われ，会社更生手続においては，更生担保権者として取り扱われている。ただし，破産手続については，仮登記担保権者は，破産法65条1項（民再53条も同旨）により，破産手続によらないで別除権を行使することができ，仮登記担保法2

〔鳥谷部〕　　495

条の手続によって所有権移転の本登記を請求する道も残されている（吉野・解説 132 頁，法務省編・実務 260 頁，竹下守夫「非典型担保の倒産手続上の取扱い」新・実務民事訴訟講座(13)〔1981〕368 頁）。

以上について，19 条 1 項は破産財団に属する土地等について，同条 2 項は破産財団に属しない破産者の土地等について，仮登記担保権者には，抵当権を有する者に関する規定を適用または準用することとされた。

同様に，19 条 3 項は，民事再生手続（民事再生法〔平成 11 年法律 225 号〕）においては，仮登記担保権者には，抵当権を有する者に関する規定を適用するとした。

19 条 4 項は，会社更生法の適用においては，仮登記担保権を，抵当権とみなすこととした。

さらに，根仮登記担保権は，前述のように，14 条では強制競売等においてはその効力を有しないとされた。そこで，19 条 5 項は，破産手続等においても，その効力を有しないと規定した。不特定の債権について極度額の限度なく優先弁済を受けることは，根抵当権などとの比較においても，他の債権者に著しく不公平な影響を与えるからである。

X　土地等の所有権以外の権利を目的とする契約への準用（20 条）

土地等の所有権以外の権利（先取特権，質権，抵当権および企業担保権を除く）で仮登記または仮登録できるものの取得を目的とする仮登記担保契約についても，2 条から 19 条までの規定が準用される。

土地等の所有権以外の権利で仮登記または仮登録できるものには，具体的には，不動産登記法 3 条に掲げる地上権，永小作権，地役権，賃借権，配偶者居住権および採石権，立木法上の立木，登記できる船舶，航空機，ダム使用権，工場財団，鉱業財団，漁協財団，港湾運送事業財団，道路交通事業財団，観光施設財団，建設機械に関する権利，特許権，意匠権，実用新案権，商標権，漁業権，入漁権がある（法務省編・実務 274 頁）。

〔鳥谷部　茂〕

不動産譲渡担保

細 目 次

I 不動産譲渡担保の意義 ……………498
  1 定 義 ………………………………498
  2 必要性 ………………………………498
    (1) 動産譲渡担保との違い …………498
    (2) 利用される理由 …………………498
    (3) 利用の実態 ………………………499
  3 不動産譲渡担保と隣接制度 ………500
    (1) 譲渡担保と売渡担保 ……………500
    (2) 譲渡担保と買戻し ………………501
    (3) 譲渡担保と仮登記担保 …………501
  4 脱法行為の疑念 ……………………503
II 不動産譲渡担保の法律構成と虚偽表示
  の可能性 ……………………………503
  1 判例における譲渡担保の法律構成 ……503
    (1) 内外部とも移転原則の確立 ……503
    (2) 担保の目的範囲内での移転 ……505
  2 学説における譲渡担保の法律構成 ……506
    (1) 債権的拘束から説明する学説 ……506
    (2) 設定者への物権帰属を肯定する学
      説 …………………………………507
    (3) 虚偽表示の可能性 ………………510
III 不動産譲渡担保の設定 ……………513
  1 設定契約 ……………………………513
    (1) 譲渡担保設定契約の認定 ………513
    (2) 債権者と譲渡担保権者の分離 ……514
  2 目的物 ………………………………514
  3 被担保債権 …………………………515
    (1) 根譲渡担保の有効性 ……………515
    (2) 根抵当権に関する規定の適用・類
      推適用 ……………………………515
  4 対抗要件 ……………………………517
    (1) 所有権移転登記 …………………517
    (2) 登記原因を譲渡担保としたときの
      効果 ………………………………517
IV 効力の及ぶ範囲 ……………………518
  1 目的物の範囲 ………………………518

    (1) 付合物・従物 ……………………518
    (2) 果 実 ……………………………519
    (3) 代償物 ……………………………519
  2 被担保債権の範囲 …………………521
V 被担保債権に係る債務の弁済期到来前
  の法律関係 …………………………521
  1 設定当事者の関係 …………………521
    (1) 目的物の利用関係 ………………521
    (2) 目的物の侵害 ……………………522
  2 第三者との関係 ……………………523
    (1) 譲渡担保権者と第三者との関係 ……523
    (2) 設定者と第三者との関係 ………524
VI 被担保債権に係る債務の弁済期到来後
  の法律関係 …………………………527
  1 総 説 ………………………………527
    (1) 実行手続の観念の必要性 ………527
    (2) 特に問題となる点 ………………528
    (3) 清算義務 …………………………528
    (4) いわゆる「受戻権」 ……………530
  2 処分清算と帰属清算──「型」と「方
    式」 …………………………………531
    (1) 学説における2つの類型の提示 ……531
    (2) 判例法理における「方式」………532
    (3) 判例法理の評価 …………………533
  3 清算金の確定・支払と債務者の弁済
    権限の喪失 …………………………534
    (1) 客観的に清算金が生じない場合 ……534
    (2) 客観的に清算金の生じる場合 ……535
    (3) 清算金額の算定 …………………538
  4 用益権との関係 ……………………539
    (1) 明渡猶予期間 ……………………539
    (2) 法定借地権 ………………………540
VII 倒産における効力 …………………540
  1 債務者の倒産 ………………………540
  2 譲渡担保権者の倒産 ………………541
VIII 消 滅 ………………………………541

〔道垣内〕　497

不動産譲渡担保 Ⅰ   第2編 物 権

1 消滅原因……………………………541   2 登記の公信力の欠如との関係…………542

Ⅰ　不動産譲渡担保の意義

1　定　　義

　不動産譲渡担保とは，債務者（または第三者）の所有する不動産の所有権を，いったん債権者に移転し，債務者が債務を履行すれば，再びもとの所有者に戻す，という契約によって設定される担保であり，担保目的物の所有権を債務不履行に備えてあらかじめ債権者に移転しておく，という点に特徴がある。

　もっとも，担保目的物の所有権が債権者に移転されたとしても，その所有権移転はあくまで債権担保目的のものにすぎないから，一方，債権者を完全な所有権者として取り扱うべきではなく，その権利を担保目的に合理的な範囲に制限すべきではないか，他方，設定者も所有権をまったく失ったのではなく，何らかの物権的な権利を留保していると考えるべきではないか，が問題となる。合理的な権利義務関係を解釈上確立していくことが必要になるのである。

2　必　要　性

(1)　動産譲渡担保との違い

　動産譲渡担保については，民法上，約定非占有担保が認められていないために，その必要性を満たすために譲渡担保が発達したと見ることもできる（→動産譲渡担保Ⅰ1⑴）。しかし，不動産については，抵当権が非占有担保として存在するのであり，別の存在理由が探される必要がある。

　そして，この点では，まず，そもそも不動産譲渡担保が，民法典制定後に登場したものではなく，地券の預入れによる担保から生じ，それが，民法典制定後，「買戻し」と「売主から買主に対する賃借権の設定」の結合という制度へと展開し，それが判例によって規律される過程において担保制度として確立してきたものであることを指摘できる。つまり，民法の欠缺を埋めるために生み出されたわけではないのである（他の文献も含め，近江幸治・担保制度の研究〔1989〕41-70頁参照）。

(2)　利用される理由

　そうすると，そのような制度がなぜ民法典制定以前から存在したのか，さ

498　〔道垣内〕

不動産譲渡担保　I

らには，なぜ民法典制定後も存続したのか，が問題になる。

　まず前者から考えると，民法典制定後の抵当権はもちろん，制定前の地所質入書入規則（明治6年1月17日太政官布告18号）における書入においては，「第一番ノ金主ヘ引当ニ入レ置候事ヲ第二番ノ金主承知ノ上ニテ地所代価ノ余分ヲ見込一箇所ノ地所ヲ引当ニ借添ヘ致シ」（同規則10条）という事態，つまり後順位担保権者の出現が想定されていたのに対し，地券の預入れによる担保においては，債権者が担保不動産の価値を独占的に把握できた点，さらには，書入における流担保の禁止を潜脱できた点が指摘されている（近江・前掲書54頁）。

　そして，この2点は，民法典制定後の不動産譲渡担保の利用目的につながってくる。すなわち，①後順位担保権者の出現を防止すること，②競売手続を回避すること，さらには，③清算を前提とせず，被担保債権に係る債務の不履行時に被担保債権額と目的物の価額の差額について債権者による取得を可能にすること，という目的である。

　そして，不動産譲渡担保に関しては，歴史的には，③，すなわち暴利を目的とするものが多かったと指摘される（近江・前掲書32頁）。

(3)　利用の実態

　このように暴利目的が不動産譲渡担保の利用理由であるとすると，後に述べる清算法理が確立した現在においては，不動産譲渡担保は用いられなくなってもよさそうである。実際，1982年の調査（経営法友会所属会社に対する岩城謙二による調査。同「担保に関するアンケートの分析結果」担保法の現代的諸問題（別冊NBL10号）〔1983〕3頁）や2004年の調査（銀行10行，信用金庫・信用組合144社，その他の企業16社に対する鳥谷部茂を研究代表者とする調査。堀田親臣「担保の多様性に関する実態調査(1)」広島法学30巻4号〔2007〕194頁）でも，不動産譲渡担保の利用はほとんどなく，①・②の理由による利用が，少数の例で見られるにとどまっている（田髙寛貴・担保法体系の新たな展開〔1996〕220頁は，①の重要性を説く）。

　しかしながら，判決例には，現在でも不動産譲渡担保が現れる。このことの理由は定かではないが，実態調査は金融機関・大企業を対象に行わざるを得ず，中小企業や銀行・信金・信組以外の金融業者の利用実態が摑みにくいこと，そして，そのような利用局面においては，いくら判例法理として清算

〔道垣内〕　499

義務が確立しても，現実には清算が行われない場合もあると思われることといった理由があるのかもしれない。

また，貸マンション・貸ビルなどの収益物件については，譲渡担保権者が目的不動産を占有管理して，賃料を取得するという利用形態も報告されている（物上代位，あるいは，担保不動産収益執行の手続が不要である）（鈴木387頁）。

もっとも，利用を妨げる理由もある。

すなわち，第1に，債務不履行に陥っていないにもかかわらず，所有権移転登記までされてしまうこと自体に対しても，また，それがゆえに後順位の担保権を設定できなくなることに対しても，設定者に不満があること，第2に，登記簿上，債権者が完全な所有権者であるために，勝手にその不動産を処分してしまうかもしれない，あるいは，債務履行後に登記をもとに戻す義務を債権者が誠実に履行しないかもしれない，といった設定者の不安を解消できないこと，第3に，仮登記担保の対抗要件である仮登記に比べ，所有権移転登記の方が登録免許税が高いこと，である（久保井一匡「譲渡担保の取得・管理をめぐる問題点」担保法大系Ⅳ341頁）。

3 不動産譲渡担保と隣接制度

(1) 譲渡担保と売渡担保

大審院昭和8年4月26日判決（民集12巻767頁）は，「担保供与ノ方法ニ二アリ」とし，①金銭消費貸借などから生じる債権を担保するために，当該債権発生原因となった契約とは別個の契約で目的物の所有権を債権者に移転し，弁済を条件にその復帰を約しておくという法形式をとるものを「譲渡担保」とし，②目的物を売買し，その代金という形で債権者（買主）から債務者（売主）に金銭が交付され（あるいは，すでに債権者が有している債権と代金債務とを相殺し），その代金が債権者に返還されると，目的物を再び債権者から債務者に売買し，あるいは，もとの売買契約を解除することにより，所有権を債務者に復帰させるという法形式をとるものを「売渡担保」として，別個の法的規制に服させる立場を示した。そして，学説上も，これに賛同するものが有力となった（我妻栄『『売渡担保』と『譲渡担保』という名称について』同・民法研究Ⅳ〔1967〕121頁以下〔初出，法協52巻7号〔1934〕〕）。

しかし，その後の判決は，この2種類を厳密に区別しないで扱っており，用語としても，最高裁のレベルで「売渡担保」という言葉を積極的な判示の

不動産譲渡担保　Ⅰ

なかで用いるのは，昭和30年の判決が最後となっている（最判昭30・6・2民集9巻7号855頁。なお，佐伯仁志＝道垣内弘人・刑法と民法の対話〔2001〕68-70頁参照）。そして，最高裁平成18年2月7日判決（民集60巻2号480頁）は，「買戻特約付売買契約の形式が採られていても，目的不動産を何らかの債権の担保とする目的で締結された契約は，譲渡担保契約と解するのが相当である」としており，もはやこの区別は存在しないといってよい。学説上も異論は見当たらない。

　そうすると，「買戻し」，「売買の一方の予約」は，それぞれの契約において，債権担保を目的としないものを指す概念として捉えられることになる（高木332頁，道垣内304頁）。たとえば，地方公共団体等が，不動産を分譲するにあたり，一定期間の転売禁止などの条件を付し，買主がそれに違反したときには買い戻す，といった約定がされる場合である（その例として，最判平11・11・30民集53巻8号1965頁）。

(2)　譲渡担保と買戻し

　担保目的物である不動産の占有が，債権者にあるか，債務者（あるいは物上保証人）にあるかによって区別し，前者を「譲渡担保」とよび，後者を「買戻」とよぶべきだとする見解も有力に唱えられる（三藤邦彦「不動産の譲渡担保・所有権留保」私法34号〔1972〕43-44頁，来栖三郎・契約法〔1974〕221-223頁，近江・前掲書24-25頁）。

　この見解は，典型担保物権について，質権と抵当権とが区別されていることを念頭に置き，現象的な区別の必要性を説くもののようだが（近江278頁），債権担保を目的として所有権を移転するという約束は，いずれにせよ担保の実質に即して処遇すべきであり，その処遇を占有いかんで異ならせる必要はない。そうであるならば，その区別は，とくに重要ではなく，必要なものとはいえないように思われる（生熊長幸「買戻・再売買予約の機能と効用」担保法大系Ⅳ480頁，椿寿夫「担保目的の所有権移転登記と一展望」民研362号〔1987〕14頁以下，平井一雄「担保目的でなされる買戻に関する一考察」同・民法拾遺第1巻〔2000〕311-312頁，高木332頁，道垣内304頁，平野・総合251-252頁）。

(3)　譲渡担保と仮登記担保

(ア)　不動産譲渡担保は，債務者（または第三者）の所有する不動産の所有権を，設定時において債権者に移転するという契約によって設定されている。

〔道垣内〕　501

不動産譲渡担保　I

これに対して，仮登記担保は，「金銭債務を担保するため，その不履行があるときは債権者に債務者または第三者に属する所有権その他の権利の移転等をすることを目的としてされた代物弁済の予約，停止条件付代物弁済契約その他の契約」（仮登記担保1条）によるものであるから，概念的には区別しうる。

しかしながら，登記名義が契約時に債権者に移転されているとき，当事者の真意として，その時点で所有権を移転したのか（ここで「所有権の移転」と表現すべきか否かは，譲渡担保の法律構成によっても変わってくるが，ここでは，将来の代物弁済を意図したものではなく，設定時に一定の物権移転または設定を行っていることを意味する），登記名義は先に移転しているものの，実体的な権利移転は将来に行うものとしたのか，は区別が困難である場合も出てくる。これに，仮登記担保法が，担保の規律として合理的な内容を規定しているという認識が加わると，譲渡担保にも仮登記担保法が直接に適用されるべきではないか，という見解が登場する（鈴木・分化273-277頁，吉田真澄・譲渡担保〔1979〕232-239頁）（なお，この見解は，譲渡担保にも仮登記担保法が類推適用されるべきではないか，というものとは論理構造が異なる〔類推適用を論じる学説は，個々の規律に即して紹介する〕）。

これに対して，後に見るように，判例は，譲渡担保の実行等の局面で，仮登記担保法とは異なる内容の規律を展開しており，仮登記担保法が直接に適用されるという立場をとってはいない。また，最高裁平成14年9月12日判決（判タ1106号81頁）は，当該法律関係が仮登記担保であるという一方当事者の主張に対して，目的物件について債権者に対する所有権移転登記がされた後も，債権者は債務者に対して債務の弁済を求めている事実を重視して，代物弁済が行われているわけではなく，譲渡担保である，との判断を下している。

仮登記担保では，後順位担保権者・設定者からの目的物件譲受人の出現等，債権者に対して所有権移転登記がされている譲渡担保とは異なった問題が多く生じるので，両者を完全に同一視して，不動産譲渡担保への仮登記担保法の直接適用を肯定することは妥当でないと思われる。たしかに，仮登記担保法には担保の規律として合理的な規定も多いが，それらについては個別的に類推適用を考えていくべきであろう。

(イ)　それでは，債務者（または第三者）の所有する不動産の所有権を，設定

502　〔道垣内〕

不動産譲渡担保　II

時において債権者に移転するという契約がされたが，それについて仮登記し
かされていないときはどうか。このときも概念的には仮登記担保ではない。
しかし，後順位担保権者・設定者からの目的物件譲受人の出現等の問題は，
仮登記担保と同様に生じる。そこで，同法が類推適用されるという見解が有
力である（宇佐見隆男「仮登記担保法拾遺（上）」金法894号〔1979〕6-7頁，高木342
頁，槇335-336頁）。

4　脱法行為の疑念

譲渡担保は，流質契約の禁止（349条）についての脱法行為であり無効では
ないか，という問題がかつては論じられた。しかし，民法典施行後におい
ては，民法349条が抵当権については準用されていないという理由で，抵当
直流の特約を有効とする判例が現れ（大判明41・3・20民録14輯313頁。もっと
も，この判例の位置づけについて，佐伯＝道垣内・前掲書81-82頁〔道垣内発言〕参照。
民法典施行前の事案につき，抵当直流の合意を無効とするものとして，大判明30・12・8
民録3輯11巻36頁，大判明44・4・15民録17輯221頁），学説においても，同条の
適用範囲は制限的に解された。その後も流質禁止との関係をもって脱法行為
を理由に譲渡担保を無効とする判例・学説は存在しない。

もっとも，松本烝治は，動産譲渡担保については，動産について民法の定
める担保制度が質権だけであり，譲渡担保は，動産について占有型の担保し
か認めないという民法の規定の脱法行為であり，無効であるとしており（松
本烝治「売渡抵当及動産抵当論」同・私法論文集第2巻〔1916〕98-99頁），それに賛
同する学説もあった（三潴信三・全訂担保物権法〔1928〕367-371頁）。しかし，こ
の学説も，不動産については非占有担保権である抵当権が認められており，
不動産譲渡担保は脱法行為ではなく，有効であるとしている。

II　不動産譲渡担保の法律構成と虚偽表示の可能性

1　判例における譲渡担保の法律構成

⑴　内外部とも移転原則の確立

判例法理は，当初，譲渡担保を，「所有権ハ第三者ニ対スル外部関係ニ於
テハ債権者ニ移転スルモ当事者間ノ内部関係ニ於テハ移転スルコトナク債務
者ハ依然所有権ヲ有スルモノト為スヲ至当トス」という考え方を示した（大

判明 45・7・8 民録 18 輯 691 頁）。しかし，外部的には所有権が移転するが，内部的には移転しないという，このような見解は，当時の学説により，強く批判された。一物上に二個の所有権を認めるものであり，論理上，許されないというわけである（たとえば，田髙寛貴・担保法体系の新たな展開〔1996〕132-133頁参照）。

　このような学説の批判もあって，判例法理は動揺を始めた。そして，当事者の意思によっては，内外ともに移転する場合もあることを認め，その後，大審院大正 13 年 12 月 24 日連合部判決（民集 3 巻 555 頁）が，「凡権利ハ一定ノ権利者ニ属スルカ又ハ属セサルカ二者其ノ一ヲ出テサルヲ原則トシ，権利カ利害関係人ノ異ナルニ従ヒ其ノ所属ヲ異ニシ，或者ニ対シテハ甲カ権利者タリ，他ノ者ニ対シテハ乙カ権利者タリト云フカ如キハ異例ニ属ス。当事者カ法律行為ヲ為スニ当リ異例ノ事態ハ通常其ノ生セシメサル所ナルカ故ニ，債権担保ノ目的ヲ以テスル財産権譲渡ノ場合ニ於テ，当事者ハ，或ハ内部関係ニ於テモ外部関係ニ於テモ財産権ヲ譲受人ニ移転スルノ意思ヲ以テ譲渡ヲ為スコトアリ，或ハ内部関係ニ於テハ財産権ヲ移転セス外部関係ニ於テノミ之ヲ移転スルノ意思ヲ以テ譲渡ヲ為スコトアリト雖，其ノ何レナルヤ当事者ノ意思明ナラサル場合ニ於テハ，其ノ意思ハ内外共ニ財産権ヲ移転スルニ在リト推定スルヲ相当トス。従テ，外部関係ニ於テノミ財産権ヲ移転シ内部関係ニ於テハ之ヲ移転セサル意思ヲ以テ譲渡ヲ為シタル旨ヲ主張スル者ハ，其ノ事実ヲ証明スルノ責任アルモノトス」（句読点―引用者）と判示し，内外部とも移転を原則とすることを明らかにするに至った（この判決に至る流れについて，近江幸治・担保制度の研究〔1989〕108-121 頁参照）。

　すでに述べたように，大正 13 年連合部判決は，学説による批判に応えたものである。ところが，皮肉なことに，この判決は，末弘厳太郎・我妻栄による批判に遭遇することになる。外部的にのみ所有権が移転するというのは，譲渡担保の様々な問題を妥当に解決するためのテクニカルな言い回しであり，その言い回しを実体化して捉え，内外部とも移転を原則とするとしたことによって，妥当な解決ができなくなるおそれがある，というわけである（末弘厳太郎〔判批〕判民大正 13 年度〔1926〕512 頁以下，我妻栄「判例売渡抵当法」同・民法研究Ⅳ〔1967〕68-69 頁・117-119 頁〔初出，松波先生還暦祝賀論文集〔1928〕〕）。

　しかし，判例法理は，具体的な問題の処理においては，この連合部判決の

不動産譲渡担保　Ⅱ

示した構成からの演繹によるのではなく，譲渡担保を担保として扱う方向を示した。紆余曲折の結果，「実質的には『外部的移転』の『内外共移転』に対する勝利を意味する」（四宮和夫・譲渡担保〔総判民(17)〕〔1962〕65頁）と評される所以である。

(2)　担保の目的範囲内での移転

　このように判例法理は，具体的な問題解決に際して，法律構成に重きを置いていないともいえる状況であった。しかし，いちおうは，大正13年連合部判決が判例法として存続し続けた。

　最上級審が，これと異なる法律構成を明確なかたちで提示するに至ったのは，最高裁昭和57年9月28日判決（判タ485号83頁）によってである。ここにおいて，判例は，「譲渡担保は，債権担保のために目的物件の所有権を移転するものであるが，右所有権移転の効力は債権担保の目的を達するのに必要な範囲内においてのみ認められる」という一般論を提示することになる。そして，この法律構成は，その後の判例で広く用いられることになる（道垣内・課題22-24頁）（→動産譲渡担保Ⅰ1(2)）。

　この一般論は，「債権担保の目的を達するのに必要な範囲」を超える部分については，設定者に目的物件の所有権が残っているということを意味しうる。実際，前掲の昭和57年判決は，設定者が第三者に対して物権的な返還請求権を有することを認めている。

　実は，前掲の明治45年判決も，すでに，「売渡抵当ハ所有権移転ノ効果ニ制限ヲ加ヘ之ニ依リテ債権担保ノ目的ヲ達セントスルモノナルカ故ニ所有権ノ移転ハ此目的ヲ遂行スルニ必要ナル範囲内ニ於テ其効力ヲ生スルモノト為ササルヘカラス」と，一見，昭和57年判決と同様の趣旨を述べている。しかし，現在の判例法理における「所有権移転の効力は債権担保の目的を達するのに必要な範囲内においてのみ認められる」という構成は，設定者に一定の物権的地位を認めるものであって，やはり明治時代のそれとは異なるというべきであろう。

　そして，以下に述べる判例における各具体的問題の解決の背後には，所有権移転の効力は債権担保の目的を達するのに必要な範囲内においてのみ認められ，残余は設定者に残っているという理解が存在しており，そのような理解から多くの判例法理を説明しうるのである。

〔道垣内〕　505

不動産譲渡担保　**II**　　　　　　　　　　　　第2編　物　権

2　学説における譲渡担保の法律構成

(1)　債権的拘束から説明する学説

それでは，学説はどうか（学説の整理として，たとえば，生熊長幸「各種の担保の機能と法的構成」鈴木禄弥＝竹内昭夫編・金融取引法大系(5)〔1984〕331頁以下，米倉明「譲渡担保の法的構成」同・担保法の研究〔1997〕57頁以下）。

(ア)　かつての学説には，譲渡担保をもって，第三者との関係では，譲渡担保権者が完全な所有権を有しており，その権限が担保目的に制約されているとしても，そのことは，まったく第三者には対抗しえず，たとえば，被担保債権にかかる債務の弁済期が到来する前に，譲渡担保権者が目的物を第三者に処分したとき，第三者の主観的態様にかかわらず，当該第三者が所有権を取得すると解するものもあった（勝本・下266頁など）。

しかし，譲渡担保権者が目的物につき完全な所有権を有するという理解に立ちながらも，学説は，早い時期から，譲渡担保権者が債権担保の目的を超える行為をしたときの効力につき，たんに設定者との関係で債務不履行になるというだけではないという立場を示していた。

たとえば，近藤英吉は，被担保債権の弁済期前における譲渡担保権者による目的物処分について，処分の相手方たる第三者が悪意のときは，設定者は「悪意の抗弁」によって目的物の返還を求めうる，としている（近藤186頁）。また，判例が，譲渡担保目的物の所有権は，内外部ともに譲渡担保権者に移転しているという抽象論を採りながらも，実際には，譲渡担保権者の権利を担保目的に制限してきたことはすでに述べた（→II 1 (2)）。そして，そのような諸判決の結論についても，譲渡担保権者が目的物について完全な所有権を有し，ただ担保目的に応じた債権的拘束を受けているだけだとする法的構成からも説明可能であることを指摘するものもある（道垣内・課題6-19頁）。

さらに，近時でも，「目的物の所有権は債権者に移転され，ただ契約当事者間では担保目的によってその行使の制限がなされる」という立場をとるものがあるが（古積健三郎「譲渡担保の法的構成と効力」新争点152頁，松尾＝古積413-414頁〔古積〕），しかし，その学説における具体的な問題における結論は，後に述べる学説の結論と多くは異なるものではない。

(イ)　そうすると，「目的物の所有権は債権者に移転され，ただ契約当事者間では担保目的によって，所有権の行使について制限がなされる」という見

506　〔道垣内〕

不動産譲渡担保　II

解の特色は，譲渡担保権者の権利が担保目的に制限されることを，設定者に（所有権を含め）一定の物権（あるいは物権的な権利）が帰属していることによって説明するのではなく，債権的な拘束から説明しようというところにあるというべきである。

したがって，この見解を批判するのであれば，債権的拘束からのみ説明しようとするときには限界があることを具体的に指摘し，また，限界内においても説明に直截性を欠くことを指摘すべきであろう。

(2)　設定者への物権帰属を肯定する学説

(ア)　以上に対して，多くの学説は，目的物について設定者に何らかの物権が帰属しているという立場をとる。これらの学説は，①譲渡担保権者に（制限的なものとはいえ）目的物の所有権の帰属を認めるもの，②譲渡担保権者への所有権帰属を否定し，設定者への所有権帰属を肯定するもの，③所有権の帰属を不明確にするもの，とに分けることができる。

(イ)　①の見解をとるものとしては，ⓐ譲渡担保権者への所有権の帰属につき，債権担保の目的の範囲に限られるとするもの（判例），ⓑ譲渡担保権者への所有権の帰属につき，設定者に物権的な権利が残存した状態で生じるとするもの（竹内俊雄・譲渡担保論〔1987〕28 頁，道垣内 305-306 頁，内田 523 頁，生熊長幸「譲渡担保権の対外的効力と二段物権変動説」鈴木禄弥追悼・民事法学への挑戦と新たな構築〔2008〕323 頁，生熊 285 頁。なお，竹内は設定者に残存する権利を「物権的期待権」とよび，道垣内・内田は「設定者留保権」とよぶ），ⓒいったんは譲渡担保権者に目的物の完全な所有権が帰属するが，担保目的を超過する部分が再び設定者に移転されるとするもの（鈴木・分化 480-488 頁），がある。

このうちⓒの見解は，二段階の物権変動を考えるものであり，ⓐ，ⓑとは異なる。問題は，ⓐとⓑとが異なるか，にある。1 つの理解は，ⓐの見解は，所有権の質的分化とその分属を主張しているのに対し，ⓑの見解は，売主が買主に所有権を移転する際に，自己のために地上権を設定し，それを存続させたかたちで所有権を移転するというのに類しており，所有権の分属を肯定しているとは言い切れない点がある，というものであろう。しかしながら，ⓐにおける「債権の担保の目的の範囲内での所有権の移転」のメカニズムは必ずしも明らかにされておらず，判例・学説とも，ⓐとⓑとを異なるものとは必ずしも認識していないように思われる。

〔道垣内〕　507

不動産譲渡担保　**II**　　　　　　　　　　　　　第2編　物　権

　たとえば，我妻栄は，「債務者（設定者）は，目的物の所有権を移転した後にも，その譲渡が担保のためであることの結果として，目的物の価値の被担保債権の価額を越える部分は，なおこれを保留している。要するに，目的物の所有権は担保権者に帰属し，設定者の許ではゼロになっているが，その目的物の有する価値は，担保権者と設定者とに分属しているといわなければならない。いわば，所有権の価値的分属である」という（我妻599-600頁）。「目的物の所有権は担保権者に帰属し，設定者の許ではゼロになっている」という点を重視し，ⓑの見解だということもできるが，「所有権の価値的分属」という言葉も用いられており，はっきりしない。

　結論としては，ⓐとⓑとはさほど明確に区分されておらず，設定者に留保されている物権を，所有権の一部というか，制限物権的な設定者留保権というかは，言葉の問題にすぎなくなっているというべきであろう。

　ⓒの見解に対しては，不動産譲渡担保において設定者の有する物権的な地位について対抗要件が具備されることはほとんどないので，やはり設定者の地位が弱くなるという批判がある（米倉19頁注(5)・69-71頁，生熊・前掲論文〔鈴木追悼〕362頁など）。これに対して，ⓐ，ⓑの見解においては，設定者に残存する権利（用語はいくつかありうるが，以下，設定者留保権とよぶ）については，設定者から譲渡担保権者への物権変動がないのであるから，対抗問題は生じない。しかし，譲渡担保権者には設定者の設定者留保権に制約された所有権しか移転していないにもかかわらず，完全な所有権が移転されたような外観が提示されているので，94条2項の適用（ないし類推適用）が問題になりうる（→V2(2)(ｱ)(c)）。

　なお，設定者留保権を物権として認めるときは，物権法定主義との関係が問題になるが，慣習法上の物権であると主張されている（道垣内307頁）。

　(ｳ)　これに対して，②の見解は，譲渡担保権者が有するのは担保権にすぎず，目的物件の所有権は設定者に帰属したままであるとする（米倉63頁，同・前掲書〔担保法の研究〕95-96頁以下，柚木＝高木551頁，高木333-334頁，近江295頁，加藤雅信「非典型担保法の体系」椿寿夫編・担保法理の現状と課題（別冊NBL31号）〔1995〕62-63頁，田高・前掲書227-228頁，松井190頁）。この見解は，当事者の意思として，担保権を設定する意思のみが存在すると考えていると思われる。

508　〔道垣内〕

不動産譲渡担保　II

　これに対して，設定者から譲渡担保権者への所有権の移転を仮装行為と捉え，その真意は，担保目的で目的物件を管理・処分する権限を譲渡担保権者に付与するものであり，真意に従った法律効果が与えられる，とする見解（浜上則雄「譲渡担保の法的性質(2)」阪大法学 20 号〔1957〕55 頁以下，加賀山・講義 640-644 頁）もある。

　先に挙げた見解との違いは微妙だが，後者の見解は，不動産譲渡担保設定における所有権移転登記を，積極的に虚偽表示と捉える方向になじみやすいものといえる。

　(エ)　さらに，③の見解は，譲渡担保権者は所有権を取得しうる地位を有するにとどまり，他方，設定者の債務の弁済により所有権を復帰させうる期待権を有する，とする（川井 12 頁，新版注民(9)662 頁〔福地俊雄＝占部洋之（ただし福地説）〕。なお，川井・概論 461 頁は，竹内俊雄も同趣旨だとするが，竹内は，同じく期待権という言葉を用いていても，譲渡担保権者に所有権が帰属するとしており，同趣旨ではない）。

　動産譲渡担保に関する叙述であるが，鈴木禄弥も，現在では，譲渡担保権者も設定者も部分的な所有者であるという考えを示しており（鈴木 368 頁），この立場に属するというべきであろう（あるいは，①）。

　(オ)　もっとも，これらの見解が，必ずしも具体的な問題の結論に差異をもたらすとは限らない。個別的な問題を検討する際に説明する。

　また，これらの見解において，不動産譲渡担保と動産譲渡担保，さらには債権譲渡担保とを区別して法律構成が論じられることは少ない。しかしながら，伝統的には，不動産譲渡担保を念頭に置きつつ，形成されてきた学説であると思われる。しかるに，次に述べる虚偽表示の問題においても，不動産譲渡担保では，所有権移転登記が，その外観から，当事者間において所有権を完全に移転するという意思が存在することを推認させるのに対し，動産譲渡担保では，契約書においても，担保目的であることが明示されることが多く，虚偽の外観は存在しないとも考えられる。もちろん，当該契約書における「所有権を移転する」という文言が外観を形成していると捉えることもできるが，いずれにせよ，区別の要否について自覚的な検討が必要なところ，そこに不足があるといえよう。

〔道垣内〕　509

不動産譲渡担保　**II**　　　　　　　　　　　　　第 2 編　物　権

(3)　**虚偽表示の可能性**

　(ア)　譲渡担保は虚偽表示でないか，という問題に関しては，上記の法律構成は重要な意味をもつ。この問題はかつてさかんに論じられた。現在では，虚偽表示であるがゆえに無効であるという学説はなく，問題は解消されたともいわれるが，無効であるとの結論は導かないものの，やはり虚偽表示に該当するという見解もある（加藤雅信〔判批〕法協 88 巻 5 = 6 号〔1971〕631-633 頁注(1)，浜上・前掲論文 67 頁，道垣内 307 頁，加賀山・講義 635-636 頁。やや不明確だが，川井 185 頁）。この問題をどう考えるかは，譲渡担保についていかなる法律構成をとるかに関係している。

　しかし，その前に，虚偽表示とは何か，を定義しておこう。虚偽表示とは，虚偽の意思表示をすることなく，有効な意思表示が存在するかのごとき外観を作出することである（道垣内弘人「虚偽表示」法教 296 号〔2005〕68 頁以下）。そして，不動産の譲渡担保においては，その対抗要件として，登記面上，たとえば売買を原因として譲渡担保権者に所有権の移転があったかのような外観が作出されるが，そのような意思表示が存在しないのではないか，が問題になるのである。

　(イ)　初期の判例は，譲渡担保は，売買ではないのに，売買を仮装しているのではないか，という問題を立て，大審院明治 30 年 12 月 8 日判決（民録 3 輯 11 巻 36 頁）などは，これを理由に譲渡担保を無効としていた。その後，問題は，売買か否かではなく，所有権移転の意思があるか否か，に移ってくる。そして，1902 年に岡松参太郎がドイツにおける信託理論を紹介し（岡松参太郎「信託行為ノ効力ニ関スル学説ヲ批評ス」内外論叢 1 巻 4 号～6 号〔1902〕），それを踏まえ，前掲大審院明治 45 年 7 月 8 日判決が，次のように判示するに至った。すなわち，「本件係争ノ売買行為ハ，上告人ノ債権ヲ担保スルカ為メ所有権ヲ上告人ニ移転スルヲ以テ其内容ト為シ，之ニ依リ同時ニ他ノ附随ノ目的ヲモ達センコトヲ希図シタルモノニシテ，所謂売渡抵当即チ信託行為ノ一種ニ外ナラス。信託行為ハ当事者カ其目的トスル所ヨリモ大ナル効力ヲ生スヘキ意思表示ヲ為シタル場合ニ成立スルモノニシテ，法律行為ヲ為ス意思存スル点ニ於テ虚偽ノ意思表示ト異ナリ公ノ秩序又ハ善良ノ風俗ニ反スルコトナキ有効ノ法律行為ナリ」（句読点―引用者）というわけであり，この判決によって，虚偽表示でないことが確定したとされる（判例の流れ・判例と岡松説と

510　〔道垣内〕

不動産譲渡担保　II

の関係について，近江・前掲書86-108頁参照）。

　ところが，上記の説明は，譲渡担保をもって，「上告人ノ債権ヲ担保スルカ為メ所有権ヲ上告人ニ移転スルヲ以テ其内容ト為」すことを前提としていることに注意しなければならない。しかるに，①，②-ⓐ・ⓑ，③の見解は，譲渡担保権者へ完全な所有権が移転するという考え方をとっていないのであり，そうすると，所有権移転という外観に対応する意思表示は存在しないと言わざるをえない（中舎寛樹・表見法理の帰責構造〔2014〕51頁〔初出，名法82号〔1979〕）。さらに，道垣内「譲渡担保」安永正昭＝道垣内弘人・民法解釈ゼミナール2物権〔1995〕149-150頁）。前提が異なっているのに，旧来の説明をそのまま繰り返しているというのが，現在の学説の大勢である。

　(ウ)　これに対して，①-ⓒの学説は，いったんは完全な所有権が譲渡担保権者に移転するのであるから，登記という外観から推断される意思に対応する意思表示が存在することとなる（鈴木・分化481頁，鈴木368頁）。ところが，①-ⓒ説自体には，批判も強い。

　そこで，一部の学説は，譲渡担保権者の有する担保権ないし制限された所有権を，譲渡担保権者に対する所有権移転登記によって公示するのは，譲渡担保の公示方法がないことから生じたものであり，対応する効果意思のない意思表示の外観を作出したとは言えないから，虚偽表示に当たらないという説明を施そうとする（米倉63頁，槇314-315頁）。

　ところが，そうすると，弁済期到来前に，譲渡担保権者が目的物を第三者に処分してしまったとき，当該第三者は，いくら譲渡担保権者に完全な所有権が移転していると信頼していても，民法94条2項の適用ないし類推適用によって保護されることにはならないはずである（道垣内・前掲論文〔譲渡担保〕150頁）。「所有権の登記名義を譲渡担保権者に移転する方法しかないから仕方がない」と言ってしまうことは，設定者の帰責性を否定することとなり，同項の適用ないし類推適用の基礎が欠けることになるからである（それゆえ，松井205頁は，同項の類推適用を否定する。田井ほか370頁〔松岡久和〕も疑問を呈する）。この点で，同項の類推適用を肯定しながら，設定者の帰責性が乏しいことから，同項の「善意」について「善意かつ無過失」と解すべきであるとするものもあるが（米倉68-69頁），やはり類推適用の肯定自体が無理であるように思われる。

〔道垣内〕　511

不動産譲渡担保　II　　　　　　　　　　　　　　　　　　　　第2編　物　権

　㈡　そこで，元に戻って，不動産譲渡担保において，設定者から譲渡担保権者が目的物の完全な所有権が移転されたかのような外観を作出することは，虚偽表示である，という学説が再び有力になるわけである。

　ただし，虚偽表示であることは，譲渡担保の設定が無効となることを意味しない。真意に従った効果が生じるだけである。そこで，譲渡担保の虚偽表示性を肯定する学説と否定する学説（のうち多数説）の違いは，第三者保護の局面において，民法94条2項の適用を主張するか，類推適用を主張するかの違いにとどまることになる。

　もっとも，虚偽表示であるとすると，利害関係人は，譲渡担保権者の有する所有権移転登記の抹消を請求できそうである。これを否定するためには一定の説明が必要となり，②-ⓑの学説からは，次のような説明が提示されている。

　設定者から譲渡担保権者へ目的物件の所有権移転登記だけがされている状態は，たしかに真意に対して過剰な外観が作出されているものである。しかし，この過剰性を除去することは，所有権移転登記を抹消することによってではなく，設定者の有する設定者留保権を公示することによってのみ行われうる。したがって，譲渡担保権者への所有権移転登記は抹消できず，設定者に設定者留保権が帰属していることを登記簿に示す請求権しか存在しない。設定者がこのような請求（債務の弁済を停止条件とする所有権復帰を保全するための仮登記の請求〔不登105条2号〕）をすることは認められて然るべきであり，そのような仮登記がないときに，譲渡担保権者に対して完全な所有権が移転していると信じた第三者は民法94条2項によって保護されるが，設定者留保権に対応する部分については物権変動がないのであるから，第三者が，民法177条の適用によって，設定者の対抗要件の欠缺を主張しうるわけではない（道垣内・前掲論文〔「譲渡担保」〕151-152頁，道垣内306-307頁）。

　上記の学説が十分に説明に成功しているか否かはともかく，少なくとも，譲渡担保権者に目的物について完全な所有権が移転しているという外観の作出は虚偽表示ではないか，という問題は，現在でも存在しているというべきである。

512　〔道垣内〕

不動産譲渡担保　Ⅲ

Ⅲ　不動産譲渡担保の設定

1　設 定 契 約

⑴　譲渡担保設定契約の認定

　債権者と目的物所有者（債務者ないし物上保証人）との間の譲渡担保設定契約（諾成・不要式）によって設定される。典型的には，「債務を担保するために所有権を債権者に移転する」という文言が用いられる。たんなる売買契約に買戻しや再売買の予約の特約が付されている場合も，債権の担保を目的としているかぎり，ここにいう譲渡担保設定契約とみなすべきであるが，どのようにして債権担保目的であると認定するかが問題になる。

　買戻特約付売買契約について裁判例が多いが，①融資を申し込んだところ，話し合いの結果，買戻特約付売買契約を締結することになったこと，②他者に対する既存の債務を弁済するために資金が必要であったこと，③売買代金額から利息相当分が控除されて支払われたこと（あるいは，買戻額の上乗せが合意されていること），④売買代金が当該不動産の市場価値に比較して著しく低廉であること，⑤買戻代金額について，あらかじめ約束手形が振り出されていること，⑥売買にもかかわらず占有状況に変更がないこと，といった事情が総合考慮されてきた（裁判例の整理として，生熊長幸「買戻・再売買予約の機能と効用」担保法大系Ⅳ 460-473 頁，鳥谷部茂・非典型担保の法理〔2009〕309-312 頁，道垣内・課題 29-31 頁など）。

　しかるに，最高裁平成 18 年 2 月 7 日判決（民集 60 巻 2 号 480 頁）は，「買戻特約付売買契約の形式が採られていても，目的不動産の占有の移転を伴わない契約は，特段の事情のない限り，債権担保の目的で締結されたものと推認され，その性質は譲渡担保契約と解するのが相当である」という一般論を提示し，「総合考慮」から，「占有の移転の有無という，シンプルで，比較的立証の容易な事項を重要な判断要素として判断すべきこと」に転換した（福田剛久〔判解〕最判解平 18 年上〔2010〕253 頁）。

　もちろん，特段の事情の有無が問題になるので，総合考慮が必要な場合も多いと思われるが，いちおうの基準が示されたことになる。そして，このように買戻特約付売買契約が譲渡担保設定契約と性質決定されるときには，買戻価格を被担保債権額として認定すべきことになろう（伊東秀郎「残された売

〔道垣内〕　　513

渡担保の問題点」判タ 246 号〔1970〕9 頁，道垣内 310 頁，河上 337 頁）。

(2) **債権者と譲渡担保権者の分離**

被担保債権の債権者と譲渡担保権者が別の法主体であることは認められるか。

判例には，債務者・債権者・第三者の合意によって，債務者が土地を債権担保目的で第三者に譲渡することは，「債務者ヲシテ其債務ノ弁済ヲ為スニ非サレハ第三者ヨリ土地ノ返還ヲ受クルコトヲ得サラシメ，以テ当事者ノ目的トスル債権担保ノ実ヲ挙クルコトヲ得ルモノナレハ，固ヨリ公序良俗ニ反スルコトナク適法ナル信託行為ノ一種ニ属シ，契約自由ノ範囲内ニ在ル有効ノ法律行為ナリト謂ハサル可カラス」（読点―引用者）とするもの（大判大7・11・5民録24輯2122頁），事案は不明なものの，「債権担保ノ為他ノ債権ヲ譲渡スル信託行為ノ場合ニハ，其ノ譲受人カ被担保債権者ナルコトヲ要スト解スヘキ根拠アルコトナク，譲受人カ第三者タル場合ト雖，右ノ譲渡ニ因リテ債権担保ノ目的ヲ達シ得ヘキモノナルトキハ，其ノ信託行為ハ即有効ナルモノト解セサルヘカラス」（読点―引用者）とするもの（大判昭5・10・8評論20巻民法18頁）があり，学説にもこれに賛成するものがある（我妻609頁，柚木＝高木558-559頁，鈴木〔初版，1964〕174頁，四宮和夫「判例概観」私法21号〔1959〕182頁，米倉・研究99頁注(16)）。

しかし，譲渡担保を担保として捉えるかぎり，契約の自由のみを理由に，その有効性を肯定することはできない（369条参照）。結論として有効と認めてよいが，設定時に債権者と譲渡担保権者が分離しているときについては，端的に譲渡担保の信託であると捉えるべきであろう（信託3条1号・2号）。したがって，譲渡担保権者は信託の受託者として譲渡担保権を有することになり，その規律は，信託法に従う。後発的に債権者と譲渡担保権者が分離する場合については，後述する（→V2(2)(ア)）。

2 目 的 物

抵当権については，たとえば，ある土地の所有権の3分の2を目的として設定できるかが問題になる（道垣内127頁参照）。これは，抵当権の目的物として認められるのが登記可能な財産であることを背景とした議論であり，自己が単独所有する土地につき，いったん自己がすべての持分権者となる共有としたうえ，その1つの持分について抵当権の設定登記を行う，という手続

不動産譲渡担保　III

ができないために問題とされるのである。これに対して，譲渡担保について
は，たとえば，ある土地の所有権の3分の2の譲渡が可能である以上，設定
可能性を否定する必要はない。

　未完成の建物についても譲渡が可能である以上，譲渡担保の設定も可能で
ある。ただ，建物となる時点まで不動産登記による対抗要件を具備すること
ができないだけである。

3　被担保債権

(1)　根譲渡担保の有効性

　抵当権と同じく，将来債権でもよいが，根譲渡担保については議論がある。
　まず，根譲渡担保の有効性そのものについて，根仮登記担保がほとんど実
効性を失わしめられていること（仮登記担保14条）に比較すると，疑問が生
じうる。しかし，根仮登記担保の実効性を失わせる点に関しては立法政策上
疑問もあり（鈴木・分化325-328頁），包括根譲渡担保についてのみ，その有効
性を否定すれば足りるという説が有力である（近江幸治「根譲渡担保」金判737
号〔1986〕35-36頁，竹内俊雄・譲渡担保論〔1987〕60頁，田原・諸問題104-106頁，道
垣内311頁，河上337頁）。

(2)　根抵当権に関する規定の適用・類推適用

　また，根抵当権に関する条文の適用・類推適用についても議論される。
　(ｱ)　まず，極度額の定めは必要か。根抵当権については極度額の設定が有
効要件とされているが（398条の2第1項），これは，極度額が公示されること
によって，根抵当権者の把握する価値について第三者の予測可能性を高め，
また，根抵当権設定者が担保物権の剰余価値を利用できるようにするもので
ある。ところが，不動産譲渡担保において極度額を定めても，登記上公示が
されるわけではないので，あまり意味はない。そこで，不要と解するのが通
説である（近江・前掲論文36頁，荒川重勝「根担保論」民法講座別巻1〔1990〕178頁，
道垣内311頁，田原・諸問題106頁）。

　判例にも，根譲渡担保の有効性を前提としつつ，被担保債権の範囲の定め
について民法375条・398条の3の規定に準ずる制約を受けないものとする
ものがある（最判昭61・7・15判タ618号44頁）。

　(ｲ)　根抵当権に関しては元本の確定期日を定めるときは，5年以内である
ことが要求され（398条の6第3項），確定期日の定めのないときは，設定後3

〔道垣内〕　　515

不動産譲渡担保　Ⅲ

年を経過すると，抵当不動産所有者は元本の確定請求ができる（398条の19第1項）。

　しかし，前者については，不動産譲渡担保において元本確定期日が登記されるわけではないので，当事者間の約定の問題にすぎなくなり，5年を超える期日の定めや不確定期限の定めも有効である（田原・諸問題105-106頁）。もっとも，5年経過後は，次に述べる元本確定請求が認められるべきだとの見解もある（荒川・前掲論文178-179頁）。これに対しては，取締役在任期間中の債務の担保といったときには5年を超える必要がある場合もあると反論されるが（田原・諸問題124頁注(29)），根抵当権でも同様の需要はあるはずであり，根譲渡担保の場合にだけその需要を満たさなければならないわけではないから，反論としては適切でない。

　後者の元本確定請求権については，民法398条の19第1項の類推適用を主張する学説もある（荒川・前掲論文179頁，田原・諸問題109頁）。

　さらに，住宅や工場等，生活の基盤となっている不動産が目的物であるときで，かつ，極度額の定めのないときは，根保証に関する法理が類推され，民法398条の19第1項の定める3年の経過がなくても，相当期間経過後は確定請求ができるとする見解もある（田原・諸問題109頁）。しかし，根抵当権については極度額が定められる必要があるものの，それは目的物件の価額を上回ることも可能であり，他方，根譲渡担保の効力による債権回収額は，極度額の定めがなくても，目的不動産の価額に限定されることになる。そうすると，根譲渡担保において極度額の定めがないときだけを取り出し，根抵当権ではなく根保証に平仄を合わせることには合理性が乏しい。また，根抵当権については，5年以内の元本確定期日の到来，または，元本確定期日の定めがないときに設定から3年の経過によって，はじめて元本確定請求ができるところ（398条の19・398条の6），根譲渡担保の場合にだけ，相当期間経過後には当然に元本確定請求ができるとするのはバランス上妥当でない。その解釈を正当化するためには，根抵当権についても同様の解釈をとるべきことになろう。

　(ｳ)　また，民法398条の8〜398条の10の類推適用も説かれるが（田原・諸問題109-110頁），譲渡担保設定契約の解釈の問題であろう。民法398条の11〜398条の18も同様である。

不動産譲渡担保 III

4 対 抗 要 件

(1) 所有権移転登記

対抗要件は，目的不動産についての所有権の移転登記である（177条）。登記原因は譲渡担保とすることも認められるが，売買とされることが多く，これは，平成16年の不動産登記法改正により，登記申請にあたって，「登記原因を証する情報」を提供することが必須とされた以降も変化がないようである（道垣内312頁，角181頁の予測は当たっていない）。譲渡担保権実行後でも登記面上に変化が生じないことから，譲渡担保の登記は，実行により完全な所有者となっている債権者が，当該財産を処分する際に支障になっている。担保関係が終了したことが明確になっていないため，相手方はトラブルに巻き込まれることを避けようとするわけである（鳥谷部茂・金融担保の法理〔2016〕257頁）。

なお，③の見解（→II2⑵）からは，譲渡担保設定を原因とする抵当権設定登記が認められるべきである，と主張されている（米倉98頁）。

譲渡担保権者が仮登記のみを有しているときについては，すでに説明した（→I3⑶⒤）。

(2) 登記原因を譲渡担保としたときの効果

譲渡担保を登記原因としたときには，目的不動産所有者は，自らが設定者留保権を有していることを第三者に対抗できるとする見解もある（星野324頁，加藤雅信「非典型担保法の体系」椿寿夫編・担保法理の現状と課題（別冊NBL31号）〔1995〕63頁）。

しかし，譲渡担保が実行され，譲渡担保権者が完全な所有権を有することになっても，譲渡担保を原因とした所有権移転登記が存続するため，登記面上の所有者がどのような権利を有しているか（債権担保目的に限定された権利か，完全な所有権か）は，第三者にわからない。したがって，当然に対抗できるとすることには無理がある。譲渡担保が登記原因となっているときは，第三者の善意が原則として否定されるという見解（安永416頁）についても同様の批判が当てはまる。せいぜい，第三者が悪意または有過失に当たる可能性が高まる効果しか持ちえないというべきであろう（道垣内322頁，田髙寛貴ほか・担保物権法〔2版，2019〕134頁〔田髙寛貴〕）。

〔道垣内〕

不動産譲渡担保　IV　　　　　　　　　　　　　　　　　　第2編　物　権

IV　効力の及ぶ範囲

1　目的物の範囲

(1)　付合物・従物

(ア)　抵当権に関する民法370条が類推適用され，付加一体物に及ぶ，というのが通説である。所有権が移転されている外形をとっているものの，実質的には担保なのだから，担保法理が類推適用されるべきだというのである。

　しかし，不動産譲渡担保において，譲渡担保権者が有するのは所有権の登記であり，そうすると第三者は登記を見て，付加一体物（とりわけ，移転登記後の従物）には譲渡担保権者の権利が及んでいないと考える可能性がある。そこで，譲渡担保の効力が及ぶ範囲は，譲渡担保権者が設定者から当該目的物の完全な所有権を取得した場合（たとえば，通常の売買）に，その所有権の効力が及ぶ範囲にとどめるべきであり（つまり，所有権移転時の従物〔87条〕），民法370条の類推適用は否定すべきであるとの見解もある（道垣内313頁）。これに対しては，所有権登記名義と占有者が分離していることは，現地を検分すればわかるのだから，第三者が誤信するおそれはないとする反論がある（近江298頁）。

　なお，いずれの見解に立っても，設定時に存する従たる権利については，譲渡担保権の効力が及ぶ（370条の類推適用または87条の適用）。判例（最判昭51・9・21判時833号69頁）も，借地上の家屋を譲渡担保の目的としたとき，当該賃借権には原則として譲渡担保の効力が及ぶとしている。

(イ)　借地上の建物が譲渡担保の目的とされると，少なくとも形式上は当該建物の所有権が譲渡担保権者に移転するため，賃借権の無断譲渡に当たり，賃貸借契約の解除事由になるのではないか（612条2項），が問題になる。

　しかし，譲渡担保が設定されただけでは，通常の場合，設定者が目的物の使用収益を継続するのであり，したがって，賃借権譲渡は譲渡担保実行時までは存在しないと解するのが妥当であり，判例（前掲最判昭51・9・21）もその立場である。したがって，解除事由には当たらない。ただし，譲渡担保権者が目的物の引渡しを受け，使用収益を行う場合には，賃借権の譲渡または転貸が行われたものとされる（最判平9・7・17民集51巻6号2882頁）（その法律構成につき，道垣内・課題40-42頁）。以上の結論については，学説にも異論はない。

518　〔道垣内〕

不動産譲渡担保 Ⅳ

逆に，設定者が賃貸している不動産を譲渡担保に供したときは，それだけでは賃貸人の地位は譲渡担保権者に移転せず，譲渡担保権者は敷金返還義務等を承継しないと考えるべきである（注解判例696頁〔占部洋之〕，道垣内314頁）。

(2) 果　　実

譲渡担保権者が目的物の所有権を有しているとすると，その果実は当然に譲渡担保権者が取得することになる。しかし，ほとんどの譲渡担保においては目的物の占有は設定者にあり，設定者に目的物の利用を継続させることの可能なことが譲渡担保の利点の1つである。このことからすると，原則的には設定者が果実を取得するとしなければならず，譲渡担保についていずれの法律構成をとっても，その構成において設定者が有する権原に基づいて果実収取権が認められることになる。もっとも，譲渡担保権者が果実を取得するとの特約は妨げない。占有が譲渡担保権者に移転しているときは，そうなることが多いであろう。

なお，債務不履行後の果実については，次の代償物の項で述べる。

(3) 代　償　物

譲渡担保は債権担保を目的としているのだから，担保権についての規定である民法304条が類推適用され，物上代位が認められるとするのが通説である。しかし，問題は単純ではない。不動産譲渡担保か動産譲渡担保か（吉田光碩〔判批〕民商122巻4＝5号〔2000〕654-656頁は，不動産譲渡担保に関しては物上代位を否定する），代償物が何なのか（安永411頁は個別的な検討の必要性を指摘する），によって結論は異なりうる。場合を分けて説明する。

第1に，設定者が目的物を第三者に賃貸したときの賃料については，果実収取権の問題とすれば足り，清算金が生じるとき，その支払がないうちは，設定者に果実収取権があり，また，清算金が生じないときでも，その通知をすることによって，設定者の有する権利（譲渡担保の法律構成いかんによって異なるが，たとえば，設定者留保権）を消滅させるまでは同様に解すべきだから，物上代位を肯定する必要はないとの見解もある（道垣内314頁，松井195頁，河上341頁。また，賃料に対する担保権者の権利行使を担保不動産収益執行であると捉えたうえ〔抵当権について賃料債権に対する物上代位を肯定するのは，それに代わる簡易な実行方法の提供であると考える。髙橋119頁〕，当該制度は目的不動産の競売が困難な状況を背景に創設されたものだから，私的実行権限のある譲渡担保については物上代位を認め

〔道垣内〕　519

不動産譲渡担保　Ⅳ

る必要がない，という見解もある〔髙橋295頁〕）。これに対して，民法371条は，債務不履行後は抵当権者に果実からの優先的な債権回収を認めるものであり，その趣旨からすると，同条が類推されるとする見解もある（近江298-299頁）。

　第2に，不動産譲渡担保においては，譲渡担保に対抗要件が具備されているかぎり，設定者には所有権についての登記名義がなく，したがって，設定者が目的物を第三者に売却することは考えにくい。したがって，売買代金債権に対する物上代位の可否は問題にならない。

　第3に，目的物が滅失または損傷したときはどうか。この場合は，物上代位権を認めてもよさそうであるが（生熊長幸・物上代位と収益管理〔2003〕96頁，髙橋295頁），第三者に対する損害賠償請求権の発生形態との関係が問題になる。たとえば，一方，譲渡担保権者は目的物についていちおう所有権を有し，他方，設定者は設定者留保権を有すると理解するならば，譲渡担保権者は，担保の目的に限定された所有権とはいえ，その侵害を理由にして，不法行為者に対して直接損害賠償請求ができ，また，設定者も設定者留保権の侵害として不法行為者に直接の請求権を有することになり，物上代位は問題にならないとも考えられる（道垣内315-316頁，河上341頁）。判例は，損害保険の被保険利益について，譲渡担保権者と設定者は，それぞれ目的物について被保険利益を有する，という立場を示している（最判平5・2・26民集47巻2号1653頁）。双方がそれぞれに損害賠償請求権を有するという考え方に親和的であるといえよう。なお，目的物の滅失等によって譲渡担保権者の取得した保険金が被担保債権額を上回るときは，譲渡担保権者は差額を設定者に支払わなければならない（大判昭8・12・19民集12巻2680頁）。

　以上の個別局面ごとの検討に加え，物上代位権の肯定に批判的な学説においては，譲渡担保権者は目的物件について所有権を譲り受けるという形式を自らの意思で選択し，かつ，外部にもそのように公示しているのであるから，少なくとも所有者以上の権利を認めるのは妥当ではない，という全般的な理解を示すものがある（道垣内315頁，河上340頁）。典型的には，動産譲渡担保において，設定者が目的物件を第三者に売却したときの売買代金債権（第三者が目的物件について譲渡担保の負担のない所有権を取得する場合）に物上代位権を認めることは，所有者にも認められない権利を譲渡担保権者に認めるものであり，おかしいというわけである。不動産譲渡担保については，所有者の権

不動産譲渡担保　V

利と譲渡担保権者の権利の不均衡問題が，以上の事例ほどには顕在化しない
が，理論的には詰めるべき課題として残っていると思われる（水津太郎「代償
的取戻権の意義と代位の法理」法研86巻8号〔2013〕33頁以下が，正面からの検討を試
みる）。

2　被担保債権の範囲

抵当権についての民法375条は類推適用されず，元本，利息，遅延損害金
の全額について優先権を有するとするのが通説である。抵当権と異なって，
上記のそれぞれについて公示のない以上，第三者の信頼の問題は起こりえな
いからである。判例も抽象論としては，同じ立場を示している（最判昭61・
7・15判タ618号44頁）。しかし，類推を主張する見解も有力である（米倉30頁，
星野320頁，槇341頁，石田（穣）695頁）。

V　被担保債権に係る債務の弁済期到来前の法律関係

1　設定当事者の関係

(1)　目的物の利用関係

(ア)　譲渡担保設定契約書においては，しばしば，設定者が譲渡担保権者の
代理人として占有するとか，設定者は譲渡担保権者から賃借するとか，とい
った約定になっているようである。しかし，たとえば賃料名目で毎月一定額
が設定者から譲渡担保権者に支払われていたとしても，実質的には被担保債
権の利息であり，利息制限法の適用も受けるというべきであるから（大判昭
7・6・29裁判例6巻民法200頁），契約書文言どおりに理解すべきではなく，設
定者は自己の有する設定者留保権に基づいて，当然に目的物の利用ができる
と解すべきである。

ただし，譲渡担保権者が利用権を有する旨の特約は妨げない（道垣内316
頁）。このとき，不動産質に関する規定（357条・358条）が類推されるとする
学説があるが（高木351-352頁），そのように解するときも特約は許される
（359条）。

(イ)　さらに，通説は，譲渡担保権者が，契約書上の賃貸借契約の賃料不払
いを理由に賃貸借契約を解除し，設定者に対して目的物の引渡しを請求する
ことは許されないとする。しかし，占有が譲渡担保権者に移転する形態の譲

〔道垣内〕　　521

不動産譲渡担保　Ⅴ　　　　　　　　　　　　　　　　　　　　　第2編　物　権

渡担保もありうるのだから，譲渡担保契約に付随した賃貸借契約等は，利息不払いの際に非占有移転型の担保から占有移転型の担保に変換する特約として有効であり，契約解除・目的物引渡請求も認められると解すべきであろう（道垣内317頁）。

　両当事者には，譲渡担保契約上，目的物を侵害してはならないという義務が当然に生じると解される。被担保債権の債務不履行時の譲渡担保の実行に備え，また，債務履行後の設定者への完全な所有権復帰に備えるためである。

　(2)　目的物の侵害

　㈦　譲渡担保権者による侵害　　不動産譲渡担保権者が，目的物を滅失させたり，あるいは，自己に所有権の登記があるのを利用して第三者にそれを処分したりすることがありうる。このとき，一方，譲渡担保権者が完全な所有権を有し，他方，設定者は債務の弁済時に所有権の返還を請求できるという債権上の地位しか有しないとすると，譲渡担保権者は，せいぜいその返還債務が現実化したときに，債務不履行責任を負うにとどまることになりそうである（処分の相手方が所有権を取得できるか否かは，後に論じる）。

　しかし，設定者の有する物権（たとえば設定者留保権）に対する侵害，あるいは，設定契約の債務不履行として，設定者は譲渡担保権者に対して即時に損害賠償を請求できると解すべきである（譲渡担保の法律構成について①〔→Ⅱ2(2)〕の見解をとっても，このことの妨げにならない）。

　具体的な損害額は，第三者による侵害の場合との均衡から，全部滅失の場合，目的物の価額から被担保債権額を差し引いたものになる（道垣内317頁）。これに対して，被担保債権を控除しない損害額全額を請求しうるとする見解もある（槇343-344頁，竹内俊雄・譲渡担保論〔1987〕74頁）。この見解は，被担保債権額を控除すると，債務者が弁済期到来前の弁済を強いられることを問題にするものと思われる。たしかに，譲渡担保の法律構成について③（→Ⅱ2(2)）の見解をとり，設定者が完全な所有権を有していると考えると，損害は被担保債権の存在とは無関係になる。しかし，たとえば，所有権が譲渡担保権者と設定者に分属していると考えるならば，設定者が有している権利は所有権から被担保債権の価値分を控除したものとなり，損害自体が被担保債権額を差し引いたものとなる。

　なお，たとえば目的物の価額が1000万円であったところ侵害により700

万円になり，被担保債権額が 500 万円の場合には，設定者に生じる損害額は
300 万円であると解するのが妥当である（未だ目的物の価値は 700 万円あるのだか
ら，300 万円の価値である設定者留保権は侵害されていない，との主張を許さない）（道
垣内 317 頁）。その損害額が被担保債権から控除されることになり，譲渡担保
権者に現実の支払義務が発生するわけではないが，侵害行為の時点で被担保
債権が減少することを明らかにするためには，上記のように解するのが簡明
である。

　他方，設定者には，設定者留保権に基づく物権的請求権も認められると解
され，たとえば譲渡担保権者に対し妨害排除・予防請求ができる（高木 352
頁，道垣内 317-318 頁）。

　(イ)　設定者による侵害　　設定者が，目的物を滅失・毀損したときはどう
か。この場合は，目的物保管義務の債務不履行として，あるいは，譲渡担保
権者の所有権侵害の不法行為として，設定者は損害賠償責任を負い，さらに，
譲渡担保権者は物権的（妨害排除・予防）請求権を有する。譲渡担保権者に何
らの物権も帰属しないという見解は存在しないから，この結論に譲渡担保の
法律構成は影響しない。

　増担保義務，期限の利益喪失については，抵当権と同じく考えてよい（道
垣内 318 頁，松井 197 頁。→第 6 巻§369 Ⅶ 4）。譲渡担保権者が有する権利を担保
権にすぎないとしても，侵害対象が担保権になるだけであり，変わりはない。

2　第三者との関係

(1)　譲渡担保権者と第三者との関係

　(ア)　設定者による処分の相手方との関係　　譲渡担保に対抗要件が具備さ
れていれば，所有権の登記名義が譲渡担保権者にあるから，処分の相手方で
ある第三者は事実上現れない。対抗要件が備えられていないときには，譲渡
担保権者の有する権利が第三者に対抗できないのだから，第三者は譲渡担保
権者の権利と無関係に権利を取得する。

　(イ)　設定者に対する債権者による差押え　　民事執行規則 23 条 1 号は，
登記事項証明書に債務者が所有者として記載されていなければ，原則として，
差押えは認められない，としている。したがって，譲渡担保につき対抗要件
が備えられているかぎり，設定者に対する債権者による差押えはありえない
ことになる。

〔道垣内〕　　523

不動産譲渡担保　Ⅴ　　　　　　　　　　　　　　　　第2編　物　権

(ｳ)　第三者による侵害　　いずれの法律構成に立っても，譲渡担保権者には目的物件について何らかの物権が帰属しているから，それに基づいて物権的請求権を行使することができる。ただし，設定者に現実の占有がある通常の形態においては，返還請求権の行使にあたっては，原則として設定者への返還を求めることしかできない。しかし，設定者が受領を拒んだり，設定者への返還では妨害排除の実を達しえない事情があったりする場合には，譲渡担保権者は自己への引渡しを要求できると解すべきである（道垣内321頁）。

　不法行為に基づく損害賠償請求については，代償物について述べたところを参照（→Ⅳ1(3)）。

(2)　設定者と第三者との関係

(ｱ)　譲渡担保権者による処分の相手方との関係

　(a)　所有権の登記名義が譲渡担保権者にあるので，譲渡担保の実行要件が満たされていないにもかかわらず，譲渡担保権者が自己の完全な所有物であるとして，目的物件につき第三者に売却等の処分をすることがありうる。

　古い判例には，譲渡担保権者が対外的には目的物件の所有者であるから，第三者は，譲渡担保関係についての善意・悪意を問わず，有効にその所有権を取得できるとするものがある（大判大9・9・25民録26輯1389頁）。しかし，現在の判例法理は，譲渡担保権者に移転しているのは，担保の目的の範囲における所有権にすぎないとしており，判例法理において，現在もその立場が維持されているとは思えない。

　一方，譲渡担保権者の所有権は債権担保の目的に制限を受けたものであり，他方，設定者は何らかの物権（たとえば設定者留保権）を有するのだから，第三者は原則として設定者留保権の制限のついた所有権を取得するにとどまるというべきである（道垣内321頁）。すなわち，第三者は，原則として設定者に目的物の引渡しを請求できず，また，債務者が被担保債務を弁済すれば所有権を失う。

　(b)　問題となるのは，このときの債権者・第三者・目的物所有者の関係である。すなわち，第三者が取得する権利が譲渡担保権（その具体的内容は法律構成によって異なる）であるとすると，譲渡担保の権利者と債権者とが後発的に分離することになる。先に，譲渡担保設定時に債権者以外の者が譲渡担保権者になる場合について述べたが（→Ⅲ1(2)），信託法3条1号・2号が信

524　〔道垣内〕

不動産譲渡担保　V

託設定時の担保権の設定的処分のみを認めているとすると，設定者が関与しないで，後発的に債権者と譲渡担保権者とが分離することを信託として捉えることはできないことになる。そこで，ここでは，転抵当権の設定と類似の関係が生じると理解すべきであろう（米倉・研究 75-76 頁）。つまり，譲渡担保権自体は債権者にとどまり，当該第三者は当該譲渡担保権を実行しうる地位に立つとともに，清算義務も負い，また，当該譲渡担保権の被担保債権にかかる債務が弁済されると，当該第三者も権利を失うことになる（377 条 2 項は適用ないし類推適用されず，債務者は被担保債権にかかる債務の弁済を当該第三者に対抗できる）。もっとも，多くの場合，この処分は譲渡担保設定契約の違反であり，設定者は譲渡担保契約を解除できることが指摘されている（鈴木・分化 732 頁）。そうすると，当該第三者が民法 545 条 1 項ただし書の第三者に当たるか否かが問題になるが，転抵当類似の関係だと考えると，当該第三者の権利は，譲渡担保権者の権利に依存しているものであり，転貸人と同じく，同ただし書の第三者に該当しないと考えるべきであろう。

　(c)　ただし，譲渡担保権者に所有権登記名義があることによって，設定者から譲渡担保権者に対して完全な所有権移転があったと信頼した第三者は，民法 94 条 2 項の適用によって保護されると解される（平井一雄「譲渡担保の対外的効力」同・民法拾遺第 1 巻〔2000〕349 頁，道垣内 321 頁，川井・概論 467 頁，注解判例 699 頁〔占部洋之〕）。多くの学説は同項の類推適用とするが，譲渡担保権者の有する権利を制限のない所有権のごとくに登記するのは虚偽表示だと考えると同項の適用になるし，虚偽表示としないときには類推適用の基礎が欠けていると思われる（→Ⅱ 2 ⑶(ｳ)）。

　(d)　譲渡担保権者が，転譲渡担保を設定したときには，上記で第三者が民法 94 条 2 項の適用（または類推適用）によっては保護されない場合と同じになる。

　(ｲ)　譲渡担保権者に対する債権者による差押え

　(a)　目的物の所有権の登記名義が譲渡担保権者にあるので，譲渡担保権者に対する債権者が差し押さえることがありうる。譲渡担保権者が所有権を有していることを重視すると，差押えは当然に有効とも思われるが，学説では，設定者の権利を保護するために，譲渡担保設定者は設定者留保権に基づき第三者異議の訴え（民執 38 条）ができるとし，ただ，一般債権者が登記名

〔道垣内〕　525

義を信頼して差押えをした場合には，民法94条2項により保護されうる，と解する見解が強い（類推適用とするものも含め，米倉68頁以下・71頁以下，川井192頁，高木361頁以下，道垣内322頁。また，東京地判平10・3・31金法1534号78頁）。

判例は，傍論ながら，「被担保債権の弁済期前に譲渡担保権者の債権者が目的不動産を差し押さえた場合は，少なくとも，設定者が弁済期までに債務の全額を弁済して目的不動産を受け戻したときは，設定者は，第三者異議の訴えにより強制執行の不許を求めることができる」とする（最判平18・10・20民集60巻8号3098頁）。

(b) 上記判旨が，「設定者が弁済期までに債務の全額を弁済して」としているところからすると，弁済期前の差押えであっても，その後，弁済期が到来すれば，差押えについての瑕疵が治癒され，弁済期到来後の差押えと同様になり（弁済期到来後の差押えを設定者が排除できないことは，平成18年判決の述べるところである。さらに，→VI 2(2)），もはや設定者はその差押えを排除できなくなる，という趣旨であろう。この点については，不当な差押えが弁済期の到来によって正当になるのはおかしいという批判（田髙寛貴〔判批〕平18重判解75頁）がある一方，譲渡担保権者は無権利者ではないのだから，差押債権者の摑取権を全部否定すべきではなく，瑕疵の治癒を認めてよい，とする見解（中野＝下村309頁注(12)）がある。後者の見解に賛成すべきであろう（道垣内・課題98頁）。

また，判旨は，「少なくとも」としており，第三者異議の訴えを弁済期前に提起するのに債務の弁済が必要か否かは明確ではない。しかし，弁済しないままでも，設定者には目的物件につき一定の物権が帰属しており，弁済期前に弁済が強要されるのは不当であるから，不要と解すべきであろう（道垣内・課題98頁）。

(c) 以上をまとめるならば，第1に，差押債権者が，目的物件について自らに対する債務者（＝譲渡担保権者）が完全な所有権を有すると誤信し，民法94条2項で保護されるときには，差押えは有効になり，設定者はその排除ができない。

第2に，差押債権者が民法94条2項による保護を受けないときには，第三者異議の訴えにより，設定者はその差押えを排除できる。その際，被担保

不動産譲渡担保　VI

債権にかかる債務を弁済していることは不要である。

第3に，しかし，第三者異議の訴えの口頭弁論終結時までに弁済未了のままに弁済期が到来すると，差押えの瑕疵は治癒され，第三者異議の訴えによる差押え排除は認められないことになる（なお，第三者異議事由の存否は，執行処分の時ではなく，口頭弁論終結時を基準とする。最判昭38・11・28民集17巻11号1554頁）。

(ｳ)　第三者による侵害　　物権的請求権と不法行為に基づく損害賠償請求権が問題になる。

目的物の所有権が譲渡担保権者に移っていることを前提とすると，設定者の物権的請求権は否定されそうだが，設定者留保権に基づく物権的請求権を肯定すべきである。判例（最判昭57・9・28判タ485号83頁）は，設定者が物権的返還請求権を行使することを肯定している。その法律構成ははっきりしないが，設定者に何らかの物権が帰属する立場からはもちろん，譲渡担保権者の受ける拘束をもっぱら債権的に説明する見解からも，同様の結論となると主張されている（松尾＝古積411頁・414頁〔古積〕）。このとき，譲渡担保権者が有する物権的請求権との関係が問題になるが，譲渡担保権者が自己への引渡しを求めうるのは設定者が受領を拒否したとき等に限られると解し（→2(1)(ｳ)），双方の物権的請求権が矛盾・衝突をきたすことを避けるべきであろう。

不法行為に基づく損害賠償請求については，代償物について述べたところを参照（→Ⅳ 1 (3)）。

VI　被担保債権に係る債務の弁済期到来後の法律関係

1　総　説
(1)　実行手続の観念の必要性

譲渡担保においては，担保目的物の所有権が譲渡担保権者に移転しており，また，対抗要件も具備されていることを考えれば，債務者の債務不履行があったときにも，格別の実行手続を考える必要はなさそうでもある。

しかしながら，判例法理を含む多くの見解は，譲渡担保設定者にも一定の物権が帰属していると考えており，やはり，当該物権を消滅させ，譲渡担保

〔道垣内〕　527

権者の有する所有権を完全なものにする手続が必要になる。つまり，実行手続を考えなければならないのである。

(2) 特に問題となる点

とくに注意すべきなのは，次の2点である。

第1に，実行により，譲渡担保権者が完全な所有権を取得し，あるいは，第三者に処分する目的物の価額が，被担保債権額を上回る場合には，その差額を債権者から設定者に返還すべき義務が生じることが，判例・学説上，確立した法理になっている（清算義務）。その趣旨は，仮登記担保における清算義務と同じく（→仮登記担保 I 2(1)(2)），一方，債権者は，被担保債権額を回収できれば満足すべきであり，債務者の不履行に乗じて不当な利益を得るべきではなく，他方，わずかな債務不履行で高価な目的物をとられてしまうのは設定者に酷だということにある。つまり，譲渡担保の効力を被担保債権の担保目的の範囲に限定するためである。

第2に，被担保債権の弁済期が到来したからといって，債務者等は，債務を弁済して目的物の所有権を設定者に復帰させる権利を即時に失うわけではない。契約書の文言上は，即時に失うことになっていることが多いが，それでは設定者の権利を著しく害するので，一定の時期まで被担保債権を弁済して目的物の所有権を受け戻すことができる，とされている。これを「受戻権」とよぶのが一般的である（しかし，たんに債務者はいつまで被担保債務の弁済ができるかの問題であり，独立の権利ではないと解すべきことは，後に述べる〔→(4)〕）。

そして，清算義務の履行を確保するためにはどうしたらよいか，債務者はいつまで被担保債権を弁済しうると解すれば両当事者の利益をうまく調整できるか——譲渡担保権の実行構造を考えていくにあたって，これらの点に注意しなければならない。

(3) 清　算　義　務

(ア) 第1の清算義務については，仮登記担保の場合と異なり，譲渡担保においては，判例も比較的早くから清算義務の存在を認める方向にあったといえる。たとえば，大審院大正8年7月9日判決（民録25輯1373頁）は，「債務ノ弁済遅滞シタルカ為メ債権者ニ於テ其目的物ヲ売却シタルトキハ其代金ヲ元利金ニ充当シ尚ホ残余アルトキハ之ヲ債務者ニ返還スヘ〔シ〕」としている。

不動産譲渡担保　VI

しかし，判例は，あくまで一般論としては，清算を要しないタイプの譲渡担保の存在を肯定していたのであり，また，最高裁昭和43年3月7日判決（民集22巻3号509頁）も，「物件の価額と弁済期までの元利金額とが合理的均衡を失するならば」清算義務が生じる，という留保を付していた。およそ譲渡担保であるかぎり，常に清算を要するとの判例理論の確立には，仮登記担保に関する判例の展開を受けた，最高裁昭和46年3月25日判決（民集25巻2号208頁）を待たねばならなかった。学説もほぼ一致して，現在の判例法理を支持している。

　(イ)　もっとも，特約で清算義務を排除しえないか，には争いがある。もちろん，目的物の価額が被担保債権額を大幅に上回れば特約が無効であることは明らかであるが，清算金がごくわずかになるときにまで絶対的に清算義務を課する必要もないとして，一定の場合には特約の効力を認める説も強い（竹内俊雄・譲渡担保論〔1987〕36頁・68頁，平井一雄「譲渡担保の対内的効力」同・民法拾遺第1巻〔2000〕340-341頁）。しかし，目的物の評価を弾力的に行うことにより，ごくわずかな清算金の発生を抑えるほうが妥当であろう（道垣内325頁）。

　(ウ)　さらに，近時，清算義務の合理性に疑問を呈する見解も現れている。たとえば，為替先物取引を考えてみると，ある人は，3か月後の円相場が1ドル＝100円以上であろうと思い，3か月後，1ドル＝100円でドルを購入するという契約を締結し，他方で，1ドル＝100円より下であろうと思う人がその契約相手方となる。そして，1ドル＝105円であれば，前者が利益を得，1ドル＝95円であれば，後者が利益を得る。このような相場の変動により利益を得ることは禁じられていない。そうすると，Sの所有する当該土地の価格につき，Gは3年後には1億円以上であろうと思い，他方，Sは8000万円程度に下落すると思っているとき，さしあたりGがSに対し1億円を支払い，3年後に確定的な所有権がGに移転することとし，一切の清算をしないこととしても，先物取引として問題はないはずである。しかるに，なぜ担保の場合だけ，清算義務が当然のように語られるのかは明らかでない，というわけである（森田果「清算義務は合理的か？(1)(2・完)」NBL801号25頁以下，802号52頁以下〔2005〕。そのうえで，あるべき制度設計を試みる）。

　この疑問に対して，譲渡担保の場合，Gはリスクをとっていないと反論

することは，いちおうできそうである。つまり，3年後に当該不動産が8000万円に下落しているとき，Gは譲渡担保権を実行しても，差額の2000万円をさらにSに請求できるからである。しかし，Sは差額の支払義務を負わないとしておけば（つまり，代物弁済予約），Gはリスクをとることになるので，有効な反論になりえない。また，差額の請求権はSの資力が十分であるときにのみ意味をもつが，実は，土地の価格の上昇時にSに資力があれば，Sは，1億円を支払って，土地の所有権を確保できるから，バランスがとれているともいえるし，一方がリスクをとらないことは，利率で調整されている場合もある。

　結論としては，双方がリスクをとり，市場において合理的な判断のもとに約定された先物取引は，差額の支払がなくても有効であるのに対し，被担保債権が存在する場合には，清算義務が課されるということになるが，どこまでが前者の約定として有効かという問題は残っている。

　⑷　いわゆる「受戻権」

　㋐　第2の受戻権については，受戻権なる概念は，まず仮登記担保について判例上認められるに至り，漸次，譲渡担保にも拡大されてきたものである（前掲最判昭43・3・7，最判昭49・12・17金法745号33頁）。しかし，その意義はそれぞれで大きく異なる。

　仮登記担保に関しては，停止条件成就ないし予約完結により目的物の所有権が担保仮登記権利者に移転するが，その後も設定者は一定の時期までは被担保債権相当額を支払うことにより，目的物の所有権を受け戻しうる，といった権利として発展してきた。仮登記担保法も，目的物の所有権が担保仮登記権利者に移転した後，一定の時期までは債権等の額の支払（債務の弁済ではない）により受戻しを認めるという構造をとっている（仮登記担保11条）。そして，所有権が担保仮登記権利者に移転したにもかかわらず，いわば特別の「受戻権」を認めるからこそ，その権利をいつまで存続させるべきか，が問題になったのである。

　これに対し，譲渡担保に関しては，一定の時期に譲渡担保権者が完全な所有権を取得し，さらに受戻しにより設定者が所有権を取り戻すという二段階構造を考える必要はない。そうであるならば，問題は，設定者留保権の消滅時期はいつか，いつまで被担保債権を弁済できるかであって，特別の受戻権

不動産譲渡担保　VI

なる権利を観念することは不要である，と指摘されている（道垣内325頁，注解判例705頁〔占部洋之〕，髙橋288頁，角192頁）。

(イ)　このように見てくると，譲渡担保の「受戻権」の消滅時期に関して，仮登記担保法を類推適用すること（それが学説の大勢である）には，論理的な基盤が欠けていることになる（なお，新版注民(9)〔改訂版〕683頁〔福地俊雄＝占部洋之〕〔福地説〕は，この見解を，「全くの形式論にすぎない」とする）。また，受戻権という独立の権利の消滅時効も問題になりえない（最判昭57・1・22民集36巻1号92頁は，結論として民法167条2項〔平29改正166条2項〕の適用を否定する）。さらに，目的物の第三取得者は受戻権を有するか等の議論（髙木364頁参照）も，被担保債務を弁済できる者の範囲の議論（債権総論に譲る）に吸収されることになる。

2　処分清算と帰属清算──「型」と「方式」

(1)　学説における2つの類型の提示

学説の多くは，譲渡担保契約には2つの類型があるという理解を示してきた。すなわち，債権者が当該不動産を適正に評価された価額で自己の所有に帰せしめ，その評価額をもって自己の債権の弁済に充てることができるタイプのもの（帰属清算型譲渡担保）と，債権者が当該不動産を相当の価格で第三者に売却等をすることによって，これを換価処分し，売却代金等をもって自己の債権の弁済に充てることができるタイプのもの（処分清算型譲渡担保）とである。そして，帰属清算型においては清算金の支払または提供があるまで，処分清算型では処分契約が締結されるまで，受戻権は存在する，とされる（星野322頁，髙木364-366頁など）。

このように帰属清算型と処分清算型とで，受戻権の消滅時期，すなわち「換価処分の完結時期」に大きく差を付けようとする考え方は，帰属清算型と処分清算型との区別は当事者の契約内容の区別である（髙木347頁。他の学説でも同様に考えられていることは，「処分清算の特約」という語が一般に用いられていることでわかる），という理解に基礎を置いている。すなわち，帰属清算型の譲渡担保である，ということは，とりもなおさず，債務者等から目的物の所有権を完全に取り上げるにあたっては，通知をしたうえで，清算金を支払う，と債権者が約束しているということなのだから，その約束が果たされるまで，つまり（清算金が生じるときには）清算金が支払われるまでは，債権者は完全な

〔道垣内〕　531

所有権を取得できず，債務者等は受戻権を行使できるのに対して，処分清算型の譲渡担保である，ということは，清算金を支払う前に第三者に目的物を処分する，ということを設定者が債権者に認めているということなのだから，第三者に対する処分が行われれば，清算金は未だ支払われていなくても，その時点で目的物の所有権は完全に第三者に移転し，受戻権は失われる，というわけである。

(2) 判例法理における「方式」

ところが，2つの類型がもたらす，このような効果上の区別は，最高裁の受け入れるところではなかった。すなわち――，

まず，最高裁昭和57年4月23日判決（金法1007号43頁）は，事案は不明なものの，「譲渡担保権者は，債務者が弁済期に債務を弁済しない場合においては，目的不動産を換価処分し，またはこれを適正に評価された右不動産の価額から，自己の債権額を差し引き，なお残額があるときは，これを清算金として債務者に支払うことを要するものと解すべきであるから（……），債務者は右債権について清算がなされるまではこれを弁済して目的不動産を取り戻すことができるが，債権者が譲渡担保により目的不動産の所有権を取得したとして，右不動産の所有権を第三者に譲渡して所有権移転登記がされたときは，右清算がなされていない場合であっても，右不動産の所有権が譲渡担保権者を経て第三者に移転するものと解するのが相当である」とした。この判決は，直接には受戻権の消失に触れていないが，清算前の処分も受戻権の消失をもたらすとしていると思われるし，判文上は，帰属清算型と処分清算型との区別はされていない。

そして，最高裁昭和62年2月12日判決（民集41巻1号67頁）は，「帰属清算型の譲渡担保においては，債務者が債務の履行を遅滞し，債権者が債務者に対し目的不動産を確定的に自己の所有に帰せしめる旨の意思表示をしても，債権者が債務者に対して清算金の支払若しくはその提供又は目的不動産の適正評価額が債務の額を上回らない旨の通知をしない限り，債務者は受戻権を有」する，としながらも，「もっとも，債権者が清算金の支払若しくはその提供又は目的不動産の適正評価額が債務の額を上回らない旨の通知をせず，かつ，債務者も債務の弁済をしないうちに，債権者が目的不動産を第三者に売却等をしたときは，債務者はその時点で受戻権ひいては目的不動産の所有

権を終局的に失い，同時に被担保債権消滅の効果が発生するとともに，右時点を基準時として清算金の有無及びその額が確定されるものと解するのが相当である」としたのである。

抽象論としては，この時点で，受戻権の消滅時期は，帰属清算型においては《清算金の支払・提供（もしくは清算金が生じない旨の通知），また，目的不動産の第三者への売却等の処分があった時点》，処分清算型においては《目的不動産の第三者への売却等の処分があった時点》，という判例法理が示されたことになる。

そして，最高裁平成 6 年 2 月 22 日判決（民集 48 巻 2 号 414 頁）が，上記の抽象論を具体的な事案に即して判示し，判例法理を確立した（以上につき，道垣内 326-327 頁，道垣内・課題 43 頁以下参照）。

以上から，判例法理によれば，被担保債権に係る債務の弁済期到来後においては，譲渡担保権者の目的物の処分は不当処分ではなく，譲渡担保権実行の正当なプロセスであることになる（したがって，処分の相手方が未登記であっても受戻権は消滅する。道垣内・課題 62 頁）。また，被担保債権の弁済期後に譲渡担保権者の債権者が目的不動産を差し押さえたとき，設定者は，差押登記後に債務の全額を弁済しても，第三者異議の訴えにより強制執行の不許を求めることはできない（最判平 18・10・20 民集 60 巻 8 号 3098 頁）。「被担保債権の弁済期後は，設定者としては，目的不動産が換価処分されることを受忍すべき立場にあるというべきところ，譲渡担保権者の債権者による目的不動産の強制競売による換価も，譲渡担保権者による換価処分と同様に受忍すべきものということができる」というのが，その理由である。

(3) 判例法理の評価

このような判例法理については，仮登記担保についての規律とのバランスを重視し，反対する学説も有力である。すなわち，譲渡担保を実行しようとするときには，仮登記担保法 2 条の類推適用により，まず，被担保債権に係る債務の弁済期の到来後，譲渡担保権者は設定者に対して実行通知をしなければならず，そして，その通知から 2 か月を経過した時点で，譲渡担保権者が目的物件についての完全な所有権を取得するに至るのであり，それまでは，譲渡担保権者は目的物件を第三者に処分することはできない（弁済期到来前の処分と同じになる），というわけである（近時のものとしては，高木 345-346 頁，近江

299頁，髙橋288頁，平野・総合274-275頁，河上351頁・355頁。他に，鈴木・分化274頁，槇349頁など。新版注民(9)〔改訂版〕570-571頁〔髙木多喜男〕は，実行通知は必要だが，清算金見積額等の通知は不要とする)。

もちろん，当事者の契約によって，処分清算型か帰属清算型かが定まる，という見解もありうる（生熊317頁は，処分清算の特約を認めつつ，帰属清算を原則とする)。

他方，判例法理に賛成する学説もある。処分清算と帰属清算を契約内容の区別とするのは，譲渡担保権者が用意した一片の文言に重きを置きすぎであるし，かといって，帰属清算方式に統一することも実際上困難に思われるから（たとえば1億円の金銭債権の担保のために5億円の不動産を譲渡担保の目的にした，という場合を考えてみると，処分清算方式を認めないと，譲渡担保権の実行は著しく困難になる〔4億円の現金を用意しなければならない〕)，妥当でない，とする（道垣内327頁)。さらに，仮登記担保法の類推適用については，仮登記担保のように後順位の担保権者の権利関係を調整する必要もないにもかかわらず（仮登記担保4条参照)，ただ弁済の機会を拡大するために，通知を求めるというのは合理性を欠くと思われる。

3 清算金の確定・支払と債務者の弁済権限の喪失

(1) 客観的に清算金が生じない場合

(ア) 判例は，かつて，債務者の債務不履行と同時に目的物の完全な所有権が譲渡担保権者に帰属し，もはや設定者は所有権回復の途がなくなる，とした（最判昭51・9・21判時832号47頁)。しかし，その後，判例は変更され，譲渡担保権者が，設定者に対して清算金の生じない旨を通知した時点，または，第三者に目的不動産を処分した時点で，債務者の弁済権限がなくなる，としている（前掲最判昭62・2・12)。賛成すべきであろう。

すでに述べたように，学説には，仮登記担保法2条の類推適用を主張するものも多い。しかし，清算金が生じない場合とは，すなわち合理的な担保取得であったということであり，設定者保護の必要性はそれだけ減少すると考えるべきであろう。

(イ) そして，この通知または第三者への処分の時点で，譲渡担保の関係は終了し，被担保債権は目的物の価額の限度で消滅する。

不動産譲渡担保　VI

(2)　客観的に清算金の生じる場合

(ア)　清算金の支払には次の2通りの方法がある。1つは，目的物の価額を適正に評価し，その評価額と被担保債権額との差額を清算金として交付する方法であり（帰属清算方式），もう1つは，目的物を第三者に処分し，そこから得られた売買代金をもって債権の回収をすると同時に，残額を清算金として設定者に交付する方法である（処分清算方式）。

判例が，被担保債権に係る債務の弁済期到来により，譲渡担保権者が上記の2つのいずれかの方法をとることができるようになり，また，清算金の支払または第三者への処分の時点で，債務者の弁済権限（受戻権）がなくなるとしていることは，すでに述べた。

これに対して，仮登記担保法2条の類推適用を主張する学説によれば，まず，譲渡担保権者から債務者または設定者に対する実行通知がされ，2か月を経過した時点で，譲渡担保権者が上記の措置をとりうることになる。それまでは，債務者は弁済権限（受戻権）を有するとされる。

(イ)　帰属清算方式をとるときに，前掲最高裁昭和46年3月25日判決は，譲渡担保権者が，清算金の支払なく目的物の引渡しを求めてきたときは，設定者は清算金支払と引換えになすべき旨の主張ができるとしている。

しかし，昭和46年の最高裁判決の段階では，清算金算定の基準時について，最高裁が未だ明確な立場を形成していなかったことに注意すべきである。後に述べるように，現在の判例法理では，第三者に対する処分のないうちに清算金を支払うときには，その支払時（または提供時）がまさに清算金算定の基準時になる。基準時について，このような考え方をとるかぎり，実は昭和46年の最高裁判決はもはや維持できない。目的不動産の明渡しと引換えに支払うべき金額が確定しないからである（確定しない金額の支払と引換えに不動産の明渡しを命じることができないのは，民事執行法が，引換給付判決を債務名義とする強制執行においては，引換給付またはその提供は執行開始の要件，つまり執行機関が形式的に判断できる事柄として位置づけていることからもわかる〔民執31条1項〕）。そこで，引換給付判決を下すべきである，と考えるのならば，債務者が清算金との引換えを求める旨の主張をしたときは，その時点で清算金額が定まる，という別のルールを作る必要がある（この点で，仮登記担保に関して，法制定以前に，清算金との引換給付を命じた最判昭45・9・24民集24巻10号1450頁が，「かかる場合に

〔道垣内〕　535

おいて，債務者が支払を受けるべき清算金の額は，本登記手続等請求訴訟の事実審口頭弁論終結時における目的不動産の時価から債権者の有する債権額を差し引いた残額」とする，としていることが二重の意味で参考になる。つまり，第1に，ルールの必要性を示すものとして，第2に，ルールの作り方の例として，である）。

単純に，債権者からの明渡請求を棄却するか，清算金額の算定において別個のルールを考えるべきであろう。

(ウ) 設定者は，譲渡担保権者が譲渡担保の実行を行っていないのに，もはや弁済をしない旨を宣言し，譲渡担保権者に対して清算金の支払を請求することはできない（最判平8・11・22民集50巻10号2702頁）。設定者には譲渡担保権者に実行を強制する権限はなく，当然であろう。譲渡担保の設定趣旨を，債務者側の判断で，目的物によって弁済することができる，というものだと考えるのには，多分に無理があると思われる（髙橋眞〔判批〕民商119巻4＝5号〔1999〕784-785頁，道垣内・課題108頁）。

これに対して，反対説もあり，設定者に被担保債権を弁済する資力がないために受戻権を行使できず，しかも諸般の事情から早急に法律関係を確定させる必要がある場合，設定者の側から清算金請求をすることもできる，とする見解（荒川重勝〔判批〕担保法の判例Ⅱ43頁），譲渡担保権者に実行時期を恣意的に決定する自由まで認める必要はない，とする見解（鳥谷部茂〔判批〕法教200号〔1997〕143頁，近江302頁，生熊323頁）などが主張されている。

逆に，清算金の支払まで，債務者は被担保債権に係る債務を弁済し，目的物件の完全な所有権を取り戻しうるという点についても，あまりに長期になるのは妥当でないとして，制限を加える見解もある。具体的には，仮登記担保法11条ただし書の類推適用により5年の除斥期間に服するという見解であるが（高木365頁，山野目362頁，清水246頁注(7)など。さらに，長期間後の弁済は権利濫用になりうるとするのは，田井ほか364頁〔松岡久和〕），譲渡担保権者としては清算金を支払えば法律関係を安定させることができるのであり，債務者の権限行使期間を制限しなければならない理由はないと思われる。

(エ) 処分清算方式をとるとき，譲渡担保権者は，目的物を第三者に処分することができる。この時点で，債務者は被担保債権の弁済権限を失い，後は清算金の支払関係のみが残る（前掲最判昭62・2・12）。第三者が清算金の未払いについて悪意であっても同様である（前掲最判平6・2・22）。また，譲渡担

保権者に対する債権者も目的不動産を差し押さえることができ，設定者は，差押えの登記後に債務を完済しても，第三者異議の訴えにより強制執行を排除することはできない（前掲最判平18・10・20）。譲渡担保権者による処分の場合と異なって解釈する理由はないからである。

　(オ)　ただし，判例（最判平9・4・11裁判集民183号241頁，最判平11・2・26判タ999号215頁）は，清算金が支払われる以前に，第三者から目的物の引渡請求を受けた設定者は，清算金債権を被担保債権として，目的物について留置権を行使しうる，として，設定者の清算金請求権を保護する。学説にも結論には異論がない状況である。

　しかし，問題は残っている。

　まず，留置権の成立要件との関係である。

　不動産の二重売買において，譲受人甲が先に登記を取得し，同乙が先に占有を取得したとき，甲から乙に対する明渡請求に対し，乙は譲渡人に対する損害賠償請求権を被担保債権として留置権を行使しえないとされている（最判昭43・11・21民集22巻12号2765頁）。また，土地の賃借人は，賃借権について対抗要件がないときは，当該土地の引渡しを受け，占有していても，賃貸人からの譲受人による明渡請求に対して，賃貸人に対する損害賠償請求権を被担保債権として留置権を行使することはできない（大判大9・10・16民録26輯1530頁）。そして，譲渡担保における清算金債権も，判例法理によれば，第三者への処分時に発生するものであり，上記の判例と同様に，留置権の成立を認めることはできないのではないか，という疑問が生じる（処分がなくても，清算期間が満了すれば，清算金債権が発生するという仮登記担保の場合と異なる）（道垣内・課題83頁・100-101頁，河上361頁）。

　そこで，学説では，処分前から設定者と将来の処分の相手方の間には，実質的な対立関係が生じており，潜在的留置権を観念できる，という説明（安永421-422頁）や，清算金が支払われるまで設定者は設定者留保権に基づいて占有を継続できる（だから，明け渡さなくてよい），という説明（道垣内328-329頁）が試みられている。

　しかし，さらに，弁済期到来前の処分について民法94条2項の適用または類推適用を主張する見解（→V 2(2)(ア)(c)）との緊張関係も指摘されている。すなわち，弁済期到来前に譲渡担保権者が目的物件を第三者に処分し，当該

第三者が譲渡担保関係について善意（あるいは善意無重過失）であったとすると，民法94条2項の適用または類推適用によって，当該物件の完全な所有権を取得するとする学説がある。しかるに，弁済期到来後の処分においては，処分の相手方の主観的態様を問わず，設定者が当該相手方に対して留置権を行使しうるとすると，不当処分のときの方が相手方が保護されることになってしまう，ということである（生熊長幸「譲渡担保権の対外的効力と二段物権変動説」鈴木禄弥追悼・民事法学への挑戦と新たな構築〔2008〕341頁。不当処分の相手方のほうが強い保護を受ける可能性があること〔したがって，留置権の成立は疑問であること〕は，道垣内・課題83頁も指摘していた）。

この指摘は，直接には，清算金の支払があるまでは処分の相手方に対して設定者は目的物件の引渡しを拒むことができるという結論を，設定者留保権が存続しているから，と説明する見解を批判するものだが，より一般的な意味をもっているといえる。実際，弁済期到来・未到来は外部からはわからず，さらには，当事者間ですら微妙な場合もあり（小林明彦「不動産・個別動産譲渡担保の効力」小林明彦＝道垣内弘人編・実務に効く担保・債権管理判例精選〔2015〕135頁），批判は正当であろう（なお，弁済期到来前の処分について民法94条2項の適用または類推適用を認めながら，保護のための主観的態様が具備されているときをほとんど認めないとしても，上記の批判は免れない。問題は理屈上のバランスだからである）。

この批判を踏まえるとき，弁済期到来後の処分についても，民法94条2項の適用または類推適用を認め，処分の相手方が一定の主観的態様（善意あるいは善意無重過失。同項の解釈論による）を備えるときは，設定者の留置権は成立しないと考えるべきように思われる（道垣内329頁）。このときの民法94条2項の適用または類推適用において，処分の相手方に対して求められる善意の対象は，処分主が完全な所有者だと信じたことである。処分主が譲渡担保権者ではあるが，清算金がすでに支払われていると信じたときは，そのような信頼の結果として，譲渡担保権者がすでに完全な所有権を取得していると信じたことになるから，結局，同じになる。

(3)　清算金額の算定

(ア)　帰属清算の場合には，目的物を適正に評価した額と被担保債権額の差額である。処分清算の場合にも，実際に処分された額とは限らず，適正な処分価額と被担保債権額との差額であると解される。そうしないと，設定者の

不動産譲渡担保　VI

利益を害するからである。なお，いずれの場合も，手続に要した費用は当然に差し引くという合理的な意思が存するとみてよいであろう。

借地上の建物が目的物のとき，土地賃借権にも譲渡担保の効力が及ぶので，原則としては借地権付建物として評価されるが，土地賃借権の譲渡に賃貸人の承諾を得られず建物買取請求権（借地借家14条）の行使しかできないときは，その請求権行使時の建物価格として評価される（前掲最判昭51・9・21）。また，目的物上に先順位の担保権が存在する場合，その被担保債権額を控除する（最判昭51・6・4金法798号33頁）（なお，このことは先順位担保権の被担保債権を譲渡担保権者が第三者弁済した場合の求償債権が譲渡担保の被担保債権に含まれることを意味するわけではない。したがって，たとえば譲渡担保権消滅のためには債務者は本来の譲渡担保の被担保債権額を支払えばよい〔最判昭61・7・15判タ618号44頁〕）。

(イ)　目的物の評価時について，判例は次の基準を示す（前掲最判昭62・2・12）。帰属清算の場合には，①まず，清算金が生じない旨設定者に通知したとき，その時点で客観的にも清算金が生じないときは，そこで確定する。②そのような通知がなく，あるいは，通知があってもその時点で客観的には清算金が生じるときは，清算金の支払または提供時が評価時になる。これに対して，処分清算型においては第三者への処分時を評価基準時とする。両当事者間の利益をうまく調整でき，妥当といえよう（道垣内330頁，川井・概論470頁）。ただし，帰属清算の場合に，譲渡担保権者による引渡請求に対し，設定者が清算金の支払と同時履行関係にあることを主張できるようにするためには，その場合に限って，別のルールが必要となる可能性があることについては，すでに説明した（㊀(2)(イ)）。

いうまでもないが，清算金の額は譲渡担保権者が自由に決めうるのではない。最終的には，たとえば目的物引渡請求訴訟において，裁判所により決定されることになる。

また，仮登記担保法2条を類推する学説からは，2か月の清算期間の経過時となる（近江幸治〔判批〕判評346号（判時1250号）〔1987〕41頁）。

4　用益権との関係

(1)　明渡猶予期間

目的物の現実の占有が設定者にある場合に，設定者がそれを第三者に賃貸したのち譲渡担保が実行されたときはどうか。譲渡担保が債権担保方法にす

不動産譲渡担保　VII　　　　　　　　　　　　　　　　　　第2編　物　権

ぎないことを重視すれば，抵当不動産の賃借人について明渡猶予期間を定め
る民法395条の類推適用の可否が問題になる。肯定すべきであろう。

⑵　法定借地権

同一所有者に属する土地と建物のうち，土地が譲渡担保の目的となり，そ
の実行がされたとき，建物所有者は土地の利用を継続できるか。逆に，建物
が譲渡担保の目的となり，その実行がされたとき，建物の所有権を得た者は
土地の利用権を取得するか。譲渡担保が債権担保を目的とするものであるこ
とを重視すると，抵当権の法定地上権に関する条文（388条），あるいは，仮
登記担保の法定借地権に関する条文（仮登記担保10条）の類推適用の可否が
問題になる。

まず，建物に譲渡担保が設定される場合には，譲渡担保権者が何らかの利
用権を約定することが通常であろうから（抵当権と違って占有者と所有者が分離
することになるから利用権の設定が可能である），問題にしなくてよいこと，およ
び，現在の土地の利用関係のほとんどが賃貸借であることを考慮すると，同
様の考慮をし，土地が担保目的物件となっているときにだけ，法定借地権を
認める仮登記担保法10条の類推適用が適当であろう（竹内・前掲書180頁，平
井・前掲書345頁，近江309頁，道垣内331頁）。ただし，土地が譲渡担保の目的
となった場合でも，利用権の設定ができるから，類推適用は不要であるとす
る見解もある（新版注民(9)〔改訂版〕571頁〔高木多喜男〕）。

VII　倒産における効力

1　債務者の倒産

譲渡担保権者が目的物の所有者であることを重視すれば，債務者について
開始された破産ないし会社更生手続において，譲渡担保権者は取戻権（破62
条，民再52条，会更64条）を有しそうである。しかし，譲渡担保権が債権担保
の目的のものにすぎないことから，譲渡担保権者は他の担保権者と同等に扱
えばよく，破産・民事再生においては別除権者（破2条10項，民再53条），会
社更生においては更生担保権者（会更2条11項）として処遇されるべきであ
るとするのが通説であり（くわしくは，斎藤秀夫ほか編・注解破産法(上)〔3版，
1998〕572頁以下〔野村秀敏〕），判例も会社更生に関して同じ立場である（最判

540　〔道垣内〕

昭 41・4・28 民集 20 巻 4 号 900 頁）。

　また，担保権消滅請求に関しても，担保として扱うべきであろう。すなわ
ち，民事再生手続においては，譲渡担保目的物が再生債務者の事業の継続に
欠くことができないものであるとき，再生債務者等は担保権消滅許可請求を
行うことができる（民再 148 条）。会社更生手続においても，譲渡担保目的物
が，更生会社の事業の再生のために必要であるときは，管財人の申立てに基
づいて，裁判所は，管財人に目的物の価額に相当する金銭を裁判所に納付さ
せ，譲渡担保権を消滅させることの許可決定ができる（会更 104 条 1 項）。

2　譲渡担保権者の倒産

　譲渡担保権者が倒産しても，被担保債権の弁済期が到来するわけでもなく，
譲渡担保を巡る法律関係は基本的に変化しない。ところが，平成 16 年の改
正以前の破産法 88 条（民再 52 条 2 項によって民事再生手続に，会更 64 条 2 項によ
って会社更生手続にも準用されていた）は，譲渡担保設定者は破産者（＝譲渡担保
権者）に対する譲渡が担保目的であったことを理由に目的物を取り戻しえな
い，としていた。この条文は，譲渡担保権者が目的物の完全な所有権を取得
するとした古い考え方に基づくものであり，そこで，判例・通説は，被担保
債権の弁済もないのに譲渡担保設定者が目的物の取戻しを請求できない，と
いう意味であり，被担保債権の弁済をすれば取り戻しうる，と実質的に縮小
解釈をおこない，設定者を保護していた。しかし，被担保債権の弁済をしな
いでは取り戻しえないのは当然であり，明文で規定するまでもない。そこで，
平成 16 年改正破産法は同条を廃止するに至った（民事再生法，会社更生法によ
る準用も当然になくなった）。

VIII　消　　滅

1　消 滅 原 因

　物権に共通の消滅原因（目的物の滅失，放棄，混同）のほか，被担保債権の消
滅，譲渡担保の実行によって消滅することは明らかである。譲渡担保が債権
担保手段であることを重視すると，代価弁済（378 条），担保消滅請求（379 条
以下）の類推適用の可否が問題になるが，あえて類推適用を肯定すべきもの
でもあるまい。

〔道垣内〕　541

不動産譲渡担保　VIII

第2編　物　権

被担保債権の弁済と目的物の返還とは同時履行関係に立たず，前者があってはじめて返還請求ができる，とするのが判例である（最判平6・9・8判タ860号108頁）。

抵当権については，抵当権の消滅時効（396条），抵当不動産の時効取得による抵当権の消滅（397条）について規律があるが，譲渡担保についてはどのように考えられるか。

まず，譲渡担保の消滅時効については，譲渡担保権者の有する権利が民法166条2項にいう「債権又は所有権以外の財産権」に該当するかが問題になる。譲渡担保の法律構成について③（→II2(2)）の見解をとり，譲渡担保権者は制限物権である担保権しか有していないと考えると，同項の適用は肯定され，譲渡担保権に関する同項の適用の実際は，民法396条の類推適用により抵当権の場合に準じることになろう（→§396III）。これに対して，譲渡担保権者に一応は目的不動産の所有権が帰属しているという見解（→II2(2)）をとると，民法166条2項は適用されないことになりそうである。このことをどのように評価するかは，抵当権について被担保債権と離れた時効消滅を認めることへの賛否と対応する（→§396III）。

次に，第三者による目的不動産の時効取得による譲渡担保権の消滅については，民法397条の類推適用を考えるか，あくまで民法162条・163条の適用によって処理するか，という問題がある。結論はほぼ変わらないが（道垣内236-237頁参照），あえて民法397条の類推適用を考えるまでもないと思われる（道垣内333頁）。

2　登記の公信力の欠如との関係

抵当権に関しては，被担保債権の消滅により抵当権が消滅したが，未だ登記が抹消されないうちに，抵当権登記を信じてそれに利害関係を有するに至った第三者が存在しても，登記に公信力のない結果，第三者は保護される余地がない。譲渡担保においても，それが担保手段であることを重視すると同じ結論になりうる可能性があるが，被担保債権の存在に付従する抵当権の場合と異なり，所有権移転登記を信頼した者はより強く保護されるべきであって，上記の結論は妥当でない。そこで，判例は，設定者に完全な所有権が復帰したことを第三者に対抗するためには，その対抗要件が必要であり（具体的には所有権移転登記），被担保債権消滅後に譲渡担保権者から目的物の所有権

542　〔道垣内〕

不動産譲渡担保　VIII

を譲り受けた第三者と設定者とは対抗関係に立つとする（最判昭62・11・12判タ655号106頁）。これは，弁済後は，設定者は，自己名義の登記を回復しようとすればできたことを前提にしているものと解される（佐伯仁志＝道垣内弘人・刑法と民法の対話〔2001〕111頁〔道垣内弘人発言〕参照）。しかし，被担保債務の弁済によって生じるのは，設定者留保権に制限された所有権の復帰であり，設定者留保権自体は設定者に帰属し続けている。そうだとすれば，弁済前・弁済後にかかわらず，譲渡担保権者による処分は，自己の有する権利を超過するものであり，いずれの場合も民法94条2項の適用で処理すべきであろう（道垣内333頁，高木360頁）。

〔道垣内弘人〕

〔道垣内〕　　543

動産譲渡担保　　　　　　　　　　　　　　　　　　　　　第2編　物　権

動産譲渡担保

細　目　次

I　特定動産の譲渡担保 ……………………545
　1　序　説………………………………545
　　(1)　動産の非占有担保化の重要性 ……545
　　(2)　動産譲渡担保の法的構成 …………545
　2　特定動産譲渡担保の公示………………547
　　(1)　判例・通説の占有改定論 …………547
　　(2)　占有改定否定説 ……………………547
　　(3)　動産譲渡登記による公示 …………548
　3　特定動産譲渡担保の内部関係（その
　　1)──設定者の権利義務………………550
　　(1)　目的物の占有・利用関係 …………550
　　(2)　譲渡担保権者・設定者ないし第三
　　　者による目的物の侵害 ………………551
　4　特定動産譲渡担保の内部関係（その
　　2)──譲渡担保権者の権利義務 ………552
　　(1)　優先弁済権 …………………………552
　　(2)　実　行 ………………………………553
　　(3)　譲渡担保権者の権利義務 …………555
　5　特定動産譲渡担保の外部関係（その
　　1)──譲渡担保権者と設定者側の第三
　　者の関係………………………………557
　　(1)　譲渡担保設定者による担保目的物
　　　の処分 …………………………………557
　　(2)　譲渡担保設定者側の一般債権者に
　　　よる差押え ……………………………558
　　(3)　譲渡担保設定者の破産・会社更生
　　　等 ………………………………………559
　6　特定動産譲渡担保の外部関係（その
　　2)──設定者と担保権者側の第三者の
　　関係………………………………………560
　　(1)　譲渡担保権者による目的動産の処
　　　分 ………………………………………560
　　(2)　譲渡担保権者の一般債権者による
　　　目的動産差押え ………………………560
　　(3)　譲渡担保権者の破産・会社更生等
　　　…………………………………………561

　　(4)　「再譲渡担保」の問題………………561
II　流動動産の譲渡担保 ……………………563
　1　序　説………………………………563
　　(1)　集合動産譲渡担保の3類型 ………563
　　(2)　流動動産譲渡担保の社会的機能と
　　　3つの時的区分 ……………………563
　2　第1段階──流動動産譲渡担保の設
　　定 ………………………………………565
　　(1)　客体の範囲（物権成立のための特
　　　定性）…………………………………565
　　(2)　法的構成に関する諸理論の素描 …567
　　(3)　流動動産譲渡担保の重複設定 ……571
　3　第2段階──期中管理………………572
　　(1)　序──譲渡担保設定者の処分権限
　　　…………………………………………572
　　(2)　流動動産譲渡担保における担保価
　　　値維持請求権 …………………………573
　　(3)　「通常の営業の範囲」の判断基準…574
　　(4)　「通常の営業の範囲」を超える
　　　（範囲外の）処分の効力 ……………575
　4　第3段階──担保権の保全から実行
　　段階へ……………………………………578
　　(1)　序 ……………………………………578
　　(2)　集合物の構成個別物の「固定化」
　　　のプロセス ……………………………579
　　(3)　「固定化」概念の多義性とその要
　　　否 ………………………………………582
　　(4)　流動動産譲渡担保の実行・倒産手
　　　続と「固定化」 ………………………583
　　(5)　流動動産譲渡担保に基づく物上代
　　　位 ………………………………………586
　　(6)　流動動産譲渡担保の実行と他の債
　　　権者との関係 …………………………589
　5　流動動産譲渡担保と流動債権譲渡担
　　保の法理の融合の可能性………………593

544　〔小山〕

動産譲渡担保　I

I　特定動産の譲渡担保

1　序　　説

(1)　動産の非占有担保化の重要性

　動産質権においては，質権者が目的物を占有し，質物についての現実の占有移転が必要であるため（345条），質権設定者がその物を占有・利用しつつそれを担保の目的とすることができず，よって，事業者が営業上不可欠な財産（機械設備や在庫商品等）に質権を設定して事業資金の融資を受けることは現実的ではない。また，質権によると，実行にあたって煩雑な裁判上の手続を踏まなければならない。いくつかの動産については特別法（自動車抵当法，航空機抵当法等）により独自の登録制度が設けられ，抵当権を設定する道が開かれている（例，船舶抵当につき商法847条1項等，自動車抵当につき自動車抵当法2条・3条・5条）。しかし，特別法の定める以外のところで，動産譲渡担保は，民法典に定めのない一種の動産抵当として広く用いられることとなった（我妻630頁）。占有の現実的移転を要しない譲渡担保を利用すれば，裁判所の競売手続を経ない「私的実行」によって換価することもできる。私的実行によって市場メカニズムを反映したより高い価格で売却することができれば，債権者の債権回収にとっても，設定者の担保価値の活用にとっても有意義である（松岡310頁）。判例は，目的物の占有を設定者にとどめる動産譲渡担保が，質権の民法344条・345条の脱法行為ではないかについて，譲渡担保は目的物の所有権を移転するため，質権の規定の適用はないとしている（大判大3・11・2民録20輯865頁ほか）。

　なお，所有権留保も動産の担保手段として利用されるが，基本的に動産の売主・買主間もしくは立替払をして担保目的で売主から所有権を取得した信販会社と買主の間で利用される（最判平22・6・4民集64巻4号1107頁参照）。このとき，その被担保債権は，担保目的物である動産の売買に関して生じている。譲渡担保の場合には，担保目的物である動産と被担保債権との間に，このような直接の牽連関係は見られない（両者の異同につき，田髙寛貴「譲渡担保と所有権留保」法教424号〔2016〕81頁以下参照）。

(2)　動産譲渡担保の法的構成

　最高裁は，主として不動産を目的とする「譲渡担保契約において，債務者

〔小山〕　545

が弁済期に債務の弁済をしない場合には，債権者は，……目的物を処分する権能を取得する」とする判例法理を展開してきた（最判昭57・1・22民集36巻1号92頁，最判昭62・2・12民集41巻1号67頁，最判平6・2・22民集48巻2号414頁等）。また，近時，最高裁平成21年3月10日判決（民集63巻3号385頁）は，「留保所有権者が有する留保所有権は，原則として，残債務弁済期が到来するまでは，当該動産の交換価値を把握するにとどまるが，残債務弁済期の経過後は，当該動産を占有し，処分することができる権能を有するものと解される」として，弁済期の到来時を基準とする上記のルールが，不動産譲渡担保以外の非典型担保にも妥当することを明確にした。よって，以上の規律は，動産譲渡担保においても基本的に妥当するものであり，最高裁は，一方では担保権としての実質と矛盾しない限りにおいて譲渡担保権者に所有権者としての権利主張を許し，他方では設定者にもこれと矛盾しない範囲で所有権者としての一定の権利主張を認めて，譲渡担保権者には債権担保の目的を達するのに必要な範囲内においてのみ，所有権移転の効力が生ずるとの立場を，動産譲渡担保についても採用していると言いうる（最判平5・2・26民集47巻2号1653頁）（→不動産譲渡担保II 1(2)）。

　他方，近時の学説は，譲渡担保の効力について不動産・動産・債権（権利）等の目的物の種別ごとに分けて考察する傾向にある（椿寿夫「譲渡担保論の現状と課題」法時65巻9号〔1993〕7頁）。しかし，多くの説は，不動産譲渡担保と特定動産の譲渡担保に関しては，原則として同じ規律に服するものと考える（生熊282-286頁参照）。所有権的構成と担保的構成との対立は，今日では後者が支持され，譲渡担保を抵当権（動産譲渡担保では動産抵当として）に準じて構成するのか，法形式を重視して，譲渡担保権者には所有権が移転しているがそれは担保の目的に必要な範囲のものが移ったにとどまり，他方，設定者も，担保に必要な範囲を差し引いた所有権的な権利を留保している（設定者留保権ないし物権的期待権）と構成するかという違いがある（学説の整理につき，河上332-333頁参照）。なお，抵当権説とは異なるが，譲渡担保権者は制限物権的権利を有するものとし，所有権は設定者にとどまるとする見解（制限物権的担保的構成）の一つとして，私的実行型担保権（流担保特約付抵当権）説がある（田髙寛貴・担保法体系の新たな展開──譲渡担保を中心として〔1996〕155頁以下）。

　しかし，判例が担保的構成に歩み寄った結論を多くの局面で採る現在，学

動産譲渡担保　I

説上も，法的構成の差異が結論の差異を導くことには異論があり，むしろ同じ結論に至るべきであるとの主張が有力である（松岡347頁）。単に，譲渡担保設定当事者間の関係では，設定契約の定め（明示または黙示の）による規律や，担保目的であるとの考慮が優先する一方，第三者が関与する場面では，異なる法的構成によって異なる結論を導く可能性が残るのみとされる（動産譲渡担保を含めて譲渡担保一般の文献リストとして，岡孝＝松岡久和＝和田勝行「譲渡担保関連文献目録（上・下）」学習院大学法学会雑誌45巻2号45頁，46巻1号81頁〔2010〕を参照）（→不動産譲渡担保Ⅱ2）。

2　特定動産譲渡担保の公示

(1)　判例・通説の占有改定論

特定（個別）動産の譲渡担保における対抗要件は，設定者に目的物の利用を認める便宜から占有改定によることが多い（183条）。一般債権者から見て，設定者の利用状態に変化はないため，外観上譲渡担保の設定を公示するには不十分であるが，判例はそれで足りるとし（大判大5・7・12民録22輯1507頁，最判昭30・6・2民集9巻7号855頁），設定者が引き続き目的物を占有している場合には，別途何ら意思表示を要せずして債権者に占有改定による引渡しがなされたものとしている（前掲最判昭30・6・2。ただし，最決平29・5・10民集71巻5号789頁は，設定者が直接占有をしない場合でも債権者が占有改定により引渡しを受けうるとする）。

(2)　占有改定否定説

判例の見解に対し，一部の学説は，動産譲渡担保の法的構成につき抵当権説に立ち，動産譲渡担保ではおよそ物権変動の公示方法として占有改定を考える余地はなく，一種の明認方法として，目的物にそれが譲渡担保の目的物であることを示すネームプレートを貼り付けること，または打刻をすることをもって対抗要件としようとする見解がある（吉田真澄・譲渡担保〔1979〕94頁以下）。この見解は，占有改定によっては動産譲渡担保権の存在を外部から関知することができず，第三者が不意打ちを受けたと同様の結果をもたらすことを危惧する（石田喜久夫・現代の契約法〔増補版，2001〕152頁）ことから，個別の物についての占有改定があるだけでは足りず，担保権の存在を包括的に公示する明認方法類似の具体的表示を備えるべきと解する（山野目章夫「流動動産譲渡担保の法的構成」法時65巻9号〔1993〕22頁）。

〔小山〕　547

動産譲渡担保　I　　　　　　　　　　　　　　　　　　　　　　　　　第2編　物　権

　しかしながら，民法上担保目的という制約を受けない完全な所有権の移転でさえ占有改定によって対抗要件である「引渡し」（178条）を具備する以上，譲渡担保の公示についてだけ特別の配慮をすべき理由は乏しい。とりわけ，次項で言及する動産譲渡登記制度の導入後においては，以上の学説を採用する余地は少なくなったと言ってよいであろう。

(3)　動産譲渡登記による公示

　2004年に「債権譲渡の対抗要件に関する民法の特例等に関する法律」（債権譲渡特例法）が改正され，「動産及び債権の譲渡の対抗要件に関する民法の特例等に関する法律」（以下，「動産・債権譲渡特例法」という）となった。この法改正により，法人がする動産の譲渡について，登記によって対抗要件を具備することが可能となった。

　動産譲渡登記の利用は，法人による譲渡に限定される（動産・債権譲渡特例法1条）が，個別動産・集合動産の区別をせずに動産一般を登記の対象とし，担保目的の譲渡だけでなく真正の譲渡（真正売買）にも利用可能である。本法3条1項は，「法人が動産〔中略〕を譲渡した場合において，当該動産の譲渡につき動産譲渡登記ファイルに譲渡の登記がされたときは，当該動産について，民法第178条の引渡しがあったものとみなす」と規定する。178条の「引渡し」に新たな選択肢を付加したにすぎず，仮に同一の動産について占有改定が先行してなされていたとしても，後れてなされた動産譲渡登記が前者に優先するわけではない（いわゆる「登記優先ルール」の不採用）。

　動産譲渡登記は物的編成主義ではないので（実質，譲渡人単位で編成），この登記では，譲渡動産を特定する事項を記録することが重要である。登記される動産の特定方法については，動産の特質によって特定する場合と，動産の所在によって特定する場合がある。前者は，「動産の種類」と，「動産の記号，番号その他の同種類の他のものと識別するために必要な特質」，後者については，「動産の種類」および「動産の保管場所の所在地」による（動産・債権譲渡登記規則8条1号・2号）。両者に共通する「動産の種類」として，「○○（動産の種類）一式」または「○○（動産の種類）一切」のほか，「○○（動産の種類）等」と表記される例もある（土手敏行「現在の動産譲渡登記および債権譲渡登記の利用状況ならびに今後の動向」金法1770号〔2006〕44頁）。動産の特質によって特定する場合には，製造番号や製品番号等のシリアルナンバーによることが

548　　〔小山〕

動産譲渡担保　I

考えられる（植垣勝裕＝小川秀樹編著・一問一答動産・債権譲渡特例法〔3訂版増補，2010〕77頁）。なお，登記原因は不動産登記の場合と同様，「譲渡担保」である（動産・債権譲渡特例法7条2項）。特定動産については，種類・識別特質（メーカー名，製品名，製造番号，製造年月日）で特定し，集合動産については，種類・保管場所・所在地で特定することが想定されている（河野玄逸「動産・債権譲渡特例法と担保実務上の留意点」登記情報547号〔2007〕10頁，前島顕吾「ABL実務の現状と今後の検討課題」登記情報552号〔2007〕95頁）。

　動産・債権譲渡特例法3条1項にいう「引渡し」は，あくまで民法178条の意味での「引渡し」にすぎず（ただし，当該動産につき，倉荷証券・船荷証券・複合運送証券が作成されている場合を除く），民法333条の「引渡し」を当然には意味せず，動産譲渡登記を経由しても192条の即時取得としての効果を生じない。その一方で，動産譲渡登記がされた譲渡の目的物である動産が，さらに譲渡された場合に，譲受人に即時取得が認められるかについては，規定は設けられず解釈に委ねられた（植垣＝小川編著・前掲書37頁）。もっとも，目的物の種類，取引態様，譲受人の性質（金融機関等の事業者である場合）によっては，動産譲渡登記を確認しないことが，民法192条の「過失」に当たると判断される場合もありえよう（道垣内319頁）。

　動産譲渡登記の利用によって，動産譲渡担保に占有改定以外の対抗要件の具備を可能とするとともに，その設定と対抗要件具備の時点の立証を容易にし，かつ第三者の即時取得をも阻む効果が期待されている。もっとも，実際上は，目的物に強い個性があり，登記によって特定が可能な機械設備や高価なコンピューターのような動産についてのみ，事実上登記が可能であり，かつ，譲渡後も目的物の現実の占有を譲渡人（設定者）の許に留めておくような場合に実益を発揮する。結果として，譲渡登記の利用は，譲渡担保のような担保目的の場合にほぼ限定されると予想された（高木342頁）。現在では在庫品の譲渡担保等の利用のために，譲渡担保設定契約書の書式例において，対抗要件具備のために動産譲渡登記が利用される旨が明示されるに至っている（植竹勝ほか「『譲渡担保権設定契約書（参考例）』の概説」金法1970号〔2013〕46頁）。

〔小山〕　549

動産譲渡担保　Ⅰ   第2編　物　権

3　特定動産譲渡担保の内部関係（その1）──設定者の権利義務

(1)　目的物の占有・利用関係

譲渡担保権者・譲渡担保設定者（債務者ないし物上保証人）間の関係は，基本的に譲渡担保設定契約（諾成・不要式）の約定による（鈴木368頁）。通常は，譲渡担保設定者は譲渡担保の設定後も目的物の占有を保持し，無償でその利用を継続する。設定者は，所有権を譲渡担保権者に移転しているから，形式上所有者ではないが，目的物の利用を設定者に留めてその利用をさせることが動産の譲渡担保の主たる利用目的であるので，通常，所有権的構成を採る場合，設定者が譲渡担保権者の代理人として占有するとか，設定者が譲渡担保権者から賃借する，といった約定になる（道垣内316頁）。仮にそのような契約関係が認定できない場合でも，担保目的での譲渡であることから，設定者が目的物の利用に関する権限を留保していると構成すれば足りる（安永412-413頁）。すなわち，譲渡担保の法的構成から設定者に何らかの物権的地位があると解する（設定者留保権説等）かぎり，その地位ないし権限が，目的物の利用権限と解しうる。

個別動産の譲渡担保設定者は，他の担保権の場合と同様，担保目的物の価値を維持する義務を負い，目的物を損傷してはならないと解される（善管注意義務〔400条〕，担保価値維持義務，最大判平11・11・24民集53巻8号1899頁，最判平18・12・21民集60巻10号3964頁）。動産の譲渡担保設定者が，目的物を滅失・損傷させたり，譲渡担保権の設定がないものとして目的動産を売却・質入れや譲渡担保設定を行うことは，通常，譲渡担保権を侵害する債務不履行である。設定者が勝手に第三者に対して処分したりする場合には，これらの行為は，被担保債務の期限の利益を喪失させ（137条2号），譲渡担保の私的実行が可能となる。また，譲渡担保設定者は，担保価値維持義務の債務不履行（415条）として，または，譲渡担保権者の所有権侵害を理由とする不法行為（709条）を理由として損害賠償義務を負う。学説は，これを抵当権侵害の法理を類推適用して対応する（高木352頁）。

以上を前提として，譲渡担保設定契約書には，設定者につき自己に現実の占有をとどめた目的物についての善管注意義務が規定されるほか，設定者による目的物の譲渡・転貸，担保提供等の債権者を害する行為の禁止，当該目的物が他の債権者から差押えや滞納処分を受けた場合に譲渡担保権者に対し

550　〔小山〕

動産譲渡担保　Ⅰ

て通知をなす義務等が定められる（明地正勝＝北島敬之「動産の譲渡担保をめぐる諸問題」金法 1387 号〔1994〕23 頁）。

(2)　譲渡担保権者・設定者ないし第三者による目的物の侵害

(ア)　譲渡担保権者による目的物の侵害　　譲渡担保権者が目的物を毀損した場合，設定者にはどのような救済が与えられるか。譲渡担保権者に完全な所有権が移転し，設定者には被担保債務の弁済時に所有権の受戻しを請求できる債権的な地位しかないとすれば，設定者は譲渡担保権者の債務不履行責任（返還義務の不履行）を追及するしかない。しかし，担保権的構成により設定者に何らかの物権的な地位（設定留保権等）を認めるかぎり，設定者には物権的請求権も認められ，かつ，譲渡担保設定契約の不履行として，被担保債権額を目的物の評価額から控除した額を損害として，譲渡担保権者に対する損害賠償請求を認めるべきである（道垣内 317 頁）。

なお，譲渡担保権者が自己の債権者のために担保目的物を処分（例，転譲渡担保の設定）した場合については，後掲 6 (4)を参照。

(イ)　譲渡担保設定者による目的物の侵害　　次に，譲渡担保設定者が目的物を滅失・損傷したり，第三者に処分した場合に，設定者は，目的物保管義務の債務不履行として，あるいは，譲渡担保権者の所有権侵害の不法行為として損害賠償責任を負う。また，担保価値維持義務違反として，譲渡担保設定契約上債務不履行責任を生じ，同時に，譲渡担保権の侵害として，不法行為責任をも生じる。また，譲渡担保権者は，物権的請求権（妨害排除・予防）をも有する。

(ウ)　第三者による目的物の侵奪　　譲渡担保権者・設定者以外の第三者が目的物を滅失・損傷ないし現実の占有を奪った場合，設定者は占有をする侵奪者たる第三者に対して，被担保債務を弁済すれば所有権を回復しうるという譲渡担保の趣旨および効力に照らして返還を請求できる（最判昭 57・9・28 判タ 485 号 83 頁〔ただし不動産譲渡担保の事案〕）。占有を奪われたことを理由として，占有回収の訴えおよび損害賠償請求もなしうる（200 条 1 項）。一方，譲渡担保権者も，譲渡担保権の侵害を理由として，不法行為に基づく損害賠償請求および物権的請求権を行使しうる。目的物の滅失・損傷の場合も，占有訴権を除いて，譲渡担保権者・設定者に同様の救済が認められる（河上 349 頁）。

〔小山〕　　551

動産譲渡担保　Ⅰ　　　　　　　　　　　　　　　　　　　第2編　物　権

4　特定動産譲渡担保の内部関係（その2）——譲渡担保権者の権利義務

(1)　優先弁済権

(ア)　物上代位　　動産の譲渡担保であっても，担保物権としての性質上，物上代位も認められる。近時，判例は，個別動産の譲渡担保権について，譲渡担保設定者の破産手続開始決定後の売却代金債権に対する物上代位を肯定した（最決平11・5・17民集53巻5号863頁）。事案は，譲渡担保の目的である輸入貨物（流動性のない動産）を設定者が譲渡担保権者から与えられた処分権限に基づいて売却した場合に，譲渡担保権者をして，物上代位権の行使として売却代金債権を差し押さえることを認めたものである。譲渡担保の目的物と被担保債権との間に相当程度の牽連性があり，被担保債権の履行期が到来していたこと，譲渡担保設定者に目的物の処分権限が与えられ，処分後は第三取得者に対して譲渡担保権者が追及権を有しないこと，等の特徴があり，そのような事情から物上代位を肯定しやすい事案であった（河邉義典〔判解〕最判解平11年上461頁）。

学説には，所有権者が，二重譲渡時に売主に対して損害賠償請求権しか主張できず，価値代償物の所有権を主張できないこととの対比から，当事者の選択した法形式以上の権利を認める必要はないとして，譲渡担保一般に物上代位を否定すべきとする説がある（道垣内315頁）。しかし，動産売買先取特権（304条・321条）の価値代替的物上代位の場合と同様，当初の第1次的な担保目的物本体への追及が認められない以上，民法304条を類推適用して，担保目的物本体の価値を表章している代替物への物上代位を認める必要がある。

以上の点からは，目的動産が滅失・損傷した場合の損害保険金請求権への物上代位も肯定されるべきである（流動動産譲渡担保につき，最決平22・12・2民集64巻8号1990頁）。もっとも，損害保険金請求権については，むしろ被保険利益の支配・帰属の問題（前掲最判平5・2・26）であるとの指摘もなされている（高木341頁，河上341頁）。

(イ)　被担保債権　　被担保債権については，不動産譲渡担保等と異なるところはなく，将来債権でも，また，不特定の債権でもよい（根譲渡担保）。新陳代謝する不特定の債権を被担保債権とする根譲渡担保については，特定動産の譲渡担保の目的物の価値の減価の程度や陳腐化の可能性を考慮したうえ

552　〔小山〕

動産譲渡担保　Ⅰ

で，包括根譲渡担保の有効性を公序良俗違反として否定する余地を認めれば足りる（道垣内311頁，河上337頁）。抵当権についての375条や根抵当権についての398条の3（極度額）のような制限もない。

(2)　実　　行

(ア)　私的実行としての引渡請求　　譲渡担保の設定後も現実の占有が設定者に委ねられる形態が通常であるから，動産譲渡担保の実行と換価のためには，譲渡担保権者による占有の取得が必須である。被担保債権の弁済期が到来すれば，譲渡担保権者は実行の前段階として，目的物の換価または評価に必要であることを示して，債務者（譲渡担保設定者）の許にある目的物（個別動産）の引渡しを請求することができる（大判大4・2・22民録21輯174頁，大判昭2・12・22新聞2818号14頁）。この一種の実行通知は，譲渡担保設定者に受戻権行使の機会を保障する意味を持つ（松岡331頁）。

判例は古くから譲渡担保権者に清算義務を課していた（大判大10・3・5民録27輯475頁）ものの，当初は不清算特約も有効とし，被担保債権と目的物の価額の不均衡が著しい場合に，暴利行為（90条）として特約を無効としていた（最判昭38・1・18民集17巻1号25頁）。現在では，一般的な清算義務が認められており（最判昭46・3・25民集25巻2号208頁），不清算特約は原則として無効とされる。学説では，譲渡担保を私的実行する際に目的物の適正評価が必ずしも容易でない（清算金が100円等のごく僅かになるとき）ことに鑑み，暴利行為論による調整を前提として，一定の範囲で不清算特約を有効と解する見解がある（竹内俊雄・譲渡担保論〔1988〕36頁・68頁）。しかし，目的物の評価を弾力的に行うことによってわずかな金額の清算金の発生を抑制することができるのだから，あえて不清算特約を有効と解する必要はない（道垣内325頁，松岡328頁）（→不動産譲渡担保Ⅵ1(3)）。

(イ)　清算の方法　　被担保債権の弁済期到来時に譲渡担保を実行する方法には，債権者が目的物の価額を適切に評価し，その評価額と被担保債権額との差額を清算金として譲渡担保設定者に返還するという方法（帰属清算）と，目的物を第三者に処分して，そこで得られた売買代金によって被担保債権の回収を図り，残金を設定者に返還するという方法（処分清算）とがある。判例においては，帰属清算と処分清算は，譲渡担保権者が選択しうる2つの清算方法として位置づけられており，譲渡担保契約で一方が原則であると定め

〔小山〕　553

動産譲渡担保　Ⅰ

られていても特段の意味を持たない（前掲最判昭57・1・22，前掲最判昭62・2・12，前掲最判平6・2・22）。近時の学説にあっても，なお帰属清算方式を原則とすべきとする説がある（譲渡担保権者が帰属清算・処分清算を任意に選択できることに反対する説として，生熊318-319頁）。動産譲渡担保の場合，設定者が占有したままでは処分清算は困難であり，また，目的物が商品であるときは，譲渡担保権者が同種商品を扱う事業者でなければ，自己で売却するよりも設定者に処分させてその売上金から被担保債権を回収するほうが現実的である（松岡328頁）。さらに，特定（個別）動産の譲渡担保では担保目的物の価格が債権額を上回ることは稀である。処分清算との均衡上，帰属清算の場合にのみ実行通知から一定期間（仮登記担保法2条類推適用によるなど〔鈴木・分化274頁〕），設定者に残存する物権的な権利（設定者留保権等）が消滅しないとするのも，その期間内に商品価値が陳腐化することや，時間の経過による減価を考えれば，妥当でない。動産類を引渡し未了のまま設定者の手許においた状態での評価は困難であり，実際に処分してみなければ評価できない動産類も多い（田原睦夫「集合動産譲渡担保の再検討——担保権実行の局面から」同・諸問題267頁〔初出・金融法研究・資料編(3)〔1988〕144頁〕）。帰属清算を原則とすれば，目的物たる特定動産の減価・陳腐化のリスクを譲渡担保権者が負うことになり，妥当でない。よって，特定動産の譲渡担保においては，帰属清算よりも処分清算を原則形態として考えるべきである（田原・諸問題268頁）（→不動産譲渡担保Ⅵ2⑵）。

　清算金の算定時期について，判例は，帰属清算については清算金の支払または提供の時点の時価（前掲最判昭62・2・12），処分清算の場合には，処分時点の処分価額が一応の基準となる（贈与や廉価処分の場合には時価相当額）。以上の点は，動産譲渡担保であっても，不動産譲渡担保の場合と異なるものではない。清算金の金額を譲渡担保権者が自由に決めうるのではなく，最終的には，目的物引渡請求訴訟等において裁判所により決定されることになる。

　債権者が，譲渡担保設定者に対して，譲渡担保権の私的実行として動産引渡請求を行う場合，純然たる所有権に基づく引渡請求とは異なり，譲渡担保設定者は，帰属清算の場合には清算金の支払との引換給付を求める抗弁を提出しうる（不動産譲渡担保に関して，前掲最判昭46・3・25，宮坂昌利〔最判平18・7・20判解〕最判解平18年下858頁注10）。目的物の引渡請求と清算金支払の同

554　〔小山〕

動産譲渡担保　Ⅰ

時履行関係を排除する特約は無効と解すべきである（仮登記担保法 3 条 3 項と同旨。高木 347 頁）。しかし，処分清算方式の場合には，流行性のある商品や季節商品等が譲渡担保の目的ならば，処分してみなければ処分価格は明らかにならないから，清算金と目的物との引渡しは引換給付の関係には立たないと解すべきである（田原・諸問題 271 頁）。譲渡担保設定者に対し動産引渡請求をし，もし設定者が任意に引渡しに応じない場合には，当該動産の目的物引渡請求権を被保全債権とした処分禁止・占有移転禁止・執行官保管の仮処分や引渡断行の仮処分の執行後に本案訴訟を提起することになる（植垣勝裕ほか「〈座談会〉新しい動産・債権譲渡登記制度と金融実務（下）」金法 1738 号〔2005〕98 頁，経営法友会マニュアル等作成委員会編・動産・債権譲渡担保マニュアル〔2007〕113 頁・117 頁）。このとき，清算金支払についての譲渡担保設定者の保護は，清算金支払請求権を被担保債権として留置権が成立し，これをもって譲渡担保権者からの目的物の譲受人に対して引渡しを拒絶することによって図られる（最判平 11・2・26 判タ 999 号 215 頁，最判平 9・4・11 裁判集民 183 号 241 頁）。

　譲渡担保権者は，譲渡担保を実行するために，設定者に対する目的物の引渡請求のほか，権利の移転に必要な一切の行為を求めることができる（最判昭 50・7・25 民集 29 巻 6 号 1147 頁）。目的物の引渡しと同様，これらの行為も清算金の支払と同時履行の関係に立ち（前掲最判昭 46・3・25），設定者は留置権も行使できる（前掲最判平 9・4・11）。設定者に対して協力を求めることで，清算金の一部を前払いする等を通じて，処分清算の場合にも清算金の支払の確保が可能になり，設定者にとっても不利益の少ない対応につなげることができる。

(3)　譲渡担保権者の権利義務

(ア)　特定動産の譲渡担保権者の担保価値維持義務　　特定動産の譲渡担保権者も，譲渡担保設定者と同様，担保目的物の価値を維持する義務を負い，目的物を損傷してはならないと解される（善管注意義務〔400 条〕，担保価値維持義務，前掲最大判平 11・11・24，前掲最判平 18・12・21）。債権を担保する目的で所有権が債権者に移転するから，譲渡担保権者である当該債権者は，担保の目的を超えて目的物を利用してはならないという義務を設定者に対して負う（大判昭 8・4・26 民集 12 巻 767 頁，最判昭 35・12・15 民集 14 巻 14 号 3060 頁）。所有権的構成の下で，設定者に物権の帰属を認めず，譲渡担保権者は，所有権を

〔小山〕　555

担保目的以外に行使しないとする債務があると構成することによって，債務不履行責任を肯定したものである。しかし，譲渡担保権者には債権担保の目的を達するのに必要な範囲内においてのみ，所有権移転の効力が生ずるとの判例の立場からは，以上の規律が維持されているかは疑問である。

担保権的構成では，担保権実行完了前の譲渡担保権者は，所有権が移転するとの権利移転構成の下で対外的には完全な権利者として扱われるとしても，担保の目的に所有権移転が限定されていることの制約を受ける。譲渡担保設定契約に担保目的物の保管義務の特約が含まれていると解することもできる（鈴木・分化 366-370 頁）。

動産譲渡担保の場合，多くは譲渡担保権者が目的物を現実に占有していないので実際には考えにくいが，譲渡担保権者が被担保債権の弁済期到来前に目的物を第三者に処分すれば，設定者に対して債務不履行に基づく損害賠償責任を負う（大判昭 6・4・24 民集 10 巻 685 頁）。譲渡担保権実行としての正当な範囲内での処分を除き，清算完了前に担保の目的による拘束がないものとして第三者に処分することも，設定者の権利を害するから債務不履行といえる。なお，担保権的構成の場合は，債務不履行責任と構成することも，不法行為責任（設定者の有する設定者留保権，物権的期待権または所有権の侵害を理由とする）と構成することも可能である（生熊 292 頁）。

　(イ)　譲渡担保設定者の使用許諾違反を理由とする引渡請求　　他方，動産譲渡担保の目的物を設定者にとどめて利用させる約定につき，形式上賃料不払など，設定者がこの使用許諾の約定に違反した場合，譲渡担保権者は，譲渡担保を実行することなく，目的物の引渡しを求めることができるか。譲渡担保設定当事者間で，形式上所有権が債権者に移転すると約定されるため，賃貸借契約ないし使用貸借契約が締結され，設定者の利用権が契約に基づくとの形式をとることから生じる問題である（高木 351 頁）。所有権的構成からは，譲渡担保権者が上記利用契約を解除して引渡しを請求するという構成を考えるが，担保権的構成からは，設定者には所有権が残っておりその残存権能に基づき利用を継続するのだから，当事者間の賃料支払義務は，実質は利息の支払義務にすぎない（利息制限法の適用あり）。利息の延滞によっては譲渡担保の実行はできないと解すれば，譲渡担保実行に至るまで設定者の利用は継続されるべきであり，譲渡担保権者は引渡しを求めることはできない（松

動産譲渡担保　I

岡323頁）。もっとも，賃貸借契約の解除を，非占有型の担保権から占有型の担保権への変換を求める特約であると解して，明渡請求を肯定する見解もある（道垣内317頁）。

目的物の現実の占有を譲渡担保権者に移転する譲渡質型の場合には，動産質権の規定（350条・297条・298条）を類推適用して，特約なきかぎり，譲渡担保権者は目的物の利用権を有しないが，果実収取権（297条）を有することになる。

5　特定動産譲渡担保の外部関係（その1）──譲渡担保権者と設定者側の第三者の関係

(1)　譲渡担保設定者による担保目的物の処分

(ア)　個別動産の第三者への担保目的でない譲渡　　譲渡担保権者に登記名義が移転する不動産譲渡担保では，設定者が第三者に目的物を譲渡することはまずない。譲渡担保権者と設定者側の第三者の関係という問題は，対抗要件の公示性の乏しい動産譲渡担保において顕著である（松岡335頁）。以下，Aを譲渡担保設定者，Bを譲渡担保権者，CをAからの目的動産の譲受人とする。

個別動産の場合，AがBに担保目的で譲渡し，Bが対抗要件（通常は占有改定）を備えれば，Aはもはや無権利者となり，Cには即時取得（192条）による保護があるだけである（所有権的構成）。担保権的構成からは，第2譲受人は譲渡担保権の負担つきで目的物の所有権を取得し，譲渡担保設定者が債務者であるなら，その物上保証人の地位に置かれる（第2譲渡が譲渡担保目的である場合につき，次の(イ)を参照）。

どのような説を前提としても，譲渡担保権者から設定者に対する処分の授権なくして行う，譲渡担保の目的である個別動産を担保の負担のない財産として譲渡・質入れすることは無権限処分であり，譲受人Cは即時取得しないかぎり保護されない。無権限処分である以上，設定者Aが債務者であれば担保の滅失により期限の利益を失い（137条2号），Bは譲渡担保権の実行が可能になる。設定者Aの担保価値維持義務の違反により適切な管理も期待できず，BはAに対して，所有権に基づき（所有権的構成），あるいは譲渡担保に基づき（担保権的構成）引渡しを請求できる。被担保債権の弁済期が到来している以上，譲渡担保権者は完全な処分権を取得しているからである

〔小山〕　557

（不動産譲渡担保につき，前掲最判昭62・2・12，前掲最判平6・2・22ほか）。

判例は，占有改定による即時取得を認めない（大判大5・5・16民録22輯961頁ほか）が，学説上は，占有改定によって即時取得するが，現実の引渡しを受けるまで取得は確定的でなく，現実の引渡しを受けることによって確定的になるとの説が有力である（鈴木378頁）。

この立場からは，Bの譲渡担保権が存在しても，直接占有者であるAから動産を譲り受けたCは，Aが当該動産の完全な所有者であると過失なく信じてAから目的物の現実支配の引渡しを受けたのであれば，この動産を即時取得しうる（鈴木378頁）。

(イ) 譲渡担保の二重設定　　個別動産に譲渡担保が設定され，占有改定（183条）により対抗要件が具備された後に，さらに譲渡担保が設定され占有改定がなされた場合（第2の譲渡担保設定）にどうなるか。判例は，譲渡担保権者に所有権が移転すると解するから（権利移転的構成），(ア)の売却処分の場合と同じになる。占有改定による即時取得を認めない（前掲大判大5・5・16他）ため，第2の譲渡担保設定は契約当事者間でのみ有効であって，先行する第1の譲渡担保のみが成立すると解される。

担保権的構成によれば，Cは後れて第2の譲渡担保の設定を受けたことになり（米倉・研究77-78頁，高木354-355頁），その順位は対抗要件（占有改定または動産譲渡登記）の先後で決まる。先行する譲渡担保権が被担保債権の弁済によって消滅した場合の順位上昇の利益や，第1順位の譲渡担保権者に対する設定者の清算金請求権に対して，第2順位の譲渡担保権者の物上代位を認める点で，実益がある（松岡337頁）。CがBのための先順位の譲渡担保権が存在することにつき善意無過失である場合，第1順位の譲渡担保権を即時取得する余地があり，順位が入れ変わる可能性がある。しかし，判例が占有改定による即時取得を認めないことは前述のとおりである。学説上は，既に述べたように，占有改定によって即時取得するが，現実の引渡しを受けるまで取得は確定的でなく，現実の引渡しを受けることによって確定的になるとの説が有力である（鈴木378頁）。ただ，ネームプレート等が存在すれば，192条の善意無過失の要件の充足が阻止されることになる。

(2) **譲渡担保設定者側の一般債権者による差押え**

動産譲渡担保では目的物の現実の占有が設定者に留められるのが通常であ

動産譲渡担保　I

るため，設定者の一般債権者が目的物を差し押さえることがありうる。判例は，譲渡担保権者に担保の目的の範囲で所有権が移転することを前提として（所有権的構成），第三者異議の訴え（民執38条）により差押えを排除できるとする（最判昭56・12・17民集35巻9号1328頁〔転譲渡担保を設定した譲渡担保権〕，最判昭58・2・24判タ497号105頁〔通常の譲渡担保権〕）。

　担保権的構成に立つ学説の多くは，第三者異議の訴えによる執行の全面排除ではなく，担保目的に限定して優先弁済を認めれば足りるとし，第三者異議の訴えの一部認容として優先弁済を認めるか（三ケ月章・民事執行法〔1981〕152頁），配当要求（民執133条）の類推適用によるべき等（高木356頁，生熊299頁），手続の面で帰一しない。民事執行法133条は配当要求をなしうる債権者を先取特権者と質権者に限定しており譲渡担保権者を含まないこと，民事執行法制定により優先弁済請求の訴え（民訴旧565条）が廃止されたこと等から，前者の説を支持すべきであろう（民訴旧565条時代の学説等につき，新版注民(9)〔改訂版〕699-701頁〔福地俊雄＝占部洋之〕を参照）。

(3)　譲渡担保設定者の破産・会社更生等

　譲渡担保設定者に破産手続が開始された場合，かつての所有権的構成（権利移転的構成）によれば，譲渡担保権者には，所有権に基づく取戻権（破62条，民再52条）が認められ，破産手続の拘束に服さないと考えられていた（東京地判昭15・5・23評論29巻民法423頁）。しかし，最高裁は，機械器具という特定動産の譲渡担保の設定者に会社更生手続が開始された場合，譲渡担保権者は，純粋な所有権者としての取戻権（事件当時の会更62条，現行会更64条1項，民再52条1項，破62条）を有しないとし，更生担保権者（会更2条10項）に準じて更生手続の下で権利を行使すべきとした（最判昭41・4・28民集20巻4号900頁）。すなわち，通説によれば，破産手続・民事再生手続では，他の担保物権と同様に，別除権者（破65条，民再53条）として権利行使をせよ，ということになる（伊藤眞ほか・条解破産法〔2版，2014〕511-512頁，園尾隆司＝小林秀之編・条解民事再生法〔3版，2013〕268-270頁〔原強〕・283-285頁〔山本浩美〕）。動産譲渡担保設定者につき会社更生手続が開始された場合には，当該譲渡担保が対抗要件（主に占有改定）を具備したものであれば，更生手続上，その被担保債権は更生担保権として扱われる（会更2条10号，前掲最判昭41・4・28）。譲渡担保権者は手続外での権利行使が禁止され（同50条1項），更生計画に従っ

〔小山〕　559

動産譲渡担保　Ⅰ　　　　　　　　　　　　　　　　　　　　　第2編　物　権

た弁済を受けることになる（同47条1項）。

　特定動産の譲渡担保の事案ではないが，近時，最高裁は，自動車の所有権留保買主の民事再生手続において，留保所有権者は，取戻権ではなく，別除権として権利行使をすべきことを前提とする判断を示している（最判平22・6・4民集64巻4号1107頁）。特定動産の譲渡担保においても，他の担保物権と同様，無制約の取戻権ではなく，別除権のみを担保権者に認めるべきとの説が通説であるといってよい。倒産手続の下で，担保権消滅請求（破186条，民再148条，会更104条）等の規制に服することになり，担保権としての実質に即した取扱いを受けるので，妥当な解釈といえよう（譲渡担保一般の倒産手続における扱いにつき，小林信明「非典型担保権の倒産手続における処遇──譲渡担保権を中心として」新担保・執行法講座(4)191頁以下を参照）（→非典型担保総論Ⅱ6(3)）。

6　特定動産譲渡担保の外部関係（その2）──設定者と担保権者側の第三者の関係

(1)　譲渡担保権者による目的動産の処分

　動産譲渡担保の場合，設定者が目的物を現実に占有することが多く，譲渡担保権者が目的物を第三者に処分し，設定者と第三者との間で紛争が生じることは通常はない。ある論者は，したがって，不動産譲渡担保における，①弁済期到来前の処分，②弁済期到来後受戻権行使前の処分，③受戻権行使後の処分，という譲渡担保権者による処分の3つの態様を，不動産譲渡担保については採用するが（生熊305頁以下），特定（個別）動産譲渡担保については，そのような3段階の分類を用いていない（同294頁以下）。弁済期到来後の，設定者に対して引渡しを求める関係については，→Ⅱ4(2)(3)。

(2)　譲渡担保権者の一般債権者による目的動産差押え

　譲渡担保権者の債権者が，譲渡担保権の成立を知って，設定者の占有する目的動産を譲渡担保権者の所有物として差し押さえる場合，法形式上，目的物の所有権が譲渡担保権者に移転していることを強調すれば（所有権的構成），譲渡担保設定者は第三者異議の訴え（民執38条）によって競売手続を阻止することはできない。しかし，設定者が目的物の執行官への提出を拒むと差押えができない（民執124条）ため，債権者は，譲渡担保の被担保債権を差し押さえると，被担保債権への随伴性により差押えの効力は譲渡担保権にも及ぶから，さらに転付命令を得ることによって被担保債権とともに譲渡担保権を

560　〔小山〕

動産譲渡担保 I

取得することが考えられる。このとき，設定者の地位に変化はない。転付命令を得ない場合には，差押債権者は，譲渡担保権の実行を経ることなく，差し押さえた被担保債権を直接取り立てることになる（民執145条・155条）。

あるいは，債権者は，譲渡担保権者が設定者に対して有する目的物引渡請求権に対する執行手続（民執163条）を採ることも考えられる。これに対して，譲渡担保権者が私的実行を行い目的物の引渡請求権を取得するまでの間は，設定者は，差押債権者に対して目的物の引渡しを拒絶することができ，引渡請求権が発生した後でも，譲渡担保権者から清算金の提供を受けるまでは引渡しを拒むことができる（高木362頁，高橋300頁）。

(3) 譲渡担保権者の破産・会社更生等

譲渡担保権者が破産した場合，譲渡担保の目的動産は破産財団に帰属するか。2004年（平成16）6月の破産法改正により，旧法88条の定めていた「破産者に財産を譲渡した者（譲渡担保設定者）は，担保の目的であることを理由として財産を取り戻せない」との趣旨の規定は削除された。旧規定は所有権的構成に依拠したものであり，従来は，譲渡担保設定者は，旧規定の下で目的物の取戻しができないと言われていた。担保権的構成の下では，譲渡担保権が被担保債権とともに破産財団に属することになる結果，設定者の地位には何ら影響はなく，弁済によって譲渡担保権を消滅させることができる（平野・総合298頁）。民事再生手続または会社更生手続の場合も同様である（民再52条，会更64条）（高木362頁，河上346頁）。

(4) 「再譲渡担保」の問題

判例（前掲最判昭56・12・17〔原審・広島高判昭53・10・9判時930号82頁〕）は，譲渡担保権者が，設定者の債務の分割支払の遅滞があったことを理由に譲渡担保の目的物（プラスチック成型機）を設定者の許から搬出したうえ，これを自己の債務の譲渡担保に供したという事案で，この新たに設定された譲渡担保を「再譲渡担保」と称した。

高木教授は，上記最高裁判決について，「担保権的構成からみれば，転譲渡担保であり，転抵当（376条以下）に準じて考えればよい」として，「再譲渡担保」という独立したカテゴリーを認めない（高木361頁）。この説は，再譲渡担保を転譲渡担保の方へ引き寄せ，あるいは同化させようとする立場である。

〔小山〕 561

これに対して，同判決の調査官解説は，譲渡担保権者が自己の譲渡担保権を譲渡担保の目的とする場合を「転譲渡担保」と呼び（鈴木・分化393頁も参照），この法律関係は転質・転抵当に類似するとする一方，譲渡担保権者が，目的物を自己の所有物であるとしてこれを第三者のために譲渡担保に供した場合を「再譲渡担保」と呼称する（遠藤賢治〔判解〕最判解昭56年831頁・835頁注(22)）。この説は，再譲渡担保権者が，原譲渡担保による拘束ないし制限を受けるものではないものとして，転譲渡担保のカテゴリーから再譲渡担保を分離する見解と位置づけられる（以上，椿寿夫「転譲渡担保の本質と効力」金法1262号〔1990〕20-21頁）。

第3の考え方として，原譲渡担保設定者の承諾の有無によって区別し，転譲渡担保を責任転質に，再譲渡担保を承諾転質に対応する（譲渡担保権者が原譲渡担保権による制約〔設定者との関係〕を受けないものとして原譲渡担保の目的物をさらに他に譲渡担保に供する）ものと考える見解がある（菅原胞治「有価証券の転担保・再担保取得上の問題点」金法1185号〔1988〕10-11頁）。この説では，再譲渡担保は物上保証にかなり近いものになるが，実行の際には，転譲渡担保権者の被担保債権額または原譲渡担保権の被担保債権額のいずれか高い額の方を超える価額を，設定者に対して清算することを要する（松本恒雄「転担保論の最近の動向」椿寿夫編・担保法理の現状と課題（別冊NBL31号）〔1995〕226頁）。

再譲渡担保は，もともとは譲渡担保権者が被担保債権の弁済期前に目的物を処分した場合に，譲受人と設定者の関係がどうなるかについての議論を出発点としていた（米倉・研究76頁）。しかし，前掲最高裁昭和56年12月17日判決以降は，転質・転抵当との類似性が意識されることとなった（現代財産法研究会編・譲渡担保の法理（ジュリ増刊）〔1987〕70頁〔伊藤進〕）。再譲渡担保が前提とする原譲渡担保の法律構成につき，所有権的構成に親和的であるとの指摘がある（上掲書70頁）が，原譲渡担保設定者の承諾のない再譲渡担保の有効性を導くには，担保権的構成であっても不都合はないため，基本的に第3の考え方に立脚しての立論で十分であろう。

II 流動動産の譲渡担保

1 序 説

(1) 集合動産譲渡担保の3類型

集合動産譲渡担保は，機械器具，什器，営業施設等で特定した動産を集合体として担保の目的とする「確定集合動産譲渡担保」，倉庫内の商品のように個々の動産が変動し常に搬出・搬入が繰り返される「流動動産譲渡担保」，集合物を構成する個々の動産が加工されることで原材料→半製品→製品と変質して処分される動産の集合体を目的とする「変質集合動産譲渡担保」に区分される（伊藤進「集合動産譲渡担保理論の再検討」ジュリ699号〔1979〕92頁）。

例えば，図書館の館内の蔵書が担保の目的とされる「確定集合動産譲渡担保」であっても，書籍の廃棄と新規蔵書の購入のように，個別の動産の処分と補充が観念できないわけではない。もっとも，機械器具・什器・備品等の特定した動産の集まりを一個の集合物として担保の目的とするなら，目的物件の取替えという形での個々の動産の変動はあっても，個々の動産の集合体からの流出と流入が頻繁に繰り返されるわけではないから（松井宏興「集合物の譲渡担保」金融担保法講座Ⅲ75頁），担保実務では，目的物件の変更ごとにその変更契約が結ばれ，あたかも特定動産の譲渡担保の集合にすぎないような取扱いがなされる。「変質集合動産譲渡担保」にあっては，原材料の流入はあるものの，原材料から製品に至る加工の過程では商品としての出荷がないため，加工された製品の出荷と原材料の補充という面においてのみ，「流動動産譲渡担保」との類似性が認められる（松井・前掲論文78頁）。すなわち，「流動動産譲渡担保」は，主として在庫品のように，設定者に個別動産の処分権が認められ，処分とその後の補充が絶えずなされることが想定されている点に，以上の2種の集合動産譲渡担保と異なる特徴がある。

(2) 流動動産譲渡担保の社会的機能と3つの時的区分

近時，ABL（Asset Based Lending）という融資の手法，すなわち，将来債権や在庫商品等の流動資産等「債務者の事業のキャッシュフローの源泉となる資産を担保とする融資」（中村廉平「再建型法的倒産手続におけるABLの取扱いに関する考察」NBL908号〔2009〕29頁）の枠組みが注目を集めている。ABLには，集合財を担保目的物とする取引という捉え方以外に，在庫品の評価額とその

売却による売却代金債権の評価額というassetの価値と連動させて貸付上限額を決定し，その範囲では融資者は貸付義務を負い，債務者は返済によって，その枠内に生じた残高で借入れを繰り返すことができるという取引実務（「ボロイングベース型ABL」）も想定される（森田修「ABLの契約構造——在庫担保取引のグランドデザイン」金法1959号〔2012〕35頁〔以下，森田修・前掲「構造」として引用〕）。将来債権については流動（集合）債権の譲渡担保が利用されるのに対して，在庫品については流動動産譲渡担保が利用される。

　流動動産譲渡担保がABLにおいて利用される場合，①設定，②期中管理，③保全・実行と倒産の3つの段階に分けて論じることが有用である（森田修「ABL——比較法の問題系列」池田真朗ほか編・動産債権担保——比較法のマトリクス〔2015〕5-6頁）。まず，①においては，流動する動産群をいかにして担保の目的物として定めるか，当該譲渡担保権の第三者対抗要件具備の方法が問題となる。次に，②は，設定者が個別の在庫品を処分しながらその売却益より債務を弁済していく段階を意味する。この場面では，設定者の処分権能として「通常の営業の範囲」内の処分が認められる必要性をどのように根拠づけるか，その範囲を超える処分の効力はどうか，処分によって減少した価値を設定者に在庫品を補充させていかにして維持させるか（担保価値維持義務），等が問題となる。他方，③では，流動動産譲渡担保を私的実行する際にどのような権能が認められるか等の，設定者の個別動産の処分を停止させて実際に実行にかかる段階の問題（いわゆる「固定化」）を検討する必要がある（もっとも，期中管理の問題は，流動性の少ない「確定」ないし「変質」集合動産譲渡担保であっても必要であることには注意を要する）。

　特定動産の譲渡担保において述べた事柄は，原則として流動動産譲渡担保においても妥当し，弁済期の到来によって担保目的物の処分権を譲渡担保権者が取得するという判例法理（「弁済期到来時ルール」）もまた当てはまるはずである（小山泰史「流動動産譲渡担保における『弁済期到来時』の持つ意味」民研637号〔2010〕4頁以下）。しかし，設定者に個別動産の処分を認めることは，一面において担保目的物の価値の減少を来すから，その減少した価値の補充のために新たな商品を補充させるという，流動動産譲渡担保の特徴に固有の考慮が必要とされる（この点は，流動動産譲渡担保が，ABLという融資手法を伴わない場合でも同様である）。設定者による商品の売却等の処分が合理的な企業活動の

動産譲渡担保　Ⅱ

範囲（「通常の営業の範囲」）内にあれば，担保権者がこれに干渉することは認められないが，設定者の自由な処分を許容しすぎれば，いざ担保の実行段階で担保目的物である在庫品が倉庫内にない状態を生じてしまい，担保権者が害されることになる。このようなことのないように，日常の営業活動に適切なモニタリングのスキームを構築する必要がある（松岡352頁）。同時に，設定者の企業活動が不合理な場合（「通常の営業の範囲」を超える処分）に，担保権者が利用できる保護手段も必要となる。また，ABLにおいて在庫品の売却→売却代金債権の発生→新たな在庫品の購入というキャッシュフロー全体を担保の目的とするため，流動動産譲渡担保と流動（集合）債権譲渡担保が併用されることを想定すれば（→5参照），両者の理論的な整合性（特に集合物論〔後述〕を共通して採用するか，設定者の処分権の法律構成等）について，共通した分析枠組みを用意することが求められる（千葉恵美子「集合動産譲渡担保理論と集合債権譲渡担保理論の統合化のための覚書」名法254号〔2014〕289頁以下・302-303頁〔以下，千葉・前掲「覚書」として引用〕）。

　以上より，特定動産の譲渡担保の箇所で用いた，「譲渡担保設定者側の第三者」，「譲渡担保権者側の第三者」という論じ方は，ここでは採用しないこととする（動産譲渡担保，とりわけ在庫品担保をめぐる外国法の状況については，池田ほか編・前掲書の各論稿，およびその著者らによる「特集・ABLの将来像と比較法」NBL1070号〔2016〕4頁以下を参照）。

2　第1段階── 流動動産譲渡担保の設定

(1)　客体の範囲（物権成立のための特定性）

　特定動産の譲渡担保と同様，流動動産譲渡担保についても所有権的構成と担保権的構成を観念しうる。しかし，流動する在庫品群を一括して物権の客体となしうるか，という点について，まず議論をする必要がある。

　学説には，大別して3つの考え方がある。まず，分析論は，流動動産譲渡担保においても，個々の動産に譲渡担保が成立すると解し，ただそれらに対する設定契約が一括してなされていると捉える立場である（松尾＝古積421頁〔古積〕）。個別の商品が倉庫等に搬入されることを停止条件として譲渡担保が成立し，対抗要件は，予め設定の合意および占有改定がなされているから，それぞれの動産に譲渡担保の成立と同時に具備される，と説明する（古積健三郎「『流動動産譲渡担保』に関する理論的考察(2・完)」論叢133巻6号〔1993〕64-66

〔小山〕　565

頁）。

　次に，集合物論（後掲(2)の「集合物論Ⅰ」）は，集合物全体を１つの客体（「集合物」）と捉えて１個の譲渡担保権が成立し，占有改定による対抗要件具備はこの集合物に対して備えれば足り，個々の動産の入れ替わりは集合物の構成要素の変動にすぎないと解する（高木369頁，安永426-427頁ほか）。この見解は，集合物だけではなく，集合物を構成する個々の動産に対しても譲渡担保の効力が及ぶと考える（二重帰属構成）。しかし，集合物論を採りつつも，譲渡担保の客体は集合物だけであって，個々の動産には譲渡担保の効力は及ばないとする説も有力である（後掲(2)の「集合物論Ⅱ」。道垣内335頁，髙橋305頁・308頁，平野・総合301頁，平野209頁）。

　判例は，「構成部分の変動する集合動産についても，その種類，所在場所及び量的範囲を指定するなどなんらかの方法で目的物の範囲が特定される場合には，１個の集合物として譲渡担保の目的となりうる」として，複数の物の集合に対する譲渡担保の設定を有効とする（最判昭54・2・15民集33巻1号51頁）。このとき，「乾燥ネギ44トンのうちの28トン」という集合物の量的一部の指定では特定として不十分とされ，他方，譲渡担保の目的物として，譲渡担保設定者の居宅・店舗内に存すべき運搬具，什器，備品，家財一切のうち「設定者所有の物」という附帯条件がある場合には，設定者の所有であるか否かの措置（標識等）がない場合には特定せず，「家財一切」という指定も家族の共同生活に使用される物件が多様なため，特定しないとする（最判昭57・10・14判タ482号80頁，田中壮太〔判解〕最判解昭62年670頁）。他方，最高裁は，「第1ないし第4倉庫内及び同敷地・ヤード内」の「普通棒鋼，異形棒鋼等一切の在庫商品」といういわゆる「全部譲渡方式」では，特定性を肯定した（最判昭62・11・10民集41巻8号1559頁）。

　上記の判例の立場が少なくとも分析論ではないことは，論を俟たない。最高裁が集合物論を明言する以前の下級審裁判例にあっては，譲渡担保の客体としての特定性を操作することにより，無担保の一般債権者との関係で優先権を否定する裁判例がみられた（角紀代恵「商品や原材料等の担保化」金融担保法講座Ⅲ52-58頁）。集合物の特定性には，第1に，担保設定当事者間の権利義務の範囲を確定し，かつ，第2に，公示（占有改定）の制度の不十分さを第三者に対抗可能な物権の範囲を限定する機能で補い，また，第3に，詐害行

為取消権・否認権的な考慮による，担保権の範囲の限定による責任財産の確保の機能さえ担っていたのである（森田・講義149頁）。

占有改定（183条）による引渡しは公示機能を果たしておらず，外部からは認識不可能なため，一般債権者の利益が害されるおそれがある。そのため，この場合の対抗要件として，ネームプレートなどの明認方法を施すことが必要であるとの見解も有力である（吉田真澄「集合動産の譲渡担保(11・完)」NBL 247号〔1981〕50頁，山野目章夫「流動動産譲渡担保の法的構成」法時65巻9号〔1993〕22頁）。もっとも，既に述べたように，流動動産譲渡担保についても，動産譲渡登記により，譲渡の対象の動産を保管場所の所在地を登記事項として（動産・債権譲渡登記規則8条1項2号），動産の所在によって特定することが可能となっている。これにより対抗要件を具備することで，動産譲渡登記後に保管場所に搬入された在庫品についても登記の効力が及び，譲渡担保の目的物を構成することになる（武内知美「ABLの現状と課題——ノンバンクにおける事例を踏まえて」登記情報553号〔2007〕1頁）。しかし，同規則8条1項2号の定める，保管場所による特定の基準も，「保管場所の地番または住居表示番号」まで必要記載事項として要求しており，特定の基準としては厳格すぎるため，譲渡登記利用促進の障害となっている（森田修「動産譲渡登記制度とABLの課題」ジュリ1414号〔2011〕85頁以下参照）。

なお，有体物の所有権の帰属を問題とする法制の見直しの際には，2017年5月26日に成立した民法（債権法）改正法466条の6と同様の規律を，将来において取得する物の処分行為にも整備すべきであるとの提言が注目される（山野目章夫・新しい債権法を読みとく〔2017〕132頁）。

(2) **法的構成に関する諸理論の素描**

流動動産譲渡担保については，その成立のレベルの次の段階として，個別動産の集合体を構成する個々の動産（「構成個別物」）に譲渡担保の効力が及ぶかをめぐって，鋭い理論的な対立が存在する。

すでに述べたように，分析論によれば，個々の動産が集合体に加入することを停止条件として譲渡担保の目的物となり，搬出され集合体から分離されることを解除条件として譲渡担保の目的物でなくなる，と説明される（松尾＝古積421-422頁〔古積〕。道垣内334頁以下の批判も参照）。しかし，集合物概念を肯定しこれに立脚すれば，集合動産全体が1個の集合物と観念され，この

動産譲渡担保　Ⅱ　　　　　　　　　　　　　　　第2編　物　権

集合物上に譲渡担保権が成立すると構成することが可能になり，個々の動産には当然にその効力が及ぶと考えることができる。対抗要件についても，この集合物について一括して具備すれば足り，個々の動産について対抗要件を備えることは不要になる（前掲最判昭62・11・10）。構成個別物の入れ替わりは，単に1個の物（集合物）の構成要素の変動にすぎないからであり（高木368頁），「集合物」概念を媒介することで，譲渡時に現存する動産の占有改定が，設定者の将来取得する動産についての占有改定としての意味を持ち，当初の譲渡担保設定契約の時点まで遡及するという効果を生じさせる（森田宏樹「事業の収益性に着目した資金調達モデルと動産・債権譲渡公示制度」金融法研究21号〔2005〕90-91頁）。

　分析論では，集合体の構成個別物に譲渡担保が成立するのは，保管場所への現実搬入時になるため，危機時期の譲渡担保成立として効力を否定されるおそれがある。集合物論によれば，設定者の財務状況がその後悪化した段階で集合物に新たに個別動産が加わっても，それは集合物の内容の事実上の変動にすぎず，加入時を基準時として詐害行為取消権（424条）や破産法上の否認権（破160条・162条等）の行使により，譲渡担保の効力を否定することは困難である（道垣内336頁）。もっとも，集合物論に立っても，集合物の価値を増加させる行為が否認の要件を満たせば，その行為が否認の対象となるとする説（伊藤眞・債務者更生手続の研究〔1984〕380頁），詐害行為については，個々の動産を集合体に加入させる事実行為を，民法370条を類推適用して同様の結果を導く説（道垣内336頁，千葉恵美子「譲渡担保と倒産法」法時65巻9号〔1993〕43-44頁）等がある。以上の批判には，判例の採る集合物論は，譲渡担保権者が設定者の通常の営業に過度に干渉することを許し，正常な処分までも強く制約しすぎ，取引の安全や債権者の平等にとって驚異となるとの懸念がその背後にある（松岡久和「譲渡担保立法の方向性」論叢164巻1〜6号〔2009〕91頁）。

　他方，学説の集合物論には，場所的範囲等で特定された集合物だけではなくその構成個別物たる在庫品にもまた集合物の構成部分として譲渡担保の目的物となるとの立場（以下，集合物論Ⅰという。米倉・研究127頁）と，目的物は集合物のみであり，構成個別物には譲渡担保の効力は及んでいないとする立場（以下，集合物論Ⅱという）がある（道垣内弘人「集合動産譲渡担保の再検討──

568　〔小山〕

動産譲渡担保　II

『目的物』の中途処分」同・課題 120-121 頁〔以下，道垣内・前掲「再検討」として引用〕）。集合物論 II は，譲渡担保権の実行段階に至って目的物が個々の在庫品に固定化するまでは，譲渡担保権の支配は集合物に対する抽象的なレベルにとどまり，構成個別物については対第三者効を制限することを指向する（1998 年頃までの流動動産譲渡担保の学説全般については，新版注民 (9)〔改訂版〕704 頁以下〔福地＝占部〕を参照）。

　集合物論 I にあっては，設定者による構成個別物の処分は，当然にはこの動産の処分は認められず，譲渡担保設定契約の解釈によることになる（道垣内・前掲「再検討」123 頁，我妻 665 頁）。集合物論 I のバリエーションとして位置づけられる説（千葉恵美子「集合動産譲渡担保の効力——設定者側の第三者との関係を中心にして(1)〜(4・完)」判タ 756 号 33 頁・761 号 14 頁・763 号 12 頁・766 号 45 頁〔1991〕〔以下，千葉・前掲「効力」として引用〕，同・前掲「覚書」289 頁以下）には，目的動産について取引通念上あるいは経済的一体性があるような場合に，集合物としての目的動産の「価値」を観念できるとする。他方，集合物論 II の場合，構成個別物の処分は集合物の利用に当たると説明する。すなわち，構成個別物は譲渡担保設定者に帰属するから，設定者はそれらを自己の物として，あるいは集合物の利用に当たるからとして当然に処分できるというのである（道垣内・前掲「再検討」123 頁）。

　ただ，千葉説にはその主張に変遷がみられる。かつて，我妻説に代表される集合物論 I を「伝統的集合物論」と呼んだ千葉説は，集合物としての特定性に経済的・場所的一体性を要求しながら，集合物と構成個別物の関係を，主物・従物になぞらえて，集合物の譲渡担保の効力が構成個別物に及びながら，なお構成個別物の物としての独立性が維持されることを説明していた（千葉・前掲「効力」(1)判タ 756 号 43-46 頁）。この説明は，主物の処分に従物が従う（87 条 2 項）ことから，譲渡担保権者に集合物の所有権だけでなく構成個別物の所有権も移転していることを前提として，構成個別物の処分権を設定者が担保権者から与えられているかのように見える。しかし，千葉説は，自己の見解を「担保権構成」と明言して，「集合物の個別動産の所有権は設定者に帰属する」として，設定者は構成個別物を自己の物として処分し，結果として譲受人と譲渡担保権者は構成個別物につき対抗関係に立つと述べて，その見解を修正した（千葉・前掲「効力」(1)判タ 756 号 47 頁，同・前掲「覚書」

〔小山〕　569

動産譲渡担保　Ⅱ　　　　　　　　　　　　　　　　　　第2編　物　権

306-307頁）。このように，集合物論Ⅰのカテゴリーに属する説にあっても，
構成個別物の処分の説明のしかたは帰一しない。

　以上のほか，流動動産譲渡担保は一定の「価値枠」を支配し，実行時には
その「価値枠」の中に存在する動産から優先的に債権を回収するという特殊
な担保であるとの説（「価値枠説」。伊藤進・前掲論文92頁，同「集合動産譲渡担保の
法律関係」明治大学法学部創立100周年記念論文集（法律論叢別冊）〔1980〕117頁以下）
や，「特定範囲責任財産上の担保」という見解（下森定「集合物（流動動産）の
譲渡担保」下森定＝須永醇監修・物権法重要論点研究〔1991〕122頁以下，山野目・前掲
論文21頁以下）がある。これらの説の具体的帰結は，集合物論Ⅱと大差ない
（道垣内337頁）。

　集合物論に対しては，集合物自体が観念的な存在であって物理的支配を観
念しえない以上，その「占有改定」もフィクションにすぎないとの有力な批
判がなされた。とりわけ，動産譲渡登記の導入により，登記によって設定者
が譲渡担保設定契約時に所有・現存する動産だけでなく，将来取得する動産
についても対抗要件を具備できるようになったのだから，今さら「集合物の
占有改定」というフィクションを用いる理由はなく，個別動産と集合動産を
区別する必要もない，というのである（森田宏樹・前掲論文91-93頁，森田修「動
産譲渡公示制度」新争点108頁。「新たな分析的構成」と呼ばれる。ただし，松岡・前掲
論文101頁注59も参照）。ICタグを利用した在庫管理技術の発展も，以上の主
張を基礎づけるものといえる（田原睦夫ほか「座談会Ⅴ　集合動産譲渡担保の実行」
田原・諸問題409頁〔田原発言〕，平野209頁）。この立場からは，集合物論Ⅰのう
ち目的動産に経済的一体性を要求する見解に対して，「取引通念上あるいは
経済的一体性」という指標は明確でなく，現在または将来取得する動産を含
む集合動産について特定性があれば，物権の対象として認識するのに十分で
あるとの批判がなされている（森田宏樹・前掲論文93-94頁）。

　けれども，動産譲渡登記の導入後も占有改定によって対抗要件を具備しう
る以上，これを利用する流動動産譲渡担保の設定は排斥されない。動産譲渡
登記によらず，従来の最高裁判例（前掲最判昭62・11・10等）の特定の基準に
より成立し，占有改定による対抗要件具備の場合と，動産譲渡登記による場
合とで，法律構成が異なる場合があってもそれは譲渡担保設定当事者の選択
の結果であり，効果の面で異なる結論に至らないように調整をすべきである

570　　〔小山〕

動産譲渡担保　**II**

（石田（穣）729-730頁参照）。「新たな分析的構成」による前述の批判は，流動債権譲渡担保に関する判例法理が「集合債権論」を採用せず，譲渡担保の目的が個々の将来債権であることや，譲渡担保設定者の債権の取立権限が譲渡担保権者による授権に基づくことを参考としている点で，後述するような流動動産・債権譲渡担保による商流の一体的な担保把握という観点からみて，重要な指摘といえる（森田宏樹「集合物の『固定化』概念は必要か」金判1283号〔2008〕1頁）（→債権譲渡担保III 2(1)）。

(3)　流動動産譲渡担保の重複設定

　最高裁は，流動動産の譲渡担保につき，重複して譲渡担保を設定すること自体は許されるとしても，劣後する譲渡担保に独自の私的実行の権限を認めた場合，配当の手続が整備されている民事執行法上の執行手続が行われる場合と異なり，先行する譲渡担保権者には優先権を行使する機会が与えられず，その譲渡担保は有名無実のものとなりかねないことから，後順位の劣後譲渡担保の私的実行に基づく引渡請求を排斥した（最判平18・7・20民集60巻6号2499頁）。仮に引渡請求を肯定すると，後順位の譲渡担保権者が引き渡された在庫品をさらに第三者に処分して，第三者が即時取得するリスクが生じる（古積健三郎〔判批〕民商136巻1号〔2007〕31頁）。後順位の譲渡担保権者の取得する権利には譲渡担保の実行権限は含まれないとの判断であり，同判決の調査官解説によれば，学説上は，①抵当権等と同様，端的に先順位の譲渡担保権の存在を容認する説，②譲渡担保権の併存を認めず，後れて譲渡担保権の設定を受けた者は，即時取得によって譲渡担保権を取得することができるにとどまるとする説，③後れて譲渡担保の設定を受けた者は，設定者留保権等の設定者の物権的権利を担保の目的で取得するとの説（道垣内説）があり，最高裁平成18年7月20日判決は，③に親和的であるという（宮坂昌利〔判解〕最判解平18年下849-851頁。譲渡担保の法的構成に関するどの立場にこの判決が立脚するかについての学説の評価につき，田髙寛貴「譲渡担保の法的構成・再論」名法254号〔2014〕272頁・277-278頁を参照）。

　しかし，重複設定が認められるとしても，前掲最高裁平成18年7月20日判決が，担保目的物に対する価値支配権についての優先順位が異なり，その他の点では同じ権利であるという意味での「順位付きの担保権」（例えば1番抵当権，2番抵当権のような）を認めたものではない（森田修〔判批〕法協124巻11

号〔2007〕2607 頁。田高・前掲「再論」274-275 頁も参照）とすれば，同判決が，私的実行のできない後順位譲渡担保権にどのような権利が認められると考えるのかは判然としない。例えば，後順位譲渡担保権者が，先順位譲渡担保権者に対して設定者が取得する清算金支払請求権について物上代位をなしうるかについて，肯定・否定の両論が成り立つ（詳細は，田高・前掲「再論」276-277 頁，小山泰史「流動動産譲渡担保に基づく物上代位 ── 最一決平成 22・12・2 金判 1356 号 10 頁を契機として」NBL950 号〔2011〕31 頁以下）。調査官解説は，この物上代位を認める趣旨の記述をするが，後順位者にどのような手続上の保障がなされるかについては言及がない（宮坂・前掲判解 851 頁）。先順位の譲渡担保権が設定者（債務者）の任意弁済によって消滅した場合に後順位者に順位上昇の利益が認められるのか，あるいは，先順位の譲渡担保権が私的実行をした後の残余価値について，後順位者に他の債権者に対する優先弁済権が認められるか，等については，判例はなおブランクであると評価すべきであろう。

　二重の流動動産譲渡担保が設定されたとき，双方ともが動産譲渡登記を経由したなら，登記時または登記申請の受付の順序に従って付される登記番号の先後によって優先関係が判断される（坂井・三村法律事務所編・Q&A 動産・債権譲渡特例法解説〔2006〕161 頁）。動産譲渡登記による目的物の特定が，共通する「第 1 倉庫内」の動産だが，一方の譲渡担保権が同倉庫内の水産加工品であり，他方の譲渡担保権が食料品缶詰である旨，動産譲渡登記に記載された場合，どの範囲で「重複設定」が生じているかについての実質判断も必要となる（森田修・前掲判批 2624 頁注 33）。例えば，先に設定された譲渡担保の目的物が「第 1・第 2 倉庫内の一切の商品」，後続の譲渡担保の目的物が「第 1・第 3 倉庫内の一切の商品」と登記上記載された場合，重複設定は第 1 倉庫内の商品についてだけ生じる。このとき，先順位の譲渡担保権者に対する設定者の清算金支払請求権は，「第 1・第 2 倉庫内の商品」の売却後の残債権を意味するから，後順位者が物上代位による差押えをする対象の債権の特定性をいかにして確保するかが問題となろう。

3　第 2 段階 ── 期中管理

(1)　序 ── 譲渡担保設定者の処分権限

　前掲最高裁平成 18 年 7 月 20 日判決は，「集合動産を目的とする譲渡担保」に限定して，譲渡担保設定者に「その通常の営業の範囲内」で，「譲渡担保

の目的を構成する動産」を処分する権限が付与されているとした。この設定者に認められる処分権能は，流動動産の譲渡担保という物権の内容上当然に導かれるものであり（譲渡担保契約という物権契約の内容をなす），当該事案の譲渡担保設定契約において定められた「通常の営業の範囲内の処分」を許諾する条項は確認的なものにすぎず，設定契約中に明文の条項がない場合でも「通常の営業の範囲内」の処分は当然に認められる（森田修・前掲判批 2608-2609 頁）。流動動産譲渡担保では，設定者が在庫品を処分しその売却代金を原資として新たな在庫品を補充するという営業のサイクルを認めなければ，被担保債権の弁済もなされないため，個別の商品の処分と補充を設定者に認めることがその性質上必須である。

集合物論 I では，設定者は，集合物についての利用権限を有し，個別の在庫品の処分や補充はこの集合物の利用に当たるとする（我妻 665-666 頁）。ただ，集合物だけでなく個別動産も譲渡担保の目的であるから，後者の処分には譲渡担保設定契約の解釈を介して処分が認められることになる（道垣内 343 頁）。集合物論を採用しない分析論にあっても，個別動産の処分には設定者に処分の権限が与えられているから，と説明する点で，設定契約の解釈に基づく点は同様である。次に，集合物論 II や価値枠説の場合，流動動産譲渡担保の目的物はあくまで集合物という枠のみであり，個別動産（在庫品）は譲渡担保の目的ではないから，設定者は個々の在庫品を自己の物として処分できる（設定契約の解釈によらなくてよい）。

(2) 流動動産譲渡担保における担保価値維持請求権

ところで，最高裁平成 11 年 11 月 24 日大法廷判決（民集 53 巻 8 号 1899 頁）は，抵当権者が抵当不動産所有者に対して，第三者の不法占有のような担保価値の実現を妨げる担保権侵害が生じないように適切に管理することに向けた請求権を有するとした。この「担保価値維持請求権」は，譲渡担保設定者が自由に在庫品を処分できる流動動産譲渡担保においては，例えば設定者が処分後在庫品の補充を怠れば，譲渡担保の私的実行時に在庫品が倉庫内にないという事態を回避するために，より積極的な意義を与えられる（森田修・前掲「構造」39 頁，平野 211 頁）。

譲渡担保権者の担保価値維持請求権の具体化として，在庫状況，すなわち所在場所や処分の態様・数量や補充された商品の数量等を定期的に報告させ

る義務を課し，その反面，調査を要求する権利（在庫状況の調査権）を設定契約において定める必要がある（平野309頁，新版注民(9)〔改訂版〕717頁〔福地＝占部〕）。流動動産譲渡担保において，その担保価値が維持されているか否かを担保権者が適時に知る手段は，設定者に偏在する担保目的物の現状に関する情報を担保権者にもたらし，債権回収が必要になった際の担保としての実効性を確保するために重要である（粟田口太郎「倒産手続における ABL 担保権実行の現状と課題——再生手続における集合動産譲渡担保権の取扱いを中心に」金法 1927 号〔2011〕90 頁〔以下，粟田口・前掲「実行」として引用〕）。ただし，担保価値維持請求権自体が物権的な請求権であるのに対し，譲渡担保設定契約中の条項で定められたこれらの請求権（例，担保情報開示請求権，設定者にとっては情報開示義務）は債権的な請求権にとどまる。

(3) 「通常の営業の範囲」の判断基準

「通常の営業の範囲」内の処分という概念は，譲渡担保設定者が行う適正な処分行為を限界づける点で，集合物論Ⅰ・Ⅱおよび分析論等，流動動産譲渡担保の法的構成如何に関わらず採用されるものである。設定者に「通常の営業の範囲」内で集合体を構成する在庫品の処分権限が認められるのは，それによって事業の収益が改修され，譲渡担保権者にとっても債権回収の機会が増大するからである（千葉・前掲「覚書」304 頁）。どのような処分が「通常の営業の範囲」内か・範囲外とされるかの基準につき，初期の学説は，その判定にあたって，①処分価格，②処分する動産の数量，③設定者に譲渡担保権者に対する詐害の意思がなくても「通所の営業の範囲外」と判断されることはありうるか，等を検討要素として挙げている（道垣内・前掲「再検討」122頁）。別の学説として，ⓐ譲渡担保契約の解釈，ⓑ設定者の営業活動の態様，ⓒ処分行為の反復継続性・目的物の補充可能性の有無，ⓓ譲渡担保権者の優先権に対する侵害の有無という 4 要素を勘案して決定すべきとする見解もある（武川幸嗣〔判批〕判評 582 号（判時 1968 号）〔2007〕24 頁）。例えば，無償譲渡や危機時期になされた投売り等は，「通常の営業の範囲」外の処分とされ（古積健三郎「集合動産譲渡担保と動産売買先取特権」鎌田薫ほか編・民事法Ⅱ〔2版，2010〕149 頁），処分行為の内容それ自体は通常の営業活動に属するものであっても，当初より補充の予定・見込みがなく，これにより譲渡担保権者の優先権を侵害するおそれがある場合には，「通常の営業の範囲」を超える不適

正な処分とされる（武川・前掲判批 24 頁。池田雅則〔判批〕金法 1823 号〔2008〕77 頁も参照）。また，「通常の営業の範囲内か否かは事後的にしか判断しようがないので，取引の安全を著しく害するおそれがあるだけでなく，理論的には通常の営業の範囲は量的にしか定め得ない」（具体的に集合物の構成部分であるどの動産について処分権限が与えられているかという議論は不要）とする説（片山直也〔判批〕金法 1812 号〔2007〕40 頁）もある。

　重要であるのは，「通常の営業の範囲」内での処分という概念は，設定者のその処分が設定者の担保価値維持義務に反しないという意味で，担保価値維持義務が設定者に課される範囲と，その義務の履行を請求する譲渡担保権者の担保価値維持請求権を，裏面から表現しているということにある（森田修・前掲「構造」41 頁）。譲渡担保設定者が在庫品の補充を怠らないように，設定者が最低限維持すべき担保価値の下限が定められる場合，その担保価値の下限を下回らないように設定者が在庫品を出荷・補充することが担保価値維持義務の内容となる。仮にその担保価値の下限を下回るような態様で処分が行われると，その処分は「通常の営業の範囲」を超える（範囲外の）処分とされるのであって，最低限維持すべき担保価値の下限が，「通常の営業の範囲」を画することになる（粟田口・前掲「実行」89 頁，千葉・前掲「覚書」309 頁）。

　なお，前掲最高裁平成 18 年 7 月 20 日判決と同日の別判決（最判平 18・7・20 金判 1248 号 41 頁）は，「本件譲渡担保の目的物につき，第三者のために譲渡担保を設定することが，譲渡担保設定者にゆだねられた通常の営業の範囲内の処分といえないことは明らかである」としている。この部分は，当該譲渡担保設定契約における通常の営業の範囲内の担保目的物の処分を設定者に許可する特約条項につき，単にその特約の解釈として「通常の営業の範囲」に後続の譲渡担保設定を含まないとするにすぎず，一般的にこの処分が「通常の営業の範囲」を超えると評価しているわけではない（森田修・前掲判批 2619 頁注 11）。

(4)　「通常の営業の範囲」を超える（範囲外の）処分の効力

　前掲最高裁平成 18 年 7 月 20 日判決（民集登載のもの。以下同じ）は，(ⅰ)「構成部分の変動する集合動産を目的とする譲渡担保においては，集合物の内容が譲渡担保設定者の営業活動を通じて当然に変動することが予定されている

のであるから，譲渡担保設定者には，その通常の営業の範囲内で，譲渡担保の目的を構成する動産を処分する権限が付与されており，この権限内でされた処分の相手方は，当該動産について，譲渡担保の拘束を受けることなく確定的に所有権を取得することができる」とし，かつ，(ii)「設定者がその目的物である動産につき通常の営業の範囲を超える売却処分をした場合，当該処分は上記権限に基づかないものである以上，譲渡担保契約に定められた保管場所から搬出されるなどして当該譲渡担保の目的である集合物から離脱したと認められる場合でない限り，当該処分の相手方は目的物の所有権を承継取得することはできない」，とした。

「通常の営業の範囲」が担保価値維持義務・請求権を裏打ちする関係にあることから，この概念は，譲渡担保設定当事者間の権利義務関係を規律するものといえる。しかし，前掲最高裁平成18年7月20日判決の上記説示は，設定者が処分した個別動産（在庫品）を譲渡担保の対抗を受けることなく譲受人が取得することを認める点で，当該処分が「通常の営業の範囲」内であるかどうかが，譲渡担保設定当事者間ではなく，第三者との関係を規律する基準であることを示している。しかも，「保管場所からの搬出」により集合物から「離脱」すれば，「通常の営業の範囲」を超える処分でも，譲受人は目的物の所有権を承継取得できるかのような表現をとり，即時取得なくして譲受人が所有権を得る余地を語る。また，「通常の営業の範囲」内の処分であれば，集合物からの離脱なしに（例えば倉庫内にある状態のまま譲受人に対して占有改定がなされただけで）譲受人は所有権を承継取得しうるとも読める。その結果，即時取得による譲受人の保護は，以上の(i)(ii)のいずれにも当たらない場合にのみ機能することになる（森田修・前掲判批2609頁）。このとき，設定者による処分が「通常の営業の範囲」内であることの主張・立証責任は，譲受人の側にあるという見解もある（千葉・前掲「覚書」305頁）。

集合物論Ⅰの代表的な説である我妻説は，「通常の営業の範囲」を超える処分につき，「場所的関係を失なえば，集合物を構成する性質を失なうから，処分行為は常に有効であって，設定者の責任を生ずるだけ」と解していた（我妻665頁）。もっとも，学説には，前掲最高裁平成18年7月20日判決の以上の説示は，集合物からの離脱があれば，個別動産の処分が「通常の営業の範囲」外であっても，すべて承継取得が可能であるとまで認めたとは読め

動産譲渡担保　II

ないと解すべきであり,「集合物からの離脱」の要件に何らかの要件を追加してその要件が充足されないかぎり,「通常の営業の範囲」外の処分でもなお集合物に対する譲渡担保権との牴触を生じて,個別動産の承継取得を認めず,即時取得による譲受人の保護を要求する余地があると理解するものもある(道垣内弘人「集合動産譲渡担保論の新段階」金判 1248 号〔2006〕1 頁,森田修・前掲判批 2609 頁)。一方,分析論に立ちながら,「通常の営業の範囲」を超える処分は無権限者による処分にすぎず,目的物の所在場所に関わりなく,処分の相手方は譲渡担保に優先する権利を取得できず,第三者が譲渡担保の存在について善意無過失で取引に入り引渡しを受けた時に即時取得が認められる余地が残る,とする見解もある(古積・前掲判批 38 頁)。

　集合物論Ⅰに立ち,かつ,担保権的構成に立脚する千葉説は,かつては,流動動産譲渡担保設定者からの個別動産の譲受人が,譲渡担保の対抗を受けないで個別動産を承継取得するのは,設定契約において譲渡担保権の追及力を制限する合意があるから,と解していた(千葉・前掲「効力」(1)判タ 756 号 46 頁以下)。しかし,前掲最高裁平成 18 年 7 月 20 日判決を受けて改説し,「通常の営業の範囲」内の処分により第三者である譲受人が譲渡担保権の負担のない所有権を取得するのは,通常の営業の範囲内での処分であれば,処分される個別動産に関して,譲渡担保権についての対抗要件の抗弁を行使する旨の権利主張を,予め放棄することが設定契約の内容とされており,その結果,譲渡担保権者は,譲受人たる第三者が,譲渡担保権の負担がある所有権を譲り受けたと反論することができない,とした(千葉・前掲「覚書」306 頁)。また,千葉説は,設定者に構成個別物の所有権が帰属するとして,「通常の営業の範囲」を超える処分がなされてもその処分行為は有効であり,集合物から分離され保管場所から搬出された場合にも,譲受人は譲渡担保権の負担のある所有権を取得するにすぎず,譲渡担保権者は譲受人に対して所有権に基づく返還請求権を行使でき,譲受人の保護は即時取得によるほかない,と述べる(千葉・前掲「覚書」306 頁)。

　以上の学説のいずれも,「通常の営業の範囲」を超える処分の場合に,譲受人が個別動産の所有権を取得しうるかについて「集合物からの離脱」を論じる際,前掲最高裁平成 18 年 7 月 20 日判決の説示を前提として,当該流動動産譲渡担保が場所的な範囲による特定性を満たすことを所与の前提として

〔小山〕　577

いる。しかし，動産譲渡登記により「動産の種類」によって特定がなされている場合には，保管場所の変更をしても「集合物からの離脱」は生じない（森田修・前掲判批2614頁）。このとき，「通常の営業の範囲」を超える処分であっても，譲受人が譲渡担保の対抗を受けないで個別動産を取得するのは，即時取得によるほかないこととなる。

4 第3段階──担保権の保全から実行段階へ

(1) 序

例えば，譲渡担保設定者が在庫品の売却後に新規補充を怠り，集合物の中身が空洞化すると，そのままでは担保の資産として価値が著しく毀損するリスクが顕在化する。そこで，自由に中身が入れ替わる状態を停止できる措置，具体的には設定者の構成個別物の処分権を剥奪して，在庫品の無断使用や搬出を停止し，その時点の担保価値を計算可能にする状態を出現させる必要が生じる。これが，一般に流動動産譲渡担保の「固定化」と言われるプロセスである（河野玄逸「動産・債権譲渡特例法と担保実務上の留意点」登記情報547号〔2007〕16頁）。

3で述べたように，流動動産譲渡担保設定者による構成個別物の処分が「通常の営業の範囲」内にあるかぎり，譲渡担保権者は何ら異議を述べる必要がないのに対して，「通常の営業の範囲」を超える処分がなされれば，譲渡担保権者は原則として個別動産に対して譲渡担保権を主張することができる。しかし，後者の処分がなされても，譲渡担保権者が異議を述べないかぎり，設定者による処分は継続され，また，直ちに譲渡担保の実行にかかる決定をするとも限らない。また，「通常の営業の範囲」を超える処分がなされれば，譲渡担保者から通知なくして被担保債権の弁済期が到来する旨設定契約に定められていた（当然喪失方式）としても，事実上設定者による処分が継続され，弁済期が到来したかどうか定かでない状態が持続することもある。

判例が示す，「被担保債権の弁済期が到来した時点で譲渡担保権者が担保目的物の処分権を取得する」というルール（「弁済期到来時ルール」）が，流動動産譲渡担保にも妥当するならば，弁済期の到来時には設定者の構成個別物の処分権が失われ，流動性の喪失を来したうえで譲渡担保の私的実行段階を迎える（いわゆる「固定化」の発生）のが原則である。しかし，「通常の営業の範囲」を超える処分がなされても，期限の利益が喪失して直ちに被担保債権

動産譲渡担保　II

の弁済期が到来するとは限らない。したがって,「通常の営業の範囲」を超える処分がなされてから,設定者の処分権が剥奪されて「弁済期の到来」が生じ,かつ「固定化」が生じるまでの間の法律関係を,「平時」と「実行段階」から分離して独自に論じる必要がある(森田修・前掲「構造」44頁以下の着想による)。本稿ではこの中間段階を,流動動産譲渡担保実行の「保全段階」と呼ぶことにする。

そこで,以下では,まず,「通常の営業の範囲」を超える処分がなされた際の処分権の剥奪と,「固定化」がいかなる関係に立つのか,いかなる場合に「固定化」が生じるのか,および,「固定化」概念そのものの要否,について論じていく(→債権譲渡担保Ⅲ6(1))。

(2) 集合物の構成個別物の「固定化」のプロセス

流動動産譲渡担保における構成要素(在庫品)の「固定化」によって,①それによって集合動産の構成要素の流動性が停止し(流動停止効),②その時点において保管場所の所在地に現実に存在した動産だけが譲渡担保権の目的となることに確定し(目的動産確定効),その結果,③確定された目的動産(各在庫品)について設定者が処分権を喪失し,譲渡担保権者の同意なくしてはその後の処分が許されなくなり(処分禁止効),かつ④固定化後に保管場所の所在地に搬入された動産(在庫品)は譲渡担保権の目的とならなくなる(効力が及ばない)こと(事後非担保効)が生じるとされる(粟田口・前掲「実行」85頁,伊藤眞「倒産処理手続と担保権——集合債権譲渡担保を中心として」NBL872号〔2008〕66頁)。固定化が生じた結果,集合物の譲渡担保は,固定化により確定された個別動産の譲渡担保権に転化すると説明されることもある(田原「集合動産譲渡担保の再検討——担保実行の局面から」同・諸問題275頁,道垣内347頁)。結果として,固定化後は,譲渡担保設定者は,固定化された目的動産と,固定化後に新たに保管場所に搬入される動産(非担保目的物)とが識別可能な状態を維持する義務(分別管理する義務)を,担保価値維持義務の一環として負うことになる(粟田口・前掲「実行」85頁)。

例えば,既に述べたように,設定者が設定契約で定めた「在庫品の総価値の下限を下回らないように在庫品を補充する」という義務(担保価値維持義務)に違反すれば,「譲渡担保権者から特別な請求・指示がない場合でも直ちに固定化が生じる」と設定契約で定めていた場合(当然固定化条項),文言

どおり厳格に固定化が生じると解すれば，保管場所に現存する在庫品の費消・搬出は，義務違反の生じた時点以降一切できないことになる（河野・前掲論文16頁）。しかし，譲渡担保権者から，担保価値維持義務の履行を請求して在庫品の新たな搬入を求めて設定者がこれに応じれば，担保価値は回復しうるのであるから，この段階で完全な固定化を生じると解することは，設定者の経営の息の根を止めるきっかけになりかねず，設定者・担保権者双方にとって好ましくない結果をもたらす。この義務違反により被担保債権の弁済期が到来し（期限の利益の喪失），譲渡担保が実行可能になるとの契約条項（当然喪失方式）も，過剰な効果を招来するだけである。最高裁が，いわゆるフルペイアウト方式のファイナンス・リースに関して，ユーザーについて民事再生手続開始の申立てのあったことを契約の解除事由とする特約を無効とした（最判平20・12・16民集62巻10号2561頁。所有権留保につき，最判昭57・3・30民集36巻3号484頁）ことに鑑みれば，いまだ担保価値維持義務違反の治癒の可能性のある段階での当然の固定化の発生は，認めるべきではない（同旨・栗田口太郎「ABL実務の近時の動向と担保設定時・担保実行時における諸問題」事業再生と債権管理126号〔2009〕129頁〔以下，栗田口・前掲「動向」として引用〕）。

したがって，固定化の発生には，一定の信用劣化事由が発生した場合に固定化の請求権が譲渡担保権者に付与されるように，設定契約に定めを置くように設計すべきである（請求固定型）。流動動産譲渡担保の私的実行の開始を意味する，請求による固定化発生の前段階として流動動産譲渡担保の保全段階を考えるならば（森田修・前掲「構造」45頁），保全段階から，個別動産の売却→売却代金債権の発生・回収→売却益による新たな個別動産の取得と搬入というキャッシュフローの循環を断ち切ることなく，事業体を全体として譲渡させる（「集合物全体の処分」）途を探すことによって，設定者（債務者）を破綻に追い込むことなく事業を再度軌道に載せることも可能になる（いわゆる「生かす担保」論。池田真朗「ABLの展望と課題——そのあるべき発展形態と『生かす担保』論」同・債権譲渡の発展と特例法〔2010〕335頁以下）。その反面，固定化が生じた後に設定者が処分権限なくして譲渡担保の目的たる個別動産を処分したり，分別管理を怠ることは，直ちに担保価値維持義務の違反を生じる（栗田口・前掲「実行」89-90頁）。例えば，固定化後の担保開示義務違反が直ちに私的実行を可能にする旨，設定契約で定めておくべきであろう。

動産譲渡担保　II

このように，実行・換価の前段階としての保全段階では，換価のプロセスを開始する前に優先的価値支配を確保する機能が発揮されることが，担保権者にとって有利である。譲渡担保権者に，担保価値維持請求権の具体化として，固定化までは生じないものの，「設定者は債権者の承諾なく在庫商品を譲渡してはならない」旨の約定により，譲渡担保権者と設定者の間では，以後，個別動産の中途処分が保全段階を迎えて債務不履行を生じる効果まで確保することが望ましい。固定化は，物権契約のレベルで設定者の処分権を剥奪する効果まで発生させるが，ここでの約定はあくまで当事者間の債権債務レベルでの担保価値維持義務違反による効果にとどめておくのである（森田修・前掲「構造」46頁）。前掲最高裁平成11年11月24日大法廷判決の奥田補足意見のいう担保価値維持義務は，その義務違反の効果として，担保権者に対して，債務者の協力の態様や状況に照らして，一定の範囲で担保目的物について「管理占有」をめざした引渡請求権が与えられるとした。この請求権を流動動産譲渡担保設定契約に定めておくことで，少なくとも譲渡担保設定契約のレベルで債権的な引渡請求権を前もって構築しておくことができる（森田修・前掲「構造」45頁）。すなわち，譲渡担保の実行通知により固定化が生じるとすれば，この債権的な引渡請求権を被保全債権として保全執行を行い（債務者に使用を許さない執行官保管型の「占有移転禁止の仮処分」，民保25条の2第1項・62条1項），同時に，譲渡担保の実行通知を到達させることにより，その時点で保管場所に所在していた個別動産は実行対象として執行官保管とし，それ以降に搬入される個別動産は実行対象としないという，明確な峻別を可能とする措置を講ずることができる（粟田口・前掲「動向」129頁）。実務上は，動産引渡断行の仮処分執行に赴いた際，その執行期日前に固定化事由が生じていたなら，現地で保管場所への搬入日時による区分をすることを要し，執行が困難になる。実行通知をもって固定化が発生すると定めておき，執行時に現地で実行通知を手交するような工夫が求められる（小林明彦「集合動産譲渡担保をめぐる検討課題」伊藤眞ほか編著・担保・執行・倒産の現在――事例への実務対応〔2014〕106頁。もっとも，「執行官保管型の占有移転禁止の仮処分」にも，執行官の人数の不足や，仮処分命令を密行的に取得するのが困難であるため〔民保23条4項〕，目的動産の担保価値の毀損を十分に防ぐことができない等の問題がある。中島弘雅「ABL在庫担保における担保権実行手続」池田ほか編・前掲動産債権担保37-38頁，中島弘雅「ABL

〔小山〕　581

在庫担保の実行手続に関する立法論について——近時の立法論の紹介と検討」NBL 1070号〔2016〕11頁)。

(3) 「固定化」概念の多義性とその要否

集合物の構成個別物に譲渡担保の効力が及ばないとする集合物論Ⅱでは,既に列挙した4つの機能,すなわち,①それによって集合動産の構成要素の流動性が停止し(流動停止効),②その時点において保管場所の所在地に現実に存在した動産だけが譲渡担保権の目的となることに確定し(目的動産確定効),その結果,③確定された目的動産(各在庫品)について設定者が処分権を喪失し,譲渡担保権者の同意なくしてはその後の処分が許されなくなり(処分禁止効),かつ④固定化後に保管場所の所在地に搬入された動産(在庫品)は譲渡担保権の目的とならなくなる(効力が及ばない,事後非担保効)とする機能すべてを,「固定化」を用いて説明する(千葉・前掲「覚書」312頁)。分析論にあっては,①②③は観念しうるが,④は,構成個別物上の担保権設定に関する合意がどのようになされているかによって決まる(森田・講義159頁・160頁)。他方,個々の構成個別物に集合物の譲渡担保の効力が及ぶ(二重帰属を認める)集合物論Ⅰにおいては,実行の意思表示がされることにより,その時点で設定者の手許にある動産について所有権の移転のプロセスが進んでいくと考えるべきであり,特別に独立の段階としての固定化を考えることは不要とする(山野目372頁。森田宏樹・前掲金判1283号1頁も参照)。しかし,集合物論Ⅰでは,④は,「固定化」によって「集合物に対する物権」(譲渡担保権)が消滅することに起因して生じる(森田・講義160頁)。加えて,請求喪失方式を前提として,実行通知のような譲渡担保権者の明示の意思表示がなされれば,③(処分禁止効)だけでなく,②(目的動産確定効)の効力発生までをも認めるかどうかが議論されるべきであり,②の効果まで認めると,集合物論Ⅰでは,固定化により④の効果(事後非担保効)まで生じるとする反論がなされている(千葉・前掲「覚書」313頁)(→債権譲渡担保Ⅲ6(1))。

確かに,「固定化」は多義的であり,「固定化したか否か・いつ固定化したか」によって演繹的に議論を進めることが不正確である感は否めない(森田修・前掲「構造」47頁)。しかしながら,実際に実行段階に至ったとき,対象物の引渡しを求める請求や執行は対象が確定していないとできないのであり,対象が確定せず流動したままの状態で譲渡担保の実行等は観念できない。ま

動産譲渡担保　II

た，在庫品が譲渡担保設定契約で定められた価値の下限を大幅に下回る状態で譲渡担保を実行すると，被担保債権の回収にはかえって不利になる。保全段階にあって，担保価値維持義務違反の状態を解消するために，暫定的に固定化を生じさせていったん設定者の処分権を剥奪した後に，改めて処分権を与えて補充を認めたり（固定化後の「再流動化」〔小山泰史・流動財産担保論〔2009〕280-286頁，同・前掲民研637号10-12頁〕），増担保請求を行うというオプションも必要である（松岡368頁，平野・総合309頁）。このように，「固定化」を多義的な意味で用いるほうが，流動動産譲渡担保の特徴や性質をより的確に表現できるのであるから，「固定化」概念はなお維持される意義があると考える（伊藤眞「集合債権譲渡担保と事業再生型倒産処理手続 再考──会社更生手続との関係を中心として」曹時61巻9号〔2009〕2769頁。田原ほか・前掲「座談会V」田原・諸問題417-418頁〔松岡久和発言〕，平野214頁も参照）。

(4) 流動動産譲渡担保の実行・倒産手続と「固定化」

流動動産譲渡担保は，譲渡担保設定者が通常の営業の範囲内で在庫品を処分し，処分で得られた回収金をもって新たな在庫品を購入してこれらが新たに集合物に加わるというキャッシュフローの循環構造を有する。それゆえ，流動動産譲渡担保の私的実行の着手は，設定者の処分権限を剥奪して商品の反復循環構造を断ち切ることを意味し，かつ，実行着手時の在庫品の限度でいったん清算するということが譲渡担保権者の合理的意思であると考えられるから，これによって固定化を生ずると解すべきである（須藤正彦「ABLの二方面での役割と法的扱い」NBL879号〔2008〕31頁）。譲渡担保権者は，実行通知後，弁済期の到来によりその時点で現存する個別の在庫品の処分権を取得し（不動産譲渡担保につき，最判昭62・2・12民集41巻1号67頁，最判平6・2・22民集48巻2号414頁ほか），あるいはそれらの所有権を確定的に取得して，目的物を適正に評価もしくは処分して被担保債権に充当する。実際に被担保債権を回収するためには，実行通知に加えて個別動産の占有を確保する必要がある。固定化後であっても，設定者による権限なき処分を防ぐため，実行通知に先行して占有移転を禁止する執行官保管の仮処分（民保23条1項・62条1項）等を行うべきである（中島弘雅「ABL担保取引と倒産処理の交錯──ABLの定着と発展のために」金法1927号〔2011〕81-82頁〔以下，中島・前掲「交錯」として引用〕）。保全段階では，個別動産の引渡しは債権的な引渡請求権に依拠していたが，既に

〔小山〕　583

動産譲渡担保 II　　　　　　　　　　　　　　　　　　　　第2編 物権

実行段階に至っていることにより，所有権に基づく引渡請求権を根拠とするため，保全のために引渡断行の仮処分の発令を受けることも可能である。保全段階での占有移転禁止の仮処分の発令と執行と合わせて利用することで，私的実行をより確実なものとすることができる。ただ，実行段階にまで至れば，もはや設定者が受戻権を失うおそれも現実化するから，その保護のためにも，譲渡担保の実行通知に合わせて清算金存否の通知もなすべきであろう（森田修・前掲「構造」46-47頁）。

　ところで，不動産譲渡担保に関して，最高裁平成18年10月20日判決（民集60巻8号3098頁）等は，「設定者が債務の履行を遅滞したときは，譲渡担保権者は目的不動産を処分する権能を取得する」として，譲渡担保の被担保債務の弁済期到来時を基準時として譲渡担保権者が完全な処分権を取得することを前提とする判断（「弁済期到来時」ルール）を示している。動産の所有権留保に関して，最高裁平成21年3月10日判決（民集63巻3号385頁）が同旨を示すことから，動産を目的とする非典型担保である流動動産譲渡担保にも同様のルールが妥当するとすれば，被担保債権の弁済期到来により，流動動産譲渡担保権者にはその時点で保管場所に現存する在庫品の処分権が帰属することになる。前掲最高裁平成6年2月22日判決によれば，譲渡担保権者は，合意した処分方法が処分清算・帰属清算どちらの場合であっても実行方法を任意に選択できるとされ，債務者の受戻権の消滅時期と譲渡担保権者への確定的な所有権の移転時期，および債務の消滅時期，清算金の有無およびその額の確定時期が，同じ時点に一致することになる（魚住庸夫〔判解〕最判解昭62年42頁，水上敏〔判解〕最判解平6年216頁）。

　しかし，流動動産譲渡担保の場合，設定者に個別動産の処分を認めたままの状態で譲渡担保権者がそれらの処分を行うことは現実的ではないため，実行通知をして固定化を生じさせて初めて，譲渡担保権者が個別動産の処分権を取得すると解すべきである。したがって，被担保債権の弁済期到来後であっても設定者の処分権を消滅させない（固定化を生じさせない）かぎり，譲渡担保権者に個別動産の処分権が確定的に帰属することはないというべきである。例えば，実行通知につき，設定者の処分権限の剥奪と実行対象の確定という効果を認めるなどして，譲渡担保権者の処分権取得を確実にする必要がある（千葉・前掲「覚書」316頁，森田・講義161-162頁）。加えて，固定化後の

動産譲渡担保　II

「再流動化」を可能にするためには，固定化後であっても譲渡担保設定当事者の合意により，事業の継続のために設定者に改めて在庫品の処分権が与えられ，譲渡担保権者の個別動産の「処分権」が撤回される余地を残しておく必要がある。

では，破産や民事再生・会社更生手続においてはどうか。破産手続のような清算型の倒産手続では，破産手続開始決定（破30条）があった場合，事業が停止して通常の営業の範囲内での動産の処分や搬入が許されなくなるから，手続開始によって固定化の効果が生ずると解される。これに対し，会社更生手続および民事再生手続等の再建型の倒産手続では，譲渡担保権者・設定者（兼債務者）双方が事業の継続を望み，キャッシュフローの発生と循環を維持したいのであれば，設定者の在庫品の処分権を剥奪せず処分を継続すれば足りるから，会社更生や民事再生の手続開始によって固定化が生ずると解する必要はない（伊藤眞・前掲曹時61巻9号2760-2761頁，荒井正児「事業会社のための倒産手続と動産・債権担保の実務(3)集合動産譲渡担保」NBL926号〔2010〕106-107頁，小林信明「非典型担保権の倒産手続における処遇——譲渡担保権を中心として」新担保・執行法講座(4)216-217頁）。仮にいったん固定化が生じたとしても，なお事業継続が可能な条件が整っていれば，固定化した個別の担保目的物について再生債務者ないし更生管財人に自由な処分を認め，その代金についても費消することを許可し，その資金で新たに購入した動産につき改めて流動動産譲渡担保権を設定して，将来にわたり一定の価値の動産を担保の目的として確保する旨の合意によって解決をめざすことが模索される（小林信明・前掲論文219頁）。再建型倒産手続の開始によっても固定化が生じないと解するかぎり，手続開始後に再生債務者ないし更生管財人が取得した新たな在庫品に対しても譲渡担保の効力は及ぶことになる（伊藤達哉「倒産手続における将来債権・集合動産譲渡担保権の取扱い——担保権の効力が及ばなくなる事由および担保権の価値評価の考察を中心として」金法1862号〔2009〕10-11頁，中島・前掲「交錯」82頁。破産・民事再生・会社更生の各手続における流動動産譲渡担保の検討につき，荒井・前掲論文108-110頁を参照）。

なお，前掲最高裁平成20年12月16日判決を前提とすれば，再建型の倒産手続の開始を，被担保債権の弁済期到来事由（期限の利益喪失約款）だけでなく，流動動産譲渡担保の設定者に対する処分権限付与特約の解除事由とす

る設定契約の条項は，手続の開始申立てのみを事由として，譲渡担保実行のために担保目的物を再建型手続の枠外に流出させる特約として無効とされてもやむを得ない（伊藤達哉・前掲論文9頁）。よって，倒産手続開始の申立てによっては，固定化は生じないと解すべきである（栗田口・前掲「実行」86-87頁）。

(5) 流動動産譲渡担保に基づく物上代位

流動動産譲渡担保権に基づき，設定者の取得する個々の動産についての「売却，賃貸，滅失又は損傷」（民304条）によって設定者が受けるべき金銭その他の物に対して物上代位権を行使できるか。流動動産譲渡担保で具体的に問題になりうるのは，設定者の取得する売却（転売）代金債権，損害賠償請求権ないし損害保険金請求権である。

すでに言及した最高裁平成11年5月17日決定（民集53巻5号863頁。一Ⅰ4(1)(ア)）が，事例判断ながら，個別動産の売却代金債権に対する物上代位を肯定した後，最高裁平成22年12月2日決定（民集64巻8号1990頁）は，以下のように述べて，流動動産譲渡担保に基づく物上代位を肯定するに至った。(i)「構成部分の変動する集合動産を目的とする集合物譲渡担保権は，譲渡担保権者において譲渡担保の目的である集合動産を構成するに至った動産……の価値を担保として把握するものであるから，その効力は，目的動産が滅失した場合にその損害をてん補するために譲渡担保権設定者に対して支払われる損害保険金に係る請求権に及ぶ」，(ii)「譲渡担保権設定者が通常の営業を継続している場合には，目的動産の滅失により上記請求権が発生したとしても，これに対して直ちに物上代位権を行使することができる旨が合意されているなどの特段の事情がない限り，譲渡担保権者が当該請求権に対して物上代位権を行使することは許されない」。すなわち，(i)は，「通常の営業の継続」の有無を問わず，民法304条の列挙する目的債権に対して物上代位権を原則肯定したうえで（弁済期到来前でも効力が及ぶ），(ii)は，物上代位権の行使障害要件を明らかにしている（栗田口太郎〔判批〕事業再生と債権管理133号〔2011〕15頁）。

(i)においては，譲渡担保権が集合物を構成する構成個別物の「価値」を目的とすると述べる。この説示は，譲渡担保の効力が集合物だけでなく構成個別物にも及ぶことを前提とするようにみえるから，前掲の集合物論Ⅰに親和的である（森田修『『固定化』概念からの脱却と分析論回帰の志向」金法1930号

〔2011〕57頁）。これは，前掲最高裁平成18年7月20日判決が「当該譲渡担保の目的物である集合物」という表現を用い，構成個別物の処分による承継取得に関する判示から前掲の集合物論Ⅱに親和的であるとの評価がなされる（森田修・前掲〔判批〕法協124巻11号2611頁，小林明彦・前掲論文104頁は，集合物論Ⅰ・Ⅱのどちらにも親和的と解しうるとする）のと対照的である（流動動産譲渡担保を含めて譲渡担保に物上代位を認めるべきでないとする見解として，道垣内・前掲「再検討」122頁，道垣内315-316頁）。

　本決定の事案は，担保目的物である養殖魚につき設定者が廃業した後に譲渡担保が実行され，残る被担保債権の回収のために設定者が取得する損害保険金請求権に対して物上代位が認められたものである。損害保険金請求権は，譲渡担保の集合物の構成要素である個別動産の価値代替物であるから，本事案は代替的物上代位の肯定事例である。しかし，本決定は，付加的物上代位（→第6巻§372Ⅱ2(3)）か代替的物上代位であるかを問わず，譲渡担保設定者が「通常の営業」を継続している間は，その間でも物上代位を認める特約のある場合を除き，物上代位をなしえないとした。上記(i)(ii)どちらのレベルでも，本決定は，最高裁平成18年7月20日判決が用いた構成個別物の「通常の営業の範囲内の処分」という概念を用いず，「通常の営業の継続」は，特約によって修正可能な契約（譲渡担保設定契約）上の（債権的な）規律として位置づけられている（森田修・前掲金法1930号57頁）。すなわち，個別動産の処分権を設定者が剥奪される「固定化」が生じることをひとまず横に置いて，「通常の営業」の継続中には物上代位は認められないが，「営業継続中の物上代位権行使を認める特約」があればなお権利行使が可能であることを示唆するのである。

　ここでは，個別動産につき譲受人が承継取得しうるかに関連する「通常の営業の範囲内」の処分とは異なる概念として，「通常の営業の継続」が用いられている（柴田義明〔判解〕最判解平22年下735頁・737頁）。担保価値維持義務の例示としての個別動産の補充義務が履践されないとき，なお「通常の営業」が継続されて価値の充填の余地がある段階で，言い換えれば，設定者に個別動産の処分権がまだある段階において，譲渡担保権の保全のために，債権的な担保価値維持請求権を具体化する「営業継続中の物上代位権行使を認める特約」を行使して，損害保険金請求権に対して物上代位をしていくと解

すれば足りる（森田修・前掲「構造」45頁も参照）。もっとも，その前段階とし
て，設定者に対して個別動産の補充を請求し，その結果担保の価値が維持さ
れたなら，この特約による物上代位も認めるべきではない。

しかしながら，流動動産譲渡担保の物上代位の目的債権が，個別動産の売
却から生じる売却代金債権の場合には，「営業継続中の物上代位権行使を認
める特約」を制限的に解する必要がある。設定者は，売却代金債権の取立回
収金を原資として，新たな個別動産（在庫品）を保管場所に入れるのだから，
売却代金債権に対する物上代位は，このキャッシュフローを切断するおそれ
が高い。したがって，流動動産譲渡担保の物上代位の効力は物上代位債権の
目的物の種別ごとに分けて検討すべきであって，売却代金債権に対する物上
代位については本決定の射程にないと解すべきであろう（詳細は，小山泰史
〔判批〕判評 632 号（判時 2120 号）〔2011〕18-19 頁を参照）。すなわち，損害保険金
請求権に対する物上代位については，譲渡担保設定者がなおも「通常の営
業」を継続しており，未だ譲渡担保本体を実行するには至っていない（固定
化も生じていない）としても，別途，担保失期事由の発生により上記「特約」
を根拠に物上代位を認めることに支障はない。このとき，厳密に言えば譲渡
担保が実行可能な「弁済期」は未到来であるが，「担保失期」事由が生じた
ことを根拠に，損害保険金請求権への物上代位を認める必要がある（物上代
位権行使の方法として仮差押えの方法が認められる必要がある。吉野衛「物上代位におけ
る差押えの意義」争点 I 160 頁。粟田口・前掲判批 16 頁も参照）。しかし，他に弁済
期を到来させる事由が発生して「通常の営業の継続」が見込めない時期に至
れば，担保権実行通知後これにより弁済期が到来すると定めておくことで，
売却代金債権に対する物上代位も肯定されると解すべきであろう。この解釈
は，「通常の営業の継続」は，結局債務不履行のない状態を意味するもので
あるとの解釈とも整合性を有する（柴田・前掲判解 737 頁）。

なお，本決定は，物上代位の差押えの趣旨（特定性の維持か第三債務者の保護
か等）については何ら示すところがない。抵当権の賃料債権に対する物上代
位（最判平 10・1・30 民集 52 巻 1 号 1 頁）や動産売買先取特権の転売代金債権に
対する物上代位（最判平 17・2・22 民集 59 巻 2 号 314 頁）の示す差押えの趣旨が，
流動動産譲渡担保においてどのように判断されるかについては，まだ十分な
判断は示されておらず，ブランクとなっている。

動産譲渡担保　II

⑹　流動動産譲渡担保の実行と他の債権者との関係

⑺　譲渡担保設定者の動産売主との競合　　伝統的に民法 333 条の「引渡し」には占有改定を含むと解するのが判例（大判大 6・7・26 民録 23 輯 1203 頁）の立場である。買主に売却された個別動産について譲渡担保が設定されていた場合，譲渡担保権者は同条の第三取得者として占有改定により引渡しを受けており，当該動産の売主は，動産売買先取特権を行使できないとされる（先取特権の追及効が遮断される）。

他方，流動動産譲渡担保と動産売買先取特権が競合する場合，前掲最高裁昭和 62 年 11 月 10 日判決は，既に言及した前掲最高裁昭和 54 年 2 月 15 日判決で示された「種類」，「所在場所」および「量的範囲」という集合物の特定性の基準に照らして，「第 1 ないし第 4 倉庫内及び同敷地・ヤード内」の「普通棒鋼，異形棒鋼等一切の在庫商品」といういわゆる「全部譲渡方式」で特定性を肯定し，最高裁として，初めて有効な集合物譲渡担保の成立を認めた。また，集合物につき占有改定によって対抗要件を備えているので，新たに加わった個別動産についても当然にその効力が及ぶとした（近江幸治〔判批〕昭 62 重判解 79 頁）。前述のとおり，333 条の「引渡し」には占有改定を含むため（前掲大判大 6・7・26），特定動産譲渡担保の場合と同様，流動動産の譲渡担保権者は同条の第三取得者として引渡しを受けており（両者の競合は 333 条により規律される），被告である売主は，動産売買先取特権を行使できない。加えて，前掲最高裁昭和 62 年 11 月 10 日判決は，譲渡担保権者の被担保債権の金額が売主の目的物件の価額を上回る事実があり，他に特段の事情がない以上，譲渡担保権者の第三者異議の訴えは適法である，という判断を示した（山田秀雄〔判批〕NBL397 号〔1988〕16 頁）。

この判決については，継続的な取引の過程で信用売買により商品を供給している者が，債務者の代金不払により動産売買先取特権に基づいて競売を申し立てたところ，債務者と譲渡担保権者との間の契約書一枚による「見えざる」集合物譲渡担保の合意によって，その権利が消滅するという不意打ちに等しい，との批判がなされた（近江・前掲判批 80 頁）。占有改定により対抗要件を備えるといっても，何ら公示方法としては機能しないとの批判である。しかし，最高裁昭和 62 年 11 月 10 日判決の当時と異なり，現在では動産譲渡登記によっても対抗要件を具備しうるため，譲渡登記の経由された流動動

産譲渡担保は可視化されている。占有改定も動産譲渡登記も，動産物権変動の対抗要件としての効力に違いはない（183条，動産・債権譲渡特例法3条1項）。動産売主も譲渡登記を事前に確認すれば，買主が流動動産譲渡担保を設定していることを確認できる。その一方で，占有改定による譲渡担保設定が併存するかぎり，他の債権者に対する不意打ちという批判はなお残る。

　このような状況に対して，動産売主は，買主である譲渡担保設定者と交渉により所有権留保の特約を結べばよいとの考え方もあろう。所有権留保につき留保所有権を担保的に構成し，対抗要件具備を要するかどうかについて争いはあるものの，第三者所有の個別動産は集合物の構成要素にならないことから，所有権留保は，特定動産の譲渡担保の場合と同様，原則として流動動産譲渡担保にも優先すると考えられるからである（特定動産譲渡担保と所有権留保の優劣につき，最判昭58・3・18判タ512号112頁を参照。また，近時の最判平30・12・7民集72巻6号1044頁〔同原審・東京高判平29・3・9金法2091号71頁〕は流動動産譲渡担保と所有権留保の優劣を前提とする判断を示す。白石大〔原審判批〕金法2096号〔2018〕6頁，田髙寛貴「譲渡担保と所有権留保」法教424号〔2016〕86頁以下，および同「倒産手続における三者間所有権留保」金法2053号〔2016〕29-31頁，小山泰史〔判批〕論ジュリ29号〔2019〕170頁も参照）（→所有権留保Ⅱ5(3)(c)）。

　もっとも，譲渡担保設定者である買主と動産売主との取引関係から，事実上，所有権留保の約定を得るのが困難なこともありうる。そこで，動産売買先取特権の立法趣旨，すなわち，売却された動産は買主の一般財産に組み込まれて総債権者の共同担保を増加させているのに，債務者が破産すると，当該動産の売主が他の一般債権者と平等にしか配当が認められないのは不公平である，よって，民法典が動産の売主に特別の優先を認めた（梅369頁）点に鑑みれば，民法334条を類推適用し，譲渡担保権は民法330条1項1号の権利，動産売買先取特権を同条同項3号の権利と解して，原則として譲渡担保権者が優先するが，譲渡担保権者が動産売買先取特権の存在につき悪意であるときは後者が前者に優先する（330条2項前段）との説も有力である（田原睦夫「動産の先取特権の効力に関する一試論」同・諸問題22頁）。この説によっても，譲渡担保権者が，当該個別動産が集合体として指定された保管場所に搬入された時点で先取特権の存在を知らないかぎり，譲渡担保権者が優先するため，譲渡担保権者の善意・悪意の判断の基準時を，動産売買先取特権が自己の譲

動産譲渡担保　II

渡担保権に服していることを譲渡担保権者が具体的に知った時に繰り下げる見解もある（角紀代恵〔判批〕法協 107 巻 1 号〔1990〕148 頁）。これらの見解によれば，333 条が適用されても，集合体への加入によって動産売買先取特権が消滅することにはならず，譲渡担保権が任意弁済の結果消滅すれば，売主になお先取特権を行使する余地を残すことになる（河上 377 頁）。

　前掲最高裁昭和 62 年 11 月 10 日判決は，場所的範囲等で特定された集合物だけではなくその構成個別物たる在庫品にもまた集合物の構成部分として譲渡担保の目的物となるとの集合物論 I に親和的である。しかし，後続判例である前掲平成 18 年 7 月 20 日判決や前掲平成 22 年 12 月 2 日決定によれば，現在最高裁が，集合物論 I に立つか，集合物の構成個別物に譲渡担保の効力が及ばないとする集合物論 II に立つかは明確ではない。

　けれども，譲渡担保設定者が個別動産を信用売主から購入し，通常の営業の範囲で売却するかぎり，譲渡担保権者が異議を挟むべき理由はない。設定者の動産の購入先のうち，一社に対する支払が滞り当該売主が動産売買先取特権による動産競売を申し立てた場合（民執 190 条）でも，譲渡担保設定契約に定めた担保失期事由（「他の債権者が担保権の実行等により動産競売を申し立てた場合」）に該当したからといって，直ちに固定化が生じると解すべきではなく，譲渡担保権者には保全段階として設定者が他の債権者による権利の実行を受けたことにより，譲渡担保設定者の担保価値維持義務違反を理由として，債権的な個別動産の引渡請求権が生じるにとどまると解すべきである。この段階で動産売買先取特権の実行が終了してしまえば，譲渡担保権者は異議を述べる機会を失う。動産競売の途中で，危機を感じた譲渡担保権者が改めて固定化の措置（譲渡担保の実行通知）をなせば，固定化の発生により流動動産譲渡担保権者が当該個別動産についても完全な処分権を取得する。この時点で，動産売買先取特権の行使に対しては対抗要件具備の基準時（占有改定時もしくは動産譲渡登記の経由時）を示して，第三者異議の訴えによりこれを排除できる，と解してはどうか。設定者の「通常の営業の範囲」内の処分が継続され，その担保価値維持義務違反の状態が解消されうるかぎり，譲渡担保権者としては，設定者の営業活動に干渉すべきではない。その営業活動の循環を断ち切ってしまうほどの緊急性がないかぎり，譲渡担保権者による権利行使は抑制的に行うべきであろう。なお，以上の解釈は，必ずしも集合物論 II を前提

〔小山〕　591

動産譲渡担保　Ⅱ　　　　　　　　　　　　　　　第2編　物　権

とするわけではなく，個々の動産にも譲渡担保の効力が及ぶ集合物論Ⅰを前提としても，「固定化」の操作により集合物論Ⅱによるのと同様の結論に達しようとするものである（なお，流動動産譲渡担保と在庫品の所有権留保の関係につき，田髙・前掲法教86-87頁および森田修「方法的総序——所有権留保と在庫担保との関係を素材として」NBL 1070号〔2016〕8-10頁参照）。

　(イ)　譲渡担保設定者の一般債権者による差押え　　同様の理は，譲渡担保設定者の一般債権者が集合体を構成する個別の在庫品（構成個別物）を差し押さえた場合にも妥当する。本稿Ⅱ2(2)で紹介した集合物論Ⅱを採れば，個別動産に譲渡担保を主張することはできないから，第三者異議の訴え（民執38条）を提起することはできない。これに対し，集合物論Ⅰでは，個別動産にも譲渡担保の効力が及んでいると考えると，特定動産の譲渡担保と同様，第三者異議の訴えにより差押えを排除できる。流動動産譲渡担保の被担保債権額が大きい場合，一般債権者の差押えによる動産執行手続において，譲渡担保権者に配当要求（民執133条類推）を認めるとすれば，一般債権者が配当を受ける余地は通常ないので，差押えの手続は取り消されることになる（民執129条2項）（生熊343頁）。もっとも，最高裁は，抵当権者でさえ物上代位のためには二重差押えを要するとし，配当要求を認めない（最判平13・10・25民集55巻6号975頁）から，譲渡担保権を担保権として扱うかぎり，譲渡担保権者に配当要求は認められないと解することになろう。

　一般債権者の在庫品に対する差押えが，譲渡担保設定契約に定められた期限の利益の喪失事由に当たれば，譲渡担保権者は，直ちに譲渡担保の実行に取りかかり，自己に確定的に個別動産を帰属させたうえで（帰属清算）差押えを排除しうるとする見解がある（生熊343頁）。しかし，ファイナンス・リース契約を民事再生申立てに基づき当然に解除する特約を無効とする判例（前掲最判平20・12・16）からすれば，以上の解釈は妥当ではない。

　なお，動産譲渡登記による対抗要件具備は，すでに述べたように，集合動産については，種類・保管場所・所在地で特定することが想定されている（河野・前掲論文10頁，前島顕吾「ABL実務の現状と今後の検討課題」登記情報552号〔2007〕95頁）。しかし，在庫品について，保管場所を特定の指標として用いず，「動産の特質」によって特定する場合に，以上に述べた議論はどうなるか。

592　〔小山〕

動産譲渡担保　Ⅱ

「動産の種類」と，「動産の記号，番号その他の同種類の他の物と識別するために必要な特質」が譲渡にかかる動産を特定するための事項である（動産・債権譲渡登記規則8条1号）。具体的には，動産の特質によって特定する場合には，製造番号や製品番号等のシリアルナンバーによることが考えられる（植垣勝裕＝小川秀樹編著・一問一答動産・債権譲渡特例法〔3訂版増補，2010〕77頁）。この特定方法を，2(2)で紹介した流動動産譲渡担保に関する学説に当てはめてみると，集合物論Ⅰおよび分析論の場合であっても，当該動産が特定の基準で指定された（動産・債権譲渡登記規則8条1号）動産に該当するかぎり，対抗要件の具備を否定することはできない。この場合には，差押債権者に対して直ちに第三者異議の訴えを提起できることは否定し難い。他方，集合物論Ⅱの場合には，個々の動産について固定化以前の譲渡担保の成立を否定するから，動産譲渡登記のこの特定方法による対抗要件具備とは矛盾を来すため，どうなるかは明らかではない。

5　流動動産譲渡担保と流動債権譲渡担保の法理の融合の可能性

すでに述べたように，ABLとは，債権や在庫商品等の流動資産，すなわち，「債務者の事業のキャッシュフローの源泉となる資産を担保とする融資」（中村・前掲論文〔NBL 908号〕29頁）の枠組みである。典型的には，「事業会社が，仕入れた在庫を販売して売掛金に変え，これを振込先の預金口座から回収し，これを原資として再度仕入れを行うという事業サイクル」（在庫動産→売掛金債権→預金〔回収金〕という借主〔債務者〕の事業用流動資産の循環構造）に着目し，これを担保として捉えた流動資産担保融資である（中村・前掲論文30頁）。在庫商品については流動（集合）動産譲渡担保が，売掛金債権については流動（集合）債権譲渡担保が，担保権設定の方法として用いられる。

動産譲渡登記の導入を初めとして，金融庁や経済産業省は2002年頃からABLの普及を意図して，流動資産担保融資保証制度の導入（2007年8月）など，様々な施策を行ってきた（日本司法書士会連合会編・動産・債権譲渡登記の実務〔補訂版，2011〕198-206頁）。また，流動（集合）債権譲渡担保に関して，最高裁は，平成11年1月29日判決（民集53巻1号151頁）以降，一連の判例法理を展開してきた（詳細は，小山泰史「民法学史・流動（集合）債権譲渡担保」平井一雄＝清水元編・日本民法学史・続編〔2015〕243頁以下を参照）。最近では，流動動産譲渡担保と流動（集合）債権譲渡担保の双方について，担保目的財産の流動

〔小山〕　593

性を認めながら，担保価値を合理的な範囲で維持するための理論をどのように構築するのかが理論的な課題とされている（千葉・前掲「覚書」291頁）。本稿で検討した，民事再生手続申立て後の設定者の爾後取得財産（在庫品・売掛債権）に各譲渡担保の効力が及ぶか，また，設定者の処分権限との関係をめぐる議論（例，中島・前掲「交錯」80頁以下）等は，そのような試みの一例といえよう。

しかし，ABL の発想は，物権と債権を峻別しない英米法に由来する。動産に対する担保権が，その売却代金債権等の価値変形物（proceeds）に対して自動的に追及していく制度に沿革をもつこの融資手法は，物権と債権を厳格に峻別する日本法の下ではそのままでは妥当しない（松岡353頁，藤澤治奈「UCC 第9編における担保目的物の入れ替わり」池田ほか編・前掲動産債権担保77-81頁も参照）。また，債権譲渡担保は，担保の目的財産が価値そのものであり法形式上譲渡担保権者に担保目的財産が完全に移転しているから，第三債務者から譲渡債権を取り立てて被担保債権に充当すれば足りるのに対し，流動動産譲渡担保の場合，個別動産を市場で換価しなければ被担保債権の回収は実現できない。換価のためのセカンダリーマーケットの整備が必須であり，様々な試みが行われているものの（例として，松木大「集合動産担保融資の実務」銀法648号〔2005〕7頁以下，同「在庫（集合動産）担保融資の仕組み・論点と融資推進での活用」銀法697号〔2009〕9頁以下，久保田清「ABL 実務の動向と NPO 法人日本動産鑑定の新業務プロセスの特徴」事業再生と債権管理126号〔2009〕131頁，中村廉平ほか「〈座談会〉ABL（流動動産担保融資）の普及のために──その現状と課題とは」事業再生と債権管理128号〔2010〕73頁ほか），流動債権譲渡担保に比べれば，その利用実態はいまだ添え担保の域にとどまるとの指摘もある（田原ほか・前掲「座談会Ⅴ」田原・諸問題408頁〔三上徹発言〕・409頁〔中井康之発言〕）。

以上のように，流動動産譲渡担保については，その利用を阻む要因や動産譲渡登記の特定方法が厳格すぎること等も相俟って，いまだ発展途上にあると言わざるを得ない。流動債権譲渡担保が債権譲渡登記の整備によって実務上著しい発展を遂げたことに鑑みれば（小山・前掲「民法学史」241-243頁参照），流動動産譲渡担保についても，今後何らかの新たな立法による対応も不可欠といえよう。

〔小山泰史〕

債権譲渡担保　I

債権譲渡担保

細　目　次

I　債権譲渡担保の存在意義 ……………595
II　個別債権の譲渡担保 ………………597
　1　設　定………………………………597
　2　効　力………………………………597
　　(1)　取立権 ………………………597
　　(2)　いわゆる「受戻権」……………598
　　(3)　第三者との関係 ………………599
III　流動債権譲渡担保 …………………599
　1　意　義………………………………599
　2　法的構成……………………………600
　　(1)　分析論と集合債権論 …………600
　　(2)　取立権の所在 …………………601
　3　流動債権譲渡担保の有効性…………602

　　(1)　将来債権の譲渡の有効性 …………602
　　(2)　特定性 ………………………605
　4　対抗要件……………………………606
　　(1)　対抗要件具備の方法 …………606
　　(2)　民法に基づく対抗要件の具備 ……606
　　(3)　動産・債権譲渡特例法に基づく対
　　　　抗要件の具備 ………………609
　5　担保価値維持義務 …………………611
　6　実　行………………………………612
　　(1)　「固定化」概念の要否………………612
　　(2)　個別執行 ………………………613
　　(3)　倒産手続 ………………………614

I　債権譲渡担保の存在意義

　譲渡可能な財産であれば，すべて譲渡担保の客体となりうるので，譲渡担保は，不動産・動産だけでなく，債権をはじめ多種多様な財産を担保化する手段として用いられている。これら財産の中には，質権設定が可能なものもあるが，たとえば，出願中の特許のように，譲渡は認められているが（特許33条1項），質権の目的とすることはできないため（同33条2項），譲渡担保を用いることによってのみ担保化されるものもある。

　逆にいえば，譲渡することができない財産は譲渡担保の目的とすることはできない。この点，平成29年民法改正前は，譲渡禁止特約付債権（旧466条2項）は譲渡担保の目的とすることはできなかった。というのは，特約に違反して譲渡された場合の効力について，通説・判例ともに，物権的効力説を採用しており，特約に違反して行われた譲渡は無効であり，譲渡人・譲受人間でも債権譲渡の効力は生じないと解されていたからである。しかし，改正

〔角〕　595

債権譲渡担保　Ⅰ　　　　　　　　　　　　　　　　　　　　第2編　物　権

法にあっては，特約に違反して譲渡された場合であっても，譲渡性は奪われ
ないので，譲渡制限特約付債権も譲渡担保の目的とすることができる（466
条2項）。ただし，預金口座または貯金口座に係る預金または貯金に係る債権
の譲渡禁止特約は，改正前民法下と同様に物権的効力が維持されている
（466条の5第1項）ので，これらの債権は，譲渡担保の目的とすることはでき
ない（詳細は，→第10巻§466）。

　債権譲渡担保は，不動産譲渡担保・動産譲渡担保と同じく，債務者（また
は第三者，以下，両者を合わせて「担保設定者」という）の有する債権を，担保目的
で債権者に譲渡するという法形式をとる。他方，債権には質権の設定が可能
であることから，特に，個別の金銭債権の場合，質権を回避して，譲渡担保
を用いる合理的な理由は少ない（近江339頁，道垣内350頁）。というのは，対
抗要件は，質権のときは，364条により債権譲渡と同様の方式になるし，譲
渡担保のときも，債権譲渡の法形式をとるので，債権譲渡の方式によること
になる（467条）。特別法による対抗要件の具備も同様である（→Ⅲ4⑶参照）。
また，実行の段階では，質権にあっても，質権者には第三債務者に対する直
接取立権が認められる結果（366条1項），譲渡担保の私的実行を認めるのと
ほとんど変わらない結果になるからである。また，2003年の担保・執行法
改正前の363条は，債権証書のある債権に対する質権設定は，債権証書の交
付を効力要件としていたので，この点に質権と譲渡担保の差が見られた。し
かし，2003年の改正によって，同条は，債権譲渡に債権証書の交付を要す
る債権に対する質権設定についてのみ債権証書の交付を効力要件とする旨改
正されたので，この点も，ほとんど差がなくなった。

　さらに，有体物である不動産・動産の譲渡担保にあっては，典型担保との
間に私的実行の可否等をめぐって重要な相違点があるために，担保権説に立
っても，その法的構成にはバリエーションがある（→不動産譲渡担保Ⅱ，動産譲
渡担保Ⅰ1⑵・Ⅱ2⑵参照）（高木334頁）。これに対して，債権，なかんずく個
別債権の譲渡担保については，担保権者が取得する担保物権の内容は質権と
ほとんど差がない（角紀代恵「債権非典型担保」椿寿夫編・担保法理の現状と課題
（別冊NBL31号）〔1995〕77頁〔以下，角・前掲「非典型」として引用する〕）。そこで，
債権の譲渡担保は，債権質に準じて扱えばよいとの考えもあり（我妻671頁，
鈴木禄弥「譲渡担保」幾代通ほか・経営法学全集(9)企業担保〔1966〕255頁，加賀山・

596　　〔角〕

債権譲渡担保　II

講義 549 頁，大村 131 頁），債権譲渡担保の法的構成に関する議論は低調で，議論は流動債権譲渡担保に集中する傾向がある。流動債権譲渡担保については，後述するように，担保目的債権の取立権の所在をはじめとする独自の問題があるので，まず，個別債権の譲渡担保について検討することにする。

II　個別債権の譲渡担保

1　設　　定

担保権者と担保設定者との間の譲渡担保契約によって設定される。対抗要件は，債権譲渡のそれによることになる。

なお，電子記録債権については質権が設定できるが（電子債権 36 条 1 項），譲渡担保の設定も可能である。設定は，電子記録債権機関の記録原簿に譲渡記録がなされることにより行われ（同 17 条），譲受人（＝電子記録債権の債権者）として記録された者は，債権を適法に有する者と推定される（同 9 条 2 項・2 条 6 項）。電子記録債権の譲渡にあっては，記録自体が効力要件とされており（同 17 条），別個に対抗要件は観念されていない（道垣内 351 頁）。

2　効　　力

(1)　取　立　権

民法は，債権質について，その実行として，質権者に第三債務者に対する直接取立権を認めている（366 条 1 項）。譲渡担保権の場合も，その実行として，担保権者に第三債務者に対する直接取立権を認めることには異論はないが，366 条 2 項以下の類推適用の可否については，見解が分かれる。すなわち，①被担保債権よりも目的債権のほうが債権額が大きい場合と②被担保債権の弁済期よりも先に目的債権の弁済期が到来する場合の二つである。実務では，譲渡担保の実行方法については譲渡担保設定契約において定められており，その定めの効力を否定する必要はない。問題は，定めがないときである。

①については，担保権者は被担保債権額に見合う限度で取り立て，弁済充当することができるにとどまると解する立場（鈴木禄弥ほか「座談会・銀行取引と譲渡担保(19)」金法 790 号〔1976〕30 頁〔鈴木発言〕，道垣内 353 頁，松尾＝古積 429 頁）と目的債権全額を取り立てることができると解する立場（角・前掲「非典

〔角〕　597

型」80頁）がある。前者は，譲渡担保が担保手段であることを重視するものであるのに対して，後者は，債権の譲渡担保は債権譲渡の法形式を取ることを重視するものである。後者の立場にあっては，被担保債権額を超過する部分については，担保権者は設定者に対して清算義務を負うことになる（角・前掲「非典型」80頁。近江341頁も同旨か）。なお，前者の立場に立つ松尾＝古積は，対外的には担保権者が債権者である以上，目的債権額を超える取立てがなされても，弁済自体は有効であり，担保設定者は，担保権者に対して，清算金請求権を有するにとどまるとする（松尾＝古積429頁）。また，後者の立場に立つ場合には，債権質とは異なり，個別債権の譲渡担保にあっては，後順位の担保権の設定を認める余地はないとの見解が示されている（角・前掲「非典型」82頁）。

②についても，①と同様に，担保権者は第三債務者に供託を請求するにとどまり，供託金上に被担保債権の弁済期到来まで譲渡担保権が存続すると解する立場（清水誠「譲渡担保の意義・効力」担保法大系Ⅳ294頁，道垣内352頁，松尾＝古積429頁）と，目的債権の弁済期到来により，譲渡担保権者は，被担保債権の弁済期が到来していなくても，設定者から取り立てることができると解する立場（鳥谷部茂「将来債権の担保」非典型担保の法理〔2009〕166頁，角・前掲「非典型」80頁）がある。

(2) いわゆる「受戻権」

譲渡担保にあっては，仮登記担保とは異なり，特別な「受戻権」を観念する必要はなく，端的に，いつまで被担保債権を弁済できるかを考えればよい（一不動産譲渡担保Ⅵ1⑷⑺参照）。被担保債権が弁済された場合には，譲渡担保権も消滅するので，設定者は目的債権の債権者としての完全な地位を回復する（角・前掲「非典型」81頁，道垣内352頁）。

さて，有体物の譲渡担保にあっては，被担保債権の弁済期到来後であっても，譲渡担保権者が実行に着手する前であれば，設定者には目的物の受戻しが認められている。債権の譲渡担保の場合にも，目的債権の弁済期が被担保債権の弁済期よりも後に到来する場合には受戻しの問題が生じる。ただし，債権の譲渡担保における受戻しは，金銭により金銭債権を取り戻すことになるので，実際上の意義は小さい（近江340頁，道垣内353頁）。

598　〔角〕

債権譲渡担保　III

(3)　第三者との関係

(ア)　譲渡担保権者と設定者側の第三者との関係　　設定者により目的債権が処分されても，対抗要件を備えているかぎり，譲渡担保権者は第三者に自己の権利を主張できるし，設定者の一般債権者が目的債権を差し押さえても，譲渡担保権者は，執行手続中で第三債務者が行った弁済等を無視して，譲渡担保権を実行することができる（角・前掲「非典型」82頁）。なお，譲渡担保権者による第三者異議訴訟（民執38条）の可否については，→動産譲渡担保 I 5(2)。

(イ)　設定者と譲渡担保権者側の第三者との関係　　譲渡担保権者に対する一般債権者が目的債権を差し押さえたときは，94条2項の類推適用の問題として処理される（道垣内352頁）。差押債権者が94条2項の類推適用によって保護されない場合には，不動産譲渡担保の場合と同様に，設定者は第三者異議訴訟によって差押えを排除できるか（→不動産譲渡担保V 2(2)(イ)）という問題がある。また，第三者異議訴訟によって，差押えを排除できると解した場合であっても，(2)で述べたように，債権の譲渡担保における受戻しは，金銭により金銭債権を取り戻すことになり，その実際上の意義は小さいとの認識から，債権譲渡担保の場合，第三者異議訴訟を提起できるのは，目的債権の弁済期が被担保債権の弁済期よりも後に到来し，かつ，被担保債権額より目的債権の債権額が大きい場合に限られるとの見解がある。というのは，この場合には，設定者に両債権の差額を確保させる意味があるからである（角・前掲「非典型」82頁）。

III　流動債権譲渡担保

1　意　　義

流動債権譲渡担保とは，企業が不特定多数の顧客に対して有している売掛債権のように小口・大量の金銭債権群を一括して担保に供する方法である。これら債権群にあっては，個々の債権に着目した場合には，支払期日が到来したものは支払われて消滅する一方，他方では，新しい債権が発生するという具合に，常に新陳代謝を繰り返してはいるが，総体としては，常に一定の価値を保っている（河合伸一「第三債務者不特定の集合債権譲渡担保──担保差入証

〔角〕　599

試案と若干の問題について」金法 1186 号〔1988〕58 頁）。したがって，これら債権群の担保の目的は，実質的には，債権群が有する総体としての価値である（安永 435 頁）ことから，その理想像は以下のようなものであるとされている（秦光昭「集合債権譲渡担保の理論構成と実務対応」金法 1242 号〔1990〕39 頁）。

①　設定者が将来取得するであろう債権についても，その発生と同時に，何ら新たな行為がなくても自動的に担保の目的となること。

②　設定者が，担保設定時点において有している債権だけではなく，将来取得するであろう債権についても，担保設定時において一括して対抗要件を具備できること。

③　設定者は，一定の事由が発生するまでは，担保の目的となった債権を自由に取り立て，その取立金を自己の営業資金として使用することができること。

④　設定者について一定の信用上の事情が生じたときは，設定者の取立権は消滅すること。

このような担保にあっては，本来は，担保権者の権利は，具体的な債権を離れて設定契約で定められた範囲に属する債権から被担保債権について優先弁済を受ける権利，比喩的に言えば，限定された形での一般先取特権として構成されるべきものである（鈴木ほか・前掲「座談会(29)」金法 803 号〔1976〕25 頁〔吉原省三発言〕・27 頁〔浦野雄幸発言〕）。しかし，現在，このような内容の担保物権は，典型担保のカタログにはもちろん，非典型担保にも存在しないために，譲渡担保によってその達成が試みられている（角・前掲「非典型」84 頁）。

なお，流動債権譲渡担保とは，①〜④の特徴をすべて備えた譲渡担保を指す。③が認められず，設定者が新たに取得する債権が担保目的債権として累積する累積型将来債権譲渡担保は，流動債権譲渡担保ではない（伊藤眞「集合債権譲渡担保と事業再生型倒産処理手続 再考」曹時 61 巻 9 号〔2009〕2761 頁〔以下，伊藤眞・前掲「再考」として引用する〕）。

2　法 的 構 成

(1)　分析論と集合債権論

流動債権譲渡担保にあっても，流動動産譲渡担保における「集合物」概念とパラレルな「集合債権」概念を構築して，流動債権譲渡担保を「集合債権」に対する譲渡担保ととらえる見解がある（たとえば，伊藤進「集合債権の譲

渡担保と権利の実行」金判 737 号〔1986〕77 頁以下，秦・前掲論文 39 頁，近江 342 頁，堀龍兒「集合債権譲渡担保の変遷」早法 80 巻 3 号〔2005〕213 頁以下）。流動動産譲渡担保における集合物論の最大の機能は，設定契約後に設定者が取得し新たに担保目的物となった動産について自動的に対抗要件を具備できることにある（最判昭 62・11・10 民集 41 巻 8 号 1559 頁参照）。これに対して，債権については，債権発生前に，債権譲渡の対抗要件を具備することができるので，流動債権譲渡担保において，「集合債権」概念を介在させなければ，設定契約後に発生した債権について設定契約時に対抗要件を具備できないわけではない（角紀代恵「流動債権渡担保をめぐる混迷」椿寿夫編・担保法理の現状と課題（別冊 NBL31 号）〔1995〕202 頁〔以下，角・前掲「混迷」として引用する〕）（→4 参照）。したがって，流動債権譲渡担保は，個別債権の譲渡担保の束であると解するのが現在の多数説である（たとえば，角・前掲「混迷」203 頁，道垣内 354 頁，森田・講義 95 頁，角 188 頁）。

　なお，現在，動産譲渡登記制度が創設されたことにより，動産についても，将来取得する動産について対抗要件を具備することが可能になった。そこで，流動動産譲渡担保においても，フィクション性が高い「集合物論」を採用しなくても，動産譲渡登記により，当初の時点で対抗要件を具備することができるようになったことを理由として，分析論を主張する説も登場してきている（森田宏樹「事業の収益性に着目した資金調達モデルと動産・債権譲渡公示制度」金融法研究 21 号〔2005〕91 頁）（→動産譲渡担保 II 2 (2)）。

　(2)　取立権の所在

　1 で述べたように，流動債権譲渡担保が把握しているのは，実質的には，瞬間，瞬間において債権群が全体として有している価値であり，一定の継続する期間に債務者が取得する債権すべての累積的な価値ではない（角・前掲「混迷」204 頁）。そこで，制度設計上は，一定の事由が発生するまでは，目的債権の取立権は設定者に留保されるべきものである（道垣内・課題 213 頁以下参照）。しかし，(1)で述べたように，流動債権譲渡担保は個別債権の譲渡担保の束であると構成されており，個別債権の譲渡担保にあっては，II で述べたように，取立権は担保権者にある。そのため，流動債権譲渡担保にあっては，一定の事由が発生するまで取立権を設定者に留保するべく法形式上の一定の操作が必要になる（→4 (2)(ウ)参照）。

〔角〕　601

債権譲渡担保　**III**　　　　　　　　　　　　　　　　第2編　物　権

　なお，最高裁平成11年1月29日判決（民集53巻1号151頁）の事案は，債務者が債権者に対して複数の債権を累積的に一括して譲渡し，債権者は，当初から，当該債権の弁済期が到来するごとに第三債務者から継続して取り立てる形態のものである。これは，法的には，債権譲渡担保というよりは債権譲渡そのものというべきである。

3　流動債権譲渡担保の有効性

　流動債権譲渡担保は，担保権者と担保設定者との間の譲渡担保設定契約によって設定される。流動債権譲渡担保の有効性については二つの問題がある。一つは，将来債権の譲渡の有効性，すなわち，将来発生する債権を未発生の時点で譲渡することができるかという問題であり，もう一つは，目的債権の範囲の特定，すなわち，設定契約では目的債権の範囲をどの程度特定する必要があるかという問題である。

(1)　将来債権の譲渡の有効性

　(ｱ)　学理上の問題　　判例（たとえば，大判明43・2・10民録16輯84頁〔株式会社に対する将来の利益配当請求権〕，大判昭9・12・28民集13巻2261頁〔合名会社に対する将来の残余財産分配請求権〕，大判昭5・2・5新聞3093号9頁〔将来の賃料請求権〕）・学説とも，将来債権の譲渡については，古くから認めていた。しかし，学説においては，かつては，債権の発生可能性を問題として，将来の債権の発生が確実であるときに限り，その有効性を肯定していた。その中にあっても，将来債権の譲渡が有効であるためには，将来債権発生の基礎としての法律関係が存在することを要するとする法律的可能性説（鳥谷部・前掲書160頁）と将来債権発生の事実上の可能性で足りるとする事実的可能性説（於保不二雄・財産管理権論序説〔1954〕314頁）が対立していた。

　しかし，現在は，すべての将来債権について譲渡を肯定する説が通説といえよう。というのは，将来債権発生の可能性を要求すると，契約時に債権発生の可能性がなかったという理由で，現実に発生した債権の譲渡が無効になるというきわめて奇妙な状況が現出してしまうからである。したがって，現在は，債権発生の可能性は，取引当事者が判断するべき「経営上の実効性」の問題にすぎないとされる（高木多喜男・金融取引の法理(1)〔1996〕112頁，田辺光政「集合債権の譲渡担保」担保法の現代的諸問題（別冊NBL10号）〔1983〕70頁）。

　この点，最高裁昭和53年12月15日判決（判時916号25頁）は，保険医が

602　〔角〕

債権譲渡担保　III

向こう1年間にわたる診療報酬債権を代物弁済のために譲渡した事案におい
て，譲渡の有効性を認めたが，その際，診療報酬債権は「医師が通常の診療
業務を継続している限り，一定額以上の安定したものであることが確実に期
待される」ので，当該債権は「将来生じるものであっても，それほど遠い将
来のものでなければ，特段の事情のない限り，現在すでに債権発生の原因が
確定し，その発生を確実に予測しうる」からとの理由を付していた。

　このように最高裁昭和53年12月15日判決は，将来債権の譲渡の有効性
を認めてはいるが，無制限に認めているわけではなく，「それほど遠い将来
のものでなければ」という制限を設けていた。しかし，その後，前掲最高裁
平成11年1月29日判決は，譲渡担保設定契約時において「債権発生の可能
性が低かったことは，右契約の効力を当然に左右するものではない」と判示
し，特定性が満たされているかぎり，将来の長期（8年3か月）にわたる債権
譲渡の有効性を認めるにいたった。ただし，「譲渡人の営業活動等に対して
社会通念に照らし相当とされる範囲を著しく逸脱する制限を加え，又は他の
債権者に不当な不利益を与えるものであると見られるなどの特段の事情」の
あるときは，公序良俗違反として効力が否定されるとの留保を付けている。
この判示部分は，(イ)で述べる包括担保の許容性に関わるものである。

　なお，将来債権の譲渡に関しては，債権の移転時期の問題がある（→第10
巻§466の6）。この問題については，前掲大審院昭和9年12月28日判決は，
債権の移転時期について，「債権発生時説」に立っており，学説の議論もな
かった。この問題が活発に議論される契機となったのは，最高裁平成19年
2月15日判決（民集61巻1号243頁）である。同判決は，流動債権譲渡担保の
目的債権が発生する前に法定納期限を徒過していた設定者の滞納国税につい
て，法定納期限が到来した後に発生した目的債権に対して国が行った滞納処
分と流動債権譲渡担保権の優劣が争われたものである。

　最高裁は，何ら理由を付すことなく，「将来発生すべき債権を目的とする
譲渡担保契約が締結された場合には，……譲渡担保の目的とされた債権は譲
渡担保契約によって譲渡担保設定者から譲渡担保権者に確定的に譲渡されて
いるのであり」「譲渡担保の目的とされた債権が将来発生したときには，譲
渡担保権者は，譲渡担保設定者の特段の行為を要することなく当然に，当該
債権を担保の目的で取得することができる」と判示した。同判決の真の争点

〔角〕　603

債権譲渡担保　Ⅲ　　　　　　　　　　　　　　　　　第2編　物　権

は国税徴収法 24 条 8 項の解釈にあり，結論を導くに際して将来債権の移転時期についての判断は必須ではない（河上 392 頁）が，多数説は，将来債権の移転時期を，「債権発生時」ではなく，「譲渡契約時」と解している（議論の詳細については，金融法務研究会・動産・債権譲渡担保融資に関する諸課題の検討〔2010〕20 頁以下〔中田裕康〕）。

　しかし，債権自体が発生していないのに，債権が移転したとする考えは成り立たない（安永 438 頁）。そこで，「譲渡契約時」に何が移転するのか，移転する客体をめぐって議論があり，将来債権についても，「処分権」を観念することができるので，移転の客体は「処分権」であると解する説（森田・前掲論文 88 頁）や「一定の条件の下で債権者として債権を原始的に取得するという法的地位」であると解する説（道垣内・課題 210 項）がある。これに対しては，債権が未発生の段階で債権譲渡を対抗しなければならない場面はありえないので，将来債権の譲渡については，移転時期を論ずることには意味がなく，対抗要件の先後によって優先順位が決定されると解すれば足りるとの批判がある（シンポジウム「動産・債権譲渡公示制度の整備に向けて」前掲金融法研究 127 頁〔鎌田薫発言〕）。また，目的債権が新陳代謝を繰り返す流動債権譲渡担保にあっては，「債権発生時」説のほうが親和的であるとの指摘もある（伊藤眞・前掲「再考」2768 頁）。

　この債権の移転時期をめぐる議論は，きわめて学理的な問題関心に基づくものであり，具体的にいかなる局面を念頭においてのものかは，不明確であると言わざるを得ないが，最も考えられるのは，倒産の局面である。たとえば，債務者の平常時に設定され，対抗要件も具備した流動債権譲渡担保の目的債権中，倒産手続開始決定後に発生した債権について，譲渡担保権者は，倒産管財人に優先するか，あるいは，危機時期に発生した債権について，危機否認の対象となるのかである。前者の問題については，「債権発生時説」に立つ前掲大審院昭和 9 年 12 月 28 日判決は，「譲受人ハ後日債権成立セハ其ノ債権ヲ取得シタルコトヲ債務者其ノ他ノ第三者ニ対抗シ得ヘキ法律上ノ地位ヲ有スルニ至ルモノトス」と判示して，担保権者を倒産管財人に優先させており，担保権者の倒産管財人に対する優先を導くためには，「譲渡契約時説」に立たなければならないというわけではない。また，後者の問題については，危機時期以降に発生した債権については，偏頗行為否認（たとえば，

604　〔角〕

破 162 条 1 項 1 号）の対象となるとの見解が有力である（伊藤眞・破産法・民事再生法〔4 版，2018〕579-580 頁）。しかし，この結論は，「譲渡契約説」に立てば回避できるものではない（伊藤眞・債務者更生手続の研究〔1984〕364 頁以下，反対説としては，流動産譲渡担保を対象とするものであるが米倉・研究 150 頁）。

(イ) 包括担保の許容性　　流動債権譲渡担保においては，同じく将来債権の譲渡といっても，一個の将来債権の譲渡ではなく，一定の期間にわたって発生する複数個の債権の譲渡が問題となる。そのため，流動債権譲渡担保を念頭において将来債権の譲渡の有効性を論ずる場合には，(ア)で述べた現在有していない債権を譲渡できるかという学理的な問題に加えて，包括的な譲渡担保の許容性という政策的な問題がある（角・前掲「非典型」84 頁，道垣内 356 頁）。

すなわち，少なくとも「一切の将来債権」を譲渡担保に供する場合には，設定者については，その経済活動の自由を著しく阻害し，担保権者への隷属を許すことにならないかというおそれであり，一般債権者については，担保権者に将来債権の担保価値の独占を許すことになり，その利益を過度に害するおそれがないかという問題である（河上 387 頁）。前者の問題については，設定者が営業者である限りは，自らの算盤勘定に基づく行為の結果，同人が破滅しないかなどと心配する必要はない（鈴木禄弥「最近担保法判例雑考(9)」判タ 513 号〔1984〕52 頁）とする一方で，具体的な状況によっては，民法総則の諸規定あるいは独占禁止法等によって債務者の保護が図られる場合もある（河合・前掲論文 59 頁）との指摘がある（後者の問題については，→6⑶(イ)参照）。

(2) 特 定 性

流動債権譲渡担保が有効に設定されるためには，目的債権の範囲が特定されていなければならない。この目的債権の特定は，個別債権の譲渡担保においても要求される。しかし，流動債権譲渡担保の場合には，特に強く特定性が要求される。というのは，流動債権譲渡担保にあっては，債権が具体的に発生した時点において，先行する譲渡担保設定契約の自動的作用として当該債権に譲渡担保権が及ぶという効果が生じる。そこで，多数の債権が発生した場合に，どの債権が譲渡担保の目的となるか譲渡担保設定契約自体から認識・識別する必要があるからである（角・前掲「非典型」85 頁，松尾＝古積 427 頁）。

債権譲渡担保　**III**　　　　　　　　　　　　　　　第2編　物　権

　前掲最高裁平成11年1月29日判決は，目的債権の特定性に関して，譲渡される債権の当事者，その発生原因，債権額，譲渡される期間などを基準とする立場をとっている。しかし，譲渡予約に関する判例ではあるが，最高裁平成12年4月21日判決（民集54巻4号1562頁）が判示するように「譲渡の目的となるべき債権を譲渡人が有する他の債権から識別することができる程度に特定されていれば足り」，どの要素も必須とはいえない（鎌田薫「債権を目的とする担保」磯村保ほか・民法トライアル教室〔1999〕163頁，角紀代恵「流動債権譲渡担保」法時73巻11号〔2001〕26頁，道垣内356頁）。したがって，たとえば，「設定者が現在および将来取得する一切の金銭債権」でも特定性はある（高木・前掲書149頁，田辺・前掲論文72頁，角紀代恵「集合債権の譲渡担保」争点I 188頁，道垣内357頁）。ただし，この場合，(1)(イ)で述べた包括担保の許容性の問題は残る。

4　対 抗 要 件

(1)　対抗要件具備の方法

　流動債権譲渡担保が特定性を有し有効と判断されても，当該譲渡担保権を第三者に対抗するためには対抗要件を備えなければならない。そして，法形式上，集合債権譲渡担保にあっては債権譲渡が行われるので，債権譲渡の対抗要件を備えなければならない。現在，対抗要件具備については，民法に基づくものと「動産及び債権の譲渡の対抗要件に関する民法の特例等に関する法律」（以下，「動産・債権譲渡特例法」という）に基づくものがある。

(2)　民法に基づく対抗要件の具備

　(ア)　概観　　譲渡担保の設定を第三債務者やその他の第三者に対抗するためには，467条が定める債権譲渡の対抗要件を備えなければならない。すなわち，第三債務者に対しては，通知または承諾が，その他の第三者に対しては，確定日付ある証書による通知または承諾が要求される。したがって，流動債権譲渡担保が対抗要件を具備するためには，通知の相手方あるいは承諾の主体たる第三債務者が確定していることが必要である。

　さて，流動債権譲渡担保にあっては，通常，その対抗要件具備にあたり第三債務者に対し，債務者が現在有し，かつ，将来取得する債権について包括的な譲渡の通知がなされる。そこで，以下では，通知に即して説明することにする。問題は，このような通知によって，将来発生する債権の譲渡担保に

債権譲渡担保　III

ついて包括的な対抗力が生じるか否かである。そして，そこには，将来債権の譲渡にあたり，債権発生前になした通知により対抗力が生ずるかという問題と，一つの通知で将来の包括的譲渡の対抗要件となりうるかという二つの問題が含まれている。なお，前者の問題は，将来債権の譲渡における債権の移転時期の問題と関連性を有するが，それについては，→第10巻§466の6。

　前者については，判例（前掲大判昭9・12・28）によって早くから認められている。そして，対抗力の具備については，以下のような説明がなされている。すなわち，通知は，譲渡の結果ではなく債権が譲渡されたという事実を通知するので，仮に，まだ，移転の結果が未発生であっても通知をすることは可能であり，通知後に債権の二重譲渡があっても，その譲受人には優先することができる，と（安永439頁）。また，後者についても，学説は，民法が債務者（流動債権譲渡担保に即して言えば第三債務者）に対する通知をもって対抗要件とした趣旨から肯定する。すなわち，民法が債務者に対する通知をもって対抗要件とした趣旨は，第三者が当該債権に対して利害関係をもとうとする場合には債務者に対して当該債権の帰属を問い合わせるので，債務者をして，いわゆるインフォメーション・センターとしての役割を担わせることにあった（467条の立法趣旨については，さしあたり，角紀代恵「指名債権譲渡」民法講座(4)269頁以下参照）。そこで，包括的な通知であっても当該通知により，債務者が，将来発生する債権の帰属について認識をもち，インフォメーション・センターとしての役割を果たすことは可能なので，当該通知を対抗要件として認めてよい，と。したがって，当該通知が包括的な対抗力を有するためには，債務者が将来発生する債権が譲渡の対象となるか否かが判断できる程度に通知において譲渡債権が特定されていればよく（小林秀之＝角紀代恵・手続法から見た民法〔1993〕115頁〔角〕，道垣内357頁），判例（たとえば，前掲最判昭53・12・15，前掲最判平11・1・29）も同じ立場である。

　(イ)　民法に基づく債権譲渡の対抗要件をめぐる問題点　　流動債権譲渡担保にあっては，以下の理由から，民法に基づく対抗要件の具備は不可能に近いとされていた。

　すなわち，まず，第1に，手間と費用の問題がある。特に，第三債務者の異なる多数の小口債権を担保に徴した場合には，たとえ，理論上は，対抗要件具備が可能であっても，実際に対抗要件を具備しようとすると，そのため

〔角〕　607

債権譲渡担保　Ⅲ

第2編　物　権

に要する手間と費用は膨大なものとなってしまう。第2に，担保設定時において第三債務者が不特定の債権を担保に徴した場合には，担保設定時における対抗要件の具備は，そもそも，不可能というほかない。第3に，対抗要件否認の問題がある。かつて，流動債権譲渡担保については，正常な担保ではなく債務者の危機時期に設定される担保というイメージがつきまとっていた（堀・前掲論文192頁）。そのため，設定者は，第三債務者に担保設定の事実を知られることを嫌うといわれていた。そこで，実務においては，設定時に対抗要件を具備することは行われず，担保権者は，債務者から，第三債務者名，譲渡債権の内容等が白地の債権譲渡通知を徴求するにとどめ，債務者が危機時期に陥ってはじめて，債権譲渡通知書の白地を補充して，第三債務者に通知を行い，取立てを行っていた。しかし，このような対抗要件具備は，譲渡担保設定後15日を経過した後になされるために，債務者に倒産手続が開始されると，管財人によって否認（破164条1項，民再129条1項，会更88条1項）されるおそれがあった。

　そこで，実務では，第三債務者に担保設定の事実を知られずに，対抗要件否認の問題を回避するために，債権譲渡の予約契約を行い，債務者の財産状態が悪化してから予約完結権を行使し，その段階で対抗要件を具備するという方法が考案された。この方法によれば，対抗要件具備は，権利移転から14日以内に行われたことになるので，対抗要件否認を免れるというわけである。しかし，最高裁平成16年7月16日判決（民集58巻5号1744頁）は，このような契約は，破産法上の危機否認権の規定（破162条1項。民再127条の3第1項および会更86条の3第1項も同旨）の趣旨に反し，実質的には，「債務者に支払停止等の危機時期が到来した後に行われた債権譲渡と同視すべきものであ」るとして，破産法162条1項に基づく否認権行使の対象となるとするに至った。

　第三者に対抗できない担保は，担保としての機能を果たさない。そのために，流動債権譲渡担保は対抗要件具備が障害となって，担保としての機能を果たせない状態であった。そのために，新しい債権譲渡の対抗要件を立法する必要に迫られ，その結果，(3)(イ)で述べる債権譲渡登記制度が創設された。

　(ウ)　取立権を設定者に留保する通知の効力　　流動債権譲渡担保では，譲渡担保実行時までは，目的債権を取り立てるのは債務者である。しかし，債

608　〔角〕

権の譲渡担保では，取立権は担保権者に移る。そのために，民法に基づく対抗要件具備に際しては，第三債務者に対して，取立権は設定者に留保する旨，通知する必要がある。そこで，最高裁平成13年11月22日判決（民集55巻6号1056頁）では，債務者に取立権を留保するために，「甲〔譲渡担保設定者〕は，同社が丙〔第三債務者〕に対して有する本件目的債権につき，乙〔譲渡担保権者〕を権利者とする譲渡担保権を設定したので，民法467条に基づいて通知する。乙から丙に対して譲渡担保権実行通知（書面または口頭による。）がされた場合には，この債権に対する弁済を乙にされたい」との記載がある債権譲渡通知の効力が争われた。同判決は，甲乙間の譲渡担保設定契約においては，「甲，乙間において，乙に帰属した債権の一部について，甲に取立権限を付与し，取り立てた金銭の乙への引渡しを要しないとの合意が付加されているものと解すべき」であり，「その際に，丙に対し，甲に付与された取立権限の行使への協力を依頼したとしても，第三者対抗要件の効果を妨げるものではない」として，甲の通知を有効な対抗要件として認めた。

(3) 動産・債権譲渡特例法に基づく対抗要件の具備

債権を引当てとする現代の金融手法にあっては，一定の事由が発生するまでは債権の取立ては譲渡人である譲渡担保設定者が行うので，それまでは第三債務者に債権譲渡を知らせる必要がないものがほとんどである。このことは，新しい債権譲渡の対抗要件の制度設計に際しては，第三債務者の関与なしに対抗力を具備できる制度が求められていることを意味しており，そのような対抗要件立法が行われた。

(ア) 特定債権法　　まず，1992年に「特定債権等に係る事業の規制に関する法律」（以下「特定債権法」という）が制定され（1993年施行），新たな対抗要件制度が設けられた（2004年末廃止）。

この法律は，主として，リース会社・クレジット会社が有するリース債権・クレジット債権を対象としており，このような特定債権の譲渡に際しては，経済産業大臣に，その旨，および，それによる資金調達計画を届け出させることとし，そのような計画に従った債権譲渡については，全国紙に譲渡の公告を行うことにより，公告の日を確定日付とする467条の規定による確定日付のある証書により通知がなされたものとみなすとした（同法7条）。

特定債権法は，施行後，かなりの利用実績をあげた。しかし，適用対象が

債権譲渡担保　Ⅲ　　　　　　　　　　　　　　　第2編　物　権

限定されており，また，対抗要件として認める公告制度の公示機能の制約，第三債務者保護の不十分さという問題を抱えていた（中田裕康・債権総論〔3版, 2013〕565頁）。

(イ)　動産・債権譲渡特例法　　(ア)で述べたように特定債権法は，その適用対象が限定されていたために，より一般的に，法人による金銭債権の譲渡に適用されるものとして，1998年に「債権譲渡の対抗要件に関する民法の特例等に関する法律」が制定された（同年施行）。同法は，2004年に改正され，現在では，「動産及び債権の譲渡の対抗要件に関する民法の特例等に関する法律」となっている（→動産譲渡担保Ⅰ2(3)）。

　動産・債権譲渡特例法は，債権譲渡の対抗要件を，目的債権の債務者（債権譲渡担保にあっては第三債務者）に対する対抗要件と，その他の第三者に対する対抗要件とに分離し，後者については，債権譲渡登記ファイルに登記することによって具備できるようにした（同法4条1項）。すなわち，467条とは異なり，第三債務者を巻き込まなくても，債権譲渡について対抗力を具備することが可能となった。これに対して，第三債務者への対抗要件は，第三債務者に対する登記事項証明書を交付しての通知である。第三債務者への対抗要件は467条の延長線上にあるが，登記事項証明書の交付により虚偽の通知が防止されるので，通知は，譲渡担保設定者だけではなく，譲渡担保権者もできる（同法4条2項）。この通知が行われるまでは，第三債務者は，設定者への弁済を続ければよい。動産・債権譲渡特例法による対抗要件は，単一の債権の譲渡も対象とはしているが，流動債権譲渡担保や債権の流動化・証券化のように，多数の債権が一括して譲渡される場合に，その効能を発揮する。

　この法律は，当初は，目的債権の特定のために債権譲渡登記ファイルに記載される事項として「譲渡に係る債権の債務者」を挙げていたため（改正前5条1項6号），第三債務者が特定している債権だけが登記可能であった。しかし，実体法上は，第三債務者不特定の債権も譲渡可能であり，また，そのような場合における対抗要件具備への実務的ニーズも高かったために，2004年の改正により，第三債務者名を必要的登記事項にしないことにした（同法8条2項4号，動産・債権譲渡登記規則9条1項3号）。これにより，第三債務者不特定の債権についても登記が可能となった。このほか，2004年改正では，譲渡の対象に将来債権が含まれている場合に，譲渡に係る債権の総額（累積

610　〔角〕

額）が登記事項から除かれた（同法8条2項3号。改正前5条1項5号参照）。

　なお，一定期間にわたって発生する債権を譲渡するためには，発生期間の始期と終期を記載しなければならない（法務省告示。植垣勝裕＝小川秀樹・一問一答動産・債権譲渡特例法〔3訂版増補，2010〕93頁・247頁，最判平14・10・10民集56巻8号1742頁）。また，債務者が不特定の債権譲渡登記の存続期間は，登記システムへの過大な負担を避けるために，原則として，10年を超えることはできないと規定されている（動産・債権譲渡特例法8条3項2号）。ただし，目的債権が住宅ローン等，弁済期間が長期にわたるものであるときや，与信が長期にわたるときなどは，「特別の事由」があるとされ，10年を超える存続期間を定めることができる（動産・債権譲渡特例法8条3項ただし書）。

5　担保価値維持義務

　最高裁平成18年12月21日判決（民集60巻10号3964頁）は，破産管財人に関する事案において，債権質について，設定者は，目的債権の担保価値維持義務を負うとして，債権放棄，免除，相殺，更改等，目的債権を消滅・変更させる一切の行為を行うことは，担保価値維持義務に反するとした。流動債権譲渡担保にあっては，その実行前であれば，設定者が，担保目的債権を取り立てて，事業資金として使用することは，担保価値維持義務に反するものではない。ただし，譲渡担保設定契約において，債権の発生状況などを遅滞なく譲渡担保権者に報告する義務を設定者に課すなどの約定があれば，この約定は，法定の担保価値維持義務を具体化したものと解され，設定者が，その義務の履行を怠れば，担保価値維持義務違反と評価される可能性がある（伊藤眞・前掲「再考」2763頁，粟田口太郎「倒産手続におけるABL担保権実行の現状と課題――再生手続における集合動産譲渡担保権の取扱いを中心に」金法1927号〔2011〕90頁）。

　なお，担保価値維持義務に関連して，実行前に，担保目的となっている個別債権について，設定者による譲渡や設定者の債権者による差押えがあった場合が問題となる。

　流動債権譲渡担保においては，設定者に取立権限等が付与されているので，譲渡も通常の過程に従ったものであれば自由であり，担保価値維持義務には反しない（安永441頁）。ただし，譲渡担保権者は，債権譲渡について設定時に一括して対抗要件を具備しているので，第三者の債権取得をどのように説

明するかの問題が残る。これに対して，目的債権発生の基礎となる契約上の地位が設定者から第三者に移転された場合に担保価値維持義務違反になるかどうかは，移転後に発生する債権に対して譲渡担保権の効力が及ぶか否かによって，その結論を異にする（→第10巻§466の6）。すなわち，及ぶと解する（法務省民事局参事官室「民法（債権関係）の改正に関する中間試案の補足説明」〔2013〕258頁）と担保価値維持義務違反にはならず（千葉恵美子「集合動産譲渡担保理論と集合債権譲渡担保理論の統合化のための覚書——流動財産担保法制の理論的課題を明らかにするために」名法254号〔2014〕311頁），逆に，及ばないと解すると義務違反になる。

　また，個別債権について差押えがあった場合，譲渡担保権者は，この差押えを排除できるかという問題もある。流動債権譲渡担保を個別債権譲渡担保の束と構成した場合には，担保物権の不可分性から，目的債権には，すべて譲渡担保権が及んでいる。そこで，対抗要件が具備されているかぎり，譲渡担保権者が優先するので，差押えを排除できるとする見解もある（高木多喜男「集合債権譲渡担保の有効性と対抗要件(上)」NBL234号〔1981〕12頁）。これに対して，流動債権譲渡担保にあっては，その実行前は，設定者に目的債権の取立権等が付与されており，ために，譲渡担保権者は目的債権の有する価値が自分以外の者の手に渡ることを阻止する権利はないことを理由に，譲渡担保権者は，実行に着手しない以上，差押えは排除できないと解する見解もある（角・前掲「混迷」204頁）。

6 実　　行

(1) 「固定化」概念の要否

　流動債権譲渡担保においては，1で述べたように，設定者の下で次々に発生する債権は，譲渡担保の目的となり，設定者による取立てにより消滅するというプロセスが繰り返されている。譲渡担保権実行手続の開始により，設定者の取立権が剝奪されれば，このようなプロセスの進行は止まる。

　従来，このプロセスの進行の停止を指して「固定化」と表現していた。たとえば，流動動産譲渡担保についてではあるが，「固定化」とは，①それによって譲渡担保の目的動産の流動性が停止し，②その時点において保管場所の所在地に現実に存在した動産だけが譲渡担保権の目的となることに確定し，その結果，③確定された目的動産について設定者が処分権限を喪失し，担保

債権譲渡担保　III

権者の同意なくしては処分が許されなくなり，かつ④固定化後に保管場所の所在地に搬入された動産は譲渡担保権の目的とならなくなることをいうものと解される，と（栗田口・前掲論文85頁。→動産譲渡担保II4(2)）。

　しかし，近時は，「固定化」概念は不要であるとの見解が有力となっている。この見解の主張は以下のとおりである。すなわち，動産・債権ともに流動資産譲渡担保においては，担保目的資産の流動性は，設定者に付与された担保目的財産に対する処分権の反映である。したがって，流動性が失われるのは，担保権の実行通知によって，設定者からこの処分権が剥奪されたからであり，「固定化」概念を媒介として説明する必要はない，と（日本銀行金融研究所「債権管理と担保管理を巡る法律問題研究会」報告書〔2008〕43頁〔日本銀行金融研究所ウェブサイト〕，森田宏樹「集合物の『固定化』概念は必要か」金判1283号〔2008〕1頁）。これに対しては，「用語の問題という側面はあるが」との留保はしつつ，固定化は，設定者が処分権を剥奪されたことにより，担保権の実行対象である目的財産が確定することを表すものであるとともに，その反映として，その後に設定者が取得する動産・債権は譲渡担保権の目的とはならないことを意味しているのであれば，単なる処分権の消滅を超える意味を有しており，その是非を含めて，今後も議論する必要があるとの指摘もある（伊藤眞・前掲「再考」2769頁）。

(2)　個別執行

　流動債権譲渡担保の実行は，譲渡担保権者から第三債務者に対する，自ら取り立てる旨の通知，あるいは，債権譲渡登記がなされている場合は動産・債権譲渡特例法4条2項の通知によって開始し，譲渡担保権者は，取立金を被担保債権に充当することによって，優先的な満足を得ることになる（安永442頁）。

　(1)で述べたように，流動債権譲渡担保の実行は，その開始時点において発生している債権のみを対象として行われ，その時点以後に発生した債権は，もはや，担保の拘束下に入ることはない（角・前掲「混迷」204頁）。これに関連して，個別債権の譲渡担保と同様に，譲渡担保権者は，被担保債権額を限度としてのみ取り立てることができるのか，あるいは，全部の目的債権を取り立てることができ，後は，清算義務を負うのかという問題がある（→II2(1)）。そして，この問題は，後順位の流動債権譲渡担保権を設定できるかと

〔角〕　613

いう問題にも連なる。

　後順位の流動債権譲渡担保権設定の可否は，譲渡担保一般に存在する問題であり，問題は二つある。すなわち，一つは，譲渡担保においては，法形式上，担保目的物の権利は担保権者に移転するので，そもそも，典型担保と同じ意味において，設定者が「後順位」担保権を設定できるかであり，もう一つは，もし，後順位譲渡担保権の設定を肯定した場合，私的実行において，誰が，どのようにして配当を行うかである。この点，流動動産譲渡担保の事案において，最高裁平成18年7月20日判決（民集60巻6号2499頁）は，譲渡担保権の重複設定は認めたが，配当手続が整備されていない譲渡担保権にあっては，先行する譲渡担保権が有名無実のものとなりかねないことを理由に，劣後する譲渡担保権による実行手続を認めなかった。

(3) 倒 産 手 続

　(ア) 清算型手続 —— 破産　　破産手続開始決定（破30条）があった場合には，破産者である設定者の事業が停止するので，担保目的債権の流動性が失われる。譲渡担保権者は，他の担保権者と同様に，別除権者として（破65条），第三債務者に対する取立てを開始することになる。

　(イ) 再建型手続 —— 民事再生・会社更生　　清算型手続とは異なり，再建型手続では，手続開始決定（民再33条，会更41条）後も事業は継続するので，手続開始決定後に発生した債権についても流動債権譲渡担保権の効力が及ぶか否かが問題となる。

　この問題については，従来，①手続開始決定の効果として，流動債権譲渡担保の流動性は奪われ，手続開始決定後に発生した債権には譲渡担保権の効力は及ばないとの見解が有力であった。しかし，この見解に対しては，設定者が取得する将来債権について譲渡担保権が設定され，第三者対抗要件が具備されている以上，設定者に再建型手続が開始されたからといって，将来債権に対する譲渡担保権の効力が切断されるべきだとの理由は見いだしがたいとの批判が強い（伊藤眞「倒産処理手続と担保権」NBL872号〔2008〕60頁，山本和彦〔判批〕NBL854号〔2007〕65頁）（→3(1)(ア)）。そのため，現在は，②手続開始決定後に発生する債権にも譲渡担保権の効力が及ぶとの見解が有力である。この見解のうちで，もっとも有力な見解は，以下のように説く。すなわち，流動債権譲渡担保において，担保権者が把握している担保価値は，担保権実

債権譲渡担保　III

行時における総債権額である以上，担保権の実行が許される民事再生手続にあっては，担保権者が実行に着手すれば，譲渡担保の目的債権は，その時点で存在していた債権に確定し，それ以降に発生した債権には譲渡担保の効力は及ばない（たとえば，伊藤眞・前掲 NBL 論文 65 頁，須藤正彦「ABL の二方面での役割と法的扱い」NBL879 号〔2008〕23 頁），と。

　これに対して，会社更生手続では，民事再生手続とは異なり，担保権者は担保権の実行が許されず，更生担保権者として手続に参加し，更生計画による満足を受ける以外にない。そして，更生担保権の額は，手続開始時における担保目的物の時価を基準として決定される（会更 2 条 10 項）ので，更生担保権額の評価の場面において，流動債権譲渡担保が把握する目的債権の価値が問題となる。そして，この価値については，開始時残高限定説を妥当とするのが有力説である（須藤・前掲論文 35 頁，籠池信宏「将来債権譲渡担保と更生担保権評価(上)(下)」銀法 696 号 27 頁，697 号 39 頁以下〔2008～2009〕）。しかし，これに対しては，流動債権譲渡担保権の効力は，更生手続開始決定後に発生する債権に及ぶという前提と矛盾するとの疑問が提示されている。そこで，この疑問を解消するべく，開始決定時を基準時として，想定される事業の再生過程を踏まえて，譲渡担保の目的となる債権の額を予測して，更生担保権の評価を定める以外にないとの見解も主張されている（伊藤眞・前掲「再考」2777 頁）。

　ところで，流動債権譲渡担保権は手続開始決定後に発生する債権にも及ぶと解すると，その存在は，実際上，事業再生に支障を及ぼすおそれがある。というのは，流動債権譲渡担保の目的債権は，事業再生を行ううえでの重要な原資である。それにもかかわらず，目的債権が譲渡担保の拘束下にあっては，それを担保に供して，第三者から新たな融資を受ける途が閉ざされてしまうからである。そこで，流動債権譲渡担保の存在が新たな融資の障害にならないように，譲渡担保権の効力は，手続開始決定後に発生した債権にも及ぶとの立場に立ちながら，第三者の新たな資金により発生した将来債権には及ばないとの見解（伊藤達哉「ABL の有事における実務対応上の課題」事業再生と債権管理 124 号〔2009〕24 頁）が主張されている。この見解は，たとえば，第三者からの新たな資金供給によって従来の事業活動が継続され，その結果として生じる売掛債権等には譲渡担保権の効力が及ばないのに対して，手続開始時に設定者の下に存在する在庫商品等が開始後の事業活動によって売掛債権

〔角〕　　615

に転換した場合には，第三者の新たな資金により発生した債権とはいえないので，譲渡担保権の効力が及ぶと解するようである。しかし，いずれの債権も設定者に帰属するものである以上，このような区別を理論上どのように説明するのか疑問であるとの批判がある（山本・前掲論文65頁）。なお，流動債権譲渡担保が新たな融資の障害とならないように，担保権消滅請求（民再148条以下，会更104条以下）の活用が提案されている（伊藤眞・前掲「再考」2779頁）。

〔角　紀代恵〕

所有権留保 Ⅰ

所有権留保

細 目 次

Ⅰ 総 説 ……………………617
Ⅱ 売主留保型………………………618
　1 類型的特徴………………………618
　　(1) 想定される取引類型 ……………618
　　(2) 優先弁済を得させる正当性 ………618
　　(3) 非典型担保の許容 ………………619
　2 法的構成…………………………619
　3 設 定 ………………………620
　　(1) 設定契約 ………………………620
　　(2) 目的物 …………………………620
　　(3) 被担保債権 ……………………620
　4 対抗要件…………………………621
　　(1) 法的構成との関係 ………………621
　　(2) 公示制度との関係 ………………621
　5 実行前の効力……………………622
　　(1) 留保売主と買主の権利義務の分属
　　　………………………………622
　　(2) 目的物の利用（使用収益）…………623
　　(3) 目的物の処分（対外的関係）………623
　　(4) 目的物の維持管理 ………………626

　6 物上代位…………………………629
　7 実 行 ………………………629
　8 倒産手続…………………………630
　　(1) 双方未履行債務 ………………630
　　(2) 倒産手続における権利行使 ………630
Ⅲ 第三者与信型……………………634
　1 類型的特徴………………………634
　　(1) 取引類型 ………………………634
　　(2) 設定方法と対抗要件 ……………635
　2 倒産手続における処遇……………637
　　(1) 双方未履行債務 ………………637
　　(2) 倒産手続開始後の権利行使 ………637
Ⅳ 流通過程型………………………638
　1 類型的特徴………………………638
　2 流通過程における所有権留保とは……638
　　(1) 転売授権と追及力 ………………638
　　(2) 拡大された所有権留保 ……………639
　　(3) 延長された所有権留保の利用可能
　　　性 ………………………………640
　3 集合動産譲渡担保との制度間競合……641

Ⅰ 総 説

　所有権留保とは，売買契約に関連して，目的物を買主に引き渡しつつ，代金債権の担保のためにその所有権を代金完済などの約定の時期まで債権者に留保することである。

　民法典には，所有権留保の担保的機能に関する規範は規定されていない（非典型担保）。実務によって構想され，判例によって承認されてきた概念であり，解釈学説についても，事案類型の展開に留意した整理が必要である。

　上記意義の所有権留保に関する先例は，大審院昭和 9 年 7 月 19 日判決（刑集 13 巻 1043 頁〔自動車の月賦払式債務の担保として所有権を売主に留保する特約に

〔青木〕　617

所有権留保 II

第2編 物 権

つき，無名契約であり公序良俗に反しないとされた〕）である。その後も，耐久性消費財の割賦払式（月賦など）の売買契約上の合意で，売主が所有権を留保する事案が主流であり，特に自動車やその他の車両を目的物とするものが多い（以下，売主留保型と呼ぶ）。

類型的に注目すべき判例学説の展開は，次の2つである。耐久性消費財の所有権留保についても，売主自身が与信をするのではなく，売買代金債権につき第三者とくに信販会社が与信を行う類型（第三者与信型と呼ぶ）へのシフトが見られる。また，同じ種類の動産であっても，耐久性消費財としての売買ではなく，在庫商品としての売買を行い，その代金の与信のために所有権留保を利用する流通過程の所有権留保という類型（流通過程型と呼ぶ）も展開されている。

以下では，まず，長く基本類型として論じられてきた売主留保型について基本を分析する。他類型と共通する理論もここで扱う。そのうえで，第三者与信型・流通過程型への各展開による議論の分析を行う。

II 売主留保型

1 類型的特徴

(1) 想定される取引類型

所有権留保の基本となる取引類型は，次のようなものである。売買契約上の特約により，留保売主が，代金債権担保の目的で，買主による債務（月賦などの割賦払式債務が多い）の完済まで，買主に使用収益を許しつつ，所有権を留保し，債務不履行があれば留保売主が目的物を引き揚げ優先弁済に充てるという内容である。

(2) 優先弁済を得させる正当性

代金債権は，目的物と対価的牽連性が高い。債務不履行の発生に際して，留保売主に債権者としての平等弁済（摑取力）しか与えないのではなく，目的物の価値からの優先弁済を得させることが，取引通念（債権者間の衡平）に適うというべきである。以上から，売買契約上の特約という簡便な方法による担保取引が行われてきた。

618 〔青木〕

所有権留保　Ⅱ

(3)　非典型担保の許容

　民法典にも，このような価値判断を反映した法定担保として，動産売買先取特権が規定されている。しかし，優先順位の絶対性の欠如（330条），追及力の欠如（333条），競売の換価率の低廉等の点で実効性が疑問視される（米倉明・所有権留保の実証的研究〔1977〕169頁以下，新版注民(9)〔改訂版〕737頁〔安永正昭〕）。

　また，買主による目的物の使用収益の許容を前提とする担保取引であることから，動産売買については，民法典に利用しうる約定担保制度がない。ただし，不動産についても所有権留保が認められており（下級審裁判例について，注解判例720頁〔小山泰史〕が詳しい），代替的制度の不存在は決定的な根拠ではないと考えられている。

2　法的構成

　所有権留保の法的性質は3説に大別される。かつては，利用されている法形式に忠実に，ⓐ所有権が物権的な制約なしに留保売主に留保され，買主が債権的期待権を取得するとの説（我妻栄・債権各論中巻一〔1957〕318頁，勝本・下273頁）も見られた。今日では，担保の実質に注目する説が大勢を占める。もっとも，その法的構成は，ⓑ留保売主に所有権が留保されるという形式が採用されていることを重視し，所有権の移転はないが，担保の目的に制限され，留保売主から買主への物権的期待権の設定があるとみる説（以下では物権的期待権説と呼ぶ）（道垣内367頁，高橋316頁等，松尾＝古積431頁）と，ⓒ所有権が買主に移転し，譲渡担保に類比される担保の設定があるとする説（譲渡担保類推説と呼ぶ）（米倉・前掲書300頁，高木380頁，近江324頁等）に分かれている。

　判例の立場について，最近，議論の展開がある。判例（後掲最判平22・6・4）が，自動車を目的物とする第三者与信型の事案で，信販会社の所有権留保に基づく別除権の行使が再生手続開始前の自己（信販会社）名義の登録の欠缺を理由に否定されるかという争点につき，譲渡担保類推説に類する法的構成を前提に，この登録を実体法上の対抗要件として要求していると理解する余地が，出てきたからである（→8(2)(イ)(d)）。

　もっとも，売主留保型の事案では，譲渡担保類推説だとしても，自動車の所有権留保でも留保売主名義の登録がされるのが一般的であり，登記に類する制度がない目的物についても占有改定が認められるのが通常であるから，

〔青木〕　619

所有権留保　**II**　　　　　　　　　　　　　　　　　　　　第2編　物　権

実務上の処遇に違いが表れることは稀であろう。従来判例の立場が明確でな
かった所以である。しかし，留保所有権の公示に無関心な留保売主がなお所
有権の追及による強力な優先を得られるかという観点からは，処遇に違いが
出る可能性もある。登記制度等がない物についても，占有改定との関係で関
連する指摘がある（→4(2)(イ)）。

3　設　　定

(1)　設　定　契　約

　売買契約における目的物の所有権移転時期を割賦払式代金債務の完済時と
する旨の特約によって設定される。また，割賦販売法上の指定商品の割賦販
売については所有権留保が推定される（同法7条）。

(2)　目　的　物

　耐久性消費財である動産が多い。とりわけ，登録を対抗要件とする自動車
とそれ以外の車両の両方について利用が多い。それゆえ，一般的に，学説は
個別動産上の所有権留保を想定していることが多い。しかし，譲渡担保の場
合に集合動産として把握されるような在庫商品等を目的物とする所有権留保
も見られる（最判平30・12・7民集72巻6号1044頁の事案）。ただし，所有権留
保の場合には，個々の動産と被担保債権との牽連関係が重要であることから，
目的物を集合物として特定することに適さず，個別動産について売買契約と
の対応を明確にできる特定が必要となる。

　不動産も目的物となりうるが，宅地建物取引業者が留保売主としてされた
宅地建物の割賦販売については，代金の10分の3を超える支払があると所
有権留保ができないとされる（宅建業43条）。

(3)　被担保債権

　目的物との対価的牽連関係が，優先弁済権を正当化する根拠であるから，
原則として，売買代金債権である。もっとも，その支分権である利息債権や，
売主与信に係る手数料債権，あるいは，留保売主が目的物について行う補修
手数料やその部品の代金債権を被担保債権に含めることについては，牽連性
が認められる合理的な範囲であると解されるのが一般的である。

　なお，第三者与信型では第三者与信に係る手数料債権を被担保債権に含め
ることの影響（→III 1(2)(イ)），流通過程型では目的物の売買に係る債権以外の
債権を被担保債権に含める特約の許容性（→IV 2(2)）について，議論がある。

620　〔青木〕

所有権留保　Ⅱ

4　対抗要件

(1)　法的構成との関係

①物権的期待権説は，担保権者への物権変動が観念されえないとして，対抗要件不要説に立つ（道垣内368頁）。買主が物権的期待権を取得するとしても留保売主側の第三者への対抗の問題となるにすぎず，担保権の対抗要件は問題とならない。近年，最高裁平成22年6月4日判決（民集64巻4号1107頁）を契機として，②物権的期待権構成を前提に，所有権から担保権への変容を物権変動と構成し，対抗要件制度に服するとする説も現れている。ただし，担保権の対抗（買主側の第三者に対する優先）の根拠は処分権限の移転（物権変動）の不存在だとする（田髙寛貴「倒産手続における三者間所有権留保」金法2053号〔2016〕30-31頁）。

一方で③譲渡担保類推説は，買主への所有権の移転と留保売主への制限物権の設定に類比する物権変動を観念する。これを基礎に対抗要件制度に服することになる（高木380頁）。

(2)　公示制度との関係

(ア)　不動産登記・特別法上の登記　　不動産は登記を対抗要件とする（177条）。動産であっても，自動車については自動車登録ファイルへの登録を対抗要件とする（道路運送車両法4条・5条）。

対抗要件は，物権変動の公示を基礎とする。所有権留保について物権変動を観念する説に立ち，対抗要件を必要と説く場合には，当該物権変動の公示が基礎となるはずである。しかし，正確な公示（買主への所有権移転登記の後改めて留保所有権者に所有権移転登記をする等）を求める説はなく，対抗要件必要説でも留保所有権者に名義があることで足りると説かれてきた（新版注民(9)〔改訂版〕745頁〔安永〕，近江325頁等）。登記法上の制約や費用に配慮した解釈である。

(イ)　引渡し　　動産物権変動は引渡しを対抗要件とする（178条）。所有権留保では買主に現実の引渡しが行われるのが通常である。留保売主の担保権の取得について，対抗要件の前提となる物権変動を観念する場合でも，留保売主への現実の引渡しはないことになる。

物権変動を観念する説（→(1)）では占有改定の方法で対抗要件を具備すべきことが説かれる。

〔青木〕

一般に，占有改定は，現実の占有の移転を伴わず，指図による占有移転のような第三者の認識の変更もないため，公示機能に不全があるとされる。

しかし，所有権留保に係る近年の下級審裁判例には，（倒産事件における対抗要件必要説の展開を背景に）買主による占有改定の有無を争う事案が少なくない（売主留保型の東京地判平27・3・4判時2268号61頁，第三者与信型の名古屋地判平27・2・17金法2028号89頁は肯定。流通過程型の東京地判平22・9・8判タ1350号246頁，東京地判平25・4・24 LEX/DB25512638は否定）。学説には，譲渡担保における判例（最判昭30・6・2民集9巻7号855頁）に準じ，担保の実体があれば，特別の意思表示なく占有改定を認めるとみる説があり（印藤弘二〔判批〕金法2049号〔2016〕58頁以下），伝統的な理解に沿う。これに対し，買主による占有の実態（買主の目的物の取扱い状況）に注目し，留保売主に占有も留保されているとされるだけの事情を要するとする説が現れている（森田修「方法的総序」NBL1070号〔2016〕10頁）。後説は，直接には占有代理人の意思（183条・185条）の解釈の問題であるが，ある種の公示機能を期待していると考えられよう（→IV3）。

(ウ) ネームプレート　実務ではネームプレートが利用される場合がある。警告として機能し買主側の第三者による即時取得や差押えを阻止する実務的な意義があることには異論がない。これを公示手段とみるべきとの説（米倉・前掲書13頁以下）には，物権変動の欠如から178条に反するとの説（新版注民(9)〔改訂版〕745頁〔安永〕）が対立している。

(エ) 動産・債権譲渡特例法　実務では，動産・債権譲渡特例法3条の適用がないとされる（植垣勝裕＝小川秀樹編著・一問一答 動産・債権譲渡特例法〔3訂版増補，2010〕15頁）。学説では，所有権留保について物権変動を観念する説もあり（→(1)），同法が譲渡担保にも適用されることとの関係が問題となりうる。もっとも所有権留保の設定では買主から留保売主への所有権の移転は形式的にも生じず，同法にいう譲渡に当たると解する余地は小さいとみられる。

5　実行前の効力

(1)　留保売主と買主の権利義務の分属

所有権留保の効力（対内・対外）について，多様な問題類型が存在するが，共通の出発点となるのは，実行前の留保売主と買主に，どのような権能ないし権限が分属しているのか，という問題である。複数の視点からの分析が行

所有権留保　II

われてきた。.

まず，所有権留保の法的構成との関係。譲渡担保類推説は，売主に非占有担保権，買主にその負担のついた所有権の帰属を認める。それに対し，物権的期待権説では，売主に所有権の帰属を認めることから，買主に移転する物権的権利の内容の理解が問題となる。契約条件の解釈を基礎とする狭義説もなりたちうるが（新版注民(9)〔改訂版〕738頁・747頁〔安永〕），近年では，買主の物権的期待権の内容に占有権原を含める広義説（道垣内369頁，安永449頁）が大勢を占める。この広義説も，物権変動のあり方やその公示を基礎とする対抗要件の理解では譲渡担保類推説と対立する。しかし，設定後実行前の権利の分属のあり方についてはむしろ譲渡担保類推説に接近する。いずれも，実行前の効力の内容については抵当権に準ずる理解である。

次に，債務不履行による権限の変化。判例は，譲渡担保について，債務不履行後の債権者に処分権限を認め，帰属清算と処分清算をともにその処分権限の行使とみる（一不動産譲渡担保Ⅵ3，動産譲渡担保Ⅰ4(2)）。この考え方を基礎に，実行の目的以外の処分をも許容する説が展開されている。所有権留保についても債務不履行による権限の変化の要素が検討されねばならない。

さらに，所有権留保が売買契約の特約であることから，契約法の規範（危険負担など）ないし契約上の特約の影響を受ける。

(2)　目的物の利用（使用収益）

買主に占有・利用権があるとされる。物権的期待権説（広義説）は期待権の内容だと説く（道垣内369頁）。譲渡担保類推説は，売買契約によって買主に帰属する所有権を根拠とする。判例も，準所有者たる地位を根拠としているとの指摘がある（注解判例713頁〔小山〕）。

(3)　目的物の処分（対外的関係）

(ｱ)　売却や贈与による所有権の移転

(a)　留保売主による処分　　留保売主は，形式的には目的物の所有者であり，第三者にその所有権を譲渡することも考えられる。しかし，実体は，物的負担のついた所有権ないし担保権しか帰属しないから，完全な所有権の移転はない。

問題となるのは，留保所有権の移転である。第三者与信型所有権留保では，信販会社等の第三者に留保所有権を取得させるために，売主による何らかの

〔青木〕　　623

所有権留保　II　　　　　　　　　　　　　　　　第2編　物　権

処分が行われる。もっとも，その処分によって生じる物権変動の捉え方については，理解が分かれる（→Ⅲ1⑵(ｱ)）。

　なお，債務不履行後の処分清算の可否（最判昭62・2・12民集41巻1号67頁〔譲渡担保の事案〕等参照）も問題となりうるが，主要類型たる動産の事案では引揚げが先行するため，議論の実益に乏しいとみられる。

　(b)　買主による処分　　物権的期待権説では，留保売主に留められる所有権の買主による処分はありえないが，物権的期待権の処分（129条）はありうる。譲渡担保類推説では，所有権が買主に移転するため，買主による目的物の処分は可能であるが，担保権の追及がある。いずれの構成でも，買主の処分の相手方が，負担のつかない所有権を取得することはなく，目的物が登記登録を対抗要件としない動産である場合に，即時取得の可能性があるだけである。

　なお，所有権留保に係る判例では，所有権留保が行われる慣行のある産業の専門性が高いことなどもあり，192条の過失が認定されやすいとの指摘がある（安永正昭「所有権留保における担保的機能の限界」金法1033号〔1983〕8頁，注解判例715頁〔小山〕）。

　(c)　譲渡担保の設定　　伝統的な議論では，専ら買主が所有権留保売買の目的物を後行の譲渡担保に供する事案が想定され，買主が残代金を完済せずに目的物に譲渡担保を設定しえないとする判例（最判昭58・3・18判タ512号112頁）の結論が支持されてきた。しかし，譲渡担保と所有権留保双方の議論が進展するなか，上記事案の再検討に加え，先行する集合動産譲渡担保との競合事案の検討を要するようになっている。

　後行の譲渡担保について。譲渡担保類推説は，買主に帰属する所有権の処分との理解から，所有権留保に後れる後順位担保権と解することになる（新版注民(9)〔改訂版〕749頁〔安永〕）。物権的期待権説では，所有権の処分とは解しがたい。しかし，後行の譲渡担保の設定を物権的期待権の処分とみることは可能である。ところで，譲渡担保の議論では，後順位譲渡担保がありうるとしつつ，先行担保権の優先権行使の機会の不備を理由に，後順位譲渡担保権者の私的実行権限を否定する判例が注目され（最判平18・7・20民集60巻6号2499頁），このような処遇が先行担保と後行担保の内容を非対称に捉える説（所有権留保における物権的期待権説に類比する設定者留保権説）と親和性をもつ

624　〔青木〕

所有権留保　II

ことが知られている（道垣内 319 頁）。同様に考えると，所有権留保についての上記 2 説は，少なくとも処遇面では近接することになる。

　なお，最近の判例（前掲最判平 30・12・7）は，所有権留保が先行する事案について，所有権留保の目的物が売買契約の条項により売買代金が完済されるまで買主に移転しないとの理由で，後行の譲渡担保の主張を認めないと説示している。対抗要件の要否に係る他の判例との位置づけ等の検討課題を示すものであるが（一8(2)(イ)(d)），結論的には上記判例（前掲最判昭 58・3・18）と同旨の処遇を導いている。後行の譲渡担保の優先を否定しているものと見られ，劣後する担保権としての処遇については判断されていない。

　集合動産譲渡担保が先行する事案について。売主の動産売買先取特権の効力を否定した判例（最判昭 62・11・10 民集 41 巻 8 号 1559 頁）を背景に，商品信用の優先の観点から，後行の所有権留保の優先を支持する説も多い（内田 544 頁，注解判例 717 頁〔小山〕）。物権的期待権説に立ち，所有権の処分による後順位担保権を否定すれば，この結論は当然である。買主の取得する権利が先行する集合動産譲渡担保の目的物であっても，設定者留保権であれば，所有権留保への優先権は生じない（道垣内 342 頁）。しかし，譲渡担保類推説に立つ場合，同一目的物の所有権の処分の競合であることから，対抗関係として捉えることになる。先行して対抗要件（占有改定，動産・債権譲渡特例法上の登記）を具備した譲渡担保の優先に結びつきうる。留保売主の権利の保全の機会を尊重する立場から，留保売主が目的物の引渡しと同時に対抗要件を備えることを条件に，留保売主の優先を認めるべきとする説（和田勝行「破産・民事再生手続における（第三者）所有権留保の取り扱いに関する一考察」論叢 180 巻 5 = 6 号〔2017〕699 頁）がある一方で，比較法の観点から，この局面での譲渡担保の優先を支持する説もある（森田・前掲論文 10 頁）。

　なお，実務では，一般的に，譲渡や担保権の設定などを禁ずる旨の特約が用いられる。買主に固有の物権的地位の処分を禁ずる効力を持つかが問題となるが，合意の趣旨がそうであっても，物権的な効力はなく，債権的効力をもつ（損害賠償・期限の利益喪失など）と解することになる（新版注民(9)〔改訂版〕749 頁〔安永〕）。

(イ)　差　押　え

　(a)　留保売主の債権者による差押え　　執行官の現実的執行処分に依拠

する動産執行では，現実の占有のない売主について，あまり問題とならないとみられるが，自動車等準不動産執行が行われる物については，同様の問題が生じうる。譲渡担保に準じ（最判平 18・10・20 民集 60 巻 8 号 3098 頁），買主の債務不履行後の差押えがなされうるのではないか。

(b) 買主の債権者による差押え　買主の債権者が，強制執行により目的物を差し押さえた場合，留保売主は第三者異議の訴えによって排除することができるか。

学説は，従来，債務不履行の前後を問わず，留保売主が優先することを前提に，留保売主に，配当参加の方法を認めるべきか，それとも，そのような方法がないなどとして第三者異議の訴えによる排除を認めるべきかを論じてきた。結論的には，後者が通説となっている（新版注民(9)〔改訂版〕756 頁〔安永〕）。

判例は，留保売主が売買契約の解除（所有権留保の実行）をしたあとの動産について，留保売主の第三者異議の訴えを認めている（最判昭 49・7・18 民集 28 巻 5 号 743 頁）。

(4) 目的物の維持管理

(ア) 目的物の滅失毀損

(a) 不可抗力による場合　不可抗力により目的物が滅失した場合には，担保の実質をもつ留保所有権は消滅する。問題とされるのは，被担保債権が残るか否かである。残るとする結論に異論はないと思われるが，説明は分かれている。一方では，双方未履行の売買契約とみて危険負担（平 29 改正前 534 条 1 項）による解決も説かれてきた（我妻・前掲書 318 頁）。平成 29 年改正の後も，目的物の滅失についての危険の移転（567 条）を根拠に類似の説明が可能である（松岡 381 頁）。他方では，譲渡担保類推説から買主が所有者であることから同じ結論が導かれると説かれてきた（高木 383 頁）。物権的期待権説からも同旨の説明が可能である（髙橋 318 頁）。

(b) 留保売主の侵害による場合　留保売主が目的物を滅失・毀損した場合，物権的期待権ないし担保権の負担のついた所有権の侵害として損害賠償請求（709 条）が認められるほか，物権的期待権・所有権に基づく物権的請求権も行使できると考えられる（道垣内 370 頁・317 頁）。なお，所有権留保特約付売買契約の不履行もあるとみるべきか。目的物の引渡しを無事終えれ

所有権留保　II

ば，契約の本旨の履行は済んでおり，履行に伴う信義則上の義務も尽くされ
ている。担保契約としても非占有担保が想定されているのだから，否定すべ
きであろう。

　(c)　買主の侵害による場合　　物権的期待権説・譲渡担保類推説いずれ
からも，売主が買主の占有する目的物上に物権を有するのは明らかである。
物権的請求権のほか侵害による損害賠償請求権（709条）を有する。担保権
設定契約としての性質から，買主に管理義務があるとみて，債務不履行責任
の追及も可能である。実務では，管理内容について，利用方法の制限に関す
る特約があるのが通常であり，その不履行に基づく損害賠償請求も可能であ
る（415条）。

　(d)　損害保険契約　　目的物の滅失毀損について，買主が所有者として
損害保険をかけることができるかも問題となるとされる。被保険利益が双方
にあるとする譲渡担保の判例（最判平5・2・26民集47巻2号1653頁）が類推さ
れるとみられる（新版注民(9)〔改訂版〕750頁〔安永〕）。

　(イ)　目的物の所有者としての責任　　留保売主と，買主側の第三者との関
係では，目的物による第三者の権利の侵害が生じた場合の所有者としての責
任の所在が問題となる。

　(a)　判例　　問題提起となったのは最高裁平成21年3月10日判決（民
集63巻3号385頁）（第三者与信型の事案であるが，所有権留保一般の問題として判示さ
れている）である。目的物（自動車）が賃貸借終了後の駐車場に放置され，賃
貸人が撤去および損害賠償を求めた事案で，「残債務弁済期が到来するまで」
と「残債務弁済期の経過後」を峻別する立場を明らかにした。すなわち，前
者では留保売主が「動産の交換価値を把握するにとどまる」ため「特段の事
情がない限り，当該動産の撤去義務や不法行為責任を負うことはない」とす
る。一方，後者では「当該動産を占有し，処分することができる権能を有す
る」から，「留保所有権が担保権の性質を有するからといって上記撤去義務
や不法行為責任を免れることはない」とする。

　被侵害者の物権的請求権の相手方に，「他人の物への侵害状態を除去しう
べき地位にある者」（新版注民(6)〔補訂版〕150頁〔好美清光〕）が含まれることに
異論はない。判例は，弁済期の経過で留保売主が処分権能を取得することを
この地位の取得とする立場であることになる。

〔青木〕　　627

所有権留保　II　　　　　　　　　　　　　　　第2編　物　権

　(b)　学説　　学説では，判例に賛成する説が多い。債務不履行後の留保売主の権限行使の選択の自由は対内関係であるとして区別できること（安永正昭〔判批〕平21重判解90頁），留保売主と被侵害者の間での撤去費用の公平な分担の観点からの合理性に加え，不動産譲渡担保について弁済期の経過による担保権者の処分権限の取得を認める判例（最判昭57・1・22民集36巻1号92頁等）や，借地上の建物の譲渡担保につき実行前の担保権者にも賃借権の譲渡等を認める判例（最判平9・7・17民集51巻6号2882頁，藤澤治奈〔判批〕NBL909号〔2009〕15頁）との整合性が指摘されている。

　もっとも，実務への影響として，留保売主が責任回避のために弁済期到来後実行を急ぐ事態が懸念され，その場合，留保売主側にも自力救済が許されないため，仮処分等の手続費用の負担が増大しうるといった弊害が指摘されている（占部洋之〔判批〕民商142巻6号〔2010〕565頁）。

　さらに，理論的にも，債務不履行の前後で峻別する理論には，疑問が残る。占有代理人によって占有する間接占有者（賃貸人，寄託者等）が，物権的請求権の相手方となることには異論がない（新版注民(6)〔補訂版〕154頁〔好美〕）。妨害排除が妨害物の処分（破棄）によって達せられるからである（建物収去等）。この意味で侵害を除去しうる地位は，処分によって賃借人の権利を侵害することになる賃貸借契約等の終了前にも妥当すると考えられていることになる。これに対し，所有権留保で，債務不履行前の留保売主が除去の責任を免れる論拠としては，留保売主に（抵当権の換価権に類比する）実行のための換価処分権以外の権利が配分されていないことが重要であることになりそうである。譲渡担保に関する判例の展開に鑑みると，この処分権の行使によって所有権の移転ないし期待権の失権が生じるまで，留保売主の法的地位に変化はないとみることになるのではないか。

　(ウ)　目的物の登録名義人としての責任　　目的物が自動車等の登録制度の対象である場合には，留保売主が対抗要件たる登録の名義人として，物権的請求権の相手方となりうるかが問題となる。判例は，敷地利用権のない建物の妨害排除請求権（建物収去土地明渡請求権）について，自らの意思に基づいて建物所有権取得の登記をした者が所有権を他に譲渡した後登記名義を保有している場合に土地所有者の妨害排除請求権の相手方となりうることを認めている（最判平6・2・8民集48巻2号373頁）。

所有権留保　Ⅱ

　前掲平成 6 年判決の趣旨を登記の懈怠による明渡しの相手方探知の困難への対処とみて，所有権留保の場合に妥当しないとする説が有力である。しかし，前掲平成 21 年判決のような事案では，留保買主との距離の近さという視点から，自ら公示をした留保売主を，債務不履行の前後を問わず物権的請求権の相手方とすべきとする説もみられる（田髙寛貴〔判批〕判タ 1305 号〔2009〕49 頁以下）。

6　物 上 代 位

　判例は，譲渡担保について物上代位による優先弁済権の行使を認めている（最決平 22・12・2 民集 64 巻 8 号 1990 頁）。所有権留保についても，主に目的物滅失の場合を想定して，同様に考えてよいとする説（新版注民(9)〔改訂版〕750頁〔安永〕），売却や賃貸の場合についても，物上代位を承認すべきとする説（小山泰史「所有権留保に基づく物上代位の可否」平井一雄喜寿・財産法の新動向〔2012〕253 頁，松岡 382 頁）がみられる。それに対し，留保売主に負担付所有権があると構成する物権的期待権説からは，目的物の滅失損傷について，留保売主と買主が双方の有する物権の侵害の範囲で侵害者に対する損害賠償請求権を有すると考え，売却について，当事者のとった法形式以上の権利を認める必要がないと考え，いずれの場合にも物上代位を否定する説（道垣内 370 頁・315 頁）が対立している。

7　実　　　行

　一般には，売買契約の解除の意思表示によるとされる。しかし，担保の実行としての実質から修正の必要性が論じられている（新版注民(9)〔改訂版〕753頁〔安永〕）。①解除の意思表示によるとしても，催告などを不要とする説（近江 325 頁），②解除を必要としないとする特約（失権約款）の効力を認める説（高木 382 頁），さらには，③解除不要説（道垣内 372 頁）がみられる。

　なお，実務では，割賦販売契約上，実行方法についての特約があるのが通常であり，催告を必要とするものとしないものがあるとされる。ただし，割賦販売法の適用がある場合には，催告が義務づけられている（割賦 5 条）。

　いずれの場合にも，（事案類型上稀であるが）留保売主に清算義務が発生する場合には，清算金の提供まで買主に受戻し同様の権利（残債務の弁済による完全な所有権の取得）を認めるとされる（高木 382 頁，鈴木 406 頁，近江 325 頁，道垣内 372 頁）。

〔青木〕　629

所有権留保　**II**　　　　　　　　　　　　　　　　　第2編　物　権

8　倒産手続

(1)　双方未履行債務

　代金完済前の所有権留保は，形式的には，売買契約によって発生した代金
債権と所有権移転請求権がいずれも存在する。そのため，買主に倒産手続
（破産，民事再生，会社更生）が生じた場合に，双方未履行債務（破53条，民再49
条，会更61条）として処遇されるのかが問題とされる。双方未履行債務は，
破産手続では次のような処遇となる。①管財人によって履行が選択されると，
留保売主の実行権限が失われ，代金債権は財団債権として優遇を受ける。②
解除が選択されると，留保売主は目的物の取戻権を取得するが，買主に対す
る原状回復義務（既払金の返還）を負う。損害賠償も請求しうるが，これは破
産債権にとどまる（破54条1項）。民事再生手続（民再49条）および会社更生
手続（会更61条）でも同様の処遇がなされる。

　登記登録制度の対象でない目的物については，留保売主になすべき積極的
な行為が残されていないことから，肯定説は見られない。

　登記登録制度の対象である場合に，学説は分かれるが，否定説の支持が強
い（道垣内弘人・買主の倒産における動産売主の保護〔1997〕45頁以下，森田・講義192
頁，伊藤眞・破産法・民事再生法〔4版，2018〕486頁）。主要な理由は次の2点で
ある。（譲渡担保類推説はもちろん物権的期待権説でも）目的物の引渡しを済ませ
た留保売主に残債務を見いだしがたい。また，目的物の減価が大きい場合に
解除が選択されると，留保売主にとっての原状回復請求権の中心は減価分の
損害賠償請求権（使用利益等）となるところ，これは配当が僅かであることの
多い（優先なき）破産債権にすぎず，不衡平な結果となる。

(2)　倒産手続における権利行使

(ア)　優先弁済権の行使方法

　(a)　処遇　　破産法ないし民事再生法上，手続開始後に留保所有権者が
優先弁済権を実現する方法には，取戻権（破62条，民再52条）と別除権（破2
条9項・65条1項，民再53条）がありうる。

　目的物の所有権が留保売主にある点に注目すると，破産・再生財団に属さ
ない財産として，取戻権の行使を認めるべきことになる。担保の実質に注目
すると，別除権として破産手続によらない行使を認めるべきことになる。後
者では，留保所有権者が目的物の引渡しを受け換価を認められうるが，破産

630　〔青木〕

所有権留保　II

手続では，破産管財人に，目的物の提示請求や評価（破154条），受戻し（破78条2項14号），換価（破184条2項）といった介入権限があり，担保権消滅請求もありうる（破186条）（伊藤・前掲書485頁）。また，再生手続でも，担保権の実行手続の中止命令（民再31条1項）や担保権消滅許可（民再148条）による制約がある（伊藤・前掲書967-968頁）。

　会社更生法では，取戻権（会更64条）が認められない場合には，別除権制度が存在せず，更生計画に従う更生担保権者（会更2条10項・11項）として処遇される。

　（b）　学説　　いずれを認めるべきか。学説は，所有権留保の法的構成の理解を超えて，処理の妥当性に配慮した検討を行ってきた。

　破産・再生事件については，管財人等に一定の介入の余地を認める担保権の行使が妥当だとみて，別除権説が通説である。譲渡担保類推説に限らず，物権的期待権説に立ちつつ別除権説をとる説もみられる（平野・総合336頁，田髙・前掲論文31頁）。対して，耐久性消費財の所有権留保で介入を要する事態は一般的でなく，むしろ，留保所有権者の意向や会社更生事件について取戻権を認めるべき場合があることとの均衡を重視して取戻権を認めるべきとの説もある（道垣内・前掲書318頁）。

　会社更生事件では，事件開始後に，留保売主が約定内容どおりの優先弁済権を行使する手段は取戻権しかない。既払金の割合が一定レベルに達していない場合や留保売主に連鎖倒産の危機が迫っている場合などには，取戻権を利用させる必要性が強い（道垣内・前掲書312頁以下）。もっとも，法律構成如何は難しい。取戻権を承認したうえで，管財人の中止命令（会更24条1項）を活用する方法が説かれるが（道垣内373頁），中止命令の趣旨から難があるとの指摘も有力である（森田・講義194頁）。

　（c）　判例　　後掲平成22年判決は，民事再生手続開始後における別除権としての処遇を前提とする。ただし，本件では取戻権か別除権かが争われておらず，取戻権と構成する余地が否定されたわけではない（後藤巻則ほか編・プロセス講義民法III〔2015〕207頁〔藤澤治奈〕）。

　（イ）　対抗要件の要否

　留保所有権者が，手続開始後に優先弁済権の行使をするには，手続開始前に対抗要件を具備していることが必要か。学説は，多様な階層で分かれてい

〔青木〕　631

所有権留保　II　　　　　　　　　　　　　　　　　　　　第2編　物　権

る。

(a)　所有権留保の法的構成　　対抗要件制度が原則的に物権変動の公示
である以上，所有権留保による担保権が，物権変動によって取得されたもの
と考えるか否か（→4(1)，Ⅲ1(2)(ア)）が，倒産手続上の優先弁済権行使におけ
る対抗要件の要否にも影響する。

(b)　対抗関係にある第三者　　対抗要件を具備しなければ対抗できない
第三者は，正当の利益を有する者（大連判明41・12・15民録14輯1276頁）に制
限するのが一般的な理解である。買主は含まれず，留保売主からの後発の譲
受人や競合する留保買主のほか，買主の差押債権者が含まれることに異論は
ない。破産管財人の法的地位には買主と一般債権者等の両面を承継する側面
があり，議論が分かれるが，対抗要件との関係では一般に肯定されている
（山本和彦ほか・倒産法概説〔2版補訂版，2015〕372頁〔山本〕）。

(c)　登記等の制限の法的性質　　手続開始前の原因に基づく開始後の登
記を制限（善意者を除く）する規定があり（破49条，民再45条，会更56条），自
動車登録にも準用される。

これを実体法上の対抗要件具備の制限と解する説（伊藤・前掲書370頁・468
頁）と，（実体法上の権利主張における対抗要件具備の要否に拘わらない）手続内での
権利行使の制限と解する説に分かれる。後説は，一見，実体法上対抗要件を
具備しえない権利行使を一律に排除する方向に向かいそうである。しかし，
倒産法学説上，そのような結論を支持する学説はみられない（和田勝行〔判
批〕論叢170巻1号〔2011〕127頁）。一般債権者と担保権者の関係を対抗関係
（二者択一）と捉えるのではなく，手続内における一般債権者との衡平の視点
から，開始時までに備えておくべきであった権利保護資格要件を判断する趣
旨であると捉える（田頭章一〔判批〕リマークス43号〔2011〕137頁，杉本和士〔判
批〕法研86巻10号〔2013〕95頁）。

(d)　判例　　最高裁平成22年6月4日判決（民集64巻4号1107頁）（→Ⅲ
2(2)）は，自動車に関する第三者与信型の事案につき，特約の解釈につき売
主留保型と共通性ある前提に立つ（和田・前掲判批133頁）。判旨は「一般債権
者と……の衡平を図るなどの趣旨から，原則として再生手続開始の時点で当
該特定の担保権につき登記，登録等を具備している必要がある」とし，自己
名義の登録なき信販会社の別除権の行使を否定した。

632　〔青木〕

所有権留保　Ⅱ

　学説の見方は，譲渡担保類推説を前提に手続開始前の対抗要件具備を求めているとする理解が有力に解かれてきた（和田・前掲判批 133-134 頁）。ただ，衡平を理由にしている点で，手続開始前の権利保護資格要件具備を求めているとする理解も示されてきた（小山泰史〔判批〕金法 1929 号〔2011〕59 頁）。

　その後，最高裁平成 29 年 12 月 7 日判決（民集 71 巻 10 号 1925 頁）（→Ⅲ 2⑵）は，上記と異なる特約がある場合に弁済者代位を認めた事案であるが，自己名義の登録なき別除権の行使を認める根拠として，（一般債権者の）予測可能性など実体法上の根拠（→Ⅲ 1⑵⑷）を明示している（→Ⅲ 2⑵）。このことをもって，判例が手続法的考慮による権利保護資格要件説を封じたと断ずる有力説も現れている（森田修〔判批〕金法 2097 号〔2018〕36 頁）。

　しかし，前掲最高裁平成 30 年 12 月 7 日判決は，売買代金が完済されるまで所有権の移転がないことを理由に，対抗要件の有無を問わず後に設定された集合動産譲渡担保に対する所有権留保の優先を認めている。目的物が自動車ではなく，売主留保型である点で，上記の 2 判決と区別されうる。前掲最高裁平成 22 年 6 月 4 日判決で譲渡担保類推説を前提とするとみる場合には，留保売主の意思表示の内容が，所有権留保の法的構成の違いにまで影響を及ぼすと理解することになりそうである。もっとも，その影響が，実体法上の対抗要件の問題であるのか，倒産手続上衡平の観点から求められる権利資格保護要件の問題であるのかは，依然いずれの説明も可能であるといえる。

　なお，物権的期待権説を前提に担保権への変容につき対抗要件を要するとする立場（→4⑴②）から，売主留保型についても，倒産手続開始後には予めの対抗要件を要するとみる余地が指摘されている（田髙寛貴〔判批〕TKC Watch 162 号〔2019〕4 頁）。留保売主の意思表示の内容が一般的な物権的期待権説の理解に相当する場合，背理的な対抗要件の具備を要求することになりそうであり，相容れないように思う。今後の判例の展開を注視すべきである。

　⑼　解除申立特約　　倒産手続開始後の優先弁済権の行使が，別除権ないし更生担保権として制限される可能性があり，対抗要件を具備しない場合には優先弁済権が否定されるおそれもある。実務では，倒産手続開始の申立てを理由とする無催告解除の特約をおき，解除による原状回復として目的物を引き揚げる方法が試みられてきた。判例はそのような特約について無効説であり（最判昭 57・3・30 民集 36 巻 3 号 484 頁），学説の支持も多い（注解判例 726 頁

〔小山〕参照）。対して，破産・再生手続において別除権が認められる場合や，会社更生手続で更生計画を害さない場合には，コスト削減の観点等から肯定説にたち，会社更生に不都合な場合に中止命令による対処をすればよいとする説もみられる（米倉・前掲書309頁・333頁）。

㈎　否認権　倒産手続における権利行使に対抗要件を必要とする場合に関連するのが，否認権である。たとえ対抗力ある担保権であっても，危機時期に設定されたものは破産管財人による否認権行使の対象となりうる。担保権の設定または対抗要件の具備が否認されれば，やはり別除権者としての地位は否定される（伊藤・前掲書469頁）。

III　第三者与信型

1　類型的特徴

(1)　取 引 類 型

近年，自動車の販売について第三者が留保所有権者となる所有権留保が利用される取引は次のように分類されている（田髙寛貴「多当事者間契約による自動車の所有権留保」金法1950号〔2012〕48頁，坂本隆一「倒産実務における自動車の（第三者）所有権留保に係る問題点の整理と今後の課題についての一考察」金法2042号〔2016〕18頁）。いずれも買主が代金相当額に加え手数料相当額の与信を受け割賦払式債務を負い（ローンと呼ぶ），その与信に信販会社等が関与することは同じであるが，ローン債権者と留保所有権者がそれぞれ異なる。実務では，次の方式で第三者与信型の所有権留保が利用されているとされる。①個別信用購入あっせん（割販2条4項）に当たる立替払方式（信販会社が債権者かつ留保所有権者），②割賦販売＝集金保証方式（売主が債権者，信販会社が連帯保証人かつ留保所有権者），③立替払＝集金保証方式（売主に代金の立替払を行う販売系金融会社が留保所有権者となり，信販会社が買主の連帯保証人となる）。

いずれの取引類型でも，売主留保型同様に，所有権留保は自動車の売買代金債務の担保として機能する（被担保債権と目的物の対価的牽連性）。しかし，売買契約当事者ではない信販会社等の第三者が担保権者に当たる（ここでいう第三者には販売系金融会社などもありうる。以下では，信販会社として記述する）。

売主留保型と同様の構成をとることも可能である。しかし，買主の倒産手

所有権留保　III

続開始後の権利行使に手続開始前の信販会社名義の登録を要するとする判例が展開されるなか（→Ⅱ8⑵(イ)(d)），類型的区別の必要が説かれている。登録を対抗要件とする自動車の所有権留保について，売主ではなく信販会社に登録名義を移すことに，実務的な弊害（登録名義変更手続のコスト，車検証を要する手続完了までの買主の自動車利用の制約など）があるためである（田髙・前掲金法1950号55-56頁）。

⑵　設定方法と対抗要件

(ア)　目的物についての物権変動　　所有権留保が，売主ではなく第三者（信販会社）による与信の担保として利用されるため，与信者に所有権留保による担保権を取得させるためになんらかの物権変動が観念される。

物権変動の捉え方には3種類がありうる（和田勝行〔判批〕論叢170巻1号〔2011〕130頁）。まず，目的物の所有権が売主から信販会社に移転するという捉え方である。所有権留保の法的構成について物権的期待権説をとる場合には，信販会社への物権変動の後は所有権が留保されるだけであり，所有権留保の成立のための追加的な物権変動はないと解することになる。譲渡担保類推説からは，さらに，信販会社から買主への所有権の移転と，買主から信販会社への制限物権の設定があると捉えることになる。

また，売主の所有権留保によって買主に設定される権利について，信販会社に対し後行の担保に供し，売買代金の弁済によって順位を昇進させるとの捉え方もありうる。もっとも，物権的期待権説では後行の担保は物権的期待権の譲渡担保だと説明することになり，後順位の所有権留保という構成は譲渡担保類推説によることになる。ただし，いずれも買主から信販会社への物権変動を観念することになる。

さらに，売主が買主に所有権留保をし，留保所有権を信販会社に移転する転抵当に類比する捉え方もある。法的構成についての物権的期待権説と譲渡担保類推説とを問わず，目的物の物権変動ではなく被担保債権の対抗要件を基準とする処理につながりそうである（随伴性）。ただし，立替払や保証債務の履行がされる場合には，被担保債権の消滅が前提となるので，その例外である弁済者代位構成によることになる（→(イ)）。

(イ)　弁済者代位構成　　信販会社による立替払によって法定代位が生じるとして，信販会社による，売主所有権留保の行使を認める構成も説かれてい

〔青木〕　635

る。弁済による被担保債権（売買代金債権）の消滅と弁済者による担保権の行使の関係について，現在では，一般に，求償権確保のために弁済された債権が弁済者に移転する効果（随伴性）だと説かれる（最判平23・11・22民集65巻8号3165頁等）。債権者（売主）が対抗要件を具備している担保権であれば，弁済者は担保権取得の対抗要件の具備を要しない（千葉恵美子「複合取引と所有権留保」新争点154頁。なお，保証人の付記登記〔平29改正前501条1号〕制度も特に問題にならないとする分析について，和田勝行〔判批〕法教435号〔2016〕68頁が詳しい）。また，いずれの方式でも買主と信販会社等の間に保証委託契約が締結されることから，法定代位となると解されており，債権の移転に関する対抗要件（467条）の具備も要しない（500条）。

　法定代位構成については，消極説から次のような難点が指摘されている。①特に立替払方式を想定すると，終始一度も与信を行わない売主がいったん担保目的で所有権留保を行うとみることが無理であること，②売主留保権の被担保債権が，手数料等を含む信販会社の債権と異なり（新版注民(9)〔改訂版〕739頁以下〔安永〕），留保所有権が異質の被担保債権の担保となることは接ぎ木説に類比され法定代位に関する判例の見解と相容れないこと（小山泰史〔判批〕金法1929号〔2011〕58頁）などである。

　しかし，上記①については黙示でも観念でき，売主買主間の明示の合意があれば障害にはならないとの説が拮抗している。上記②も，手数料等債権を含む被担保債権について，所有権留保を行使する根拠として法定代位構成によることの難を衝く指摘にすぎない。当事者が，三者間契約によって，法定代位を前提とすることを確認している場合には障害がないと説かれている（田高・前掲金法1950号53頁）。実務でも，後掲平成22年判決のあと，その趣旨で約款の改訂が行われたことが紹介されている（田高寛貴「自動車割賦販売における留保所有権に基づく信販会社の別除権行使」金法2085号〔2018〕25頁）。

　近年の裁判例の展開を前提としても，三者間の合意の解釈によっては，法定代位構成をとりうるとする考え方が優勢になりつつある（→2(2)）。もっとも，いかなる意思が明示黙示に表示されている必要があるのかという点については，今後の判例を踏まえた議論が待たれる。

所有権留保　III

2　倒産手続における処遇

(1)　双方未履行債務

三者間契約による物権変動構成の場合の議論状況は，売主留保の場合と同様である（→Ⅱ8(1)）。弁済者代位構成からは，信販会社の買主に対する求償権が代位弁済によって生じたものであり，所有権留保は求償債権の担保であると解すれば，双務契約性がないと説かれる（千葉・前掲論文154頁）。

(2)　倒産手続開始後の権利行使

基本的な考え方は，売主留保型のところで述べた（→Ⅱ8(2)）。もっとも，対抗要件の要否（→Ⅱ8(2)(イ)）に関する近年の判例・学説は，登録制度の対象である自動車を目的物とする第三者与信型の裁判例を中心に展開されてきた。

最高裁平成22年6月4日判決（民集64巻4号1107頁〔再生手続〕）と最高裁平成29年12月7日判決（民集71巻10号1925頁〔破産手続〕）は，倒産手続において所有権留保による別除権の行使が主張された事案である。いずれも留保売主が留保所有権につきその名義で登録をし，買主の倒産手続の開始まで維持されている。

平成22年判決では，再生手続開始前に，信販会社が代金の立替払をした（売買契約と同時期）。その際に，立替払により留保所有権が信販会社に移転し，立替金等債権（残代金相当額＋手数料）の完済まで留保される旨の特約（三者契約）があった。判旨は，特約における当事者の合理的意思を立替金等債権の担保の趣旨と解し，留保売主の所有権留保の被担保債権（手数料を含まない残代金相当額）とのずれから，弁済による代位としての留保売主の債権および担保権の移転でなく特約による信販会社固有の所有権留保の権利行使だと認定した。これを前提に，再生手続開始前に信販会社名義の登録のない留保所有権の別除権としての行使を否定したのである。

平成29年判決では，破産手続開始前に，買主の保証人となっていた信販会社が，保証債務の履行として売買代金残額を支払った。保証契約は，売買契約と同日に締結されたものであったが，「保証債務の履行として本件販売会社〔留保売主〕に売買代金残額を支払った場合には，民法の規定に基づき，被上告人〔信販会社〕は当然に本件販売会社に代位して売買代金債権及び本件留保所有権を行使することができる」旨の特約があった。判旨は，保証人

に弁済者代位による売買代金債権および留保所有権の行使が認められている（平29改正前500条・501条）ことを前提に，手続開始時に留保売主名義の登録があれば一般債権者等が所有権留保を予測し得ることから，破産債権者に対する不測の影響が生じないとし，信販会社名義の登録なくして別除権の行使を認めた。

両者の違いには，弁済者代位構成を求める実務によって変更された新約款の承認の側面（一1(2)(イ)）があることが指摘される。ただし，平成29年判決の判旨が，特約の効力としてでなく，破産手続における民法上の弁済者代位の効力を根拠にしていることから，求償権の範囲における被担保債権と担保権の移転という民法上の弁済者代位に反する特約がないことが実質的な判断基準となっているとみられる（森田修〔判批〕金法2097号〔2018〕34-35頁，田髙・前掲金法2085号29頁）。

IV 流通過程型

1 類型的特徴

流通過程における所有権留保は，買主が在庫商品や原材料として買い受ける動産を目的物とする所有権留保である。利用のニーズは，集合動産譲渡担保に類比する側面が強いが，被担保債権と目的物の対価的牽連関係によって正当化される優先弁済権であることからの制約がある。

近年，判例の蓄積や動産・債権譲渡特例法の制定により，集合動産譲渡担保の利用が増え，また，将来債権譲渡等との併用による包括担保（ABL）の利用が進んでいる。両制度の関係（二者択一・競合）が論じられはじめている。

2 流通過程における所有権留保とは

(1) 転売授権と追及力

留保売主と買主の間に転売授権があると，目的物の転売・加工による追及力の遮断の有無が問題となる。

従来，実務では，広く，留保売主が追及力の維持を試みてきたとの指摘がある。転得者の承諾のもとにする方法として，三者契約型（物権的期待権・負担付所有権の譲渡），接続型（転売債権のための留保契約・買主の転得者に対する解除による実行権限の質入れ〔364条・467条〕）の取引慣行が形成されてきたという

（米倉明・所有権留保の実証的研究〔1977〕45頁以下）。

しかし，転得者への通知承諾の実務的困難ゆえに，転得者の了知なく，単に転売による放棄をしないことに依拠する追及力の維持も図られてきたようであり，それに伴う不衡平が判例で争われている。

判例は，自動車の所有権留保について，権利濫用法理によって留保売主であるディーラー A の転得者であるユーザー C に対する返還請求を否定する（最判昭 50・2・28 民集 29 巻 2 号 193 頁等）。①A と買主であるサブディーラー B の協力関係，②C の代金の完済，③BC の転売契約の先行，④C の善意が判断要素であり，特に②④が重視されている（道垣内弘人〔判批〕商法（総則・商行為）判例百選〔5 版，2008〕121 頁）。

これに対し，学説は，権利濫用というのでは所有権の C への帰属を導けない点に難があることや（安永 451 頁），取引の安全が重視されるべき在庫商品の特性への配慮から，C に負担なき所有権を取得させる端的な説明の必要性を説いてきた。転売授権からの説明と，即時取得からの説明とに大別される（学説の対立につき新版注民(9)〔改訂版〕755 頁〔安永〕参照）。

近年の譲渡担保の判例（最判平 18・7・20 民集 60 巻 6 号 2499 頁）に鑑みると，転売授権から追及力の放棄が推定されそうである。流動動産所有権留保という観点（大村 140 頁）につながるが，所有権留保の取引慣行が，譲渡担保と同じように展開しているとみてよいかどうか（→3）。少なくとも，現状では，上記取引慣行の存在に加え，将来取得動産・将来債権の担保価値の把握に難がある（→(2)(3)）。いずれも，目的物との対価的牽連関係という所有権留保の基礎に根ざしていることから，転売授権における留保売主の合理的意思は，譲渡担保権者と区別されうる。要は転得者の信頼の保護であるから，即時取得説（道垣内 370 頁）によるべきである。

(2) 拡大された所有権留保

継続的な動産売買取引を行う当事者間では，継続的供給契約によって買主に引き渡される全商品を取引上発生する総債権残額の担保とすべく，所有権留保を利用する例が知られる（稲田和也「継続的な動産売買取引における所有権留保」法時 80 巻 6 号〔2008〕93 頁，遠藤元一〔判批〕NBL998 号〔2013〕46 頁等）。留保所有権を代金完済後も維持し，後発の所有権留保売買の付加的担保として利用する旨の契約条項による。代金完済後には，別の商品の売買代金債権を被

所有権留保　IV　　　　　　　　　　　　　　　　　第2編　物　権

担保債権とする担保として利用されることになるため，対価的牽連関係の緩
和だと説かれる（拡大された所有権留保）。

　下級審裁判例では，転売授権の伴わない連続する2件の所有権留保売買に
つき効力を認めたものがある（東京地判昭46・6・25下民集32巻1〜4号158頁）。
被担保債権がいずれも目的物との牽連性の高い機械の代金債権および付随す
る修理や部品代金債権であることを前提に，目的物（ブルドーザー）の経年劣
化による減価から追加担保の利用の合理性を認め，契約自由の原則の埒を超
えておらず公序良俗には反しないとする。しかし，転売授権を伴う商品の継
続的供給契約において，売買代金債権に限らず，現在および将来負担する一
切の債務の完済まで留保する旨の特約ある所有権留保が公序良俗に反して無
効だと判断された事案も出ている（東京地判平16・4・13金法1727号108頁）。

　学説では，供給契約における全商品と売買代金債権全体との牽連関係を基
準として，被担保債権の合理的な限定を要件とする肯定説が有力である（神
崎克郎「所有権留保売買とその展開」神戸法学会雑誌14巻3号〔1964〕549頁，米倉・
前掲書115頁以下，笠原武朗〔判批〕ジュリ1329号〔2007〕112頁等）。

　拡大された所有権留保は，包括担保を志向するといえど，被担保債権の緩
和の議論である。将来の売買によって買主に引き渡される商品については，
その売買時点で所有権留保の対象となる。買主倒産時の否認権（→Ⅱ8(2)(エ)）
を避ける効果がない点で，集合動産譲渡担保との区別が必要である。

(3)　延長された所有権留保の利用可能性

　転売授権を伴う商品の所有権留保において，目的物の転売等の処分を経て
も，担保の実質を維持する別の構想は，所有権留保による担保権を，その転
売によって生じる売掛債権上に及ぼす構想である。ドイツ法の研究を基礎に
早くから導入可能性が説かれてきた（米倉明・所有権留保の研究〔1997〕68頁・
262頁以下）。実務でも，転売に際して当初の留保売主名義の所有権留保を継
続するものの，転買人が当初の買主に代金を完済すれば目的物の所有権を直
接取得できる方式（結合型の継続所有権留保）をとる場合や，当初の買主名義の
所有権留保売買を行い，その売買代金債権に当初の留保売主のための質権を
設定しつつも，転買人の通知承諾による対抗要件具備を控える方式（接続所
有権留保）をとる場合に，その欠点を補うべく回り手形による補強が行われ
てきたとされるが，買主が転得者に対して取得する債権を担保とする意味で，

640　〔青木〕

所有権留保 IV

延長類型の要素を帯びる。

最近の 2 つの動向に注目すべきである。①流動債権譲渡担保の併用に障害がなくなりつつある。また，②売買を原因とする売却代金債権への物上代位肯定説が現れている。差押えの効力は従たる権利にも及ぶから買主の転得者に対する所有権留保にも及ぶと考えられている。理論的には実現可能であり，ABL との正当な関係をいかに構想するかが現代の問題であると思われる。

3 集合動産譲渡担保との制度間競合

非占有型担保の中でも，担保負担者が目的物の転売等の処分を行う場合には，第三者からの担保権の推測が難しく，公示の必要性が高い。集合動産譲渡担保についてこのような要請の充足が進む今日，流通過程型につき，公示なき優先を維持すべきか。

比較法から否定説に立ち，解釈論としては，占有改定によって達せられるべきは占有の留保であるとみて，転売を予定する場合や自己物との分別管理がない場合には占有改定による対抗要件の具備がないとする裁判例（東京高判平 23・6・7 D1-Law.com 判例体系 28220924〔遠藤・前掲判批 40 頁参照〕）を支持する説（森田修「方法的総序」NBL1070 号〔2016〕10 頁）がみられる。

傾聴すべき説であるが，疑問も残る。占有改定を外形に結びつけるには，占有代理人の意思表示（183 条）の有無を外部的徴表から客観的に判断するという説明になりそうである。転売授権があっても留保売主への帰属の認識は可能であり（最判平 13・11・22 民集 55 巻 6 号 1056 頁参照），占有改定の意思表示に矛盾があるとはいいにくい。また，いったん占有改定が認められれば，その後の商品の取扱いは占有委託者に対する所有の意思表示（185 条）と評価されるかという問題になりそうであり，分別管理をやめることが直ちにそれに当たるともいいにくい。

所有権留保は，物権変動の先後によって優劣を決すべき担保権というよりも，対価的牽連性によって優先性が正当化される担保であり，流通過程型においても存在意義は失われていない。対抗要件具備の余地を否定する方向よりも，むしろ制度間競合の問題として個別問題を検討すべきである。譲渡担保が，現状では，占有改定の方法で対抗要件を具備しうることとのバランスも考慮に入れなければならない。また，先行する包括担保権者が，債務者の流動資産に表章される事業価値を引当てとし，事業のモニタリングを行う与

〔青木〕　641

信者であるという ABL の取引慣行が周知となりつつあるとすれば，先行する ABL を知りつつ後発の流通過程における所有権留保を利用する留保売主は，ABL の侵害を避けるべく，信義則上事前通知義務を負うと構成することも考えられ，このような要素をもふまえた制度間の調整を検討していくべきであろう。

〔青木則幸〕

事 項 索 引

あ 行

新たな分析的構成 …………………………570
異時配当 …………………………………253, 266
一部転抵当………………………………………42
一部弁済
　――と代位 …………………………267, 276
　――と代位の付記登記 …………………285
一括競売 ……………………………………214
　――と短期賃貸借の関係 ………………220
　――と法定地上権 ………………………221
　――の禁止 ………………142, 216, 224
　――の効果 ………………………………225
　――の存在理由 …………………………216
　――の手続 ………………………………225
　――の要件 ………………………………221
一括売却 ……………………205, 222, 225
違約金…………………………………28, 344
受戻権 ………442, 455, 485, 528, 530, 598
　――の消滅時期 …………………………531
売渡担保 ……………………………………500
運河財団抵当 ………………………………432
運河法 ………………………………………432
永小作権者
　――の代価弁済………………………………85
　――の費用償還請求 ……………………241
永小作権の放棄 ……………………………327
ABL（Asset Based Lending）……563, 593, 638
延長された所有権留保 ……………………640

か 行

買受申出資格 ………………………………229
会社分割 ……………………………………369
買戻し ………………………………………501
拡大された所有権留保 ……………………639
確定期日（元本の）…………………………352
確定集合動産譲渡担保 ……………………563
確定根抵当権 ………………333, 389, 399
価値枠説 ……………………………………570
仮登記譲渡担保 ……………………………466
仮登記担保 …………………………………451

――と譲渡担保との関係 …………………465
――と抵当権との関係 ……………………472
――と不動産譲渡担保との関係 …………501
――の意義 …………………………………458
――の効力 …………………………………472
――の法律構成 ……………………………462
――の要件 …………………………………459
仮登記担保契約 ……………………………458
仮登記担保契約に関する法律（仮登記担保
法）……………………………………………457
――の譲渡担保への影響 …………………445
――の譲渡担保への適用・類推適用 ……467
仮登記担保権
――と法定地上権 …………………………195
――に基づく本登記請求 …………492, 494
――に基づく優先弁済権 …………………488
――による競売申立て ……………………488
――の競売手続による消滅 ………………492
――の破産手続等における効力 …………495
観光施設財団抵当 …………………………430
観光施設財団抵当法 ………………………430
元本確定事由 ………………………………396
元本確定請求
会社分割の場合の―― ……………………370
合併の場合の―― …………………………367
設定者の―― ………………………………391
根抵当権者の―― …………………………393
元本の確定 …………………331, 343, 389
事情変更による―― ………………………393
元利均等払債務………………………………33
企業担保 ……………………………408, 433
期限の利益 …………………………………248
帰属清算 ……………………475, 531, 553
――の清算金の支払 ………………………535
期中管理 ……………………………………564
軌道財団抵当 ………………………………431
軌道ノ抵当ニ関スル法律 …………………431
共同担保の登記 ……………………251, 258
共同抵当 ……………………………………251
――と法定地上権 …………………168, 251
――の目的不動産の第三取得者 …………277

643

事 項 索 引

根抵当による—— ……………258
共同抵当権（Gesamthypothek）………255
共同根抵当 ……………………383
——の極度額減額請求 ………401
狭義の—— ……………………383
共有根抵当 ……………………377
共有根抵当権の処分 ……………380
共用根抵当 ……………………369
共用根抵当権 …………………337
——の弁済充当 ………………345
漁業財団抵当 …………………427
漁業財団抵当法 ………………427
極度額 …………………………344
——の変更 ……………………349
極度額減額請求 ………………399
共同根抵当の—— ……………401
現況調査 ………………………203
建設機械抵当権 ………………416
建設機械抵当法 ………………416
原抵当権者（転抵当）
——の競売申立権 ………………46
——の担保価値維持義務…………46
鉱業財団抵当 …………………426
鉱業抵当法 ……………………426
航空機抵当権 …………………415
航空機抵当法 …………………415
後順位担保権者
——に対する清算金見積額の通知 ………482
——による競売の請求 …………489
——による物上代位 ……………481
後順位抵当権者
——の共同抵当権への代位 ………266
——の競売申立権 …………………9
——の存否と共同抵当 …………259
——の地位 …………………………8
工場供用物 ……………………420
工場財団抵当 …………………420
工場抵当
——の効力 ……………………422
狭義の—— ……………………420
更生担保権 ……………………559
合同申請………………………19
港湾運送事業財団抵当 …………428
港湾運送事業法 ………………428

国税徴収法 24 条………………443
固定化（流動債権譲渡担保）………612
固定化（流動動産譲渡担保）………564, 578
——のプロセス ………………579
破産・再生手続開始決定と——………585
個別価値考慮説 ………………168
混 同 …………………………146
——と代位 ……………………270
——の例外 ……………………181

さ 行

債権譲渡担保 …………………595
——と債権質 …………………596
——と債権譲渡 ………………595
債権譲渡担保権者
——に対する債権者による差押え………599
——の取立権 …………………597
債権譲渡担保設定者
——に対する債権者による差押え………599
——による目的債権の処分 ………599
債権二分（bifurcation）………292
再譲渡担保 ……………………561
財団抵当 …………………211, 408, 419
再転抵当 …………………………42
再流動化（流動動産譲渡担保）………583
更地への抵当権設定
——と一括競売 ………………221
——と法定地上権の成否 ………159, 171
3 条目録（工場抵当法）………423
敷 金 …………………………138, 305
自己借地権 ……………………157, 190
地所質入書入規則 ……………499
執行妨害 …………………168, 215, 299
自動車抵当権 …………………414
自動車抵当法 …………………414
借地権の放棄 …………………329
集合債権論 ………………571, 600
集合動産譲渡担保 ……………563
集合物 …………………………568
——と構成個別物の関係 ………569
——の特定性 …………………566
集合物論 ………………………566
従 物 …………………………243
重 利…………………………29

644

事 項 索 引

順位昇進の原則 ……………………8
順位番号 ……………………………7
純粋共同根抵当 ………………258, 383
　　――の元本確定 ………………385
　　――の処分・変更 ……………385
譲渡担保
　　――と契約の自由 ……………441
　　――と脱法行為 ………………545
　　――の虚偽表示の可能性 ……510
　　債権―― …………………………595
　　特定動産の―― ………………545
　　不動産の―― …………………498
　　流動動産の―― ………………563
譲渡担保設定契約 …………………513
　　――と買戻特約付売買契約 …513
譲渡抵当（mortgage） ……………290
将来債権の譲渡 ……………………602
処分清算 ………………475, 531, 553
　　――の清算金の支払 …………536
所有権留保 ……………………446, 617
　　――とABLの競合 ……………641
　　――と譲渡担保の競合 …624, 641
　　――の効力 ……………………622
　　――の実行 ……………………629
　　――の対抗要件 ………………621
　　――の被担保債権 ……………620
　　――目的物の滅失毀損 ………626
　　延長された―― ………………640
　　拡大された―― ………………639
所有権留保（売主留保型） ………618
所有権留保（第三者与信型）…618, 634
　　――と弁済者代位 ……………635
　　――の物権変動 ………………635
所有権留保（流通過程型）…618, 638
所有権留保売主
　　――による目的物の処分 ……623
　　――による目的物の侵害 …626, 627
　　――の債権者による差押え …625
　　――の責任 ……………………628
所有権留保買主
　　――による目的物の処分 ……624
　　――の倒産 ………………630, 637
所有権留保の法的構成 ……………619
　　――債権的期待権説 …………619

　　――譲渡担保類推説 …………619
　　――物権的期待権説 …………619
随伴性 ………………………………330
　　根抵当権の―― ………………355
　　根保証の―― …………………360
清算期間 ………………………473, 476
清算義務 ………443, 454, 528, 553, 598
清算金 ………………………………534
　　――額の算定 …………………538
　　――債権を被担保債権とする留置権 …537
　　――支払義務 …………………474
　　――支払による所有権取得 …494
　　――の供託 ………………480, 495
清算金請求権 ………………………479
　　――への物上代位 ……………481
清算金見積額の通知 ………473, 477
　　――の拘束力 …………………478
　　物上代位者への―― …………482
責任財産 ……………………………76
全体価値考慮説 ………168, 219, 222, 252
船舶先取特権 ………………………417
船舶抵当権 …………………………417
　　――と船舶先取特権の競合 …417
増価競売 ……………………………119
　　――の廃止 ……………………91

た 行

代　位 ………………………………357
　　――と弁済代位 ………………271
　　――の付記登記 ………………285
　　一部弁済と―― …………267, 276
　　混同と―― ……………………270
　　抵当権の放棄と―― …………268
代位権者 ……………………………266
代価弁済 ………………………74, 84
　　――と順位昇進の原則 ………86
　　――と弁済による代位 ………86
　　永小作権者による―― ………85
　　後順位抵当権者がいる場合の―― …87
　　第三取得者による―― ………86
　　地上権者による―― ………85, 88
第三取得者 ………………4, 75, 93
　　――に対する売主の担保責任 …234, 236
　　――による買受け ……………228

645

事 項 索 引

――による代価弁済……………………86
――による抵当権侵害 ……………………248
――の売主担保責任の追及……………80
――の求償権…………………………80
――の代価弁済…………………………84
――の担保価値維持義務 …………247
――の費用償還請求 …………………234
――の不当利得返還請求 …………246
――の留置権……………………………246
共同抵当の目的不動産の ―― …………277
競売の場合の ―― の地位………………79
代物弁済予約……………………………442
建物引渡（明渡）猶予 …………………297
―― 中の法律関係…………………304
――の期間…………………………304
――の効果…………………………304
――の喪失…………………………306
――の要件…………………………301
短期賃貸借 …………………5, 134, 298
――と一括競売の関係 …………220
――の廃止…………………………300
担保価値維持義務
…………46, 237, 247, 550, 555, 564, 575, 611
担保価値維持請求権 …………………573
担保仮登記………………………………459
担保権消滅許可制度……………………94
担保失期事由……………………………588
担保順配（marshalling）…………………256
担保不動産競売申立て…………………119
――の通知…………………………125
担保不動産競売…………………………78
担保保存義務……………………………270
遅延損害金………………………28, 344
地上権者
――の代価弁済……………………85
――の費用償還請求 …………………241
地上権の放棄……………………………327
賃借人
――の費用償還請求 …………………241
抵当権者に対抗できない ―― …………301
抵当権者に対抗できない ―― の保護 …300
賃貸借の登記……………………………137
追及権……………………………………75
――の行使…………………………78

肢分権者に対する ―― …………87, 91
追及効 ……………………………………4
通常の営業の継続 ………………………587
通常の営業の範囲
――内の処分………………………572
――の判断基準……………………574
――を超える処分の効力 …………575
定期金……………………………………27
抵当権
――の効力……………………………1
――の消滅…………………………132
――の不可分性……………25, 46, 266
――の付従性………………10, 69, 330
――の優先弁済権…………………25
――の優先弁済的効力 ………………6
動産に対する ――…………………412
特別法による ――…………………406
抵当権実行通知制度……………………78
――の廃止…………………………91
抵当権者
――による債務者の一般財産に対する強制
執行 ……………………………293
――の同意の登記…………………140
――の同意の登記がある賃借権 …134
抵当権消滅請求 ………………4, 82, 88
――の効果…………………………127
――の時期…………………………111
――のための代価の払渡し・供託 …129
――の通知…………………………113
――の手続…………………………113
――のみなし承諾…………………118
――をすることができない者 …………101
一部の不動産の第三取得者の ――………97
永小作権者の ――…………………94
解除条件付第三取得者の ―― …………108
仮登記権利者の ――………………99
仮登記担保権者の ―― ……………108
共同相続人の ――…………………96
共同抵当の一部の不動産の ――………97
共有持分の第三取得者の ――…………95
債務引受人の ――…………………103
始期付第三取得者の ――…………106
終期付第三取得者の ――…………109
主たる債務者の ――………………103

事 項 索 引

譲渡担保権者の── ………………107
第三取得者の── ………………93
地上権者の── ………………94
停止条件付第三取得者の── …105
物上保証人の── ………………93
保証人の── ………………103
履行引受人の── ………………104
抵当権に基づく妨害排除請求 ……215
抵当権の実行の費用………………30
抵当権の順位 ………………………6
抵当権の順位の譲渡 ……………38, 58
──と抵当権の被担保債権の増額…62
──の効果………………………63
──の重複………………………65
──の要件………………………59
根抵当権者への── ………371, 382
抵当権の順位の変更 ………………13
──と法定地上権…………23, 163
──の効果………………………21
──の登記………………………19
──の要件………………………15
抵当権の順位の放棄 ……………38, 65
──の効果………………………67
──の重複………………………68
──の要件………………………66
根抵当権者への── ………371, 382
抵当権の譲渡………………………51
──の効果………………………54
──の要件………………………51
根抵当権者への── ………………383
抵当権の消滅 ………………………310
抵当不動産の時効取得による── ……316
抵当権の消滅時効…………………311
抵当権の処分………………………36
──の対抗要件…………………68
抵当権の被担保債権
──の増額………………………62
──の範囲………………………23
抵当権の放棄………………………56, 312
──と代位………………………268
──の合意………………………82
──の効果………………………57
──の要件………………………57
根抵当権者への── ………………383

抵当権不可分の原則 ………………254
抵当証券 ……………………408, 434
抵当証券法 …………………………434
抵当訴訟 ……………………………78
抵当建物使用者 ……………………305
抵当不動産以外の財産からの弁済 …………288
滌　除 …………………………4, 90
仮登記権利者の── ………………98
鉄道財団抵当 ………………………430
鉄道抵当法 …………………………430
電子記録債権 ………………………597
電子記録債権法 ……………………340
転譲渡担保 …………………………561
転抵当 ……………………………37, 39
──の法的性質…………………40
根抵当権の── …………………372
転抵当
──の実行………………………44
──の消滅………………………50
──の対抗要件…………………43
──の有効要件…………………42
転抵当権設定契約……………………41
動産・債権譲渡特例法 ……548, 606, 610, 622
動産譲渡担保
──の公示………………………547
──の二重設定…………………558
──の目的物の侵害……………551
動産譲渡担保権
──に基づく物上代位……………552
──の実行………………………553
──の被担保債権………………552
動産譲渡担保権者
──に対する債権者による差押え …560
──による目的物の処分…………560
──による目的物の侵害…………551
──の担保価値維持義務…………555
──の破産・会社更生……………561
──の目的物引渡請求……………556
動産譲渡担保設定者
──に対する債権者による差押え …559
──による目的物の処分…………557
──による目的物の侵害…………551
──の担保価値維持義務…………550
──の破産・会社更生……………559

647

事 項 索 引

動産譲渡担保の法的構成
- ―― 所有権的構成 …………………546
- ―― 設定者留保権説 …………………546
- ―― 担保的構成 …………………546
- ―― 抵当権説 …………………546
- ―― 物権的期待権説 …………………546
動産譲渡登記 …………………548, 567
動産抵当 …………………407, 412, 545
同時配当 …………………253, 258
- ―― の割付計算 …………………262
道路交通事業財団抵当 …………………429
道路交通事業抵当法 …………………429
特定債権法 …………………609
特別の登記 …………………34
取戻権 …………………559

な 行

任意売却 …………………77
根譲渡担保 …………………515, 552
根担保 …………………330
根担保仮登記 …………………490
根抵当 …………………330
- ―― と根保証の関係 …………………331, 358
- ―― と普通抵当 …………………334
根抵当権
- ―― の共有 …………………377
- ―― の極度額の変更 …………………349
- ―― の準共有 …………………336, 376
- ―― の随伴性 …………………355
- ―― の設定 …………………336
- ―― の登記 …………………337
- ―― の独立性 …………………331
根抵当権者
- ―― の会社分割 …………………369
- ―― の合併 …………………366
- ―― の交替による更改 …………………358
- ―― の相続 …………………363
根抵当権消滅請求 …………………401
根抵当権の一部譲渡 …………………376
根抵当権の債務者
- ―― の会社分割 …………………369
- ―― の合併 …………………367
- ―― の交替による更改 …………………358
- ―― の相続 …………………364

- ―― の変更 …………………348
根抵当権の譲渡 …………………371, 373
根抵当権の処分 …………………370
根抵当権の全部譲渡 …………………373
根抵当権の転抵当 …………………372
根抵当権の被担保債権 …………………334, 342
- ―― の移転 …………………356
- ―― の債務引受 …………………357
- ―― の譲渡 …………………354
- ―― の範囲の変更 …………………348
根抵当権の分割譲渡 …………………375
根抵当権の放棄 …………………371
根保証 …………………330
- ―― と根抵当の関係 …………………331, 358
ネームプレート …………………547, 567, 622
農業動産信用法 …………………412
農業用動産抵当権 …………………412
ノンリコース …………………291

は 行

売買の一方の予約 …………………501
引渡猶予制度 …………………5
非清算特約 …………………452
必要費 …………………236, 242
非典型担保 …………………437
- ―― の概念 …………………438
- ―― の統一的把握 …………………448
評 価 …………………204
費用償還請求 …………………234
付加一体物 …………………243
付記登記 …………………43, 54, 61, 69, 285
付従性 …………………10, 330
- ―― の切断 …………………69
不清算特約 …………………553
不足額責任主義 …………………289
不足金判決（deficiency judgement） …………………290
物件明細書 …………………204
物上代位 …………………481, 629
- ―― と代価弁済 …………………84
抵当不動産の売却代金（代価）への ―― …81
流動動産譲渡担保に基づく ―― …………………586
物上保証人
- ―― による買受け …………………232
- ―― の費用償還請求 …………………241

事 項 索 引

不動産財団 ……………………………419
不動産財団抵当 ………………………408
不動産譲渡担保 ………………………498
　――が利用される理由 ………………498
　――設定契約 …………………………513
　――と売渡担保 ………………………500
　――と買戻し …………………………501
　――と仮登記担保との関係 …………501
　――と脱法行為 ………………………503
　――と動産譲渡担保の違い …………498
　――と用益権との関係 ………………539
　――に基づく物上代位 ………………519
　――の効力の及ぶ範囲 ………………518
　――の消滅 ……………………………541
　――の消滅時効 ………………………542
　――の対抗要件 ………………………517
　――の倒産における効力 ……………540
　――の被担保債権 ……………………515
　――の被担保債権の範囲 ……………521
　――の弁済期到来前の法律関係 ……521
　――の目的物 …………………………514
　――の目的物の範囲 …………………518
　――の目的物の範囲（果実）…………519
　――の目的物の範囲（代償物）………519
　――の目的物の範囲（付加一体物）…518
　――の目的物の範囲（付加物・従物）…518
　――への仮登記担保法の類推適用
　　　……………………533, 536, 540
　――への根抵当権規定の適用・類推適用
　　　……………………………………515
　――弁済期到来後の法律関係 ………527
　――目的物の利用関係 ………………521
不動産譲渡担保権者
　――に対する債権者による差押え ……525
　――による目的物の処分 ……………524
　――による目的物の侵害 ……………522
不動産譲渡担保設定者
　――に対する債権者による差押え ……523
　――による目的物の処分 ……………523
　――による目的物の侵害 ……………523
不動産譲渡担保の法的構成
　――期待権説 …………………………509
　――債権説 ……………………………506
　――設定者留保権説 …………………507

　――担保権説 …………………………508
　――担保の目的範囲内での移転 ………505
　――内外部とも移転 …………………503
　――二段物権変動説 …………………507
　――物権的期待権説 …………………507
不動産の価額 …………………………262
浮動担保（floating charge）……………433
分析論 …………………………565, 567, 601
別除権 …………………………………559
弁済期到来時ルール ………546, 564, 578, 584
弁済代位 ………………………………271
　――と物上代位 ………………………273
弁済代位に関する特約 ………………281
変質集合動産譲渡担保 ………………563
包括担保 ………………………………605
包括根抵当 ……………………………331
包括根抵当権 …………………………334
法定借地権 …………………………209, 484
法定地上権 ……………………………146
　――と一括競売の関係 ………………221
　――に関する特約 ……………………195
　――の移転 ……………………………199
　――の起草過程 ………………………147
　――の消滅 ……………………………203
　――の処分 ……………………………203
　――の成立時期 ………………………198
　――の成立する土地の範囲 …………198
　――の成立要件 ………………………159
　――の存続期間 ………………………199
　――の対抗要件 ………………………200
　――の地代 ……………………………198
　――の内容 ……………………………198
　――をめぐる関係者の利害状況 ………155
　強制執行による競売と―― …………207
　共同抵当の場合の―― ………………168
　共有の場合の―― ……………………188
　競売手続と―― ………………………203
　滞納処分による公売と―― …………207
　立木所有者のための―― ……………411
法定賃借権 ……………………………411
法定転借権 ……………………………411
保全段階（流動動産譲渡担保実行）…………579

649

事 項 索 引

ま 行

増担保請求 ……………………………248
回り手形・小切手 ………………339, 367
――の優先弁済権の制限 ………………346
満期となった最後の2年分………………31
無効登記の流用………………………………10
明認方法 …………………………409, 567
物財団 ………………………………419
物財団抵当 ……………………………408

や 行

有益費 …………………………………242
優先弁済権………………………………25
　仮登記担保権に基づく―― ……………488

ら 行

濫用的賃貸借 …………………………300
利　息………………………………27, 344
流動債権譲渡担保 ……………………599
――の実行 ……………………………612
――の重複設定 ………………………613
――の対抗要件 ………………………606
――の倒産における効力 ……………614
――の特定性 …………………………605
――の法的構成 ………………………600
――の有効性 …………………………602
流動債権譲渡担保権者
――による差押えの排除 ……………612

――の取立権 …………………………601
流動債権譲渡担保設定者
――に対する債権者による差押え ………612
――による目的債権の処分 ……………611
――の取立権 …………………………608
流動動産譲渡担保 ……………………563
――と所有権留保の優劣 ………………590
――と動産売買先取特権の競合 ………589
――と流動債権譲渡担保 ………………593
――に基づく物上代位 …………………586
――の実行 ……………………………583
――の重複設定 ………………………571
――の設定 ……………………………565
――の特定 ……………………………592
流動動産譲渡担保設定者
――に対する債権者による差押え ………592
――による構成動産の処分 ……………572
立木抵当 …………………………212, 407
立木抵当権 ……………………………409
――の追求効 …………………………410
立木登記 ………………………………409
――の効力 ……………………………410
立木ニ関スル法律 ……………………409
累積型将来債権譲渡担保 ………………600
累積式共同根抵当（累積抵当）………383, 386
累積根抵当（累積式共同根抵当）………258

わ 行

割引手形 …………………………………291

判 例 索 引

明 治

大判明 30・12・8 民録 3 輯 11 巻 36 頁
　………………………………………503, 510
大判明 32・12・22 民録 5 輯 11 巻 107 頁 ……9
大判明 33・5・19 民録 6 輯 5 巻 64 頁……26, 27
大判明 34・10・25 民録 7 輯 9 巻 137 頁……331
大判明 35・1・27 民録 8 輯 1 巻 72 頁………331
大判明 37・4・26 民録 10 輯 559 頁…………9
大判明 38・6・26 民録 11 輯 1022 頁 ………181
大判明 38・9・22 民録 11 輯 1197 頁 …147, 194
大判明 39・3・19 民録 12 輯 391 頁…………200
大判明 40・3・11 民録 13 輯 258 頁…………177
大連判明 40・4・29 民録 13 輯 452 頁………203
大判明 41・3・20 民録 14 輯 313 頁…………503
大判明 41・5・11 民録 14 輯 677 頁……173, 196
大連判明 41・12・15 民録 14 輯 1276 頁……632
大判明 43・2・10 民録 16 輯 841 頁…………602
大判明 43・3・23 民録 16 輯 233 頁
　………………………………147, 194, 198
大判明 44・4・15 民録 17 輯 221 頁…………503
大判明 45・7・8 民録 18 輯 691 頁
　……………………………441, 503, 505, 510

大 正

大判大元・12・27 民録 18 輯 1114 頁 ………70
大決大 2・6・21 民録 19 輯 466 頁……………29
大決大 2・10・2 民録 19 輯 735 頁 …………285
大判大 3・4・14 民録 20 輯 290 頁 ……195, 201
大判大 3・11・2 民録 20 輯 865 頁 …………545
大判大 3・12・26 民録 20 輯 1208 頁 ………177
大判大 4・2・22 民録 21 輯 174 頁 …………553
人決大 4・6・24 民録 21 輯 1018 頁…………35
大判大 4・7・1 民録 21 輯 1313 頁 ……154, 159
大判大 4・9・15 民録 21 輯 1469 頁 …………26
大決大 4・11・2 民録 21 輯 1813 頁…………129
大判大 5・5・16 民録 22 輯 961 頁 …………558
大判大 5・7・12 民録 22 輯 1374 頁…………441
大判大 5・7・12 民録 22 輯 1507 頁…………547
大判大 6・7・26 民録 23 輯 1203 頁…………589
大決大 6・10・22 民録 23 輯 1410 頁 ………268
大判大 7・11・5 民録 24 輯 2122 頁…………514

大判大 7・12・6 民録 24 輯 2302 頁
　………………………………159, 195, 196
大判大 8・7・9 民録 25 輯 1373 頁 …………528
大決大 8・8・28 民録 25 輯 1524 頁…………287
大判大 8・10・8 民録 25 輯 1859 頁…………9
大判大 9・5・5 民録 26 輯 1005 頁 …………198
大判大 9・6・29 民録 26 輯 949 頁 …………26
大判大 9・7・16 民録 26 輯 1108 頁
　………………………317, 322, 323, 324, 325
大判大 9・9・25 民録 26 輯 1389 頁 …………524
大判大 9・10・16 民録 26 輯 1530 頁 ………537
大判大 9・12・3 民録 26 輯 1928 頁……421, 424
大判大 9・12・18 民録 26 輯 1951 頁…………33
大決大 10・3・4 民録 27 輯 404 頁 …………197
大判大 10・3・5 民録 27 輯 475 頁 …………553
大判大 10・4・14 民録 27 輯 732 頁…………409
大判大 10・7・11 民録 27 輯 1378 頁 ………138
大判大 11・2・13 新聞 1969 号 20 頁 ………266
大判大 11・6・28 民集 1 巻 359 頁 …………199
大判大 11・8・21 民集 1 巻 498 頁 …………307
大判大 11・11・24 民集 1 巻 738 頁…179, 329
大判大 11・12・28 民集 1 巻 865 頁…………271
大連判大 12・12・14 民集 2 巻 676 頁………177
大連判大 13・12・24 民集 3 巻 555 頁…442, 504
大判大 14・7・18 新聞 2463 号 14 頁 …179, 329
大判大 15・2・5 民集 5 巻 82 頁 …160, 172, 216
大連判大 15・4・8 民集 5 巻 575 頁…267, 286
大判大 15・10・26 民集 5 巻 741 頁
　………………………………292, 293, 294

昭和元～21 年

大判昭 2・3・9 彙報 38 巻下民 8 頁 ………30
大判昭 2・10・10 民集 6 巻 554 頁……………30
大判昭 2・12・22 新聞 2818 号 14 頁 ………553
大決昭 3・8・1 民集 7 巻 665 頁 ……………120
大判昭 3・8・25 新聞 2906 号 12 頁 ………35
大決昭 4・3・19 評論 18 巻諸法 333 頁 ……285
大判昭 5・2・5 新聞 3093 号 9 頁……………602
大判昭 5・9・23 新聞 3193 号 13 頁…………287
大判昭 5・10・8 評論 20 巻民法 18 頁………514
大決昭 6・4・7 民集 10 巻 535 頁………268, 277

651

判 例 索 引

大判昭 6・4・24 民集 10 巻 685 頁 …………556
大判昭 6・5・14 新聞 3276 号 7 頁 ………180
大決昭 6・7・23 民集 10 巻 744 頁
　　　　　　　………………117, 121, 128
大判昭 6・8・7 民集 10 巻 875 頁 …………10
大判昭 7・1・29 新聞 3371 号 18 頁……293, 294
大判昭 7・5・9 民集 11 巻 824 頁…………177
大決昭 7・5・23 民集 11 巻 1014 頁………101
大判昭 7・6・29 裁判例 6 民法 200 頁………521
大決昭 7・8・29 民集 11 巻 1729 頁……40, 47
大判昭 7・10・21 民集 11 巻 2177 頁 …173, 196
大判昭 7・11・29 民集 11 巻 2297 頁 ………268
大判昭 8・3・18 民集 12 巻 987 頁 ……101, 131
大判昭 8・3・24 民集 12 巻 490 頁 …………162
大判昭 8・3・27 新聞 3543 号 11 頁…………178
大判昭 8・4・26 民集 12 巻 767 頁
　　　　　　　…………………442, 500, 555
大判昭 8・5・9 民集 12 巻 1123 頁 …………201
大判昭 8・10・27 民集 12 巻 2656 頁 ………178
大判昭 8・12・19 民集 12 巻 2680 頁 ………520
大判昭 9・2・27 民集 13 巻 215 頁 …………393
大判昭 9・2・28 新聞 3676 号 13 頁……195, 207
大判昭 9・3・10 裁判例 8 民法 53 頁…………26
大判昭 9・5・23 新聞 3706 号 13 頁 …………32
東京控判昭 9・6・22 新聞 3735 号 7 頁 ……294
大判昭 9・7・19 刑集 13 巻 1043 頁…………617
大判昭 9・9・25 新聞 3750 号 7 頁 ……293, 294
大判昭 9・10・10 新聞 3771 号 7 頁 …………26
大判昭 9・12・28 民集 13 巻 427 頁…………410
大判昭 9・12・28 民集 13 巻 1261 頁
　　　　　　…………602, 603, 604, 607
大判昭 10・1・16 判決全集 2 輯 14 号 13 頁…43
東京控判昭 10・4・19 新聞 3851 号 7 頁 ……32
大判昭 10・4・23 民集 14 巻 601 頁…………259
大決昭 10・7・31 民集 14 巻 1449 頁……98, 106
大判昭 10・8・10 民集 14 巻 1549 頁
　　　………265, 166, 167, 168, 196, 221, 252
大判昭 10・10・1 民集 14 巻 1671 頁 ………162
大決昭 10・11・20 民集 14 巻 1927 頁 ………40
大判昭 10・11・29 新聞 3923 号 7 頁 ………198
大判昭 11・1・14 民集 15 巻 89 頁…………10
大決昭 11・2・18 評論 25 巻民法 401 頁……115
広島控判昭 11・4・27 新聞 4000 号 17 頁 …294
大判昭 11・7・14 民集 15 巻 1409 頁 ………269

大判昭 11・12・9 民集 15 巻 2172 頁 ………275
大判昭 11・12・15 民集 15 巻 2212 頁
　　　　　　………160, 163, 172, 183
大判昭 12・3・17 裁判例 11 巻民法 71 頁……26
大判昭 12・6・5 民集 16 巻 760 頁 …………201
大判昭 12・6・14 民集 16 巻 826 頁 …………26
大判昭 12・7・9 民集 16 巻 1162 頁…………299
大決昭 12・12・28 新聞 4237 号 11 頁……40, 47
大判昭 13・2・12 判決全集 5 輯 6 号 8 頁
　　　　　　………………323, 324
大判昭 13・5・25 民集 17 巻 1100 頁 …167, 168
大判昭 13・10・29 民集 17 巻 2144 号………200
大判昭 14・4・11 判例総覧民事編 5 巻 118 頁
　　　　　　………………………199
大判昭 14・7・26 民集 18 巻 772 頁……181, 182
大判昭 14・12・19 民集 18 巻 1583 頁
　　　　　　………………173, 196
大判昭 14・12・21 民集 18 巻 1596 頁
　　　　　　………………104, 130
東京地判昭 15・5・23 評論 29 巻民法 423 頁
　　　　　　………………………559
大判昭 15・8・12 民集 19 巻 1338 頁 ………320
大判昭 15・9・28 民集 19 巻 1744 頁…………26
大判昭 15・11・26 民集 19 巻 2100 頁…314, 317
京都区決昭 17・3・25 新聞 4772 号 21 頁 …293
大判昭 17・7・9 法学 12 巻 248 頁…………26

昭和 22〜30 年

最判昭 26・5・31 民集 5 巻 6 号 359 頁 ……301
最判昭 27・11・20 民集 6 巻 10 号 1015 頁…453
最判昭 28・9・25 民集 7 巻 9 号 979 頁 ……301
最判昭 29・12・23 民集 8 巻 12 号 2235 頁
　　　　　　………………188, 191, 192
最判昭 30・6・2 民集 9 巻 7 号 855 頁
　　　　　　………………501, 547, 622

昭和 31〜40 年

福岡高決昭 31・11・26 下民集 7 巻 11 号
　3379 頁 …………………………………31
最判昭 32・2・15 民集 11 巻 2 号 286 頁……453
東京高判昭 32・12・25 判タ 77 号 36 頁……199
最判昭 32・12・27 民集 11 巻 14 号 2524 頁
　　　　　　………………423, 424
名古屋高判昭 33・4・15 高民集 11 巻 3 号

652

239 頁 ……………………………………31

大分地判昭 33・9・19 金法 197 号 7 頁 ……202

大分地判昭 35・2・23 下民集 11 巻 2 号 400
頁 ……………………………………258

最判昭 35・3・1 民集 14 巻 3 号 307 頁 ……410

最判昭 35・6・2 民集 14 巻 7 号 1192 頁 ……453

最判昭 35・12・15 民集 14 巻 14 号 3060 頁
…………………………………………555

最判昭 36・2・10 民集 15 巻 2 号 219 頁
…………………………………156, 161, 162

札幌高決昭 36・3・28 高民集 14 巻 3 号 205
頁 ……………………………………426

最判昭 36・6・23 民集 15 巻 6 号 1680 頁 …299

最判昭 36・9・15 民集 15 巻 8 号 2172 頁 …423

最判昭 37・1・18 民集 16 巻 1 号 36 頁 ……414

最判昭 37・3・15 裁判集民 59 号 243 頁 ……11

最判昭 37・5・10 金法 309 号 3 頁 …………422

大阪高決昭 37・5・31 高民集 15 巻 6 号 409
頁 ……………………………………32

最判昭 37・6・22 民集 16 巻 7 号 1374 頁
…………………………………………409, 410

最判昭 37・6・22 民集 16 巻 7 号 1389 頁 …427

最判昭 37・9・4 民集 16 巻 9 号 1854 頁
…………………………………147, 194, 207

最判昭 38・1・18 民集 17 巻 1 号 25 頁 ……553

最判昭 38・2・21 民集 17 巻 1 号 219 頁 ……329

最判昭 38・3・1 民集 17 巻 2 号 269 頁………64

大阪地判昭 38・6・18 判時 342 号 26 頁 ……212

福岡高決昭 38・6・19 下民集 14 巻 6 号 1180
頁 ……………………………………224

最判昭 38・6・25 民集 17 巻 5 号 800 頁 ……207

最判昭 38・8・27 民集 17 巻 6 号 871 頁 ……299

最判昭 38・9・17 民集 17 巻 8 号 955 頁 ……299

最判昭 38・10・1 民集 17 巻 9 号 1085 頁 …207

最判昭 38・11・28 民集 17 巻 11 号 1554 頁
…………………………………………527

最判昭 39・2・4 民集 18 巻 2 号 233 頁 …95, 99

最判昭 39・12・18 民集 18 巻 10 号 2179 頁
…………………………………………393

東京高決昭 40・3・15 下民集 16 巻 3 号 443
頁 ……………………………………426

昭和 41〜50 年

最判昭 41・1・21 民集 20 巻 1 号 42 頁 ……185

東京地判昭 41・4・1 判時 452 号 46 頁………26

浦和地判昭 41・4・4 判時 448 号 51 頁………32

最判昭 41・4・28 民集 20 巻 4 号 900 頁
…………………………444, 454, 540, 559

最判昭 41・5・27 民集 20 巻 5 号 1004 頁
…………………………………………77, 93

東京高判昭 42・1・18 金法 470 号 33 頁 ……40

最判昭 42・1・31 民集 21 巻 1 号 43 頁
…………………………………………354, 393

大阪高判昭 42・6・30 判時 504 号 68 頁……425

東京高判昭 42・7・7 判タ 215 号 161 頁……212

最判昭 42・7・21 民集 21 巻 6 号 1643 頁 …319

最判昭 42・9・29 民集 21 巻 7 号 2034 頁……81

最判昭 42・11・16 民集 21 巻 9 号 2430 頁
…………………………………444, 453, 454

最判昭 42・12・8 民集 21 巻 10 号 2561 頁…402

最判昭 43・3・7 民集 22 巻 3 号 509 頁
…………………………………………529, 530

東京地判昭 43・6・7 判時 535 号 67 頁 ……199

最判昭 43・11・21 民集 22 巻 12 号 2765 頁
…………………………………………537

最判昭 43・12・24 民集 22 巻 13 号 3366 頁
…………………………………320, 322, 324

最判昭 44・2・14 民集 23 巻 2 号 357 頁……181

最判昭 44・4・18 判時 556 号 43 頁
…………………………………173, 198, 201

東京高決昭 44・5・30 下民集 20 巻 5 = 6 号
406 頁 ……………………………………425

最判昭 44・7・3 民集 23 巻 8 号 1297 頁
…………………………………257, 269, 272

高松高判昭 44・7・15 下民集 20 巻 7 = 8 号
490 頁 ……………………………………162

最判昭 44・7・17 民集 23 巻 8 号 1610 頁 …138

東京高判昭 44・7・17 高民集 22 巻 3 号 456
頁 ……………………………………423

最判昭 44・9・12 判時 572 号 25 頁…………177

最判昭 44・10・16 民集 23 巻 10 号 1759 頁…47

最判昭 44・11・4 民集 23 巻 11 号 1968 頁
…………………………………………189, 192

最判昭 44・11・13 判時 579 号 58 頁 ……202

東京地判昭 44・12・24 判タ 246 号 301 頁…199

最判昭 45・3・26 民集 24 巻 3 号 209 頁……454

東京高判昭 45・5・28 判時 595 号 56 頁……415

最判昭 45・7・16 民集 24 巻 7 号 921 頁……484

判 例 索 引

東京高判昭 45・7・20 判時 602 号 56 頁……415
最判昭 45・9・24 民集 24 巻 10 号 1450 頁
　　　　　　　　……445, 475, 535
札幌高決昭 45・10・28 下民集 21 巻 9 = 10 号
　　1422 頁 ……………………273
最判昭 45・12・4 民集 24 巻 13 号 1987 頁…415
東京地判昭 45・12・24 判時 627 号 47 頁 …198
最判昭 46・3・25 民集 25 巻 2 号 208 頁
　　…………445, 529, 535, 553, 554, 555
最判昭 46・3・30 判タ 261 号 198 頁 …139, 303
東京地判昭 46・6・25 下民集 32 巻 1〜4 号
　　158 頁 …………………………640
東京地判昭 46・7・20 金法 627 号 37 頁……164
最判昭 46・12・21 民集 25 巻 9 号 1610 頁…190
最判昭 47・4・7 民集 26 巻 3 号 471 頁
　　　　　　………………188, 208
東京高判昭 47・5・24 下民集 23 巻 5〜8 号
　　268 頁 …………………………162
最判昭 47・11・2 判時 690 号 42 頁
　　　　　　………162, 163, 166
京都簡判昭 48・4・26 下民集 24 巻 1〜4 号
　　256 頁 ………………………177
最判昭 48・7・12 民集 27 巻 7 号 763 頁
　　　　　　………235, 245, 246
大阪高判昭 48・8・6 判タ 302 号 151 頁…291
最判昭 48・9・18 民集 27 巻 8 号 1066 頁 …176
最判昭 48・10・4 判時 723 号 42 頁…………346
最判昭 48・12・14 民集 27 巻 11 号 1586 頁
　　　　　　……………………315
最判昭 49・3・19 民集 28 巻 2 号 325 頁……201
最判昭 49・7・18 民集 28 巻 5 号 743 頁……626
最大判昭 49・10・23 民集 28 巻 7 号 1473 頁
　　　　　　………445, 452, 482
最判昭 49・12・17 金法 745 号 33 頁 ………530
最判昭 49・12・24 民集 28 巻 10 号 2117 頁…11
最判昭 50・2・25 民集 29 巻 2 号 112 頁……456
最判昭 50・2・28 民集 29 巻 2 号 193 頁……639
最判昭 50・4・10 判タ 323 号 149 頁 ………456
最判昭 50・7・17 民集 29 巻 6 号 1080 頁 …456
最判昭 50・7・25 民集 29 巻 6 号 1147 頁 …555
最判昭 50・9・9 民集 29 巻 8 号 1249 頁……480
広島高決昭 50・11・17 判タ 336 号 261 頁…225
最判昭 50・11・28 判タ 335 号 204 頁………456
東京地判昭 50・12・19 判時 820 号 86 頁 …198

昭和 51〜60 年

最判昭 51・2・27 判時 809 号 42 頁……162, 166
大阪地判昭 51・3・17 判時 826 号 71 頁……291
最判昭 51・3・19 判時 813 号 35 頁…………456
最判昭 51・6・4 金法 798 号 33 頁 …………539
最判昭 51・9・21 判時 832 号 47 頁……534, 539
最判昭 51・9・21 判時 833 号 69 頁…………518
最判昭 51・10・8 判時 834 号 57 頁…………179
最判昭 51・12・9 金法 818 号 38 頁…………456
最判昭 52・3・25 民集 31 巻 2 号 320 頁
　　　　　　………………456, 490
札幌高決昭 52・6・28 判タ 359 号 273 頁 …224
最判昭 52・10・11 民集 31 巻 6 号 785 頁
　　　　　　………156, 166, 167
東京地決昭 52・10・27 判タ 361 号 268 頁…158
大阪高判昭 53・1・26 金判 559 号 13 頁……182
東京地判昭 53・2・1 下民集 29 巻 1〜4 号 53
　　頁 ………………………………158
東京高決昭 53・3・27 判時 888 号 93 頁……172
東京高決昭 53・5・18 東高民時報 29 巻 5 号
　　102 頁 …………………………205
最判昭 53・7・4 民集 32 巻 5 号 785 頁
　　　　　　………273, 281, 282
最判昭 53・9・29 民集 32 巻 6 号 1210 頁
　　　　　　………………176, 182
広島高判昭 53・10・9 判時 930 号 82 頁……561
最判昭 53・12・15 判時 916 号 5 頁
　　　　　　………602, 603, 607
最判昭 54・2・15 民集 33 巻 1 号 51 頁
　　　　　　………………566, 589
名古屋高判昭 54・6・27 金判 579 号 3 頁 …365
最判昭 55・9・11 民集 34 巻 5 号 683 頁…71, 72
東京地判昭 56・4・27 下民集 32 巻 1〜4 号
　　97 頁 …………………………345
最判昭 56・12・17 民集 35 巻 9 号 1328
　　　　　　………559, 561, 562
最判昭 57・1・22 民集 36 巻 1 号 92 頁
　　　　　　………531, 546, 554, 628
最判昭 57・3・12 民集 36 巻 3 号 349 頁……423
最判昭 57・3・30 民集 36 巻 3 号 484 頁
　　　　　　………………580, 633
最判昭 57・4・23 金法 1007 号 43 頁 ………532
東京地判昭 57・7・13 下民集 33 巻 5〜8 号
　　930 頁 …………………………398

判 例 索 引

最判昭 57・9・28 判タ 485 号 83 頁
　　……………………………505, 527, 551
最判昭 57・10・14 判タ 482 号 80 頁 ………566
最判昭 58・2・24 判タ 497 号 105 頁 ………559
最判昭 58・3・18 判タ 512 号 112 頁
　　…………………………………590, 624, 625
最判昭 58・3・31 民集 37 巻 2 号 152 頁……475
最判昭 58・4・14 判タ 497 号 93 頁……174, 200
大阪高判昭 59・1・24 金法 1060 号 37 頁 …476
東京高判昭 59・1・31 判タ 526 号 148 頁 …476
最判昭 59・5・29 民集 38 巻 7 号 885 頁……281
大阪高判昭 59・10・16 判タ 542 号 211 頁…467
京都地判昭 59・10・30 金法 1108 号 56 頁 …35
名古屋高決昭 60・1・24 判タ 550 号 165 頁
　　……………………………………………224
東京高判昭 60・5・14 判時 1159 号 105 頁…477
最判昭 60・5・23 民集 39 巻 4 号 940 頁
　　……………………………268, 275, 277, 282
東京地判昭 60・8・26 判時 1191 号 93 頁 …471
東京地判昭 60・12・20 判時 1221 号 62 頁…365

昭和 61～64 年

最判昭 61・4・11 民集 40 巻 3 号 584 頁
　　…………………………………………477, 483
最判昭 61・4・18 裁判集民 147 号 575 頁 …261
最判昭 61・7・15 判タ 618 号 44 頁
　　…………………………………515, 521, 539
名古屋高金沢支判昭 61・9・8 判タ 631 号
　175 頁 …………………………………467
京都地判昭 61・10・27 判時 1228 号 107 頁
　　……………………………………………246
最判昭 62・2・12 民集 41 巻 1 号 67 頁……469,
　532, 534, 536, 539, 546, 554, 558, 583, 624
東京高判昭 62・2・26 金判 770 号 11 頁……484
山口地下関支判昭 62・5・18 判タ 655 号 163
　頁 …………………………………………35
最判昭 62・11・10 民集 41 巻 8 号 1559 頁
　　………………566, 568, 570, 589, 591, 601, 625
最判昭 62・11・12 判タ 655 号 106 頁……543
最判昭 62・12・18 民集 41 巻 8 号 1592 頁…345
最判昭 63・1・26 裁判集民 153 号 323 頁 …202
高松高判昭 63・3・31 判タ 681 号 159 頁
　　…………………………………………467, 469

平成元～10 年

東京高判平元・7・25 判時 1320 号 99 頁
　　…………………………………………466, 469
盛岡地判平元・9・28 判タ 714 号 184 頁 …336
福岡高判平元・10・30 判タ 713 号 181 頁
　　…………………………………………467, 469
最判平 2・1・22 民集 44 巻 1 号 314 頁
　　…………………………………………182, 183
東京高決平 2・3・2 判時 1349 号 63 頁………29
東京地判平 2・12・25 判タ 764 号 188 頁
　　…………………………………………403, 404
千葉地判平 2・12・27 判時 1390 号 111 頁…404
最判平 3・4・19 民集 45 巻 4 号 456 頁
　　…………………………………………473, 492
東京地判平 3・4・19 判タ 773 号 262 頁……265
福岡高判平 3・8・8 判タ 786 号 199 頁 ……424
最判平 3・10・1 判タ 772 号 134 頁…………199
札幌高決平 4・2・28 判タ 806 号 216 頁……404
最判平 4・4・7 金法 1339 号 36 頁…23, 163, 204
東京地執行処分平 4・6・8 判タ 785 号 198 頁
　　……………………………………………168
最判平 4・11・6 民集 46 巻 8 号 2625 頁
　　……………………………256, 269, 271, 283
最判平 5・1・19 民集 47 巻 1 号 41 頁………342
最判平 5・2・26 民集 47 巻 2 号 1653 頁
　　……………………………520, 546, 552, 627
東京高判平 5・12・27 金法 951 号 25 頁……467
最判平 6・2・8 民集 48 巻 2 号 373 頁 ……628
最判平 6・2・22 民集 48 巻 2 号 414 頁
　　………488, 533, 536, 546, 554, 558, 583, 584
最判平 6・4・7 民集 48 巻 3 号 889 頁
　　…………………………………………191, 192
松山地判平 6・6・22 判時 1531 号 125 頁 …205
最判平 6・7・14 民集 48 巻 5 号 1126 頁……424
東京高決平 6・8・9 判タ 876 号 272 頁 ……224
最判平 6・9・8 判タ 860 号 108 頁 …………542
最判平 6・12・20 民集 48 巻 8 号 1470 頁 …192
最判平 7・11・10 民集 49 巻 9 号 2953 頁
　　…………………………………………107, 109
最判平 8・9・13 民集 50 巻 8 号 2374 頁……299
東京高判平 8・9・26 判タ 950 号 192 頁 ……25
東京高決平 8・11・21 判タ 962 号 251 頁……48
最判平 8・11・22 民集 50 巻 10 号 2702 頁…536
最判平 9・1・20 民集 51 巻 1 号 1 頁 ………346

判 例 索 引

最判平 9・2・14 民集 51 巻 2 号 375 頁
……………168, 169, 219, 222, 227, 252
最判平 9・4・11 裁判集民 183 号 241 頁
………………………………537, 555
最判平 9・6・5 民集 51 巻 5 号 2096 頁………96
最判平 9・6・5 民集 51 巻 5 号 2116 頁……169
最判平 9・7・17 民集 51 巻 6 号 2882 頁
………………………………518, 628
最判平 10・1・30 民集 52 巻 1 号 1 頁………588
最判平 10・2・26 民集 52 巻 1 号 255 頁……189
東京地判平 10・3・31 金法 1534 号 78 頁…526
最判平 10・7・3 判タ 984 号 81 頁……206, 222

平成 11～20 年
最判平 11・1・29 民集 53 巻 1 号 151 頁
………………593, 602, 603, 606, 607
最判平 11・2・26 判タ 999 号 215 頁 …537, 555
最決平 11・5・17 民集 53 巻 5 号 863 頁
………………………………552, 586
最判平 11・10・21 民集 53 巻 7 号 1190 頁…315
最大判平 11・11・24 民集 53 巻 8 号 1899 頁
……………215, 247, 550, 555, 573, 581
最判平 11・11・30 民集 53 巻 8 号 1965 頁…501
最決平 12・3・16 民集 54 巻 3 号 1116 頁 …303
最判平 12・4・21 民集 54 巻 4 号 1562 頁 …606
最判平 13・10・25 民集 55 巻 6 号 975 頁
………………………………482, 592
最判平 13・11・22 民集 55 巻 6 号 1056 頁
………………………………609, 641
最判平 14・3・28 民集 56 巻 3 号 689 頁……305
最判平 14・9・12 判タ 1106 号 81 頁 ………502
最判平 14・10・10 民集 56 巻 8 号 1742 頁…611
最判平 14・10・22 判タ 1110 号 143 頁 …8, 263
最判平 15・10・31 判タ 1141 号 139 頁
………………………………320, 324, 325
東京地判平 16・4・13 金法 1727 号 108 頁…640
最判平 16・7・16 民集 58 巻 5 号 1744 頁 …608
最判平 17・2・22 民集 59 巻 2 号 314 頁……588
最判平 17・3・10 民集 59 巻 2 号 356 頁
………………………………215, 217
最判平 17・11・24 判タ 1199 号 185 頁 ………8
最判平 18・2・7 民集 60 巻 2 号 480 頁
………………………………501, 513
大阪地堺支決平 18・3・31 金法 1786 号 108

頁 ……………………………226, 227
最判平 18・7・20 民集 60 巻 6 号 2499 頁…571,
572, 575, 576, 577, 587, 591, 614, 624, 639
最判平 18・7・20 金判 1248 号 41 頁 ………575
最判平 18・10・20 民集 60 巻 8 号 3098 頁
………………526, 533, 537, 584, 626
最判平 18・12・21 民集 60 巻 10 号 3964 頁
………………………………550, 555, 611
最判平 19・2・15 民集 61 巻 1 号 243 頁……603
最判平 19・7・5 判タ 1253 号 114 頁 ………342
最判平 19・7・6 民集 61 巻 5 号 1940 頁
………………………………163, 184
東京高決平 20・4・25 判タ 1279 号 333 頁…302
東京高判平 20・6・25 判タ 1276 号 214 頁…374
最判平 20・12・16 民集 62 巻 10 号 2561 頁
………………………………580, 585, 592

平成 21～30 年
最判平 21・3・10 民集 63 巻 3 号 385 頁
………………………447, 546, 584, 627
千葉地判平 21・3・19 金判 1337 号 46 頁 …360
東京高決平 21・12・16 判タ 1324 号 274 頁
………………………………300, 302
最判平 22・6・4 民集 64 巻 4 号 1107 頁
………………545, 560, 619, 621, 632, 633, 637
大阪地判平 22・6・30 判タ 1333 号 186 頁…262
東京地判平 22・9・8 判タ 1350 号 246 頁 …622
最決平 22・12・2 民集 64 巻 8 号 1990 頁
………………………552, 586, 591, 629
東京高判平 23・6・7 D1-Law.com 判例体系
28220924 ……………………………641
最判平 23・11・22 民集 65 巻 8 号 3165 頁…636
最判平 24・3・16 民集 66 巻 5 号 2321 頁
………………317, 320, 322, 323, 324, 326
最判平 24・12・14 民集 66 巻 12 号 3559 頁
………………………………360, 361
東京地判平 25・4・24 LEX/DB25512638 …622
名古屋地判平 27・2・17 金法 2028 号 89 頁
………………………………622
東京地判平 27・3・4 判時 2268 号 61 頁……622
最判平 28・12・1 民集 70 巻 8 号 1793 頁 …209
東京高判平 29・3・9 金法 2091 号 71 頁……590
最決平 29・5・10 民集 71 巻 5 号 789 頁……547
最判平 29・12・7 民集 71 巻 10 号 1925 頁

判 例 索 引

··633, 637

最判平 30・2・23 民集 72 巻 1 号 1 頁········314

最決平 30・4・17 民集 72 巻 2 号 59 頁 ······303

最判平 30・12・7 民集 72 巻 6 号 1044 頁
·····································590, 620, 625, 633

新注釈民法(7) 物 権(4)
New Commentary on the Civil Code of Japan Vol. 7

令和元年11月20日　初版第1刷発行
令和6年7月30日　初版第2刷発行

編　　者	森　田　　　修
発　行　者	江　草　貞　治
発　行　所	株式会社　有　斐　閣

東京都千代田区神田神保町 2-17
郵便番号 101-0051
https://www.yuhikaku.co.jp/

印　　刷	株式会社 精興社
製　　本	牧製本印刷株式会社

Ⓒ 2019, Osamu MORITA　Printed in Japan
落丁・乱丁本はお取替えいたします。
★定価はケースに表示してあります。

ISBN 978-4-641-01757-3

[JCOPY] 本書の無断複写(コピー)は,著作権法上での例外を除き,禁じられています。複写される場合は,そのつど事前に(一社)出版者著作権管理機構(電話03-5244-5088, FAX03-5244-5089, e-mail:info@jcopy.or.jp)の許諾を得てください。

有斐閣コンメンタール　　◎＝既刊　＊＝近刊

新 注 釈 民 法 全20巻
編集代表　大村敦志　道垣内弘人　山本敬三

◎　第 1 巻　総 則 1　　1 条〜89 条
　　　　　　　　　　　　　　通則・人・法人・物　　　　　　　　山野目章夫編

　　第 2 巻　総 則 2　　90 条〜98 条の 2
　　　　　　　　　　　　　　法律行為(1)　　　　　　　　　　　山 本 敬 三編

　　第 3 巻　総 則 3　　99 条〜174 条
　　　　　　　　　　　　　　法律行為(2)・期間の計算・時効　　　佐久間　毅編

　　第 4 巻　物 権 1　　175 条〜179 条
　　　　　　　　　　　　　　物権総則　　　　　　　　　　　　　松 岡 久 和編

◎　第 5 巻　物 権 2　　180 条〜294 条
　　　　　　　　　　　　　　占有権・所有権・用益物権　　　　　小 粥 太 郎編

◎　第 6 巻　物 権 3　　295 条〜372 条　　留置権・先取特権
　　　　　　　　　　　　　　・質権・抵当権(1)　　　　　　　　道垣内弘人編

◎　第 7 巻　物 権 4　　373 条〜398 条の 22
　　　　　　　　　　　　　　抵当権(2)・非典型担保　　　　　　森 田　修編

◎　第 8 巻　債 権 1　　399 条〜422 条の 2
　　　　　　　　　　　　　　債権の目的・債権の効力(1)　　　　磯 村　保編

　　第 9 巻　債 権 2　　423 条〜465 条の 10　　債権の効力
　　　　　　　　　　　　　　(2)・多数当事者の債権及び債務　　沖 野 眞 已編

＊　第 10 巻　債 権 3　　466 条〜520 条の 20　　債権の譲渡
　　　　　　　　　　　　　　・債務の引受け・債権の消滅・他　　山 田 誠 一編

　　第 11 巻Ⅰ債 権 4　　521 条〜532 条
　　　　　　　　　　　　　　契約総則／契約の成立　　　　　　　渡 辺 達 徳編

◎　第 11 巻Ⅱ債 権 4　　533 条〜548 条の 4　　契約総則／契
　　　　　　　　　　　　　　約の効力・契約の解除・定型約款・他　渡 辺 達 徳編

　　第 12 巻　債 権 5　　549 条〜586 条
　　　　　　　　　　　　　　贈与・売買・交換　　　　　　　　　池 田 清 治編

◎　第 13 巻Ⅰ債 権 6　　587 条〜622 条の 2
　　　　　　　　　　　　　　消費貸借・使用貸借・賃貸借　　　　森 田 宏 樹編

　　第 13 巻Ⅱ債 権 6　　借地借家法　　　　　　　　　　　　森 田 宏 樹編

◎　第 14 巻　債 権 7　　623 条〜696 条　　雇用・請負・委任・
　　　　　　　　　　　　　　寄託・組合・終身定期金・和解　　　山 本　豊編

◎ 第 15 巻	債 権 8	697 条～711 条　事務管理・不当利得・不法行為(1)	窪 田 充 見編
◎ 第 16 巻	債 権 9	712 条～724 条の 2　不法行為(2)	大 塚　　直編
◎ 第 17 巻	親 族 1	725 条～791 条　総則・婚姻・親子(1)	二 宮 周 平編
第 18 巻	親 族 2	792 条～881 条　親子(2)・親権・後見・保佐及び補助・扶養	大 村 敦 志編
◎ 第 19 巻	相 続 1〔第 2 版〕	882 条～959 条　総則・相続人・相続の効力・他	潮 見 佳 男編
第 20 巻	相 続 2	960 条～1050 条　遺言・配偶者の居住の権利・遺留分・特別の寄与	水 野 紀 子編